PAGE 44

SUR LA ROUTE

RÉGIONS, VILLES, PARCS NATIONAUX
Visites, activités et bonnes adresses

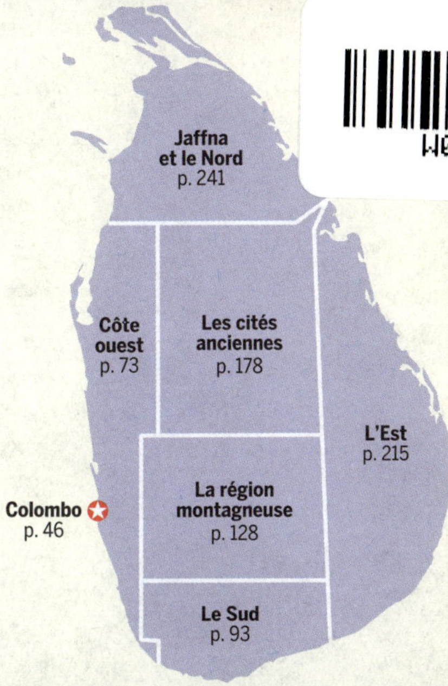

PAGE 301

SRI LANKA PRATIQUE

TOUT POUR S'ORGANISER
Transports en commun, voyages organisés, hébergement

ÉDITION ÉCRITE ET ACTUALISÉE PAR

Ryan Ver Berkmoes
Stuart Butler, Amy Karafin

Bienvenue au Sri Lanka

Un pays à redécouvrir

Il était une fois un joyau en forme de larme serti dans l'océan Indien... Île à la culture séculaire et à la nature généreuse, l'ancienne Ceylan enchante les voyageurs depuis l'époque de Marco Polo.

Ce morceau de paradis n'a pas été épargné par les épreuves. Ravagées par le tsunami et par une violente guerre civile, des régions entières sont longtemps restées inaccessibles. Mais maintenant que le conflit a pris fin, le pays investit dans l'industrie touristique. De retour sur le devant de la scène, le Sri Lanka offre des expériences uniques aux voyageurs curieux.

L'île aux trésors

Les attraits du Sri Lanka sont nombreux. Aux amateurs d'histoire et d'archéologie, cette petite île réserve cinq sites culturels classés au patrimoine mondial de l'Unesco. Ses deux millénaires de culture s'appréhendent dans des cités historiques au parfum de mystère où l'on découvre des grottes ornées de fresques, des statues de bouddhas finement sculptées et d'immenses dagobas blancs cernés de frises d'éléphants.

Les safaris sont un autre point fort du Sri Lanka. Dans les parcs nationaux se cachent des hardes d'éléphants, des léopards solitaires, des buffles d'Asie, et toutes sortes d'oiseaux ou de primates.

ASANKA BRENDON RATNAYAKE / LONELY PLANET IMAGES ©

Des plages sans fin, des sites archéologiques à foison, une population accueillante, des hardes d'éléphants, des trains pittoresques… les arguments ne manquent pas pour faire du Sri Lanka une destination de premier ordre.

(à gauche) Procession vers le temple Gangaramaya (p. 53), à Colombo
(ci-dessous) Plage à Mirissa (p. 110)

CHRISTER FREDRIKSSON / LONELY PLANET IMAGES ©

Et puis il y a les plages. Les plages ! Chaque partie de la côte sri lankaise comporte de sublimes coins de sable, d'une blancheur éclatante et souvent vierges. On y pratique le surf (sur les côtes est et sud) mais aussi la plongée dans les récifs coralliens ou sur épaves. Grâce aux différences de climat, les plaisirs balnéaires se déclinent toute l'année.

Si vous cherchez à échapper à la chaleur tropicale de la côte, dirigez-vous vers la région montagneuse. Que ce soit à bord d'un train brinquebalant ou au cours d'une randonnée, vous découvrirez des paysages uniques, constitués de plantations de thé et de forêts d'altitude.

Une destination facile

Comparé à l'Inde voisine, le Sri Lanka s'explore très facilement en indépendant. Les distances sont courtes et les principales destinations sont bien desservies par des transports publics lents mais bon marché. Louer une voiture avec chauffeur (également très abordable) constitue une bonne solution pour qui souhaite voir un maximum de sites en un minimum de temps.

Trouver un hébergement n'est guère difficile avec un éventail allant du luxueux resort balnéaire à la modeste chambre chez l'habitant, en passant par des hôtels de charme à l'architecture coloniale.

Jaffna
Temples hindous richement ornés et doux parfums des arbres fruitiers (p. 247)
Anuradhapura
Grands dagobas et bouddhas superbement sculptés (p. 200)
Polonnaruwa
Temples et statues finement sculptées datant d'il y a mille ans (p. 189)
ALTITUDE
2 100 m
1 500 m
900 m
450 m
0
0
50 km
79°30'E
80°00'E
80°30'E
81°00'E
81°30'E
82°00'E
9°30'N
9°00'N
8°30'N
8°00'N
Détroit de Palk
Point Pedro
Karaitivu
Jaffna
Nainativu
Neduntivu
Lagune de Jaffna
Pooneryn
Baie de Palk
Kilinochchi
Rameswaram
INDE
Mullaittivu
Mankulam
Talaimannar
Île de Mannar
GOLFE DU BENGALE
Province du Nord
Golfe de Mannar
Vavuniya
Nilaveli
Uppuveli
Trincomalee
Medawachchiya
Province Nord Centrale
Mutur
Anuradhapura
Mihintale
Parc national de Kaudulla
Kalpitiya
Parc national de Minneriya
Habarana
Puttalam

Sigiriya
Un fort mystérieux taillé dans la roche et entouré de jardins (p. 185)
Kandy
La capitale culturelle de l'île (p. 131)
Colombo
Shopping et charme de l'époque coloniale (p. 46)
Adam's Peak
Une montagne sacrée à gravir en compagnie des pèlerins (p. 148)
Fort de Galle
Un fort de l'époque coloniale agréable à explorer (p. 94)
Mirissa
Excursions d'observation des baleines bleues (p. 110)
Parc national de Bundala
L'une des plus belles destinations ornithologiques du Sri Lanka (p. 120)
Parc national d'Uda Walawe
Buffles, sambars, crocodiles, flopées d'oiseaux et hardes d'éléphants (p. 173)
Arugam Bay
Un lieu célèbre pour ses vagues propices au surf (p. 218)
Horton Plains et World's End
Landes sauvages et balayées par les vents (p. 160)
OCÉAN INDIEN
7°30'N
7°00'N
6°30'N
6°00'N
Province du Nord-Ouest
Province Centrale
Province de l'Est
Province de Sabaragamuwa
Province de l'Ouest
Province d'Uva
Province du Sud
Sigiriya
Dambulla
Padeniya
Kurunegala
Matale
Knuckles Range (1 863 m)
Polgahawela
Kandy
Negombo
Ja-Ela
Gampaha
Karawanella
Kitulgala
Avissawella
COLOMBO
Mt Lavinia
Adam's Peak (Sri Pada) (2 243 m)
Nuwara Eliya
Parc national de Horton Plains
World's End
Ratnapura
Pelmadulla
Belihul Oya
Badulla
Ella
Bandarawela
Haputale
Wellawaya
Monaragala
Maligawila
Senanayake Samudra
Maha Oya
Batticaloa
Ampara
Akkaraipattu
Pottuvil
Arugam Bay
Panama
Okanda
Parc national de Kumana
Kataragama
Parc national de Yala
Tissamaharama
Kirinda
Parc national de Bundala
Embilipitiya
Parc national d'Uda Walawe
Réserve forestière de Sinharaja
Deniyaya
Aluthgama
Bentota
Induruwa
Hikkaduwa
Galle
Unawatuna
Weligama
Mirissa
Matara
Akuressa
Tangalla

20 FAÇONS DE VOIR LE SRI LANKA

Un littoral d'exception

1 Ses longues étendues de sable sont l'un des atouts phare du Sri Lanka. Grâce aux différences de climat dans les diverses parties de l'île, il existe à tout moment de l'année un coin propice au farniente. Reste à trouver lequel : atmosphère nonchalante dans l'idyllique Mirissa (p. 110), festive à Hikkaduwa (p. 87), robinsonnade à Uppuveli (p. 236)… Il y a fort à parier qu'à votre retour, à chaque fois que vous serez bloqué dans les embouteillages par un matin froid et pluvieux, une image de palmiers et d'eau bleu azur vous viendra à l'esprit ! Tangalla (p. 116).

Voyages en train

2 Pittoresque et brinquebalant, le train pour Ella (p. 166) se faufile à faible allure à travers les plantations de thé. Il est parfois impossible de trouver une place assise mais le plus important n'est-il pas de regarder défiler le paysage ? Dehors, le spectacle est permanent : les saris colorés des cueilleuses de thé tamoules ressortent dans un océan de vert, des enfants jouent au cricket dans leur strict uniforme d'écoliers, des familles se baignent dans les rivières. À l'intérieur, le trajet est rythmé par les allées et venues des marchands ambulants montant à bord pour proposer de petits en-cas pimentés.

1

KEVIN CLOGSTOUN / LONELY PLANET IMAGES ©

2

JULIET COOMBE / LONELY PLANET IMAGES ©

NATIONAL GEOGRAPHIC IMAGE COLLECTION / ALAMY ©

Parc national d'Uda Walawe

3 Cette immense savane est ce qui rapproche le plus le Sri Lanka du Kenya ou de la Tanzanie. On peut y observer des troupeaux de buffles (certains sont domestiqués !) et de sambars, des crocodiles, des quantités d'oiseaux et des éléphants par centaines. De l'avis de beaucoup d'amateurs de safaris, Uda Walawe (p. 173) égale, voire surpasse, beaucoup de parcs nationaux d'Afrique de l'Est en matière de pachydermes.

Anuradhapura

4 S'étalant sur 3 km^2, ce site antique fut le siège du pouvoir cinghalais pendant près d'un millénaire. La meilleure façon de l'explorer est de louer un vélo et de pédaler entre les monastères en ruine et les immenses dagobas (stupas). En son centre se trouve le plus vieil arbre du monde, le Sri Maha Bodhi, planté voici plus de 2 000 ans, à partir d'un rameau de l'arbre sous lequel le Bouddha atteignit l'Éveil. Dagoba de Ruvanvelisaya (p. 203).

Rocher de Sigiriya

5 Les jardins royaux au pied de Sigiriya (p. 185) sont une attraction à eux seuls. Des bassins et des ruisselets artificiels les irriguent, offrant une vision idyllique au milieu de la campagne. En regardant vers le haut, un rocher de 370 m surgit du paysage. L'ascension débute entre les pattes d'un lion taillé dans la roche. Elle fait ensuite escale dans une galerie abritant de fascinantes fresques. En arrivant au sommet, recouvert par les ruines d'une forteresse, on peut profiter d'une vue portant à plusieurs kilomètres.

5

MARGIE POLITZER / LONELY PLANET IMAGES ©

Parc national de Bundala

6 Si le parc national de Yala, son voisin, aimante les foules et lui fait de l'ombre, il serait dommage de passer à côté de Bundala (p. 120), une réserve naturelle protégée par la Convention de Ramsar sur les zones humides. Avec ses immenses étendues d'eau scintillantes animées par les chants de milliers d'oiseaux, Bundala possède un charme que bien des parcs lui envient. Destination de prédilection pour les amoureux des volatiles, on peut aussi y observer des crocodiles ou des hardes d'éléphants.

Héron garde-bœufs.

6

NANDANA DE SILVA / ALAMY ©

Pèlerinage d'Adam's Peak

7 Depuis plus d'un millénaire, des pèlerins gravissent la nuit cette montagne sacrée (Sri Pada ; p. 148), haute de 2 200 mètres, où, selon les croyances, le Bouddha, Shiva ou Adam auraient laissé leur empreinte. Bien qu'exténuante, l'ascension peut être entrecoupée de courtes haltes dans les maisons de thé qui jalonnent le parcours. Les milliers de lumières scintillant dans l'obscurité, les chants des pèlerins et l'odeur du gingembre, créent une atmosphère féerique. En atteignant le sommet de l'Adam's Peak à l'aube, vous contemplerez le lever du soleil illuminer les montagnes alentour. Vue de l'Adam's Peak.

Kandy

8 Capitale culturelle de l'île, Kandy (p. 131) abrite la relique du temple de la Dent, censée contenir une dent du Bouddha. Considérée comme un lieu saint pour les Cinghalais, Kandy présente bien d'autres agréments. Sa vieille ville que jouxte un grand lac central offre l'occasion d'une agréable promenade, éventuellement ponctuée par la visite d'un musée. Dans les alentours, ne manquez pas la visite des jardins botaniques qui embaument d'essences exotiques. Faire la route des temples de la région de Kandy est enfin un bon moyen de découvrir la région montagneuse. Temple de la Dent (p. 131).

7

8

GREG ELMS / LONELY PLANET IMAGES ©

LOOKINGLOST / ALAMY ©

MARGIE POLITZER / LONELY PLANET IMAGES ©

Fort de Galle

9 Chef-d'œuvre architectural de l'époque hollandaise, le fort de Galle (p. 95) consiste en un magnifique ensemble de rues pavées et de bâtiments coloniaux. Par la suite, les Sri Lankais ont ajouté de la couleur, et la nature s'est occupée de recouvrir l'ensemble d'une couche de végétation tropicale, d'humidité et d'air marin. Le résultat est une vieille ville enchanteresse dynamisée par l'ouverture récente de dizaines de galeries, de boutiques en tous genres, de cafés et de pensions. De fait, Galle est la ville qu'il faut visiter au Sri Lanka.

Surf à Arugam Bay

10 Meilleur spot du pays, Arugam Bay est le paradis des surfeurs. Si le long break à l'extrême sud du village (p. 225) attire des surfeurs d'avril à septembre, les retardataires peuvent profitent des quelques derniers beaux jours jusqu'en novembre. En saison, vous n'aurez aucun mal à trouver une petite boutique qui loue et répare les planches ou des hébergements décontractés et bon marché sur la plage. Pour plus de solitude, direction Lighthouse ou Okanda, qui offrent aussi de très bons breaks.

Médecine ayurvédique

11 L'ayurvéda est une pratique ancestrale fortement influencée par la médecine indienne. Selon ses disciples, les cinq éléments, en liaison avec les cinq sens, façonnent la nature de chaque constitution individuelle, c'est-à-dire les *dosha* ou force de vie. Herbes, épices, huiles et autres sont utilisées pour rétablir l'équilibre des *dosha*. Si la plupart des visiteurs se contentent d'un après-midi dans un spa de luxe (p. 303), il est aussi possible de faire des cures de plusieurs semaines dans des cliniques spécialisées. Remèdes ayurvédiques.

WILD WONDERS OF EUROPE / LUNDGREN / NATUREPL.COM/NATIONAL GEOGRAPHIC STOCK ©

Observation des baleines à Mirissa

12 Un séjour sur les plages paradisiaques de la côte sud s'est longtemps résumé aux joies du farniente sous les cocotiers et à l'observation de quelques poissons lors d'une sortie de plongée. Puis on s'est aperçu que la plus grosse créature de la planète, la baleine bleue, mais aussi le grand cachalot, venaient batifoler dans les eaux au large du Sri Lanka. Il est désormais possible d'observer ces impressionnants mammifères lors d'excursions en bateau organisées tous les matins, en saison, au départ de Mirissa (p. 110). Grand cachalot.

Plages inexplorées

13 La guerre civile a trop longtemps contrecarré le développement de la côte est, paradis tropical resté hors des radars touristiques. La paix étant revenue, il est temps de poser votre serviette sur ces superbes rubans de sable avant l'arrivée du tourisme de masse. Avec un peu de chance, vous aurez la plage rien que pour vous. Quelques zones à explorer : Navalady (p. 228), Vakarai (p. 232), les îles au large de Batticaloa Lighthouse (p. 232), la bande de plage s'étendant d'Uppuveli à Nilaveli (p. 236). Plage d'Uppuveli.

Chaud devant !

14 Aventurez-vous dans de grands marchés sri lankais, comme ceux de Colombo et de Kandy, et vous serez surpris par la variété des produits de cette île fertile. Un cuisinier sri lankais moyen passe plusieurs heures par jour à torréfier et moudre ses épices, tout en émincant, tranchant et coupant en dés toutes sortes d'aliments frais. Un simple riz au curry peut se décliner en dizaines de plats méticuleusement préparés, savoureux et bien souvent très épicés (p. 294) ! Muscade, cannelle et clous de girofle.

Horton Plains et World's End

15 Les paysages rudes des Horton Plains (p. 160) étonnent dans ce pays de bleus et de verts tropicaux. Randonner dans cette lande permet de découvrir une étonnante diversité de plantes et d'animaux. En partant à l'aube, chaudement vêtu (les gelées matinales ne sont pas rares), vous aurez peut être la chance de voir le "bout du monde", un escarpement offrant une vue très étendue quand la brume n'est pas de la partie. Les Horton Plains vues de World's End.

Plantations de thé

16 Les plantations de thé de la région montagneuse sont un vestige de l'époque coloniale britannique. Lorsqu'ils firent main basse sur l'île, les sujets de sa Majesté furent séduits par la fraîcheur du climat des collines de l'intérieur. Ne leur manquait qu'une bonne tasse de thé… La maladie décimant les caféiers tomba à point nommé pour développer la théiculture. Les immenses plantations ont fait du Sri Lanka le second producteur de thé. On peut aujourd'hui visiter certaines usines (p. 288). Cueillette du thé à Nuwara Eliya (p. 153).

15

KEVIN CLOGSTOUN / LONELY PLANET IMAGES ©

16

KIMBERLEY COOLE / LONELY PLANET IMAGES ©

Jaffna et le Nord

17 À Jaffna (p. 247), les contrastes culturels entre le Nord et le reste du pays sautent aux yeux. Les différences sont profondes, de la langue (le rapide staccato du tamoul se distingue du cinghalais chantant), à la cuisine particulièrement épicée, agrémentée en saison de mangues. Même la lumière diffère ; elle se reflète dans le vert profond des jardins de la périphérie de Jaffna. Régalez-vous de la singularité de Jaffna, des imposants temples hindous richement ornés aux saris colorés drapant les femmes à vélo. Décoration de temple hindou.

Héritage colonial

18 Si les Britanniques se sont éclipsés en 1948, leur héritage perdure dans une bureaucratie tout autant impénétrable qu'attachée aux formes. Colombo est ordonné autour de larges rues ombragées où vous pourrez observer les édifices datant de l'ère britannique, comme le National Museum (p. 57). L'héritage colonial des Hollandais et des Portugais est également notable. En vous promenant dans le quartier du Fort, vous tomberez probablement sur le Old Dutch Hospital (p. 49), un vieil hôpital hollandais restauré. Les arcades de Cargills, Colombo.

17

ASANKA BRENDON RATNAYAKE / LONELY PLANET IMAGES ©

18

Polonnaruwa

19 Disposés comme des pièces d'échecs géantes dans une vaste cour herbeuse, les temples et les sculptures du quadrilatère de Polonnaruwa (p. 189) correspondent au centre du royaume cinghalais il y a environ mille ans. C'est en poursuivant vers le nord du site que l'on découvre les ruines les plus impressionnantes, tel le Gal Vihara et ses immenses bouddhas merveilleusement sculptés. Au lever et au coucher du soleil, les monuments baignent dans une sublime lumière rosée. Gal Vihara (p. 193).

Shopping à Colombo

20 Dans la capitale sri lankaise, les accros de shopping céderont sans mal à la fièvre acheteuse. On trouve toutes les marchandises imaginables dans le bazar animé de Pettah (p. 50), où les produits s'amoncellent dans une pagaille apparente. Pour des achats un peu plus chics, Colombo possède un nombre grandissant de boutiques et de magasins huppés (p. 68). Vous ne remplirez peut-être pas un *túk-túk* avec vos emplettes, mais vous aurez passé une journée agréable. Marché de Pettah.

L'essentiel

Devise

» Roupie sri lankaise (Rs)

Langues

» Cinghalais, tamoul et anglais

Quand partir

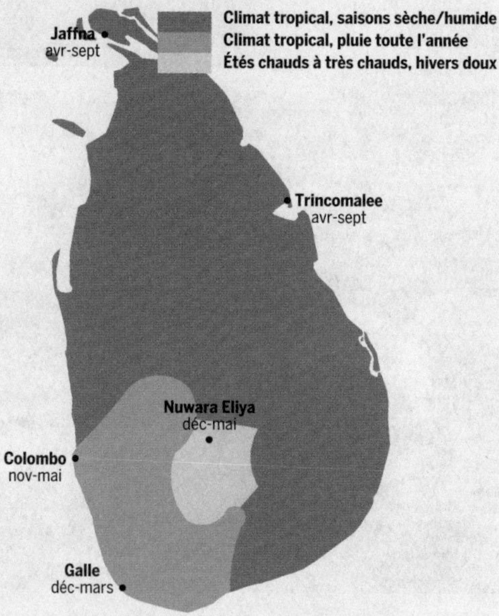

Haute saison
(déc-mars)

» Saison sèche donc touristique dans la région montagneuse, les côtes ouest et sud.

» Les tarifs hôteliers augmentent.

» La mousson de Maha (octobre à janvier) arrose l'Est, le Nord et les cités anciennes.

Saison intermédiaire
(avr et sept-nov)

» En avril et en septembre, beau temps dans tout le pays.

» Transports publics bondés au moment du Nouvel An (mi-avril).

» Bonne période pour voyager sans avoir tout réservé.

Basse saison
(mai-août)

» La mousson de Yala (de mai à août) déverse ses pluies sur les côtes sud et ouest, ainsi que sur la région montagneuse.

» Le temps est meilleur dans le Nord et à l'Est.

» Prix bas dans tout le pays.

Budget quotidien

Moins de

3 500 Rs

» Pension simple : 1 000-2 500 Rs

» Un délicieux riz-curry : 200-400 Rs

» Tarif des bus : moins de 300 Rs/jour

3 500 - 16 000 Rs

» Chambre double dans un agréable hôtel de catégorie moyenne : 2 500-8 000 Rs

» Repas à l'hôtel : 1 500-2 500 Rs

» Billet de train, location de vélo et d'une voiture avec chauffeur selon les jours : environ 2 500 Rs/jour

Plus de

16 000 Rs

» Hôtel de catégorie supérieure : 8 000 Rs et plus

» Repas dans les mêmes hôtels : 3 000 Rs

» Voiture avec chauffeur tous les jours : à partir de 5 500 Rs

Argent

» On trouve des DAB dans les plus grandes villes. Les cartes de crédit sont acceptées dans certains hôtels de catégorie moyenne et tous les hôtels de catégorie supérieure.

Visas

» Les visas valables 3 mois coûtent 20 $US. Faites votre demande à l'avance sur Internet (www.eta.gov.lk).

Téléphones portables

» Des cartes SIM locales sont disponibles à très bas coût pour les téléphones non bloqués.

Transports

» Bon marché et très fréquents, les bus desservent tout le pays. Les trains sont moins pratiques mais plaisants. Louer une voiture avec chauffeur est abordable.

Sites Web

» **Lonely Planet** (www.lonelyplanet.fr). Présentation synthétique du Sri Lanka, conseils, forum de discussion avec les voyageurs, etc.

» **Ceylon Today** (www.ceylontoday.lk). Informations, sports, loisirs et une bannière pratique indiquant les taux de change.

» **Indi.ca** (www.indi.ca). Excellent blog d'opinion sur l'actualité et la culture.

» **Kottu** (www.kottu.org). Regroupe le contenu de plus d'un millier de blogs sri lankais.

Taux de change

Canada	1 $C	127 Rs
Zone euro	1 €	165 Rs
Suisse	1 CHF	138 Rs

» Pour les derniers taux de change, consultez le site www.xe.com.

Numéros utiles

Toutes les régions possèdent un indicatif régional à 3 chiffres suivi d'un nombre de 6 ou 7 chiffres. Les numéros de portable commencent généralement par 07 ou 08 et ont jusqu'à 12 chiffres.

Indicatif du pays	☎94
Indicatif international	☎00

Arriver au Sri Lanka

» **Aéroport international Bandaranaike** Il est situé à 30 km au nord de Colombo, voir p. 312.

» **Taxis pour Colombo** Prépayés 2 600 Rs, avec taximètre environ 2 100 Rs. Comptez 1-2 heures pour le Fort.

» **Voiture et chauffeur de l'hôtel pour Colombo** 3 000-4 000 Rs.

» **Bus pour Colombo** bus standard/climatisé 70/100 Rs. Comptez 1-3 heures pour la ville avec correspondances.

N'oubliez pas

Si l'on peut se procurer de nombreux produits de base à Colombo et dans les principales villes touristiques, il vaut tout de même mieux emporter la majorité de ce dont vous aurez besoin avec vous :

» Un imperméable, un coupe-vent ou un parapluie pour se protéger des pluies

» De bonnes protections auditives au cas où vous devriez séjourner près d'une rue fréquentée, comme Galle Rd, à Colombo

» Des lunettes de soleil et une paire de lunettes de secours si vous portez des lunettes de vue ou des lentilles

» Un décapsuleur, pour savourer une bouteille de Lion lager sur une jolie plage

» Un antimoustique, difficile à trouver au Sri Lanka (contrairement aux moustiques)

» De la crème solaire, autre produit rare

» Des tampons, impossibles à trouver en dehors de Colombo

Quoi de neuf ?

Pour cette nouvelle édition du guide Sri Lanka, *nos auteurs se sont mis en quête des toutes dernières nouveautés. Voici quelques-unes de nos préférées.*

Rénovations à Colombo

1 L'ancien hôpital hollandais du XVIIe siècle, dans le Fort de Colombo, a ouvert la voie à des rénovations dans toute la ville. De nouveaux restaurants et boutiques ajoutent un soupçon d'élégance à la capitale (p. 49).

Maritime Museum, Galle

2 Galle suscite l'intérêt pour son histoire maritime passée, présente et future avec ce nouveau musée rutilant et ses expositions nautiques (p. 97).

Circuits d'observation des dauphins, Kalpitiya

3 Un projet majeur vise à transformer la région de Kalpitiya en une destination de voyages organisés. Les nouveaux safaris en bateau pour observer les dauphins constituent une meilleure raison de s'aventurer ici (p. 76).

World Buddhism Museum, Kandy

4 Toute nouvelle curiosité de Kandy, ce musée présente le bouddhisme à travers le monde à l'aide de photos, de cartes et d'objets (p. 134).

Gregory Lake

5 Le lac Gregory fut longtemps un plan d'eau oublié aux confins de Nuwara Eliya. Ce n'est plus le cas depuis qu'un nouveau chemin le relie à la ville (p. 154).

L'A9 vers Jaffna

6 Non seulement cette route est ouverte, mais il n'est plus nécessaire d'obtenir la permission du ministère de la Défense pour l'emprunter. Il en est de même pour la majeure partie (mais pas la totalité) du Nord (p. 246).

Source de Keerimalai et Tellippalai, péninsule de Jaffna

7 La route menant à l'ancienne source thermale de Keerimalai – à travers une sinistre zone militarisée – est rouverte pour la première fois depuis 20 ans (p. 257).

Festival de musique de Jaffna

8 Jaffna accueille ce nouveau festival en mars les années impaires. Musique et danses folkloriques du Nord et de l'Est figurent au programme (www.jaffnamusicfestival.org ; p. 252).

HMS Hermes, Batticaloa

9 Des plongées sur cette épave de la Seconde Guerre mondiale, non loin de Batticaloa, sont proposées depuis peu par une excellente pension-école de plongée (p. 229).

Nouvelles routes

10 La nouvelle Southern Expressway jusqu'à Galle épargne des heures de trajet jusqu'à la côte ouest. C'est la première des nouvelles voies rapides qui réduiront les temps de transport (p. 315).

Nouveaux hébergements

11 De nouvelles pensions, nettement supérieures à la norme, accueillent les visiteurs à Sirigaya, de même que dans d'autres endroits touristiques comme Ella et Galle (p. 187).

Envie de...

Plages

Au Sri Lanka, il est quasiment impossible de se promener dans une région côtière sans tomber sur une splendide étendue sablonneuse. Et le plus incroyable est que la majorité d'entre elles sont presque désertes !

Thalpe Quelques pensions chics et des plages calmes. Les expatriés de Galle la préfèrent à Unawatuna (p. 107).

Mirissa Ce croissant de sable de la côte sud a un vrai goût de paradis (p. 110).

Marakolliya Beach Une plage merveilleuse même si la baignade n'y est pas toujours sûre (p. 118).

Arugam Bay Un spot incontournable pour les surfeurs et apprécié par ceux qui aiment les atmosphères détendues (p. 218).

Uppuveli et Nilaveli Proches de l'ancienne ligne de front, ces superbes plages offrent un cadre paisible et préservé (p. 236).

Batticaloa La plupart des plages des environs de "Batti" sont complètement isolées. Idéal pour les explorateurs, les aventuriers et les rêveurs (p. 228).

Plongée et snorkeling

Le secteur de la plongée prend de l'ampleur au Sri Lanka. D'excellents spots existent tout autour du littoral, mais ils restent, pour la plupart largement ignorés. Si la côte ouest, au sud de Colombo, était considérée comme le principal spot de plongée, d'autres régions, au fort potentiel, commencent à tirer leur épingle du jeu.

Bar Reef Des récifs presque sauvages et peu fréquentés où les dauphins viennent jouer par centaines (p. 76).

Récif de Great Basses Difficile d'accès et sujet à une météo changeante, ce site de plongée est peut-être le plus beau du pays (p. 124).

Parc national de Pigeon Island Un récif corallien peu profond peuplé de myriades de poissons et de requins. Un spot très plaisant à la fois pour la plongée et le snorkeling (p. 238).

Batticaloa La sortie sur le HMS *Hermes*, une épave de la Seconde Guerre mondiale, est réservée aux adeptes de la plongée technique, mais les descentes vers les roches conviennent à tous les niveaux (p. 229).

Promenades et randonnées

Bien qu'il fasse chaud en journée et que la pluie puisse vous surprendre, l'île compte quantité de lieux où l'on peut se promener en admirant sa beauté naturelle, ses monuments anciens ou simplement faire du shopping.

Colombo Certaines artères, arborées ont un véritable charme, comme entre le quartier de Cinnamon Gardens et Galle Face Green (p. 48).

Polonnaruwa Les vestiges épars de ce vaste site archéologique s'intègrent dans un cadre luxuriant (p. 189).

Ella Une excellente base pour effectuer des randonnées faciles à travers les plantations de thé (p. 166).

Adam's Peak En réalisant l'exigeante ascension nocturne de ce sommet, vous suivrez les pas du Bouddha accompagné de centaines de pèlerins (p. 148).

Knuckles Range Détrempé par les pluies et densément boisé, le massif de Knuckles Range ne s'adresse pas aux promeneurs du dimanche, mais il permet d'effectuer de superbes randonnées (p. 147).

» Pèlerins au temple de la Dent (p. 131), Kandy

Temples bouddhiques

Modestes ou grandioses, de multiples temples témoignent d'une histoire religieuse vieille de plus de 2 000 ans. En organisant votre visite pour qu'elle coïncide avec une fête, vous vivrez une expérience inoubliable.

Colombo Le temple Gangaramaya, comme quelques autres dans la capitale, accueille toute l'année de très belles fêtes (p. 53).

Mulkirigala Accroché à une falaise rocheuse, ce temple magnifique et peu visité cache une suite de grottes très étroites (p. 119).

Temple de Dent Renfermant une dent du Bouddha, c'est le cœur et l'âme du bouddhisme sri lankais (p. 131).

Sri Maha Bodhi L'arbre le plus ancien du monde est au centre du site sacré d'Anuradhapura (p. 201).

Mihintale Il faut gravir plus de 1 800 marches pour gagner le sommet de la montagne où trône ce temple de légende (p. 209).

Nagadipa À l'extrême nord du pays, une île sacrée où le Bouddha se serait rendu (p. 261).

Safaris

Le Sri Lanka est peuplé d'imposants mammifères, comme les éléphants d'Asie batifolant dans les parcs nationaux et parfois aussi à l'extérieur. On peut aussi observer bien d'autres animaux, notamment des léopards et des buffles.

Parc national de Yala Un safari dans ce parc offre de bonnes chances de croiser un léopard. C'est aussi l'un des plus fréquentés du pays (p. 124).

Parc national d'Uda Walawe Vous ne trouverez pas de lieu plus propice à la rencontre avec des éléphants sauvages (p. 173).

Parc national de Minneriya Très bon endroit pour apercevoir éléphants et autres animaux, ce parc est le lieu du "rassemblement", lors duquel plus de 400 pachydermes se réunissent, créant un spectacle mémorable (p. 198).

Parc national de Kumana Léopards, éléphants et oiseaux abondent dans ce parc bien moins fréquenté que son voisin plus couru, le parc de Yala (p. 226).

Pottuvil Les safaris sur la lagune peuvent vous faire découvrir de très près éléphants, varans et crocodiles (p. 224).

Shopping

Dans ce pays luxuriant, les meilleurs produits sont ceux que l'on récolte : thé, épices… Il est aussi possible de dénicher de beaux objets artisanaux voire même quelques articles design.

Colombo La capitale compte quelques bonnes boutiques : magasins de stylistes, galeries d'art et différents marchés qui vendent tout ce que l'on peut imaginer (p. 68).

Galle Son centre ancien est doté d'une myriade de petites galeries d'art, de boutiques de vêtements et de magasins de bibelots (p. 101).

Kandy La seconde ville du pays est le bon coin pour se fournir en artisanat local (p. 141).

Région montagneuse Les plantations de thé et les usines vendent d'excellents thés, la plupart difficiles à trouver ailleurs, à des prix raisonnables (p. 128).

Ambalangoda Cette bourgade de la côte ouest est le principal centre de production des masques portés lors des danses des démons (p. 91).

Negombo Sur la route parallèle à la plage, des boutiques pour touristes permettent de faire le plein de souvenirs avant de prendre l'avion (p. 77).

Envie... d'une excellente cuisine locale ? Vous ne pouvez pas vous tromper en commandant le plat national : un riz-curry. Les meilleurs que l'on puisse goûter sont souvent servis dans les pensions familiales (p. 294).

Ayurvéda

L'ayurvéda est une médecine traditionnelle dont les soins sont destinés à guérir et à conserver sa jeunesse. Très pratiqué au Sri Lanka pour soigner divers maux, l'ayurvéda attire chaque année de nombreux visiteurs ; certains réservent une chambre dans une clinique ou un spa et y séjournent plusieurs semaines.

Colombo Dans les ruelles des environs du vieux quartier de Pettah se concentrent des boutiques ayurvédiques qui vendent une vaste gamme de pommades, d'huiles, de gommages et de bien d'autres lotions (p. 68).

Siddhalepa Ayurveda Hospital Au sud de Colombo, voici une clinique tous services où l'on peut séjourner une semaine (ou plus) en profitant de soins (p. 58).

Suwamadura Faites le vide en vous promenant sur les collines verdoyantes de la ravissante Ella, puis rejoignez ce spa réputé pour purifier votre corps et oublier vos soucis (p. 166).

Sanctuary Spa Après vous être baigné dans les eaux tumultueuses d'Unawatuna, offrez-vous de longues séances de soin pour retrouver votre équilibre intérieur (p. 104).

Patrimoine

L'Unesco a inscrit huit sites du Sri Lanka sur la liste du patrimoine mondial, un chiffre impressionnant pour une si petite île.

Galle Sa vieille ville coloniale fait de Galle la plus belle ville du Sri Lanka (p. 94).

Kandy L'ancienne capitale royale constitue encore, avec ses nombreux temples, le cœur de la culture cinghalaise (p. 131).

Réserve forestière de Sinharaja L'une des dernières étendues de forêt tropicale humide au Sri Lanka (p. 174).

Dambulla Les temples troglodytiques et leurs peintures sont de superbes œuvres d'art (p. 182).

Sigiriya Un ancien monastère sis sur un rocher haut de 370 m. Par beau temps, la vue depuis le sommet semble infinie (p. 185).

Polonnaruwa Cette ancienne capitale dévoile de somptueux vestiges (p. 189).

Anuradhapura Ce site sacré couvre plusieurs siècles d'histoire (p. 200).

Hauts plateaux du centre Les forêts et les sommets du Sri Pada Peak Wilderness, des Horton Plains et du Knuckles Range abritent une biodiversité sans pareille (p. 37).

Architecture coloniale

Les Hollandais, les Portugais et les Britanniques ont dominé tour à tour le Sri Lanka. Certains des édifices qu'ils ont laissés sont des monuments aujourd'hui incontournables.

Colombo Bâti par les Hollandais, l'Old Dutch Hospital est l'une des nombreuses merveilles coloniales que l'on peut admirer dans la capitale. Le National Museum occupe un vieil édifice britannique (p. 57).

Remparts du fort de Galle Promenez-vous au coucher du soleil tout autour des remparts du fort, construit par les Hollandais : vous pourrez y sentir l'histoire vous envahir (p. 95).

Nuwara Eliya Offrez-vous un séjour dans l'un des somptueux hôtels de style colonial de cette station climatique ; l'époque de l'Empire britannique vous semblera revenir à la vie (p. 156).

Jaffna Des demeures du XIXe siècle et des églises de l'époque portugaise, bien qu'endommagées durant la guerre, émaillent les faubourgs de la ville (p. 247).

Mois par mois

Le top des événements

1 **Aurudu (Nouvel An)**, avril

2 **Kandy Esala Perahera**, août

3 **Duruthu Perahera**, janvier

4 **Vesak Poya**, mai

5 **Maha Sivarathri**, mars

Janvier

Le pic de la saison touristique coïncide avec des événements d'importance, comme le Festival littéraire de Galle.

Duruthu Perahera

Organisée lors de la *poya* (pleine lune) au Kelaniya Raja Maha Vihara à Colombo, cette fête est la seconde en importance après l'immense *perahera* (procession) de Kandy. Elle célèbre la première des trois visites du Bouddha au Sri Lanka.

Thai Pongal

Mi-janvier, cette fête hindoue des moissons honore Surya, le dieu du Soleil. Elle revêt une grande importance pour les Tamouls du Sri Lanka et d'Inde du Sud, qui préparent pour cette occasion le *pongal*, un plat sucré composé de riz, de noix et d'épices.

Festival littéraire de Galle

Ce festival (www.galleliteraryfestival.com) réunit des écrivains asiatiques et européens durant 5 jours dans la deuxième quinzaine de janvier. Très réputé, il attire de grands noms de la littérature. Parallèlement, un festival off traite de problèmes actuels et d'autres activités de création.

Kala Pola Art Market

Le marché d'art de Kala Pola se tient le troisième dimanche de janvier et plus de 500 artistes de tout le pays présentent leurs œuvres. Ce kaléidoscope de créativité a donné naissance à un marché hebdomadaire plus petit.

Février

Les touristes sont toujours nombreux, les Européens fuyant l'hiver pour se dorer sur les plages. L'anniversaire de l'indépendance et une grande fête religieuse en font un mois important pour les Sri Lankais.

Fête de l'Indépendance

Le Sri Lanka a obtenu l'indépendance le 4 février 1948, un événement commémoré chaque année par des festivités, des défilés, des feux d'artifice, des compétitions sportives, etc. dans tout le pays. À Colombo, des cortèges motorisés transportent les politiciens d'une manifestation à l'autre.

Navam Perahera

Célébrée pour la première fois en 1979, la Navam Perahera est l'une des plus grandes et flamboyantes *perahera* du pays. Organisée lors de la *poya* de février, elle part du temple Gangaramaya et fait le tour du parc Viharamahadevi et du lac Beira à Colombo.

Mars

Durant ce mois important pour nombre d'hindous sri lankais, vous pourrez voir les cérémonies de Maha Sivarathri dans les cités anciennes et dans les secteurs de la côte ouest où ils sont majoritaires.

Maha Sivarathri

Fin février ou début mars, cette fête hindoue commémore le mariage de Shiva et de Parvati avec une nuit de veille et d'autres rituels. C'est la fête la plus importante pour les shivaïtes, qui forment la majorité des hindous sri lankais.

Avril

Bien que les chrétiens ne représentent que 6% de la population, les versions sécularisées des fêtes chrétiennes font partie du calendrier festif. Ne soyez pas surpris de voir des œufs de Pâques dans les centres commerciaux.

Aurudu (Nouvel An)

La veille du Nouvel An (13 avril) et le Jour de l'an (14 avril) sont tous deux fériés. Entre l'ancienne et la nouvelle année, toutes les activités cessent pendant une "période neutre", les bus et les trains sont bondés.

Art Trail

À Galle, le quartier du Fort devient une galerie d'art géante durant l'Art Trail (www.gallearttrail.com), un événement bisannuel ; le prochain aura lieu en 2013.

Mai

La mousson du sud-ouest commence, apportant de l'océan Indien des pluies diluviennes qui arrosent la région montagneuse et les stations balnéaires du sud-ouest ; elle va durer cinq mois.

Vesak Poya

Cette fête de deux jours, celui de la *poya* et le lendemain, commémore la naissance, l'éveil et la mort du Bouddha. Elle culmine avec l'allumage de lanternes en papier et de lampes à huile devant chaque maison, boutique et temple bouddhiques.

Juin

Après Vesak, les bouddhistes ont à peine le temps de souffler avant une autre fête religieuse majeure.

Poson Poya

La *poya* de Poson célèbre l'introduction du bouddhisme au Sri Lanka par Mahinda. À Anuradhapura, des festivités se déroulent dans les fameux temples, tandis qu'à Mihintale, non loin, des milliers de pèlerins vêtus de blanc grimpent les 1 843 marches jusqu'au plus haut temple.

Juillet

Les lumières constituent un élément important de la fête bouddhique d'Esala Perahera, qui débute à la fin du mois. Elles font partie des festivités à Kandy, avec un défilé d'éléphants décorés d'ampoules.

Vel

Cette fête se déroule à Colombo et à Jaffna. Dans la capitale, le char doré de Murugan (Skanda), le dieu de la Guerre, est tiré de Pettah à Bambalapitiya. À Jaffna, le Nallur Kandaswamy Kovil accueille 25 jours de festivités.

Kataragama

Une autre grande fête hindoue a lieu à Kataragama, où les dévots se livrent à divers rites de mortification. Elle commémore la victoire de Skanda, le dieu de la Guerre à six visages et douze bras, sur les démons.

Août

Si l'Esala Perahera de Kandy est importante, des *perahera* plus

POYA

Chaque jour de pleine lune (*poya*) est férié. Les hôtels, les bus et les trains se remplissent, surtout si la *poya* tombe un vendredi ou un lundi. La vente d'alcool est interdite et certains établissements ferment. Quelques hôtels et pensions servent discrètement une bouteille de bière à leurs clients assoiffés.

Les jours de *poya* ne coïncident pas toujours avec les jours de pleine lune des calendriers occidentaux. En raison du système religieux utilisé pour calculer le moment exact de la pleine lune, la *poya* peut tomber la veille ou le lendemain de la date indiquée sur les calendriers classiques.

Pour plus d'information sur ces jours importants, reportez-vous p. 285.

modestes ont lieu dans tout le pays. Les festivités comprennent souvent des danseurs et d'autres artistes, dont des marcheurs sur échasses.

Esala Perahera de Kandy

La fête la plus importante et la plus spectaculaire du pays couronne 10 jours et nuits de festivités durant le mois d'Esala. Cette procession grandiose, qui débute fin juillet, rend hommage à la dent du Bouddha, relique sacrée de Kandy.

Nallur Festival

Le temple Nallur Kandaswamy Kovil à Jaffna est le centre d'une fête hindoue spectaculaire, qui dure plus de 25 jours en juillet et août. Elle culmine le 24e jour avec des défilés d'énormes chars et des séances de mortifications par des dévots en transe.

Octobre

Entre les deux grandes moussons, un mois à la météo bizarre, avec des pluies et des bourrasques qui peuvent se produire presque partout, à tout moment.

Deepavali

La fête hindoue des Lumières a lieu fin octobre ou début novembre. Des milliers de lampes à huile célèbrent la victoire du bien sur le mal et le retour de Rama après sa période d'exil.

Novembre

L'avant-dernier mois de l'année est une période d'attente avant l'afflux des touristes, les fêtes de Noël et les pluies de mousson dans le Nord et l'Est desséchés.

European Film Festival

L'industrie cinématographique naissante du Sri Lanka participe à ce nouveau Festival du film européen (www.europeanfilmfestsrilanka.com) qui se tient dans divers endroits du pays, notamment à Jaffna, Kandy, Colombo et Galle. Il a lieu en octobre ou novembre.

Décembre

C'est le début de l'autre grande mousson de l'année qui va durer jusqu'en mars. Le Nord-Est est arrosé de pluies torrentielles.

Adam's Peak

La saison des pèlerinages, quand des pèlerins de toutes confessions (et quelques touristes) grimpent le pic d'Adam près d'Ella, commence en décembre et dure jusqu'à mi-avril. L'ascension commence peu après minuit afin d'être au sommet pour le lever du soleil.

Unduvap Poya

Ce jour de pleine lune commémore Sangamitta, qui apporta d'Inde une bouture de l'arbre sacré de la Bodhi à Anuradhapura en 288 av. J.-C. L'arbre qui en provient, le Sri Maha Bodhi, est considéré comme le plus vieux au monde. Les cérémonies attirent des milliers de participants.

Noël

En dehors des communautés chrétiennes du Sri Lanka, principalement aux alentours de Colombo, Noël est devenu une fête populaire qui s'accompagne de traditions occidentales, des pères Noël portant de curieux masques aux sapins artificiels.

Itinéraires

Que vous disposiez de 6 jours ou de 2 mois, ces itinéraires constituent un point de départ pour un voyage mémorable. Pour d'autres suggestions, visitez www.lonelyplanet.fr/forum/ et discutez avec d'autres voyageurs.

Deux semaines
Capitale, côte et région montagneuse

Commencez par **Colombo**, ses marchés et ses temples bouddhiques pleins de ferveur. Puis empruntez la nouvelle Southern Expressway vers le sud pour rejoindre **Galle** rapidement, évitant la route embouteillée de la côte ouest et les villes quelconques qui la jalonnent. Explorez les rues paisibles du Fort hollandais du XVIIe siècle, le quartier le plus séduisant de Galle.

Détendez-vous ensuite en bord de mer. **Tangalla** offre un choix de plus en plus varié de superbes hôtels balnéaires et une charmante plage de sable peu fréquentée. Dirigez-vous ensuite vers l'arrière-pays pour visiter le **parc national d'Uda Walawe**, où vous verrez des dizaines d'éléphants et nombre d'autres animaux. Empruntez la route sinueuse qui mène au cœur de la région montagneuse et consacrez quelques jours à **Ella**. Des randonnées vous conduiront à des cascades et des pics montagneux. Effectuez l'un des plus beaux trajets ferroviaires au monde jusqu'à **Nuwara Eliya**, une station climatique héritée des colons britanniques et figée dans le temps. Visitez des plantations de thé et faites halte à **Kandy** pour ses temples et ses jardins. De là, vous regagnerez facilement Colombo ou l'aéroport.

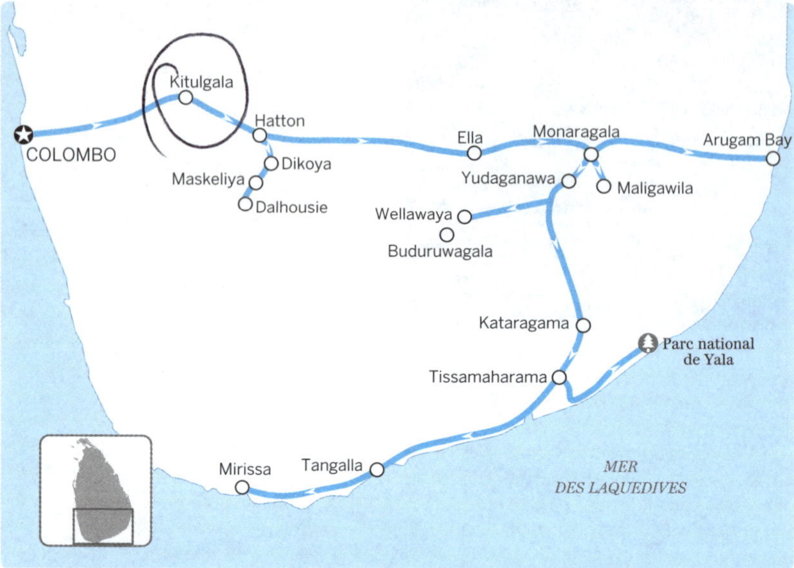

Trois semaines

Montagnes et plages

Visitez **Colombo** et appréciez son dynamisme retrouvé avant d'explorer la province. **Kitulgala** donne accès au rafting sur la Kelaniya Ganga, à des randonnées et à l'observation des oiseaux dans la jungle. Les cinéphiles reconnaîtront des sites de tournage du *Pont de la rivière Kwaï*. Un court trajet conduit à **Hatton**, **Dikoya** et **Maskeliya**, trois bourgades drapées de brume dans l'un des plus beaux secteurs de la région montagneuse. Passez quelques jours à déguster les thés parfumés des plantations, en séjournant dans les luxueux bungalows d'anciens planteurs coloniaux, ou dans les pensions de **Dalhousie**, point de départ classique pour l'ascension de l'Adam's Peak (pic d'Adam) avant l'aube.

Rejoignez ensuite **Ella** à l'est pour d'autres randonnées, des vues splendides et des pensions renommées pour leur excellente cuisine.

Continuez vers **Monaragala**, porte de l'Est et charmant tremplin pour **Yudaganawa**, un ancien site bouddhique parmi les plus envoûtants du pays. Non loin, **Maligawila** abrite un bouddha debout haut de 11 m, vieux de plus d'un millénaire.

Plus loin à l'est, **Arugam Bay** donne envie de s'attarder avec son ambiance surf nonchalante, de savoureux poissons et crustacés, des pensions en bord de mer et peu de voyageurs comparé aux plages du Sud. Ne manquez pas d'explorer en bateau la proche lagune de Pottuvil. Revenez ensuite dans l'arrière-pays via Monaragala jusqu'à **Wellawaya**, et faites un bref détour pour admirer le plus grand bouddha debout du pays à **Buduruwagala**. Profitez de la beauté des petits lacs et du chant des oiseaux.

De Wellawaya, descendez vers les plaines côtières de **Kataragama**, le but du Pada Yatra, un pèlerinage qui commence à l'autre bout de l'île. À proximité, **Tissamaharama**, qui possède l'un des dagobas (stupas) les plus anciens et vénérés du pays, constitue un point d'entrée pratique au **parc national de Yala**, où vous pourrez apercevoir la plupart des animaux emblématiques du Sri Lanka. De "Tissa", allez de plage en plage via **Tangalla** le long de la côte sud jusqu'à **Mirissa**, un bon endroit pour observer les baleines.

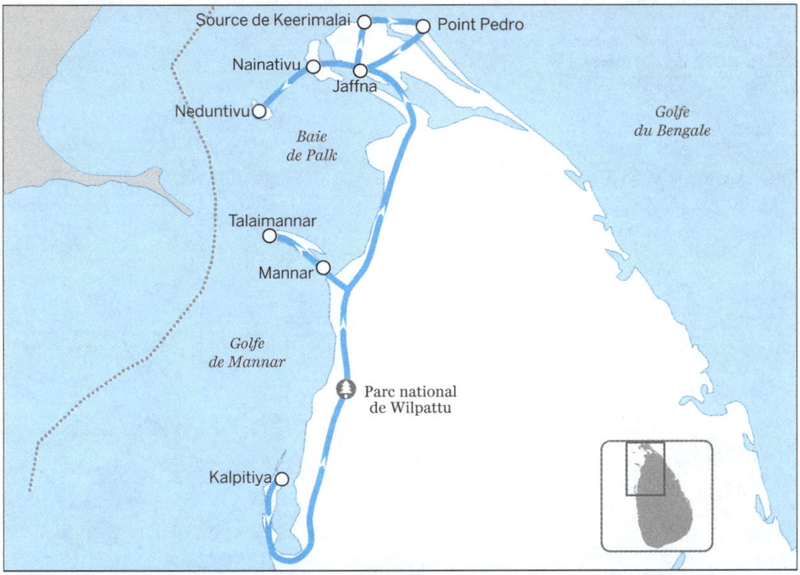

Deux semaines
Sri Lanka pacifié

Depuis la paix, des régions interdites (ou presque) pendant des décennies s'ouvrent aux touristes, qui sont chaleureusement accueillis. Commencez par **Kalpitiya,** la principale bourgade de la longue presqu'île qui s'avance dans l'océan Indien. Si les plages sont quelconques, le kitesurf et la plongée sur des récifs sont fabuleux. Dirigez-vous vers le nord jusqu'au **parc national de Wilpattu**, un joyau fermé pendant les années de guerre qui revient à la vie. Très paisible, il abrite tous les animaux emblématiques du Sri Lanka.

Explorez ensuite **Mannar**, une île étroite peuplée d'ânes sauvages, reliée au continent par une chaussée ; d'une incroyable beauté, elle est bordée par des plages de sable blanc. Au bout de l'île, la ville de **Talaimannar** semble le bout du monde. À cet endroit, une chaîne de récifs et d'îlots forme quasiment un pont terrestre avec l'Inde.

Revenez sur vos pas et rejoignez la péninsule de Jaffna. Si **Jaffna** porte encore les stigmates de la guerre, la riche culture tamoule connaît un renouveau et les jolis temples dans les rues ombragées attendent les visiteurs.

Des routes longtemps fermées ont rouvert et vous pourrez découvrir la **source de Keerimalai**, un site sacré doté de bassins légendaires. Il se situe près du Naguleswaram Shiva Kovil, qui remonte au VIe siècle av. J.-C.

Destination suivante, **Point Pedro** ne s'est pas encore remis du tsunami de 2004, mais conserve des traces de son passé colonial et une longue plage d'un blanc étincelant.

Des îles proches de Jaffna méritent le détour pour leur beauté désolée. **Nainativu**, desservie par des chaussées de plus en plus précaires et par un ferry, possède des temples bouddhiques et hindous qui attirent les fidèles sur ce petit losange sablonneux.

Une plaisante traversée en ferry de 10 km conduit à **Neduntivu**, que certains appellent toujours Delft, son ancien nom hollandais. Dans cet endroit perdu, balayé par les vents, des chevaux sauvages errent dans des rues apparemment désertes.

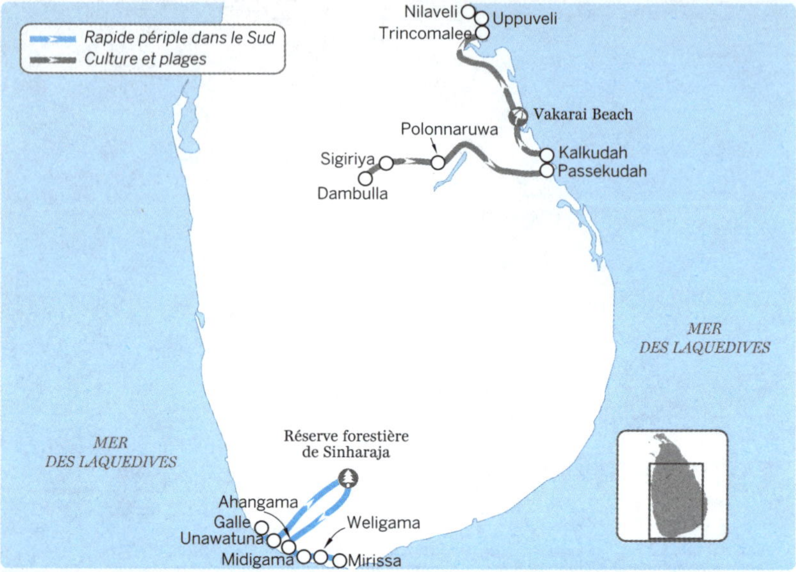

Une semaine
Rapide périple dans le Sud

Bien que rapide, ce circuit permet de se chauffer au soleil. Commencez par **Galle** : fondée par les Portugais au XVIe siècle, c'est l'une des cités coloniales fortifiées les mieux conservées d'Asie du Sud-Est. Arpentez les remparts au coucher du soleil et profitez des nombreux cafés qui bordent les rues, entre des vieux bâtiments rénovés ou joliment délabrés.

Non loin, **Unawatuna** possède un beau croissant de sable et des cafés au bord d'une mer d'un bleu parfait. Jouez ensuite à Tarzan (nombre des films dont il est le héros furent tournés au Sri Lanka) dans la **réserve forestière de Sinharaja**, la dernière grande forêt pluviale du pays, inscrite à l'Unesco.

De retour sur la côte sud, vous découvrirez des spots de surf prisés à **Ahangama** et **Midigama**, des écoles de surf, des bateaux de location et des hébergements bon marché.

Un court trajet vers l'est vous conduira à **Weligama**, qui comprend des complexes balnéaires, un village de pêcheurs animé et de superbes marchés. Un peu plus loin, **Mirissa** est un joyau, avec de ravissants hôtels cachés sous les palmiers.

Une semaine
Culture et plages

Ce circuit comprend le centre peu visité du Sri Lanka. Partez de **Dambulla**, qui compte plusieurs sanctuaires troglodytiques ornés de peintures murales bouddhiques. Rejoignez ensuite **Sigiriya**, un rocher haut de 370 m qui abritait jadis un monastère et l'un des sites les plus fabuleux du pays.

Au nord-est, l'ancienne capitale royale de **Polonnaruwa** abrite de superbes sculptures bouddhiques et les ruines d'un monastère vieux de près d'un millénaire. Dirigez-vous vers l'est jusqu'à la côte et aux plages de **Kalkudah** et **Passekudah**. Si la première est une large étendue de sable déserte, la seconde, tout aussi belle, attire les habitants par centaines.

Poursuivez l'exploration des plages à 20 km au nord par **Vakarai Beach**, l'un des trésors cachés du pays. Ce paradis au milieu de nulle part ne dispose d'électricité que quelques heures en soirée.

Continuez vers le nord pour rejoindre **Trincomalee**, un port naturel idyllique. La guerre récente n'a pas effacé sa riche histoire. Terminez ce parcours par les stations balnéaires jumelles d'**Uppuveli** et de **Nilaveli**, aussi séduisantes l'une que l'autre.

Soleil, mer et sable

Le top des plages

Bien que tout classement soit sujet à controverse, voici nos plages favorites :

Tangalla Entre ses paisibles criques tropicales et ses étendues de sable blanc à perte de vue, Tangalla s'adapte à tous les goûts (p. 116).

Mirissa Sur la côte sud, une station balnéaire à succès mais qui garde tout son charme. C'est aussi le meilleur endroit pour observer les baleines (p. 110).

Uppuveli Beach Une plage fabuleuse le long de la côte est (p. 236).

Arugam Bay Le meilleur spot de surf du pays et la station balnéaire la plus développée de la côte est (p. 218).

Bentota Une étendue déserte de sable doré, bordée d'hôtels de charme (p. 83).

Unawatuna Une superbe étendue de sable, avec un vaste éventail d'infrastructures (p. 103).

Quand partir

Le Sri Lanka est une destination balnéaire pratiquement toute l'année. Quand il pleut à l'est, il fait habituellement beau à l'ouest et inversement.

» La principale saison touristique coïncide avec la mousson du nord-est, qui dure de décembre à mars. Pendant cette période, le soleil brille sur les plages des côtes ouest et sud, où l'industrie touristique bat son plein. En revanche, il pleut souvent sur la côte est et nombre d'hôtels sont fermés.

» De mai à septembre, quand la mousson s'abat sur la côte sud-ouest, rejoignez directement la côte est, protégée de la pluie par les hauts plateaux, ensoleillée et idyllique.

» Même au pic de la mousson du sud-ouest, les matinées sont souvent ensoleillées sur la côte ouest avant les orages de l'après-midi.

» Le nord de l'île est généralement beaucoup plus sec et vous pourrez profiter des plages en toute saison.

Plages

Malgré sa taille réduite, le Sri Lanka possède d'innombrables étendues de sable.

» La côte ouest, la région balnéaire la plus développée, abrite la plupart des complexes hôteliers pour voyages organisés. Que cela ne vous rebute pas car certaines des plages sont les plus belles du pays.

- Avec ses plages fabuleuses, un bon choix d'hébergements et d'activités – de la plongée au surf –, la côte sud est l'endroit le plus prisé des voyageurs indépendants en quête de plaisirs balnéaires.
- La guerre et les troubles ont laissé les plages de la côte est en dehors des circuits touristiques. Avec la paix, tout change et les voyageurs commencent à redécouvrir ses splendides étendues de sable.
- Au nord, les plages désertes constituent la norme et séduiront les plus aventureux.

Nager sans risque

Chaque année, on déplore des noyades au large des plages sri lankaises. À moins d'être un nageur ou un surfeur chevronné, vous risquez de sous-estimer les dangers ou de les ignorer. Les plages sont rarement surveillées et personne ne sautera à l'eau pour vous sauver. Suivez ces quelques règles de base :

- Ne nagez pas où vous n'avez pas pied. Si vous êtes piètre nageur, restez près du rivage.
- Sortez de l'eau dès que vous sentez la fatigue.
- Abstenez-vous de nager si vous avez bu de l'alcool ou pris des drogues.
- Surveillez les enfants *en permanence*.
- Méfiez-vous des courants. Le ressac, ou courant sagittal, peut vous entraîner au large. Lorsque la mer est agitée, les courants peuvent apparaître comme des zones paisibles. Mieux vaut vous renseigner auprès de quelqu'un de fiable avant de vous aventurer dans l'eau.
- Si vous êtes pris dans un courant sagittal, essayez de le *traverser* sans nager à contre-courant. Si vous n'y parvenez pas, restez à flot et levez la main pour signaler que vous êtes en détresse. Un courant finit par s'affaiblir ; l'important est de ne pas paniquer.
- Soyez prudent quand il y a de la houle.
- Prenez garde au corail ; l'effleurer peut être douloureux pour le nageur et fatal pour le corail. Renseignez-vous toujours auprès d'une personne de confiance sur l'éventuelle présence de corail là où vous souhaitez nager.
- Ne plongez jamais : des obstacles peuvent se cacher sous la surface et l'eau peut être moins profonde qu'il n'y paraît.

CULTURE DE PLAGE AU NORD ET À L'EST

Les Sri Lankais sont généralement aimables et tolérants. Sur les côtes sud et ouest, ils sont habitués aux touristes étrangers et à leur tenue de plage minimaliste. À l'est et au nord, la situation est un peu différente : les femmes en maillot de bain, même une pièce, peuvent susciter une attention déplaisante. Même dans les stations balnéaires de la côte est à la popularité croissante, telles qu'Arugam Bay, et sur les plages au nord de Trincomalee, l'attention peut devenir excessive (il y a eu des agressions sexuelles). Sur ces plages, et notamment dans les endroits isolés, il est conseillé aux femmes de ne pas voyager seules et de porter un T-shirt et un short pour se baigner.

MEILLEURE PLAGE POUR...

- **Plongée et snorkeling** Pigeon Island (p. 238), au large de Nilaveli Beach, offre des eaux cristallines, des récifs peu profonds et des poissons colorés – un lieu idéal pour plongeurs débutants et expérimentés.
- **Observation des baleines** On peut voir des baleines tout le long de la côte sri lankaise, mais Mirissa est le meilleur endroit pour observer les baleines bleues qui plongent près de Dondra Head (p. 110).
- **Se faire plaisir** Bentota (p. 83) possède une collection inégalée de fabuleux hôtels de charme et une plage tout aussi somptueuse.
- **Solitude** Ne le répétez pas ! La plage de Talalla Beach (p. 115) est totalement déserte et sublime... pour le moment !
- **Nager sans risque** Unawatuna (p. 103), Passekudah (p. 232) et Uppuveli (p. 236) sont toutes trois des plages calmes et sûres pour la baignade.

MEILLEURS SITES DE PLONGÉE

- » **Great Basses Reefs** (p. 124). À plusieurs kilomètres au large de la côte sud-est, ces lointains récifs sont considérés les meilleurs du pays par les plongeurs. On peut y observer des raies aigle et des requins à pointes blanches. Des trésors ont été trouvés dans des épaves à cet endroit, réservé aux plongeurs expérimentés.
- » **Bar Reef** (p. 76). Ces récifs au nord-ouest du pays offrent des écosystèmes intacts, d'innombrables poissons, des dauphins et des baleines ; ils sont également réservés aux plongeurs expérimentés.
- » **Pigeon Island** (p. 238). Accessibles aux débutants et gratifiants pour les plongeurs chevronnés, les superbes récifs colorés au large de cet îlot permettent de découvrir près de 300 espèces de poissons et d'autres animaux marins. L'endroit se prête aussi au snorkeling.
- » **Unawatuna** (p. 103). On plonge ici sur des épaves et un bateau a été coulé afin d'améliorer l'expérience. Plusieurs écoles de plongée et nombreuses infrastructures. Convient pour tous les niveaux.
- » **Batticaloa** (p. 228). Des eaux calmes et l'exploration de l'épave du HMS *Hermes*, un navire britannique de la Seconde Guerre mondiale.

Surf

Si la houle est présente toute l'année au Sri Lanka, les vagues sont bien moins impressionnantes qu'aux Maldives voisines et en Indonésie. On visite plus ce pays pour sa culture, son climat et sa douceur de vivre que pour le surf. Le Sri Lanka reste néanmoins parfait pour les débutants et pour les surfeurs de niveau moyen afin d'expérimenter leurs premiers reef breaks. Nombre des spots sont proches du rivage et très facilement accessibles.

- » Arugam Bay (p. 218), sur la côte est, offre la vague la plus connue du pays. Cette longue droite se surfe d'avril à octobre.
- » Weligama (p. 109), sur la côte sud, est idéale pour les débutants. Plusieurs écoles et camps de surf s'y sont récemment installés.
- » Sur les côtes ouest et sud, la meilleure période pour le surf s'étend de novembre à avril, avec le début et la fin de cette saison plus propices que janvier et février (quand, bizarrement, viennent la plupart des surfeurs).
- » Les récifs d'Hikkaduwa (p. 87) sur la côte ouest ont acquis une belle notoriété… davantage pour la douceur de vivre que pour la qualité des vagues.
- » Midigama (p. 108), le meilleur spot de la côte sud avec une gauche facile, un beach break constant et un court reef droit, offre la seule vague régulièrement creuse du Sri Lanka.
- » La plupart des stations balnéaires louent des planches (de 300 à 500 Rs l'heure) et proposent des cours (à partir de 30 €).
- » **Low Pressure Stormrider Guides** (www.lowpressure.co.uk) fournit de bons conseils pour le surf au Sri Lanka.

Rafting, canoë et bateau

Vous pourrez pratiquer des sports nautiques loin des plages. Dans les montagnes, des rivières dévalent les versants, créant des conditions idéales pour le rafting.

- » Actuellement, la région la plus connue pour le rafting se situe près de Kitulgala (p. 151), où plusieurs tour-opérateurs proposent des promenades le long des méandres de la rivière (environ 30 $ US par personne) ou, pour les rafteurs expérimentés, des descentes de rapides de classes 4 et 5.
- » **Adventure Sports Lanka** (☎011-279 1584 ; www.actionlanka.com), le tour-opérateur de rafting le plus connu, organise des expéditions à Kitugala et ailleurs depuis son agence à Colombo.
- » Le secteur de Belihul Oya (p. 162), dans la région montagneuse, devient aussi réputé pour le kayak et d'autres sports fluviaux.

De retour sur la côte, vous pouvez réserver un circuit en bateau ou en catamaran pour explorer la côte ou les îles, observer les oiseaux ou pêcher à Negombo, Bentota et dans la plupart des stations balnéaires de la côte est.

Planche à voile et kitesurf

Bien que le Sri Lanka ne soit pas renommé pour ces activités, on peut néanmoins les pratiquer. Negombo (p. 77) possède une bonne école de kitesurf qui propose des

DREAMSTIME ©

(ci-dessus) Le spectacle coloré de la faune récifale
(gauche) Sortie de rafting dans les environs de Kitulgala (p. 151)

PLONGÉE RESPONSABLE

Ces quelques conseils vous aideront à préserver l'environnement et la beauté des récifs :

» Ne mouillez pas votre bateau sur des coraux et ne jetez jamais l'ancre sur des récifs.

» Évitez de toucher des organismes marins vivants ou de traîner votre équipement sur les récifs : le moindre contact peut endommager les polypes. Si vous devez vous tenir au récif, ne touchez que la roche nue ou le corail mort.

» Faites attention avec vos palmes. Même sans contact direct, les remous qu'elles provoquent peuvent endommager les organismes fragiles des récifs. Évitez de soulever des nuages de sable, qui risquent d'asphyxier les organismes.

» Maintenez une flottabilité correcte. Des dégâts majeurs sont causés par des plongeurs qui descendent trop vite et heurtent le corail.

» Faites très attention dans les grottes sous-marines. Passez-y le moins de temps possible car vos bulles d'air peuvent rester coincées au plafond et dessécheront les organismes. Visitez les petites grottes chacun à votre tour.

» Résistez à la tentation de ramasser ou d'acheter du corail et des coquillages, et respectez les sites archéologiques sous-marins, notamment les épaves.

» Veillez à remporter vos détritus et ceux que vous trouvez sur place. Les sacs en plastique sont particulièrement dangereux pour la vie sous-marine.

» Ne nourrissez pas les poissons.

» Perturbez le moins possible la faune marine.

sorties le long de la côte. Plus au nord, la région de Kalpitiya (p. 75) devient réputée pour le kitesurf. Les vents sont plus puissants dans ce secteur, mais les infrastructures restent rares pour le moment.

De même, au nord du pays, Munnar Island et les îles au large de Jaffna offrent un bon potentiel pour la planche à voile, mais restent en dehors des sentiers battus.

Dans la région de Bentota (p. 83), quelques hôtels de luxe et deux tour-opérateurs louent des planches à voile défraîchies et proposent des cours ; comptez environ 10 000 Rs pour un cours de planche à voile.

Observation des baleines et des dauphins

Le Sri Lanka devient mondialement réputé pour l'observation des baleines, notamment la baleine bleue, la plus grosse créature au monde. Mirissa (p. 110) est le meilleur endroit pour organiser une excursion. Sur la côte est, Uppuveli (p. 236) et Nilaveli (p. 238) offrent des excursions plus calmes, mais moins fiables. Dans le nord-ouest, la région de Kalpitiya (p. 75) propose des circuits identiques, mais les dauphins sont plus fréquents que les baleines.

Dans tous ces endroits, des excursions locales sont proposées, mais mieux vaut choisir un tour-opérateur chevronné comme **Jetwing Eco Holidays** (☎011-238 1201 ; www.jetwingeco.com ; 46/26 Navam Mawatha, Colombo) ou **Eco Team Sri Lanka** (☎011-583 0833 ; www.srilankaecotourism.com ; 20/63 Fairfield Gardens, Colombo).

La saison des baleines et des dauphins au large de la côte sud et de Kalpitiya s'étend de janvier à avril, et sur la côte est, de mai à octobre.

Plongée et snorkeling

Le Sri Lanka offre de multiples possibilités de plongée et de snorkeling. Des écoles de plongée sont installées tout au long des côtes (à l'exception du Nord), et vous pourrez pratiquer le snorkeling quasiment partout. En règle générale, vous verrez plus de poissons que de récifs et quelques épaves. Parmi les nombreux poissons tropicaux de l'océan Indien : les poissons-anges, les poissons-papillons, les poissons-chirurgiens et les poissons-scorpions, ainsi que des prédateurs comme les requins à pointes noires et à pointes blanches.

Le long de la côte ouest, la meilleure période pour la plongée et le snorkeling dure de novembre à avril. Sur la côte est, la mer est plus calme d'avril à septembre. Ne vous attendez pas à une excellente visibilité.

À Colombo et dans les principales stations balnéaires de la côte ouest, des boutiques louent et vendent du matériel de plongée et de snorkeling. Les cours PADI coûtent de

250 à 300 € et sont proposés par ces écoles de plongée réputées :

» **Poseidon Diving Station** (p. 87), Hikkaduwa

» **Unawatuna Diving Centre** (p. 103), Unawatuna

» **Sport Diving** (p. 109), Weligama

» **Sri Lanka Diving Tours** (p. 229), Batticaloa

» **Poseidon Diving School** (p. 239), Nilaveli

Consignes de sécurité pour la plongée

Avant toute sortie de plongée ou de snorkeling, prenez les précautions suivantes afin de profiter pleinement de l'expérience sans courir de risques :

» Pour la plongée, vous devez posséder un brevet délivré par un centre reconnu.

» Assurez-vous que vous êtes en bonne forme physique et que vous pourrez plonger sans appréhension.

» Obtenez des informations fiables sur les conditions physiques et environnementales du site de plongée (d'un centre de plongée réputé par exemple).

» Ne plongez que sur des sites correspondant à votre niveau. Si possible, louez les services d'un moniteur compétent et professionnel.

Parcs nationaux et safaris

Les plus belles rencontres avec les animaux sauvages

Baleines bleues Scruter l'horizon lors d'un safari en bateau pour apercevoir la plus grande créature au monde (encadré p. 111).

Le "rassemblement" Le spectacle époustouflant de centaines d'éléphants qui se rassemblent en août sur les rives du lac Minneriya (encadré p. 199).

Dauphins Sourire aux acrobaties des dauphins à long bec, en bancs de centaines d'individus (p. 76).

Tortues Observer les premiers pas incertains des bébés tortues qui traversent la plage pour plonger dans la mer (p. 116).

Léopards Tenter une lente approche vers un léopard dans le parc national de Yala (p. 124).

Bird Wave Découvrir les secrets de cette volée d'oiseaux de diverses espèces à Sinharaja (p. 174).

Le Sri Lanka est l'un des pays d'Asie du Sud les plus intéressants pour l'observation de la faune. L'île possède une surprenante variété d'habitats et d'espèces compte tenu de sa superficie. Même si les animaux ne constituent pas votre passion première, vous serez impressionné par la vue de grandes hardes d'éléphants, d'énormes baleines, de léopards farouches, de bancs de dauphins, de centaines d'oiseaux colorés et de récifs peuplés de poissons multicolores.

L'industrie touristique a rapidement intégré le potentiel que représente la découverte de la faune. Un grand nombre de parcs nationaux, de secteurs protégés et de safaris permet à tout visiteur, du profane au naturaliste, de profiter des espaces sauvages du Sri Lanka.

Faune

Pour un petit pays, le Sri Lanka abrite une incroyable diversité d'espèces animales : 92 de mammifères, 242 de papillons, 435 d'oiseaux, 107 de poissons, 98 de serpents et bien d'autres. Étant donné la fragilité de leur environnement (voir p. 279), il n'est pas surprenant que plusieurs soient menacées.

Mammifères

Si certains mammifères s'observent très facilement, d'autres restent quasiment invisibles comme le léopard, prédateur solitaire

MEILLEURS ENDROITS POUR OBSERVER LES ÉLÉPHANTS

» **Parc national d'Uda Walawe** Avec quelque 500 éléphants présents toute l'année, ce parc offre le plus de chances de voir des pachydermes (p. 173).

» **Parc national de Minneriya** En août, des centaines d'éléphants rejoignent Minneriya, formant un spectaculaire "rassemblement" (encadré p. 199).

» **Parc national de Kaudulla** Plus de 250 éléphants vivent dans ce parc (p. 198).

» **Parc national de Bundala** Des éléphants sont régulièrement observés dans un superbe cadre aquatique (p. 120).

» **Parc national de Yala** Des éléphants très nombreux mais difficiles à voir (p. 124).

» **Parc national de Gal Oya** Sans doute le meilleur parc de l'Est pour observer les éléphants (p. 227).

et essentiellement nocturne, le chacal doré, un charognard, l'ours paresseux à poil long, la civette palmiste (un chasseur apparenté à la belette), la mangouste et le pangolin indien, un animal craintif couvert d'une armure de grosses écailles jaune-gris.

Parfois peu visibles mais toujours audibles, des troupes de primates vivent dans les arbres, tels le langur commun, également appelé Hanuman ou langur gris, le semnopithèque blanchâtre, une espèce endémique, le langur de montagne à poil long (*Trachypithecus vetulus monticola*), et le macaque à toque, reconnaissable à son crâne orné d'une touffe de poils divisée par une raie. Les mouvements lents du loris grêle dissimulent sa capacité à saisir une proie d'un geste vif comme l'éclair.

Parmi les animaux que l'on croise plus souvent – à des moments différents de la journée – figurent le majestueux éléphant d'Asie, le sanglier sri lankais, doté de défenses et omnivore, et des cervidés tels que le sambar, un grand cerf brun, et le chital (ou cerf axis), plus petit et tacheté de blanc. L'écureuil des palmiers, un petit animal à cinq raies avec une queue touffue, se rencontre fréquemment dans les jardins et les parcs des villes, de même que la chauve-souris géante d'Inde, qui vit par centaines dans les grands arbres.

Les plus grands mammifères évoluent dans les eaux autour du Sri Lanka. Des baleines bleues et des cachalots, un peu plus petits, empruntent les corridors de migration au large des côtes. Le secteur autour de Dondra Head, à la pointe sud du pays, est considéré le meilleur endroit au monde pour voir des baleines bleues.

Oiseaux

Un climat tropical, un long isolement du continent asiatique et une diversité d'habitats contribuent à l'abondance de l'avifaune au Sri Lanka. Plus de 400 espèces ont été recensées, dont 26 endémiques et d'autres ne vivant qu'au Sri Lanka et dans le sud de l'Inde. Parmi les 198 espèces migratrices, présentes pour la plupart d'août à avril, les échassiers (chevaliers, pluviers, etc.), qui arrivent chaque année de leur lieu de reproduction dans la toundra arctique, sont les champions de la longue distance.

Les passionnés d'oiseaux peuvent contacter le **Field Ornithology Group of Sri Lanka** (www.fogsl.net), la branche nationale de Birdlife International.

Observer les oiseaux

» Explorez différents habitats – forêt pluviale, parcs urbains et plans d'eau dans la zone aride – pour découvrir la diversité de l'avifaune.

» La période de février à mars est la plus propice pour l'observation. Vous évitez les moussons et les oiseaux migratoires sont toujours présents.

» Les oiseaux aquatiques sont actifs la majeure partie de la journée.

» Si le matin reste le meilleur moment pour observer les oiseaux, vous verrez en soirée de bruyantes volées qui rejoignent leur perchoir.

» Des jumelles aident à identifier les espèces ; vous trouverez des petits modèles légers et peu chers dans les magasins détaxés.

» Choisissez un circuit avec un spécialiste pour voir les espèces endémiques et observer un maximum d'oiseaux en un temps limité.

Organiser votre safari

Où aller

Demandez-vous d'abord quels animaux vous voulez voir et le type de safari que

PRINCIPAUX PARCS NATIONAUX ET RÉSERVES

PARC	SUPERFICIE	CARACTÉRISTIQUES	MEILLEURE PÉRIODE
Parc national de Bundala (p. 120)	62,2 km²	lagune côtière, oiseaux migratoires, éléphants	toute l'année
Parc national de Gal Oya (p. 227)	629,4 km²	prairies, forêt sempervirente, cervidés, Senanayake Samudra (réservoir), éléphants, ours paresseux, léopards, buffles d'Asie	déc-sept
Parc national de Horton Plains (p. 160)	31,6 km²	classé au patrimoine mondial de l'Unesco, forêts d'altitude, prairies marécageuses, précipice de World's End, sambars	déc-mars
Parc national de Kaudulla (p. 198)	66,6 km²	réservoir de Kaudulla, forêt sempervirente, jungle, plaines herbeuses, éléphants, léopards, sambars, chats viverrins, ours paresseux	août-déc
Knuckles Range (p. 147)	175 km²	classé au patrimoine mondial de l'Unesco, villages traditionnels, chemins de randonnée, grottes, cascades, forêt naine d'altitude, forêt sempervirente, forêt fluviale, prairies, broussailles, rizières, 31 espèces de mammifères	déc-mai
Parc national de Kumana (p. 226)	181,5 km²	prairies, jungle, lagunes, mangroves, oiseaux aquatiques	mai-sept
Parc national de Lunugamvehera	235 km²	prairies, réservoir, éléphants	mai-sept
Parc national de Minneriya (p. 198)	88,9 km²	réservoir de Minneriya, macaques à toque, sambars, éléphants, oiseaux aquatiques	mai-sept
Réserve forestière de Sinharaja (p. 174)	189 km²	classé au patrimoine mondial de l'Unesco, sambars, forêt pluviale, léopards, semnopithèques blanchâtres, muntjacs, 147 espèces d'oiseaux recensées	août-sept, jan-mars
Réserve naturelle de Sri Pada (p. 148)	192 km²	classé au patrimoine mondial de l'Unesco, Adam's Peak, chemins de randonnée	déc-mai
Parc national d'Uda Walawe (p. 173)	308,2 km²	prairie, buissons épineux, éléphants, cerfs mouchetés, buffles d'Asie, sangliers	toute l'année
Parc national de Wasgomuwa	393,2 km²	forêt sempervirente, crêtes montagneuses, plaines herbeuses, éléphants, léopards, ours paresseux	juin-sept
Parc national de Wilpattu (encadré p. 75)	1 317 km²	jungle épaisse, broussailles, spartines, éléphants, léopards, ours paresseux, cervidés, crocodiles	jan-mars
Parc national de Yala (p. 124)	141 km²	forêt épineuse tropicale, lagunes, éléphants, ours paresseux, léopards, buffles d'Asie, flamants nains	nov-juil

vous souhaitez faire. Le parc national de Yala (p. 124), au sud-est, figure par exemple au programme de nombreux voyageurs ; si les léopards se montrent davantage qu'ailleurs, la visite prend souvent des airs de cirque avec un minibus derrière l'autre à la recherche des félins. Pour voir un léopard dans une ambiance plus calme (avec moins

MEILLEURS ENDROITS POUR OBSERVER LES OISEAUX

» **Réserve forestière de Sinharaja** Une étendue de forêt pluviale avec quelque 160 espèces d'oiseaux (p. 174).

» **Knuckles Range** Forêts de montagne peu connues, peuplées d'oiseaux vivant en altitude et dans les forêts (p. 147).

» **Parc national de Bundala** Ce parc de marais est une destination classique pour l'observation des oiseaux (p. 120).

» **Parcs nationaux de Yala et de Kumana** Superbes destinations en basse altitude pour découvrir quelque 150 espèces (p. 124 et 226).

» **Marais de Muthurajawela** Un endroit excellent pour observer des oiseaux aquatiques près de Colombo (p. 82).

» **Lagune de Pottuvil** De nombreux échassiers et oiseaux aquatiques peuplent ce plan d'eau peu visité de la côte est (p. 224).

de chances), essayez le parc national de Wilpattu (encadré p. 75), aux infrastructures bien plus rudimentaires.

Parcs nationaux et réserves

Il y a plus de 2 000 ans, des souverains éclairés interdirent toute activité humaine dans certains secteurs. Pratiquement toutes les provinces de l'ancien royaume de Kandy possédaient des *udawattakelle* (sanctuaires), où les animaux et les plantes prospéraient sans être dérangés.

Aujourd'hui, les parcs et les réserves regroupent des sanctuaires traditionnels, ceux créés par les Britanniques et des secteurs récemment aménagés, comme les corridors pour les éléphants. Couvrant environ 8% du territoire, une centaine d'espaces sont surveillés par le gouvernement et répartis en trois types : les réserves naturelles interdites aux visiteurs, les parcs nationaux, accessibles sous conditions, et les réserves avec habitations autorisées. Le Sri Lanka compte aussi deux sanctuaires marins, le Bar Reef, à l'ouest de la péninsule de Kalpitiya, et le parc national de Hikkaduwa (voir p. 87).

Hors des sentiers battus

Près de 82% du territoire est contrôlé par l'État sri lankais. Cet espace est régi par un ensemble de lois destinées à empêcher les activités destructrices et à protéger les zones sensibles, comme les nombreuses forêts naturelles. L'encadré p. 37 fournit des informations sur 11 des 20 parcs nationaux et 3 autres secteurs protégés parmi les 63 sanctuaires, les abondantes réserves forestières et les innombrables marais, avec ou sans titre officiel.

Pour éviter la surfréquentation de certains parcs, n'hésitez pas à vous tourner vers des lieux moins connus mais tout aussi beaux. La visite de Lunugamvehera (qui relie les parcs nationaux de Yala et d'Uda Walawe, permettant aux éléphants de circuler entre les deux) peut remplacer celle de Yala, et Wasgomuwa se substituer à Gal Oya ou Minneriya.

Le Sri Lanka comprend actuellement trois secteurs côtiers reconnus par la Convention de Ramsar sur les zones humides : le parc national de Bundala (p. 120) ; l'estuaire du Madu Ganga (915 ha) près de Balapitiya, à 80 km au sud de Colombo par l'A2, qui abrite l'une des dernières forêts de mangrove intactes ; et la réserve naturelle des réservoirs d'Annaivilundawa, à l'ouest de l'A3 à 100 km au nord de Colombo, un ensemble d'anciens réservoirs d'eau douce aménagés par l'homme qui hébergent aujourd'hui une fabuleuse biodiversité.

Pour des listes de réserves hors des sentiers battus, contactez les services gouvernementaux de conservation ou consultez le site de *LOCALternative Sri Lanka – a responsible travel map* (www.localternative.com).

Quand partir

Si les animaux peuvent s'observer toute l'année, la meilleure saison correspond généralement à la principale saison touristique, de novembre à avril. À cette époque, tous les grands parcs sont ouverts et l'absence de pluies pousse les animaux à se rassembler autour des points d'eau, facilitant l'observation (surtout de février à début avril). Si vous venez durant la mousson du sud-est, de mai à octobre, visitez les parcs proches des cités anciennes et dans l'est de l'île.

Dans le nord du pays, la faune n'a pas encore été recensée et aucun secteur protégé n'est ouvert au public. Cela devrait rapidement changer.

Comment réserver

Il est extrêmement facile d'organiser un safari dans les principaux parcs nationaux et autres secteurs protégés. Des conducteurs de jeep proposent habituellement leurs services dans la ville la plus proche ou à l'entrée des parcs, et les hôtels peuvent également organiser un safari. Il suffit généralement d'arriver la veille, de préciser vos souhaits et de négocier le prix. Dans tous les parcs, les droits d'accès sont payés à l'entrée. Consultez les informations détaillées sur chaque parc dans les chapitres régionaux.

Department of Forest Conservation (☎011-286 6632 ; forlib@sltnet.lk ; 82 Rajamalwatta, Battaramulla). Administre certains secteurs, comme Sinharaja et le Knuckles Range.

Department of Wildlife Conservation (☎011-256 0380 ; 382 New Kandy Rd, Malambe). Gère tous les parcs nationaux ; adressez-vous à lui pour toute question ou demande d'hébergement (bungalows ou camping).

Eco Team Sri Lanka (☎011-583 0833 ; www.srilankaecotourism.com ; 20/63 Fairfield Gardens, Colombo). Eco Team et Jetwing sont les meilleurs tour-opérateurs du pays et peuvent organiser des circuits avant votre arrivée au Sri Lanka.

Jetwing Eco Holidays (☎011-238 1201 ; www.jetwingeco.com ; 46/26 Navam Mawatha, Colombo).

Naturetrek (www.naturetrek.co.uk). Basé au Royaume-Uni, ce tour-opérateur est réputé pour ses circuits, dont certains inhabituels, comme l'observation des papillons et des oiseaux endémiques, et d'autres plus classiques à la découverte de la vie sauvage. Nombre d'autres tour-opérateurs étrangers proposent des circuits animaliers au Sri Lanka.

›

Voyager avec ses enfants

Les meilleures régions

Colombo

Ville chaotique et parfois déplaisante, la capitale offre néanmoins de nombreuses distractions que les enfants (surtout les plus âgés) apprécieront, comme les marchés de Pettah.

Côte ouest

Les plages se suivent sur cette côte sablonneuse et toutes sortes de complexes hôteliers invitent à la détente et aux joies des activités balnéaires.

Sud

D'autres plages, le plaisant fort de Galle (un *vrai* fort !) et des éléphants dans les parcs nationaux à l'est.

Région montagneuse

Les cascades apportent de la fraîcheur et les températures modérées reposent de la chaleur du littoral. Les plantations de thé et les trains constituent de superbes excursions.

Cités anciennes

Temples anciens, forts, ruines, jungle et éléphants. Indiana Jones, nous voilà !

Le Sri Lanka pour les enfants

Le Sri Lanka offre un très grand choix de distractions qui peuvent occuper une famille pendant des semaines. Si des détails pratiques peuvent parfois poser problème, les Sri Lankais adorent les enfants et feront l'impossible pour vous venir en aide.

Se restaurer

Hospitaliers, les Sri Lankais sont prêts à tout pour faire plaisir aux enfants les plus difficiles. La plupart des établissements proposent quelques plats de style occidental.

Pour familiariser votre enfant avec la cuisine sri lankaise, essayez un petit-déjeuner de *pittu* ; le mélange noix de coco et riz devrait lui plaire. Les *hopper* (crêpes de farine de riz), les *string hopper* (nouilles de riz cuites à la vapeur) et les *roti* (sortes de crêpes) correspondent aussi aux goûts des enfants.

La profusion de fruits exotiques frais permet de contenter tout le monde.

À ne pas manquer

Peu d'attractions concernent uniquement les enfants, mais nombre de sites les enchanteront.

» **Orphelinat des éléphants de Pinnewala** Près de Kandy, ce refuge abrite jusqu'à 80 éléphants que les visiteurs peuvent approcher.

» **Millennium Elephant Foundation** Une version plus petite et plus rustique de

VOYAGER AVEC UN BAMBIN *STUART BUTLER*

Nous avons voyagé avec notre fils de 22 mois sur les côtes ouest et sud et dans la région montagneuse. Je mentirais en disant que nous n'avons rencontré aucun problème et que les vacances ont été parfaitement reposantes ! Toutefois, ce fut un voyage gratifiant. La présence de notre fils a facilité les contacts avec la population locale et les autres voyageurs.

Quelques points à signaler : peu d'établissements disposent de lits de bébé. Nous le savions et avions emporté le nécessaire, mais nous avons rencontré d'autres couples qui ont dû partager leur lit avec leur bambin durant tout le séjour. C'était, pour reprendre leurs mots, "des vacances moins romantique que nous l'espérions !" Prévoyez aussi une moustiquaire car les hôtels en ont rarement en supplément.

Commandez toujours le repas des enfants bien à l'avance ; sinon, le temps que les plats soient servis, ils seront trop fatigués pour manger. Notre fils aime le curry, les fruits, le poisson et le yaourt, et nous n'avons eu aucun souci pour le nourrir. Si les vôtres sont plus difficiles, vous trouverez habituellement des pâtes dans les régions touristiques.

Certains voyageurs utilisent les transports publics, nous avons loué une voiture avec chauffeur pour tout le séjour, ce qui a présenté l'avantage d'avoir un "baby-sitter" à disposition !

Le voyage a été bien plus facile le long de la côte que dans les montagnes (où les sites intéressent surtout les adultes). Si vous souhaitez vous simplifier la vie, choisissez une plage et faites des excursions d'une journée.

Les couches, même de la marque que vous utilisez dans votre pays, sont de moins bonne qualité et suffisent rarement pour une nuit. Les tailles sont également plus petites, aussi achetez une taille supérieure au Sri Lanka.

Pinnewala (non loin), avec moins de pachydermes et une moindre fréquentation.

» **Uda Walawe** L'un des meilleurs parcs nationaux pour l'observation de la faune.

» **Elephant Transit Home** Non loin d'Uda Walawe, un lieu de transit pour les éléphants blessés et orphelins.

» **Minneriya** Un parc national réputé pour ses hardes d'éléphants.

» **Élevages de tortues** Sur la côte ouest, ces élevages sont renommés.

» **Polhena** Près de Matara, une plage sûre et peu profonde pour les petits.

» **Polonnaruwa** Les enfants peuvent faire les fous dans ce vaste site ancien interdit aux voitures, parsemé de belles ruines.

» ***Túk-túk*** Ces moyens de transport qui se faufilent en pétaradant donneront des frissons de plaisir à vos bambins.

» **Tour en bateau sur les canaux et les lagunes** Elles plaisent également aux enfants.

Organisation et conseils pratiques

» Les hôtels et pensions possèdent tous des chambres triples et familiales, et fournissent des lits supplémentaires sur demande. La plupart des restaurants ne disposent pas de chaises hautes.

» Si vous voyagez avec un tout-petit, le dilemme consiste à choisir entre une poussette et un porte-bébé. Si possible, emportez les deux. Les poussettes cahotent sur les trottoirs ou bas-côtés inégaux, mais sont pratiques à Colombo et Kandy.

» Vérifiez que votre voiture de location (avec chauffeur) comporte un siège pour enfant. Dans le cas contraire, vous pourrez en acheter un à Colombo.

» Vous trouverez dans tout le pays des supermarchés Cargills Food City et Keells qui vendent des produits pharmaceutiques, des aliments importés pour bébés et des couches jetables.

» L'allaitement en public est accepté. En revanche, il n'existe pratiquement pas de salles pour changer les bébés. Cela ne pose pas problème car vous pourrez le faire en public.

» La rage et des parasites transmis par les animaux sont présents au Sri Lanka. Tenez les enfants à l'écart des animaux errants, y compris chats, chiens et singes.

» Emportez de la crème solaire et un antimoustique pour enfants, car vous n'en trouverez pas sur place.

Les régions en un clin d'œil

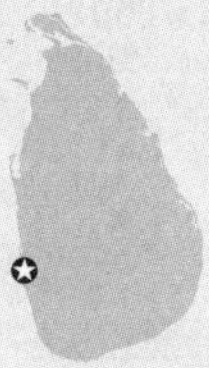

Colombo

Couchers de soleil ✓✓
Vie urbaine ✓✓
Shopping ✓✓

Couchers de soleil
Posté sur les rives de l'océan Indien, Colombo regarde à l'ouest, vers le soleil couchant. Les soirées débutent souvent par une explosion de magenta et de pourpres que l'on peut admirer depuis le bar d'un hôtel ou sur le front de mer, avec les habitants de la capitale.

Vie urbaine
Vous détesterez peut-être la capitale lorsque vous manquerez de vous faire renverser par un fou furieux avec une charrette remplie de marchandises en plein marché de Pettah. Mais quand vous vous serez fait à cette ambiance chaotique, sur le chemin du retour, vous demanderez au chauffeur du rickshaw d'aller plus vite, encore plus vite !

Shopping
Des œuvres d'art au thé en vrac, vous trouverez à Colombo, notamment le long des rues verdoyantes de Cinnamon Gardens, des articles et des cadeaux intéressants et originaux.

p. 46

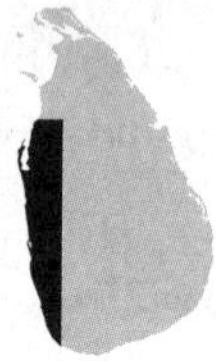

Côte ouest

Plages ✓✓
Activités ✓✓✓
Hébergement ✓✓

Plages
La côte ouest charmera tout le monde avec sa grande variété de plages, allant des stations balnéaires pour voyages organisés aux anciens lieux de rendez-vous des hippies en passant par des étendues presque désertes.

Activités
Surf et plongée vers les récifs d'Hikkaduwa, ornithologie dans les marais, observation des dauphins dans le nord, soins en thalasso ou safari croisière autour de Bentota, il y en a pour tous les goûts.

Hébergement
Sur les plages des environs de Bentota s'élèvent de superbes hôtels de charme qui figurent parmi les plus beaux du pays. Negombo possède aussi quelques bons établissements.

p. 73

Le Sud

Plages ✓✓✓
Activités ✓✓✓
Nature ✓✓✓

Plages
Si certaines plages animées offrent une ambiance festive, d'autres sont très peu fréquentées. Cependant, elles ont toutes pour point commun leur beauté incomparable.

Activités
Dans cette région, les activités se limitent au surf et à la plongée. Le secteur situé entre Galle et Matara est l'un des meilleurs d'Asie du Sud pour le surf. Les plongeurs pourront y découvrir des épaves, des récifs et de superbes poissons.

Nature
Des singes voltigent dans les arbres, les baleines s'ébrouent dans l'océan, les léopards traversent furtivement la nuit, les tortues surgissent du sable et les naturalistes sont aux anges.

p. 93

La région montagneuse

Randonnées ✓✓
Nature ✓✓✓
Restauration ✓✓✓

Randonnées
Que vous traversiez la jungle, alliez prendre l'air sur les hauts plateaux, grimpiez jusqu'à des points de vue vertigineux, flâniez dans des plantations de thé, vous suivrez toujours les traces des dieux.

Nature
Aucune autre région du Sri Lanka ne possède une telle diversité d'habitats : forêts tropicales humides remplies d'oiseaux bruyants, savanes herbeuses où règnent les éléphants et forêts d'altitude recouvertes de lichens.

Restauration
C'est dans la région montagneuse que la préparation – et la dégustation – des plats s'élève au rang d'art. Les pensions préparent bien souvent de très savoureux repas.

p. 128

Les cités anciennes

Monuments ✓✓✓
Temples ✓✓✓
Vélo ✓✓

Monuments anciens
Le quadrilatère de Polonnaruwa, les dagobas d'Anuradhapura, le monastère rocheux de Sigiriya sont quelques-uns des sites spectaculaires du Triangle culturel.

Temples
Au milieu des ruines verdoyantes d'Anuradhapura se dresse le Sri Maha Bodhi, un arbre objet de dévotion depuis 2 000 ans. Bien d'autres temples, comme celui de Mihintale que l'on atteint après avoir grimpé 1 800 marches, inspirent sérénité et respect.

Vélo
Les ruines des cités anciennes se trouvent dans de grands parcs aux sentiers ombragés qu'il est agréable de parcourir à vélo. La plupart des pensions louent des vélos.

p. 178

L'Est

Plages ✓✓✓
Activités ✓✓✓
Nature ✓

Plages
La plupart des longues plages de la côte sont restées sauvages. Même celles qui ont attiré les promoteurs sont de véritables merveilles, associant palmiers, sable blanc et animation discrète dans un parfait dosage.

Activités
L'Est offre un bon choix d'activités à pratiquer entre deux siestes sur la plage. Les vagues sont propices au surf, et récifs et épaves promettent de superbes sorties de plongée et de snorkeling.

Nature
Certes, le parc national de Kumana n'égale pas celui de Yala, son voisin. Mais comme il est aussi ignoré des touristes, vous ne partagerez les léopards, les éléphants et les oiseaux avec personne !

p. 215

Jaffna et le Nord

Redécouverte ✓
Temples ✓✓✓
Îles ✓✓✓

Hors des sentiers battus
Interdit pendant des années aux voyageurs, le Nord est désormais prêt à être exploré. Les routes sont rocailleuses et les trajets pénibles, mais les stigmates de la guerre sont extrêmement émouvants.

Temples
Les immenses portails des temples du Nord s'ornent de dieux hindous peints dans une profusion de couleurs. Prêtres et fidèles vous accueilleront avec chaleur lors de la *puja* (prière).

Îles et bords de mer
Des plages infinies ourlent le littoral et les îles de la région de Jaffna. Le charme des routes côtières et des traversées en bateau de bois vers les îles isolées renforcent la beauté des lieux.

p. 241

Les adresses sont présentées par ordre de préférence des auteurs

Les pictos pour se repérer :

- ♥ Les coups de cœur des auteurs
- Les adresses écoresponsables
- GRATUIT Entrée, accès libre

Voir aussi l'index p. 329 où figurent toutes les localités couvertes dans ce guide.

Sur la route

Colombo

☎ 011 / POPULATION 2,4 MILLIONS

Dans ce chapitre »

Le top des restaurants

» AVP Restaurant (p. 64)
» Hotel De Pilawoos (p. 65)
» Gallery Cafe (p. 65)
» Bu Ba (p. 67)

Le top des hébergements

» Lake Lodge (p. 60)
» Cinnamon Grand Hotel (p. 60)
» Havelock Place Bungalow (p. 62)
» Casa Colombo (p. 62)

Pourquoi y aller

Colombo se débarrasse chaque jour un peu plus de la mauvaise réputation qui lui colle à la peau depuis des décennies. La capitale ne se résume plus à cette ville tentaculaire qu'il faut subir pour atteindre les plages du Sud, mais s'affirme comme une destination à part entière. De nouveaux restaurants, boutiques de créateurs et autres galeries commerciales ne cessent d'y ouvrir leurs portes.

Le long de boulevards souvent ombragés, l'héritage colonial de Colombo est demeuré en grande partie intact. Le quartier du Fort est l'objet d'une restauration historique de grande ampleur et celui de Pettah déborde de marchés et de commerces.

Même Galle Rd, constamment engorgée, est devenue plus soignée, tandis que le front de mer est desservi par de nouvelles routes qui favorisent la construction d'hôtels. Le visage cosmopolite de la capitale se compose de cafés élégants, de magasins, de galeries et de musées. Les vieux quartiers, quant à eux, continuent de réserver d'innombrables surprises. On peut aisément consacrer deux jours à l'exploration de cette ville animée, excellent point de départ ou d'arrivée de tout périple sri lankais.

Quand partir

Colombo

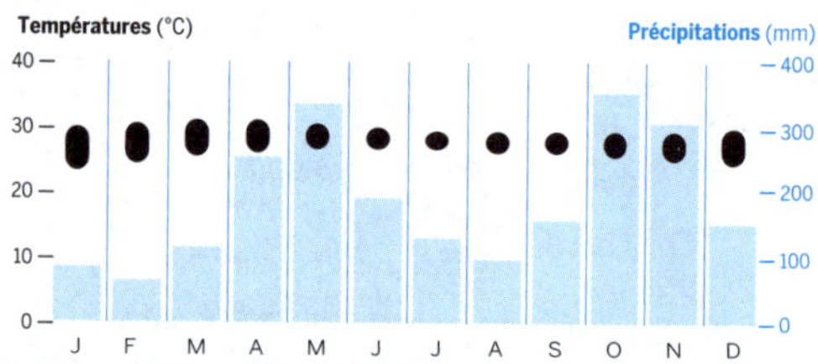

Janvier-mars
La saison la plus sèche, avec ses brises nocturnes rafraîchissantes. L'affluence touristique oblige à réserver bien à l'avance.

Avril
Colombo semble déserte lors du Nouvel An cinghalais car les habitants regagnent leur village natal.

Décembre
Même si les chrétiens ne constituent qu'une minorité, Noël est populaire et les décorations sont nombreuses.

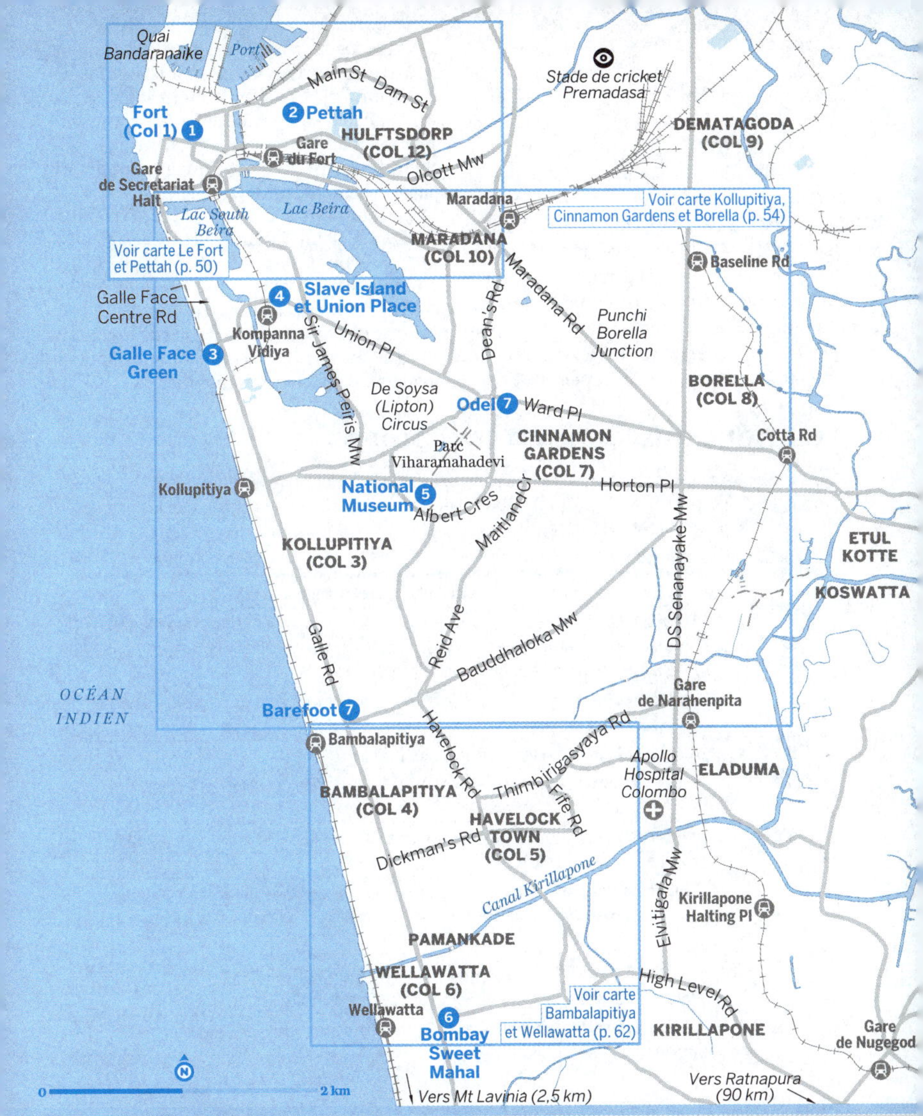

À ne pas manquer

1 Les sites historiques du **quartier du Fort** (p. 49), en pleine restauration

2 Une plongée dans le bazar frénétique du quartier ancien de **Pettah** (p. 50)

3 Le crépuscule au milieu des familles et des amoureux sur la pelouse de **Galle Face Green** (p. 51), face à l'océan

4 Une balade dans les quartiers anciens de **Slave Island** et **Union Place** (p. 52), avant qu'ils ne cèdent la place à des constructions rutilantes

5 La découverte de l'histoire du pays dans l'intéressant **National Museum** (p. 57), au cœur de la ville, près du parc Viharamahadevi

6 Une friandise indienne traditionnelle au **Bombay Sweet Mahal** (p. 66), l'une des nombreuses confiseries de Galle Rd

7 Une virée shopping chez **Odel** et **Barefoot** (p. 68 et 69), deux magasins connus pour leurs articles de mode et de décoration

Histoire

Dès le Ve siècle, Colombo constituait une escale pour les navires marchands entre l'Asie et l'Occident. Au VIIIe siècle, des négociants arabes s'installèrent près du port où ils furent rejoints, en 1505, par les Portugais. Les Hollandais s'imposèrent au milieu du XVIIe siècle et développèrent des plantations de cannelle dans le secteur aujourd'hui appelé Cinnamon Gardens (jardins de Cannelle). Il fallut cependant attendre l'arrivée des Britanniques pour que le port devienne une cité ; Colombo fut proclamée capitale de Ceylan en 1815.

Dans les années 1870, des digues furent construites et des marais inondés afin de bâtir un fort. Colombo connut une transition paisible lorsque le Sri Lanka obtint son indépendance en 1948. Un nouveau parlement fut construit dans le faubourg de Sri Jayawardenepura-Kotte en 1982.

Les attentats à la bombe dans le quartier du Fort pendant les années de guerre civile ont provoqué la dispersion des principaux commerces et institutions dans la capitale. Avec le retour de la paix la ville se développe rapidement, notamment le long de la côte au nord et au sud. Le secteur du Fort connaît également un boom immobilier.

LES PRINCIPAUX QUARTIERS DE COLOMBO

Colombo se divise en 15 secteurs postaux, souvent utilisés pour identifier les différents quartiers. Par exemple, Pettah est habituellement appelé Colombo 11 (ou Col 11).

Les principales zones d'intérêt :

ZONE	QUARTIERS
Col 1	**Fort** Le centre redynamisé de la ville, chic et historique
Col 2	**Slave Island** Pas une île (mais elle accueillit bien des esclaves durant l'ère coloniale hollandaise) ; on y trouve certains des quartiers les plus anciens – et les plus menacés – de Colombo, notamment Union Pl
Col 3	**Kollupitiya** Le cœur commercial de la ville, avec des myriades de magasins, d'hôtels et de sociétés dans Galle Rd
Col 4	**Bambalapitiya** Un prolongement de Col 3
Col 5	**Havelock Town** Le prolongement en voie d'embourgeoisement de Col 4 comprend la très branchée Stratford Ave
Col 6	**Wellawatta** Zone commerçante au sud de Galle Rd. Plus à l'intérieur, Pamankade est une enclave récente et stylée
Col 7	**Cinnamon Gardens** Ce quartier, le plus tape-à-l'œil de Colombo, abrite le National Museum, le parc Viharamahadevi, de vieilles demeures coloniales et des magasins tendance
Col 8	**Borella** Prolongement de Cinnamon Gardens vers l'est, mais plus tranquille
Col 11	**Pettah** Vieux quartier à l'est du Fort, avec des marchés florissants
Col 13	**Kotahena** À côté du port, au nord de Pettah, cette zone abrite de vieux quartiers et d'importants édifices religieux

S'orienter dans Colombo

Galle Rd constitue la colonne vertébrale de Colombo. Elle s'étend du sud du Fort jusqu'à la ville du même nom au sud, en passant par la vieille station balnéaire de Mount Lavinia, administrativement hors de Colombo mais partie intégrante de l'agglomération. La ville s'étale également de façon frénétique en direction de l'aéroport, situé à 30 km au nord.

La numérotation des rues recommence à "1" dans chaque quartier – il existe ainsi un "100 Galle Rd" dans plusieurs quartiers.

Certaines rues portent deux noms, l'ancien nom anglais et le nom cinghalais donné après l'indépendance. Ainsi, Ananda Coomaraswamy Mawatha est également appelée Green Path, et R.A. de Mel Mawatha est aussi connue comme Duplication Rd.

Pour un séjour prolongé, l'*A-Z Street Guide* peut être utile ; les références de Google Maps sont précises et à jour.

COLOMBO EN...

Un jour

Flânez le matin dans les marchés de **Pettah**, entrez dans les petits temples hindous et faites un tour au **Dutch Period Museum**. Dirigez-vous vers l'ouest et le quartier du **Fort**, où vous pourrez prendre le temps d'admirer les travaux de restauration des joyaux de l'époque coloniale comme l'**Old Dutch Hospital**. Un excellent déjeuner local vous attend à l'**AVP Restaurant**.

Dans l'après-midi, visitez le **temple bouddhique Gangaramaya**, puis flânez jusqu'au **parc Viharamahadevi**. Plus tard rejoignez les familles sri lankaises pour un en-cas et une balade en bord de mer au crépuscule à **Galle Face Green**.

Deux jours

Régalez-vous d'un *kotthu roti* (crêpe coupée en morceaux et frite avec divers ingrédients) à l'**Hotel De Pilawoos** avant de visiter l'excellent **National Museum**. Ensuite, une séance de shopping s'impose dans les magasins et boutiques des verdoyants **Cinnamon Gardens** et de **Kollupitiya**. Pour le dîner, rejoignez la clientèle élégante du **Gallery Cafe** ou offrez-vous une dégustation de fruits de mer sur le sable au **Beach Wadiya**.

À voir

Privée de grands sites incontournables, Colombo vaut surtout pour ses quartiers qui couvrent une période allant du début de l'ère coloniale à aujourd'hui. Partez du quartier du Fort ou de Pettah, puis poursuivez vers le sud.

FORT

Durant l'époque européenne, le Fort était véritablement une forteresse, entourée par l'océan sur deux côtés et protégée par des douves vers l'intérieur des terres. Aujourd'hui, il forme le cœur d'une ville en plein renouveau, alliant vénérables édifices coloniaux en restauration et constructions modernes comme le World Trade Center.

La zone est très surveillée car elle abrite la résidence officielle du président et divers ministères. Il vous faudra peut-être faire un petit détour, mais le quartier, très concentré, peut se découvrir aisément à pied. Partez du **phare d'Old Galle Buck** (carte p. 50), qui offre une excellente vue sur la mer. Ce phare, entouré de vieux canons, fut construit en 1954.

Juste au nord, cherchez le grand dagoba blanc de **Sambodhi Chaitiya** (carte p. 50), perché sur des pilotis à 20 m du sol et point de repère pour les marins. La **tour de l'horloge** (carte p. 50), au croisement de Chatham St et de Janadhipathi Mawatha (anciennement Queen St), était un phare à l'origine, bâti en 1857.

Nombre d'anciens bâtiments sont en cours de rénovation dans Chatham St, l'un des plus grandioses étant la **Central Bank** (carte p. 50), un vieil édifice à colonnades. Au nord, Sir Baron Jayatilaka Mawatha abrite les **Lloyd's Buildings** (carte p. 50), rénovés en grande pompe, qui contrastent avec les constructions délabrées de l'est. Dans York St se trouvait jadis le **magasin principal** (carte p. 50) de Cargills, le géant de la distribution. Les longues arcades de ce bâtiment rouge quasiment déserté, qui compte encore quelques vieilles pancartes, témoignent de son élégance passée.

Au nord du Fort, le port animé est interdit d'accès pour l'essentiel mais on peut en avoir une vue splendide depuis la minuscule terrasse du café du **Grand Oriental Hotel** (carte p. 50 ; 2 York St, Col 1 ; 7h-21h).

♥ **Old Dutch Hospital** BÂTIMENT HISTORIQUE
(carte p. 50 ; Bank of Ceylon Mawatha, Col 1). Pièce maîtresse d'un quartier du Fort en pleine renaissance, l'"ancien hôpital hollandais" est un ensemble colonial du début des années 1600. Magnifiquement restauré, il renferme des magasins, des cafés et certains des meilleurs restaurants de la ville. Rafraîchissez-vous entre les colonnes massives de ses arcades.

Église St Peter ÉDIFICE RELIGIEUX
(carte p. 50 ; 7h-17h). Située le long des arcades au nord du Grand Oriental Hotel, cette église abritait autrefois la salle de réception du gouverneur hollandais. Consacrée en 1821, elle contient un plafond en bois d'origine et quantité d'ex-voto attestant de son lien privilégié avec les marins.

PETTAH

Juste après le Fort vers l'intérieur des terres, le bazar animé de Pettah est l'un des plus anciens quartiers de Colombo et un lieu agréable pour passer quelques heures. Il se distingue en outre par sa mixité ethnique. De grands édifices religieux représentent une foule de confessions, tandis que les étals et les boutiques offrent une variété de produits infinie.

Plusieurs rues possèdent leur propre spécialité.

1st Cross St au niveau de Bankshall St	fleurs en plastique
2nd Cross St au niveau de Bankshall St	dentelles et rubans
2nd Cross St	bijoux
Gabo's Lane au niveau de 5th Cross St	remèdes ayurvédiques
Dam St	bicyclettes

La foule peut virer à la cohue le matin et en fin d'après-midi. Les vendeurs pressés tirant sur leurs charrettes aux cargaisons improbables, les *túk-túk* lancés à pleine vitesse, les voitures qui tentent de se frayer un passage dans les étroites ruelles et les gens qui s'agitent en tous sens peuvent donner le vertige. N'hésitez pas à vous trouver un endroit ombragé à l'écart pour observer l'agitation environnante. Wolfendhal Lane fait partie de ces ruelles où l'on peut se réfugier et flâner au fil des échoppes de DVD piratés et de tissus.

♥ **Ancien hôtel de ville** BÂTIMENT HISTORIQUE (carte p. 50 ; Main St, Col 11 ; ⌚8h-17h lun-sam). Ce bâtiment municipal de l'ère britannique, datant de 1865, est quasiment vide aujourd'hui, à l'exception de quelques vieux camions et du matériel municipal qui occupe encore les galeries du rez-de-chaussée. Si vous empruntez l'escalier en acajou d'époque à la suite des préposés (offrez-leur un pourboire de 100 Rs), vous

Le Fort et Pettah

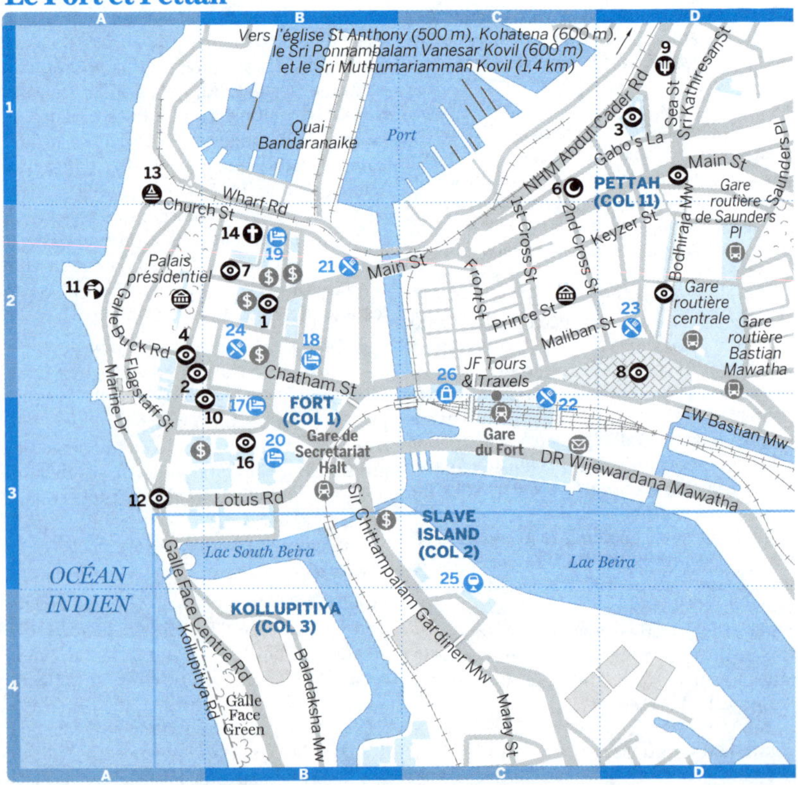

découvrirez un véritable musée de cire dans les anciennes salles du conseil, avec les répliques poussiéreuses des premiers conseillers municipaux de la ville. Cela produit un effet un peu comique et macabre, notamment en raison de la lumière verdâtre qui filtre à travers les vitraux.

Marchés ACHATS
(carte p. 50). Le commerce frénétique de Pettah semble trouver sa quintessence dans ses marchés. À l'est de la gare du Fort, le **Manning Market**, le grand marché de fruits et légumes de la ville, propose tout ce qui pousse au Sri Lanka. Le **Federation of Self Employees Market**, qui s'étend le long de 5th Cross St, fourmille d'articles ménagers et de denrées alimentaires. On trouve le même genre de produit sur les cinq niveaux du **marché central**.

Dutch Period Museum MUSÉE HISTORIQUE
(carte p. 50 ; 95 Prince St, Col 11 ; adulte/enfant 500/300 Rs ; ⌚9h-17h mar-sam). Le Musée hollandais occupe l'ancienne résidence du XVIIe siècle du gouverneur hollandais, successivement transformée en séminaire catholique, hôpital militaire, commissariat de police et poste. La demeure, joliment désuète depuis sa restauration en 1977, abrite une cour charmante. On peut y voir, notamment, des meubles hollandais de l'époque coloniale.

Temples hindous ÉDIFICES RELIGIEUX
(carte p. 50). Nombreux dans la capitale, les temples hindous, appelés *kovil,* se regroupent principalement à Pettah. Les temples suivants ouvrent tous de 6h à 18h. Dans Sea St, la rue des orfèvres, l'**ancien Kathiresan Kovil** et le **nouveau Kathiresan Kovil**, tous deux dédiés à Murugan (Skanda), dieu de la Guerre, sont le point de départ de la fête hindoue de Vel, au cours de laquelle un gigantesque chariot *vel* (trident) est tiré dans plusieurs *kovil* de Galle Rd, à Bambalapitiya.

Mosquées ARCHITECTURE ISLAMIQUE
(carte p. 50). Construite en 1909 au cœur de Pettah, la **mosquée Jami-Ul-Alfar** (angle 2nd Cross St et Bankshall St, Col 11) mérite le détour pour sa superbe décoration de briques peintes en rouge et en blanc. On vous laisse généralement y jeter un œil, sauf à l'heure de la grande prière du vendredi. Moderne, la **Grande Mosquée** (New Moor St, Col 11) est la plus importante de la ville.

Église Wolvendaal ÉGLISE HOLLANDAISE
(carte p. 50 ; Wolvendaal Lane, Col 11 ; ⌚9h-16h). L'église Wolvendaal est le principal édifice hollandais du Sri Lanka. Lors de sa construction en 1749, ce quartier était une étendue sauvage en dehors des remparts de la cité. Les Européens prirent les chacals errants pour des loups et l'appelèrent vallée des Loups (Wolvendaal en hollandais). En forme de croix grecque, avec des murs épais de 1,50 m, cette église renferme un somptueux mobilier hollandais. Le banc réservé aux gouverneurs hollandais est composé de chaises en ébène élégamment sculptées. La chaire, les fonds baptismaux et le lutrin en bois sont tout aussi remarquables. Le sol est ornée de pierres tombales ouvragées de gouverneurs et de colons hollandais tombés depuis longtemps dans l'oubli.

GALLE FACE GREEN

Juste au sud du Fort, Galle Face Green est une longue bande herbeuse s'étirant le long du front de mer. Elle fut à l'origine défrichée par les Hollandais pour dégager la ligne de tir des canons du Fort. Aujourd'hui, ses larges pelouses et sa promenade constituent

Le Fort et Pettah

Les incontournables
Dutch Period Museum ... C2
Marché Federation of Self Employees ... D2
Ancien hôtel de ville ... D1

À voir
1 Cargills Main Store ... B2
2 Central Bank ... A2
3 Marché central ... D1
4 Tour de l'horloge ... A2
5 Grande mosquée ... E1
Grand Oriental Hotel ... (voir 19)
6 Mosquée Jami-Ul-Alfar ... C1
7 Lloyd's Buildings ... B2
8 Marché Manning ... D2
9 New Kathiresan Kovil ... D1
10 Old Dutch Hospital ... B3
11 Phare d'Old Galle Buck ... A2
Old Kathiresan Kovil ... (voir 9)
12 Pélicans ... A3
13 Sambodhi Chaitiya ... A1
14 Église St Peter ... B2
15 Église Wolvendaal ... E1
16 World Trade Center ... B3

Activités
Spa Ceylon ... (voir 10)

Où se loger
17 Colombo City Hotel ... B3
18 Colombo YMCA ... B2
19 Grand Oriental Hotel ... B2
20 Hilton Colombo ... B3

Où se restaurer
21 AVP Restaurant ... B2
Colombo Fort Cafe ... (voir 10)
Curry Leaf ... (voir 20)
22 Lion Cafe ... C3
Ministry of Crab ... (voir 10)
23 New Palm Leaf Hotel ... D2
24 Pagoda Tea Room ... B2

Où prendre un verre
25 7° North ... C3
Brewery by O! ... (voir 10)

Où sortir
Blue Leopard ... (voir 19)

Achats
26 Bazar ... C2
Sri Lanka Gem & Jewellery Exchange ... (voir 16)

un lieu de rendez-vous prisé des amateurs de cerf-volant, des amoureux et des familles. Des **stands de restauration** (carte p. 54), installés à l'extrémité sud en bord de mer, proposent toutes sortes d'en-cas frits et salés. Des enfants se jettent de la petite **jetée** (carte p. 54) dans les eaux suspectes en contrebas. Remarquez les **pélicans** (carte p. 50) perchés sur les poteaux d'éclairage à l'extrémité nord.

Construit au XIXe siècle, le **Colombo Club** (carte p. 54) fait face aux pelouses depuis l'enceinte de l'hôtel Taj Samudra ; ses salles sont toujours utilisées. À l'opposé de la verdure se dresse le délicieux et antique Galle Face Hotel ainsi que les hôtels massifs et vieillissants du Fort. La zone à l'est de Galle Face Centre Rd devrait bientôt accueillir toute une série de résidences luxueuses.

SLAVE ISLAND ET UNION PLACE

Après Pettah, c'est ici que se trouvent les plus anciens quartiers de la capitale. C'est à Slave Island, jadis ceinturée d'eau pour l'essentiel, que les Hollandais parquaient les esclaves durant l'ère coloniale. Quelque peu oubliée pendant la guerre mais proche du Fort et de Galle Face Green, cette zone pourrait bientôt attirer les promoteurs. Pour le moment, elle est propice aux balades tranquilles le long du **lac South Beira** (carte p. 54).

Avec ses grands immeubles d'affaires à son extrémité sud, Union Place devrait rapidement changer de visage. En attendant les bulldozers, ses ruelles étroites vibrent au rythme d'un mode de vie inchangé depuis des siècles. Commencez par l'enfilade de **devantures coloniales** (carte p. 54) sur Union Pl puis plongez dans le quartier en vous dirigeant vers Malay St au sud puis Church St. Des étals minuscules vendent des produits de provenance incertaine et chaque ruelle réserve une surprise. Poursuivez vers le sud jusqu'à Nawam Mawatha et le lac South Beira.

LAC SOUTH BEIRA ET SES ENVIRONS

Le lac South Beira constitue l'un des lieux les plus charmants de Colombo. Sur l'eau, les pélicans se disputent l'espace avec les pédalos en forme de cygne, très prisés des couples d'amoureux en quête d'intimité.

Centre de méditation Seema Malakaya SITE SPIRITUEL

(carte p. 54 ; ⌚6h-18h). Parmi les sites les plus photographiés de la capitale, ce centre est installé sur une île, à l'est du lac. Petit mais séduisant, il fut conçu par Geoffrey Bawa en 1985 (voir l'encadré p. 53) et il est géré par le temple Gangaramaya. Les pavillons, l'un rempli de bouddhas en bronze thaïlandais, l'autre abritant un arbre de la Bodhi et quatre reliefs brahmaniques, sont particulièrement impressionnants en soirée, quand ils sont illuminés.

Temple Gangaramaya TEMPLE BOUDDHIQUE

(carte p. 54 ; Sri Jinaratana Rd, Col 2 ; ⌚5h30-22h). Dirigé par un bonze très engagé sur la scène politique, ce temple animé comprend une bibliothèque, un **musée** (don 100 Rs) et une collection fabuleusement éclectique d'offrandes dorées et incrustées de joyaux déposées par les fidèles au fil des ans. Le Gangaramaya est le centre de la Navam Perahera (p. 59) de la *poya* (pleine lune) de février. Vous aurez peut-être envie de prier pour l'éléphant tristement enchaîné dans un coin du temple.

KOLLUPITIYA

Cette longue succession de commerces suivant Galle Rd, engorgée par le trafic, regroupe toutes sortes de boutiques, de sociétés et d'hôtels, modestes ou grandioses. L'endroit, riche en surprises, est idéal pour se balader. On y trouve aussi plusieurs lieux prisés pour les en-cas : voir p. 65. Les travaux dans Marine Dr devraient contribuer à un très prochain développement du front de mer.

Saskia Fernando Gallery GALERIE D'ART

(carte p. 54 ; www.saskiafernandogallery.com ; 61 Dharmapala Mawatha, Col 3 ; ⌚10h-19h lun-ven). Certains des meilleurs artistes contemporains sri lankais sont exposés dans cette galerie blanchie à la chaux.

CINNAMON GARDENS

À 5 km au sud du Fort et vers l'intérieur des terres par rapport à Kollupitiya, Cinnamon Gardens (jardins de Cannelle) est le quartier le plus chic de Colombo. Couvert de plantations de cannelle il y a un siècle, il est aujourd'hui sillonné de belles rues bordées d'arbres, où se succèdent demeures somptueuses, ambassades, cafés et boutiques de luxe, plusieurs terrains de sport, ainsi que divers musées et galeries.

Coiffé d'un dôme blanc, l'**ancien hôtel de ville** (White House ; carte p. 54), datant de 1928, domine le parc Viharamahadevi, le cœur du quartier. Au sud, on trouve l'étonnant Nelum Pokuna, un théâtre construit plus récemment.

Le **DeSoysa (Lipton) Circus** (carte p. 54) est un rond-point animé et un important carrefour ; hautement recommandé, l'Odel Unlimited, un grand magasin climatisé haut de gamme, occupe un de ses angles. En face, l'**église baptiste de Cinnamon Gardens** date de 1877. Au sud de l'église,

GEOFFREY BAWA OU LA POÉSIE ARCHITECTURALE

Geoffrey Bawa (1919-2003), le plus renommé des architectes sri lankais contemporains, mêla les styles contemporains et anciens, créant une œuvre que l'architecte Ranjith Dayaratne a décrite comme "l'introduction de la poésie dans le lieu".

L'utilisation de cours et de passages lui permit de développer des liaisons agréables entre l'intérieur et l'extérieur de ses constructions. Il y intégrait fréquemment des espaces contemplatifs, ainsi que des zones fermées offrant quelques ouvertures sur l'environnement. Il ne s'opposait pas à ce que la nature s'empare de ses projets, favorisant même la croissance de la jungle le long des murs et des toits.

Attaché à l'esthétique des lieux, Bawa s'intéressait aussi aux aspects fonctionnels de l'architecture, ouvrant et exposant ses bâtiments à l'air et à la lumière, tout en les protégeant des rigueurs du climat.

L'approche de Bawa, remarquable par son originalité eut une influence qui dépassa les frontières du Sri Lanka.

Parmi ses réalisations, citons le parlement à Colombo et le Kandalama Hotel près de Dambulla.

Le bâtiment historique qui abrite le Gallery Cafe, à Colombo, était le bureau de Bawa. C'est désormais un espace d'exposition. On peut aussi admirer dans la capitale le centre de méditation Seema Malakaya, l'un de ses joyaux architecturaux.

Kollupitiya, Cinnamon Gardens et Borella

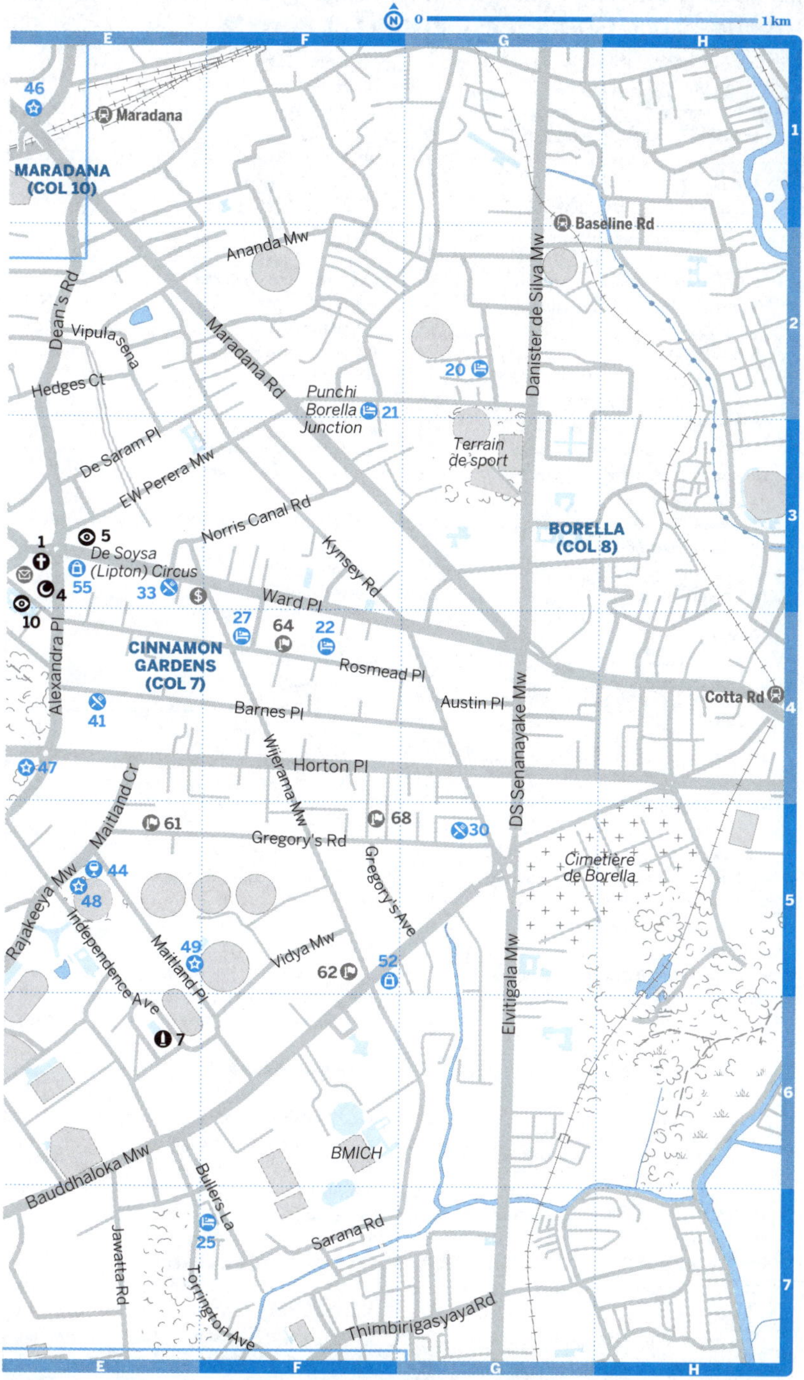
0
1 km
E
F
G
H
1
2
3
4
5
6
7
46
Maradana
MARADANA (COL 10)
Baseline Rd
Ananda Mw
Dean's Rd
Vipula sena
Hedges Ct
Maradana Rd
Punchi Borella Junction
21
20
Danister de Silva Mw
Terrain de sport
De Saram Pl
EW Perera Mw
Norris Canal Rd
Kynsey Rd
BORELLA (COL 8)
1
5
De Soysa (Lipton) Circus
55
33
4
10
Ward Pl
27
64
22
Alexandra Pl
CINNAMON GARDENS (COL 7)
Rosmead Pl
Austin Pl
Cotta Rd
41
Barnes Pl
DS Senanayake Mw
Wijerama Mw
47
Horton Pl
Maitland Cr
61
68
30
Gregory's Rd
Cimetière de Borella
44
Rajakeeya Mw
48
Gregory's Ave
Independence Ave
Maitland Pl
49
Vidya Mw
62
52
Elvitigala Mw
7
BMICH
Bauddhaloka Mw
Bullers La
Jawatta Rd
25
Sarana Rd
Torrington Ave
Thimbirigasyaya Rd

Kollupitiya, Cinnamon Gardens et Borella

Les incontournables

Temple Gangaramaya C3
National Museum D4
Saskia Fernando Gallery C6

À voir

1 Église baptiste de Cinnamon Gardens E3
2 College House D6
Colombo Club .... (voir 26)
3 Devantures coloniales B2
4 Mosquée Dewata-Gaha E3
5 Eye Hospital E3
6 Stands de restauration A2
7 Mémorial de l'indépendance E6
8 Marché d'art Kala Pola D4
9 Lionel Wendt Centre D5
10 Ancien hôtel de ville E3
11 Jetée A2
12 Saifee Villa D7
13 Centre de méditation Seema Malakaya C3
14 Université de Colombo D6

Activités

Kemara .... (voir 41)
15 Spa Ceylon D3

Où se loger

16 Cinnamon Grand Hotel B3
17 Galle Face Hotel A3
18 Hotel Renuka & Renuka City Hotel B5
19 Lake Lodge C4
20 Mrs Chitrangi de Fonseka's G2
21 Mrs Swarna Jayaratne's F2
22 Parisare F4
23 Park Street Hotel D3
24 Pearl City Hotel C7
25 Ranjit's Ambalama F7
26 Taj Samudra A2
27 Tintagel F4
28 YWCA National Headquarters B3

Où se restaurer

Barefoot Garden Cafe .... (voir 51)
29 Bars Cafe C5
30 Bayleaf G5
Boulevard .... (voir 55)
31 Carnival B5
32 Chesa Swiss C5
33 Coco Veranda Cafe E3
34 Commons D5
35 Cricket Club Cafe C7
36 Gallery Cafe C7
37 Green Cabin C7
38 Hotel De Pilawoos C4
39 Keells B3
40 Keells B4
41 Milk & Honey Cafe E4
Paradise Road Cafe .... (voir 56)
Park Street Mews .... (voir 15)
42 Raffles C6

Où prendre un verre

43 Castle Hotel B2
44 Clancy's Irish Pub E5
Galle Face Hotel .... (voir 17)
45 White Horse B3

Où sortir

46 Elphinstone Theatre E1
Lionel Wendt Centre .... (voir 9)
Mojo .... (voir 26)
47 Nelum Pokuna Performing Arts Theatre E4
48 Silk E5
49 Sri Lanka Cricket E5

Achats

50 Arpico D3
51 Barefoot C7
52 Buddhist Book Centre F5
53 Crescat Boulevard B3
Dilmah Tea Shop .... (voir 53)
Dilmah Tea Shop .... (voir 55)
KT Brown .... (voir 15)
54 Laksala D7
Mlesna Tea Centre .... (voir 53)
55 Odel E3
56 Paradise Road D3
57 Photo Technica B5
58 Photo Technica B4
59 Sri Lanka Cashew Corporation B6
60 Sri Lanka Tea Board Shop C6
Vijitha Yapa Bookshop .... (voir 53)

Renseignements

61 Ambassade d'Australie E5
62 Haut-Commissariat de Grande-Bretagne F5
63 Ambassade du Canada C5
64 Ambassade de France F4
65 Ambassade d'Allemagne C7
66 Haut-Commissariat de l'Inde A3
67 Service des visas de l'Inde C6
68 Ambassade de Suisse E6
69 Sri Lanka Tourist Board A3
Police touristique .... (voir 69)
70 Ambassade des États-Unis B4

la **mosquée Dewata-Gaha** (carte p. 54), un bâtiment décrépi de 1802 aux murs blanchis par le soleil, se remplit lors de la prière du vendredi après-midi. On peut difficilement manquer le bâtiment hétéroclite de briques rouges et blanches de l'ancien **Eye Hospital** (carte p. 54), qui attend d'être sauvé de la ruine.

National Museum MUSÉE
(carte p. 54 ; Albert Cres, Col 7 ; adulte/enfant 500/300 Rs ; 9h-18h). Un grand bouddha en pierre du IXe siècle vous accueille avec son sourire énigmatique à l'entrée de la principale institution culturelle du pays. Dans des galeries remontant à 1877, le Musée national conserve un grand nombre d'œuvres d'art sri lankais – peintures, sculptures et statues –, ainsi que des épées, des fusils et d'autres objets de l'époque coloniale. Il contient aussi d'intéressantes reproductions de peintures anglaises du Sri Lanka datant du XIXe siècle et une splendide collection d'antiques masques de démons. Remarquez le magnifique trône royal réalisé pour le roi Wimaladharma en 1693, de même que les sandales en bronze d'un bodhisattva du IXe siècle. Les jardins ombragés sont plantés de splendides banians.

Parc Viharamahadevi ESPACE VERT
(carte p. 54). Appelé à l'origine parc Victoria, c'est le plus grand espace vert de Colombo. Il fut rebaptisé dans les années 1950 du nom de la mère du roi Dutugemunu (voir p. 266). Il est remarquable pour ses arbres en fleurs de mars à début mai. Des éléphants domestiqués passent parfois la nuit dans le parc, mâchonnant tranquillement les branches des palmiers.

National Art Gallery GALERIE D'ART
(carte p. 54 ; 106 Ananda Coomaraswamy Mawatha, Col 7 ; entrée libre ; 9h-17h, fermé jours de poya). Cette galerie n'a de grandiose que le nom. Jouxtant le National Museum, elle possède une petite collection permanente de portraits et de paysages, sans légendes… ni air conditionné.

Lionel Wendt Centre CENTRE DES ARTS
(carte p. 54 ; 269 5794 ; www.lionelwendt.org ; 18 Guildford Cres, Col 7 ; 9h-13h et 14h-17h lun-ven, 10h-12h et 13h-17h sam-dim). Ce centre accueille régulièrement des événements culturels, des expositions et des spectacles.

Université de Colombo UNIVERSITÉ
(University of Ceylon ; carte p. 54). Le vaste campus de l'université de Colombo, qui ouvrit ses portes sous le nom de Ceylon Medical School en 1870, est ceint de longues avenues arborées constellées de demeures coloniales. On notera la Cumaratunga Munidasa Mawatha, au sud-ouest des vertes pelouses. Imaginez la vie rêvée de ceux qui firent bâtir la baroque **Saifee Villa** et la **College House** voisine, en 1910 et en 1912 respectivement.

À NE PAS MANQUER

MARCHÉ D'ART KALA POLA

Chaque dimanche matin, Ananda Coomaraswamy Mawatha, la large avenue au sud du parc Viharamahadevi, s'anime au gré des œuvres exposées par les artistes locaux. Cette explosion de couleurs hebdomadaire est un prolongement du **marché d'art Kala Pola** (carte p. 54), un événement annuel qui se déroule le troisième dimanche de janvier, avec près de 500 artistes exposés. Sur ce marché, véritable kaléidoscope créatif, vous trouverez peut-être la bonne affaire de vos rêves.

Mémorial de l'Indépendance MONUMENT
(carte p. 54 ; Independence Square, Col 7). Construit pour célébrer l'indépendance nationale conquise aux dépens des Britanniques en 1948, cet énorme édifice en pierre s'inspire vaguement de la salle d'audience de Kandy. Idéal pour échapper à la cohue citadine.

SUD DE COLOMBO

Au sud de Kollupitiya et de Cinnamon Gardens, le paysage n'est guère différent. L'axe commercial de Galle Rd continue au sud à travers les quartiers de Bambalapitiya et Wellawatta. Plus à l'intérieur, Havelock Town constitue une version plus décontractée de Cinnamon Gardens et compte de nombreux hôtels confortables de catégorie moyenne. Le seul quartier vraiment pétillant est **Pamankade**, avec des boutiques et des cafés dignes d'intérêt dans Stratford Ave.

Puppet Museum MUSÉE
(musée des Marionnettes ; 573 5332 ; www.puppet.lk ; Anagarika Dharmapala Mawatha, Dehiwala ; 500 Rs, prix des spectacles variables ; 9h-17h). Dans les villages sri lankais, les spectacles de marionnettes ont longtemps fait partie des divertissements traditionnels. Des troupes proposaient de longues représentations aux scénarios complexes. Ce séduisant musée en perpétue la tradition.

Des dizaines de marionnettes colorées et expressives sont exposées. Contactez le musée pour savoir si un spectacle est proposé. Il est situé à environ 200 m à l'est de Galle Rd, à mi-chemin entre Wellawatta et Mount Lavinia.

MOUNT LAVINIA

Station balnéaire historique de Colombo, Mount Lavinia offre un répit salutaire après la cacophonie et la pollution de la capitale. La **plage** est correcte, malgré les eaux suspectes déversées par certains fleuves après les pluies et les courants sous-marins parfois dangereux. Si la côte sud et ses plages magnifiques fait partie de votre programme, inutile néanmoins de vous arrêter ici. Mount Lavinia compte d'agréables cafés en bord de mer, parfaits pour lézarder en attendant le coucher du soleil.

KOTAHENA

Kotahena, au nord-est de Pettah, est étroitement lié au port de Colombo, qui constitue la lisière ouest de la ville. Le quartier est moins commerçant que Pettah mais de nombreux édifices et rues témoignent du passé. Vous pourrez aisément visiter les sites mentionnés ci-après en *túk-túk*.

Temples hindous ÉDIFICES RELIGIEUX

Durant la fête des moissons de Thai Pongal (en janvier), les fidèles affluent au **Sri Ponnambalam Vanesar Kovil** (hors carte p. 50 ; Srimath Ramanathan Mawatha), joliment construit en granit d'Inde du Sud, et le **Sri Muthumariamman Kovil** (hors carte p. 50 ; Kotahena St, Col 13). La déesse qui donne son nom à ce dernier est censée être à l'origine de nombreux miracles.

Église St Anthony ÉDIFICE RELIGIEUX

(hors carte p. 50 ; St Anthony's Mawatha, Kotahena ; 6h-18h). L'église St Anthony, l'un des sanctuaires les plus intéressants de la ville, ressemble à une église catholique portugaise, mais il y règne une atmosphère typique du sous-continent indien. Des files de dévots offrent des *puja* (prières ou offrandes) à une dizaine de statues, avec une préférence pour saint Antoine, auquel on attribue (selon plusieurs religions) des pouvoirs miraculeux. Des mères amènent leurs filles pubères afin de les protéger des esprits malins qui pourraient profiter de leur sexualité naissante. Évitez de prendre des photos.

Cathédrale St Lucia ÉDIFICE RELIGIEUX

(hors carte p. 50 ; St Lucia's St, Kotahena ; 5h30-12h et 14h-19h). Au cœur du quartier catholique de Kotahena, la monumentale cathédrale St Lucia de 1887, la plus grande église du pays, peut accueillir 5 000 fidèles. Son intérieur est plutôt dépouillé.

NORD ET NORD-OUEST DE COLOMBO

La route qui relie Colombo à Negombo, à l'aéroport et au nord, est souvent complètement engorgée et parsemée de toutes sortes de centres commerciaux visant la classe moyenne émergente du pays. Les premiers kilomètres de la route qui mène à Kandy offrent un spectacle similaire, même si les paysages verdoyants viennent rapidement soulager le regard.

Kelaniya Raja Maha Vihara TEMPLE BOUDDHIQUE

On raconte que le Bouddha aurait visité le site de ce temple lors de sa troisième venue au Sri Lanka. Grandiose et labyrinthique, le lieu a connu une histoire mouvementée. Le bâtiment originel fut détruit par des envahisseurs indiens, avant d'être restauré puis détruit de nouveau par les Portugais au XVIe siècle. Les Néerlandais le firent rebâtir au XVIIIe siècle afin de s'attirer les faveurs de la population locale. Le dagoba, inhabituellement creux, est le centre de la fête de Duruthu Perahera (voir p. 59), chaque année en janvier. Le complexe se trouve à 7 km au nord-est du Fort, à l'écart de la route de Kandy.

Activités

Ayurvéda et spas

Les spas et les cliniques de médecine ayurvédiques sont très courus au Sri Lanka. Pour plus d'informations sur ces traitements et thérapies traditionnels, reportez-vous p. 303.

Spa Ceylon SPA

(www.spaceylon.com) Old Dutch Hospital (carte p. 50 ; 566 5599 ; Fort, Col 1 ; 10h-23h) ; Park St Mews (carte p. 50 ; 230 7676 ; Park St, Col 2 ; 10h-23h). Cette chaîne de spas de luxe propose des traitements ayurvédiques ainsi que des soins classiques dans un cadre élégant.

Kemara SPA

(carte p. 54 ; 269 6498 ; www.kemaralife.com ; 12 Barnes Pl ; 10h-20h). Traitements complets et produits de luxe, souvent à base de fruits et d'herbes. Large gamme de traitements et de thérapies.

Siddhalepa Ayurveda Hospital SPA

(hors carte p. 64 ; 273 8622 ; www.siddhalepa.com ; Templers Rd, Mt Lavinia). Ce centre de soins ayurvédiques dispense des traitements et des thérapies à l'heure ou à la semaine. Il propose également une herbe médicinale du mois (le gingembre, lors de notre passage).

Baignade

Évitez les eaux polluées près de Galle Face Green. Le seul endroit où l'on peut envisager de se baigner est Mount Lavinia, et encore…

Vous pouvez aussi choisir une baignade payante dans un hôtel avec piscine. La plupart vous permettront d'utiliser leurs équipements pour une somme allant de 500 à 1 000 RS. Parmi les options valables, citons la piscine d'eau de mer découverte du Galle Face Hotel, sur le front de mer, et la piscine superbement située du Mount Lavinia

Méditation

Centre de méditation Kanduboda RETRAITE SPIRITUELLE

(☎240 2306 ; www.metta.lk/temples/kanduboda/). Situé à Delgoda, à 25 km de Colombo, c'est un centre majeur d'enseignement de la méditation dans le style du vénérable maître birman Mahasi Sayadaw. L'hébergement et les repas sont offerts gracieusement, mais les dons sont souhaités. La plupart des participants suivent un stage d'initiation de trois semaines, après lequel ils peuvent méditer indépendamment aussi longtemps qu'ils le souhaitent. Le bus Pugoda n°224 passe par le centre ; vous pouvez le prendre à la gare routière centrale, dans Olcott Mawatha.

Circuits organisés

Colombo City Tour VISITE EN BUS

(☎281 4700, 077 759 9963 ; www.colombocitytours.com ; visite 2 850 Rs ; ⌚8h30 mer, sam et dim). Découvrez Colombo en bus à impériale découvert. La balade de quatre heures couvre l'ensemble de la ville et s'arrête notamment au National Museum. Explications en anglais. En-cas et eau inclus.

Colombo Walking Tour VISITE À PIED

(☎077 683 8659 ; www.sriserendipity.com ; visite à partir de 20 $US). Sous la houlette de Juliet Coombe, auteur de guides de voyages sur Colombo et le Sri Lanka, découvrez les secrets et les lieux uniques du centre de la capitale.

Fêtes et festivals

Des manifestations de toutes sortes ont lieu dans la capitale, comme les courses à pied et les concerts en plein air près de l'océan.

Duruthu Perahera FÊTE RELIGIEUSE

Se tient au Kelaniya Raja Maha Vihara pour la *poya* de janvier

Navam Perahera FÊTE RELIGIEUSE

Cette procession est conduite par 50 éléphants lors de la *poya* de février ; elle part du temple Gangaramaya et passe par le parc Viharamahadevi et le lac South Beira.

Vel FÊTE RELIGIEUSE

Au cours du Vel, en juillet-août, le chariot doré de Murugan (Skanda), le dieu hindou de la Guerre, est tiré du *kovil* Kathiresan, jusqu'à un autre *kovil* à Bambalapitiya.

Où se loger

À l'image de la ville, longtemps assoupie, le secteur de l'hébergement de Colombo s'éveille progressivement. Des hôtels haut de gamme se construisent, d'autres sont rénovés et les luxueux hôtels de charme prolifèrent dans les quartiers huppés. Par ailleurs, la capitale offre de nouvelles adresses d'excellente qualité dans les catégories moyenne et petits budgets.

Au milieu de ce vent de nouveauté, quelques établissements plus anciens continuent de vivre sur leur gloire passée. Le Fort et Galle Rd comptent notamment quelques établissements médiocres qui ont peu évolué au cours des décennies écoulées. En raison du nombre croissant de touristes, mieux vaut réserver – surtout la première nuit à Colombo – pour éviter les mauvaises surprises.

À NE PAS MANQUER

COUCHERS DE SOLEIL

L'océan Indien peut offrir des couchers de soleil aux couleurs si vives et variées que l'œil peine à en distinguer toutes les nuances. Nombreux sont ceux qui choisissent d'admirer le spectacle depuis les terrasses des environs protégés du Galle Face Hotel, mais l'expérience est plus authentique à Galle Face Green. Partagez ce moment de grâce naturelle avec d'autres promeneurs en dégustant un en-cas. Les cafés de bord de mer de Mount Lavinia constituent d'autres d'excellents points d'observation. Notez bien que le temps ne présage en rien de la qualité du coucher de soleil : une journée grise peut accoucher d'un crépuscule tout de pourpre et de mauve.

Negombo (p. 77), proche en voiture de l'aéroport international Bandaranaike, offre une large gamme d'hébergements, dont plusieurs donnent directement sur la plage.

FORT ET PETTAH

Le Fort abrite des hôtels haut de gamme de style international, dont certains sont cependant vieillissants. Vous y trouverez également des hôtels historiques dont les tarifs compensent les faiblesses.

Hilton Colombo HÔTEL **$$$**
(carte p. 50 ; ☎249 2492 ; www.hilton.com ; 2 Sir Chittampalam A Gardiner Mawatha, Col 2 ; ch standard/supérieure 147/236 $US ; ❄@📶🏊). Ce grand hôtel international bourdonne constamment d'activité. Il compte 382 chambres standard ou plus luxueuses, six restaurants, un pub, un centre d'affaires (ouvert 24h/24), une salle de sport et de remise en forme, ainsi qu'un joli jardin avec piscine.

Grand Oriental Hotel HÔTEL **$$**
(carte p. 50 ; ☎232 0391/2 ; www.grandoriental.com ; 2 York St, Col 1 ; ch 60-90 $US ; ❄📶). En face du port, cet établissement était autrefois le plus bel hôtel de Colombo. Si ce temps semble lointain, l'endroit conserve un charme négligé. La plupart des chambres ont été dépouillées de leurs ornements d'origine et rénovées dans un style vaguement méditerranéen. Le restaurant du 4e étage et la terrasse jouissent d'une vue superbe sur le port, mais mieux vaut se contenter d'y prendre un verre et éviter la nourriture.

Colombo City Hotel HÔTEL **$$**
(carte p. 50 ; ☎534 1962 ; www.colombocityhotel.com ; niveau 3, 33 Canal Row, Col 1 ; ch 35-70 $US ; ❄📶). Établissement aux tarifs raisonnables, bien situé près de l'Old Dutch Hospital. Les 32 chambres, équipées d'un réfrigérateur, sont plutôt petites et ne jouissent pas d'une belle vue pour la plupart. L'hôtel peut aussi être bruyant et le service laisse à désirer. Au chapitre des compensations : les tarifs, la proximité de la gare du Fort et la vue depuis la terrasse du restaurant sur la mer.

Colombo YMCA AUBERGE DE JEUNESSE **$**
(carte p. 50 ; ☎232 5252 ; 39 Bristol St, Col 1 ; dort 180 Rs, ch 550-1 200 Rs). Cette vieille YMCA plutôt déprimante comprend des dortoirs réservés aux hommes, et quelques chambres simples et doubles pour hommes ou femmes. Certaines partagent une sdb collective et certaines autres sont équipées d'un ventilateur.

KOLLUPITIYA

Les meilleurs grands hôtels de Colombo se trouvent dans ce quartier central, près de l'océan et de la bruyante Galle Rd. Les rues secondaires vers l'est offrent nombre d'options intéressantes.

♥ **Lake Lodge** PENSION **$$**
(carte p. 54 ; ☎232 6443 ; www.taruhotels.com ; 20 Alvis Tce, Col 3 ; ❄📶). Aucune faute de goût ici : 13 chambres bien équipées et élégantes ; toit-terrasse avec vue sur le lac South Beira, idéal pour prendre le petit-déjeuner ou un verre le soir ; service et direction de premier ordre. L'endroit est proche à pied des sites les plus intéressants de Colombo.

Cinnamon Grand Hotel HÔTEL **$$$**
(carte p. 54 ; ☎243 7437 ; www.cinnamonhotels.com ; 77 Galle Rd, Col 3 ; ch 100-180 $US ; ❄@📶🏊). Le meilleur grand hôtel de Colombo bénéficie d'un emplacement central à bonne distance en retrait de Galle Rd. Les 501 chambres sont spacieuses (demandez une chambre à l'étage pour la vue) et le service excellent. L'établissement compte aussi un centre de remise en forme, une grande piscine découverte, des restaurants haut de gamme, une pâtisserie et même un splendide petit village sri lankais reconstitué. L'hôtel jouxte le petit centre commercial Crescat Boulevard Plaza.

Park Street Hotel HÔTEL DE CHARME **$$$**
(carte p. 54 ; ☎243 9977 ; www.asialeisure.lk ; 20 Park St, Col 2 ; ch à partir de 270 $US ; ❄📶🏊). Cette magnifique demeure à colonnades vieille de 250 ans possède 10 chambres et 2 vastes suites donnant sur le jardin et la piscine. Les œuvres d'art et les objets anciens mettent en valeur le mobilier moderne et minimaliste. Proche du centre et pratique pour le shopping.

Galle Face Hotel HÔTEL **$$$**
(carte p. 54 ; ☎254 1010-6 ; www.gallefacehotel.com ; 2 Kollupitiya Rd, Col 3 ; ch 80-160 $US ; ❄@📶🏊). Idéalement située, cette vénérable institution de Colombo donne sur Galle Face Green au nord et sur la mer à l'ouest. Les majestueux escaliers, les hauts plafonds et les emblématiques sols à carreaux n'ont guère changé depuis l'ouverture du lieu en 1864. Cela dit, le Galle Face accuse aussi son âge par d'autres aspects (le récent Regency Wing lui est supérieur) et le service laisse à désirer. Ne manquez pas l'énorme plaque près de l'entrée qui mentionne le nom des visiteurs célèbres, de Noel Coward à Richard Nixon.

Taj Samudra HÔTEL $$$

(carte p. 54 ; ☎244 6622 ; www.tajhotels.com ; 25 Galle Face Centre Rd, Col 3 ; ch 90-150 $US ;). Ce vaste hôtel comprend d'élégants espaces communs, un grand jardin soigné, un café ouvert 24h/24 (avec un excellent buffet à 1 000 Rs), ainsi que plusieurs restaurants et bars. Les 270 chambres sont confortables et modernes.

Pearl City Hotel HÔTEL $$

(carte p. 54 ; ☎452 3800 ; www.pearlcityhotel.net ; 17 Bauddhaloka Mawatha, Col 4 ; ch 5 600-7 000 Rs ;). Si les chambres standard sont plutôt quelconques, les "deluxe" se révèlent plus confortables. En retrait de Galle Rd, ce qui vaut mieux en termes de bruit. Les 69 chambres avec réfrigérateur sont desservies par un ascenseur. Personnel impeccable.

Hotel Renuka & Renuka City Hotel HÔTEL $$

(carte p. 54 ; ☎257 3598 ; www.renukahotel.com ; 328 Galle Rd, Col 3 ; ch 45-80 $US ;). Excellent hôtel de catégorie moyenne logé dans deux bâtiments distincts. Ses 81 chambres sont bien entretenues et disposent d'un réfrigérateur et d'un room service 24h/24. La décoration est sommaire. Évitez les chambres qui donnent sur Galle Rd. Personnel compétent et bon restaurant, le Palmyrah, réputé pour sa cuisine de Jaffna.

YWCA National Headquarters AUBERGE DE JEUNESSE $$

(carte p. 54 ; ☎232 3498; natywca@sltnet.lk ; 7 Rotunda Gardens, Col 3 ; dort 550 Rs, ch 3 300-5 500 Rs ;). Refuge de 8 chambres (pour la plupart avec seulement un ventil.) sans prétention et bien tenues, réparties autour d'une cour verdoyante ; les hommes sont admis s'ils sont accompagnés d'une femme. Les chambres avec sdb commune sont réservées aux femmes, celles avec sdb sont mixtes. Une cafétéria bon marché (repas 150-350 Rs) ouvre du lundi au samedi pour le petit-déjeuner, le déjeuner et le dîner.

CINNAMON GARDENS

Les rues arborées du quartier lui donnent un charme raffiné.

Parisare CHAMBRES D'HÔTES $

(carte p. 54 ; ☎269 4749 ; 97/1 Rosmead Pl, Col 7 ; s/d 1 500/2 500 Rs). À défaut d'être la pension la plus luxueuse de la ville, cette maison à deux niveaux est sans doute la plus plaisante ; la plupart des espaces communs sont à l'air libre. L'endroit est un peu surchargé mais propre, dans une allée proche d'une rue arborée, juste à côté de l'ambassade de France. Très prisé, le Parisare pratique des prix raisonnables. Réservation recommandée.

Ranjit's Ambalama PENSION $$

(carte p. 54 ; ☎250 2403, 071 234 7400 ; www.ranjitsambalama.com ; 53/19 Torrington Ave, Col 7 ; ch 4 000-6 000 Rs ;). Moderne et spacieuse, cette pension s'agrémente d'un petit jardin verdoyant et propose de nombreux ouvrages sur le bouddhisme. Elle comprend 3 chambres douillettes dotées de la clim (supplément 1 250 Rs), dont deux avec sdb. Pour la trouver, descendez Torrington Ave en venant de Bauddhaloka Mawatha, repérez la mosquée sur la droite et tournez dans la première rue à gauche au niveau d'un petit terrain de jeu, puis dans la première à droite. C'est la deuxième maison sur la gauche.

Tintagel HÔTEL DE CHARME $$$

(carte p. 54 ; ☎460 2122 ; www.tintagelcolombo.com ; 65 Rosmead Pl, Col 7 ; ch 250-450 $US ;). Aménagé dans une demeure ancienne qui fut la résidence de la famille d'un Premier ministre, cet hôtel raffiné séduit par son design minimaliste, ses lignes élégantes et ses œuvres d'art originales. Il a été conçu par Shanth Fernando, qui a également dessiné le Gallery Cafe. Chacune des 10 chambres est unique. Certaines disposent d'une piscine privée. Hélas, le personnel s'est montré désagréable lors de notre visite.

BORELLA ET MARADANA

Ces quartiers de la classe moyenne sont calmes et relativement éloignés du centre-ville, vers l'ouest.

Mrs Swarna Jayaratne's CHAMBRES D'HÔTES $

(carte p. 54 ; ☎269 5665, 077 731 4977 ; indcom@sltnet.lk ; 70 Ananda Rajakaruna Mawatha, Col 8 ; s/d 1 800/2 200 Rs, clim 700 Rs ;). Mme Jayaratne propose deux chambres propres, une sdb commune, un salon avec TV sat, un balcon et un petit carré de pelouse. Prenez le bus n°103 ou 171 (10 Rs de la gare ferroviaire du Fort) et descendez à Punchi Borella Junction.

Mrs Chitrangi de Fonseka's CHAMBRES D'HÔTES $$

(carte p. 54 ; ☎269 7919 ; www.gardenguesthousecolombo.com ; 7 Karlshrue Gardens, Col 10 ; ch 60-80 $US ;). Cette maison moderne ne manque pas d'originalité avec son décor rustique, ses nombreuses porcelaines et une fontaine intérieure. Elle comporte 3 chambres spacieuses, avec TV, clim et branchements pour ordinateur portable et téléphone. Une cuisine équipée est à disposition. Prenez au Fort le bus n°103 ou 171 et descendez à Punchi Borella Junction.

BAMBALAPITIYA, HAVELOCK TOWN ET WELLAWATTA

Au sud du centre-ville, l'hébergement se révèle plus économique et moins bruyant, du moins dans les rues secondaires.

Havelock Place Bungalow PENSION **$$$**
(carte p. 62 ; ☎258 5191 ; www.bungalow.lk ; 6-8 Havelock Pl, Col 5 ; ch 95-140 $US ; ❄@📶🏊). Cette belle pension possède 7 chambres logées dans deux maisons coloniales. Le luxe moderne côtoie harmonieusement les objets anciens. Situé dans une allée calme avec un jardin verdoyant, une petite piscine et un café en plein air. Le parfum de cannelle embaume l'air.

Casa Colombo HÔTEL DE CHARME **$$$**
(carte p. 62 ; ☎452 0130 ; www.casacolombo.com ; 231 Galle Rd, Col 4 ; 200-500 $US ; ❄📶🏊). Cette demeure vieille de deux siècles se dresse majestueusement derrière une rangée de devantures délabrées dans Galle Rd. À l'abri du bruit, ce refuge urbain compte des arbres massifs et une piscine rosâtre assez disgracieuse. Douze suites spacieuses arborent de pimpantes teintes "coloniales" et jouent sur le mélange des touches modernes et minimalistes. Excellent service.

Hotel Sunshine HÔTEL **$$**
(carte p. 62 ; ☎451 7676 ; sunshine.shrubbery@gmail.com ; 5A Shrubbery Gardens, Col 4 ; ch 1 700-4 800 Rs ; ❄📶). Aussi haut qu'étroit, ce petit hôtel, aoffre 23 chambres, propres mais ternes, à un tarif raisonnable (les moins chères avec ventil.), à quelques encablures de la mer. Joli salon et personnel aimable.

Tropic Inn PENSION **$$**
(carte p. 62 ; ☎250 8838 ; www.tropicinn.com ; 19 De Vos Ave, Col 4 ; ❄📶). Bon rapport qualité/prix pour cette nouvelle pension, nichée derrière un portail près d'une petite allée. Elle compte cinq chambres sur trois étages. L'ensemble est sommaire mais bien tenu.

Bambalapitiya et Wellawatta

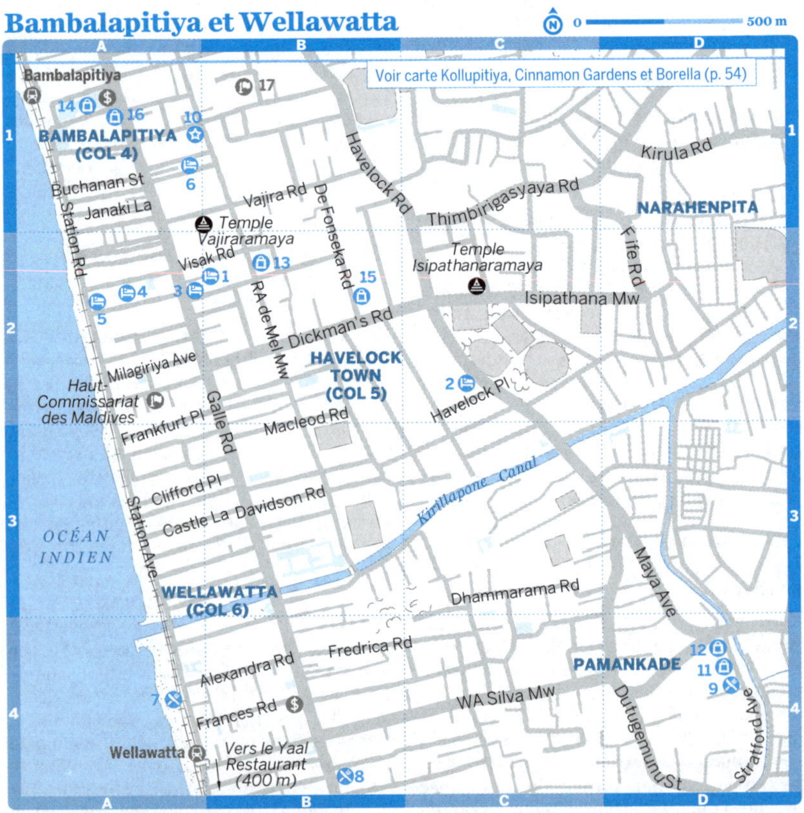

Mrs Marie Barbara Settupathy's CHAMBRES D'HÔTES $
(carte p. 62 ; ☎258 7964 ; jbs@slt.lk ; 23/2 Shrubbery Gardens, Col 4 ; ch 22-30 $US, clim 6 $US ; ❄). Cette pension loue quatre chambres propres (dont trois avec sdb). Salon avec TV, cuisine pour les résidents et minuscule cour pavée. Pour la trouver, repérez l'église sur votre gauche en venant de Shrubbery Gardens.

Hotel Atlantic HÔTEL $
(carte p. 62 ; ☎720 2315, 454 2846 ; 237 Galle Rd, Col 4 ; ch 2 200 Rs ; ❄📶). Cet hôtel pour voyageurs à petit budget de Galle Rd est bien tenu, même s'il ne compte que 9 chambres très sommaires.

MOUNT LAVINIA

Si vous cherchez un endroit plus paisible que Colombo mais ne souhaitez pas rallier les grandes stations de bord de mer comme Negombo, pensez à Mount Lavinia, qui jouit de charmes balnéaires modestes, à 30 minutes en voiture du Fort. On y trouve de nombreuses pensions sans prétention pour les Sri Lankais en week-end le long de la bien-nommée Hotel Rd, ainsi que dans De Saram Rd et College Rd. Demandez à en voir quelques-unes avant de vous décider. La gare ferroviaire de Mount Lavinia est proche de tous les hôtels présentés ci-dessous.

Haus Chandra HÔTEL $$
(carte p. 64 ; ☎273 2755 ; www.plantationgrouphotels.com ; 37 Beach Rd ; ch 6 400-8 000 Rs ; ❄@📶🏊). Dans une rue calme, cette résidence coloniale offre 30 chambres réparties dans deux bâtiments. Autres hébergements disponibles : une charmante villa pour 6 personnes et une suite avec mobilier ancien, tapis et cuisine équipée. La piscine donne sur l'océan.

Mount Lavinia Hotel HÔTEL $$$
(carte p. 64 ; ☎271 5221-7 ; www.mountlaviniahotel.com ; 100 Hotel Rd ; aile du gouverneur s 120-160 $US, d 140-180 $US ; ❄🏊). Aménagé dans l'ancienne résidence du gouverneur britannique construite en 1806, ce majestueux hôtel surplombe la mer. Un tiers de l'établissement – "l'aile du gouverneur" – a conservé un décor colonial et des chambres assez petites ; le reste est moderne et les chambres disposent d'un balcon. À noter également : une plage de sable privée, une piscine et une terrasse merveilleusement situées.

Tropic Inn PENSION $$
(carte p. 64 ; ☎273 8653 ; www.tropicinn.com ; 30 College Ave ; ch 40-45 $US ; ❄@📶). Simple et élégant, cet hôtel, doté d'une cour intérieure, possède 16 chambres bien tenues réparties sur plusieurs étages, toutes avec TV et certaines avec balcon. Personnel accueillant et serviable.

Blue Seas Guest House PENSION $
(carte p. 64 ; ☎271 6298 ; 9/6 De Saram Rd ; ch 1 700-2 800 Rs ; ❄). Au bout d'une rue paisible, cette grande maison loue 14 chambres spacieuses et propres, dont certaines avec balcon, un vaste salon agrémenté de meubles coloniaux et un jardin. La plupart des chambres disposent uniquement d'un ventilateur.

Où se restaurer

Colombo jouit d'un excellent choix de restaurants, de plus en plus nombreux. Outre une bonne cuisine sri lankaise, vous pourrez y déguster des spécialités d'Asie et d'ailleurs. D'élégants cafés haut de gamme visent une clientèle aisée, mais les nombreux lieux prisés par la classe moyenne florissante sont sans doute plus intéressants. On y sert une cuisine locale des plus fraîches.

Bambalapitiya et Wellawatta

Où se loger
1 Casa Colombo ... B2
2 Havelock Place Bungalow ... C2
3 Hotel Atlantic ... A2
4 Hotel Sunshine ... A2
5 Mrs Marie Barbara Settupathy's ... A2
6 Tropic Inn ... A1

Où se restaurer
7 Beach Wadiya ... A4
8 Bombay Sweet Mahal ... B4
9 Cafe Che ... D4

Où sortir
10 Rhythm & Blues ... A1

Achats
11 Cottage Craft ... D4
Dilmah Tea Shop ... (voir 14)
12 Gandhara ... D4
13 House of Fashion ... B2
14 Majestic City ... A1
Mlesna Tea Centre ... (voir 14)
Photo Technica ... (voir 14)
15 Raux Brothers ... B2
16 Vijitha Yapa Bookshop ... A1

Renseignements
17 Consulat honoraire de Belgique ... B1

Dehiwala et Mt Lavinia

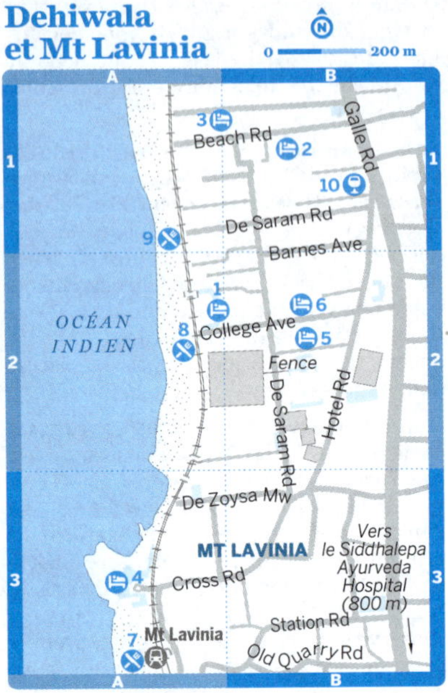

Dehiwala et Mt Lavinia

Où se loger
1 Berjaya Mount Royal Beach Hotel A2
2 Blue Seas Guest House B1
3 Haus Chandra A1
4 Mount Lavinia Hotel A3
5 Mrs Lyn Mendis' B2
6 Tropic Inn B2

Où se restaurer
7 Bu Ba A3
8 Golden Mile A2
9 La Voile Blanche A1

Où prendre un verre
10 Lion Pub B1

Les “paquets déjeuner” (*lunch packets*) restent imbattables pour un bon repas à prix doux (environ 150 Rs). Vendus entre 11h et 14h dans toutes les rues de la ville, ils se composent de riz et d'un curry de légumes, parfois avec du poisson ou du poulet. Par ailleurs, ne manquez pas les boutiques ouvertes sur la rue qui proposent des en-cas à emporter préparés sous vos yeux.

Le site Internet www.lankarestaurants.com (en anglais) est une bonne source de critiques mises à jour.

FORT ET PETTAH

De nombreux employés de bureaux, commerçants et habitants des banlieues fréquentent les excellents stands et restaurants de ce quartier, visant une clientèle populaire. Dans le prestigieux Old Dutch Hospital, au sein du Fort, vous trouverez une gamme de restaurants chics et de cafés à ciel ouvert.

AVP Restaurant SRI LANKAIS $
(carte p. 50 ; 50 Baron Jayathilaka Mawatha, Col 1 ; plat 100-500 Rs ; 7h-17h lun-ven). Installé au rez-de-chaussée triangulaire d'un bâtiment colonial, cet énorme restaurant bénéficie de vastes fenêtres qui inondent la salle à manger de lumière. La cuisine est excellente, du simple curry et riz au poisson préparé à la commande, comme le prouve la file d'attente à l'heure du déjeuner. Ne manquez pas de goûter l'un des innombrables jus de fruits frais.

Colombo Fort Cafe BISTROT $$$
(carte p. 50 ; Old Dutch Hospital, Col 1 ; plat 600-1 500 Rs ; 10h-23h). Ce bistrot aux vagues influences méditerranéennes propose notamment des tapas, des amuse-gueules locaux épicés, des hamburgers et des salades, préparés dans une cuisine ouverte. Bonnes bières à la pression et carte des vins fournie.

Ministry of Crab FRUITS DE MER $$$
(carte p. 50 ; 234 2722 ; www.ministryofcrab.com ; Old Dutch Hospital ; Col 1 ; plat 800-4 000 Rs ; 17h-23h). Si le crabe rapporte beaucoup à l'industrie de la pêche sri lankaise, son exportation massive rend sa présence rarissime sur les cartes locales. Ce restaurant prestigieux rectifie cette anomalie de fort belle manière, avec notamment du crabe au piment de Singapour ou du curry de crabe local. La carte varie en fonction des prises du moment.

Curry Leaf SRI LANKAIS $$$
(carte p. 50 ; Hilton Colombo, 2 Sir Chittampalam A Gardiner Mawatha, Col 1 ; buffet 2 500 Rs ; 19h-0h). Installé dans un charmant jardin recréant l'ambiance d'un village traditionnel, le Curry Leaf propose un buffet riche en mets sri lankais à base de produits de premier choix.

New Palm Leaf Hotel SRI LANKAIS $
(carte p. 50 ; 237 Olcott Mawatha, Col 11 ; plat 150-200 Rs ; 6h-22h). Au Sri Lanka, le terme “hotel” désigne aussi un endroit tout simple où l'on mange. En face de la gare du Fort et près du marché de Pettah, ménagez-vous

une pause pour prendre le thé ou faire un repas rapide.

Pagoda Tea Room BOULANGERIE $
(carte p. 50 ; ☎232 5252; 105 Chatham St, Col 1 ; plat 100-150 Rs ; ⏲9h-20h). Ce vénérable établissement sert des plats sri lankais, mais la clientèle vient surtout ici pour les pâtisseries à petit prix.

Lion Cafe SRI LANKAIS $
(carte p. 50 ; 62A Olcott Mawatha, Col 11 ; en-cas 100 Rs ; ⏲6h-22h). Situé le long d'une route communément appelée Station Way, à l'est de la gare du Fort, cet établissement soigné propose des en-cas frais et d'excellents *kotthu* (*roti* coupés et servis avec des légumes et de la viande). À proximité, on sert des plats indiens végétariens.

KOLLUPITIYA

Les grands établissements emblématiques se trouvent le long de Galle Rd ; si vous cherchez un restaurant ou un café dans une rue plus tranquille et arborée, allez vers l'est.

♥ **Hotel De Pilawoos** SRI LANKAIS $$
(carte p. 54 ; 417 Galle Rd ; plat 300-400 Rs ; ⏲24h/24). Fournisseur d'en-cas, cet établissement ouvert sur la rue est réputé servir les meilleurs *kotthu* de la ville. Une suggestion : essayez la version au fromage. Service efficace.

Gallery Cafe FUSION ASIATIQUE $$$
(carte p. 54 ; ☎258 2162 ; www.paradiseroad.lk ; 2 Alfred House Rd, Col 3 ; plat à partir de 800 Rs ; ⏲11h-23h ; wifi). Ce bâtiment colonial soigné abritait jadis le bureau du fameux architecte sri lankais Geoffrey Bawa (voir l'encadré p. 53), dont la table de travail orne encore le salon. La salle à manger à ciel ouvert donne sur une cour intime et un bassin réfléchissant. Le cadre est superbe et la cuisine, d'inspiration sri lankaise, met l'accent sur la fraîcheur et les saveurs. Le curry à base de cochon noir et de crevettes est très apprécié.

Chesa Swiss EUROPÉEN $$$
(carte p. 54 ; ☎257 3433 ; www.chesaswiss.com ; 3 Deal Pl, Col 3 ; plat 1 000-2 500 Rs ; ⏲déj 11h-14h, dîner 17h-23h ; clim). Ce restaurant stylé sert une cuisine classique aux accents européens. On y déguste quelques-uns des meilleurs plats de viandes et de fruits de mer de la ville. Le Chesa surpasse même les tables des grands hôtels de la capitale. Demandez à vous installer dans le jardin élégant ou profitez de la climatisation à l'intérieur. Le midi, la Brasserie prend le relais avec une cuisine moins sophistiquée.

Bars Cafe CAFÉ $$
(carte p. 54 ; 24 Deal Pl, Col 3 ; plat 400-800 Rs ; ⏲11h-23h ; clim wifi). Ce café élégant sert une excellente cuisine sans prétention en terrasse ou dans une salle à manger d'inspiration européenne. Au menu : hamburgers, steaks, curries et desserts succulents.

Green Cabin SRI LANKAIS $
(carte p. 54 ; 453 Galle Rd, Col 3 ; plat 150-400 Rs ; ⏲7h30-23h30). Véritable institution locale, le Green Cabin est réputé pour ses pâtisseries et ses curries bon marché, servis dans une salle à l'abri de la bruyante Galle Rd. Le buffet-déjeuner est d'un excellent rapport qualité/prix – ne manquez pas l'excellent curry à la mangue s'il est au menu. Vous pouvez aussi vous contenter d'un en-cas, comme les chaussons aux légumes ou les poivrons frits.

Barefoot Garden Cafe CAFÉ $$
(carte p. 54 ; 704 Galle Rd, Col 3 ; plat 600-800 Rs ; ⏲10h-23h). Situé dans la cour de la splendide galerie Barefoot, ce café décontracté et stylé sert des sandwichs, des salades ainsi que des plats du jour sri lankais et asiatiques. Bonne carte des vins et activités certains soirs, comme des quiz ou des lectures.

Cricket Club Cafe PUB $$
(carte p. 54 ; 34 Queens Rd, Col 3 ; plat 600-900 Rs ; ⏲11h-23h). Décoré de souvenirs à la gloire du cricket, ce bungalow colonial avec jardin et véranda propose une sélection de plats, des pâtes aux fruits de mer, en passant par les burgers avec frites et salade. Petit pub climatisé et excellent choix de bières et de vins.

Park Street Mews CAFÉ $$
(carte p. 54 ; 50/1 Park Rd, Col 2 ; plat 500-2 200 Rs ; ⏲11h-23h ; wifi). Situé dans une ruelle comptant des boutiques de créateurs, ce café branché offre des burgers, des salades et des plats asiatiques pour moins de 800 Rs. Les pâtes et les steaks sont plus chers.

Raffles FUSION $$$
(carte p. 54 ; ☎255 2837 ; www.rafflescolombo.com ; 35 Bagatalle Rd, Col 3 ; plat 500-1 200 Rs ; ⏲10h-23h ; clim wifi). Logé dans une vieille demeure, ce restaurant cosy de style colonial compte plusieurs espaces pour prendre un verre ou dîner tranquillement. Pâtes, salades, steaks et fruits de mer figurent au menu. En semaine, le buffet-déjeuner est très apprécié.

Carnival GLACIER $
(carte p. 54 ; 263 Galle Rd, Col 3 ; cône moins de 100 Rs ; ⏲10h-21h). Inchangé depuis des décennies, le Carnival se visite davantage pour son cadre que pour ses glaces.

Keells SUPERMARCHÉ $
(carte p. 54) ; Crescat Blvd (89 Galle Rd, Col 3) ; Liberty Plaza (RA de Mel Mawatha, Col 3). Supermarché à l'occidentale réputé pour sa grande variété de produits importés.

CINNAMON GARDENS

Les jolies rues de ce quartier, l'un des plus élégants de la ville, offre des petits cafés stylés et des restaurants plus ambitieux.

Milk & Honey Cafe CUISINE DIÉTÉTIQUE $$
(carte p. 54 ; 12 Barnes Pl, Col 7 ; repas 300-500 Rs ; 9h-18h lun-sam). Installé dans une maison toute simple qui accueille aussi une librairie pour enfants et un spa, ce petit café branché propose une cuisine fraîche et variée, notamment des légumes grillés au pesto et une fabuleuse fougasse au fromage à la crème et aux champignons. Sirotez l'un des nombreux jus de fruits dans le jardin.

Commons BISTROT $$
(carte p. 54 ; 39A Sir Ernest de Silva Mawatha, Col 7 ; repas 400-600 Rs ; 7h30-24h ;). Ce café prisé de la communauté branchée de Colombo offre des tables basses, des sièges moelleux et des plats variés : *roti*, burgers, pâtes et wraps. Excellents petit-déjeuner et desserts. Le jardin à l'arrière constitue un refuge bienvenu.

Coco Veranda Cafe CAFÉ $$
(carte p. 54 ; 32 Ward Pl, Col 7 ; repas 500-900 Rs ; 8h-24h ;). Logé dans un petit bâtiment qui abrite des boutiques de créateurs, ce petit café dispose d'une impressionnante carte de thés, de cafés, de boissons glacées et de jus de fruits. Également au menu : burgers, sandwichs, pâtes et desserts appétissants. Idéal pour un en-cas en fin de soirée.

Boulevard STANDS DE RESTAURATION $
(carte p. 54 ; Odel, 5 Alexandra Pl, Col 7 ; repas 200-600 Rs ; 9h-18h). Ce groupe de stands d'alimentation est situé juste en face de l'entrée du grand magasin Odel. Des enseignes locales bien connues y vendent toutes sortes de sandwichs, de pizzas, de plats indiens et d'en-cas.

Paradise Road Cafe CAFÉ, ÉPICERIE FINE $$
(carte p. 54 ; 213 Dharmapala Mawatha, Col 7 ; repas 250-500 Rs ;). Au-dessus de la boutique du même nom, ce café élégant sert d'excellents milkshakes, thés, cafés, gâteaux et plats légers. Vous pouvez aussi emporter un succulent pique-nique à consommer dans le parc Viharamahadevi.

Bayleaf ITALIEN $$$
(carte p. 54 ; 269 5920 ; 79 Gregory's Rd, Col 7 ; plat 800-1 700 Rs ; 12h-15h et 18h-23h). Ce restaurant raffiné occupe une superbe demeure ancienne dans l'une des rues les plus chics de la capitale. Si le menu est résolument italien, le jardin tropical est typiquement sri lankais.

WELLAWATTA

Les restaurants locaux sont majoritaires dans ce quartier du sud, dont Galle Rd constitue la colonne vertébrale. Pour des endroits plus dans le vent, essayez Stratford Ave, dans le quartier de Pamankade.

Bombay Sweet Mahal CONFISERIE $
(carte p. 62 ; 195 Galle Rd, Col 6 ; bonbons à partir de 50 Rs ; 9h-19h). Si Galle Rd compte quantité de vendeurs de confiseries indiennes, cette boutique ouverte sur la rue est la meilleure du genre. Nous vous recommandons le *nut musket*. Achetez au poids à emporter, ou consommez sur place. Personnel serviable.

Beach Wadiya FRUITS DE MER $$$
(carte p. 62 ; 258 8568 ; www.beachwadiya.com ; 2 Station Ave, Col 6 ; plat 500-1 600 Rs ; 12h-15h et 18h-23h). Renommé pour ses fruits de mer, le Beach Wadiya séduit une clientèle fidèle depuis des décennies, dont de nombreuses célébrités. Traversez la voie ferrée en bord de mer et pénétrez dans cette enclave tropicale. Sirotez une boisson fraîche tandis que les serveurs vous présentent les prises du jour – crabes, crevettes et homards sont toujours au rendez-vous. Réservez quelques jours à l'avance.

Cafe Che INTERNATIONAL $$
(carte p. 62 ; 60 Stratford Ave, Col 6 ; plat 500-1 000 Rs ; 11h-23h ;). Situé en bas de Stratford Ave, ce café séduisant, à l'abri du bruit de la circulation, propose un menu varié où quelques mets cubains côtoient les *burritos*, les pâtes et les pizzas.

Yaal Restaurant CUISINE DE JAFFNA $$
(hors carte p. 62 ; 56 Vaverset Pl, Col 6 ; plat 300-500 Rs ; 10h-22h). Face à la mer, ce restaurant simple et bien tenu offre une cuisine tamoule épicée. La spécialité du lieu est l'*odiyal kool*, un plat de Jaffna réputé, composé de légumes et de fruits de mer, associés dans une crémeuse bouillie de flocons d'avoine. Vous pouvez aussi pencher pour le goûteux curry à l'ail.

MOUNT LAVINIA

Le front de mer est bordé de cafés qui servent boissons, repas légers et fruits de mer, dans un cadre allant de l'ordinaire au grandiose. Le crépuscule est l'heure idéale pour prendre un verre avant de passer à table.

Bu Ba CAFÉ $$
(carte p. 64 ; plage de Mount Lavinia ; plat 800-3 200 Rs ; ⏲8h-24h). Avec ses tables éclairées à la bougie disposées sur le sable, ce pub-restaurant de fruits de mer peut, dans une certaine mesure, soutenir la comparaison avec le Seafood Wadiya. Durant la journée, vous pouvez vous réfugier à l'ombre des palmiers, puis profiter du ciel étoilé le soir. Des soirées dansantes sont parfois organisées le week-end. Pour rallier le Bu Ba, suivez la voix ferrée sur environ 100 m depuis la gare de Mount Lavinia.

La Voile Blanche CAFÉ $$
(carte p. 64 ; 43/10 Beach Rd ; plat à partir de 300 Rs ; ⏲11h-23h). Cet établissement d'un blanc immaculé dépare au milieu des cafés souvent négligés du front de mer de Mount Lavinia. Une rangée de chaises confortables et de transats vous attend, installée sous sept palmiers emblématiques. La carte des boissons est fournie et le menu offre une sélection de sandwichs, de pâtes et de fruits de mer. Situé de l'autre côté de la voie ferrée, derrière le Mount Breeze Hotel.

Golden Mile FRUITS DE MER $$$
(carte p. 64 ; ☎273 3997 ; 43/14 College Ave ; plat 1 400-2 000 Rs ; ⏲11h-24h). Le cadre de ce restaurant de front de mer est romantique et des musiciens s'y produisent fréquemment le soir. On y sert des plats de crevettes et un splendide plateau de fruits de mer. Nettement supérieur aux cafés voisins.

Où prendre un verre

Prendre un verre au crépuscule constitue ici une expérience incontournable – essayez Galle Face Green ou Mount Lavinia. La plupart des bons restaurants conviennent aussi en la matière – notamment le Bars Cafe, le Barefoot Garden Cafe et le Cricket Club Cafe. Notez que ces établissements arrêtent de servir tôt, en principe à 23h, même si certains continuent d'abreuver leurs clients plus tard.

Brewery by O! PUB
(carte p. 50 ; Old Dutch Hospital, Col 1 ; ⏲17h-24h). La bière fraîche du brasseur Lion, propriétaire du lieu, fait la réputation de ce pub de style anglais logé dans l'Old Dutch Hospital. On y sert aussi de la Sinha Stout à la pression.

Galle Face Hotel BAR D'HÔTEL
(carte p. 54 ; 2 Kollupitiya Rd, Col 3 ; ⏲11h-24h). Cette vénérable institution dispose d'un bar avec sol carrelé et de tables installées sous les palmiers. Apprécié des touristes, même si le service peut être médiocre.

Clancy's Irish Pub LOUNGE
(carte p. 54 ; 29 Maitland Cres, Col 7 ; ⏲7h-3h lun-sam). Très prisé des nouveaux riches et des expatriés de Colombo, ce pub irlandais offre régulièrement des happy hours. Vue sur le terrain de cricket voisin, musique live et soirées dansantes.

White Horse PUB
(carte p. 54 ; 2 Nawam Mawatha, Col 2 ; ⏲10h-2h). Idéal pour prendre un verre en début de soirée. Le vendredi soir, la clientèle de Sri Lankais et d'expatriés déborde jusque dans la rue. Le poisson frit mérite sa réputation.

7° North BAR À COCKTAILS
(carte p. 54 ; Cinnamon Lakeside Hotel, 115, Sir Chittampalam A Gardiner Mawatha, Col 2 ; ⏲17h-1h). Sirotez un cocktail haut de gamme dans ce bar chic logé sur une grande terrasse, avec vue sur le lac Beira.

Castle Hotel BAR
(carte p. 54 ; Masjid Jamiah Rd ; ⏲10h-23h). Près d'Union Pl, cet établissement convivial sans âge sert une Lion bon marché dans un cadre jadis chic qui a vu passer des générations de buveurs de toutes conditions.

Où sortir

Si Colombo n'est pas réputée pour sa vie nocturne, sa cote s'est améliorée récemment avec l'ouverture de plusieurs lieux, dont un énorme centre des arts de la scène.

Clubs et discothèques

À l'instar de la vie nocturne de Colombo, la scène du clubbing est en pleine croissance. Les discothèques des grands hôtels ont longtemps prédominé, mais les clubs indépendants connaissent désormais un succès grandissant.

Silk CLUB
(carte p. 54 ; 41 Maitland Cres, Col 7). Situé à proximité d'autres lieux nocturnes comme le Clancy's, ce club est l'un des plus prisés de la ville. On peut dîner au Lemon, sur le toit.

Rhythm & Blues MUSIQUE LIVE
(R&B ; carte p. 62 ; 19/1 Daisy Villa Ave, Col 4). Musique live tous les soirs. L'ambiance est parfois houleuse autour des billards. Situé dans RA de Mel Mawatha, malgré l'adresse indiquée.

Blue Leopard CLUB
(carte p. 50 ; Grand Oriental Hotel, 2 York St, Col 1). Ambiance un peu rude, avec quelques marins venus du port voisin.

Mojo CLUB
(carte p. 54 ; ☎077 311 1113 ; Taj Samudra Hotel, 25 Galle Face Centre Rd, Col 3 ; ⌚mer-dim). Endroit chic à fréquenter après minuit. Appelez pour réserver une table.

Arts de la scène

Nelum Pokuna Performing Arts Theatre SALLE DE SPECTACLE
(carte p. 54 ; www.lotuspond.lk ; Ananda Coomaraswamy Mawatha, Col 7). Cette salle de spectacles flambant neuve, construite en grande partie grâce à des subventions chinoises et située dans un quartier tendance au sud du parc Viharamahadevi, fait sensation à Colombo. Son design remarquable s'inspire du Nelum Pokuna, le bassin Lotus du XIIe siècle situé à Polonnaruwa.

Elphinstone Theatre THÉÂTRE
(carte p. 54 ; ☎243 3635 ; Maradana Rd, Col 10). Fondé il y a 80 ans, ce théâtre rénové affiche une programmation variée : musique, théâtre et films.

Lionel Wendt Centre CENTRE CULTUREL
(carte p. 54 ; ☎269 5794 ; www.lionelwendt.org ; 18 Guildford Cres, Col 7 ; ⌚9h-13h et 14h-17h lun-ven, 10h-12h et 13h-17h sam-dim). Cette galerie organise des événements culturels, dont des représentations théâtrales.

Sports

Sri Lanka Cricket CRICKET
(carte p. 54 ; www.srilankacricket.lk ; 35 Maitland Pl, Col 7 ; ⌚billetterie 8h30-17h30). Le cricket est sans conteste le sport favori au Sri Lanka. Sri Lanka Cricket vend des billets pour les grands matchs, près du stade.

Casinos

Le jeu est autorisé à Colombo, mais uniquement pour les titulaires de passeports étrangers. La clientèle est essentiellement asiatique et les casinos, malgré leurs noms rappelant les temples de Las Vegas, sont bien modestes en regard de leurs cousins américains.

Achats

Les marchés de Colombo (p. 51), avec leur riche choix de produits quotidiens, sont bien plus intéressants que les centres commerciaux. La capitale abrite toutefois nombre de bons magasins.

Galeries marchandes

De nombreuses galeries marchandes devraient bientôt fleurir en ces temps d'essor économique, mais la ville ne compte pour le moment que quelques grandes institutions défraîchies. Voici les deux meilleures :

Crescat Boulevard GALERIE MARCHANDE
(carte p. 54 ; 89 Galle Rd, Col 3). Petite galerie haut de gamme près du Cinnamon Grand Hotel.

Majestic City GALERIE MARCHANDE
(carte p. 62 ; Galle Rd, Col 4). Vaste galerie offrant une grande variété de magasins.

Grands magasins

♥ **Odel** GRAND MAGASIN
(carte p. 54 ; www.odel.lk ; 5 Alexandra Pl, Col 7). Grand magasin haut de gamme, associant marques internationales et locales dans un labyrinthe étincelant, Odel offre une sélection de premier ordre, des nouveautés aux articles domestiques, en passant par les cosmétiques et les souvenirs.

Arpico GRANDE SURFACE
(carte p. 54 ; Hyde Park Corner). Parfait pour trouver tout ce que vous avez oublié chez vous : produits importés, cosmétiques, crème solaire, médicaments, adaptateurs, etc.

Artisanat et objets de collection

Barefoot (voir ci-contre) offre aussi une grande gamme de produits artisanaux.

Paradise Road ARTICLES DE MAISON
(carte p. 54 ; ☎268 6043 ; 213 Dharmapala Mawatha, Col 7). Outre diverses antiquités sri lankaises et coloniales, cette boutique haut de gamme propose un bel assortiment d'objets d'intérieur originaux et d'articles de créateurs. Le Paradise Road's Gallery Cafe Shop, qui fait partie du restaurant bien connu, vend quantité de petits objets séduisants. Deux adresses excellentes pour dénicher des petits cadeaux.

Cottage Craft ARTISANAT
(carte p. 62 ; 40 Stratford Ave, Col 6). Plutôt que les sempiternels petits éléphants sculptés, cette minuscule boutique vend des articles en papier produits à partir d'excréments du grand animal. Aucune odeur à craindre et certains articles, comme les carnets de voyage, sont exquis. Tout ici est produit dans des villages sri lankais et dans le plus grand respect de l'environnement. Les batiks et les illustrations méritent également l'attention.

Gandhara ARTICLES DE MAISON
(carte p. 62 ; 28 Stratford Ave, Col 6). Située dans la branchée Stratford Ave, cette élégante

boutique de créateur vend toutes sortes d'objets, des bougies aux tables basses. Belle sélection de livres sur l'art sri lankais.

Raux Brothers ARTICLES DE MAISON, ANTIQUITÉS
(The Colonial ; carte p. 62 ; ☎533 9016 ; 7 De Fonseka Rd, Col 5). Installé depuis 48 ans dans une grande et belle demeure coloniale, le meilleur magasin d'antiquités de la ville contient une impressionnante collection de meubles et d'œuvres d'art en bois. Certains sont anciens et d'autres des reproductions réalisées à la main.

Tissus et vêtements

L'industrie textile prospère au Sri Lanka et produit des étoffes tissées à la main ou à la machine. La confection constitue également une activité florissante et Colombo offre toutes sortes de vêtements, des tenues de plage aux vestes matelassées.

♥ **Barefoot** TISSUS
(carte p. 54 ; ☎258 0114 ; www.barefootceylon.com ; 704 Galle Rd, Col 3). La superbe boutique de la créatrice Barbara Sansoni, installée dans une villa ancienne, est renommée pour ses étoffes tissées main de couleurs vives, vendues au mètre ou transformées en couvre-lits, coussins, serviettes et autres articles d'intérieur. Elle propose également des carnets, des abat-jour et des albums recouverts de tissu, ainsi qu'un grand choix de vêtements simples et élégants.

House of Fashion VÊTEMENTS
(carte p. 62 ; ☎250 4639 ; angle RA de Mel Mawatha et Visak Rd, Col 4). Ce magasin de 3 étages toujours bondé écoule les surplus de l'industrie du vêtement à des prix souvent bradés.

KT Brown VÊTEMENTS
(carte p. 54 ; Park St Mews, 48A Park St). Créatrice sri lankaise réputée, Kanchana Thalpawila propose une gamme de vêtements pour femme, de la tenue décontractée à la haute couture. Elle s'inspire de matériaux et de costumes traditionnels.

Thé

Tous les magasins d'alimentation, des supérettes aux supermarchés, vendent du thé de Ceylan. Toutefois, pour un choix varié et de qualité, rendez-vous dans un magasin spécialisé.

♥ **Sri Lanka Tea Board Shop** THÉ
(carte p. 54 ; 574 Galle Rd). Ce grand magasin vend de nombreuses marques de thé de Ceylan qu'on peinera à trouver ailleurs. Les marques majeures, comme Mackwoods, sont également représentées.

Mlesna Tea Centre THÉ
Crescat Boulevard (carte p. 54 ; 89 Galle Rd, Col 3) ; Majestic City (carte p. 62 ; Galle Rd, Col 4). Boutiques haut de gamme.

Dilmah Tea Shop THÉ
Cinnamon Gardens (carte p. 54 ; Odel, 5 Alexandra Pl, Col 7) ; Crescat Boulevard (carte p. 54 ; 89 Galle Rd, Col 3) ; Majestic City (carte p. 62 ; Galle Rd, Col 4). La plus grande marque de thé du pays a ses propres magasins chics.

Cadeaux

Vous trouverez d'excellentes idées de cadeaux dans la plupart des magasins cités dans l'ensemble de la rubrique *Achats*.

♥ **Sri Lanka Cashew Corporation** ALIMENTATION
(carte p. 54 ; 518 Galle Rd, Col 3). Importées du Brésil par les Portugais au XVIe siècle, les noix de cajou ont visiblement trouvé ici un climat à leur convenance. Cette petite échoppe est remplie de spécimens d'une taille et d'une qualité assez rares.

Laksala SOUVENIRS
(carte p. 54 ; 215 Bauddhaloka Mawatha, Col 7). Prisé des touristes, ce grand magasin vend des éléphants sculptés bon marché, des objets à la finition soignée et des vêtements confectionnés à la main.

Bazaar SOUVENIRS
(carte p. 50 ; Col 11). À l'ouest de la gare du Fort, de nombreux stands vendent des articles destinés aux touristes.

Librairies

Outre les adresses citées ci-dessous, Odel compte un rayon livres de taille modeste mais de qualité.

Barefoot LIVRES
(carte p. 54 ; www.barefootceylon.com ; 704 Galle Rd, Col 3). La fameuse boutique de créateur présente une excellente section consacrée aux livres. Sélection de publications locales, comme les remarquables ouvrages de Juliet Coombe sur le Sri Lanka et Colombo, et d'auteurs internationaux comme Michael Ondaatje.

Vijitha Yapa Bookshop LIVRES
Crescat Boulevard (carte p. 54 ; 89 Galle Rd, Col 3) ; Unity Plaza (carte p. 62 ; Galle Rd, Col 4). Un bon choix de romans, de magazines et de beaux livres sur l'île, sri lankais et étrangers.

Buddhist Book Centre LIVRES
(carte p. 54 ; 380 Bauddhaloka Mawatha, Col 7). De nombreux ouvrages sur le bouddhisme, dont un tiers en anglais.

Gemmes et bijoux

Pour les enseignes haut de gamme, rendez-vous dans la galerie marchande Crescat Boulevard. **Sri Lanka Gem & Jewellery Exchange** (carte p. 50 ; 4e et 5e étage, East Low Block, World Trade Center, Bank of Ceylon Mawatha, Col 1) propose de nombreuses petites boutiques.

Matériel photographique et réparations

Photo Technica APPAREILS PHOTO
Kollupitiya (carte p. 54 ; 288 Galle Rd, Col 3) ; Liberty Plaza (carte p. 54 ; RA de Mel Mawatha, Col 3) ; Majestic City (carte p. 62 ; Galle Rd, Col 4). Près de l'agence de Kollupitiya, on trouve un service de photos pour les visas, au 262 Galle Rd.

Renseignements

Accès Internet

La majorité des cafés proposent un accès Wi-Fi, souvent gratuit. Le **Berty's Cyber Cafe** (carte p. 54 ; 380 Galle Rd, Col 3) est un cybercafé central.

Agences de voyages

D'innombrables agences de voyages peuvent vous aider à organiser des circuits dans tout le pays. Nombre d'entre elles sont installées le long de Chatham St, dans le quartier du Fort.

Argent

Vous trouverez des banques et des DAB dans toute la ville, et des bureaux de change dans le hall des arrivées de l'aéroport international Bandaranaike, dans le Fort et le long de Galle Rd.

Désagréments et dangers

CRIMINALITÉ Les étrangers sont rarement la cible d'agressions ; il convient cependant de prendre les précautions usuelles. Les femmes seules doivent faire attention en prenant un taxi ou un *túk-túk* le soir. Si, comme cela arrive parfois, deux hommes sont installés dans le taxi que vous avez hélé, arrêtez un autre véhicule.

ESCROQUERIES FRÉQUENTES ET RABATTEURS Colombo compte son lot de rabatteurs et d'escrocs. Il arrive qu'après avoir engagé la discussion, une personne sollicite un don pour une école d'aveugles ou pour une autre cause du même genre ; il s'agit invariablement d'une escroquerie ! Galle Rd constitue le principal terrain de chasse de ces personnages, qu'il est cependant facile d'ignorer. Il est aussi souhaitable de décliner toute offre de visite guidée ou de circuit "spécial" faite dans la rue.

> **VOTRE AVIS**
>
> Vous avez déniché un fabuleux restaurant et voulez partager votre découverte ? Vous n'êtes pas d'accord avec nos conseils ? Ou vous souhaitez parler de votre dernier voyage ? Rendez-vous à l'adresse lonelyplanet.fr/forum, pour poser vos questions, présenter un blog, montrer vos photos et proposer des conseils, et surtout pour discuter avec des voyageurs dont vous partagez les centres d'intérêts.

Médias

Les quotidiens en langue anglaise, le *Daily Mirror*, le *Daily News* et l'*Island*, comptent tous une rubrique consacrée aux nouvelles locales et aux sorties du moment.

Parmi les bons sites Internet en anglais, citons :

Ceylon Today (www.ceylontoday.lk). Information, sport et sorties.

Daily Mirror (www.dailymirror.lk). Le meilleur site journalistique.

Gossip Lanka (www.english.gossiplankanews.com). Cancans et sorties.

Indi.ca (www.indi.ca). Excellent blog consacré à l'information et à la culture.

Kottu (www.kottu.org). Morceaux choisis de plus de 1 000 blogs sri lankais.

Office du tourisme

Sri Lanka Tourist Board (SLTB ; carte p. 54 ; ☎243 7059 ; www.srilanka.travel ; 80 Galle Rd, Col 3 ; ⏰9h-16h45 lun-ven, 9h-12h30 sam). L'Office national du tourisme vous rendra divers services, notamment pour réserver un hôtel.

Poste

Sri Lanka Post (carte p. 50 ; DR Wijewardana Mawatha, Col 1 ; ⏰7h-18h, poste restante 7h-21h, timbres et téléphone 24h/24). La poste restante conserve le courrier pendant deux mois ; appelez le ☎232 6203 pour savoir si vous avez du courrier en instance.

Les grandes sociétés de courrier express sont présentes à Colombo.

Services médicaux

Autant que possible, évitez les hôpitaux publics, comme le Colombo General.

Nawaloka Hospital (carte p. 54 ; ☎254 4444, 557 7111 ; www.nawaloka.com ; 23 Sri Saugathodaya Mawatha, Col 2). Cet hôpital privé jouit d'une bonne réputation. Médecins anglophones.

Urgences

Ambulance et pompiers (☎242 2222)

Ambulances Medi-Calls (☎257 5475)

Police (☎119, 243 3333)

Police touristique (carte p. 54 ; ☎242 1451 ; 80 Galle Rd, Col 3 ; ⊙24h/24)

Depuis/vers Colombo

L'aéroport international Bandaranaike a beau se trouver à Katunayake, à 30 km au nord de la capitale, il est répertorié sous le nom de Colombo (CMB). Si vous arrivez en avion, surtout tard le soir, mieux vaut passer la première nuit dans la capitale. De là, vous pourrez aisément vous déplacer par le train ou le bus.

Notez que les routes dans la ville et dans ses environs sont particulièrement engorgées ; de nouvelles voies rapides devraient bientôt fluidifier le trafic. Pour plus de détails, reportez-vous à l'encadré p. 315.

Avion

Pour des informations sur l'aéroport international Bandaranaike, reportez-vous p. 315.

Bus

Les gares routières de Colombo sont chaotiques, mais de nombreux bus partent fréquemment dans toutes les directions. La ville compte trois grandes gares routières, toutes à l'est de la gare ferroviaire du Fort, à la lisière sud de Pettah. Les bus longue distance partent de la **gare routière de Bastian Mawatha** (carte p. 50) et de la **gare routière de Saunders Place** (carte p. 50). De nombreux bus de banlieue circulent depuis/vers la **gare routière centrale** (carte p. 50) dans Olcott Mawatha. Le tableau ci-dessous liste les bus en fonction de leur gare routière de départ :

DE BASTIAN MAWATHA	DE SAUNDERS PL
Ambalangoda	Anuradhapura
Galle	Badulla
Hikkaduwa	Haputale
Kandy	Jaffna
Kataragama	Kurunegala
Matara	Negombo
Nuwara Eliya	Ratnapura
Tangalla	Polonnaruwa
	Trincomalee

Pour les tarifs et tout autre renseignement, reportez-vous au chapitre concernant chaque destination.

Le **Southern Expressway Bus** (400 Rs, toutes les 30 à 60 min), un nouveau service de bus, dessert Galle par la Southern Expressway (p. 315) en environ 1 heure 30. Ces confortables bus climatisés partent de l'**arrêt des bus de Maharagama** (☎770 6286), près du faubourg sud de Kottawa et proche du début de la Southern Expressway.

Train

La principale gare ferroviaire, la **gare du Fort** (carte p. 50), est très centrale. Les trains en transit ne s'arrêtent souvent que 2 ou 3 minutes. Voir p. 316 pour les lignes et les horaires.

Les bureaux de **JF Tours & Travels** (carte p. 50 ; ☎244 0048 ; ⊙9h-17h) se trouvent devant la gare du Fort. Le personnel, très bien informé, vous renseignera sur les transports dans et depuis Colombo. Vous pouvez également vous adresser au comptoir d'information dans la gare. À l'extrême gauche en regardant la gare, vous trouverez un **service de consigne** (par bagage et par jour 60 Rs ; ⊙4h30-23h30).

Comment circuler

Depuis/vers l'aéroport

Une fois terminée, la Colombo-Katunayake Highway réduira le trajet de l'aéroport international Bandaranaike à la capitale. Jusque là, tablez sur une ou deux heures en voiture ou en taxi.

Les vols intérieurs partent généralement de Ratmalana Air Force Base ; pour plus d'informations, reportez-vous p. 315.

BUS Les bus qui desservent l'aéroport (standard/clim 70/100 Rs) partent de la gare routière de Bastian Mawatha toutes les 15 minutes, de 6h à 21h. Le bus s'arrête à environ 1 km de l'aéroport ; une navette gratuite vous acheminera sur le reste du parcours.

Depuis l'aéroport, prenez la navette gratuite devant la zone des arrivées. Les bus pour Colombo sont souvent déjà bondés car l'aéroport n'est pas forcément le point de départ. Le trajet peut prendre de une à trois heures.

TAXI Pratique et aussi rapide que la circulation le permet. Vous trouverez une station en sortant du bâtiment des arrivées. Par rapport aux dernières années, il est relativement simple de trouver un taxi. Comptez environ 2 100 Rs pour rallier Colombo (1 heure-1 heure 30), 1 500 Rs pour Negombo (30 min) et 5 000 Rs pour Kandy (2-3 heures). Évitez de prendre un *túk-túk* pour aller de l'aéroport à Colombo. Le voyage est long et irrespirable. Les taxis pour Colombo, prépayés au guichet dans la zone des arrivées, coûtent 2 600 Rs.

VOITURE La plupart des hôtels de Colombo peuvent vous louer une voiture depuis l'aéroport pour une somme allant de 3 000 à 4 000 Rs. Certains hôtels de Galle ou d'autres lieux plus éloignés peuvent aussi organiser votre transport depuis l'aéroport. Que vous ayez loué une voiture par le biais d'un hôtel ou réservé un chauffeur, le point de rendez-vous se trouvera dans la zone des arrivées.

Transports publics

BUS Si l'*A-Z Street Guide* contient un tableau détaillé et une carte indiquant les itinéraires de bus à Colombo, le meilleur moyen de savoir quel bus prendre reste de demander aux usagers qui attendent à l'arrêt le plus proche. Les bus n°100, 101, 102 et 400 desservent Galle Rd depuis le Fort ou Pettah. Les tarifs varient entre 5 et 40 Rs selon la distance. Les bus sont nombreux et arborent généralement un panneau en anglais à l'avant indiquant la destination.

TAXI La plupart des taxis sont équipés d'un compteur, mais les chauffeurs l'utilisent rarement – convenez d'un prix avant le départ. De la gare ferroviaire du Fort au Galle Face Hotel (un peu plus de 2 km), comptez environ 200 Rs, et 1 200 Rs jusqu'à Mount Lavinia.

Les radio-taxis connaissent un succès grandissant. Dotés d'un compteur, ils sont à la fois plus confortables et moins chers que les taxis ordinaires ou les *túk-túk*. Appelez une compagnie et le véhicule arrivera dans les 15 minutes. Parmi les compagnies fiables, citons :

Ace Cabs (☎281 8818)

Budget Taxi (☎729 9299)

Kangaroo Cabs (☎258 8588)

TRAIN Le train dessert les faubourgs situés le long de Galle Rd – Kollupitiya, Bambalapitiya, Wellawatta, Dehiwala et Mount Lavinia ; en prime, la voie suit la côte. Les horaires sont clairement affichés dans les gares et les trains sont nombreux. Si vous partez de la gare ferroviaire du Fort, vérifiez bien que le train dessert toutes les gares, faute de quoi vous pourriez vous retrouver à Galle. Les tarifs des trains sont sensiblement les mêmes que ceux des bus.

TÚK-TÚK Également appelés rickshaws ou three-wheelers, ces véhicules pétaradants de fabrication indienne sont omniprésents. Certes vous risquez d'être trempé en cas d'averse et n'aurez qu'une vue limitée depuis la banquette arrière exiguë, mais le *túk-túk* est indissociable d'une visite de Colombo. Les conducteurs filent à grande allure entre les bus énormes, une expérience grisante ou effrayante selon les points de vue.

Convenez du tarif avant de monter (hélez un *túk-túk* dans la rue, ils sont moins chers que ceux stationnés). Il vous faudra sans doute marchander avec le chauffeur. Bien que le prix ordinaire oscille entre 50 et 100 Rs par km, il est souvent difficile d'obtenir ce tarif en tant que touriste. Du Fort à Cinnamon Gardens, comptez 400 Rs, 600 Rs pour Bambalapitiya et 1 000 Rs pour Mount Lavinia. Les taxis avec compteur sont moins chers.

Innovation récente, Colombo compte désormais des *túk-túk* avec compteur, qui l'annoncent en toutes lettres sur leur véhicule. Vous pouvez les héler dans la rue, puis vous faire confirmer que le compteur fonctionne bien. Ce mode de transport peut s'avérer très économique.

LES NOUVELLES VOIES RAPIDES DE COLOMBO

Durant les heures de pointe, il faut parfois 2 heures ou plus pour aller de l'aéroport à la nouvelle **Southern Expressway**, qui débute à Makumbura, à quelque 12 km au sud-est du centre de Colombo. Du Fort, le trajet peut être aussi long.

Deux nouveaux axes à péage devraient réduire nettement ces temps de trajet :

» **Colombo-Katunayake Highway** Cette voie rapide, qui couvre 25 km depuis l'aéroport jusqu'à un point au nord-est du Fort, devrait ramener le temps de trajet à moins de 30 minutes. Son ouverture est prévue pour 2013.

» **Outer Circular Highway** Ce périphérique reliera la Colombo-Katunayake Highway à la Southern Expressway. Galle et le Sud seront alors à 2 heures de l'aéroport, une vraie révolution. Ouverture complète prévue en 2015.

Côte ouest

Dans ce chapitre »

Le top des restaurants

» Lords (p. 79)
» Basil (p. 90)
» Kandoori (p. 86)
» Spaghetti & Co (p. 90)

Le top des hébergements

» Villa Araliya (p. 78)
» Club Villa (p. 84)
» Saman Villas (p. 84)
» Ice Bear Guest House (p. 78)

Pourquoi y aller

Il ne faut pas passer bien longtemps sur la côte ouest du Sri Lanka pour constater que ce rivage possède de nombreuses facettes. Au nord de la capitale se trouve Negombo, ville balnéaire aux nombreuses églises. Du fait de sa proximité avec l'aéroport, elle constitue une étape incontournable pour la majorité des voyageurs. En poussant plus au nord, on entre dans une région sauvage et encore peu visitée, recouverte de plantations de noix de coco et bordée de lagunes étincelantes où s'ébattent des dauphins.

Au sud de Colombo, la côte exerce d'autres attraits : à Ambalangoda, les danses du démon plongent leurs racines dans la culture traditionnelle sri lankaise, Bentota invite à la détente avec ses hôtels de charme et sa longue plage de sable doré, et Hikkaduwa, rendez-vous traditionnel des voyageurs à petit budget, conserve une sympathique ambiance festive malgré un certain délabrement.

Quel que soit l'endroit de la côte ouest choisi, il est fort probable que vous y passerez plus de temps que prévu.

Quand partir

Negombo

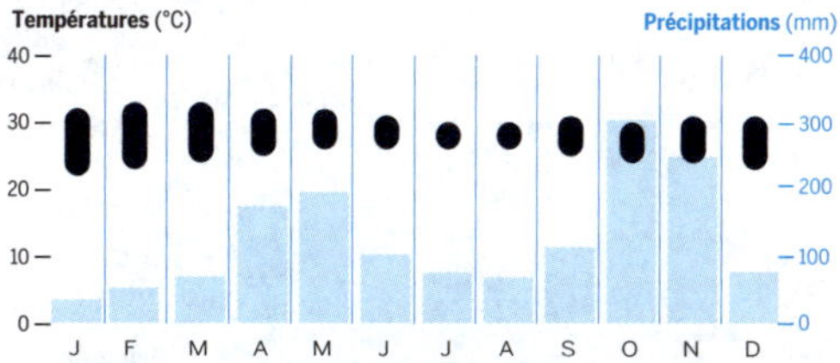

Janvier
Des bancs de dauphins à Dutch Bay et une ambiance festive à Hikkaduwa tous les soirs.

Mars-avril
Représentations pascales de la Passion, mises en scènes par les chrétiens de Negombo et de Talawila.

Novembre
Si vous préférez les plages pour vous (presque) seul, venez ici en novembre.

À ne pas manquer

1 La découverte de bancs de dauphins joueurs près de **Kalpitiya** (p. 75)

2 La ville balnéaire de **Negombo** (p. 77), pratique pour prendre ses marques à la descente de l'avion

3 La détente totale sous les palmiers de la charmante **Bentota** (p. 83) et des soins ayurvédiques dans l'un des hôtels de charme du coin

4 L'observation d'aigrettes et de hérons durant un safari d'observation des oiseaux sur les eaux du **marais de Muthurajawela** (p. 82)

5 Les secrets des mystérieux masques de démons d'**Ambalangoda** (p. 91)

6 La magie de l'art du jardin au **Brief Garden** (p. 83), près de Bentota

7 **Hikkaduwa** (p. 87) et son animation nocturne, à savourer après une journée de surf ou de plongée

NORD DE COLOMBO

Pour les voyageurs disposant d'un peu de temps et de curiosité, ou pour ceux qui souhaitent rejoindre Anuradhapura en empruntant le chemin des écoliers, l'A3 quitte Colombo en direction du nord, longe d'anciens canaux hollandais puis des plages de sable avant de s'enfoncer dans un enchevêtrement de palmeraies. Le sentiment de découverte demeure puissant. Pour le moment, en effet, très peu de touristes ont exploré cette région en dehors de Negombo – située près de l'aéroport international Bandaranaike –, et les chances de trouver une plage déserte restent élevées. La situation évolue cependant. Inspiré par le tourisme balnéaire haut de gamme des Maldives, le gouvernement sri lankais, s'est lancé dans un projet touristique ambitieux près de la ville de Kalpitiya, au bout d'une longue péninsule qui sépare Dutch Bay de l'océan.

Nous présentons les destinations en partant du nord et en descendant vers le sud.

Kalpitiya et Dutch Bay

Kapitiya et Talawila sont les deux villes situées sur un long bras de terre qui sépare Dutch Bay de l'océan Indien. Jusqu'à récemment, cette région essentiellement rurale recevait très peu de touristes. Mais d'importants changements sont en cours. Le gouvernement a jeté son dévolu sur la péninsule et les îles au large avec pour objectif d'en faire une destination balnéaire de premier plan. Hôtels de luxe destinés à porter la capacité d'hébergement à 10 000 lits, aéroport régional, terrains de golf, parcs de loisirs et même parc d'attractions sous-marin… les projets d'investissement sont colossaux. Une telle folie des grandeurs n'est pas sans faire grincer des dents, notamment chez les écologistes, soucieux de l'impact de ces projets sur les populations de dauphins, de grands cachalots et de dugongs croisant dans les eaux proches de Dutch Bay.

Un grand nombre de pêcheurs s'alarment par ailleurs de voir leur activité traditionnelle sacrifiée au profit du développement touristique. Les habitants de la péninsule craignent de se voir expropriés par ces plans d'urbanisation – le ministre du Développement économique a reconnu que des titres de propriété ont été contrefaits. Des résidents sont même allés manifester à Colombo, mais plusieurs projets sont déjà lancés.

La péninsule de Kalpitiya comporte toutefois quelques désavantages : plusieurs plages sont exposées aux vents et les eaux aux environs de Dutch Bay sont brunâtres, bien loin des eaux bleues cristallines de la côte sud. En ajoutant le prix exorbitant des

VAUT LE DÉTOUR

PARC NATIONAL DE WILPATTU ET PUTTALAM

Après des années de fermeture pour des raisons de sécurité, le parc national de Wilpattu est enfin rouvert. Avec ses 1 085 km², il est le plus grand parc national du Sri Lanka et fut longtemps le plus populaire. Pendant des années, la ligne de front passait dans ou à proximité du parc, et des hommes armés des deux camps se déplaçaient sur son territoire. Il va sans dire que les préoccupations écologiques n'ont pas été une priorité durant cette période : les infrastructures du parc restent modestes et le nombre d'espèces a nettement décru. Toutefois, ces poches de jungle dense, entrecoupées de petites clairières et d'étangs méritent d'être explorées par les passionnés de la nature. Le parc abrite près de 50 éléphants difficiles à observer et plus de 50 léopards qui se font de plus en plus visibles. On y trouve aussi des chitals, des ours paresseux, des cochons sauvages, des crocodiles et de nombreuses espèces d'oiseaux.

L'embranchement menant au parc, sur la route – cahoteuse mais pavée – qui relie Puttalam à Anuradhapura (A12), se trouve à 26 km au nord-est de Puttalam, et à 20 km au sud-ouest d'Anuradhapura. De là, il faut encore parcourir 8 km de piste pour atteindre l'entrée du parc et le centre des visiteurs, installé dans le village à peine visible de Hunuwilagama.

On peut louer une jeep à Puttalam, une ancienne ville commerçante vivant jadis de la pêche et de la récolte des perles, agréablement située au bord de la lagune. C'est le genre d'endroit où l'on ne bouge qu'au ralenti, et où personne ne voit l'utilité de porter une montre. Un hébergement de base y est disponible.

hôtels en projet, il n'est pas exclu que les investisseurs revoient leurs ambitions à la baisse.

Tenu par un couple néerlando-sri lankais, l'excellent **Tourist Information Centre** (☎032-561 2041 ; Kalpitiya ; ⊙9h-17h) mérite une visite. Ce centre d'information touristique privé offre des renseignements impartiaux sur l'hébergement, les ferries vers les îles avoisinantes, les curiosités et les activités, et organise aussi des excursions en bateau et des visites de villages.

À voir et à faire

Malgré un avenir incertain, la région comporte de bonnes raisons de s'y attarder. À **Talawila**, à mi-chemin en remontant la péninsule, se trouve le sanctuaire catholique dédié à sainte Anne. Donnant sur le front de mer, l'église comporte des piliers en bois de citronnier. Des milliers de pèlerins se rassemblent ici en mars et en juillet pour célébrer sainte Anne. Ont alors lieu d'impressionnantes processions, des séances de guérison et une foire.

Pour la plupart des visiteurs, le grand attrait de la région sont les dauphins. Les **excursions en bateau pour voir les dauphins** sont organisées par le Tourist Information Centre de Kalpitiya. Comptez 9 000 Rs (jusqu'à 5 pers) pour une visite d'une demi-heure – comme un permis du gouvernement est exigé, il faut s'inscrire au moins une journée à l'avance. Deux opérateurs de renom basés à Colombo, **Jetwing Eco Holidays** (☎011-238 1201 ; www.jetwingeco.com ; 46/26 Navam Mawatha, Colombo) et **Eco Team Sri Lanka** (☎011-583 0833 ; www.srilankaecotourism.com ; 20/63 Fairfield Gardens, Colombo) offrent des excursions d'observation des dauphins un peu plus chères, mais très professionnelles. Les dauphins (et même les baleines) peuvent être observés d'octobre à mai avec un taux de succès de l'ordre de 80%.

Les récifs au large offrent des possibilités de **snorkeling** et de **plongée** spectaculaires. Le meilleur site de plongée se trouve sur **Bar Reef**. À quelques kilomètres de la pointe nord-ouest de la péninsule, cette zone de récif corallien encore intacte est reconnue comme l'un des plus beaux sites de plongée du Sri Lanka. En dépit de son éloignement, elle est également bonne pour le snorkeling. Le Tourist Information Centre de Kalpitiya peut organiser une plongée (inscription à l'avance également), de même que d'autres opérateurs de la région de Colombo dont ceux déjà mentionnés.

La région est en train de se forger une réputation pour le **kitesurf**. Cela relève encore essentiellement de l'initiative individuelle, mais plusieurs grands hôtels ont du matériel à louer et le Kite Centre Negombo propose des safaris de kitesurf dans le secteur.

Où se loger

Le prix de l'hébergement dans la région n'est pas loin d'être scandaleux. Bon nombre des établissements que nous avons visités offraient des huttes en feuilles de palmier sans électricité ni eau courante pour 40 à 70 $US par personne... À Kalpitiya même, vous pouvez **loger chez l'habitant** (ch 1 250 RS). Le **Taniya Hotel** (☎032-329 3031 ; ch avec/sans clim 3 500/2 000 Rs), à quelques kilomètres au sud de Kalpitiya, offre le meilleur rapport qualité/prix des environs – n'oubliez pas d'apporter votre appareil photo pour immortaliser les "éléphants", les "girafes" et "cerfs" qui gambadent dans le jardin. Une autre bonne option, plus chère, est le **Ruwala Resort** (☎032-329 9299 ; tente 2 500 Rs, cabane 11 000 Rs, ch 12 500 Rs) près de la lagune, à quelques kilomètres avant Talawila. C'est un complexe hôtelier convivial qui offre des activités d'aventures telles que l'équitation, la pêche et l'escalade.

Depuis/vers Kalpitiya et Dutch Bay

Vous trouverez de nombreux bus pour Colombo (ordinaire/clim 200/350 Rs, 4 heures) et Puttalam (ordinaire/clim 60/120 Rs, 1 heure).

De Kalpitiya à Negombo

Bien que l'A3 soit près de la côte, on aperçoit rarement l'océan depuis la route. En allant vers le sud, en direction de Negombo, on traverse néanmoins d'innombrables plantations de cocotiers de toute beauté.

Un marché au poisson très animé se tient le matin dans le petit village d'**Udappuwa**, au sud de Puttalam, qui abrite un important temple hindou doté d'un grand *gopuram*. Une fête haute en couleur s'y déroule en août, au cours de laquelle les fidèles marchent sur des charbons ardents pour éprouver leur foi. Non loin de là, la mosquée et l'église, installées de part et d'autre de la rue, se regardent en chien de faïence.

Située à 12 km au sud d'Udappuwa, la bourgade de **Chilaw** dégage une atmosphère religieuse fortement imprégnée de catholicisme romain. Dans le centre, on peut admirer de belles statues de saints et de dignitaires de l'Église.

À 5 km à l'est de Chilaw, **Munneswaram** vaut le détour pour son temple hindou remarquable, important lieu de pèlerinage. Le site comporte trois sanctuaires, celui du centre étant consacré à Shiva. Lors de la grande fête qui s'y tient, en août, les fidèles marchent sur des braises. Les touristes sont rares ici aussi, ce qui n'empêche pas la présence d'une clique de guides et de rabatteurs qui déploieront mille et un artifices pour vous extorquer quelques roupies.

Des bus passent fréquemment tout le long de l'A3.

Negombo

☎031 / 121 950 HABITANTS

Negombo est une cité balnéaire située près de l'aéroport international Bandaranaike. Avec un large choix d'établissements corrects et de nature à satisfaire tous les budgets, sa population accueillante, son intéressant quartier ancien et sa plage acceptable – encore que polluée –, Negombo est bien plus agréable que Colombo pour le voyageur qui débarque de l'avion et souhaite prendre ses marques au Sri Lanka.

La ville ancienne, très animée et imprégnée de l'influence de la religion catholique, intéressera les amateurs d'histoire. Quant aux amoureux de la nature, ils pourront aller observer les oiseaux sur l'étroite bande de terre au sud de la lagune et aux abords des nombreux canaux.

Les Hollandais prirent la cité aux Portugais en 1640, la perdirent la même année, et la reprirent en 1644 ; les Britanniques s'en emparèrent en 1796 sans la moindre résistance. Pendant la période hollandaise, la ville était le principal centre producteur de cannelle. Il subsiste, aujourd'hui encore, des vestiges de la présence européenne.

Très vivant, le centre de Negombo est situé à l'ouest des gares ferroviaire et routière. La plupart des hébergements se trouvent le long de la route principale qui, depuis le centre-ville, longe presque parallèlement la plage en direction du nord.

À voir

Dutch Fort RUINES

(carte p. 77). À proximité du front de mer, près de la lagune, se dressent les ruines de l'ancien fort hollandais, avec son beau porche datant de 1678. Il y a là aussi l'**Esplanade**, un terrain où se jouent des matchs de cricket qui attirent les foules. Le fort abrite désormais la prison municipale et ne se visite donc pas.

Plusieurs anciennes constructions hollandaises sont toujours utilisées, notamment la **Lagoon Resthouse** (Custom House Rd).

Marché au poisson MARCHÉ

(carte p. 77). Tous les jours, les pêcheurs sortent leurs embarcations ou *oruva* (pirogues à balancier) et partent pêcher le poisson qui fait la réputation de Negombo. Le retour de la pêche, lorsque les bateaux s'engagent dans la lagune, offre un beau spectacle. La vente à la criée sur la plage et au marché au poisson, près du fort, est une expérience… glissante et très odorante, mais qui mérite amplement que l'on renonce à une heure ou deux de piscine. Les prises ne viennent pas toutes de la mer, car Negombo est située à l'extrémité nord d'une lagune renommée pour ses langoustes, ses crabes

Centre-ville de Negombo

et ses crevettes. De l'autre côté du pont qui enjambe la lagune se trouve un second marché au poisson– à condition de se lever à 6h, c'est l'endroit idéal pour assister au retour de plus gros bateaux de pêche.

Bâtiments religieux CULTES

Negombo est riche en églises – la conversion de la population locale au catholicisme a si bien réussi que la ville est parfois surnommée la "Petite Rome". L'autre raison de ce surnom tient au fait que nombre d'habitants reçoivent de l'argent de parents travaillant en Italie. Dans le centre, l'**église St Mary**, un édifice rose pâle, présente au-dessus de la nef un plafond décoré de peintures religieuses pleines de ferveur. À l'est de la ville, le **temple Angurukaramulla**, avec son bouddha couché de 6 mètres de long, vaut également le coup d'œil. L'île de **Duwa**, reliée à Negombo par le pont de la lagune, est connue pour sa représentation théâtrale de la Passion à Pâques.

Canaux hollandais VOIE D'EAU

Ici, plus que partout ailleurs au Sri Lanka, les Hollandais exprimèrent leur intérêt pour les **canaux**. Ceux-ci partent de Negombo vers le sud, jusqu'à Colombo, et vers le nord jusqu'à Puttalam, couvrant au total plus de 120 km. On peut louer des vélos auprès de différents hôtels de la ville et suivre les chemins de halage. La route qui franchit le pont de la lagune se transforme en petite route côtière entre la lagune et l'océan, et va presque jusqu'à Colombo.

Activités

Kite Centre Negombo KITESURF

(carte p. 80 ; ☎077 746 1261 ; 13 Porutota Rd). Pour profiter de l'océan sans trop vous immerger dans ses eaux polluées – ici en tout cas –, vous pouvez prendre des cours de kitesurf, dispensés par des surfeurs expérimentés qui utilisent un matériel correct. Le Kite Centre Negombo est basé à la pension Pearl. Comptez 349 € pour un stage de 3 jours.

Lucky Tours OBSERVATION DES OISEAUX

(carte p. 80 ; ☎077 357 8487 ; lucky-tour55@hotmail.com ; 146 Lewis Pl). Des excursions spécialisées d'observation des oiseaux ont lieu dans la région de Negombo, incluant un circuit d'une demi-journée jusqu'au marais de Muthurajawela.

Où se loger

Les établissements bon marché et de catégorie moyenne abondent le long de la plage. On y trouve aussi quelques hôtels plus chers, de même qu'à Waikkal. En règle générale, plus l'hôtel est proche de la ville, moins il est entretenu.

♥ **Villa Araliya** HÔTEL DE CHARME $$

(carte p. 80 ; ☎227 7650 ; www.villaaraliya-negombo.com ; 154/10 Porutota Rd ; ch petit-déj compris 50-160 $US ;). L'Araliya sort du lot des hôtels de Negombo, avec ses chambres modernes extrêmement confortables, équipées de grands lits et de belles salles de bains. Sous de hauts plafonds, certaines arborent des murs de brique nue tandis que d'autres sont décorées de couleurs variées. Cet hôtel adapté aux petits (jouets, lits pour enfants et chaises hautes) est sur une rue peu passante à 5 minutes de marche de la plage. Piscine attrayante.

♥ **Ice Bear Guest House** PENSION $$

(carte p. 80 ; ☎071 423 7755 ; www.icebearhotel.com ; 103/2 Lewis Pl ; ch 29-59 € ;). Une magnifique villa traditionnelle haute en couleur et chic (d'inspiration suisse, comme le suggère l'enseigne, et un peu excentrique). Cet hôtel de charme à petit prix offre plusieurs types de chambres dans un beau jardin accueillant des canards et des chiens. On trouve dans toutes des pétales de fleurs sur le lit, des touches personnelles et de l'eau chaude. Les plus chères ont, en plus, des lavabos Art déco et un lecteur CD. Le café qui donne sur la plage propose des mets savoureux, comme du muesli maison, à déguster sur fond de musique classique.

Angel Inn PENSION $$

(carte p. 80 ; ☎223 6187 ; 189/17 Lewis Pl ; ch avec/sans clim 3 000/2 000 Rs). Une des pensions les plus accueillantes de Negombo pour les voyageurs à petit budget. Les 6 chambres ensoleillées autour d'un petit jardin n'ont certes pas la vue sur la mer, mais sont d'une propreté irréprochable et d'un excellent rapport qualité/prix. Un établissement familial à l'ambiance amicale et attentionnée.

Pearl PENSION $$

(carte p. 80 ; ☎492 7744 ; www.pearl-negombo.com ; 13 Porutota Rd ; s/d 36/47 € ;). Un discret petit hôtel en front de mer dont le charme et le confort raviront le voyageur fatigué. Les chambres, d'une propreté immaculée, arborent d'audacieuses œuvres d'art et disposent de lecteurs CD et DVD (bien approvisionnés). Bon pied-à-terre pour faire du kitesurf.

Beach COMPLEXE HÔTELIER $$$

(carte p. 80 ; ☎227 3500 ; www.jetwinghotels.com ; Porutota Rd ; s/d petit-déj compris 355/375 $US ;). Avec ses portes imposantes, l'écho des corridors et des fresques vaguement pharaoniques, cet endroit a des airs de temples dédié au luxe minimaliste. Les chambres tutoient la perfection, et les sdb, avec douche à l'italienne et baignoire circulaire, font mieux que la tutoyer. Il y a aussi un spa bien équipé et une piscine éclairée aux flambeaux la nuit. Un naturaliste résident se fera même un plaisir de répondre à vos questions sur la nature. La piscine en fait un très bon choix pour les enfants.

Ayurveda Pavilions HÔTEL DE CHARME $$$

(carte p. 80 ; ☎227 6719 ; Porutota Rd ; s/d villa petit-déj compris à partir de 210/230 $US ; ❄@📶🏊). De belles villas aux murs de terre décorées dans un style à la fois minimaliste et luxueux, et équipée de belles salles de bains : vous n'oublierez pas de sitôt le bain en plein air par un après-midi pluvieux, dans un nuage de vapeur et au milieu des pétales de fleurs ! Le prix de la chambre comprend une vaste gamme de soins (à partir de 30 $US si vous ne séjournez pas à l'hôtel).

Hotel Silver Sands HÔTEL $$

(carte p. 80 ; ☎222 2880 ; www.silversands.go2lk.com ; 229 Lewis Pl ; ch avec/sans clim 3 630/1 760 Rs ; ❄). Les chambres joliment carrelées de cet établissement situé sur la plage sont décorées de bouquets de fleurs en plastique et équipées de moustiquaires en forme de tente. Les aquariophiles s'émerveilleront des guppys, mollys et autres espèces tropicales évoluant dans les nombreux aquariums.

Beach Villa Guest House PENSION $

(carte p. 80 ; ☎222 2833 ; 3/2 Senavirathna Mawatha; d 800-3 000 Rs ; ❄). Bien connue des routards, cette pension joyeusement bigarrée se tient si près de la mer que l'on est tenté le soir d'enfiler son maillot de bain plutôt qu'un pyjama. L'agréable café-restaurant pratique des tarifs raisonnables et vous obtiendrez sur place quantité de tuyaux pour votre voyage. Les chambres les moins chères n'ont qu'un ventilateur.

Sha Residence PENSION $

(carte p. 80 ; ☎077 748 8746 ; www.sharesidence.com ; 80 Cemetery Rd ; s avec/sans clim 22/27 $US, d avec/sans clim 30/35 $US ; ❄📶). Cet endroit sympathique offrant 7 chambres, à quelques centaines de mètres de la plage et de la rue principale, tient plus du séjour chez l'habitant que de l'hôtel, chose rare à Negombo. Chambres spacieuses avec eau chaude et jardin charmant où s'ébattent canards et lapins.

Camelot Beach Hotel COMPLEXE HÔTELIER $$

(carte p. 80 ; ☎222 2318 ; www.camelothotelnegombo.com ; 345 Lewis Pl ; s/d 65/70 $US ; ❄@📶🏊). Cet hôtel classique pour voyages organisés présente un bon rapport qualité/prix. Lors de notre dernière visite, il était resplendissant avec ses décorations de Noël – une image un peu insolite sous les palmiers. Les chambres sont lumineuses et agréables (même sans les décorations de Noël), avec beaucoup d'activités et 2 piscines.

Jeero's Guest House PENSION $

(carte p. 80 ; ☎223 4210 ; 239 Lewis Pl ; ch à partir de 2 000 Rs). Les fenêtres à treillis, les balcons bien frais et le mobilier qui a vécu donnent un caractère confortable et sympathique à cette pension aménagée autour d'un plaisant jardin, en retrait de la plage. Tarifs intéressants.

Dephanie Guest House PENSION $

(carte p. 80 ; ☎223 4359 ; dephanie@slt.lk ; 189/15 Lewis Pl ; ch 2 000 Rs ; 📶). Une petite pension qui présente bien, avec son jardin ombragé équipé de chaises longues. Les chambres un peu sombres, mais d'une impeccable propreté, ont une douche avec eau froide seulement. Les prix peuvent être un peu négociés.

Goldi Sands Hotel COMPLEXE HÔTELIER $$$

(carte p. 80 ; ☎227 9021 ; www.goldisands.com ; Lewis Pl ; s/d 115/125 $US ; ❄📶🏊). Récemment rénové, cet hôtel pour voyages organisés est populaire, mais cela ne doit pas vous rebuter. Ses chambres modernes, où des œuvres en noir et blanc se détachent sur un fond blanc, offrent un bon rapport qualité/prix et sont idéales pour se remettre d'un long vol ! En payant séparément pour le petit-déjeuner, vous économiserez 10 $US sur le tarif avec petit-déjeuner inclus.

Où se restaurer et prendre un verre

De nombreux restaurants et cafés de qualité médiocre se succèdent sur la grande artère qui longe la plage. Il existe aussi quelques adresses plus séduisantes.

♥ Lords FUSION $$$

(carte p. 80 ; 80B Porutot a Rd ; plats 850-1 400 Rs). De loin la cuisine la plus créative de Negombo. Martin, le propriétaire – britannique – de cet établissement mi-restaurant mi-galerie d'art, emplit le lieu de sa présence et veille, en salle et en cuisine, au bon déroulement des choses. Le président de la République est venu en personne inaugurer l'endroit, sans doute

Plage de Negombo

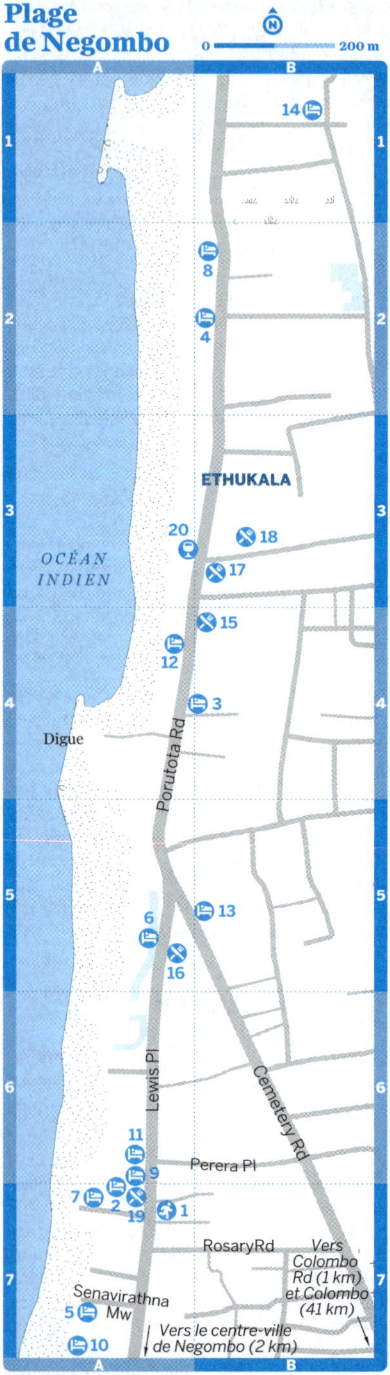

Plage de Negombo

Activités

Kite Centre Negombo................(voir 12)
1 Lucky Tours A7

Où se loger

2 Angel Inn..A7
3 Ayurveda Pavilions B4
4 Beach..B2
5 Beach Villa Guest House....................A7
6 Camelot Beach Hotel..........................A5
7 Dephani Guest House..........................A7
8 Goldi Sands Hotel B2
9 Hotel Silver Sands..............................A6
10 Ice Bear Guest House........................A7
11 Jeero's Guest House..........................A6
12 Pearl..A4
13 Sha Residence..................................B5
14 Villa Araliya B1

Où se restaurer

15 Alta Italia..B4
16 Ammehula..A5
17 Bijou..B3
18 Lords..B3
19 Pancake House..................................A7

Où prendre un verre

20 Rodeo Pub..A3

attiré par l'excellence des spécialités, à la croisée des influences orientale et occidentale, et, par ailleurs, superbement présentées. D'intéressants travaux d'artistes sri lankais contemporains sont exposés dans la galerie.

Alta Italia ITALIEN **$$**

(carte p. 80 ; 36 Porutota Rd ; plats 500-700 Rs). Un restaurant italien étonnamment chic dans une station balnéaire comme Negombo. Parmi la longue liste de spécialités, vous trouverez pâtes fraîches, poissons grillés, pizzas à pâte fine et un vrai risotto, à faire glisser avec un petit verre de *limoncello* ou de *grappa*, puis un véritable expresso.

Bijou INTERNATIONAL **$$**

(carte p. 80 ; Porutota Rd ; plats 300-1 000 Rs). La carte comporte de la fondue et d'autres spécialités allemandes et suisses, ainsi qu'un grand choix de poissons et de fruits de mer.

Ammehula INTERNATIONAL **$$**

(carte p. 80 ; 286 Lewis Pl ; plats 400-600 Rs ; 10h-22h). Les jeunes propriétaires de ce café (dont le nom signifie "va-t-en !") ont orné le menu d'un dessin de tortue furieuse de voir arriver tous les bons poissons ici. On commande des produits de la mer, mais également des sandwichs, salades et toutes sortes de petits-déjeuners. Il y a aussi une petite bourse d'échange de livres.

Ice Bear Century Cafe CAFÉ $$
(carte p.77 ; 25 Main St ; plats 500 Rs ; ⌚9h-18h). Cette charmante maison coloniale couleur rose-pêche, soigneusement restaurée, constitue un havre de paix au cœur de Negombo. Avec une touche d'élégance raffinée, l'établissement offre toutes sortes de bières sri lankaises, une montagne de gâteaux maison, ainsi que des plats du jour au déjeuner, tels que des soupes de nouilles thaïlandaises ou du goulasch hongrois.

Pancake House INTERNATIONAL $$
(carte p.80 ; 227 Lewis Pl ; plats 400 Rs). Café de voyageurs très animé qui propose des spécialités locales comme des curries et des plats de fruits de mer, mais aussi des pâtes, des pizzas et, évidemment, des pancakes (assez bons d'ailleurs).

Rodeo Pub PUB
(carte p. 80 ; 35 Porutota Rd ; plats 700-1 000 Rs ; ⌚9h-24h). Des expatriés et des touristes sirotent leur bière dans ce bar d'allure vaguement européenne, où les graffitis sur les murs, les sandwichs au bacon, les pintes et les cocktails aux noms sexy déridant la clientèle.

Renseignements

Les cybercafés et les centres téléphoniques sont légion le long de Lewis Place et Porutota Rd, de même qu'aux abords des gares routière et ferroviaire. Si Negombo est votre première étape au Sri Lanka, sachez que le personnel des hôtels peut vous mettre en contact avec des guides et des chauffeurs ou organiser pour vous des voyages partout ailleurs dans le pays. Vous trouverez dans le centre-ville :

Bank of Ceylon (carte p. 77 ; Broadway)

Post Office (carte p. 77 ; Main St)

Vijitha Yapa Bookshop (carte p. 77 ; 135 Broadway). Librairie qui vend romans, magazines, guides et cartes en anglais.

Depuis/vers Negombo

Les bus CTB (Central Transport Board), Intercity express et des bus privés circulent entre Negombo (carte p. 77) et Saunders Place, à Colombo (ordinaire/clim 48/80 Rs, 1 à 2 heures, toutes les 20 min). De longues files d'attente se forment à la gare routière les soirs de week-end, lorsque les gens venus passer la journée à Negombo rentrent à la capitale. Des trains desservent aussi Colombo (2e/3e classe 70/40 Rs, 2 heures), mais ils sont plus lents et moins fréquents que les bus. Une course en taxi de Negombo à Colombo revient à 3 000 Rs environ. N'importe quel hôtel, pension ou agent de voyages se chargera de vous en réserver un.

Pour aller à Kandy (120 Rs, toutes les heures de 4h30 à 17h15), comptez entre 3 et 4 heures de trajet.

Comment circuler

Le bus n°240 à destination de l'aéroport international Bandaranaike (19 Rs, 45 min) part de la gare routière en ville toutes les 15 minutes d'environ 6h à 19h environ. Vous pouvez aussi prendre un *túk-túk* dans le centre de Negombo (500 Rs environ) ou sur Lewis Place (800 Rs environ), ou encore un taxi (comptez le double). Prévoyez de 20 à 30 minutes de trajet environ, et sachez que tous les hôtels peuvent s'occuper de vous procurer un moyen de transport. Vous ne trouverez pas nécessairement de *túk-túk* à la sortie du terminal, mais un peu plus loin sur la route.

Pour rejoindre Lewis Place ou Porutota Rd depuis la gare routière, montez dans un bus à destination de Kochchikade ou prenez un *túk-túk* (200 Rs).

Environs de Negombo

WAIKKAL ET MARAWILA

☎031

Les bourgades de Waikkal et de Marawila se situent à environ 3 km sur l'A3. On y trouve plusieurs hôtels en bord de mer, haut de gamme pour la plupart, sortes de bunkers de luxe isolés de la population locale par des murs d'enceinte. L'ambiance est donc naturellement très différente de celle de Negombo avec ses bars animés et ses boutiques de souvenirs. Un avantage toutefois : les plages, toutes proches, sont grandes, le sable doré, et les terres environnantes couvertes de palmiers.

Ranweli Holiday Village (☎227 7359 ; www.ranweli.com ; s/d petit-déj inclus à partir de 140/152 $US ; ❄📶). Sur la côte près de Waikkal, le Ranweli Holiday Village est un établissement écologique reconnu. Recyclage, plantation d'arbres et projets de développement des communautés locales sont à l'honneur. Pour s'y rendre, on traverse un canal à bord d'une barque à fond plat – une balade romantique que viendra peut-être contrarier l'aspect maussade des chambres, encore qu'il règne incontestablement dans les lieux une ambiance raffinée. Le restaurant propose des plats à base de légumes bio produits dans la région. Des sorties d'observation des oiseaux et des papillons sont organisées.

En général, on se rend à Waikkal et à Marawila en taxi ou en voiture avec chauffeur.

SUD DE NEGOMBO

L'étroite bande de terre entre le golfe et le lagon au sud de Negombo est parfois appelée **Pamunugama**, du nom du plus grand village voisin. Cocotiers, vieilles églises de style portugais, cimetières sur des dunes et jolies maisonnettes composent un ravissant paysage. On y trouve également quelques petits hôtels. La plage descend malheureusement en pente raide et dans l'eau, on perd pied brutalement, ce qui rend la baignade plutôt dangereuse, même lorsque la mer est calme.

C'est là aussi que l'on peut admirer l'une des plus belles parties du vieux **canal hollandais** (appelé aussi canal Hamilton) qui court tout le long de cette partie de la côte. Il est bordé de petites usines, de villages de pêcheurs, d'anciens hôtels particuliers et, çà et là, la nature a repris ses droits. Louer un vélo à Negombo est le moyen idéal pour visiter le coin.

♥ Le **marais de Muthurajawela** (ou "suprême champ de perles") est une superbe étendue marécageuse encore peu connue, à la pointe sud de la lagune de Negombo. On y cultivait autrefois le riz, mais les champs ne résistèrent pas à l'inondation d'eau de mer qui fit suite à la construction d'un canal par les Portugais. Au fil des siècles, la nature a transformé Muthurajawela en plus grand marais salant du Sri Lanka, qui abrite aujourd'hui une population de hérons pourprés, de cormorans et de martins-pêcheurs. Malheureusement, il subit aussi la pression d'un développement industriel bien décidé à gagner du terrain.

Le **Muthurajawela Visitor Centre** (☎011-483 0150 ; Indigaslanda, Bopitiya, Pamunugama ; ⌚7h-16h) se trouve à l'extrémité sud de la route longeant Pamunugama, à côté du canal Hamilton. On peut y voir des panneaux d'informations vétustes, ainsi qu'une vidéo de 25 minutes sur la faune du marais, mais la **sortie en bateau avec guide** (1 000 Rs/pers, 2 heures) se révèle beaucoup plus intéressante. Les marais abritent quelque 75 espèces d'oiseaux, ainsi que des crocodiles, des singes et même des loutres – très difficiles à observer. Une partie des bénéfices est reversée à des projets de conservation locaux. Il est souhaitable de réserver pour une promenade en bateau, en particulier les week-ends et les jours fériés.

Tout près du Muthurajawela Visitor Centre, la **Villa Palma** (☎011-223 6619 ; www.villapalmasrilanka.com ; Beach Rd, Pamunugama ; s/d à partir de 5 500/6 000 Rs ; ❄📶🏊) possède 18 grandes chambres toutes simples, à l'atmosphère légèrement confinée, qui se révèlent un peu chères pour ce qu'elles sont. Des réceptions de mariage ont souvent lieu ici, ce qui vient mettre un peu de vie et de couleur.

SUD DE COLOMBO

On pousse un immense soupir de soulagement lorsque l'on quitte la frénésie et la moiteur de la capitale sri lankaise, ses rues encombrées et son atmosphère irrespirable, pour prendre la route du sud en direction des plages tropicales qui composent l'image d'un Sri Lanka paradisiaque. La plupart des voyageurs indépendants s'arrêtent à Hikkaduwa, où l'on pratique le surf, mais Bentota et ses alentours offrent des plages plus tranquilles – et peut-être même plus belles encore – ainsi qu'un étonnant mélange de grands complexes hôteliers pour voyages organisés et de somptueux hôtels de charme.

LA SOUTHERN EXPRESSWAY

Le plus grand inconvénient des vacances au bord de mer au Sri Lanka a longtemps été la durée excessive du trajet entre l'aéroport en périphérie nord de Colombo et les stations balnéaires des côtes ouest et sud. Mais en novembre 2011, tout a changé avec l'ouverture de la Southern Expressway, la première route à péage au Sri Lanka. La route relie Kottawa au sud-est de Colombo à Pinnaduwa, au nord de Galle. Le trajet dure 1 heure 30, mais si vous comptez partir de la plage pour l'aéroport au dernier moment, notez que les routes de raccordement ne sont pas achevées. Comptez donc au moins 2 heures pour relier Kottawa à l'aéroport.

Vous pouvez accéder ou quitter l'autoroute en plusieurs points. Pour plus d'information, voir p. 315.

Aluthgama, Bentota et Induruwa

☎034

Protégée de la bruyante Galle Rd par un bras alangui du Bentota Ganga, la plage de Bentota déploie un magnifique ruban de sable doré. La ville compte principalement de grands hôtels pour voyages organisés, mais aussi quelques adresses pour voyageurs individuels. Ces derniers auront néanmoins un plus grand choix à Aluthgama, petite bourgade située sur la route entre Beruwela et Bentota.

Aluthgama possède un marché au poisson animé, des boutiques et la principale gare ferroviaire du coin. Induruwa s'étendant le long de la côte, elle n'a pas à proprement parler de centre-ville.

À voir

Vous vouliez de la **plage** ? Vous allez être servi. Il y a pourtant quelque chose d'étrange dans ces somptueuses étendues de sable – certaines comptent parmi les plus belles du pays – en particulier lorsque l'on regarde le nombre d'hôtels et que l'on sait que l'immense majorité des touristes viennent chercher au Sri Lanka soleil, sable et surf : elles sont étonnamment désertes, en particulier à l'extrémité sud de cette bande de sable. La raison n'en apparaît pas clairement à nos yeux, mais toujours est-il que si les plages de Hikkaduwa vous semblent trop encombrées, vous trouverez sans doute votre bonheur à Bentota. Par ailleurs, les eaux calmes du **Bentota Ganga** offrent d'autres possibilités de divertissement – encore que la pollution soit problématique en certains endroits.

Le **marché** d'Aluthgama se tient tous les lundis de l'autre côté de la voie ferrée en direction de Dharga Town. À quelques kilomètres vers l'intérieur, sur la rive sud de la rivière, le **temple de Galapota** daterait du XIIe siècle. Pour vous y rendre, prenez la route secondaire à votre gauche, 500 m après le pont.

Brief Garden JARDIN

(1 000 Rs ; ⌚8h-17h). À 10 km de Bentota en allant vers l'intérieur des terres, on découvre ce merveilleux jardin qui semble tout droit sorti du *Livre de la jungle* et où il fait bon se perdre. La demeure, où a vécu Bevis Bawa, frère du célèbre architecte sri lankais, abrite une collection éclectique comprenant aussi bien des sculptures qu'une superbe fresque dépeignant la vie au Sri Lanka. Réalisée dans un style qui rappelle celui de Chagall, elle est l'œuvre de l'artiste australien Donald Friend qui, venu passer quelques jours ici, est finalement resté six années. Vivien Leigh et Laurence Olivier séjournèrent ici pendant le tournage de *La Piste des éléphants*, en 1953. Pensez à vous munir de répulsif car le jardin est un terrain de prédilection pour les insectes. Pour vous y rendre, suivez la route partant du sud d'Aluthgama vers Matagama Rd, puis enfoncez-vous dans les terres en direction du village musulman de Dharga Town. À partir de là, seuls quelques panneaux indiquent la direction "Brief", mais l'endroit est connu et vous pourrez demander votre chemin à la première personne venue. Il n'y a pas de transports publics.

Activités

L'immensité de la lagune et de l'embouchure du Bentota Ganga rend l'endroit idéal à la pratique des sports nautiques. Les agences locales proposent d'ailleurs un choix varié d'activités : planche à voile, ski nautique, jet-ski, pêche en haute mer, etc. Deux prestataires indépendants, **Sunshine Water Sports Center** (☎428 9379 ; River Ave, Aluthgama) et **SRP Watersports Centre** (☎077 623 7376 ; River Ave, Aluthgama), sont installés sur les berges. Ils louent du matériel et proposent des cours, notamment de planche à voile (10 000 Rs) et de ski nautique (à partir de 1 000 Rs). Snorkeling, canoë et pêche en haute mer sont également offerts, ainsi que des cours de plongée.

Les excursions en bateau sur le **Bentota Ganga** (4 500 Rs par groupe), remportent un franc succès et permettent de passer une agréable fin d'après-midi au milieu des oiseaux. Elles vous emmènent à travers le dédale d'anses et d'îles de la partie inférieure du cours d'eau, où vivent plus d'une centaine d'espèces d'oiseaux, ainsi que diverses espèces d'amphibiens et de reptiles. L'excursion type dure 3 heures. Les deux prestataires mentionnés ci-dessus organisent des excursions, sinon tous les hôtels peuvent vous indiquer des opérateurs.

Où se loger

On trouve, outre de grands complexes, plusieurs hôtels de charme et pensions remarquables ainsi qu'une ou deux rares adresses bon marché.

SAUVER LES TORTUES

Cinq espèces de tortues marines répertoriées viennent pondre sur les côtes du Sri Lanka. La tortue verte est la plus courante. Viennent ensuite la tortue olivâtre et la tortue à écailles, ou caret. La tortue luth et la caouane, énormes, peuvent atteindre plus de 2 m de long. Au cours de leur longue vie – si toutefois elles ne finissent pas prématurément dans le filet d'un pêcheur ou au fond d'une casserole –, les tortues femelles viennent et reviennent inlassablement sur la côte sud afin de pondre leurs œufs dans le sable de la plage où elles-mêmes ont vu le jour. L'éclosion a lieu quelques semaines après la ponte. On voit alors des centaines de bébés tortues traverser la plage pour regagner la mer – leur premier et périlleux voyage...

La plupart terminent aussitôt dans l'estomac d'un oiseau, d'un poisson ou d'un autre prédateur. Beaucoup n'ont même pas le temps d'éclore, car les braconniers ramassent les œufs pour satisfaire une demande croissante – l'omelette d'œufs de tortue étant fort appréciée. Les élevages installés sur la côte autour de Bentota et Kosgoda tentent d'enrayer ce phénomène en achetant les œufs ainsi ramassés pour un prix légèrement plus élevé que celui pratiqué sur les marchés locaux (environ 8 à 9 Rs). Les œufs sont ensuite placés dans une sorte d'enclos jusqu'à leur éclosion. Après un court séjour dans un bassin (en théorie pour la protection contre les parasites, même si de nombreux biologistes pensent que ces bassins augmentent les maladies et les infections parasitaires), les bébés sont relâchés dans l'obscurité (à l'état sauvage, ils émergent aussi la nuit).

Cependant, les couvoirs de tortues pourraient causer plus de mal que de bien. Lors de l'éclosion dans la nature, la tortue conserve une partie du jaune d'œuf, qui est une source vitale d'énergie lorsqu'elle prend le large pour la première fois. En gardant les bébés dans un bassin pendant une courte période, ils sont privés de cette première source de nourriture. De plus, les tortues femelles adultes aiment retourner sur la plage

ALUTHGAMA

Anushka River Inn PENSION $$

(☎227 5377 ; www.jetwinghotels.com ; River Ave ; s/d 35/50 € ; ❄). Cet hôtel offre de grandes chambres avec lit en bois, commode et douche avec eau chaude. Les chambres neuves donnant sur le fleuve sont plus intéressantes que les autres qui sentent, pour certaines, le renfermé. D'importantes réductions sont pratique courante.

Hotel Hemadan PENSION $$

(☎227 5320 ; www.hemadan.dk ; River Ave ; s/d à partir de 2 400/2 700 Rs). Cette confortable pension tenue par des Danois se compose d'un bâtiment un peu vieillissant divisé en 10 chambres propres et spacieuses (certaines avec balcon et/ou clim). Le jardin bien vert offre une belle vue sur le fleuve. Un service de navette gratuite en bateau permet de rejoindre la plage sur l'océan. Il y a des lits enfant pour ceux qui voyagent avec des petits.

BENTOTA

♥ **Club Villa** HÔTEL HIPPIE CHIC $$$

(☎227 5312 ; www.club-villa.com ; 138/15 Galle Rd ; s/d demi-pension 231/275 $US ; ❄@📶≋). Que sont devenus les hippies qui sillonnaient les routes d'Asie dans les années 1960 et 1970 ? Tandis que certains demeuraient en marge de la société, d'autres sont rentrés chez eux et sont devenus de riches investisseurs plaçant leur argent dans des hôtels comme cet ensemble dessiné par Geoffrey Bawa. Des coussins "tie-dye" aux statues de Bouddha et de Shiva, tout ici est empreint de chic hippie. D'énormes poissons-chats évoluent avec indolence dans des bassins.

♥ **Saman Villas** HÔTEL DE CHARME $$$

(☎227 5435 ; www.samanvilla.com ; ch à partir de 503 $US ; ❄@📶≋). Difficile de trouver les mots pour décrire ce somptueux complexe hôtelier. Disons par exemple que, où que l'on aille, on marche littéralement sur des pétales de fleur, que certaines chambres disposent d'une piscine particulière et que la piscine à débordement dont l'extrémité se confond avec l'océan est absolument paradisiaque. Quant au cadre, on ne peut imaginer mieux : l'établissement se situe sur un promontoire à l'extrémité sud de la plage de Bentota, ouvrant sur une vue tout simplement renversante.

où elles sont nées pour pondre leurs œufs. Or, si elles sont nées en captivité, elles n'ont pas reçu l'"empreinte magnétique" de leur lieu de naissance et sont, pense-t-on, souvent incapables de retrouver la plage pour y pondre leurs œufs. Pour un effort de conservation durable des tortues, il vaut mieux que les œufs soient tout simplement laissés sur la plage où ils ont été pondus et leur accorder une protection à cet endroit. Pour en savoir davantage, voir le site www.srilankaecotourism.com/turtle_hatchery_threat.htm (en anglais).

Même si les avantages des couvoirs sont minimes, ces tortues sont indéniablement adorables et la visite est divertissante. Elle dure rarement plus de 20 minutes. Vous verrez aussi bien des bébés tortues que de très vieux spécimens recueillis suite à des blessures causées par les filets des pêcheurs ou par d'autres accidents.

Kosgoda Turtle Centre (300 Rs ; ⌚8h-18h). Situé derrière un groupe de maisons neuves construites à l'initiative d'une Allemande pour les victimes du tsunami, ce centre très sommaire dispose d'un personnel charmant. Vous y verrez une vieille tortue albinos qui a survécu aux assauts de l'homme (les filets) et à ceux de la nature (le tsunami). Pour vous y rendre, repérez le panneau indicateur situé du côté ouest de Galle Rd, à 500 m au sud du Km 73.

Kosgoda Turtle Conservation Project (300 Rs ; ⌚8h-18h). Installé le long de Galle Rd côté plage, au nord de Kosgoda, ce centre tout simple, qui fonctionne grâce à des volontaires, existe depuis 18 ans.

Kosgoda Turtle Hatchery (300 Rs ; ⌚7h-19h). Pour dénicher cet élevage installé dans un coin tranquille de la plage, empruntez le petit sentier qui part du Km 73. En arrivant à 18h30, vous pourrez participer au lâcher des bébés tortues nés le jour même.

Sea Turtle Project (www.seaturtleszone.com ; Induwara ; 300 Rs ; ⌚6h-18h30). Ce centre paraît moins "artisanal" et plus commercial que ceux de Kosgoda.

Paradise Road – The Villa HÔTEL DE CHARME $$$
(☎227 5311 ; www.villabentota.com ; 138/18 Galle Rd ; ch petit-déj compris 249 $US ; ❄@🛜🏊). Un très bel hôtel de charme, avec un décor rythmé de lignes noires et blanches et d'objets bouddhiques tibétains. D'ailleurs, vous pouvez vous allonger comme le Bouddha sur un canapé des plus accueillants, vous détendre dans la piscine ou vous laisser bercer par la sérénité d'un thé pris à l'ombre d'une pagode de jardin.

Dedduwa Boat Hotel PENSION $$
(☎492 2024 ; Dedduwa Junction ; ch 5 750 Rs ; ❄🛜). Aventurez-vous dans les terres sur quelques kilomètres, et vous trouverez ce petit bijou de tranquillité, caché sur les rives verdoyantes et luxuriantes d'un lac. Les chambres sont soigneusement entretenues et vous pouvez passer des heures à regarder les oiseaux près du lac ou marcher sur les chemins détrempés en rendant leurs sourires aux habitants.

Amal Villa HÔTEL DE CHARME $$
(☎943-42270746 ; www.amal-villa.com ; Galle Rd ; s/d demi-pension à partir de 50/65 € ; ❄🛜🏊). Mauvaise nouvelle : cet hôtel affiche souvent complet et se trouve du mauvais côté de la route. Bonne nouvelle : cette villa gérée par un Allemand et très bien entretenue, fusionne l'atmosphère tropicale avec le savoir-faire germanique, ce qui en fait un excellent choix. Des chambres simples, tout en lignes blanches, au charme suranné, avec une vue saisissante sur les rizières et une très belle piscine. Étrangement, l'établissement ne dispose pas de moustiquaires alors la région de Bentota pullule de moustiques. Le mieux est d'apporter la vôtre.

Wunderbar Hotel and Restaurant HÔTEL $$
(☎227 5908 ; www.hotel-wunderbar.com ; Galle Rd ; s/d petit-déj compris 53/75 € ; ❄🛜🏊). Beaucoup moins cher que les établissements de luxe qui l'entourent, cet hôtel fonctionnel loue des chambres spacieuses et bien conçues, avec quelques touches de déco vaguement érotique. Certaines disposent d'un balcon avec vue sur la mer. La piscine est plus séduisante que bien d'autres des environs.

Hotel Sasantha PENSION $$
(☎227 5324 ; s avec/sans clim 5 750/4 300 Rs, d avec/sans clim 6 350/5 150 Rs ; ❄@). Des jardins ombragés, un personnel chevronné,

un accès facile à la partie nord de la plage de Bentota et des chambres colorées en font un établissement prisé des routards.

Wasana Guest House CHAMBRES D'HÔTE **$**
(☎227 5206 ; s/d 1 500/1 800 Rs). Près de l'immense Taj Exotica, cette maison centenaire comprend une demi-douzaine de chambres, toutes roses, et qui somme toute n'ont rien de spécial. En revanche, sa raison d'être est ce bonheur de loger chez une famille, de partager leurs repas et le même jardin. Au sein d'une ville vouée au tourisme, c'est un pur plaisir. Cependant, les chambres sont vite occupées par les chauffeurs des grands hôtels avoisinants.

INDURUWA

Temple Tree Resort & Spa HÔTEL DE CHARME **$$$**
(☎227 1944 ; www.templetreeresortandspa.com ; Galle Rd ; d petit-déj compris à partir de 306 $US ; ❄📶🏊). Imaginez un appartement minimaliste au cœur de Manhattan transporté sur une plage tropicale et vous obtenez le Temple Tree Resort. Les chambres en pierre grise avec murs blanc pur offrent une baignoire à remous, une douche à effet pluie et tous les équipements voulus.

Royal Beach Resort HÔTEL **$$**
(☎227 4351 ; www.royalbeachresortsrilanka.com ; Galle Rd ; s/d petit-déj compris 100/110 $US ; ❄📶🏊). Cet hôtel s'affiche comme un "hôtel de semi-charme". Au moins il n'essaie pas de se survendre ! Les chambres sont confortables, le personnel est serviable et la piscine au bord de mer est agréable, mais l'ensemble n'est pas sensationnel.

Long Beach HÔTEL **$**
(☎227 5773 ; Galle Rd ; d 1 980 Rs). Si votre budget ne vous permet pas d'envisager un hôtel avec piscine privée, vous pouvez vous rabattre sur ces chambres toutes simples situées à l'étage d'une maison particulière. Le jardin bien vert offre de l'ombre et une plage merveilleuse s'étend à vos pieds.

Où se restaurer

La quasi-totalité des hôtels et des pensions disposent d'un restaurant qui sert généralement une bonne (et souvent onéreuse) cuisine axée sur les produits de la mer. Voici quelques adresses à essayer lorsque vous voudrez mettre le nez dehors.

♥ **Kandoori** INDIEN **$**
(428 Galle Rd, Beruwala ; plats à partir de 300 Rs). Sur la route de Colombo à quelques kilomètres au nord d'Aluthgama, ce restaurant-cantine simple est un peu difficile à trouver, mais il vaut franchement le détour. Sa cuisine généreuse du nord de l'Inde est le plus souvent servie le soir. Le midi, régalez-vous de délicieux biryanis avant de terminer par un *watalappam* (œuf, lait de coco, cardamome et pudding sucré). Sur place ou à emporter.

Chaplon Tea Centre CAFÉ **$**
(Galle Rd, Bentota). Une boutique où vous pourrez acheter les meilleurs thés du Sri Lanka et vous installer dans une chaise en osier pour déguster sur la terrasse un thé avec quelques biscuits.

Presque tous les restaurants des hôtels de luxe acceptent les clients de l'extérieur, mais sachez que ces établissements pratiquent souvent des prix trop élevés. Sinon, le **Wunderbar Hotel and Restaurant** (☎227 5908 ; Galle Rd) offre une salle agréable, ouverte sur l'océan et bien aérée, où l'on peut choisir parmi un bon choix de fruits de mer et de plats occidentaux (400-600 Rs).

Renseignements

Plusieurs grands hôtels offrent l'accès à Internet et vous trouverez des cybercafés dans les villes. Un bureau de poste se trouve dans le centre de la station balnéaire de Bentota.

Cargills Food City (331 Galle Rd, Aluthgama). Grande variété de produits. Pharmacie.

Commercial Bank (339 Galle Rd). Juste au nord de la rivière. Comprend un DAB international.

Office du tourisme (☎091-393 2157 ; ⌚8h30-16h30 lun-ven). Devant le Bentota Beach Hotel.

Comment s'y rendre et circuler

Beruwela et Bentota se trouvent toutes deux sur la principale ligne de chemin de fer Colombo-Matara, mais c'est à Aluthgama, elle-même située entre ces deux villes, qu'il faut se rendre puisque nombre de trains ne marquent pas d'arrêt dans ces petites gares. Depuis Aluthgama, il y a 5 ou 6 trains express par jour pour Colombo (2e/3e classe 110/55 Rs, 1 heure 30 à 2 heures), et à peu près autant pour Hikkaduwa (2e/3e classe 70/55 Rs, 1 heure).

À la descente du train, vous subirez les assauts de rabatteurs qui tenteront de vous convaincre que votre hôtel est "fermé" ou qu'il a été "emporté" par le tsunami. Ne leur prêtez pas attention.

Aluthgama est également le meilleur endroit pour prendre un bus, bien qu'il soit très facile de descendre de n'importe lequel d'entre eux, où que ce soit le long de Galle Rd. La liaison avec

Colombo (ordinaire/clim 65/125 Rs, 1 à 2 heures selon la circulation) est régulière.

Sri Lankan Air Taxi (www.srilankan.lk/airtaxi) assure des vols réguliers depuis/vers Colombo le lundi et le vendredi pour environ 6 500 Rs et depuis/vers Dambulla les mêmes jours pour environ 11 700 Rs.

Vous trouverez aussi des *túk-túk* à Aluthgama. Comptez 50 Rs pour un trajet local et 400 Rs jusqu'à Induruwa.

Hikkaduwa et ses environs

☎091

"Découverte" par les hippies dans les années 1970, la station balnéaire de Hikkaduwa a derrière elle de longues années de popularité auprès des touristes étrangers, qui ne sont pas sans avoir laissé de traces. Elle s'est étendue de manière anarchique, en l'absence de tout plan d'urbanisme, et les palmiers d'autrefois ont laissé la place à un alignement interminable de pensions et de restaurants bon marché qui mènent une lutte acharnée pour s'installer au plus près des vagues. Une grave érosion touche désormais la plage où, en certains endroits, le sable a cédé presque complètement la place à des sacs qui mènent une bataille semblant perdue d'avance pour retenir le peu qui reste de la plage d'origine. Pour aggraver encore les choses, l'épouvantable route reliant Colombo à Galle passe en plein milieu de la ville ce qui, étant donné le comportement des chauffeurs de bus, peut transformer la moindre tentative de sortie en une véritable séance de roulette russe – sans compter que l'on risque l'asphyxie en raison des gaz d'échappement.

Des lueurs d'espoir viennent éclairer ce sombre tableau. Hikkaduwa se montre toujours à la hauteur de sa réputation de station bon marché et conviviale. L'offre d'activités s'accroît et la ville, prenant lentement conscience de la nécessité de changer les choses, voit peu à peu s'installer des établissements de meilleur standing. *Last but not least*, la Southern Expressway, la nouvelle route reliant Colombo à Matara et Galle vient d'ouvrir à l'intérieur des terres, ce qui va débarrasser Hikkaduwa d'un de ses vieux démons (cela étant, malgré une certaine baisse de circulation, la différence nous a semblé négligeable). Cela ne vous suffit pas ? Consolez-vous avec le coucher de soleil, qui demeure aussi beau qu'il a toujours été.

À voir et à faire

Pour beaucoup de touristes, Hikkaduwa se résume à la plage, et on ne peut pas vraiment leur en vouloir pour ça ! La bande de sable la plus large s'étend au nord et au sud de Narigama. À cet endroit, quelques transats sont à louer – ou même à emprunter gratuitement s'ils appartiennent au café où vous consommez, et même s'il y a quelques vendeurs ambulants, le lieu reste très calme et paisible.

Les plages de Wewala sont plus étroites et plus abruptes, mais c'est là qu'il faut surfer.

Parc national de Hikkaduwa RÉSERVE NATURELLE

(adulte/enfant 30/15 Rs ; 🕗7h30-18h). Le parc national maritime de Hikkaduwa est un parc surexploité qui s'étale le long de la partie nord de la plage. Ce récif, jadis un magnifique jardin de coraux épanouis où évoluaient une multitude de poissons colorés, n'est plus aujourd'hui que l'ombre de lui-même. Une grande partie du corail se meurt et les poissons s'esquivent vers des lieux davantage préservés. Raison majeure de cette situation : le blanchiment du corail provoqué en 1998 par les conditions océaniques et atmosphériques (résultant de toute évidence de l'action humaine), qui a provoqué la dépigmentation d'environ la moitié des coraux du récif. Le tsunami a entraîné d'autres dégâts, mais le véritable problème, comme toujours, réside dans une mauvaise gestion de la part de l'homme.

Il est très facile d'aller admirer ce récif. Boutiques et clubs de plongée, ainsi que de nombreux hôtels et pensions louent du matériel de snorkeling pour environ 500 Rs/jour, voire moins. Des excursions en bateau à fond transparent (ce qui n'est pas la meilleure façon d'observer les récifs) coûtent 1 750 Rs la demi-heure. Les bateaux sont en location à côté du bureau du parc national, où vous achèterez également votre billet d'entrée.

Plongée

La saison va de novembre à avril. **Poseidon Diving Station** (☎227 7294 ; www.divingsrilanka.com ; Galle Rd) propose des cours PADI (open water 265 €) et plusieurs types de plongées (dans des épaves, nocturnes, plongée de découverte pour débutants, entre autres).

Surf

La meilleure saison s'étend de novembre à avril. Wewala et Narigama offrent plusieurs *reef breaks* dociles et un *beach break* qui conviennent parfaitement aux

Hikkaduwa et ses environs

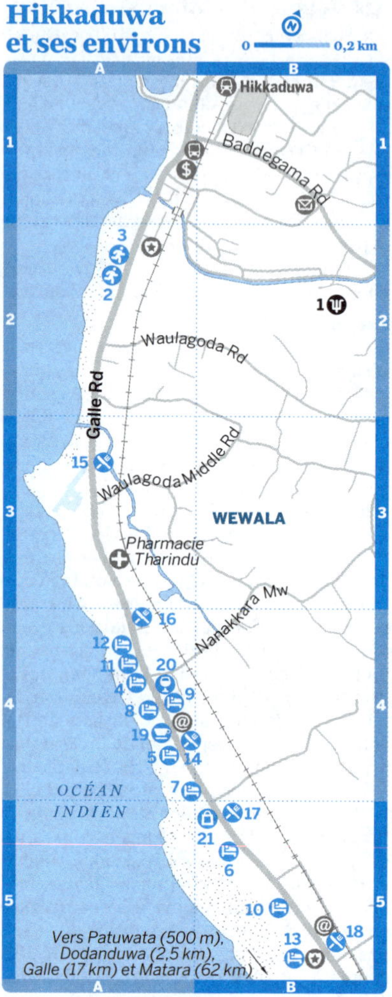

Hikkaduwa et ses environs

À voir
1 Gangarama Maha Vihara B2

Activités
A-Frame Surf Shop .... (voir 8)
2 Parc national de Hikkaduwa Billetterie et location de bateaux A2
3 Poseidon Diving Station A2

Où se loger
Anura Villa .... (voir 19)
4 Blue Ocean Villa A4
5 Hotel Moon Beam A4
6 Hotel Rita B5
7 Lucky Dolphin A4
8 Mambo's Place A4
9 Miga Villa A4
10 Neela's B5
11 Richard's Son Beach Villa A4
12 Time 'n' Tide Beach Resort A4
13 Top Secret B5
Why Not .... (voir 7)

Où se restaurer
14 Basil A4
Chill Space Café .... (voir 8)
15 Cool Spot A3
Moon Beam Restaurant .... (voir 5)
16 No 1 Roti Restaurant A4
17 Rotty Restaurant B5
18 Spaghetti & Co B5

Où prendre un verre
19 Coffee Shop A4
20 Sam's Surfers A4

Achats
21 Apsara Tailors B5

Renseignements
Bookworm .... (voir 5)

surfeurs débutants et de niveau intermédiaire. Ces bonnes conditions combinées à une vie nocturne animée, ont fait de Hikkaduwa le spot de surf le plus populaire du pays. Toutefois, les surfeurs confirmés seront sans doute frustrés par des vagues assez lentes et peu puissantes, et ce n'est pas l'affluence sur les plages qui les enthousiasmera davantage.

A Frame Surf Shop (www.mambo.nu ; 434 Galle Rd), installé dans la pension Mambo's Place, répare les planches et vend du matériel. Les tarifs de location de leur bon choix de planches démarrent à 1 000 Rs/jour. Sous le label "Mambo Surf Tours", la boutique propose également des sorties de surf dans tout le pays.

De nombreux hébergements louent également des planches (300 Rs/h).

Intérieur des terres

Pour quitter le bord de mer, empruntez, à pied ou à vélo, l'une des petites routes qui s'enfoncent dans les terres. Vous entrez alors dans un monde rural, totalement différent, beaucoup plus tranquille.

Seenigama Vihara TEMPLE

À 2 km au nord de Hikkaduwa, le Seenigama Vihara, perché sur une île, est l'un des deux seuls temples du pays où les victimes de vol peuvent venir chercher une petite consolation. Elles visitent le temple et achètent une huile préparée spécialement, à base de piment rouge et de poivre. Elles la font ensuite brûler chez elles dans une lampe à huile tout en récitant un mantra. Un jour ou l'autre, peut-être des semaines plus tard, le voleur sera frappé par la malchance : soit il aura un accident de vélo, soit il recevra une noix de coco sur la tête, il sera en tous cas puni d'une façon ou d'une autre !

Moonstone Mines MINE
(8h-17h). Vous êtes-vous déjà demandé d'où venait la jolie pierre de lune que vous portez à votre doigt ? À 7 km de Hikkaduwa vers l'intérieur des terres, vous pouvez découvrir le monde obscur et ancestral de la mine dans les forêts étouffantes de Mitiyagoda, où l'on extrait cette pierre depuis toujours. Les mines de pierre de lune ne sont guère plus que des terriers de lapin de 6 ou 7 m de long. Vous pourrez observer les opérations de filtrage, de taille et de polissage des précieuses pierres. L'entrée est libre, mais attendez-vous à être sollicité avec insistance pour acheter quelque chose dans la boutique, à la sortie. Pour vous rendre sur place, prenez la direction de Kahawa et piquez à l'intérieur des terres vers Mitiyagoda (clairement indiqué).

Gangarama Maha Vihara TEMPLE
Juste à l'écart de Baddegama Rd, ce temple bouddhique insolite renferme de nombreuses peintures populaires à vocation pédagogique (œuvre d'un seul homme sur presque une décennie). Les moines seront ravis de vous le faire visiter.

Lac de Hikkaduwa LAC
À environ 2 km du temple, le long de Baddegama Rd, se trouve le lac de Hikkaduwa, près duquel vivent des varans et diverses espèces d'oiseaux. Des excursions en bateau sur le lac sont parfois organisées. Renseignez-vous.

Où se loger

La quasi-totalité des établissements de la ville se trouvent sur Galle Rd. Aucun ne sort vraiment de l'ordinaire. Pour choisir, il suffit de flâner sur la route (ou la plage) et de visiter quelques chambres. Il est possible de négocier les tarifs de tous les hébergements économiques.

La plupart des terrains situés sur la bande côtière sont assez étroits, de sorte que les pensions, exiguës, n'auront à vous offrir que quelques chambres assez chères avec vue sur la mer. Les chambres plus proches de la route sont très bruyantes, aussi assurez-vous d'en choisir une épargnée par le vacarme de la circulation. Nombre d'établissements sont littéralement collés les uns aux autres.

Hotel Moon Beam HÔTEL $$
(077 905 6954 ; hotelmoonbeam@hotmail.com ; 548/1 Galle Rd ; s petit-déj compris 4 000-4 500 Rs, d 4 500-6 000 Rs ;). Une élégante adresse de catégorie moyenne, avec des chambres impeccables joliment décorées de tableaux et d'éléments en bois. De l'eau brûlante coule du robinet et certaines disposent d'un balcon ouvrant sur la mer. Le restaurant jouit d'une excellente réputation.

Blue Ocean Villa HÔTEL $$
(227 7566 ; blueocean@sltnet.lk ; 420 Galle Rd ; ch 2 500-6 000 Rs ;). Passée la réception et son décor plein de fantaisie sur le thème de la mer, cet hôtel sympathique dispose de chambres élégantes (regardez les sièges en osier), avec eau chaude. Situé en plein cœur de la zone animée, il peut pâtir du bruit de la rue.

Mambo's Place PENSION $$
(A-Frame ; 545 8131 ; www.mambo.nu ; 434 Galle Rd ; s 3 500 Rs, d 4 500-6 000 Rs ;). Cet établissement, en plein développement, abrite aussi le Chill Space Café, très apprécié, ainsi qu'une boutique de surf dont le personnel est vraiment compétent. À la douzaine de chambres, décorées dans des couleurs branchées (toutes ne disposent pas de l'eau chaude), s'ajoute un salon arabisant pour se détendre. Vue magnifique sur la mer à l'étage.

Why Not PENSION $$
(492 1261 ; Galle Rd ; ch 1 500-3 000 Rs). "Pourquoi pas", en effet ? Cet établissement d'un bon rapport qualité/prix offre le choix entre de belles chambres dans de chaleureux tons jaunes et une impressionnante cabane en hauteur, d'où l'on découvre une belle vue sur l'océan (2 500 Rs). Le café, très apprécié, propose une cuisine à base de produits de la mer. Location de planches de surf.

Hotel Rita PENSION $$
(227 7496 ; www.ritashotel.com ; Galle Rd ; ch à partir de 25 $US ;). Apprécié des voyageurs depuis des années, le Rita propose des chambres bien tenues. Celles sur l'arrière, sont moins chères que celles donnant sur l'océan, plus grandes et plus raffinées. Il y a une agence de voyages sur place ainsi qu'un restaurant sur la plage, qui attire une clientèle nombreuse.

Neela's PENSION $$
(☎438 3166 ; neelas_sl@hotmail.com ; 634 Galle Rd ; ch 30-45 $US). Une ambiance décontractée règne dans cet établissement rose tout en hauteur qui renferme des chambres bien propres avec une salle de bains bleu océan. Une excellente adresse.

Top Secret PENSION $$
(The Harmony ; ☎227 7551 ; www.srilanka-holiday.info ; Galle Rd ; ch 2 000-3 000 Rs ; wifi). Cette pension assez chic se trouve tout à fait à l'est de la zone touristique et sur un charmant coin de plage. Les chambres sont assez basiques et, comme souvent, les douches sont froides. Toutefois vous y trouverez un salon de style arabe et un bar-restaurant correct qui affiche la météo sur 5 jours pour les surfeurs. Trois nuits minimum en haute saison.

Lucky Dolphin PENSION $$
(☎077 664 3785 ; 533 Galle Rd ; ch petit-déj compris 3 500 Rs). Accueil sympathique et chambres impeccablement tenues, équipées de lits à baldaquin, de fenêtres pleines de couleur et de douches avec eau chaude. Un excellent rapport qualité/prix. Malheureusement, le bruit de la circulation est un problème.

Richard's Son Beach Villa PENSION $
(☎227 7184 ; Galle Rd ; ch 1 000 Rs). Contrairement à la plupart des hébergements de la ville, cette petite pension possède un immense jardin planté de cocotiers, entre autres arbres. Les hamacs accrochés ici et là contribuent à l'ambiance décontractée. Les huit chambres, certes petites, ont l'avantage d'être propres et bon marché.

Miga Villa PENSION $
(☎077 591 7156 ; Galle Rd ; ch 700 Rs). Cette villa coloniale entourée de magnifiques jardins est tout à fait excentrique. Bourrée de statues en bois et de peintures de divinités, d'animaux et de rois et décorée d'énormes faux bouquets de mariage, elle prend presque des airs de musée ! Habituellement utilisé pour accueillir des mariages, l'endroit peut être bruyant (mais vous finirez sûrement par être invité à danser avec tout le monde). Les chambres (rudimentaires et pas d'une propreté impeccable) derrière le bâtiment principal sont ouvertes à tous.

Time 'n' Tide Beach Resort HÔTEL $$
(☎227 7781 ; timentide@sltnet.lk ; 412E Galle Rd ; s/d 2 500/3 500 Rs ; wifi). Un hôtel chic, mais sans âme qui propose néanmoins des chambres d'un excellent rapport qualité/prix. La terrasse ombragée et la pelouse sont bien appréciables. Toutes les chambres sont équipées uniquement de ventilateur.

Anura Villa PENSION $$
(☎071 774 3990 ; Galle Rd ; ch avec/sans clim 4 500/2 500 Rs ; clim). Une villa toute neuve jaune pastel offrant une demi-douzaine de chambres fraîches et propres. Celles proposant uniquement un ventilateur sont d'un meilleur rapport qualité/prix que celles avec la clim.

Où se restaurer et prendre un verre

La plupart des établissements où l'on peut bien manger sont rattachés à des hôtels ou à des pensions. Sur la plage de Narigama, il est facile de passer d'un lieu à un autre dans la soirée, quelques-uns restent ouverts jusqu'à 23h passé – néanmoins, ne vous attendez pas à des nuits de fête extravagantes.

Basil ITALIEN $$
(495 Galle Rd ; plats 700-900 Rs). L'établissement en pointe du moment ! Les pâtes maison, les excellentes pizzas et le véritable café italien de ce restaurant sont prisés des touristes comme des habitants. On y sert aussi un bon petit-déjeuner à l'européenne.

Spaghetti & Co ITALIEN $$
(Galle Rd ; plats 700-900 Rs). Les jardins luxuriants qui entourent cette villa de style colonial arrivent à faire oublier le bruit de Galle Rd. De quoi apprécier davantage les pizzas à pâte ultrafine et les pâtes maison.

Moon Beam Restaurant INTERNATIONAL $$
(☎545 0657 ; 548/1 Galle Rd ; plats 400-800 Rs). Le restaurant de l'hôtel Moon Beam est de loin le plus séduisant de la plage, avec son cadre ouvert sur l'extérieur, son décor maritime, ses tables à même le sable et ses spécialités de la mer, tout bonnement excellentes. Très agréable aussi pour un verre à l'heure du coucher de soleil.

Cool Spot FRUITS DE MER $$
(327 Galle Rd ; plats 250-800 Rs). La vieille maison bleu ciel située en bord de route un peu au nord de la concentration d'établissements touristiques sert depuis 1972 sur sa véranda bien fraîche des produits de la mer tout juste pêchés. Goûtez donc les crevettes à l'ail ou le somptueux plateau de fruits de mer.

Chill Space Café INTERNATIONAL $$
(434 Galle Rd ; plats 500-800 Rs). Sur la plage devant le Mambo's Place, ce café ultra-mode et ultra-surf propose milk-shakes, en-cas, poissons et fruits de mer, entre autres. Mais

VAUT LE DÉTOUR

AMBALANGODA ET SES ENVIRONS

Ville terne et étouffante, Ambalangoda est totalement éclipsée par sa très touristique voisine Hikkaduwa. Il existe pourtant une excellente raison de s'y rendre : découvrir les clés des masques de démons que l'on trouve dans toutes les boutiques de souvenirs du pays. D'authentiques danses des démons, censées faire fuir les esprits malins qui causent les maladies, ont encore lieu de temps à autre dans les villages de l'intérieur. Les visiteurs sont les bienvenus, mais ils doivent s'attendre à susciter la curiosité. La difficulté consiste à savoir lorsque de telles danses ont lieu. Parlez-en autour de vous et comptez sur votre bonne étoile. En outre, c'est le meilleur endroit dans le pays pour acheter les masques en question.

Ambalangoda compte deux boutiques de masques (avec musées gratuits), installées de part et d'autre du croisement de Galle Rd et de Main St, à 800 m au nord des gares routière et ferroviaire. Chacune des boutiques est tenue par l'un des fils du célèbre sculpteur de masques Ariyapala. L'**Ariyapala Mask Museum** (www.banduwijesooriyadanceacademy.org ; angle Galle Rd et Main St ; ⌚8h30-17h30) est sans conteste le meilleur des deux musées (dioramas et explications en anglais). La brochure *The Ambalangoda Mask Museum*, en vente sur place, présente le monde mystérieux de la danse, des légendes, de l'exorcisme, et permet de comprendre toute la psychologie qui se cache derrière la tradition du masque. La seconde boutique a pour enseigne **Ariyapala Traditional Masks** (432 Galle Rd ; ⌚8h-19h). Dans les deux boutiques, les tarifs sont assez élevés, mais les pièces remarquables.

De l'autre côté, en face de l'Ariyapala Mask Museum, la **Bandu Wijesooriya Dance Academy** (☎225 8948 ; www.banduwijesooriyadanceacademy.org ; angle Galle Rd et Main St), est une école de danse qui enseigne les danses du Sud, tels le *kolam* (pièce dramatique dansée par des personnages masqués), la danse kandyenne et le sabaragamu. Normalement les cours durent une année, mais les étrangers peuvent suivre des cours individuels plus courts.

Ambalangoda se trouve sur le principal axe de circulation entre Colombo et Hikkaduwa, et les bus et les trains sont fréquents.

on vient ici surtout pour l'ambiance, qui s'enrichit parfois le soir de musique live. Transats à disposition sur la plage.

No 1 Roti Restaurant SRI LANKAIS $
(373 Galle Rd ; plats 80-100 Rs). À l'écart de la plage, et surtout radicalement différent des restaurants qui y sont installés, cette échoppe ouvrant sur la rue propose 60 sortes de *roti* (crêpe épaisse) – ail et poulet, banane, et bien d'autres – ainsi que des lassis et des milk-shakes frais.

Rotty Restaurant SRI LANKAIS $
(Galle Rd ; roti à partir de 100 Rs ; ⌚8h-1h). Après un *roti* bacon et fromage, passez au sucré avec un *roti* banane et ananas, à accompagner d'un jus de mangue. Cet établissement simple et convivial sert aussi un excellent riz-curry.

Coffee Shop CAFÉ $
(Galle Rd). Pour bien démarrer une journée de surf, passez donc dans cet établissement branché qui sert d'authentiques cafés italiens, notamment un expresso très secourable pour les lendemains de fête.

Sam's Surfers BAR
(Roger's Garage ; 403 Galle Rd). Un bar relax fréquenté par les expatriés britanniques et australiens – mais pas désagréable pour autant. Projection de films récents tous les soirs à 19h30.

Achats

Profitez de votre séjour pour vous faire confectionner sur mesure un short de surf (homme ou femme) par l'un des nombreux tailleurs proposant ce service. Nous avons été particulièrement impressionné par le travail d'**Apsara Tailors** (Galle Rd).

Renseignements

Vous trouverez dans la rue principale de nombreux points de téléphone à carte IDD (appel international direct), proposant dans bien des cas aussi une connexion Internet. Sur Galle Rd, il existe plusieurs bibliothèques de prêt pour les touristes (notamment The Bookworm et la Sun Beam Tourist Library). On vous demandera une petite participation financière (200 Rs) par livre emprunté, ainsi qu'une caution (de l'ordre de 300 Rs), restituée au retour de l'ouvrage. On paye plus cher pour emprunter un guide.

Bank of Ceylon (Galle Rd)

Commercial Bank (Galle Rd). DAB.

Cyber Lounge Internet Cafe (Galle Rd ; 120 Rs/h).

Bureau de poste principal (Baddegama Rd)

Pharmacie Tharindu (238 Galle Rd)

Police touristique (☎125 7222 ; Galle Rd)

Web House (Galle Rd ; 120 Rs/h ; ⏲7h30-23h)

ℹ Depuis/vers Hikkaduwa

Bus

Il y a fréquemment des bus en provenance de Colombo (ordinaire/luxe 75/150 Rs, 2 à 3 heures), et à destination de Galle (28 Rs, 30 min). Les bus pour Galle et au-delà vous déposeront au sud de la gare routière, le long de la bande côtière où se trouvent les pensions. Au départ de Hikkaduwa, vous aurez plus de chance d'avoir une place assise si vous partez de la gare routière.

Train

Les trains sont parfois bondés. Évitez si possible les trains très lents qui s'arrêtent partout. Pour les horaires de départ des trains express, renseignez-vous à la gare. Services fréquents le long de la côte. Les destinations : Colombo (2e/3e classe 140/80 Rs, 2 à 3 heures), Galle (2e/3e classe 40/20 Rs, 30 min) et au-delà, jusqu'à Matara.

Voiture

Deux routes relient Hikkaduwa à Galle et Colombo. L'ancienne route Colombo-Galle traverse le centre de Hikkaduwa. Comptez environ 3 heures pour vous rendre au centre-ville de Colombo et 4 ou 5 heures pour vous rendre à l'aéroport (hors période de pointe, le trajet se fait plus vite). Galle est à 30 minutes de là. Pour vous y rendre, inutile d'emprunter la nouvelle Southern Expressway, une route à péage située à 15 minutes de la côte dans l'intérieur des terres, qui, en revanche, vous fera gagner beaucoup de temps si vous allez à l'extrémité sud de Colombo. Voir l'encadré page p. 82 pour plus de détails.

ℹ Comment circuler

Une course en *túk-túk* depuis la gare routière ou ferroviaire à destination de Wewala ou de Narigama coûte environ 120 Rs.

Le Sud

Dans ce chapitre »

Le top des restaurants

- Mama's Galle Fort Roof Café (p. 100)
- Galle Fort Hotel (p. 100)
- King Fisher's Restaurant (p. 106)
- Surya Garden (p. 115)

Le top des hébergements

- Talalla Retreat (p. 115)
- Mangrove Cabanas (p. 118)
- Dutch House (p. 100)
- Secret Garden (p. 104)
- Fort Printers (p. 98)
- Palm Villa (p. 110)

Pourquoi y aller

Le sud du Sri Lanka est un enchantement pour les sens. Le vert lumineux des rizières et des palmiers contraste avec les plages de sable blanc et l'océan turquoise. L'air embaume le jasmin et les passants aux tenues chatoyantes complètent le tableau.

Quelles que soient vos envies, le Sud les comblera. Vous pourrez plonger parmi des récifs de coraux luminescents ou vous initier au surf sur des bancs de sable. Ceux que la culture intéresse découvriront des œuvres d'art d'inspiration bouddhique dans des grottes isolées. Les naturalistes verront d'énormes baleines s'ébattre au large et tenteront d'apercevoir un léopard à la nuit tombée.

Tous les visiteurs tombent sous le charme de ce littoral où des dévots dansent sur les braises les nuits de mousson, où des pêcheurs juchés sur des mâts semblent flotter au-dessus des vagues et où des tortues viennent pondre au clair de lune.

Quand partir

Galle

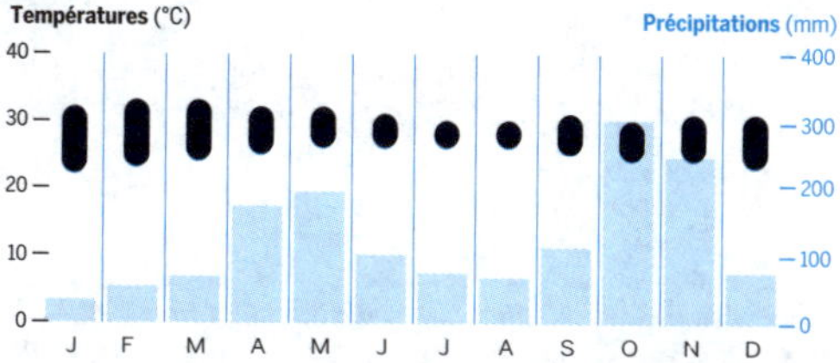

Janvier
Les baleines sillonnent l'océan, l'animation règne sur les plages et Galle accueille son festival littéraire.

Août
Des pèlerins s'infligent des mortifications lors de l'extraordinaire fête de Kataragama.

Novembre
Les pluies de la mousson cessent, les stations balnéaires se réveillent et les foules ne sont pas encore arrivées.

Galle

☎ 091 / 90 300 HABITANTS

Galle (prononcez *ga-a*-lé) se distingue par des couleurs, une texture et des sensations qu'on ne retrouve nulle part ailleurs dans le pays. Incontestablement exotique avec ses senteurs d'épices et ses vents salés, elle semble aussi vaguement familière grâce à un superbe ensemble de bâtiments coloniaux hollandais à la beauté fanée ; elle évoque une cité médiévale européenne transférée sous les tropiques. Toutefois, Galle reste essentiellement une ville marchande avec une scène artistique en plein essor. Le Fort est aujourd'hui rempli de boutiques, cafés et hôtels tenus par des artistes locaux ou étrangers ; un tiers des maisons appartient à des étrangers.

Édifié par les Hollandais à partir de 1663, le Fort, vaste de 36 ha, occupe presque tout le promontoire qui constitue la partie la plus ancienne de la ville ; son splendide ensemble de bâtiments remonte à plusieurs siècles. En flânant au hasard des rues, vous irez d'une surprise architecturale après l'autre. Ces trésors ont valu au Fort de figurer au patrimoine mondial de l'Unesco.

Le Fort n'a rien d'un musée et demeure un quartier actif et dynamique, avec des administrations, des tribunaux, des entreprises et des rues pleines d'habitants affairés.

Si Galle se visite facilement dans la journée à partir d'Hikkaduwa ou d'Unawatuna, un nombre croissant de voyageurs préfèrent passer quelques jours dans le Fort.

Histoire

Anuradhapura et Polonnaruwa, bien plus anciennes que Galle, sont aujourd'hui des cités abandonnées, avec des villes modernes séparées des ruines anciennes. À l'inverse, Galle conserve une vieille ville tout aussi animée que la ville nouvelle.

À ne pas manquer

1. Une promenade dans les rues pittoresques et bohèmes de **Galle** (p. 94)
2. Une baignade dans les eaux translucides d'**Unawatuna** (p. 103)
3. La découverte des plus grosses créatures du monde lors d'un **circuit d'observation des baleines bleues** (p. 111)
4. Un séjour prolongé sur les superbes plages de **Tangalla** (p. 116)
5. Une session surf à **Midigama** (p. 108) ou à **Weligama** (p. 109)
6. Les premiers pas vacillants des bébés tortues à **Rekawa Beach** (p. 116)
7. Guetter un léopard et écouter le barrissement des éléphants dans le **parc national de Yala** (p. 124)
8. Marcher sur les braises afin de complaire aux dieux lors de la spectaculaire **fête de Kataragama** (p. 126)

Certains historiens pensent que Galle pourrait être Tarshish, la cité où le roi Salomon se procurait pierres précieuses et épices ; d'autres plus nombreux estiment qu'il s'agissait d'un port espagnol. Quelle que soit la vérité, Galle n'acquit de l'importance qu'à l'arrivée des Européens. En 1505, une flotte portugaise en route pour les Maldives fut déroutée par les vents et se réfugia dans le port. Entendant chanter un coq (*galo* en portugais), les marins auraient donné son nom à la ville. Selon une explication plus plausible, son appellation viendrait du mot cinghalais *gala* (rocher).

En 1589, durant l'une des escarmouches périodiques avec le royaume de Kandy, les Portugais bâtirent un petit fort qu'ils appelèrent Santa Cruz. Ils l'agrandirent plus tard d'une série de bastions et de remparts, mais les Hollandais, qui s'emparèrent de Galle en 1640, détruisirent la plupart des traces de la présence portugaise.

Après la construction du Fort au XVIIe siècle, Galle devint le principal port du pays pendant plus de 200 ans, et fut une escale importante pour les navires qui circulaient entre l'Europe et l'Asie. Lorsque Galle passa aux mains des Britanniques en 1796, le commerce s'était déjà déplacé à Colombo. La construction de brise-lames dans le port de Colombo à la fin du XIXe siècle relégua définitivement Galle au rang de port secondaire, même s'il accueille toujours des cargos et des yachts.

Le tsunami de 2004 a durement frappé la ville nouvelle, faisant de nombreuses victimes aux alentours de la gare routière. Par contre, les solides remparts du Fort ont protégé la vieille ville, qui a bien moins souffert.

À voir

Le quartier du Fort renferme environ 400 maisons, des églises, des mosquées, des temples et de nombreux anciens édifices commerciaux et administratifs. Pour le découvrir au mieux, abandonnez toute idée d'itinéraire et ne vous obligez pas à explorer tous les sites. Flânez au hasard des rues, suivez les remparts et laissez-vous guider par votre inspiration. Ne négligez pas la ville nouvelle qui recèle toutes sortes de boutiques et de marchés intéressants le long de Main St et de Matara Rd.

Lors de nos recherches, le gouvernement devait commencer à rénover certains bâtiments du Fort.

REMPARTS DU FORT

Arpenter les remparts du Fort au crépuscule constitue l'une des promenades les plus plaisantes. Alors que la chaleur s'atténue, vous pouvez pratiquement faire le tour du quartier en suivant le chemin de ronde durant une heure ou deux. Vous croiserez de nombreux habitants, des couples qui flirtent timidement et d'innombrables enfants plongeant dans les eaux protégées.

Au nord, la **Main Gate** (porte principale), relativement récente, fut construite par les Britanniques en 1873 pour faciliter la circulation dans la vieille ville. Cette partie des remparts, la plus fortifiée car elle faisait face aux terres, fut édifiée à l'origine avec des douves par les Portugais, puis agrandie par les Hollandais qui, en 1667, en firent trois bastions appelés Étoile, Lune et Soleil (Star, Moon et Sun Bastions).

En suivant les remparts dans le sens des aiguilles d'une montre, on arrive bientôt à l'**Old Gate** (Vieille Porte). À l'extérieur, les armoiries britanniques surmontent l'entrée. À l'intérieur, les lettres VOC (Vereenigde Oost-Indische Compagnie ; Compagnie hollandaise des Indes orientales) sont gravées dans la pierre, flanquées de deux lions et surmontées d'un coq, avec la date 1669. Juste derrière la porte, le **Zwart Bastion** (bastion Noir), sans doute bâti par les Portugais, est le plus ancien bastion du Fort.

La section est des remparts se termine au **Point Utrecht Bastion**, proche de la poudrière. Il est surmonté d'un phare haut de 18 m, construit en 1938.

Au bout de la section suivante, le **Flag Rock** (rocher du Drapeau) était jadis un bastion portugais. Durant la période hollandaise, les récifs étaient signalés aux navires en approche de ce bastion, d'où son nom. Des tirs de mousquet tirés de Pigeon Island, près du rocher, contribuaient à prévenir du danger. Sur le **Triton Bastion** (bastion du Triton), un moulin à vent puisait l'eau de mer que des charrettes pulvérisaient dans les rues pour empêcher la poussière de s'envoler. Cette partie des remparts est superbe au coucher du soleil. Avant de revenir à votre point de départ, vous croiserez plusieurs autres bastions et vous apercevrez le tombeau d'un saint musulman en dehors des remparts.

FORT

La plupart des anciens bâtiments du Fort datent de l'époque hollandaise ; nombre de rues portent encore des noms hollandais ou leur traduction. Les Hollandais avaient également construit un système d'égouts

Galle

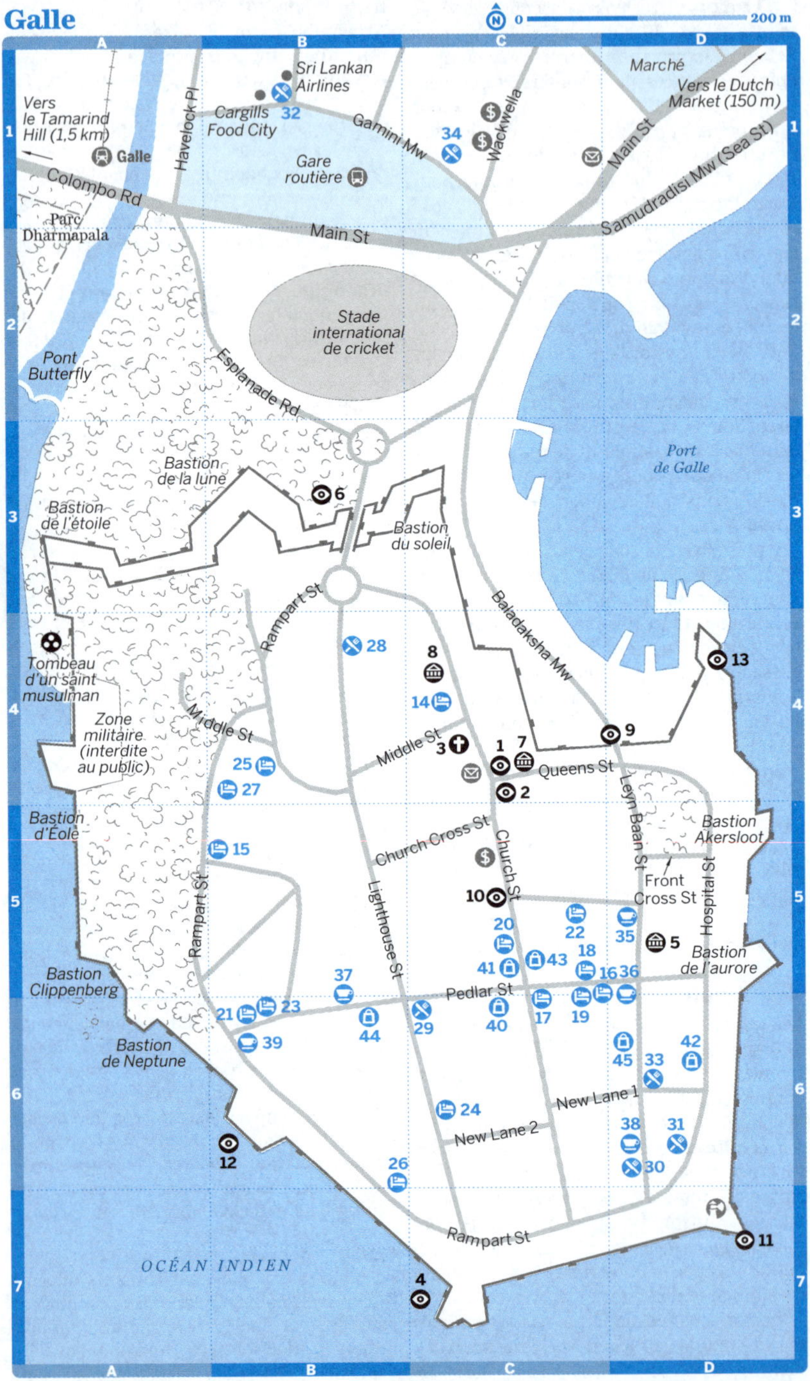
0
200 m
A
B
C
D
1
2
3
4
5
6
7
Sri Lankan Airlines
Cargills Food City
32
Vers le Tamarind Hill (1,5 km)
Galle
Havelock Pl
Gamini Mw
34
Wackwella
Marché
Vers le Dutch Market (150 m)
Main St
Samudradisi Mw (Sea St)
Gare routière
Colombo Rd
Main St
Parc Dharmapala
Stade international de cricket
Pont Butterfly
Esplanade Rd
Port de Galle
Bastion de la lune
6
Bastion de l'étoile
Bastion du soleil
Rampart St
Baladaksha Mw
28
8
14
13
Tombeau d'un saint musulman
Zone militaire (interdite au public)
Middle St
Middle St
3
1
7
9
25
27
Queens St
2
Leyn Baan St
Bastion Akersloot
Bastion d'Éole
15
Church Cross St
Church St
Front Cross St
Hospital St
10
Lighthouse St
Rampart St
20
22
35
5
18
41
43
16
36
Bastion de l'aurore
Bastion Clippenberg
37
Pedlar St
21
23
44
29
40
17
19
39
Bastion de Neptune
45
33
42
New Lane 1
24
New Lane 2
38
31
12
26
30
Rampart St
11
OCÉAN INDIEN
4
LE SUD GALLE

Galle

À voir

Amangalla	(voir 14)
1 Clocher	C4
2 Maison du gouverneur hollandais	C4
3 Église hollandaise réformée	C4
4 Rocher au drapeau	C7
5 Historical Mansion	D5
6 Porte principale (Main Gate)	B3
7 National Maritime Museum	C4
8 National Museum	C4
9 Ancienne porte (Old Gate)	D4
10 Old Lloyd's Office	C5
11 Bastion Point Utrecht	D7
12 Bastion du triton	B6
13 Bastion noir	D4

Où se loger

14 Amangalla	C4
15 Fort Dew Guesthouse	B5
16 Fort Inn	C5
17 Fort Printers	C6
18 Frangipani Motel	C5
19 Frangipani Motel annex	C6
20 Galle Fort Hotel	C5
21 Hotel Weltevreden	B6
22 Mango House	C5
23 Mrs Khalid's Guest House	B6
24 Mrs ND Wijenayake's Guest House	C6
25 New Old Dutch House	B4
26 Ocean View Guest House	B6
27 Seagreen Guest House	B4

Où se restaurer

28 Anura's Restaurant	B4
Galle Fort Hotel	(voir 20)
29 Heritage Cafe	C6
30 Mama's Galle Fort Roof Cafe	D6
31 Nescafe Shop	D6
32 Ruhunupura Pastry Shop	B1
33 Serendipity Arts Cafe	D6
34 South Ceylon Bakery	C1

Où prendre un verre

35 Café Nicos@Olanda Antiques	D5
36 Janahitha Teashop	D5
37 Pedlar's Inn Cafe	B5
38 Royal Dutch Cafe	D6
39 Sunset Cafe	B6

Achats

40 Barefoot	C6
41 Exotic Roots	C5
Olanda Antiques	(voir 35)
42 Orchid House	D6
43 PS Weerasekara Fashion Jewellery	C5
44 Shoba Display Gallery	B6
45 Suthuvili Gallery	D6

nettoyé chaque jour par la marée. Dans un souci d'efficacité, ils élevèrent des rats musqués dans les égouts et les exportèrent pour leur musc. Une importante communauté musulmane vit et travaille à l'intérieur du Fort, surtout dans le sud de la cité fortifiée. Nombre de boutiques ferment quelques heures en milieu de journée le vendredi pour la prière.

Près de l'église hollandaise réformée se dressent un **clocher** (bâti en 1901) et l'ancienne **maison du gouvernement hollandais**. Au-dessus de l'entrée, une plaque porte la date 1683 et un coq, le symbole omniprésent de Galle. Remarquez l'**Old Lloyd's Office** et son débarcadère dans un bâtiment commercial du XIXe siècle, juste au nord du Galle Fort Hotel.

National Maritime Museum — MUSÉE

(adulte/enfant 5/2,50 $US ; ⏲9h-16h30). Accessible par l'Old Gate, le Musée maritime national, récemment rénové, est sans doute le plus moderne du pays. Avec lumières et sons, ses expositions comprennent de nombreux films et des secteurs interactifs destinés aux enfants, qui illustrent le passé, le présent et l'avenir maritimes de la ville.

National Museum — MUSÉE

(Church St ; adulte/enfant 300/150 Rs ; ⏲9h-17h mar-dim). Le Musée national occupe un ancien édifice hollandais près de Main Gate et il suffirait d'un léger effort pour qu'il soit superbe. Il présente sans imagination des masques traditionnels, des informations sur la confection des dentelles, quelques luxueux objets arrivés jadis par le port et des objets religieux, dont un reliquaire.

Historical Mansion — MUSÉE

(31-39 Leyn Baan St ; ⏲9h-17h30 lun-jeu et sam-dim, 10h-12h et 14h-17h30 ven). Dans une maison hollandaise bien restaurée, cette collection privée se compose d'un bric-à-brac de souvenirs coloniaux, dont d'antiques machines à écrire, des porcelaines de la VOC, des lunettes et des bijoux. Ce n'est pas un véritable musée car de nombreux objets sont à vendre. La demeure abrite également une boutique de pierres précieuses.

Église hollandaise réformée ÉGLISE
(Groote Kerk, Great Church ; angle Church St et Middle St ; ⏲9h-17h). Près de l'hôtel Amangalla, cette église fut édifiée en 1640, mais le bâtiment actuel date de 1752-1755. Le sol est couvert de pierres tombales provenant de l'ancien cimetière hollandais (les plus vieilles remontent à 1662) ; le sympathique gardien vous indiquera où sont conservées les dépouilles dans les murs et sous le sol. L'orgue de 1760 est toujours présent, de même qu'une chaire imposante en bois de calamandre de Malaisie. Messes le dimanche.

Amangalla BÂTIMENT HISTORIQUE
Cet hôtel somptueux fut construit en 1684 pour loger le gouverneur et des officiers hollandais. Devenu le New Oriental Hotel, il accueillait les passagers de 1re classe des navires de la compagnie P&O au XIXe siècle. C'est aujourd'hui l'hôtel préféré des passagers de 1re classe des compagnies aériennes.

Activités

Adventure Asia International MONTGOLFIÈRE
(☎011-586 8468 ; www.ad-asia.com ; adulte/enfant 160/120 €). Un vol en montgolfière constitue un moyen romantique et merveilleux de découvrir Galle et ses alentours sous un autre angle.

VISITES DE GALLE

Écrivain et photographe **Juliet Coombe** (☎077 683 8659 ; www.sriserendipity.com ; circuits 1 500 Rs, circuits culinaires 20 $US) propose des visites guidées de Galle, individuelles ou en petit groupe. Outre les circuits historiques classiques, elle et son équipe organisent une visite "Mystical Fort", qui plonge dans les légendes et les mythes du Fort, un circuit "Meet the Artists" à la rencontre des nombreux artistes de la ville (réservation 24 heures à l'avance) et divers circuits culinaires. Les tours pour enfants, avec cours de cuisine et rencontre du dernier conteur traditionnel de la ville, séduiront certainement les parents. Vous pouvez contacter Juliet par l'intermédiaire du Serendipity Arts Cafe (p. 101).

Fêtes et festivals

HSBC Galle Literary Festival FESTIVAL CULTUREL
(www.galleliteraryfestival.com). Ce festival littéraire se déroule durant la deuxième quinzaine de janvier et réunit des écrivains renommés, asiatiques et occidentaux. C'est l'un des événements littéraires majeurs en Asie.

Art Trail FESTIVAL D'ART
(www.galleartrail.com). Durant l'Art Trail, un festival bisannuel qui a lieu en avril, le quartier du Fort se transforme en un immense chevalet d'artiste ; le prochain se tiendra en 2013.

Où se loger

Galle offre un nombre sans cesse croissant d'hébergements enchanteurs. Sachez cependant que l'architecture européenne entraîne des prix quasi européens. Quelle que soit la catégorie, attendez-vous à des tarifs plus élevés qu'ailleurs dans le pays.

FORT

♥ **Fort Printers** HÔTEL DE CHARME $$$
(☎224 7977 ; www.thefortprinters.com ; 39 Pedlar St ; ch 140-150 $US ; ❄@📶🏊). Cette demeure du XVIIIe siècle abritait autrefois une imprimerie et l'on peut encore voir les énormes poutres qui soutenaient les presses. Contrairement à d'autres hôtels de charme de Galle, celui-ci ne tente pas de recréer une ambiance coloniale. Les splendides chambres et parties communes sont peintes et décorées avec autant d'audace que les œuvres d'art contemporain qui ornent les murs. Dans ce lieu d'un calme absolu, seul le bruissement des pétales des frangipaniers qui tombent sur le sol trouble le silence quand vous paressez au bord de la piscine.

♥ **Frangipani Motel** PENSION $$
(☎222 2324 ; www.frangipanigroup.com ; 32 Pedlar St ; ch avec clim 2 500-3 500 Rs, avec ventil 2 000-2 500 Rs ; ❄📶). Délicieusement moderne et kitsch, cette *guesthouse* tenue par une famille s'agrandit rapidement pour devenir un petit empire hôtelier (elle possède une annexe de l'autre côté de la rue, au n°32, et s'est associée avec la Mango House, p. 99). Les 2 chambres du rez-de-chaussée sont propres et soignées, avec sdb et eau chaude. Celles en étage, plus spacieuses, bénéficient des brises marines et de couvre-lits à fleurs. Vous pourrez vous détendre ou prendre un repas dans le jardin peuplé d'oiseaux, à moins de préférer le jardin intérieur, avec cascades et bassins à poissons.

Fort Dew Guesthouse PENSION $$
(☎222 4365 ; fortdew@yahoo.com ; 31 Rampart St ; ch 4 000 Rs). Près des remparts et à côté d'un petit jardin prisé de joueurs de cricket, cette *guesthouse* est une trouvaille. De style méditerranéen avec des murs blanchis à la chaux, elle est parfaitement entretenue. Sur le toit-terrasse, le café-bar offre une vue superbe. Sachez que le fonctionnement des douches est tout sauf évident !

Seagreen Guest House PENSION $$
(☎224 2754 ; www.seagreen-guesthouse.com ; 19B Rampart St ; ch 4 500 Rs ; ❄📶). Fabuleuse, cette nouvelle *guesthouse* compte 5 chambres chaulées, décorées de textiles indiens chatoyants et dotées de sdb impeccables. Du toit-terrasse, le coucher du soleil sur les remparts et l'océan Indien au loin est sublime.

Galle Fort Hotel HÔTEL DE CHARME $$$
(☎223 2870 ; www.galleforthotel.com ; 28 Church St ; ch à partir de 201 $US ; ❄@📶≈). Cette ancienne demeure d'un marchand hollandais du XVIIe siècle a été transformée en un splendide hôtel de charme. Chaque chambre est différente et s'adapte harmonieusement à son emplacement dans la maison. Certaines sont en duplex, d'autres occupent un étage entier. Le linge est ravissant et les antiquités abondent. L'absence de TV vous laissera tout loisir pour profiter de la grande piscine, du spa et de l'hospitalité des propriétaires et du personnel. Le restaurant sert une excellente cuisine et se double d'un bar sélect. L'hôtel loue également plusieurs villas luxueuses.

Fort Inn PENSION $
(☎224 8094 ; rasikafortinn@yahoo.com ; 31 Pedlar St ; ch avec/sans clim 2 500/2 000 Rs ; ❄@📶). Toujours souriant, le propriétaire de cette pension loue 3 chambres bien aménagées, avec douche chaude et balcon donnant sur la rue. Un agréable café-restaurant en terrasse propose une carte d'inspiration chinoise (soupes de nouilles 500-600 Rs).

Amangalla HÔTEL DE CHARME $$$
(☎223 3388 ; www.amanresorts.com ; angle Middle St et Church St ; ch à partir de 400 $US ; ❄@📶≈). La chaîne hôtelière Aman a fait de cette maison de ville du XVIIe siècle un hôtel au charme colonial décadent. Dans la réception au parquet poli, le personnel en tenue élégante vous conduit jusqu'aux chambres immenses, aux lits couverts de gros coussins moelleux et dotées de sdb avec de majestueuses baignoires sur pieds. Des livres sur les beaux-arts et les explorations du XVIIIe siècle remplissent les nombreuses bibliothèques et une splendide piscine est installée en plein air. De beaux cottages privés sont également à disposition (à partir de 1 400 $US la nuit). Si cet hôtel ne correspond pas à votre budget, venez au moins prendre un verre dans le salon-bar.

Mango House PENSION $
(☎224 7212 ; www.frangipanigroup.com ; 3 Leyn Bann Cross St ; ch avec/sans clim 2 500/2 000 Rs ; ❄@📶). De nombreux bouddhas en bois vous accueillent à l'entrée et leur influence apaisante semble imprégner la pension. Les chambres sont élégantes et spacieuses, et des manguiers ombragent une grande pelouse.

New Old Dutch House HÔTEL DE CHARME $$
(☎223 2987 ; www.newolddutchhouse.lk ; 21 Middle St ; ch avec petit-déj 45-55 $US ; ❄📶). Cette pension accueillante est sans doute la plus impeccable du sud du Sri Lanka. Blanches et modernes, les 8 grandes chambres, avec parquet ciré, comprennent de bons lits moelleux, la TV sat et un réfrigérateur. Le petit-déjeuner est servi dans la cour, sous des papayers.

Mrs ND Wijenayake's Guest House PENSION $
(Beach Haven ; ☎223 4663 ; www.beachhaven-galle.com ; 65 Lighthouse St ; ch 1 000-3 500 Rs ; ❄📶). La merveilleuse Mme Wijenayake accueille depuis des lustres des baroudeurs reconnaissants et connaît leurs besoins, comme en témoigne sa superbe pension. Elle propose un choix de chambres bien tenues, des plus simples avec sdb commune aux plus élégantes avec clim. La famille se souvient encore du séjour prolongé de Tony Wheeler, le cofondateur de Lonely Planet, en 1977.

Ocean View Guest House PENSION $$
(☎224 2717 ; www.oceanviewlk.biz ; 80 Lighthouse St ; ch 40-45 $US ; ❄). Les petites chambres au charme désuet varient en style et en ambiance. Le jardin fleuri sur le toit, avec une épaisse pelouse et une tortue heureuse (d'un vert vif), constitue le principal atout de cette pension. L'entrée se situe dans Rampart St.

Hotel Weltevreden PENSION $
(☎222 2650 ; piyasena88@yahoo.com ; 104 Pedlar St ; ch 1 500-2 500 Rs). Dans un bâtiment hollandais classé, le Weltevreden possède des chambres sommaires peintes de couleurs vives (avec sdb commune pour les moins chères), réparties autour d'un jardin soigné. Le propriétaire, d'un certain âge, aime bavarder avec ses hôtes.

VILLAS PARADISIAQUES

Un chapelet de villas splendides a surgi ces dernières années le long de la côte sud. Le quartier du Fort à Galle en compte un nombre particulièrement important. Elles sont réellement somptueuses : de belles œuvres d'art moderne ornent les murs, une piscine sublime s'étend dans le jardin, des cuisiniers et des majordomes sont à disposition à tout moment. Il va sans dire que les tarifs reflètent les prestations ; comptez au moins 500 $US la nuit, avec un séjour minimum de 3 ou 4 nuits. Ces villas peuvent accueillir 4 ou 5 personnes, ce qui permet de s'offrir une vie de pacha avec des amis pour un prix moins exorbitant qu'il n'y paraît, ne serait-ce que quelques jours. Pour plus d'informations, consultez les sites www.villasinsrilanka.com ou www.lankarealestate.com.

Mrs Khalid's Guest House PENSION
(Huize Bruisen de Zee ; ☎223 4907 ; sabrik@sltnet.lk ; 102 Pedlar St). Repaire classique de baroudeurs pendant des années, cette *guesthouse* était fermée pour rénovation lors de notre passage. Elle devrait avoir rouvert quand vous lirez ces lignes.

HORS DE LA VILLE

♥ **Dutch House** HÔTEL DE CHARME $$$
(☎438 0275 ; www.thedutchhouse.com ; 23 Upper Dickson Rd ; ste avec petit-déj 397 $US ; ❄📶🏊). Jouez les stars des années 1920 dans cette somptueuse demeure d'un amiral hollandais, construite au XVIIIe siècle. Après une partie de croquet sur la pelouse et un bain dans la fabuleuse piscine, retirez-vous dans votre chambre pour écrire un roman ou dessiner un chef-d'œuvre sur le chevalet à disposition puis, épuisé, allongez-vous sur le lit à baldaquin ou dans la baignoire à remous de la sdb !

Sun House HÔTEL DE CHARME $$$
(☎438 0275 ; www.thesunhouse.com ; 18 Upper Dickson Rd ; ch avec petit-déj à partir de 217 $US ; ❄📶🏊). Construite dans les années 1860 par un marchand d'épices écossais, cette jolie villa a été rénovée avec goût. Perchée sur une colline ombragée au-dessus de la ville nouvelle, elle bénéficie d'une vue splendide sur le Fort. Avec leurs couleurs acidulées, les chambres semblent tout droit sorties d'un magazine de décoration (une séance de photo s'y déroulait lors de notre dernière visite). Notre préférée est la rouge et blanche, qui mélange l'ancien et le moderne.

Tamarind Hill HÔTEL DE CHARME $$$
(☎222 6568 ; www.asialeisure.lk ; 288 Galle Rd ; s/d avec petit-déj 160/180 $US ; ❄📶🏊). Vieille de 175 ans, cette ancienne demeure d'un amiral britannique est devenue un petit hôtel de charme avec des chambres luxueuses, un excellent service et une piscine frangée de jungle. Toutefois, l'énorme tour de télécommunications qui surplombe la propriété, la route qui traverse un terrain vague et l'affreuse musique d'ambiance dans le bar-restaurant nuisent au charme de l'hôtel, à 2 km à l'ouest de la ville.

Closenberg Hotel HÔTEL HISTORIQUE $$$
(☎222 4313 ; www.closenburghotel.com ; 11 Closenberg Rd ; s/d avec petit-déj à partir de 150/175 $US ; ❄@📶). Construit au XIXe siècle pour loger un capitaine de la P&O à l'apogée de la suprématie commerciale britannique, ce charmant hôtel couvert de bougainvilliers se situe sur un promontoire à l'est du centre-ville, avec vue sur la plage et le Fort de Galle. Les chambres, installées dans une aile moderne, ont été décorées de manière à refléter l'ambiance de l'endroit. Les prix sont un peu élevés, mais des réductions sont courantes. Vous devrez traverser le port pour rejoindre la propriété.

Où se restaurer

La plupart des hôtels de Galle disposent d'un bon restaurant. La vie nocturne reste très calme.

FORT

♥ **Mama's Galle Fort Roof Café** SRI LANKAIS $$
(76 Leyn Baan St ; plats 350 Rs). Dans cette pension, vous pourrez dîner sous les étoiles en regardant le phare et savourer de succulents curries à des prix raisonnables. Si le repas vous a séduit, renseignez-vous sur les cours de cuisine.

Galle Fort Hotel FUSION $$$
(28 Church St ; menu 3 720 Rs). Le restaurant de cet hôtel sert une excellente (et coûteuse) cuisine asiatique fusion le long de la véranda intérieure. Le menu du dîner change tous les soirs. Dans la journée, vous pourrez commander un petit-déjeuner classique, des en-cas, des salades et des sandwichs. Le bar

à l'ambiance coloniale, prisé des expatriés, surplombe Church St.

Serendipity Arts Cafe INTERNATIONAL **$$**
(65 Leyn Baan St ; repas 200-500 Rs). Rempli d'œuvres d'art, ce café offre une carte fusion qui comprend des sandwichs à l'occidentale, des curries orientaux, de délicieux jus de fruits pressés ou mixés, des *hoppers* avec œufs et bacon et un café filtre. Certaines recettes seraient des secrets de famille bien gardés. L'endroit est idéal pour un petit-déjeuner ou un déjeuner.

Anura's Restaurant INTERNATIONAL, SRI LANKAIS **$$**
(9 Lighthouse St ; plats 300-600 Rs). Dans ce petit restaurant orange vif, vous vous régalerez de curries, de pâtes ou de pizzas, réputées les meilleures de Galle. Les peintures sur les murs lui donnent une ambiance de café-galerie.

Heritage Cafe INTERNATIONAL **$$**
(53 Lighthouse St ; plats 300-600 Rs). Parmi les cafés branchés qui remplissent les rues du Fort, celui-ci se distingue par sa belle sélection de salades originales et une carte qui réunit des plats délicieux de la moitié du monde. Installez-vous sur la terrasse ensoleillée, sous les ventilateurs de la salle ou dans la cour.

Nescafe Shop SRI LANKAIS **$**
(Rampart St ; roti à partir de 50 Rs ; ⌚4h30-18h30 lun-ven, 10h-19h sam-dim). Malgré l'absence d'enseigne, vous ne pourrez manquer ce petit café sombre en face du phare, qui prépare des *roti* en permanence. De loin, l'endroit le moins cher du quartier pour se rassasier.

VILLE NOUVELLE

South Ceylon Bakery SRI LANKAIS **$**
(6 Gamini Mawatha ; plats 50-200 Rs). En face de la gare routière, cet établissement fait le plein à l'heure du déjeuner avec ses délicieux en-cas salés et sucrés et ses curries relevés. C'est l'endroit le plus pratique pour un repas dans la ville nouvelle.

Ruhunupura Pastry Shop GLACIER **$**
(26 P&J City, Gamini Mawatha ; glace 50 Rs) . Contrairement à ce que son nom laisse supposer, il s'agit d'un glacier.

Où prendre un verre

Galle compte de nombreux cafés chics de style occidental. Les suivants se situent dans le Fort.

Café Nicos@Olanda Antiques CAFÉ
(30 Leyn Baan St ; sandwichs 300-700 Rs). À l'intérieur d'une vieille boutique d'antiquités, ce café résolument moderne sert un vrai café à l'italienne, des jus de fruits et des en-cas.

Royal Dutch Cafe CAFÉ
(Leyn Baan St ; repas à partir de 250 Rs ; ⌚sam-jeu). Un endroit détendu pour savourer un gâteau à la cannelle, un biryani ou un thé au gingembre avant d'explorer la boutique de batiks.

Pedlar's Inn Cafe CAFÉ
(☎077 314 1477 ; 92 Pedlar St ; repas 200-350 Rs ; ⌚8h-18h sam-jeu). Dans une maison coloniale, ce café sympathique possède de longues tables, idéales pour s'attarder devant un jus de fruits mixés, un café ou un sandwich. Il se double d'une bijouterie.

Janahitha Teashop CAFÉ
(angle Pedlar St et Leyn Baan St ; ⌚6h-19h30). À mille lieues des établissements branchés, cette gargote fréquentée par les habitants sert le meilleur thé du Fort.

Sunset Cafe CAFÉ
(Rampart St). Ce petit snack-bar et café en bord de rue, avec quelques tables en terrasse à l'ombre des remparts du Fort, est un endroit détendu pour un soda ou une glace en fin d'après-midi.

Achats

Ville chargée d'histoire, Galle est un bon endroit pour dénicher des antiquités ; plusieurs antiquaires sont installés dans le Fort.

Sous un toit à colonnes vieux de 300 ans, le **Dutch Market** (marché hollandais ; Main St) propose les fruits et les légumes les plus frais de Galle. D'autres marchés de produits frais et d'épices jalonnent Main St, ainsi que des boutiques qui vendent des marchandises d'excellente qualité à des prix dérisoires. Le quartier est un endroit agréable où flâner.

♥ **Shoba Display Gallery** ARTS ET ARTISANAT
(www.shobafashion.org ; 67 Pedlar St). Cette boutique enseigne diverses techniques artisanales aux femmes et leur garantit un prix juste pour leur travail. Même si vous n'achetez pas, entrez pour voir l'intéressant processus de fabrication des dentelles. Si vous souhaitez apprendre cette technique, inscrivez-vous pour un cours pratique.

Olanda Antiques ANTIQUITÉS
(30 Leyn Baan St). Caverne d'Ali Baba, cette boutique recèle des meubles anciens, des

horloges du début du XXe siècle et bien d'autres trésors. Un café la jouxte.

Barefoot ARTS ET ARTISANAT
(www.barefootceylon.com ; 41 Pedlar St). Vêtements ethniques, bijoux, objets décoratifs de qualité supérieure, artisanat, cadeaux et livres (dont une excellente sélection d'ouvrages sur le Sri Lanka), une bonne adresse pour acheter des souvenirs.

Suthuvili Gallery ARTS ET ARTISANAT
(Leyn Baart St). Cette petite boutique possède une fabuleuse collection de masques polychromes élaborés.

Exotic Roots ARTS ET ARTISANAT
(32 Church St). Catherine, une artiste française, crée des bols et des objets décoratifs superbement colorés, tandis que sa fille mélange les couleurs sur des toiles saisissantes.

PS Weerasekara Fashion Jewellery BIJOUX
(Church St). Un bijoutier recommandé, aux prix abordables, bien supérieur aux innombrables vendeurs de pierres précieuses.

Orchid House BIJOUX
(28A Hospital St). Un salon de thé qui vend également des bijoux parmi les volutes d'encens.

Renseignements

Galle est un bon endroit pour s'approvisionner et trouver divers services utiles avant de suivre la côte vers l'est.

Les banques, avec DAB internationaux, sont nombreuses dans le Fort et la ville nouvelle. La plupart des hôtels offrent l'accès Wi-Fi et quelques cybercafés sont installés dans le centre commercial P&J City, en face de la gare routière.

Quelques filous tentent régulièrement d'arnaquer les touristes. Un refus ferme et répété de leurs propositions devrait suffire à vous en débarrasser.

Cargills Food City (3e ét, 26 P&J City, Gamini Mawatha). Ce supermarché abrite une pharmacie.

Commercial Bank (Church St). Dispose d'un DAB international.

Hatton National Bank (Wackwella St). Dispose d'un DAB international.

Poste (Church St). Petit bureau de poste.

Poste principale (Main St)

Sampath Bank (Wackwella St). Dispose d'un DAB international.

Sri Lankan Airlines (☎224 6942 ; 3e ét, 16 Gamini Mawatha). Vente de billets d'avion et tous les services habituels des voyagistes.

Comment s'y rendre et circuler

Bus

De la gare routière, dans le centre-ville en face du stade de cricket, de nombreux bus desservent les villes le long de la route côtière. Principales destinations :

Colombo ordinaire/climatisé 115/230 Rs, 3 heures

Hikkaduwa 28 Rs, 30 min

Matara 52/110 Rs, 1 heure

Unawatuna 16 Rs, 10 min

À Colombo, les bus climatisés qui empruntent la nouvelle Southern Expressway pour rejoindre Galle (400 Rs, 1 heure 30) partent du faubourg sud de Maharagama, près de Kottawa et du début de la nouvelle nationale. Pour plus de détails sur cette route, voir l'encadré p. 315.

Train

De la gare ferroviaire vaguement Art déco de Galle, des trains express rallient la gare de Maradana à Colombo (2e/3e classe 180/100 Rs, 3 heures). Des trains locaux desservent Hikkaduwa (2e/3e classe 40/20 Rs, 30 min) et Matara (80/40 Rs, 1 heure-1 heure 30). Un train express quotidien rejoint Kandy (320/175 Rs, 6 heures 30).

Voiture

Galle est actuellement l'extrémité sud de la nouvelle route à péage, la Southern Expressway. Comptez un peu moins de 1 heure 30 de Galle à Kottawa (l'autre extrémité, à courte distance au nord-ouest de Colombo), soit 2 heures de moins que la route qui longe la côte ouest. De l'entrée de la route à péage à l'aéroport international proche de Negombo, prévoyez 2 heures, un temps de trajet qui changera dans les années à venir avec la construction de nouvelles routes d'accès.

Environs de Galle

Immense et scintillante, la **Peace Pagoda** (pagode de la Paix), qui se dresse au bord d'un précipice à l'extrémité est de la baie, a été offerte par un moine bouddhiste japonais en 2005. Dirigez-vous vers l'est, prenez le premier embranchement après la limite de l'eau, et suivez une piste bordée d'arbres sur 4 km. En chemin, vous pourrez visiter la **Jungle Beach**, une plage isolée en bas d'un sentier escarpé, qui commence près d'un arbre énorme.

La route en direction du nord passe par la **forêt protégée de Kottawa (Kottawa Conservation Forest)**, une réserve forestière humide de conifères de 14 ha, à 15 km

AVERTISSEMENT

Les autorités sri lankaises se sont engagées à raser les bâtiments construits trop près de ligne de haute marée sur les plages de la côte sud-ouest. Si cela concerne quelques cafés et pensions, ces décisions font l'objet de débats depuis des années. En décembre 2011, quelques terrasses de café construites sur l'eau à Unawatuna ont été supprimées, mais les bâtiments principaux – trop proches de la mer selon les règles imposées après le tsunami – ont été épargnés.

Sachez que certaines adresses indiquées dans ce chapitre pourraient disparaître si les autorités décidaient d'appliquer la loi. Mirissa et Hikkaduwa font également partie des localités menacées de démolitions.

au nord-est de Galle. Des chemins de randonnée sillonnent la forêt, mais il faut d'abord obtenir l'autorisation du bureau du département des forêts, près de l'entrée. Portez de bonnes chaussures de marche et un pantalon car les sangsues sont féroces. Les arbres sont identifiés par leur nom botanique, ce qui permet de découvrir la flore du pays. Dans le petit parc, un bassin propice à la baignade est alimenté par une cascade.

À 10 km à l'est de Kottawa, le Bouddha assis, haut de 10 m, du **temple Kaduruduwa** (don 100 Rs) domine les rizières alentour.

À 4 km d'Unawatuna, dans les terres, le **Yatagala Raja Maha Viharaya** (don 100 Rs), un paisible temple rupestre, possède un bouddha couché long de 9 m. Les peintures murales sont caractéristiques de la période kandyenne. Des moines vivent dans ce temple depuis au moins 1 500 ans.

Unawatuna

☎ 091

Unawatuna est un endroit idyllique : un croissant de sable doré que baigne une eau translucide. Ce décor de carte postale évoque la vie facile, les vacances permanentes et l'île "resplendissante" brille ici de tous ses feux.

Malheureusement, l'avidité sévit aussi au paradis. Unawatuna a été dévastée par le tsunami de 2004 et, lors de la reconstruction, des propriétaires ont ignoré les plans prévoyant de rebâtir en retrait de la côte et ont édifié leurs établissements sur le sable. Certaines pensions chevauchent la ligne de marée haute et se retrouvent dans l'eau lors des grandes marées. Par endroits, il ne reste quasiment plus de plage.

Activités

La plage et les cafés constituent les principales activités pour la plupart des visiteurs.

Sports nautiques

Unawatuna n'est guère propice au surf en raison d'un récif frangeant. Toutefois, à l'extrémité ouest de la baie, quelques surfeurs locaux dévalent une droite facile.

Vous pouvez louer l'équipement de snorkeling dans quelques établissements en bord de mer (ou l'emprunter à votre pension) pour explorer les récifs proches de l'extrémité ouest de la plage.

Plusieurs épaves, un récif et une grotte constituent d'intéressants sites de plongée autour d'Unawatuna. Parmi les épaves figure celle du *Lord Nelson*, un cargo qui a coulé il y a une dizaine d'années ; une cabine de 15 m de long peut s'explorer. Le *Rangoon*, long de 33 m, se situe à 1 heure au sud d'Unawatuna. Les centres suivants proposent des cours et des sorties de plongée :

Ocean Dive Centre PLONGÉE
(☎077 721 3559 ; www.oceandive.asia). Cours PADI à partir de 325 €, location d'équipement, sorties d'une plongée à 25 €.

Sea Horse Scuba Diving Centre PLONGÉE
(☎228 3733 ; www.seahorsedivinglanka.com). Un centre réputé et établi de longue date. Cours PADI Open Water à 225 € et sorties d'une plongée pour plongeurs expérimentés à 25 €.

Unawatuna Diving Centre PLONGÉE
(☎224 4693 ; www.unawatunadiving.com). Cours PADI à partir de 320 €, location d'équipement, sorties d'une plongée à 30 €. Sans doute le centre le plus professionnel et le seul doté d'un caisson de décompression.

Randonnée

De belles promenades conduisent de l'autre côté des rochers, à l'ouest de la plage, ou au sommet de la colline derrière Yaddehimulla Rd pour découvrir l'autre versant du promontoire. **Rumassala**, l'affleurement rocheux à l'extrémité ouest de la plage, est connu pour ses herbes médicinales protégées ; selon la légende, le dieu-singe Hanuman y aurait fait tomber des herbes qu'il rapportait de l'Himalaya. Le **temple** qui se dresse sur le promontoire est clôturé, mais vous pouvez grimper jusqu'au **dagoba**

Unawatuna

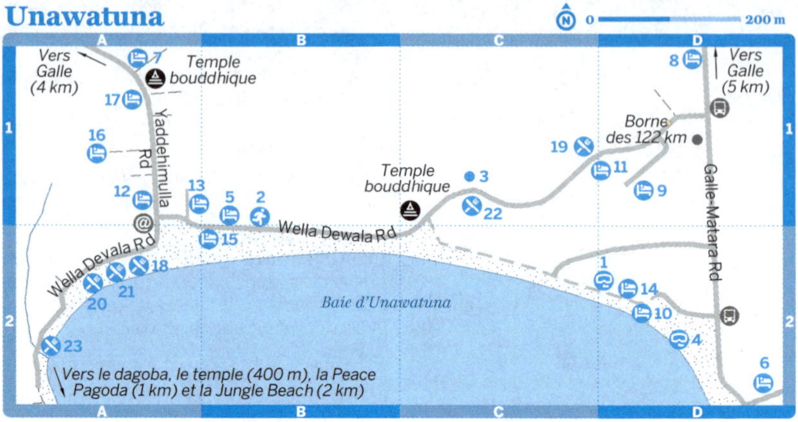

sur la colline et continuer vers l'immense **Peace Pagoda** et la **Jungle Beach** isolée ; voir p. 102 pour plus de détails. Une promenade différente (300 Rs) conduit à la **réserve de mangroves** ; en cours de réalisation et désorganisée, cette réserve représente un effort louable pour protéger une forêt de mangroves peuplée d'escargots, de crabes, d'oiseaux et de singes, à courte distance de la côte. Des passerelles surélevées se faufilent entre les racines entrelacées et les arbres. Repérez les panneaux jaunes le long de la route Galle-Matara, puis n'hésitez pas à demander votre chemin.

Cours

Sonjas Health Food Restaurant CUISINE
(☎224 5815/077 961 5310). Chaudement recommandés, ces cours durent une journée (3 000 Rs). Sous la houlette de la charmante Karuna, vous découvrirez les raffinements de la cuisine sri lankaise après avoir fait les courses au marché de Galle. Réservez au plus tard la veille. Plusieurs autres restaurants dans la même rue offrent des cours similaires.

Secret Garden YOGA
(1 000 Rs). Ces cours de yoga recommandés ont lieu tous les jours à 9h et 17h dans un pavillon de l'hôtel Secret Garden ; ils sont accessibles aux non-résidents.

Sanctuary Spa MASSAGE
Si les vacances sont pour vous synonyme de remise en forme, le Sanctuary Spa vous enchantera. Un soin complet (réalisé par un masseur ou une masseuse) coûte environ 2 800 Rs. C'est également un centre ayurvédique.

Où se loger

Unawatuna compte essentiellement des hébergements petits budgets. Les établissements de catégorie moyenne commencent à se multiplier et quelques hôtels luxueux sont même apparus.

Secret Garden HÔTEL DE CHARME **$$**
(☎224 1857 ; www.secretgardenunawatuna.com ; cottages à partir de 50 $US, ch à partir de 66 $US ; ❄📶). Ouvrez la porte et entrez dans ce jardin secret, rempli de plantes tropicales et de singes malicieux. Superbement rénovée, la maison vieille de 140 ans offre un choix de chambres aux couleurs assorties à celles des fleurs du jardin. Plus simples, les cottages n'en restent pas moins très plaisants. L'établissement propose des cours de yoga et d'ayurvéda.

Nooit Gedacht HÔTEL HISTORIQUE **$$**
(☎222 3449 ; Galle-Matara Rd ; ch avec petit-déj 60-80 $US ; ❄@🏊). Un calme bienfaisant règne dans cette belle demeure coloniale hollandaise de 1735, un peu vétuste mais enchanteresse. Les chambres se répartissent entre l'aile ancienne et un nouveau bâtiment très chic (qui justifie les prix plus élevés). Un centre de soins ayurvédiques réputé et deux piscines sont à disposition.

Palm Grove PENSION **$$**
(☎225 0104 ; www.palmgrovesrilanka.com ; ch avec/sans clim 40/32 $US ; ❄📶). Tenue par des Anglais, cette pension noyée sous les plantes en pots est un joyau. La décoration et l'aménagement des vastes chambres ont été soigneusement pensés. Sur le toit-terrasse, des hamacs invitent à la détente en contemplant les ruelles verdoyantes d'Unawatuna.

Unawatuna

Activités

1 Ocean Dive Centre D2
2 Sanctuary Spa B1
Sea Horse Scuba Diving Centre (voir 14)
Secret Garden .... (voir 13)
3 Sonjas Health Food Restaurant C1
4 Unawatuna Diving Centre D2

Où se loger

5 Amma's Guesthouse B1
6 Black Beauty Guest House D2
7 Dream House A1
8 Nooit Gedacht D1
9 Palm Grove D1
10 Peacock Hotel D2
11 Pipels House D1
12 Primrose Guest House A1
13 Secret Garden A1
14 Surfcity D2
15 Villa Hotel B2
16 Village Inn A1
17 Weliwatta House A1

Où se restaurer

Dream House .... (voir 7)
18 Hot Rock A2
19 Jayasingha Tea Room C1
Jinas Vegetarian and Vegan Restaurant .... (voir 19)
20 King Fisher's Restaurant A2
21 One Love Restaurant A2
22 Roti Shop C1
23 Shekira Restaurant A2

Dream House HÔTEL DE CHARME $$
(☎438 1541 ; dreamhouse@libero.it ; s/d avec petit-déj 50/65 $US ; 📶). Bien en retrait de la plage, cet hôtel, tenu par des Italiens, comprend 4 chambres intimes, décorées avec une élégance italienne influencée par les tropiques, sans rien de pompeux, ni de tape-à-l'œil. Le restaurant est excellent.

Pipels House PENSION $$
(☎077 428 3903 ; www.pipels.com ; ch avec petit-déj 3 500 Rs, app 9 000 Rs ; 📶). Cette petite pension propose des chambres couleur vanille avec de belles photos et des meubles modernes en métal. Certaines partagent une jolie sdb en mosaïque. L'appartement possède une kitchenette, une sdb et un salon. Au rez-de-chaussée, un Italien officie derrière les fourneaux du restaurant, pour le plus grand plaisir des clients.

Villa Hotel HÔTEL $$
(☎224 7253 ; www.villa-unawatuna.com ; s/d avec petit-déj 55/65 $US ; ❄@📶). Charmant hôtel en bord de mer, il est construit en hauteur dans un style traditionnel. Les chambres, décorées d'art indien et de meubles anciens, comportent des persiennes en bois et une sdb moderne. Le jardin s'agrémente de meubles anglais ouvragés des années 1920.

Black Beauty Guest House PENSION $$
(☎077 658 2909 ; www.black-beauty-sri-lanka.com ; ch avec/sans clim 4 000/3 000 Rs ; ❄@📶🏊). À l'écart de la plage, cette jolie *guesthouse* comprend un jardin paisible et une piscine attrayante. Les chambres sont tout aussi colorées que la façade orange vif. De nombreux jouets à disposition en font une bonne adresse si vous voyagez avec des enfants, bien qu'il faille traverser une rue fréquentée pour rejoindre la plage.

Surfcity Guest House HÔTEL $$
(☎224 6305 ; www.surfcity1.net ; s avec/sans clim 2 000/1 600 Rs, d 2 000/3 500 Rs ; 📶). En perpétuelle expansion, le Surfcity comprend aujourd'hui un cybercafé, un café, un restaurant, une agence de voyages et un hôtel aux chambres propres et plaisantes (dont 3 avec eau chaude). Ravi, le propriétaire, fait l'impossible pour satisfaire ses hôtes. Le restaurant propose des choix inhabituels, tels que houmous et pain plat.

Peacock Hotel HÔTEL $$
(☎438 4998 ; www.peacockunawatuna.com ; ch avec petit-déj avec/sans clim 4 000/2 500 Rs). À juste titre prisé des baroudeurs, cet hôtel offre un grand choix de chambres bien tenues, avec eau chaude pour les plus chères, ainsi que tous sortes de services touristiques.

Primrose Guest House PENSION $$
(☎077 607 4428 ; primroseguest@hotmail.com ; ch avec/sans clim 45/40 $US ; ❄📶). Les chambres, spacieuses et élégantes, sont impeccables et chacune bénéficie d'un petit balcon donnant sur un bosquet de bambous. Bon rapport qualité/prix.

Village Inn PENSION $
(☎222 5375 ; unavillageinn@gmail.com ; ch 1000 Rs). Entourée d'un jardin, cette retraite idyllique affiche des prix imbattables. Toutes les chambres disposent d'une sdb et d'un balcon ou d'une véranda, parfaits pour paresser un après-midi.

Weliwatta House PENSION $$
(☎222 6642 ; www.weliwatta.com ; s/d avec petit-déj vieille maison 2 500/3 500 Rs, nouvelle aile 3 500/4 500 Rs). Cette villa jaune centenaire

comprend quelques chambres spacieuses et propres avec sdb et eau chaude ; d'autres plus récentes et plus confortables sont installées à l'arrière. Dans le jardin luxuriant, des sièges confortables invitent à la détente. Un restaurant correct est à disposition.

Amma's Guesthouse PENSION **$**
(☎222 5332 ; s/d 1 000/1 500 Rs). Dans un grand jardin, cette vieille maison immense abrite des chambres en béton sommaires et sans charme, mais l'adresse est bon marché et juste à quelques pas de la plage.

Où se restaurer et prendre un verre

Presque tous les hébergements servent des repas ou possèdent un restaurant. Pour faire votre choix parmi les nombreux établissements en bord de plage, flânez et comparez les offres. Pour la plupart plaisants pour un verre, ils restent rarement ouverts après minuit. Les adresses ci-dessous diffèrent un peu de la concurrence ou ont plus de caractère.

King Fisher's Restaurant INTERNATIONAL **$$$**
(repas 700-1 000 Rs ; ⌚9h-24h mar-dim). En bord de mer, ce restaurant est prisé des touristes et des expatriés. S'il sert un peu de tout, il est réputé pour son excellente cuisine thaïlandaise et ses crevettes, grillées ou frites à la perfection.

Shekira Restaurant POISSON **$$**
(repas 300-600 Rs). À courte distance des bateaux qui se balancent sur les vagues, cette romantique cabane de pêcheur, avec quelques tables éclairées à la bougie, est parfaite pour un verre au coucher du soleil et un dîner de poisson grillé à petit prix en plaisantant avec le sympathique patron. Quelques plats chinois satisferont les carnivores.

Dream House ITALIEN **$$**
(plats 500-600 Rs). Dans ce restaurant, vous dînerez en plein air sur fond de musique classique. Le propriétaire italien veille à l'authenticité de la cuisine.

One Love Restaurant SRI LANKAIS **$$**
(repas 250-400 Rs). Ce petit restaurant accueillant surplombe l'eau et son plancher grinçant donne l'impression de naviguer. Le bon choix de curries permet de manger comme les habitants (une rareté à Unawatuna) ; celui à la citrouille est une spécialité maison.

Sunil Garden INTERNATIONAL **$$**
(☎0777 472441 ; repas 400-600 Rs). Sunil, le propriétaire, instaure une ambiance festive en préparant du poisson, des pâtes et d'autres plats. Des musiciens se produisent presque tous les soirs et l'endroit est idéal pour une bière. Si vous préférez le calme, installez-vous dans le café-bar à jus de fruits.

Jinas Vegetarian and Vegan Restaurant VÉGÉTARIEN **$$**
(repas 500-600 Rs). Dans un jardin, ce restaurant plaisant offre une belle sélection de plats indiens classiques, dont des *thali* et des *masala dosa*, ainsi que des plats végétariens européens, comme des burgers, des tourtes et des lasagnes végétariens.

Hot Rock INTERNATIONAL **$$**
(☎224 2685 ; repas 200-500 Rs). Un restaurant de poisson classique en bord de plage, avec un cadre coloré et de charmants propriétaires.

Jayasingha Tea Room SRI LANKAIS **$**
(repas 150 Rs ; ⌚12h-15h). Prisée des habitants et méconnue des touristes étrangers, cette épicerie dispose d'une salle à l'arrière où savourer d'excellents riz-curries relevés.

Roti Shop SRI LANKAIS **$**
(roti 200-250 Rs). Des dizaines de *roti* salés ou sucrés, farcis de fromage, de fruits ou d'autres garnitures, parfaits pour un déjeuner détendu (et très lent).

Renseignements

Quelques cabanes vendent de l'eau en bouteille et des chips. Pour le reste, vous devrez aller à Galle, à courte distance. De nombreux établissements offrent l'accès à Internet.

GG Happy Tours (☎223 2838 ; www.gghappytours.com ; 240 Rs/h ; ⌚9h-22h). Accès Internet ; également recommandé par des voyageurs pour ses circuits et la location de voitures.

Depuis/vers Unawatuna

En venant en bus de Galle (16 Rs, 10 min), vous pouvez descendre à la petite route qui conduit en ville, ou à l'arrêt suivant, où l'océan jouxte la grand-route, et marcher le long de la plage. Un *túk-túk* depuis/vers Galle coûte de 300 à 400 Rs.

D'Unawatuna à Koggala

☎ 091

Après Unawatuna, la route longe le littoral, traverse Thalpe, Dalawella, Koggala, Ahangama et continue au-delà. Jalonnée de plages somptueuses quasi désertes et de criques splendides, cette portion de côte invite à s'attarder.

À marée haute, vous verrez des pêcheurs juchés sur des poteaux au-dessus des vagues. Chacun possède un mât fermement planté dans le sable près de la rive, sur lequel il se perche pour lancer sa ligne. Les emplacements, très convoités, sont transmis de père en fils. Vous serez surpris de la rapidité avec laquelle ils descendent des mâts et courent vers vous si vous braquez vaguement un appareil photo dans leur direction !

À voir et à faire

Lac Koggala LAC

Proche de la route et peuplé d'oiseaux, le lac Koggala est parsemé d'îles. Sur l'une d'elles, un temple bouddhique attire de nombreux visiteurs lors de la *poya* (pleine lune) ; une autre abrite une plantation de canneliers. Des bateliers proposent des promenades guidées de 2 heures sur le lac (2 500-4 000 Rs jusqu'à 5 personnes) ; repérez les panneaux "Bird Island" entre Koggala et Ahangama.

Lagoon Herbal Garden JARDIN

(8h-18h). Plusieurs jardins d'épices entourent le lac. Au Lagoon Herbal Garden, vous verrez comment les plantes sont cultivées et vous pourrez acheter des remèdes naturels ; ce jardin offre également des promenades en bateau sur la lagune (4 000 Rs).

Martin Wickramasinghe Folk Art Museum MUSÉE

(200 Rs ; 9h-17h). Près du Km 113 à l'ouest de Koggala, ce musée se tient en retrait de la route et comprend la maison natale de l'auteur cinghalais Martin Wickramasinghe. Les collections, intéressantes et bien agencées, comportent des commentaires en anglais et en cinghalais. Parmi elles figurent une section consacrée à la danse (avec des costumes et des instruments), des marionnettes, des masques de *kolam* (théâtre dansé), dont un représentant un officier britannique brûlé par le soleil, des ustensiles de cuisine et des chars. La librairie vend les œuvres de l'auteur, dont beaucoup se rapportent à la culture locale.

Temple Kataluwa Purwarama TEMPLE

Juste à l'est de Koggala, ce temple semble figé dans le passé. Datant du XIIIe siècle, il possède des peintures murales récemment restaurées. Un moine vous ouvrira et se fera un plaisir de vous en expliquer la signification. Certaines des *Jataka* (histoires des vies du Bouddha) ont été réalisées il y a 200 ans. L'embranchement vers le temple se situe à Kataluwa ; vous verrez les panneaux en bord de route, vers l'intérieur des terres. Parcourez 2 ou 3 km et demandez votre chemin.

Où se loger et se restaurer

THALPE

Thalpe est la nouvelle plage de prédilection des expatriés de Galle et de ceux lassés d'Unawatuna. Elle compte plusieurs établissements sélects et quelques adresses moins chères. De la route, une rangée de villas, maisons et hôtels cachent la plage, difficilement accessible au public.

The Frangipani Tree HÔTEL DE CHARME $$$

(228 3711 ; www.thefrangapanitree.com ; ch avec petit-déj 250 $US ;). Cet hôtel intime a su apprivoiser le ciment. Il se retrouve partout : bancs, sols, murs et douches, mais ce triste matériau gris est devenu une splendeur. Les chambres fraîches et spacieuses, avec des sdb extérieures sous des arbres tropicaux, sont parfaites.

Era Hotel HÔTEL DE CHARME $$$

(228 2302 ; www.jetwinghotels.com ; s/d avec petit-déj 230/250 $US ;). Dans cet hôtel, le bois et la pierre se combinent pour créer un cadre zen et un sentiment de bonheur que renforce la proximité de la plage et la somptueuse piscine. Dommage que certaines chambres souffrent un peu du bruit de la route et que l'accueil soit parfois distant.

KOGGALA

Koggala possède une longue et large plage, battue par les vagues. La route passe assez près de la rive, mais reste invisible la plupart du temps.

The Fortress HÔTEL $$$

(438 9400 ; www.thefortress.lk ; ch avec petit-déj à partir de 360 $US ;). De l'extérieur, cet immense hôtel entouré de hauts murs ressemble à une prison. À l'intérieur, vous découvrirez une piscine à débordement qui surplombe l'océan Indien, des bains à remous et des douches pluie, des chambres chics, l'accès Wi-Fi et d'excellents restaurants.

Ahangama et Midigama

091

Paradis sri lankais du surf, la région d'Ahangama et de Midigama compte quantité d'hébergements bon marché et accueillants et quelques jolies plages, souvent longées par la route. Le premier spot est le beach break de Kabalana Beach, qui offre habituellement de bonnes vagues, même si la mer est calme ailleurs. Midigama, un village proche d'une crique, se distingue par quelques reef breaks. Lazy Left est une gauche qui contourne les rochers et entre dans la baie sablonneuse : elle est parfaite pour une première expérience du reef. À quelques centaines de mètres, Ram's Right est une vague creuse, peu profonde et imprévisible, déconseillée aux débutants.

Sachez que l'eau recouvre de nombreux rochers, coraux et autres obstacles. Quelques pensions louent des planches de surf usagées (de 600 à 1 000 Rs par jour), mais vous devrez aller à Hikkaduwa pour trouver des magasins de surf ou de réparation. Pour des **cours de surf**, contactez Yannick, un Français qui a grandement contribué à la reconstruction de Midigama après le tsunami ; il gère l'une des meilleures écoles de surf de la région en association avec la Subodinee Guesthouse. Il facture 30 € le cours d'une journée et 75 € la formation de 3 jours. Il loue également de très bonnes planches, à des prix élevés.

Où se loger et se restaurer

AHANGAMA

De nombreux surfeurs logent à Ahangama et se rendent à Midigama pour les vagues. Les établissements suivants se succèdent en venant d'Unawatuna. Ahangama ne compte aucun restaurant touristique, mais tous les hébergements servent des repas.

Kabalana Beach Hotel HÔTEL $$
(☎228 3294 ; www.kabalana.com ; s/d avec petit-déj à partir de 55/65 $US ; ❄📶🏊). Les plus belles chambres mélangent styles local et colonial : fenêtres treillissées, lits à baldaquin, meubles indiens anciens. Cependant, la qualité varie fortement pour un prix identique. L'hôtel comprend une petite piscine et un restaurant quelconque au service lent. Apprécié pour les mariages, il peut être bruyant.

Ahangama Easy Beach HÔTEL $$
(☎228 2028 ; s/d avec petit-déj 32/34 €, d avec clim 39 € ; ❄@📶). Tenu par des Norvégiens, il est prisé de la nouvelle génération de surfeurs, constamment branchée sur un ordinateur ou un smartphone. Les chambres sont correctes, avec lits à baldaquin et sdb joliment carrelées. Nous avons trouvé l'accueil assez froid à chacune de nos visites.

MIDIGAMA

Midigama offre un bon choix de pensions bon marché ainsi qu'un ou deux établissements plus chics. Si vous ne surfez pas, l'endroit ne présente guère d'intérêt.

Les hébergements suivants se succèdent en venant d'Unawatuna.

Subodinee Guesthouse PENSION $
(☎228 3383 ; www.subodinee.com ; s/d à partir de 1 000/1 500 Rs, bungalows 35 € ; @). Lors de l'arrivée des premiers surfeurs, Jai et son épouse Sumana possédaient une gargote de thé et servaient des riz-curries à ces étrangers bizarres. Aujourd'hui, ils offrent un grand choix de chambres, depuis les cubes en béton avec sdb commune aux agréables bungalows et aux chambres du nouveau bâtiment de l'autre côté de la route, avec eau chaude et tout le confort. Ils proposent également un service de taxi, une école de surf avec location de planches et un

RAMYADAVA GUNASEKARA – LE SURF SELON RAM

Ramyadava, que tout le monde appelle Ram, possède l'une des plus anciennes pensions de surfeurs de Midigama.

"Je crois que les premiers surfeurs sont venus à Midigama en 1977. J'étais très jeune et je n'en avais jamais vu auparavant. Un jour, 6 surfeurs australiens sont arrivés. Je les trouvais très étranges et tout le village allait les regarder surfer. Mes parents m'ont dit de ne pas les approcher parce que c'étaient des hippies ; tout le monde pensait qu'ils étaient sales ! C'étaient les premiers étrangers à séjourner à Midigama et après leur départ, il a fallu plusieurs années avant que d'autres ne viennent.

Aujourd'hui, les villageois savent que les surfeurs ne sont pas sales et les apprécient car ils dépensent de l'argent ici. Ils achètent des fruits, utilisent des *túk-túk*, mangent au restaurant, etc. Après le tsunami, de nombreux surfeurs installés ici ont donné de l'argent, ainsi que des livres et des vêtements pour les enfants. Certains sont restés pour aider à nettoyer et à reconstruire. Yannick, un surfeur français, a beaucoup fait pour le village. Il a fondé une organisation caritative, a obtenu de nouveaux bateaux pour les pêcheurs et des ustensiles ménagers pour tous les villageois. Juste après le tsunami, un surfeur a été pris en train de fouiller les décombres pour voler. D'autres surfeurs l'ont battu et expulsé. Avant, je croyais que tous les étrangers étaient des gens bien."

restaurant qui sert un riz-curry (en prévenant 1 ou 2 heures à l'avance).

Rams Guesthouse PENSION $
(☎225 2639 ; s 900-1 500 Rs, d 1 400-2 500 Rs ; @). Depuis toujours prisée des surfeurs, cette *guesthouse* possède des chambres sommaires et propres, avec sdb. Celles du bâtiment principal, en expansion permanente, sont un peu plus plaisantes, mais toutes souffrent du bruit de la route. De nombreux surfeurs y passent des mois, créant une ambiance chaleureuse. L'accueil est excellent et l'établissement fait face à la meilleure vague de l'île. Voir aussi l'encadré p. 108.

Villa Naomi HÔTEL HISTORIQUE $$
(☎041 225 4711 ; www.naomibeach.com ; s/d avec petit-déj 4 000/4 500 Rs ; wifi). Une superbe villa coloniale avec des chambres chaulées, des meubles anciens, des sdb somptueuses et une véranda idéale pour un verre en soirée. Un excellent rapport qualité/prix.

Villa Tissa HÔTEL HISTORIQUE $$
(☎041 225 3434 ; www.villatissa.net ; s/d avec petit-déj 5 000/7 000 Rs ; wifi, piscine). Dans un joli jardin en bord de plage, les chambres immenses et parfaitement aménagées rappellent une époque révolue. Une belle piscine et une étroite bande de sable ajoutent au charme de la Villa Tissa.

Depuis/vers Ahangama et Midigama

Des bus circulent fréquemment le long de la route côtière sud, reliant Ahangama et Midigama à d'autres localités entre Galle et Matara, et au-delà. Le billet de bus de Galle à Midigama coûte 30 Rs. De nombreux trains Colombo-Matara font halte à Ahangama. Seuls quelques trains locaux s'arrêtent à Midigama.

Sri Lankan Air Taxi (www.srilankan.lk/airtaxi) propose des vols réguliers de l'aérodrome de Koggala tous les jours pour Colombo (environ 8 700 Rs) et les lundis et vendredis pour Dambulla (environ 11 700 Rs).

Weligama

☎041

Weligama (qui signifie "village de sable"), à 30 km à l'est de Galle, est à la fois une station balnéaire internationale animée et un port de pêche bruyant. Vous passerez une agréable journée à flâner dans la bourgade, découvrir la vie locale, tremper les pieds dans l'océan et admirer les étals de poissons fraîchement pêchés.

Proche du rivage et accessible à pied à marée basse, l'îlot de **Taprobane** (www.taprobaneisland.com) ressemble à une retraite d'artiste ou d'écrivain, ce qu'il fut : le romancier américain Paul Bowles (1910-1999) y écrivit *La Maison de l'araignée* dans les années 1950. Taprobane appartint jadis au comte français de Maunay-Talvande. Si votre budget le permet, vous pourrez y passer la nuit pour plus de 1 000 $US !

À voir et à faire

Ourlant une baie splendide, Weligama Beach est un peu négligée et n'incite pas aux bains de soleil. Le bourg est avant tout un port de pêche, avec des catamarans à l'extrémité ouest de la baie. C'est un bon endroit pour s'initier au surf, avec des beach breaks qui dépassent rarement 1 m. Parmi d'autres établissements, la Samaru Beach House et le Weligama Bay View, voisin, louent des planches et proposent des cours.

Weligama est renommée pour sa **dentelle** ; des échoppes bordent l'artère principale le long de la côte.

Sport Diving PLONGÉE
(☎225 0799 ; www.freewebs.com/padisportdiving). Weligama se prête au snorkeling et à la plongée. Ce centre, proche du port à l'extrémité ouest de la plage, offre des cours PADI (300 €) et organise diverses excursions : plongées sur des épaves, snorkeling, observation des baleines et des dauphins.

Où se loger et se restaurer

Les hébergements jalonnent la rue qui longe la plage. Comparés à ceux de Mirissa, ils sont généralement surévalués et médiocres.

Pour vous restaurer, savourez des produits de la mer fraîchement pêchés au **Dinesh Seafood Restaurant**, sur le front de mer en face de Taprobane, puis rendez-vous à l'**AVM Cream House**, en face de la gare routière, pour le dessert ; selon des lecteurs, elle sert les meilleurs jus et salades de fruits de la région.

Samaru Beach House HÔTEL $$
(☎225 1417 ; www.guesthouse-weligamasamaru.com ; 544 New Matara Rd ; ch avec/sans clim 4 000/3 500 Rs ; clim, wifi). Vers le milieu de la baie, cet hôtel sur la plage offre de grandes chambres lumineuses, protégées du bruit de la route. Les plus belles disposent d'une véranda. Le propriétaire organise toutes sortes d'excursions et d'activités. Location de vélos et de planches de surf (300-400 Rs l'heure) et cours de surf (2 500 Rs par jour).

Dilkini Guesthouse PENSION $

(☎225 0281 ; s/d 750/1 000 Rs). À la lisière du village, cette *guesthouse* sommaire offre des chambres quelconques et vaut surtout pour ses prix très doux et son accueil chaleureux. Elle fait face à une portion de de plage sans attrait.

Mandara Resort COMPLEXE HÔTELIER $$$

(☎567 6768 ; www.mandararesort.com ; s/d avec petit-déj 215/230 $US ;). Le complexe hôtelier le plus luxueux de Weligama est trop cher, comme la plupart des hôtels du village. Parfaitement tenu et ultramoderne, cet endroit très confortable comprend même des chambres avec piscine privée.

Depuis/vers Weligama

Des bus fréquents desservent Galle (40 Rs, 1 heure) et Matara (21 Rs, 30 min). Weligama se situe sur la ligne ferroviaire Colombo-Matara ; des trains rallient, entre autres, Colombo (2e/3e classe 220/120 Rs, 4 heures), Galle (60/30 Rs, 1 heure) et Matara (30/15 Rs, 30 min).

Mirissa

☎ 041

Ouvrez une noix de coco, allongez-vous dans un hamac et laissez-vous bercer par la brise marine en oubliant le temps qui passe. Bienvenue à Mirissa, un endroit idyllique à 4 km au sud-est de Weligama, que seuls les fous ont envie de quitter !

Des trois grandes stations balnéaires de la côte sud (Hikkaduwa et Unawatuna sont les deux autres), Mirissa reste de loin la moins développée et donne une idée de ce qu'était Unawatuna il y a 15 ans. Le rivage demeure essentiellement le domaine des cocotiers et la plupart des infrastructures touristiques sont dissimulées ; en 2010, une multitude de gargotes illégalement construites le long de la plage ont été rapidement démolies par les autorités.

Vous devrez aller à Matara pour la plupart des services. Sur place, quelques établissements offrent l'accès à Internet et le téléphone ; un petit marché se tient près du Km 149.

À voir et à faire

Si Mirissa invite au farniente, la clarté de l'eau est idéale pour le snorkeling autour des récifs et des rochers aux deux extrémités de la baie. Les surfeurs pourront emprunter sans risque le point break droit à l'extrémité ouest de la baie. Nombre de pensions louent des équipements de snorkeling et de surf.

Quelques promenades plaisantes permettent de découvrir les alentours. Une série de marches escarpées conduit de la grand-route au petit **temple Kandavahari** et le promontoire offre une belle vue sur la baie de Weligama.

Presque tous les visiteurs effectuent une excursion en bateau pour observer les baleines ; voir l'encadré p. 111.

Où se loger

Sauf mention contraire, les hébergements suivants ne disposent que d'eau froide. Repérez les panneaux le long de la route principale. Nombre d'établissements servent des repas.

Palm Villa PENSION $$

(☎225 0022 ; palmvillamirissa@yahoo.com ; ch 35-60 $US ;). Dans cette pension récente, les jolies chambres sont toutes différemment décorées, dans un style moderne et lumineux, et comportent des sdb ornées de mosaïques ; les plus chères, avec clim et eau chaude, sont installées sur la plage. Des coqs et des lapins blancs s'ébattent dans le jardin. Vous pourrez dîner sous les étoiles dans l'excellent restaurant. Le propriétaire parle français.

Mirissa Hills HÔTEL DE CHARME $$$

(☎225 0980 ; www.mirissahills.com ; s 74-195 $US, d 92-244 $US, petit-déj compris ;). Cette ancienne villa rénovée, juchée sur une colline au cœur d'une plantation de canneliers, offre la vue sur des buffles vautrés dans les rizières verdoyantes et des paons faisant la roue. D'anciens saris décorent les murs de la villa principale, qui possède des baignoires en pierre et de nombreuses statues en métal rouillé. Les chambres les moins chères, tout aussi séduisantes, sont installées dans une annexe au pied de la colline.

The Spice House CHAMBRES D'HÔTES $$

(☎077 351 0147 ; thespicehousemirissa@gmail.com ; 151 Galle Rd ; s/d avec petit-déj 3 500/4 800 Rs ;). Des chambres classiques, d'un chic asiatique contemporain, des lits à baldaquin, d'épais matelas, des tons ocre, un jardin superbe et une famille aux petits soins font de cette adresse l'une des meilleures de Mirissa. Malheureusement, elle se tient du mauvais côté de la route vers la plage et certaines chambres souffrent du bruit.

À LA RECHERCHE DE MOBY DICK

En 2006, des rumeurs ont commencé à circuler parmi les cercles écologistes au sujet d'une énorme créature croisant au large de la côte sud du Sri Lanka. Il s'agissait d'une baleine bleue, le plus grand animal de la planète. Les scientifiques ont rapidement découvert que le Sri Lanka était le meilleur endroit au monde pour observer ce rare géant pacifique et son cousin, le grand cachalot. Si l'observation des baleines était depuis longtemps populaire au large de Trincomalee sur la côte nord-est, les animaux n'étaient pas toujours au rendez-vous. Quand les experts réalisèrent que de nombreuses baleines migraient entre le golfe du Bengale et la mer d'Oman, longeant la côte sri lankaise près de Dondra Head, ils partirent à leur recherche.
À peine 15 minutes après leur arrivée à Dondra Head, scrutant l'eau avec des jumelles, ils virent la première baleine bleue. En mer, ils découvrirent un spectacle encore plus impressionnant, avec jusqu'à cinq baleines bleues dans un périmètre de 8 km², presque autant de grands cachalots et de nombreux dauphins.

Durant les deux années suivantes, les premières excursions d'observation des baleines ont été couronnées de succès, les cétacés étant au rendez-vous presque à chaque fois. Aujourd'hui, presque tous les propriétaires de bateau proposent des sorties d'observation des baleines ; même la marine sri lankaise organise des circuits au départ de Galle, essentiellement destinés aux groupes scolaires et à bord de grands navires. Cet engouement crée évidemment des problèmes. Certains bateliers s'approchent trop près des baleines (souvent à la demande de leurs clients), ce qui les stresse ; si ce harcèlement continue, leur comportement pourrait changer ou elles pourraient déserter la région. Ainsi, pour l'avenir des baleines et des circuits d'observation, adressez-vous à des tour-opérateurs qui respectent les cétacés.

Aucun des prestataires suivants n'est bon marché (comptez environ 110 $US par personne selon le forfait choisi), mais leur professionnalisme est indéniable. Nombre de tour-opérateurs moins chers, qui facturent entre 4 000 et 6 000 Rs en fonction de la rapidité et de la qualité du bateau, sont installés à Mirissa et aux alentours, mais leurs circuits peuvent être décevants.

Jetwing Eco Holidays (☎011-238 1201 ; www.jetwingeco.com ; 46/26 Navam Mawatha, Colombo). Parmi les premiers à avoir découvert les cétacés, il a effectué la plupart des recherches pour instaurer des mesures de protection et organise de superbes excursions.

Eco Team Sri Lanka (☎011-583 0833 ; www.srilankaecotourism.com ; 20/63 Fairfield Gardens, Colombo). Organise également des circuits d'observation des baleines chaudement recommandés (et d'autres circuits de découverte de la vie sauvage).

Raja and the Whales (☎077 695 3452). Un tour-opérateur de Mirissa qui suscite des commentaires positifs.

Secret Root PENSION $$
(☎077 329 4332 ; www.secretroot.yolasite.com ; ch sans/avec clim 4 000/5 000 Rs, petit-déj compris ; ❄📶). Cachée au bout d'un chemin de jungle, dans les terres à courte distance de l'extrémité est de la plage, cette pension, tenue par une famille, est un havre de paix. Les chambres, d'une propreté irréprochable, comportent d'attrayantes sdb avec eau chaude. Sur place, un centre ayurvédique (masseurs hommes uniquement) propose des soins à partir de 1 000 Rs.

Amarasinghe Guest House PENSION $$
(☎225 1204 ; ch 1 000-4 000 Rs ; @). Destination rêvée pour les amoureux de la nature, cette charmante pension se situe à 5 minutes de la plage, parmi des chemins champêtres. Un choix de chambres (dont certaines avec sdb commune) et de cottages agréablement branlants sont répartis dans un jardin où l'on n'entend que le croassement des grenouilles et le chant des oiseaux. Les propriétaires cultivent leurs légumes et épices bio, et leur cuisine suscite des commentaires élogieux. Si l'Amarasinghe affiche complet, ils pourront vous loger dans l'une de leurs propriétés voisines.

Palace Mirissa COMPLEXE HÔTELIER $$$
(☎225 1303 ; www.palacemirissa.com ; s/d demi-pension à partir de 60/70 € ; ❄📶🏊). Perché sur le promontoire à l'extrémité ouest de la baie, cet établissement est le plus ancien du

village et le meilleur dans la catégorie supérieure. Décorés comme un temple hindou, les cottages surélevés s'agrémentent de sdb carrelées en noir et blanc, avec eau chaude. La piscine est plaisante et le restaurant offre une vue fabuleuse.

Rose Blossom CHAMBRES D'HÔTES **$$**
(☎077 713 3096 ; s 1 500 Rs, d 2 500-3 000 Rs). Tenue par de charmants propriétaires, cette maison ravissante comporte 3 petites chambres joliment décorées. Elle se situe à 5 minutes de marche dans les terres de l'extrémité est de la plage.

Katies Hideaway PENSION **$$**
(☎071 342 1630 ; nalabank@yahoo.com ; ch avec/sans clim 3 000/1 500 Rs). Cachée au bout d'une allée de terre, cette ancienne pension de 2 chambres compte aujourd'hui plusieurs étages et a perdu une grande partie de son charme. Elle reste néanmoins d'un bon rapport qualité/prix pour une nuit ou deux.

Calidan CHAMBRES D'HÔTES **$**
(☎077 754 7802 ; s 1 000-1 200 Rs, d 1 200-1 500 Rs). Dans cette maison accueillante, à courte distance du tohu-bohu de la plage, les propriétaires souriants louent 5 chambres peintes de couleurs gaies.

Poppies PENSION **$**
(☎077 794 0328 ; ch 1 500-2 000 Rs). Flambant neuves lors de nos recherches, les chambres impeccables entourent une cour verdoyante et seraient idéales si elles ne se trouvaient pas du mauvais côté de la route par rapport à la plage. Les klaxons des bus troubleront vos rêves.

Calm Rest HÔTEL **$**
(☎225 2546 ; ch/bungalow 2 000/2 500 Rs). Dans un endroit calme à 50 m de la plage, les chambres et les bungalows en bois sont un peu sombres, mais égayés par des couvre-lits fleuris.

Où se restaurer

Sur la plage, une demi-douzaine de gargotes proposent une carte quasi identique de poisson et de plats pour voyageurs sur fond de reggae. Le Sea Fresh Restaurant et le Café Mirissa comptent parmi les meilleurs et leurs prix sont inférieurs d'environ 25% à ceux des restaurants des hôtels.

No1 Dewmini Roti Shop SRI LANKAIS **$**
(roti environ 200 Rs). Plusieurs échoppes de *roti* s'efforcent de satisfaire les goûts bizarres des étrangers (tels les *roti* au chocolat). Celle-ci, à 5 minutes de la plage en direction de l'Amarasinghe Guest House, est la plus ancienne et toujours la meilleure. Elle propose également des *kotthu* et (sur commande) de copieux riz-curries. Le chef et propriétaire, toujours souriant, organise des cours de cuisine (environ 2 000 Rs pour 6 curries).

Depuis/vers Mirissa

De Weligama, comptez 9 Rs en bus et 250 Rs en *túk-túk*. De Matara, le bus revient à 17 Rs. Pour rejoindre Colombo, mieux vaut prendre un bus pour Matara et changer, car les bus sont généralement bondés quand ils arrivent à Mirissa.

Matara

☎041 / 76 300 HABITANTS

À 160 km de Colombo, Matara est une ville commerçante étendue et affairée qui ne doit pas grand-chose au tourisme. C'est paradoxalement ce qui justifie la visite : elle offre un aperçu de la vie quotidienne sri lankaise, préservée de l'effervescence des plages.

Ses remparts, un fort hollandais bien conservé et l'animation des rues constituent ses principaux attraits. Si le sable vous manque, vous pouvez regarder les passants en savourant une glace sur la plage de Matara ou vous livrer aux joies du snorkeling, du surf et du farniente sur le sable blanc de Polhena ou sur la plage moins pittoresque de Meddawatta.

À voir

La visite des sites de Matara ne demande pas plus d'une ou deux heures.

Parey Dewa TEMPLE
Près de la gare routière, un pont piétonnier rejoint un îlot, Parey Dewa (Rocher dans l'eau), qui abrite un petit temple bouddhique desservi par un élégant pont moderne. Le temple se tient sur une plage, idéale pour une promenade et une glace en soirée aux côtés des habitants.

Rempart hollandais VIEILLE VILLE
Le rempart hollandais occupe le promontoire qui sépare le Nilwala Ganga de la mer. Érigé au XVIIIe siècle afin de protéger le *kachcheri* (bureau administratif) de la VOC, sa construction est particulière : il devait être un fort à l'origine, mais des mesures d'économie modifièrent le projet. À l'intérieur du rempart, les rues de la vieille Matara recèlent quelques joyaux coloniaux et séduisent surtout par leur calme.

Matara

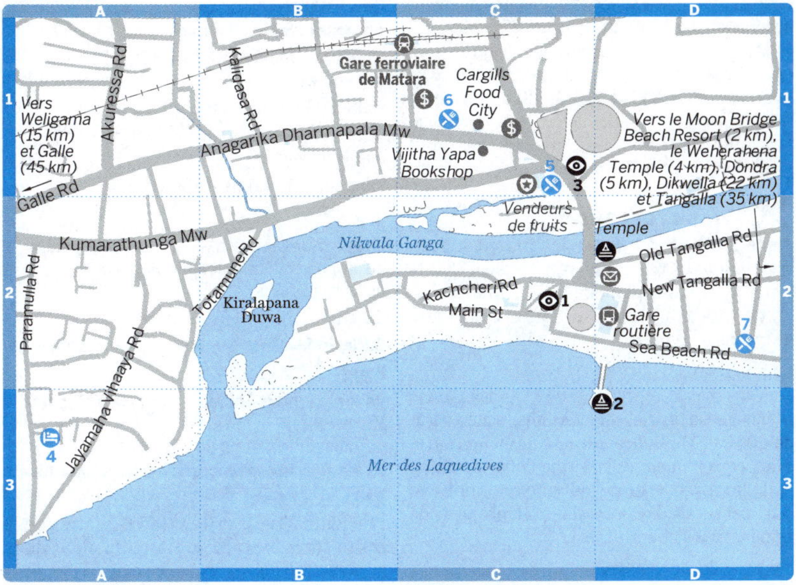

Matara

À voir

1 Rempart hollandais C2
2 Parey Dewa D3
3 Fort de l'étoile C1

Où se loger

4 Sunil Rest Guest House & Restaurant A3

Où se restaurer

5 Marchés alimentaires C1
6 Galle Oriental Bakery Restaurant C1
7 Mayura Beach Restaurant D2

Star Fort FORT

(10h-17h). Le fort de l'Étoile, à 350 m de la porte principale du rempart, fut édifié par les Hollandais pour compenser les défauts du mur défensif. Il est si petit qu'il n'aurait pu protéger qu'une poignée de fonctionnaires. La date de sa construction (1765) est inscrite en relief au-dessus du portail, ainsi que l'insigne de la VOC et le blason du gouverneur de l'époque. Deux lions sculptés gardent les portes. Remarquez les fentes où s'accrochaient les poutres du pont-levis.

Où se loger

POLHENA

De nombreux voyageurs logent à Polhena, au sud-ouest de la ville. La plupart des établissements servent des repas et louent des chambres avec eau froide et ventilateur. Le secteur est un dédale de chemins et vous devrez demander votre route. Un *túk-túk* depuis Matara revient à 250 Rs.

Sunil Rest Guest House & Restaurant PENSION $

(222 1983 ; sunilrestpolhena@yahoo.com ; 16/3A Second Cross Rd ; ch 1 000 Rs ;). Cette pension très accueillante, juste derrière la plage, offre des chambres banales, un peu défraîchies. Les propriétaires possèdent d'autres établissements dans le quartier, avec des chambres plus chics (jusqu'à 5 000 Rs). Le personnel peut organiser diverses excursions et des sorties de plongée. La pension ne verse pas de commission et de nombreux conducteurs de *túk-túk* vous affirmeront qu'elle est fermée ; ne les croyez pas.

MEDDAWATTA

La plage de Medawatta se cache de l'autre côté d'un petit promontoire à l'extrémité est de la plage principale de la ville. D'une propreté douteuse, elle est prisée des surfeurs en raison de beach breaks réguliers et modérés.

Moon Bridge Beach Resort HÔTEL $$
(☎222 3717 ; www.moonbridge-resort.com ; s avec/sans clim 2 750/1 320 Rs, d 3 850/1 650 Rs ; ❄📶). À part la vue sur les vagues, les chambres n'ont guère d'attrait. Celles avec ventilateur sont d'un meilleur rapport qualité/prix que celles avec clim. Deux ou trois hôtels tout aussi quelconques sont installés à proximité.

Où se restaurer

Juste au nord du pont, des marchés d'alimentation et plusieurs vendeurs de fruits bordent l'artère principale. En matière de restauration, le choix se limite à quelques gargotes le long de la grand-rue.

Galle Oriental Bakery Restaurant SRI LANKAIS $
(41 Anagarika Dharmapala Mawatha ; plats à partir de 100 Rs). Meilleure adresse dans le centre-ville, ce restaurant classique comprend une salle lambrissée et des vitrines remplies de pâtisseries et d'en-cas salés. Il propose de bons curries et soupes.

Mayura Beach Restaurant SRI LANKAIS $
(33 Sea Beach Rd ; plats à partir de 100 Rs). Très prisé des habitants, il possède des baies vitrées donnant sur la plage et sert des curries très relevés.

Renseignements

Cargills Food City. Près de Bandaranayaka Mawatha, ce supermarché comprend une pharmacie.

Commercial Bank (Station Rd). Possède un DAB international.

Poste (New Tangalla Rd). Près de la gare routière.

Sampath Bank (Anagarika Dharmapala Mawatha). Possède un DAB international.

Vijitha Yapa Bookshop (25A 1/1 Anagarika Dharmapala Mawatha). Bonne sélection de romans, magazines, cartes et guides de voyage.

Depuis/vers Matara

Avion

Sri Lankan Air Taxi (www.srilankan.lk/airtaxi) propose des vols réguliers entre Dickwela, non loin, et Colombo les mardis, jeudis, samedis et dimanches (environ 10 000 Rs).

Bus

La vaste gare routière de Matara compte plusieurs niveaux. Repérez les minuscules panneaux des destinations au-dessus des files d'attente. Carrefour régional des transports, Matara offre des services fréquents dans toutes les directions. Quelques-unes des principales destinations :

Amapara 280 Rs, 8 heures

Colombo ordinaire/climatisé 210/310 Rs, 4-5 heures

Galle 60 Rs, 2 heures

Ratnapura 325 Rs, 4 heures 30, départ le matin seulement

Tangalla 46 Rs, 1 heure 30-2 heures

Train

La gare ferroviaire de Matara est le terminus de la ligne côtière. Quelques destinations desservies :

Colombo 230/130 Rs, 4 heures

Galle 2e/3e classe 80/40 Rs, 1 heure-1 heure 30

Kandy 360/195 Rs, 7 heures

Vavuniya (pour Anuradhapura) 430/235 Rs, 10 heures

De Matara à Tangalla

Plusieurs sites méritent la visite près de la route entre Matara et Tangalla, dont deux superbes exemples de ce que l'on peut appeler le "kitsch néobouddhique".

À voir

Temple Weherahena TEMPLE
(don à l'entrée). À la sortie des faubourgs de Matara, tournez vers l'intérieur des terres pour rejoindre ce temple clinquant, où une grotte artificielle est décorée de quelque 200 scènes de la vie du Bouddha, semblables à une bande dessinée. Une immense statue du Bouddha complète le tableau.

Lors de la *poya* de fin novembre ou de début décembre, une *perahera* (procession) de danseurs et d'éléphants célèbre l'anniversaire de la fondation du temple.

Dondra PHARE
La ville de Dondra se situe à 5 km au sud-est de Matara. En parcourant 1,2 km depuis la grand-route vers le sud, vous atteindrez le phare qui se dresse à la pointe sud du pays. Un café se tient à côté et la vue est superbe.

Les bus en provenance de Matara vous déposeront au centre de Dondra, d'où vous pouvez rejoindre le phare à pied ou en *túk-túk*.

Wewurukannala Vihara TEMPLE
(100 Rs). Le Wewurukannala Vihara ressemble à un Disneyland consacré à Bouddha. Dans la ville de Dickwella, à 22 km de Matara, une route tourne vers l'arrière-pays en direction de Beliatta. Après 1,5 km,

VAUT LE DÉTOUR

LA PROCHAINE DESTINATION CONVOITÉE ?

Voulez-vous savoir quelle sera la prochaine station balnéaire incontournable du Sri Lanka ?

Si vous jugez Unawatuna trop turbulente, Mirissa sur le déclin et Tangalla démodée, essayez Talalla. À quelques kilomètres à l'est de Dondra et au bout de pistes boueuses, cette plage quasiment vierge ressemble à une carte postale. Jusqu'à présent, ce croissant de sable de 2 km ne compte pratiquement pas d'infrastructures touristiques, à part deux hôtels cachés sous les palmiers à la lisière ouest ; quelques bateaux de pêche aux couleurs vives reposent sur le sable. Pour dire la vérité, l'endroit est tellement méconnu que nous avons hésité à le mentionner dans ce guide ! Outre une plage sublime, Talalla possède l'un des plus beaux hôtels en bord de mer du pays.

Le **Talalla Retreat** (☎041-225 9171 ; www.talallaretreat.com ; Gandara ; s/d avec petit-déj 118/142 $US ;) porte bien son nom ; dans cette superbe retraite, tout est conçu pour vous plonger dans une béatitude totale. Elle se situe dans un vaste domaine rempli de chants d'oiseaux, d'écureuils et de singes. La moitié des chambres sont sans cloison, permettant de vivre en plein air dans les douches extérieures et de contempler les étoiles du lit à baldaquin. Les autres chambres, tout aussi romantiques, offrent un peu plus d'intimité ! D'excellents cours de yoga sont proposés, le restaurant sert une cuisine totalement bio, la piscine est splendide et les plus sportifs peuvent suivre des cours de surf.

on découvre un bouddha assis haut de 50 m, le plus grand du Sri Lanka, construit dans les années 1960 à l'apogée du kitsch.

De nombreux fidèles se pressent au temple. Avant d'arriver à la statue du Bouddha, on traverse une salle des horreurs, remplie de démons et de pécheurs grandeur nature. Entre autres supplices, les mécréants sont plongés dans des chaudrons bouillonnants, coupés en deux ou éventrés !

Des *puja* (prières ou offrandes) ont lieu tous les jours, matin et soir.

Tous les bus Matara-Tangalla via Beliatta passent par le temple.

Ho-o-maniya Blowhole PAYSAGE

À 6 km au nord-est de Dikwella, près du Km 186, une route file sur 1 km jusqu'au (parfois) spectaculaire évent de Ho-o-maniya. Durant la mousson du sud-ouest (juin est la meilleure période), la mer s'engouffre dans une cheminée naturelle de 23 m creusée dans les rochers et jaillit à l'extérieur jusqu'à 18 m de hauteur. Le reste de l'année, le phénomène est décevant. Le droit d'accès se monte à 200 Rs et de nombreux solliciteurs vous attendent !

Où se loger et se restaurer

Peu connue, cette partie de côte offre des plages splendides et compte surtout des hôtels haut de gamme. Repérez les panneaux et les bornes kilométriques. Les établissements suivants se succèdent en direction de Tangalla.

Dickwella Resort COMPLEXE HÔTELIER $$$

(☎041-225 5271 ; www.dickwella.net ; s/d demi-pension 140/168 $US ;). Niché au bout d'un promontoire peu élevé, ce complexe hôtelier classique propose d'élégantes chambres chaulées, une superbe piscine et un restaurant qui sert d'excellents plats italiens et de poisson. La plage de Dickwella n'a rien de spécial, mais l'hôtel fait également face à une autre plage, plus attrayante.

Claughton Villa HÔTEL DE CHARME $$$

(☎077 772 0520 ; www.claughtonhouse.com ; d demi-pension 185 $US ;). Cette splendide villa coloniale, perchée sur une butte, jouit d'une vue sublime. Le vaste jardin descend vers une merveilleuse piscine et une plage plus belle encore. Les chambres, peintes en blanc et de style minimaliste, sont un peu décevantes pour le prix. L'embranchement se trouve à 500 m à l'est du Km 184. Réservation indispensable.

Surya Garden HÔTEL DE CHARME $$

(☎0777 147818 ; www.srilanka-vacanze.com ; s/d avec petit-déj 2 500/3 500 Rs, bungalows 55 $US). Cet hôtel, à 100 m d'une plage idyllique, allie le charme sri lankais et la créativité italienne. Les 3 bungalows en adobe, imaginatifs et très chics, n'ont rien de primitif. Parfaitement aménagés, ils s'agrémentent de belles sdb extérieures. Le bâtiment principal contient des chambres moins chères. Le restaurant propose un grand choix de pâtes savoureuses. Même si vous ne séjournez pas sur place, venez pour un repas (téléphonez pour prévenir de votre venue). La bifurcation se situe au Km 189.

Amanwella HÔTEL DE CHARME **$$$**
(☎047-224 1333 ; www.amanresorts.com ; ste à partir de 550 $US ; ❄📶🏊). Complexe hôtelier le plus luxueux et l'un des plus chers du pays, il offre 30 suites d'un confort exceptionnel, chacune avec piscine privée et vue sur l'océan ; certaines sont installées sur la plage. Le design moderne est spectaculaire, comme les sdb extérieures en pierre naturelle. Le service est irréprochable. La cuisine et les boissons ne déçoivent pas. L'entrée se tient près du Km 193.

Tangalla

☎047

Avec sa plage de sable doucement incurvée, frangée de cocotiers et baignée d'une eau bleu azur, Tangalla, à 195 km de Colombo, a tout d'une destination de rêve.

À voir et à faire

Quelques souvenirs de l'époque coloniale se situent sur la butte, au sud du centre. Jadis résidence des administrateurs hollandais, la **Rest House** ombragée est l'une des plus anciennes du pays ; elle fut édifiée en 1774, comme l'indique une plaque sur les marches en façade.

Observation des tortues CIRCUIT ÉCOLOGIQUE
(adulte/enfant 1 000/600 Rs). Rekawa Beach, à une dizaine de kilomètres à l'est de Tangalla, est de plus en plus réputée pour l'observation des tortues. D'avril à septembre, des tortues vertes, des tortues imbriquées et parfois même des tortues luth viennent y pondre la nuit. Mieux vaut arriver bien après la tombée de la nuit et se préparer à une longue attente ; emportez une lampe torche mais ne la braquez pas sur les tortues, facilement perturbées par les lumières artificielles, et n'utilisez pas de flash pour prendre une photo. Contrairement aux élevages de tortues de la côte ouest (voir l'encadré p. 84), les œufs sont laissés dans le sable et protégés *in situ*. Le droit d'accès (remboursé si aucune tortue n'apparaît) est reversé au **Turtle Conservation Project** (www.tcpsrilanka.org). Un *túk-túk* depuis Tangalla coûte environ 1 000 Rs.

Où se loger

Vous pourrez séjourner à Tangalla et dans plusieurs endroits à proximité.

GOYAMBOKKA

À 3 km de Tangalla sur la route de Matara, un embranchement signalé conduit à Goyambokka et une route verdoyante bordée de plusieurs pensions. Tous les bus qui circulent entre Matara et Tangalla vous déposeront au croisement. De la gare routière de Tangalla, comptez 200 Rs en *túk-túk*.

Goyambokka Guest House BUNGALOWS **$$**
(☎077 903 091 ; s/d avec petit-déj 2 500/3 500 Rs). Récemment rénovée, cette villa coloniale chaulée, blottie sous des palmiers, offre des chambres exceptionnellement plaisantes, dont certaines avec de romantiques douches extérieures.

Palm Paradise Cabanas BUNGALOWS **$$**
(☎224 0338 ; www.palmparadisecabanas.net ; s/d avec petit-déj 45/55 € ; 📶). Cachés derrière un rideau d'arbres le long d'une splendide crique sablonneuse, ces bungalows semblent tout droit sortis d'un conte de fées. Certains sont un peu défraîchis, aussi demandez à en voir plusieurs. Sur place, un masseur propose ses services

Green Garden Cabanas & Resort BUNGALOWS **$$**
(☎077 624 7628 ; lankatangalla@yahho.com ; s/d avec petit-déj 25/35 $US ; 📶). En retrait de la plage, le Green Garden possède des bungalows bien tenus, avec plancher en bois et sdb soignée, qui sembleraient plus à leur place dans des montagnes enneigées.

TANGALLA

Les établissements suivants se situent au-dessus de la plage, au sud-ouest du centre.

Moonstone Villas HÔTEL **$$**
(☎077 675 8656 ; www.moonstonevillas.com ; 336 Matara Rd ; s/d 50/62 $US ; ❄📶🏊). Tenu par des Canadiens, ce nouvel hôtel propose des chambres modernes et joliment décorées. Toutefois, l'encombrement donne une sensation d'exiguïté. C'est l'un des rares hôtels qui facture l'ajout d'un berceau (20 $US).

Tangalla Bay Hotel HÔTEL **$$$**
(☎224 0683 ; www.jetwinghotels.com ; Mahawela Rd ; s/d avec petit-déj 120/140 $US ; ❄📶🏊). Conçu pour ressembler à un bateau et posé sur un promontoire par ailleurs ravissant, cet hôtel a longtemps été considéré comme une tache dans le paysage. S'il continue de jurer à cet endroit, il a été récemment acheté par le groupe Jetwing et entièrement

Tangalla

rénové. Néanmoins, il n'offre les standards habituels de Jetwing.

MEDAKETIYA BEACH

Secteur le plus prisé des voyageurs à petit budget, il compte de nombreux hôtels et restaurants bon marché et accueillants.

Frangipani Beach Villas PENSION $

(☎071 533 7052 ; s/d 2 300/2 500 Rs ; 📶). D'un excellent rapport qualité/prix, cette nouvelle pension compte 5 chambres dans une maison couleur océan, avec des couvre-lits chatoyants et des sdb étincelantes. La direction, enthousiaste et sympathique, organise diverses activités. Le restaurant est un rendez-vous de voyageurs.

Ibis Guest House PENSION $$

(☎567 4439 ; www.guesthouse-ibis.de ; ch 4 500 Rs). Malgré son nom d'hôtel de chaîne, cette vaste pension, à l'extrémité est de Medaketiya Beach, ne manque pas d'allure. Lits à baldaquin, fauteuils et lourds meubles en bois ornent les chambres spacieuses. Une plage de sable isolée ajoute à l'ambiance tropicale.

Starfish Beach Cafe PENSION $

(☎224 1005 ; starfishtangalle@gmail.com ; ch à partir de 2 000 Rs ; 📶). Tenu par de jeunes garçons dynamiques, le Starfish est une bonne adresse, avec de grandes chambres d'une propreté irréprochable et des sdb d'un bleu nautique. C'est sans doute le repaire de baroudeurs le plus prisé, à juste titre.

Blue Horizon Guest House PENSION $

(☎077 651 0900 ; ch avec petit-déj 1 000-2 500 Rs ; 📶). Couleur jaune moutarde, cette *guesthouse* à plusieurs étages possède des chambres exiguës, décorées avec amour. Chaises, tableaux, tables, décorations et même un lit, chaque centimètre est occupé. Le propriétaire veille à répondre aux besoins des voyageurs et le restaurant est bon.

Villa Araliya PENSION $$

(☎077 715 1288 ; ch à partir de 2 500 Rs). Au fond d'un jardin luxuriant, 2 bungalows sont remplis de meubles désuets, dont des armoires soigneusement sculptées. Une chambre familiale comprend un jardin privé et une sdb semi-ouverte. Un chien amical vous escortera où que vous alliez.

King Fisher PENSION $
(☎224 2472 ; s/d à partir de 800/1 000 Rs). D'un bleu aussi électrique que les plumes du martin-pêcheur (*kingfisher*), cet hôtel se distingue de la concurrence. Les chambres roses, fonctionnelles, sont d'un excellent rapport qualité/prix. Le restaurant propose des plats de poisson à 500-600 Rs.

MARAKOLLIYA BEACH

Marakolliya Beach possède la plus forte concentration de bons hôtels de catégorie moyenne, mais elle reste détendue et paisible.

♥ **Mangrove Cabanas** BUNGALOWS $$
(☎077 790 6018 ; www.beachcabana.lk ; cabane 36 € ; wi-fi). Sur une portion de plage quasiment déserte, ce superbe établissement compte plusieurs bungalows d'un chic rustique cachés sous les arbres ; clairs et joliment décorés, ils sont presque entièrement réalisés en bois flotté et les sdb attenantes, au niveau du sol, comportent une douche immense. Le restaurant sert une cuisine aussi éblouissante que l'hébergement. L'hôtel verse 1 $US par client pour la protection de l'environnement, ce qui a déjà financé la plantation de centaines d'arbres et de mangroves.

♥ **Mangrove Chalets** BUNGALOWS $$
(☎077 790 6018 ; www.beachcabana.lk ; bungalow 47 €). La maison mère des Mangrove Cabanas se situe sur une plage sublime, avec un bassin naturel parfait pour les enfants. Traversez un pont en bois pour découvrir des bungalows

LES PLAGES DE TANGALLA

Tangalla marque la frontière entre les criques tropicales qui prévalent sur la côte sud et les longues plages balayées par les vents et les vagues du littoral sud-est. Trois secteurs de plages distincts entourent Tangalla, tous avec un choix d'hébergements et une ambiance différente.

Goyambokka est le secteur le plus à l'ouest et Rekawa celui le plus à l'est.

Goyambokka

Avec leurs eaux turquoise et leurs vagues douces, les superbes criques autour de Goyambokka ressemblent à des clichés de plage tropicale et sont toutes très paisibles.

Tangalla

Les plages de la ville sont ravissantes, mais la grand-route passe à proximité et les passagers des bus se tordent le cou pour observer les étrangères en bikini.

Medaketiya Beach

La longue plage sablonneuse, qui s'éloigne de la ville vers l'est, offre un tout autre aspect que celles plus à l'ouest. Malheureusement, elle n'est pas toujours propre et des vagues cassantes rendent la baignade dangereuse.

Marakolliya Beach

Quasiment la prolongation de Medaketiya Beach, mais bien plus loin de la ville, cette plage fabuleuse semble s'étendre à l'infini le long de la côte, sur fond de palmiers, de fleurs tropicales et de mangroves. La nuit, des tortues viennent y pondre leurs œufs ; dans la journée, des touristes cherchent des coquillages dans le sable fin. Sachez que les vagues cassantes et le courant rendent souvent la plage trop dangereuse pour la baignade.

Rekawa Beach

À 10 km à l'est de Tangalla, cette plage est une autre merveille. Comme Marakolliya, mais moins développée, cette bande de sable s'étire à perte de vue, battue par les vents et les vagues. Peu propice à la baignade, c'est le meilleur endroit pour observer les tortues.

VAUT LE DÉTOUR

MULKIRIGALA

Les paisibles temples rupestres de **Mulkirigala** (200 Rs ; 6h-18h) s'accrochent à une falaise rocheuse à 16 km au nord-ouest de Tangalla, au cœur d'une verdoyante forêt de cocotiers. De nombreuses marches mènent à une série de grottes qui abritent d'imposants bouddhas couchés ainsi que des statues plus petites représentant le Bouddha assis ou debout. Sur les parois, de fabuleuses peintures murales représentent des pécheurs goûtant les fruits défendus sur Terre et soumis dans l'au-delà à une torture éternelle. Plus haut, au sommet du rocher, un petit dagoba offre une belle vue sur la campagne alentour.

Sous une forme ou une autre, des temples ont été installés ici depuis plus de 2 000 ans ; ceux que l'on découvre aujourd'hui et leurs peintures datent du XVIIIe siècle. À proximité, une école bouddhiste accueille de jeunes moines.

Des manuscrits en pali trouvés dans la bibliothèque monastique par un fonctionnaire britannique en 1826 permirent de traduire le *Mahavamsa* (*Grande Chronique*), qui dévoila l'histoire ancienne du Sri Lanka aux Européens.

Mulkirigala est accessible en bus depuis Tangalla via Beliatta ou Wiraketiya (selon les départs, il peut être plus rapide de passer par Wiraketiya que d'attendre le bus de Beliatta). De Tangalla, l'aller-retour en *túk-túk* coûte environ 1 500 Rs.

romantiques aux tons gris ou ocre, nichés parmi les palmiers.

Ganesh Garden BUNGALOWS $$
(224 2529 ; www.ganeshgarden.com ; 20-45 $US ;). L'une des adresses les plus prisées des voyageurs avec sac à dos, le Ganesh Garden offre un vaste choix de bungalows de divers styles et dimensions – certains en adobe, d'autres en palmes tressées ou en béton –, tous confortables et bien conçus.

Sandy's CABANAS $
(077 622 5009 ; cabanas 1 000-3 500 Rs). Établissement classique de style Robinson Crusoé, il propose des cabanas en palmes, avec chambres ouvertes aux brises marines pour les plus belles. Le restaurant en bord de plage sert tous les plats appréciés des voyageurs (plats 500-600 Rs).

Nature Resort Tangalla COMPLEXE HÔTELIER $$
(224 0844 ; www.natureresorttangalle.com ; ch avec/sans clim 5 500/6 000 Rs, petit-déj compris ;). Ce nouvel hôtel, avec des chambres plutôt luxueuses, détonne dans l'environnement rustique de Tangalla. La piscine constitue une bonne alternative à l'océan souvent dangereux, et les prix sont corrects. Il faudra un peu de temps pour que le jardin mérite cette appellation.

Où se restaurer

Tous les hébergements servent des repas. Parmi les restaurants des hôtels, le meilleur est celui du **Mangrove Cabanas** (plats 300-600 Rs).

Nature Secret POISSON $
(Marakolliya Beach ; repas 200 Rs). Ce ravissant café en bois sur pilotis surplombe les mangroves et les cours d'eau. Vu son emplacement, il n'est guère étonnant que les poissons et les fruits de mer prédominent sur la carte. Les prix sont nettement plus bas que dans les restaurants des hôtels voisins.

Saliya Restaurant POISSON $
(Hambantota Rd ; repas 200-300 Rs ; 7h-22h30). Perchée sur des pilotis branlants à courte distance à l'est du centre-ville, cette excentrique cabane en bois, remplie de vieux postes de radio et d'horloges, sert d'excellents poissons ainsi que du riz-curry.

Renseignements

La poste principale se situe à l'ouest de la Rest House et un bureau de poste fait face à la gare routière principale. La **Commercial Bank** (Main Rd) possède un DAB international.

Depuis/vers Tangalla

Tangalla est desservie par des bus. Voici quelques-unes des principales destinations :

Colombo ordinaire/climatisé 180/270 Rs, 6 heures

Galle 95 Rs, 2 heures

Matara 46 Rs, 1 heure 30-2 heures

Tissamaharama 80 Rs, 3 heures

Parc national de Bundala

Bien moins visité que le proche parc national de Yala (p. 124), le **parc national de Bundala** (adulte/enfant 10/5 $US, plus 250 Rs/véhicule, service 8 $US/groupe, TVA 12%) est un extraordinaire dédale de cours d'eau, de lagunes et de dunes qui scintillent au soleil couchant. Ce marais protégé de 62 km² est reconnu par la Convention de Ramsar sur les zones humides. Peuplé de milliers d'oiseaux colorés, des minuscules guêpiers aux becs-ouverts indiens, il en abrite quelque 150 espèces, dont beaucoup migrent de Sibérie et du Rann de Kutch (Inde) pour hiverner entre août et avril. Des flamants roses viennent aussi en hiver et on a recensé jusqu'à 2 000 individus à la fois ; ils délaissent parfois le parc une ou deux années. Si l'observation des oiseaux vous passionne, prévoyez un séjour prolongé à Bundala.

Le parc compte également une petite population d'éléphants facilement repérables (entre 25 et 60 individus selon la saison), ainsi que des civettes, des écureuils géants et de nombreux crocodiles. Entre octobre et janvier, quatre des cinq espèces de tortues marines du Sri Lanka (Ridley, verte, luth et caouanne) pondent leurs œufs sur le littoral.

Bundala s'étend sur près de 20 km le long de la côte entre Kirinda et Hambantota. La plupart des visiteurs viennent de Tissamaharama et Kirinda, où ils louent des jeeps ; les tarifs de location sont similaires à ceux de Yala (voir p. 124). Contrairement à Yala, Bundala est ouvert toute l'année. Un excellent centre des visiteurs se tient à l'entrée principale.

Il n'existe aucun hébergement à l'intérieur du parc et les visiteurs logent habituellement à Tissamaharama. Le **Lagoon Inn** (☎060-248 9531 ; lagooninn@yahoo.com ; ch 1 500-2 650 Rs), d'accueillantes chambres d'hôtes à la lisière du village de Weligathta (à mi-chemin entre Tissamaharama et Hambantota), constitue une excellente base pour explorer le parc, à 2 ou 3 km de l'entrée nord. Les chambres en étage donnent sur les marais, ce qui permet d'observer les oiseaux de sa fenêtre. Le propriétaire connaît bien les oiseaux et peut organiser des circuits dans le parc.

Tissamaharama

☎047

À Tissamaharama, souvent raccourci en Tissa, le regard se porte automatiquement sur le sommet de l'énorme dagoba blanc et sur la végétation luxuriante alentour. Cette nature préservée et les animaux qui la peuplent constituent la principale raison d'un séjour à Tissa, proche des parcs nationaux de Yala et de Bundala.

À voir

Tissa Wewa — LAC

Principal site de la ville et des alentours, le beau Tissa Wewa, un immense lac artificiel, se situe à 1,5 km du centre-ville. En soirée, des volées d'aigrettes se perchent dans les arbres autour du lac. D'agréables promenades en bateau sur le lac partent du parking de l'Independent Jeep Association ; n'hésitez pas à marchander.

Yatala Wehera — SITE RELIGIEUX

Près de la route Tissa-Deberawewa, le dagoba Yatala Wehera fut construit il y a 2 300 ans par le roi Mahanaaga en remerciement pour la naissance de son fils, Yatala Tissa, et pour avoir échappé à une tentative d'assassinat à Anuradhapura.

Un petit **musée** (entrée libre) avoisine le dagoba et ouvre à des heures variables. Il renferme une extraordinaire collection de trésors mis au jour autour du dagoba, dont un ancien bidet ouvragé, doté d'un système élaboré de filtrage de l'eau et décoré de visages affreux pour empêcher tout fantasme sexuel !

Lors de nos recherches, le musée était fermé pour rénovation, mais vous pourrez voir le bidet devant l'entrée principale.

Dagoba de Tissa — SITE RELIGIEUX

Le grand dagoba blanc restauré, entre le centre de Tissa et le *wewa*, aurait été construit par Kavantissa, un roi du royaume de Ruhunu, dont Tissamaharama était la capitale. Haut de 55,80 m, ce dagoba possède une circonférence de 165 m. Joliment éclairé en soirée, il aurait contenu une dent et un os frontal sacrés.

À côté du dagoba se dresse une **statue** de la reine Viharamahadevi. Selon la légende, elle fut abandonnée en mer par son père, le roi Devanampiya Tissa, en pénitence après qu'il eut tué un moine. Saine et sauve, la princesse accosta à Kirinda, à 10 km au sud de Tissa, et épousa Kavantissa. Leur fils, Dutugemunu, fut le héros cinghalais qui libéra Anuradhapura des envahisseurs indiens au IIe siècle av. J.-C.

À proximité se tiennent le dagoba Sandagiri Wehera, plus petit, et les vestiges d'un monastère qui daterait de 2 000 ans.

Circuits organisés

Tissa est de loin le meilleur endroit pour organiser des circuits dans les parcs nationaux de Yala et de Bundala. Presque tous les hôtels proposent des safaris et des jeep. Des opérateurs indépendants se regroupent dans le parking de l'Independent jeep Association, à la lisière du Tissa Wewa, et se précipitent pour proposer leurs services. Si la mêlée peut être déroutante, ils connaissent généralement très bien la faune et la flore et s'efforceront de combler vos attentes.

Les prix commencent à 4 500 Rs par jeep pour un safari d'une demi-journée jusqu'à 4 participants (plus les droits d'entrée au parc), mais descendent facilement à 4 000 Rs. Si vous souhaitez limiter les dépenses, n'engagez pas de guide en plus du chauffeur. En général, les chauffeurs repèrent bien les animaux, mais ils doivent se concentrer sur la route et n'apercevront pas tous les mouvements dans la végétation.

Vérifiez la jeep avant de vous engager ; évitez les véhicules rouillés et choisissez de préférence un modèle récent, avec des sièges surélevés, face à l'avant et découverts. Les jeeps avec des bancs face à face sur les côtés ne sont pas pratiques pour un safari. Un 4x4 n'est pas obligatoire (à moins de forte pluie), mais un véhicule avec une garde au sol élevée est indispensable. Les bons chauffeurs fournissent des jumelles.

Prévoyez de quitter votre hôtel vers 5h30 afin d'observer les animaux à l'aube et de revenir vers 10h. Vous pouvez également organiser un safari au crépuscule ou un circuit de deux jours dans des endroits peuplés d'animaux autour du parc.

Où se loger

Les hébergements les moins chers se regroupent dans le centre-ville, sans grand intérêt. Si votre budget le permet, préférez les hôtels de catégorie moyenne autour du Tissa Wewa. Quasiment tous possèdent un restaurant.

CENTRE-VILLE

Traveller's Home PENSION $
(☎2237958 ; www.yalasafarisrilanka.com ; ch 1000-5000 Rs ; ❄@🛜). Entourée de rizières, cette pension se situe près de Main Rd, à mi-chemin entre Tissa et Deberawewa. Propre, accueillante et d'un bon rapport qualité/prix, elle offre un grand choix de chambres, des moins chères avec ventilateur et eau froide aux quasiment luxueuses. Elle comprend un excellent restaurant,

HAMBANTOTA

Jusque récemment, Hambantota n'était qu'un petit port de pêche sans grand intérêt. Aujourd'hui, ce village jadis somnolent est le site du plus grand projet de construction jamais entrepris au Sri Lanka. Son élément principal est un port immense, qui sera – aux dires du gouvernement – le plus grand d'Asie du Sud.

Le port, construit par des promoteurs chinois et financé par un prêt du gouvernement chinois à hauteur de 1,4 milliard de dollars, a officiellement ouvert en 2010, mais il s'est heurté depuis à divers problèmes. Un énorme rocher au fond de l'eau a empêché l'accès au port (lors de nos recherches, le gouvernement sri lankais affirmait avoir retiré cet obstacle) et des ministres de l'opposition, ainsi que des observateurs étrangers comme le Port of London Authority, ont déclaré que le port était trop peu profond pour accueillir de gros navires.

Outre ce port, un nouvel aéroport international, assez vaste pour les plus grands avions de passagers, devrait bientôt ouvrir. Le gouvernement espère qu'il stimulera le développement économique de la région. Comme le port, l'aéroport a été vivement critiqué, et l'ensemble du projet relié à des intérêts personnels (Hambantota est la ville natale du président Rajapaksa). Les écologistes s'inquiètent des conséquences sur l'environnement. Si le gouvernement affirme que l'aéroport est conçu selon des normes écologiques, il redoute des effets néfastes pour le parc national de Bundala et d'autres secteurs marécageux.

Comme si les nouveaux port et aéroport ne suffisaient pas, Hambantota possède désormais un nouveau stade international de cricket et devrait bientôt disposer de nouvelles routes, de zones industrielles et d'un "village télé-cinéma". La ville sera également reliée à la ligne ferroviaire Colombo-Matara.

Inutile de préciser qu'avec tous ces travaux, Hambantota est actuellement un endroit très poussiéreux et bruyant, sans attrait pour les touristes.

Tissamaharama

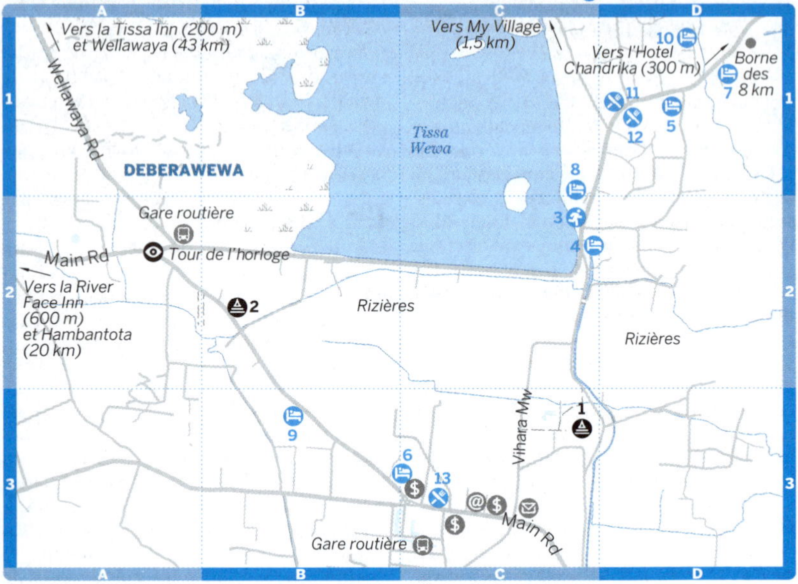

une exposition sur les safaris et des vélos gratuits pour les hôtes. Les safaris proposés sont un peu chers ; le propriétaire peut organiser des excursions de 2 jours avec camping près de Yala.

Hotel Tissa PENSION $

(☎2237104 ; Main Rd ; s 1250 Rs, d 2000-3000 Rs ; @). Dans cette jolie maison de ville fraîchement repeinte, vous serez quasiment adopté par la famille et découvrirez la vie sri lankaise. Les chambres sans prétention du bâtiment principal sont bien équipées et décorées d'objets en laiton. À l'arrière, une nouvelle aile abrite 3 chambres élégantes, d'un bon rapport qualité/prix.

TISSA WEWA

La plupart des hébergements se regroupent près du Tissa Wewa, à 1,5 km du centre-ville, facilement accessible en bus (15 Rs) ou en *túk-túk* (100 Rs).

My Village PENSION $$

(☎077 350 0090 ; www.myvillagelk.com ; Court Rd, Punchiakurugoda ; ch avec petit-déj 20-45 $US ; ❄📶). Des murs quelconques dissimulent cette ravissante pension, conçue par un designer local. Elle comprend 5 chambres, chacune légèrement différente. Deux possèdent des murs incurvés et de nombreuses fenêtres ; la chambre lune de miel, peinte en rouge et ornée de bois de cerf, comporte

Tissamaharama

À voir

Sandagiri Wehera.........................(voir 1)
1 Tissa Dagoba C3
2 Yatala Wehera B2

Circuits organisés

3 Independant Jeep Association........... C2

Où se loger

4 Hotel Lake Side Tourist Inn C2
5 Hotel Sun Sinda.....................................D1
6 Hotel Tissa C3
7 Priyankara Hotel D1
8 The Safari C1
9 Traveller's Home................................... B3
10 Vikum Lodge..D1

Où se restaurer

11 New Cabanas Restaurant D1
12 Refresh Hotel...D1
13 Royal Restaurant................................... C3

curieusement des lits jumeaux. Le petit-déjeuner est servi dans un joli café. Vélos à disposition gratuitement. Du centre-ville, la course en *túk-túk* revient à 150 Rs.

The Safari HÔTEL DE LUXE $$$

(☎567 7620 ; www.ceylonhotels.lk ; Kataragama Rd ; s/d avec petit-déj à partir de 144/155 $US ;

). Grâce à des fonds privés, cette ancienne *rest house* gouvernementale est devenue l'hébergement le plus chic de Tissa. De la musique classique flotte dans l'air tropical humide, une superbe piscine longe la rive du lac et les chambres offrent le luxe habituel de la classe affaires.

Vikum Lodge PENSION $

(071 464 7254 ; vikumlodge@gmail.com ; près Kataragama Rd ; ch sans clim 1 800 Rs, s/d avec clim 2 000/2 500 Rs ;). Cachée au bout d'une ruelle boueuse dans un endroit paisible, cette pension fleurie est un joyau. Les chambres, parfaitement tenues et toutes avec sdb, sont entourées d'un jardin splendide. Le petit restaurant sert des plats chinois et sri lankais (300-500 Rs).

Hibiscus Garden Hotel BUNGALOWS $$

(223 9652 ; www.hibiscus-garden.com ; près de Kataragama Rd ; s/d avec petit-déj 5 600/6 600 Rs ;). Ce nouvel hôtel dispose de chambres agréables dans des bungalows indépendants et d'une piscine plaisante. Il aura plus de charme quand le jardin sera parvenu à maturité, mais les marais et les étangs alentour sont parfaits pour observer les oiseaux. Il se situe vers la pointe nord-est du lac ; dirigez-vous vers l'Hotel Chandrika puis suivez les panneaux vers la gauche.

Hotel Sun Sinda HÔTEL $$

(223 9078 ; Kataragama Rd ; s/d avec petit-déj 4 300/5 400 Rs ;). Des vasques remplies de pétales de fleur flottant sur l'eau et des bassins peuplés de poissons tropicaux vous accueillent à l'entrée. Les chambres spacieuses et confortables et la piscine attrayante en font une adresse correcte, bien que des lecteurs se soient plaints de climatiseurs défectueux et de la saleté de la piscine (elle semblait propre lors de notre visite).

Priyankara Hotel HÔTEL $$$

(223 7206 ; www.priyankarahotel.com ; Kataragama Rd ; s/d avec petit-déj 110/120 $US ;). Les chambres de style colonial, avec de hauts plafonds en bois, des ventilateurs, des meubles en bois dur et des sdb modernes, donnent sur la belle piscine, des rizières et des étangs peuplés de canards. Depuis qu'il a augmenté ses prix, l'hôtel est devenu bien trop cher.

Hotel Lake Side Tourist Inn HÔTEL $$

(493 1186 ; Tissawewa Rd ; s sans/avec clim 3 500/4 000 Rs, d 4 000/4 500 Rs ;). Accueillant surtout des groupes, cet hôtel un peu morne et vétuste constitue une bonne alternative si vous préférez éviter les repaires de routards du centre-ville sans avoir les moyens de vous offrir un hôtel haut de gamme.

Peacock Reach Hotel PENSION $$

(223 9095 ; peacockreach@sltnet.lk ; Kataragama Rd ; s/d 3 000/3 500 Rs ;). Cette nouvelle pension, à courte distance à l'est de la grand-route, ressemble aux maisons prétentieuses des *telenovelas* espagnoles ou sud-américaines. Si ce style vous convient, vous apprécierez l'emplacement paisible et les prix raisonnables.

Hotel Chandrika HÔTEL $$

(223 7143 ; www.chandrikahotel.com ; Kataragama Rd ; s/lits jum 74/80 $US ;). Un peu clinquant et très prisé des groupes, le Chandrika possède des chambres confortables et banales, aménagées autour d'une cour bordée de palmiers et d'une belle piscine. Le personnel, sympathique, se montre très attentif. Le restaurant sert un délicieux curry, à savourer en écoutant les tubes des années 1980.

DEBERAWEWA

River Face Inn PENSION $

(077 389 0229 ; asamarasooriya@yahoo.com ; près Hambantota Rd ; ch 1 500 Rs). Lors de nos recherches, cette pension était en cours d'aménagements prometteurs. Dans un endroit paisible qui surplombe la rivière, elle compte 4 belles chambres carrelées. Le propriétaire mitonne des repas corrects.

Tissa Inn HÔTEL $$

(223 7233 ; www.tissainn.com ; Wellawaya Rd ; s/d 2 350/3 000 Rs ;). À 1,5 km de la tour de l'horloge de Deberawewa, ce vieil hôtel un peu défraîchi est plein de charme. Visitez plusieurs des chambres hautes de plafond, car la qualité varie. Toutes sont d'une propreté irréprochable, avec draps amidonnés et ventilateurs.

Où se restaurer

Royal Restaurant SRI LANKAIS $$

(Main St ; plats 200-300 Rs). L'accueil est tout aussi royal que la cuisine. Les familles locales y viennent en nombre pour se régaler de savoureux curries à petits prix.

New Cabanas Restaurant SRI LANKAIS $$

(Kataragama Rd ; plats 300-650 Rs). Ce restaurant ouvert sur les côtés, propose un riz-curry à prix raisonnable (650 Rs).

Refresh Hotel INTERNATIONAL $$$

(Kataragama Rd ; plats 800-1 000 Rs ; 11h-22h). Tous les touristes semblent fréquenter ce restaurant de style occidental, l'un des rares du quartier. La cuisine, adaptée aux goûts occidentaux, est fade et bien trop chère.

Renseignements

Presque tous les services, dont une poste, se regroupent dans Main Rd, où vous trouverez la **Hatton National Bank**, la **Commercial Bank** et la **Peoples Bank**, toutes dotées de DAB internationaux. Les boutiques sont peu nombreuses. **High Speed Internet** (Main Rd ; 50 Rs/h ; ⌚7h30-22h) offre des connexions moins rapides qu'annoncé.

Depuis/vers Tissamaharama

Quelques bus rejoignent directement la région montagneuse ; à défaut, vous devrez changer au carrefour de Wirawila (19 Rs, 30 min) et/ou à Wellawaya (80 Rs). Aucun bus ne rallie le parc national de Yala. Autres destinations desservies à partir de Tissa :

Colombo ordinaire/climatisé 250/380 Rs, 9 heures

Galle 130/210 Rs, 4 heures

Kataragama 28 Rs, 1 heure

Tangalla 75 Rs, 2 heures

Environs de Tissamaharama

RÉSERVE ORNITHOLOGIQUE DE WIRAWILA WEWA

Entre les embranchements nord et sud vers Tissa, la route Hambantota-Wellawaya traverse le vaste Wirawila Wewa. Cette grande étendue d'eau constitue la réserve ornithologique de Wirawila Wewa. Le début de la matinée est le moment le plus propice à l'observation des oiseaux.

KIRINDA

☎047

Le village de Kirinda se situe à 10 km au sud de Tissa. Ses ruelles sablonneuses et ses bâtiments branlants cèdent la place à une série de plages désertes (des courants et des vagues cassantes rendent la baignade dangereuse), idéales pour une longue promenade en soirée. Dans l'autre direction, des bois enchevêtrés et des prairies desséchées se fondent dans les parcs nationaux. Le village est construit autour d'un sanctuaire bouddhique, perché sur d'énormes rochers arrondis. Au large, on aperçoit les récifs de **Great Basses** battus par les vagues et leur phare solitaire. La plongée sur ces récifs est classée parmi les meilleures du pays, mais elle est réservée aux plongeurs expérimentés ; les conditions sont souvent mauvaises et les courants puissants. Très courte, la période propice dure seulement de mi-mars à mi-avril. Pour plus d'informations sur la plongée aux Basses (et ailleurs), consultez le site www.divesrilanka.com. Tous les hébergements de Kirinda peuvent organiser des safaris dans les parcs nationaux.

Où se loger et se restaurer

Suduweli PENSION $$

(☎072 263 1059 ; www.beauties-of-nature.net ; lits jum 1 000-1 500 Rs, sans sdb 500 Rs, bungalows 2 000-2 500 Rs ; @). Dans une ancienne ferme un peu à l'écart du village, cette pension paradisiaque offre des chambres sommaires et propres dans la maison principale et quelques bungalows confortables de style chalet dans le jardin paisible. Un petit lac attire des nuées d'oiseaux multicolores, des grenouilles, des lézards et… des moustiques.

Temple Flower Guesthouse PENSION $

(☎492 2499 ; templeflowerguest@yahoo.com ; ch 1 500-3 000 Rs). Dans cette charmante pension, plusieurs chambres soignées partagent une superbe véranda verte de style colonial. À l'étage, des chambres bénéficient d'une douche encastrée, d'autres de la vue sur la mer et d'autres encore de murs en pierres apparentes. La cuisine est délicieuse et un vrai café filtre accompagne l'excellent petit-déjeuner. Le sympathique propriétaire est d'une gentillesse infinie.

Elephant Reach LODGE $$$

(☎567 7544 ; www.elephantreach.com ; s/d à partir de 125/150 $US ; ❄ 📶 🏊). Établissement haut de gamme à la lisière du village, il comprend de beaux espaces communs ornés de meubles en bois noueux. Les chambres, parfaitement agencées, comportent une douche immense, des sols en pierre, des rideaux de chanvre et, pour certaines, une TV et un lecteur DVD. À l'extérieur, une jolie piscine serpente dans le jardin. Si l'on vous propose une chambre en étage à l'arrière du bâtiment, choisissez un autre hôtel.

Depuis/vers Kirinda

Un bus relie Tissa et Kirinda environ toutes les 30 min (20 Rs). Comptez 500 Rs en *túk-túk*.

Parc national de Yala

Singes sautant d'un arbre à l'autre, paons déployant leurs queues majestueuses et léopards se faufilant à travers les fourrés, le parc national de Yala (également appelé

Ruhunu) est *Le Livre de la jungle* incarné. Cette vaste étendue de forêts sèches et d'herbages constitue la principale attraction de cette partie du pays et mérite amplement qu'on lui consacre le temps, l'effort et le coût d'un safari.

À voir

Yala comprend une réserve naturelle et un parc national, couvrant une superficie totale de 1 268 km² de broussailles, de forêts clairsemées, de plaines herbeuses et de lagunes saumâtres. Il est divisé en cinq blocks (sections), dont le plus visité est le Block I (141 km²). Également appelé Yala West, il s'agissait à l'origine d'une réserve de chasse, transformée en sanctuaire en 1938.

Avec quelque 25 léopards estimés dans le Block I, Yala est considéré comme l'un des meilleurs parcs au monde pour observer ces félins. La sous-espèce *Panthera pardus kotiya,* que vous apercevrez peut-être, est endémique au Sri Lanka. La période la plus favorable pour voir des léopards s'étend de février à juin ou juillet, quand le niveau de l'eau est bas. Bien que le parc abrite environ 300 éléphants, ceux-ci ont tendance à rester éloignés des secteurs les plus visitées et se montrent rarement. Avec un peu de chance, vous verrez des ours paresseux ou quelques chacals. Sambars, cerfs mouchetés, ours, crocodiles, buffles, mangoustes et singes se comptent par centaines.

Environ 215 espèces d'oiseaux ont été recensées à Yala, dont beaucoup migrent du nord en hiver tels la guifette leucoptère, le courlis et le canard pilet. Parmi les espèces endémiques figurent la poule sauvage, le calao, l'oriole et le paon.

Malgré l'abondance de la faune, la forêt rend difficile l'observation des animaux. On les aperçoit plus facilement dans les petites clairières et près des nombreux points d'eau. La fin de la saison sèche (mars-avril) est la meilleure période pour visiter le parc ; durant et juste après la saison des pluies, les animaux se dispersent sur une vaste étendue.

Dans le parc subsistent les vestiges d'une communauté humaine jadis prospère. Un monastère, le **Situlpahuwa**, aurait compté 12 000 habitants. Aujourd'hui restauré, c'est un important lieu de pèlerinage. Un *vihara* (ensemble architectural bouddhique) du Ier siècle av. J.-C., le **Magul Maha Vihara**, et un *chetiya* (sanctuaire bouddhique) du IIe siècle av. J.-C., l'**Akasa Chetiya**, témoignent de la présence d'un village bien établi, qui aurait fait partie de l'ancien royaume de Ruhunu.

Yala est un parc très apprécié, peut-être trop, et un contrôle quasi inexistant du nombre de véhicules le transforme en cirque en périodes de pointe. Afin de satisfaire leurs clients, les chauffeurs de

LA LONGUE MARCHE JUSQU'À KATARAGAMA

Quarante-cinq jours avant le début de la fête annuelle de Kataragama lors de l'Esala *poya* (pleine lune), des fidèles entament la traversée à pied du Sri Lanka sur toute sa longueur pour le pèlerinage de Pada Yatra. Ils recherchent l'accomplissement spirituel en suivant les pas du dieu Kataragama (ou Murugan) et des Vedda, peuple indigène, qui furent les premiers pèlerins à suivre cet itinéraire.

Le trajet suit la côte est à partir de la péninsule de Jaffna jusqu'à Kataragama, via Trincomalee, Batticaloa, Okanda et le parc national de Yala. Au cours de ce périple ardu, les pèlerins doivent compter sur l'hospitalité des villageois et des temples. Durant les récentes années de guerre, les risques étaient trop grands et la marche a parfois été écourtée.

Les pèlerins arrivent à temps pour participer à la fête. Sur fond de défilé d'éléphants et de roulements de tambours, les croyants font des vœux, demandent des faveurs et prouvent leur sincérité par des pénitences et des mortifications spectaculaires : certains se suspendent par des crochets qui leur transpercent la peau, d'autres se roulent à moitié nus dans des sables brûlants près du temple. Quelques-uns marchent sur des braises incandescentes, ou "foulent les fleurs" selon la métaphore. Ces derniers commencent par jeûner, méditer et prier avant de se purifier dans le Menik Ganga, puis prient encore au Maha Devale. Soutenus par leur foi et encouragés par la foule, ils s'élancent ensuite sur le chemin ardent. La fête se termine officiellement par la cérémonie de l'eau dans le Menik Ganga, censée apporter la pluie pour les récoltes.

safari sillonnent le parc et pourchassent les malheureux léopards ou éléphants qui ont eu l'imprudence de se montrer jusqu'à ce que les voitures ne puissent plus avancer. Fin 2011, les autorités du parc ont découvert le corps d'un léopard, sans doute écrasé par une jeep.

Dans l'intérêt des animaux, demandez à votre chauffeur de ne pas engager une course poursuite si l'animal s'éloigne.

Où se loger

Si la majeure partie du parc a été épargnée par le tsunami de 2004, deux complexes hôteliers proches du rivage ont été détruits ; un mémorial aux 49 victimes se dresse sur la plage près des décombres d'un des hôtels. Actuellement, aucun hébergement n'est installé dans le parc.

Chaaya Wild Yala LODGE **$$$**
(047-223 9449 ; www.chaayahotels.com ; s/d pension complète 264/298 $US ;). Juste avant l'entrée, le Chaaya Wild Yala offre un luxueux hébergement de brousse. Les chambres, aménagées dans des bungalows individuels, comprennent TV sat, réfrigérateur et couvre-lits ornés d'éléphants. Des pachydermes traversent souvent le domaine la nuit et leurs pas pesants risquent de troubler votre sommeil. Le lodge fonctionne à l'énergie solaire, recycle une partie des eaux usées et participe au reboisement.

Renseignements

Les droits d'entrée au **parc national de Yala** (adulte/enfant 15/8 $US, jeep et pisteur 250 Rs, service 8 $US/groupe, plus 12% de taxe ; 6h-18h30 16 oct-31 août) se paient au bureau principal proche de l'entrée, à 21 km de Tissa. Le bureau présente quelques animaux conservés dans le formol ou naturalisés. La route de Tissa est mauvaise, mais praticable avec un véhicule à garde au sol élevée. Un safari constitue pratiquement le seul moyen de visiter le parc (voir p. 121).

Kataragama

047

Niché dans les contreforts montagneux à 15 km au nord-est de Tissa, Kataragama offre un mélange fascinant de ferveur, de pompe et d'extravagance religieuse. Site de pèlerinage le plus important du pays avec l'Adam's Peak (Sri Pada), cette ville est sacrée pour les bouddhistes, les musulmans et les hindous. C'est l'un de ces endroits merveilleux où les légendes les plus extraordinaires deviennent réalité et où la magie

Kataragama

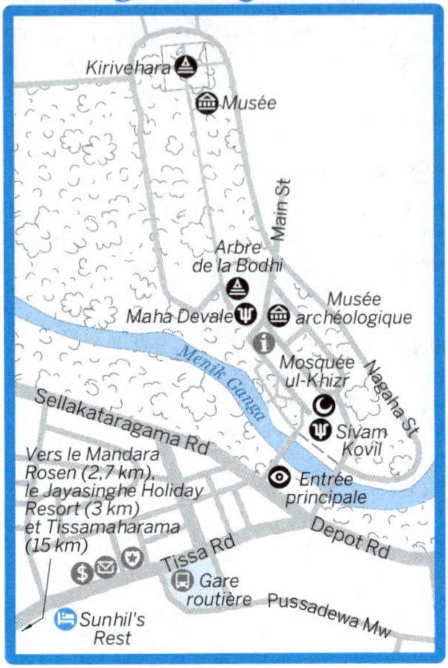

flotte dans des nuages d'encens. Selon une croyance bien établie, le roi Dutugemunu construisit ici un sanctuaire dédié à Kataragama Deviyo (le dieu résident) au IIe siècle av. J.-C., et le dagoba bouddhique Kirivehera date du Ier siècle av. J.-C. Cependant l'importance du site semble bien plus ancienne.

En juillet et août, la **fête de Kataragama**, essentiellement hindoue, attire des milliers de dévots qui effectuent un pèlerinage de deux semaines (voir l'encadré p. 125). Le reste de l'année, la ville s'anime le week-end et les jours de *poya* ; il devient alors difficile de trouver un hébergement. Les autres jours, Kataragama ressemble à une ville fantôme. Si vous séjournez à Tissamaharama, vous pourrez la visiter dans la journée.

À voir

Le quartier sacré se situe sur la rive opposée de la Menik Ganga, une rivière couleur chocolat dans laquelle les pèlerins se lavent avant de rejoindre les sanctuaires. Le **Maha Devale**, le sanctuaire le plus important, renferme la lance de Murugan (Skanda), le dieu hindou de la Guerre à six visages et douze bras, identifié au Kataragama Deviyo. Les fidèles apportent des offrandes lors des *puja* quotidiennes, à 4h30 (sauf le samedi), 10h30 et 18h30. À l'extérieur, des pèlerins cassent des noix de coco en feu contre deux gros rochers en murmurant une prière. Le **Kirivehara** et le **Sivam Kovil** sont respectivement dédiés au Bouddha et à Ganesh (le dieu qui élimine les obstacles et protège les intellectuels) ; un **arbre de la Bodhi** se dresse à proximité.

Le quartier musulman, proche de l'entrée, abrite la superbe **mosquée ul-Khizr**, ornée de céramiques colorées et de linteaux en bois, ainsi que les tombeaux de deux saints.

Outre les sanctuaires, le complexe religieux comprend un **musée archéologique** (don à l'entrée ; ⌚10h30-12h30 et 18h30-21h), qui possède une collection d'objets religieux hindous et bouddhiques, ainsi que d'immenses reproductions en fibre de verre de statues de tout le pays ; lors de nos recherches, ce musée était temporairement fermé. Un autre petit **musée** contient des statues bouddhiques.

Où se loger et se restaurer

Les hôtels de Kataragama sont médiocres et chers. Mieux vaut loger à Tissa et venir pour la journée.

Mandara Rosen HÔTEL D'AFFAIRES **$$$**
(☎223 6030 ; www.mandararesorts.com ; Tissa Rd ; s/d avec petit-déj 103/130 $US ; ❄📶🏊). Hôtel le plus chic de la ville, le Rosen a été construit pour des hommes d'affaires qui ne sont jamais venus. La qualité des chambres correspond au prix, mais le principal atout de l'hôtel reste sa piscine, équipée d'une sono subaquatique.

Sunhil's Rest CHAMBRES D'HÔTES **$$**
(☎567 7172 ; 61 New Town ; ch avec/sans clim 2 800/1 800 Rs ; ❄). À la lisière de la ville, cet endroit plaisant propose des chambres aux couleurs vives, toutes avec sdb. Il se trouve à quelques minutes de marche de la gare routière en suivant la route de Tissa.

Jayasinghe Holiday Resort COMPLEXE HÔTELIER **$$**
(☎223 5146 ; Tissa Rd ; s/d avec petit-déj 4 290/5 060 Rs ; ❄🏊). Une ambiance déprimante règne dans cet établissement, à 3 km du centre-ville. Néanmoins, si vous souhaitez passer la nuit à Kataragama, il offre un rapport qualité/prix correct. Les grenouilles adorent la piscine.

Renseignements

Kataragama compte une **Bank of Ceylon** (Tissa Rd) avec un DAB, et une **poste** (Tissa Rd). Le bureau d'information de l'ensemble religieux ne vous sera pas d'une grande aide.

Depuis/vers Kataragama

Des bus fréquents desservent Tissamaharama (28 Rs, 1 heure).

La région montagneuse

Dans ce chapitre »

Le top des restaurants

» The Old Course Restaurant (p. 158)
» Sharon Inn (p. 140)
» Cafe Chill (Nescoffee Shop ; p. 168)

Le top des hébergements

» Lavender House (p. 152)
» The Kandy House (p. 145)
» Royal River Resort (p. 151)
» Waterfall Homestay (p. 168)
» Tea Trails (encadré p. 150)

Pourquoi y aller

Synonyme pour beaucoup de plages de sable doré, le Sri Lanka présente un tout autre aspect dans la région montagneuse. La brume se disperse lentement pour révéler le vert émeraude des plantations de thé et des forêts alpestres, accrochées à des chaînes dentelées et jalonnées de cascades. Dans cette région, vous pouvez marcher jusqu'au point de vue de World's End, suivre les pas du Bouddha, descendre en rafting une rivière turbulente, écouter un tambour rythmer une danse traditionnelle et vous retrouver parmi une centaine d'éléphants sauvages. Après une chaude journée, vous vous blottirez avec plaisir auprès d'un feu de bois en soirée.

Avec autant d'atouts, il n'est guère surprenant que nombre de visiteurs gardent un souvenir ému d'un séjour dans les hauts plateaux vallonnés de l'île.

Quand partir

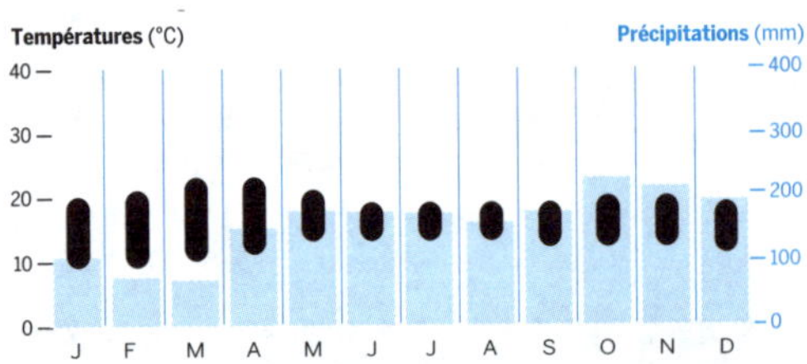

Janvier
Ciel dégagé dans la journée, nuits fraîches et le pèlerinage à Adam's Peak.

Avril
Calme d'ordinaire, Nuwara Eliya accueille une foule de visiteurs lors du Nouvel An cinghalais et de la course hippique de la Governor's cup.

Juillet-août
Les éléphants portent leurs plus beaux atours pour la spectaculaire Esala Perahera de Kandy.

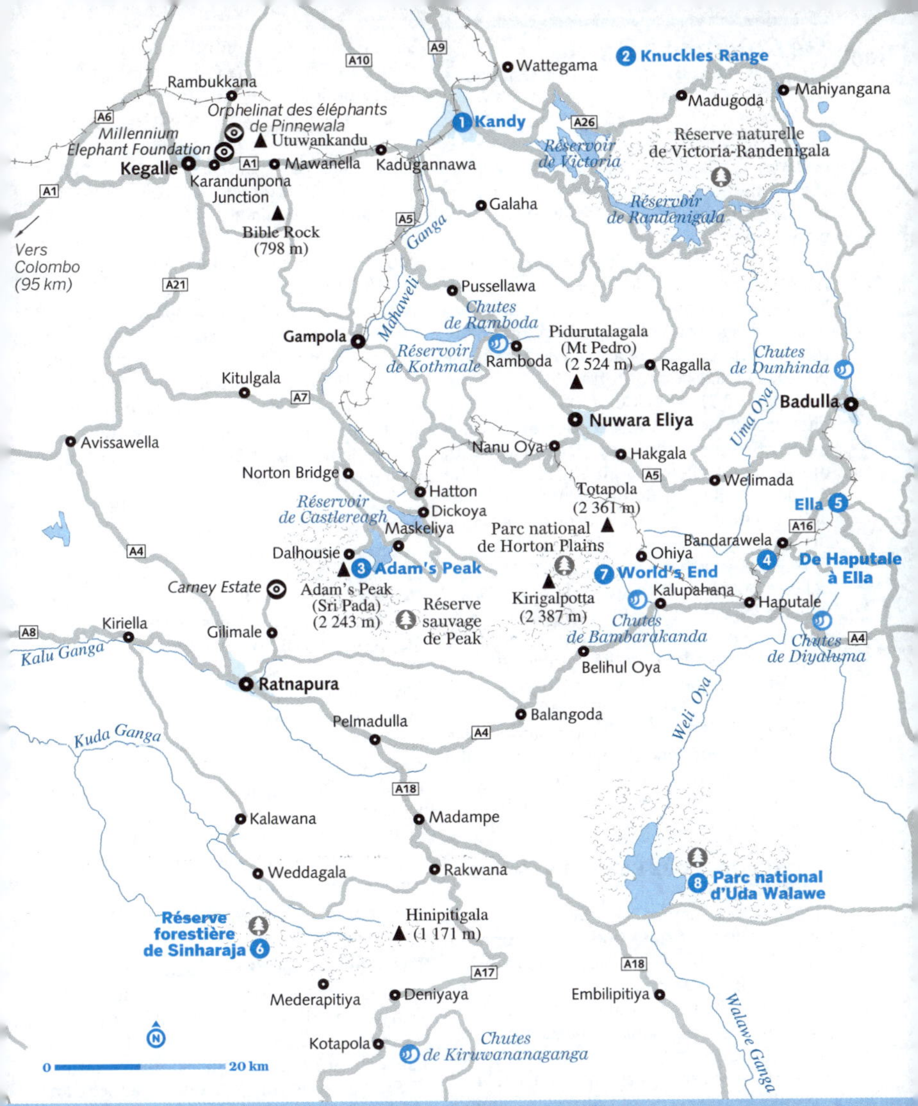

À ne pas manquer

1 La parade des éléphants, les tambours et les danseurs lors de l'**Esala Perahera de Kandy** (p. 137)

2 Une randonnée en altitude dans les forêts du **Knuckles Range** (p. 147), loin des villes bruyantes

3 L'ascension de l'**Adam's Peak** (Sri Pada ; p. 148) à la lueur des torches en compagnie des pèlerins

4 Le lent trajet dans un train brinquebalant aux côtés de cueilleurs de thé tamouls entre **Haputale** et **Ella** (p. 165)

5 Quelques jours de détente à **Ella** (p. 166), réputée pour son excellente cuisine et de splendides randonnées

6 L'observation des oiseaux dans la végétation luxuriante de la **réserve forestière de Sinharaja** (p. 174)

7 Un lever avant l'aube pour une vue fabuleuse des hauteurs de **World's End** (p. 160)

8 La découverte de dizaines d'éléphants dans le **parc national d'Uda Walawe** (p. 173)

De Colombo à Kandy

Le **jardin botanique de Henerathgoda** se situe à proximité de Gampaha, à 30 km au nord-ouest de Colombo près de la route Colombo-Kandy. Les premiers hévéas cultivés en Asie furent plantés dans ce jardin de 18 ha, où subsistent quelques plants d'origine aux côtés de 400 autres espèces de plantes.

À 50 km de Kandy, **Cadjugama** est réputé pour ses noix de cajou. Des vendeurs en tenues chatoyantes proposent aux automobilistes des noix récoltées dans la forêt alentour. Au Km 48, **Radawaduwa** est renommé pour les articles en rotin tressé.

Kegalle, à 77 km de Colombo, est la ville la plus proche de l'**orphelinat des éléphants de Pinnewala**. Non loin, **Utuwankandu**, une colline rocheuse, était au XIXe siècle le fief de Saradiel, un Robin des Bois local qui détroussait les voyageurs jusqu'à ce que les Britanniques l'exécutent.

À **Kadugannawa**, juste après les plus belles montées par la route ou le rail – avec la vue sur le grand Bible Rock au sud-ouest –, une haute colonne commémore le capitaine Dawson, l'ingénieur anglais qui construisit la route Colombo-Kandy en 1826.

Cadjugama, Kegalle et Kadugannawa longent l'A1 et sont facilement accessibles par les bus qui relient Colombo et Kandy. Prenez un train pour rejoindre Kadugannawa et le jardin botanique de Henerathgoda, à Gampaha.

ORPHELINAT DES ÉLÉPHANTS DE PINNEWALA

Rien au Sri Lanka ne divise plus nos lecteurs que cet **orphelinat des éléphants** (adulte/enfant 2 000/1 000 Rs, caméra 1 500 Rs ; ⏲8h30-18h), proche de Kegalle et géré par le gouvernement. Initialement créé pour protéger les éléphants abandonnés ou orphelins, c'est l'un des sites les plus populaires du pays, mais certains pensent qu'il a oublié ses objectifs initiaux et ressemble plutôt à un zoo. Si des visiteurs apprécient l'endroit et l'occasion d'approcher des éléphants, d'autres le jugent sans intérêt pour leur protection. Quel que soit votre avis, nulle part ailleurs sur l'île, sauf lors des *perahera* (processions), vous ne verrez autant de pachydermes d'aussi près.

L'orphelinat abrite environ 80 éléphants de tous âges. S'ils sont bien traités, l'organisation britannique Born Free Foundation (www.bornfree.org.uk) déplore les nombreux contacts des animaux avec le public et l'utilisation de l'orphelinat pour la reproduction, contraire à son statut. Consultez le site de la fondation pour forger votre opinion.

Les éléphants sont soignés par leurs cornacs (*mahout*), qui veillent à ce qu'ils soient nourris à des heures régulières et qu'ils ne provoquent pas d'accident. Les animaux se déplacent librement dans la réserve et sont conduits tous les jours à une rivière proche pour le bain, de 10h à 12h et de 14h à 16h ; les repas ont lieu à 9h15, 13h15 et 17h. Pour 250 Rs, vous pouvez donner le biberon à un éléphanteau (tenez compte de la remarque ci-dessus à propos du contact avec le public). La lumière de l'après-midi est idéale pour les photos, mais les visiteurs sont aussi plus nombreux. Après de fortes pluies, le bain peut être annulé si la rivière est trop haute.

À 2 km de Pinnewala sur la route Karandupona-Kandy, la **Millennium Elephant Foundation** (www.millenniumelephantfoundation.org ; 600 Rs, promenade à dos d'éléphant 3 000 Rs/30 min ; ⏲8h-17h) ressemble à l'orphelinat avec quelques différences. Les éléphants qu'elle abrite ont été sauvés de situations diverses, depuis la maltraitance d'un cornac jusqu'à leur retraite après avoir travaillé dans un temple. La fondation accueille volontiers des bénévoles et finance un service vétérinaire itinérant. Le bénévolat dure au moins 1 mois (150 000 Rs, hébergement et repas compris).

Plusieurs **fermes d'épices** ouvertes aux visiteurs longent la route entre la Millenium Elephant Foundation et Pinnewala. Le zoo de Colombo déménage progressivement aux alentours de Pinnewala.

Où se loger et se restaurer

La plupart des visiteurs viennent pour la journée à Pinnewala. Quelques pensions correctes permettent d'y passer la nuit s'il est trop tard pour continuer jusqu'à Kandy.

Si vous vous contentez de déjeuner dans les deux hôtels ci-dessous, vous devrez payer l'entrée de l'orphelinat (même s'ils ne sont pas à l'intérieur). Si vous y séjournez, vous pourrez voir gratuitement les éléphants gambader dans la rivière à midi, mais vous devrez payer pour entrer dans l'orphelinat.

Hotel Elephant Park HÔTEL **$$**
(☎035-226 6171 ; www.pinnalanda.com ; s/d avec petit-déj 5 100/5 450 Rs ; ❄). Plusieurs chambres élégantes et carrelées, dont certaines avec vue sur le bain des éléphants. Le restaurant propose un grand choix de plats sri lankais et occidentaux trop chers.

Hotel Pinnalanda HÔTEL $$
(☎035-226 5297 ; www.pinnalanda.com ; s/d avec petit-déj 3 500/4 200 Rs ; ❄). Juste en face de l'Elephant Park et dirigé par la même équipe, il offre une vue un peu meilleure sur la rivière, mais des chambres plus sombres et mornes.

Depuis/vers Pinnewala

L'orphelinat se situe à quelques kilomètres au nord de la route Colombo-Kandy. De Kandy, prenez un bus à destination de Kegalle et descendez à Karandunpona Junction (1 heure, 45 Rs) ; empruntez ensuite le bus n°881 (10 min, 20 Rs) Kegalle-Rambukkana jusqu'à Pinnewala. Un *túk-túk* du carrefour à Pinnewala revient à 300 Rs. Des bus relient également Colombo et Kegalle.

La gare ferroviaire de Rambukkana, sur la ligne Colombo-Kandy, se trouve à 3 km au nord de l'orphelinat ; tous les trains circulant sur cette ligne s'y arrêtent. De Rambukkana, prenez un bus (10 Rs) en direction de Kegalle.

Kandy

☎081 / 112 000 HABITANTS / ALTITUDE 500 M

Certains jours, le ciel de Kandy reste obstinément couvert et la brume s'accroche aux collines qui entoure le lac superbe, cœur de la cité. Quand les brises dispersent le brouillard apparaissent de pittoresques maisons et hôtels nichés parmi les bois. Dans le centre-ville, des *túk-túk* vacillent en négociant des virages serrés, éclaboussant les passantes en saris chatoyants. Même sous la pluie, Kandy conserve son charme.

Lorsque cesse l'averse, le ciel bleu cobalt illumine l'autre "vraie" ville du pays après Colombo où la lumière est plus crue. Les marchés de rue, les gares routières et les restaurants animés contribuent à l'effervescence urbaine. À 500 m d'altitude et à 115 km de la capitale, Kandy, chargée d'histoire et de culture, offre une ambiance plus détendue et un climat plus frais.

Elle fut la capitale du dernier royaume cinghalais, qui tomba aux mains des Britanniques en 1815 après avoir résisté trois siècles aux Portugais et aux Hollandais. Il s'écoula encore seize années difficiles avant que les Britanniques puissent construire une route entre Kandy et Colombo. Les habitants se considèrent toujours comme un peu différents – voire légèrement supérieurs – des Sri Lankais qui vivent plus près du littoral.

Kandy est renommée pour sa fabuleuse Esala Perahera (voir l'encadré p. 137), qui se déroule pendant les 10 jours précédant la Nikini *poya* (pleine lune du mois d'août), à la fin du mois d'Esala (juillet-août). Ses nombreux sites justifient néanmoins une visite à tout moment de l'année. Certains des plus beaux hôtels de la région se nichent dans les collines alentour et la ville constitue une bonne base pour explorer le massif montagneux du Knuckles Range.

L'*A-Z Street Guide,* disponible à la librairie Vijitha Yapa, comprend une carte détaillée. Celles de l'office du tourisme sont plus rudimentaires.

À voir

Lac de Kandy LAC
Dominant la ville, le lac de Kandy fut créé en 1807 par Sri Wickrama Rajasinha, le dernier souverain du royaume de Kandy. Plusieurs chefs locaux protestèrent car leurs sujets refusaient de participer aux travaux ; afin de mettre un terme à la contestation, ils furent empalés au fond du lac. L'île centrale abritait le harem royal. Plus tard, les Britanniques en firent une poudrière et ajoutèrent le parapet qui entoure le lac. Sur la rive sud, devant le Malwatte Maha Vihara, l'enceinte circulaire entoure le bain des moines.

Flâner autour du lac, avec quelques haltes sur les bancs, constitue une agréable promenade de quelques heures, malgré la fumée polluante des bus à la lisière sud. Le secteur autour du temple de la Dent est le plus plaisant. Consultez l'avertissement pour les femmes seules (p. 305).

Temple de la Dent TEMPLE
(Sri Dalada Maligawa ; adulte/enfant 1 000 Rs/gratuit, caméra 300 Rs ; ⏲5h30-20h, puja 5h30-6h45, 9h30-11h et 18h30-20h). Au nord du lac, ce temple renferme la plus importante relique bouddhique du pays : une dent du Bouddha. L'édifice fut endommagé par une bombe posée près de l'entrée principale par le LTTE en 1998. Les dégâts ont été réparés, mais la sécurité reste stricte et tous les visiteurs sont fouillés.

Des guides indépendants proposent leurs services pour 500 Rs et des audioguides gratuits sont disponibles à la billetterie. Un ascenseur facilite l'accès aux handicapés.

Fidèles et touristes viennent nombreux, avec moins de touristes le matin. Portez des vêtements qui couvrent épaules et jambes et ôtez vos chaussures.

Pendant les *puja* (prières ou offrandes), la salle de la Dent, fortement gardée, est ouverte à tous les visiteurs. Vous ne verrez pas la dent, conservée dans un reliquaire

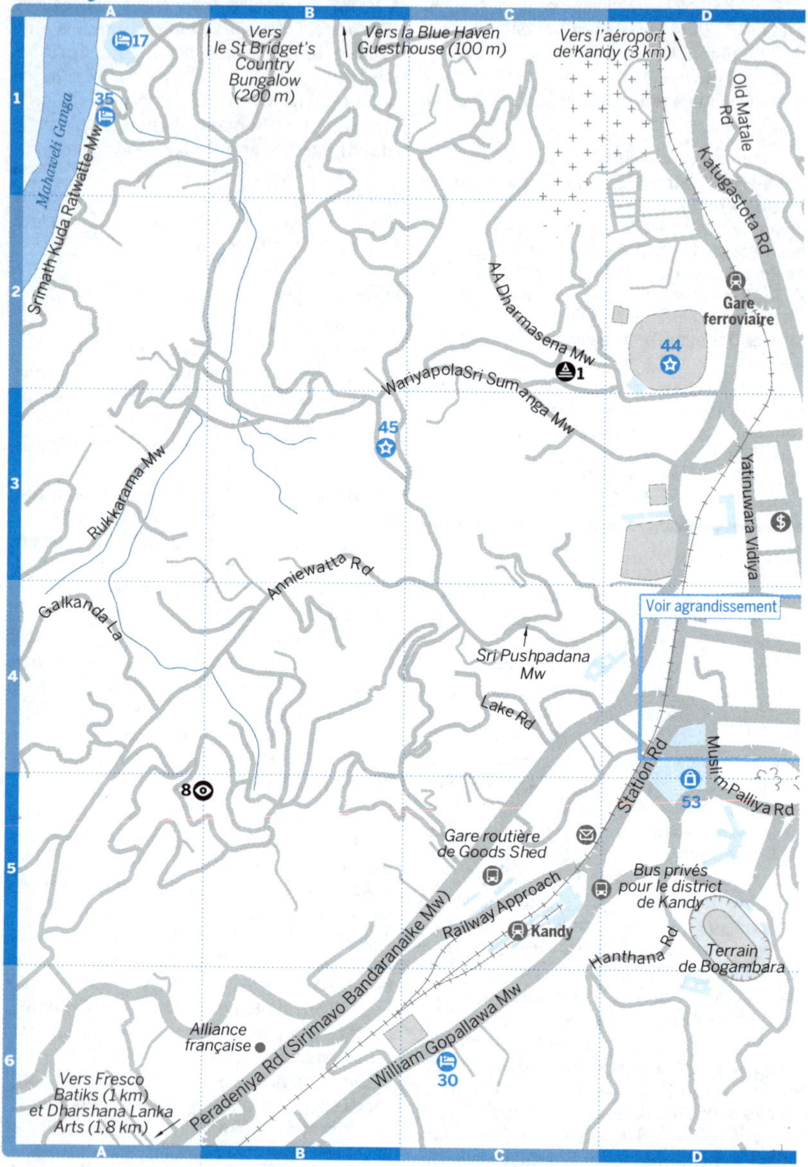

en or en forme de dagoba, qui contient 6 coffrets identiques de taille décroissante.

Généralement, on ne voit le reliquaire que de l'entrée, à 3 m de l'autel. Des gardes font avancer la file en permanence et personne ne reste plus de 15 secondes dans le sanctuaire.

Alut Maligawa

Derrière le temple se tient l'Alut Maligawa, un sanctuaire de 3 étages plus récent et plus grand avec des dizaines de bouddhas assis, offerts par des fidèles thaïlandais. Son architecture ressemble à celle des temples bouddhiques thaïlandais, en hommage aux moines

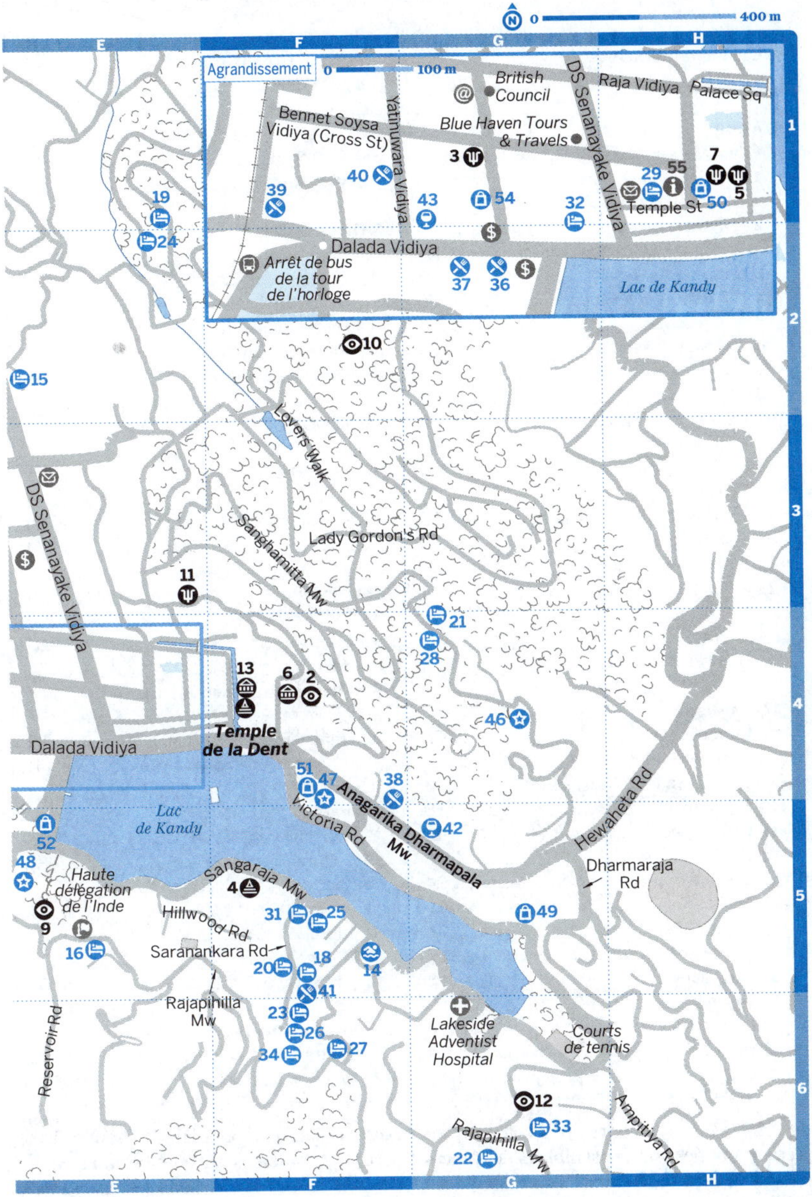

thaïlandais qui rétablirent la lignée d'ordination du Sri Lanka sous le règne de Kirti Sri Rajasinha. Les deux étages supérieurs renferment le **Sri Dalada Museum** (7h30-18h), qui présente de superbes objets en or offerts au temple. Des lettres et des extraits de journaux intimes de l'époque britannique révèlent l'étonnant respect des colons pour la relique. Des photos plus récentes montrent les dommages provoqués par l'attentat de 1998.

Salle d'audience

Dans le nord de l'ensemble architectural et uniquement accessible par le temple de la Dent, la salle d'audience, un pavillon ouvert

Kandy

du XIXe siècle, comporte des colonnes en pierre sculptées pour ressembler à des piliers en bois. À côté, la **salle de l'éléphant Rajah** contient la dépouille naturalisée de Rajah, l'éléphant du temple de la Dent, mort en 1988 après 50 ans passés au service des processions bouddhistes (voir l'encadré p. 137).

World Buddhism Museum
(500 Rs ; ⏲9h-20h). Juste derrière le temple principal, à l'intérieur de l'ensemble, le nouveau musée mondial du Bouddhisme occupe les anciens bâtiments de la Haute Cour. Il présente de nombreuses photos, maquettes et expositions sur le bouddhisme dans le monde entier. Un grand nombre de statues et d'autres objets sont des reproductions.

Tea Museum MUSÉE
(carte p. 146 ; www.pureceylontea.com/teamuseum ; 400 Rs ; ⏲8h15-16h45 mar-dim).

L'HISTOIRE DE LA DENT

La dent sacrée du Bouddha aurait été dérobée sur son bûcher funéraire en 483 av. J.-C. et apportée au Sri Lanka au IVe siècle, cachée dans la chevelure d'une princesse. D'abord conservée à Anuradhapura, elle fut déplacée dans le pays au fil des événements historiques avant de parvenir à Kandy. En 1283, elle fut rapportée en Inde par une armée d'envahisseurs, puis récupérée par le roi Parakramabahu III.

La dent devint progressivement un symbole de souveraineté : celui qui détenait la dent avait le droit de régner sur l'île. Au XVIe siècle, les Portugais s'emparèrent de ce qu'ils pensaient être la relique, l'emportèrent et la brûlèrent à Goa dans un élan inquisitorial. Ce n'était en fait qu'une réplique et la dent sacrée était sauve. Selon la rumeur, la dent authentique est cachée dans un endroit sûr et celle conservée dans le temple est une copie.

Le temple de la Dent fut principalement édifié par les rois kandyens de 1687 à 1707 et de 1747 à 1782. Cet ensemble faisait partie du palais royal. Des douves entourent l'imposant bâtiment rose et blanc. La tour octogonale, construite dans les douves par le roi Sri Wickrama Rajasinha, contenait une importante collection de manuscrits en *ola* (feuilles de palmier). Cette partie a été fortement endommagée par l'attentat de 1998.

Le principal sanctuaire de la dent, un édifice rectangulaire à deux niveaux appelé Vahahitina Maligawa, occupe le centre d'une cour pavée. Le toit doré qui coiffe la salle de la relique a été financé par des donateurs japonais. L'explosion de 1998 a révélé sur la façade au moins trois couches de peintures du XVIIIe au XXe siècle représentant la *perahera* (voir l'encadré p. 137) et divers *jataka* (récits des vies du Bouddha).

Les bouddhistes sri lankais considèrent qu'ils doivent effectuer au moins un pèlerinage au temple dans leur vie ; prier ici améliore considérablement le karma.

Le musée du Thé occupe l'Hanthana Tea Factory de 1925, à 4 km au sud de Kandy sur la route d'Hanthana. Abandonnée pendant plus d'une décennie, cette fabrique a été restaurée par le Sri Lanka Tea Board et l'Association des planteurs du Sri Lanka. Le musée renferme une exposition sur les pionniers du thé James Taylor et Thomas Lipton (voir l'encadré p. 161), et de nombreux ustensiles d'époque relatifs au thé. Des guides compétents peuvent répondre à toutes les questions. Après la visite, une tasse de thé est offerte dans le salon du dernier étage.

National Museum MUSÉE

(adulte/enfant 500/300 Rs, app photo 160 Rs ; ⌚9h-17h mar-sam). Le Musée national, jadis la résidence des concubines royales, expose aujourd'hui des insignes royaux et des souvenirs de la vie cinghalaise avant l'arrivée des Européens. Malheureusement, l'agencement, l'éclairage et les explications laissent à désirer. On peut voir une copie de l'accord de 1815 soumettant les provinces kandyennes à la domination britannique. Le document précise l'une des principales raisons de l'événement :

> "... les actes de cruauté et d'oppression du dirigeant de Malabar, qui inflige de manière arbitraire tortures et peines de mort sans jugement, parfois sans accusation ni la moindre preuve de crime, dans le mépris total et la violation de tous les droits civiques, sont devenus flagrants, énormes et intolérables..."

En raison de la "violation des devoirs principaux et les plus sacrés d'un souverain", Sri Wickrama Rajasinha fut "déchu de ses fonctions de roi" et le "dominion des provinces kandyennes placé sous la souveraineté de l'Empire britannique".

La salle d'audience, dotée de hauts piliers, accueillit la réunion des chefs kandyens qui cédèrent le royaume à la Grande-Bretagne en 1815.

Ce musée, avec quatre *devale* (temple dédié à l'adoration d'une divinité hindoue ou sri lankaise) et deux monastères (mais pas le temple de la Dent), fait partie des sites du Triangle culturel (p. 142).

GRATUIT **British Garrison Cemetery** CIMETIÈRE

(don apprécié ; ⌚8h-17h). Une courte montée derrière le National Museum conduit au cimetière militaire britannique, qui renferme 163 tombes. La jeunesse des défunts surprend ; rares sont ceux qui ont atteint 40 ans. Certains décès sont dus à une insolation, une fièvre tropicale ou une charge d'éléphant. Le cimetière contient le tombeau de la famille Cargill, connue pour ses supermarchés, et celui de James McGlashan, qui survécut à la bataille de Waterloo, mais ne résista pas aux moustiques sri lankais.

Devale TEMPLES

Quatre *devale* kandyens sont dédiés aux dieux disciples du Bouddha et protecteurs de l'île. Trois d'entre eux se situent près du temple de la Dent. Le **Natha Devale**, le plus ancien (XIVe siècle), se dresse sur une terrasse en pierre avec un beau portail *vahalkada* (panneau sculpté). Des arbres de la Bodhi et des dagobas entourent le temple. À côté, le simple **Pattini Devale** est consacré à la déesse de la Chasteté. Des marches sculptées mènent au **Vishnu Devale**, de l'autre côté de Raja Vidiya, qui possède une salle du tambour. Vishnu, le grand dieu hindou, est le protecteur du Sri Lanka, preuve de la symbiose entre l'hindouisme et le bouddhisme.

Plus loin, la tour d'entrée aux couleurs chatoyantes du **Kataragama Devale** domine le tohu-bohu de Kotugodelle Vidiya. Murugan, le dieu de la Guerre, possède 6 têtes et 12 bras brandissant des armes.

Monastères TEMPLES

Les principaux *vihara* (monastères bouddhiques) de Kandy ont une importance considérable. Les bonzes qui dirigent les deux monastères les plus connus, Malwatte et Asgiriya, sont prééminents dans le pays et gèrent également le temple de la Dent. Ces *vihara* sont aussi les sièges de deux des principaux *nikaya* (ordres monastiques). Le **Malwatte Maha Vihara** se tient de l'autre côté du lac, en face du temple de la Dent. L'**Asgiriya Maha Vihara**, près de Wariyapola Sri Sumanga Mawatha, au nord-ouest du centre-ville, renferme un grand bouddha couché.

Réserve d'Udawattakelle FORÊT

(adulte/moins de 12 ans 644/322 Rs ; ⌚8h-18h). Au nord du lac, cette forêt aux arbres énormes est peuplée d'oiseaux et de singes. Pour observer les oiseaux, demandez à entrer dans la réserve à 6h afin de profiter du chœur de l'aube.

Évitez de vous y aventurer seul, à plus forte raison si vous êtes une femme. Bien que rares, des agressions s'y produisent de temps à autre.

Après la poste, tournez à droite dans DS Senanayake Vidiya. Les derniers billets sont vendus à 16h30.

Activités

Les visiteurs peuvent apprendre ou pratiquer la méditation et étudier le bouddhisme dans plusieurs endroits. Renseignez-vous à la **Buddhist Publication Society** (p. 142). De nombreux centres offrent des cours gratuits ; les dons sont conseillés et appréciés. Reportez-vous p. 145 pour des informations sur les centres des alentours.

Parmi les multiples promenades qu'offre Kandy, le **parc du Palais royal** (100 RS ; ⌚8h30-16h30), construit par le roi Sri Wickrama Rajasinha (1780-1832), surplombe le lac. Plus haut dans Rajapihilla Mawatha, vous découvrirez de plus belles vues sur le lac, la ville et les collines environnantes. Pour des marches plus longues, empruntez les chemins qui partent de Rajapihilla Mawatha ; renseignez-vous à votre hôtel.

Amaya Hills AYURVÉDA

(carte p. 146 ; www.amayaresorts.com ; Heerassagala ; soins du visage 2 500 Rs, massage à l'huile et bain de vapeur 4 000 Rs). En dehors de Kandy, ce centre ayurvédique est le plus beau et le plus plaisant de la région. Également complexe hôtelier (p. 145), Amaya Hills se perche dans les hauteurs le long d'une route sinueuse. De Kandy, l'aller-retour en *túk-túk* coûte environ 1 000 Rs. Passez la journée sur place et, après le déjeuner, profitez de la superbe piscine.

Wedamedura Ayurveda AYURVÉDA

(www.ayurvedawedamedura.com ; 7 Mahamaya Mawatha ; soins 1 250-5 000 Rs). Au sud-est du lac, ce centre de soins ayurvédiques, avec des masseurs hommes et femmes, propose aussi des forfaits (700 € la semaine en pension complète). Il est cependant un peu sombre et austère. Si vous allez à Ella, préférez le Suwamadura (p. 166), plus séduisant.

Victoria Golf & Country Resort GOLF

(www.golfsrilanka.com ; green 5 000-6 500 Rs, caddy 600 Rs/partie). À 20 km à l'est de Kandy, ce golf est entouré sur trois côtés par le réservoir Victoria, avec le Knuckles Range en toile de fond ; venez déjeuner au clubhouse pour admirer la vue. Réputé le meilleur golf du sous-continent, il possède un parcours 18 trous assez difficile.

Sri Lanka Trekking RANDONNÉE

(☎602 996070 ; www.srilankatrekking.com). Installé dans la pension Expeditor, Sumone Bandara, de Sri Lanka Trekking propose des randonnées aux alentours de Kandy et des treks avec camping (et observation des oiseaux) dans le massif escarpé du

Knuckles Range (p. 147). Sumone peut également organiser des sorties de rafting dans d'autres parties de la région montagneuse.

Où se loger

Kandy compte nombre d'agréables pensions. Les hôtels plus confortables occupent souvent des emplacements spectaculaires sur les collines. Des hôtels de charme, en nombre croissant, sont installés à 45 minutes de route de Kandy (voir p. 131) dans des endroits paisibles et constituent de bonnes bases pour des excursions d'une journée ; vous devrez néanmoins disposer d'un moyen de transport.

Lors de l'Esala Perahera, le prix des chambres peut tripler ou quadrupler et les hôtels affichent complet. Réservez longtemps à l'avance pour obtenir un tarif plus intéressant.

Le plus grand nombre d'hébergements se tient dans Anagarika Dharmapala Mawatha et à proximité ; prenez les bus n°s 654, 655 ou 698 (ou demandez "Sanghamitta Mawatha" à l'arrêt de la tour de l'horloge).

La plupart des établissements possèdent un restaurant.

Sharon Inn HÔTEL **$$**
(☎220 1400 ; www.hotelsharoninn.com ; 59 Saranankara Rd ; ch 3 000-4 500 Rs ; ❄@📶). L'une des pensions les plus anciennes de Kandy reste l'une des meilleures et des plus prisées des touristes. La vue est superbe, l'ambiance détendue et les chambres immaculées sont décorées d'art et d'artisanat sri lankais. Les moins chères partagent une sdb. Les propriétaires sont une mine d'informations touristiques et peuvent trouver voitures et chauffeurs. Tous les soirs à 19h30, le dîner-buffet (900 Rs) est un régal de cuisine sri lankaise. Mieux vaut réserver, car le restaurant est ouvert aux non-résidents.

Villa Rosa HÔTEL DE CHARME **$$$**
(☎221 5556 ; www.villarosa-kandy.com ; Asigiriya ; s 85-125 $US, d 125-180 $US ; ❄📶). Dominant un méandre de la Mahaweli et ornée d'antiquités, la Villa Rosa comprend de grandes chambres aux tons neutres avec parquet, d'agréables salons et une salle de

L'ESALA PERAHERA DE KANDY

Cette *perahera* (procession) a lieu à Kandy en l'honneur de la dent sacrée, conservée dans le temple de la Dent (Sri Dalada Maligawa). Elle se déroule pendant 10 jours durant le mois d'Esala (juillet-août) et s'achève lors de la Nikini *poya* (pleine lune d'août). La nuit la plus importante succède à 10 jours d'effervescence croissante. Ces dernières années, la fête a perdu de son ampleur en raison d'un nombre moindre d'éléphants – jadis plus de 100 pachydermes y participaient –, mais reste l'une des plus fascinantes d'Asie.

Les six premières nuits sont relativement calmes. La septième nuit, l'effervescence s'accroît alors que le trajet s'allonge et que la procession devient plus fastueuse (et que le prix des hébergements augmente).

La procession se compose en fait de cinq *perahera* différentes. Quatre viennent des quatre *devale* de Kandy, sanctuaires dédiés aux divinités hindoues ou sri lankaises qui sont aussi des serviteurs du Bouddha : Natha, Vishnu, Kataragama et Pattini. La cinquième et la plus prestigieuse *perahera* provient du Sri Dalada Maligawa.

Le cortège est conduit par des milliers de danseurs et de percussionnistes, frappant leurs tambours, faisant claquer des fouets et brandissant des bannières colorées. Viennent ensuite de longues processions d'une cinquantaine d'éléphants. L'éléphant du Maligawa, décoré de la trompe au bout des pattes, transporte un énorme dais qui abrite, la dernière nuit, une réplique du reliquaire sacré. Un tapis de toile blanche est déroulé devant l'éléphant.

L'Esala Perahera de Kandy est l'événement le plus spectaculaire du Sri Lanka. Célébrée tous les ans depuis des siècles, elle a été décrite en 1681 par le voyageur anglais Robert Knox dans son ouvrage *Relation ou Voyage de l'Isle de Ceylan* (Maspero, 1983). Une procession plus modeste est organisée pour la *poya* de juin et des *perahera* ont parfois lieu pour de grandes occasions.

Il est indispensable de réserver un siège en bord de rue pour la grande *perahera* (de 5 000 à 6 500 Rs) au moins une semaine à l'avance. Après le début des festivités, les places dans les tribunes deviennent plus abordables.

lecture. Un pavillon indépendant abrite un centre de yoga et de méditation.

Freedom Lodge CHAMBRES D'HÔTES $$
(☎222 3506 ; freedomomega@yahoo.com ; 30 Saranankara Rd ; s/d avec petit-déj 3 000/3 500 Rs ; 📶). Tenu par une famille accueillante et entouré de hauts palmiers, ce lodge offre 6 chambres impeccables, des sdb dignes d'un établissement plus luxueux, une cuisine succulente et un ambiance chaleureuse. L'une des meilleures adresses de Kandy depuis des années.

St Bridget's Country Bungalow CHAMBRES D'HÔTES $
(☎221 5806 ; www.stbridgets-kandy.com ; 125 Sri Sumangala Mawatha, Asgiriya ; s/d 1 960/2 500 Rs ; @). À la lisière d'une jungle peuplée d'oiseaux, cette somptueuse maison familiale possède 8 petites chambres d'une propreté irréprochable et des sdb minuscules. L'accueil est chaleureux, la cuisine maison délicieuse et des commentaires élogieux remplissent le livre d'or. Du centre-ville, grimpez 20 minutes à pied ou prenez un *túk-túk* (150 Rs).

Kandy Cottage PENSION $$
(☎077 255 6487 ; www.kandycottage.com ; 160 Lady Gordon Dr, Sri Dalada Thapowana Mawatha ; s 2 200 Rs, d 4 136-6 600 Rs ; @). Niché dans une vallée boisée, ce cottage aux murs blanchis à la chaux et à l'ambiance bohème comporte 3 chambres avec meubles en bois et sols en béton cirés. À 10 minutes de marche du centre de Kandy.

Queens Hotel HÔTEL HISTORIQUE $$$
(☎223 3026 ; Dalada Vidiya ; s/d avec petit-déj à partir de 76/92 $US ; ❄📶🏊). L'ambiance et l'emplacement constituent les principaux atouts du Queens Hotel. Contrairement à d'autres hôtels historiques rénovés, comme le New Oriental à Galle, celui-ci conserve des chambres désuètes, avec un charmant décor floral et des parquets cirés, et une gigantesque réception. Si l'eau chaude est parfois capricieuse, le Queens reste *l'endroit* où séjourner durant l'Esala Perahera, à courte distance du temple de la Dent et du palais royal. Le Pub Royale (p. 140) le jouxte.

McLeod Inn PENSION $
(☎222 2832 ; mcleod@sltnet.lk ; 65A Rajapihilla Mawatha ; ch 2 000-2 500 Rs ; 📶). Cette pension pourrait profiter de la vue fabuleuse sur le lac pour augmenter ses prix. Elle préfère mettre l'accent sur l'ambiance familiale détendue, des chambres impeccables et un balcon parfait en fin d'après-midi avec un livre et une boisson fraîche.

Expeditor PENSION $$
(☎223 8316 ; www.expeditorkandy.com ; 41 Saranankara Rd ; ch 1 500-3 500 Rs). Des plantes en pot à profusion, des balcons avec vue et des parties communes partagées avec les propriétaires donnent à l'Expeditor une atmosphère cosy de B&B. C'est aussi un bon endroit pour organiser un trek (p. 136).

Nature Walk Resort PENSION $$
(☎222 4337 ; www.naturewalkhr.net ; 9 Sanghamitta Mawatha ; ch 2 000-3 000 Rs ; ❄📶). Les chambres, spacieuses et aérées, s'agrémentent de carrelages en terre cuite et de portes-fenêtres ouvrant sur des balcons avec vue sur la forêt. Vous pourrez observer des bandes de singes le matin et l'envol des chauves-souris au crépuscule.

Castle Hill Guest House CHAMBRES D'HÔTES $$
(☎222 4376 ; 22 Rajapihilla Mawatha ; s/d 3 450/4 200 Rs ; @). Le superbe jardin offre une vue époustouflante sur le lac, la ville et les montagnes au loin. Les chambres, moins séduisantes que ne le laisse espérer le jardin, sont calmes, à l'écart de l'agitation touristique, et décorées d'éléments authentiques des années 1930.

Burmese Rest PENSION $
(274 DS Senanayake Vidiya ; s/d 300/500 Rs). De loin l'établissement le moins cher de Kandy, cette ancienne auberge de pèlerins est très propre, parfaitement entretenue par des moines sympathiques et le bâtiment est un joyau. Toutes les chambres partagent des sdb communes. Des tortues remplissent la cour. Ignorez le panneau indiquant que les étrangers ne peuvent y séjourner qu'avec la permission du gouvernement du Myanmar (propriétaire de la pension). Mieux vaut apporter vos propres draps.

Lake Bungalow CHAMBRES D'HÔTES $
(☎222 2075 ; shiyan_duruwile@gmail.com ; 22/2B Sangaraja Mawatha ; ch 1 800 Rs). Le décor rappelle les années 1970 et l'ambiance évoque plus une maison familiale qu'un repaire de baroudeurs. La cuisine équipée permet de préparer ses repas. Des chants d'enfants proviennent de l'école maternelle en dessous.

Royal Tourist Lodge PENSION $$
(☎222 2534 ; royalxx@slt.lk ; 201 Rajapihilla Mawatha ; ch 2 200 Rs ; @📶). Des meubles en rotin, des patios verdoyants et une atmosphère chaleureuse donnent l'impression de séjourner chez l'habitant plutôt que dans une pension. Une bonne adresse pour ceux qui ont le temps de s'immerger dans la vie d'une famille sri lankaise.

Lakshmi Guest House PENSION $
(☎222 2154 ; www.lakshmipg2.lkguide.com ; 57/1 Saranankara Rd ; ch à partir de 1 650 Rs, sans sdb 1 100 Rs ; @ 📶). Comptant parmi les bonnes pensions de Saranankara Rd, la Lakshmi Guest House est une adresse à petit prix, propre et accueillante, des propriétaires du Palm Garden, ce qui garantit une bonne cuisine et un service chaleureux.

Highest View PENSION $$
(☎223 3778 ; www.highestview.com ; 129/3 Saranankara Rd ; ch avec petit-déj 3 000 Rs, sans sdb 2 000 Rs ; @). Si la vue n'est pas la plus haute, elle reste néanmoins belle. Des chambres aux tons pastel, de paisibles parties communes, un vaste bar-restaurant font de cette pension un bon choix dans la tortueuse Saranankara Rd.

Forest Glen PENSION $$
(☎222 2239 ; www.forestglenkandy.com ; 150/6 Lady Gordon's Dr, Sri Dalada Thapowana Mawatha ; ch 2 000-3 500 Rs). Tenue par une famille, cette pension merveilleusement isolée borde une route sinueuse à la lisière de la réserve d'Udawattakelle. Appréciée des amoureux des oiseaux, elle propose des chambres sans prétention et très calmes à 10 minutes de marche de Kandy. Une petite aire de jeu pour enfants en fait un bon choix pour les familles.

Green Woods PENSION $
(☎223 2970 ; www.greenwoodskandy.com ; 34A Sanghamitta Mawatha ; ch 1 800 Rs). En passant quelques heures sur le balcon de cette pension accueillante, vous apercevrez quelques-unes des 45 espèces d'oiseaux recensées dans le livre d'or. Entourée de jardins et de forêt, cette retraite paisible, à l'écart de l'agitation de Kandy, possède des petites chambres rudimentaires. Chico, le chien, vous réveillera probablement pour observer des oiseaux matinaux.

Blue Haven Guesthouse PENSION $$
(☎222 9617 ; www.bluehavenguesthouse.com ; 30/2 Poorna Lane, Asgiriya ; s/d 2 970/4 400 Rs ; 📶). Récemment rénovées et peintes aux couleurs de l'arc-en-ciel, les chambres offrent une vue splendide sur le Knuckles Range, mais sont surévaluées. Le propriétaire, M. Linton, est un hôte agréable qui loue des voitures et organise des circuits dans le pays. Du centre-ville, comptez 200 Rs en *túk-túk* jusqu'à la pension.

Chaaya Citadel COMPLEXE HÔTELIER $$$
(☎Colombo 011-230 6600 ; www.chaayahotels.com ; 124 Srimath Kuda Ratwatte Mawatha ; s/d avec petit-déj 168/173 $US ; ❄📶🏊). L'un des plus jolis complexes hôteliers de Kandy, il comprend des chambres élégantes aux tons chocolat et gris ardoise, un salon aéré en bord de rivière et un bar qui jouxte la piscine. Les prix sont un peu élevés, mais vous pouvez vous contenter de déjeuner et profiter de la piscine (gratuite pour les clients du restaurant). Il se situe à 5 km à l'ouest de Kandy (600 Rs en taxi).

Olde Empire Hotel HÔTEL HISTORIQUE $
(☎222 4284 ; www.oldeempirehotel.com ; 21 Temple St ; ch 748-2 200 Rs). À courte distance du temple de la Dent, l'Olde Empire comporte de majestueux corridors conduisant à des chambres sommaires, dont certaines avec sdb. Un balcon surplombe le lac et un restaurant bon marché et fréquenté occupe le rez-de-chaussée.

Pink House PENSION $
(☎077 961 8552 ; 15 Saranankara Rd ; ch 1 300 Rs, sans sdb 900 Rs). Cette pension rappelle l'époque du voyage par la route. Tony Wheeler y séjourna lors de ses recherches pour le

À NE PAS MANQUER

HELGA'S FOLLY

Si Gaudí et Dalí avaient construit une maison des horreurs, ce pourrait être le **Helga's Folly** (☎223 4571 ; www.helgasfolly.com ; 32 Frederick E de Silva Mawatha ; s/d avec petit-déj 200/210 $US ; ❄🏊). Rêve surréaliste, cet hôtel/galerie d'art de 35 chambres est l'hébergement le plus extraordinaire du Sri Lanka. L'extravagante Helga da Silva, qui l'a conçu et le dirige, a grandi dans un monde de célébrités hollywoodiennes, d'artistes, d'écrivains, de politiciens et d'intrigues des années 1950. À notre connaissance, c'est la seule propriétaire d'hôtel qui préfère ne pas afficher complet. Le groupe de rock Sterophonics a écrit une chanson sur Helga, dont la création a sûrement provoqué des cauchemars à son hôtesse. Aussi fantastique que soit l'endroit, après avoir admiré les décorations, vous constaterez qu'il est assez défraîchi. Plutôt qu'y séjourner, contentez-vous de le visiter et de prendre un verre ; pour beaucoup, c'est l'un des sites les plus intéressants de Kandy.

premier guide *Sri Lanka* de Lonely Planet. Près de 30 ans plus tard, l'accueil reste aussi chaleureux dans cet établissement familial et – soyons honnêtes – plutôt négligé.

Palm Garden Guest House PENSION $$
(☎223 3903 ; www.palmgardenkandy.com ; 8 Bogodawatte Rd, Suduhumpola ; ch 2 500-3 500 Rs ;). Dans la rue qui monte de la gare ferroviaire, cette pension moderne n'offre aucune vue, mais les chambres sont spacieuses et impeccables et le personnel du bar-restaurant sur le toit est charmant. L'établissement, qui loue voitures et motos, souffre un peu du bruit de la circulation et des trains. Le trajet en *túk-túk* du centre-ville revient à 100 Rs.

Où se restaurer

Les restaurants de Kandy n'ont rien d'exceptionnel. Quelques établissements quelconques se regroupent dans le centre-ville. La plupart des visiteurs dînent dans leurs hôtels. Le **Sharon Inn** (☎222 2416 ; buffets 900 Rs), avec un buffet à 19h30, la **Palm Garden Guest House** (buffets 900 Rs) et le St Bridget's Country Bungalow sont particulièrement bons. Les non-résidents sont bienvenus, mais doivent réserver en milieu d'après-midi.

Dans Saranankara Rd, un **restaurant** sans nom sert des plats sri lankais standard à 150 Rs environ.

Devon Restaurant INTERNATIONAL $
(11 Dalada Vidiya ; plats 150-350 Rs). Ce grand restaurant et boulangerie fréquenté propose une longue carte de plats sri lankais et chinois, quelques spécialités occidentales fades et des salades "saines" (comme celle composée de frites, de bacon et d'œufs…). La salle principale est une cantine un peu plus chic que les autres restaurants du centre-ville. Prisé des familles, le Devon dispose de chaises hautes.

Kandy Muslim Hotel SRI LANKAIS $
(Dalada Vidiya ; plats 100-350 Rs). Il ne s'agit pas d'un hôtel, mais d'un restaurant constamment animé qui offre les meilleurs *samosa* de Kandy, des curries épicés et de grands *naan* légers. En façade, admirez l'adresse du cuisinier qui confectionne des *kotthu roti* (morceaux de crêpe sautés avec de la viande et des légumes).

History Restaurant INTERNATIONAL $$
(27A Anagarika Dharmapala Mawatha ; plats 350-550 Rs ; ⌚12h-23h). Avec des plats indiens, italiens, thaïlandais et sri lankais corrects et un bon choix d'alcools, ce restaurant vaut surtout pour son intéressante collection de photos noir et blanc de l'ancienne Kandy. Une présentation PowerPoint de l'histoire kandyenne passe silencieusement en arrière-plan. Un peu difficile à trouver, il se tient au 2e étage d'un bâtiment gris-brun, au-dessus d'une boulangerie (pas mauvaise).

Paiva's Restaurant SRI LANKAIS $$
(37 Yatinuwara Vidiya ; plats 300-400 Rs). À midi, le riz-curry constitue une bonne introduction à la cuisine sri lankaise, avec trois sortes de riz et de multiples accompagnements en curry. Le soir, faites votre choix parmi les bons plats d'Inde du Nord et chinois de la carte. Les sympathiques serveurs respecteront votre demande pour un plat épicé (*spicy*) et une bière fraîche.

Bake House SRI LANKAIS $
(36 Dalada Vidiya ; plats 80-150 Rs). Au rez-de-chaussée du Pub, la Bake House sert d'appétissants en-cas en devanture et comprend une salle plus formelle sous les arches chaulées du bâtiment. Venez juste après 15h pour savourer des en-cas chauds de la seconde fournée.

Olde Empire Hotel SRI LANKAIS $
(☎222 4284 ; 21 Temple St ; plats 100-150 Rs). La modeste salle à manger de l'Olde Empire ne manque pas de cachet et sert toujours un riz-curry et des paniers-déjeuners. Des fleurs fraîches ornent les tables, mais la cuisine est quelconque.

Où prendre un verre

Dans cette ville sacrée, une législation très stricte s'applique aux pubs, bars et discothèques. Si les Kandyens se couchent tôt, il existe quelques endroits où prendre un verre en soirée. Tous les hôtels de catégorie supérieure possèdent un bar correct

The Pub BAR
(☎232 4868 ; 36 Dalada Vidiya ; ⌚17h-24h). Comme son nom le laisse supposer, il sert de la Carlsberg et de la Lion Lager à la pression, quelques cocktails et accueille parfois des musiciens de jazz le samedi soir. Quelconques, les plats occidentaux (frites, pâtes, club-sandwichs, etc.) sont trop chers. Par contre, le balcon qui surplombe la rue animée est plaisant au crépuscule.

Pub Royale BAR
(Dalada Vidiya ; ⌚16h-24h). À côté du Queens Hotel, ce pub de style anglais, sombre et poussiéreux, permet d'échapper à la pollution du carrefour voisin.

À NE PAS MANQUER

DANSEURS ET TAMBOURS KANDYENS

Avec des costumes élaborés, des mouvements de danse giratoire et des cracheurs de feu, un spectacle de danse kandyenne est une expérience mémorable. Ces spectacles divertissants ne se limitent pas aux traditions locales ; ils comprennent des danses et des costumes de tout le pays, dont les fameuses danses du "diable" de la côte ouest (très difficiles à voir dans leur région d'origine).

Kandy compte 3 salles qui proposent des spectacles de une heure tous les soirs à 17h30 (500 Rs) ; arrivez 30 minutes à l'avance.

» **Kandy Lake Club** (Sanghamitta Mawatha). À 300 m en remontant Sanghamitta Mawatha. Les premiers rangs sont habituellement réservés aux groupes ; venez au moins 20 minutes à l'avance pour obtenir une bonne place. Ce spectacle offre sans doute les costumes les plus travaillés.

» **Kandyan Art Association & Cultural Centre** (Sangharaja Mawatha). La salle la plus fréquentée, parfois envahie par les groupes. L'auditorium permet de prendre des photos plus facilement qu'au Kandy Lake Club. Le centre se situe sur la rive nord du lac. Arrivez tôt pour visiter l'exposition d'artisanat et les ateliers.

» **Mahanuwara YMBA** (5 Rajapihilla Mawatha). Au sud-ouest du lac, la YMBA Guesthouse possède une salle bien plus modeste, mais le spectacle équivaut aux autres et l'affluence est moindre.

Vous pouvez aussi entendre des tambours kandyens tous les jours au temple de la Dent (p. 131) et dans les autres temples alentour ; les roulements de tambour indiquent le début et la fin de la *puja* quotidienne.

PUB BAR
(27A Anagarika Dharmapala Mawatha ; ⏲17h-24h). Repérez la gigantesque enseigne en néon rouge au-dessus du restaurant chinois Bamboo Garden pour dénicher ce pub, avec de grandes tables en bois et une vue superbe sur le lac.

☆ Où sortir

Night-clubs

Les deux night-clubs de Kandy sont installés dans des hôtels. L'entrée, gratuite pour les femmes, revient à 500 Rs pour les couples ; les hommes seuls qui ne résident pas dans l'hôtel ne sont habituellement pas admis. Pantalon long, chaussures fermées et chemise à col sont obligatoires pour les hommes.

Blackout NIGHT-CLUB
(Swiss Residence Hotel, 23 Bahirawakanda ; ⏲jeu-sam). Le seul night-club de la ville se tient dans le Swiss Residence Hotel. La course en *túk-túk* coûte environ 250 Rs.

Le Garage NIGHT-CLUB
(carte p. 146 ; ☎223 3521/2 ; Amaya Hills, Heerassagala ; ⏲21h-3h sam). À 30 minutes de *túk-túk* (500 Rs) au sud-ouest de la ville, la discothèque de l'Amaya Hills n'ouvre que le samedi soir.

Sports

Le **stade Asgiriya**, au nord du centre-ville, peut accueillir jusqu'à 10 000 spectateurs lors des matchs de cricket. Malgré ses dimensions modestes, c'est l'un des favoris pour les compétitions internationales. Le prix des billets varie en fonction de la popularité des équipes. Lors des matchs opposant l'Inde et le Sri Lanka, les plus courus, une place en tribune peut atteindre 3 000 Rs et une place debout vaut 200 Rs. On peut acheter les billets le jour même ou réserver une place en tribune un mois à l'avance auprès du **bureau de Sri Lanka Cricket** (☎223 8533), au stade

Des matchs de rugby ont lieu de mai à septembre sur le terrain de Nittawella.

Achats

Magasin d'art et d'artisanat géré par le gouvernement, Laksala, à l'ouest du lac, pratique des prix plus intéressants que le Kandyan Art Association & Cultural Centre, mais il offre bien moins de choix que le grand Laksala de Colombo.

Dans le centre de Kandy, des boutiques vendent des ceintures en argent et des bijoux anciens. Le pittoresque **marché principal** (Station Rd) propose aussi de l'artisanat.

Kandy compte plusieurs fabriques de batik. Découvrez les motifs originaux d'**Upali Jayakody** (étage du marché principal) et de **Fresco Batiks** (Peradeniya Rd). À proximité se regroupent plusieurs magasins d'antiquités, dont **Dharshana Lanka Arts** (923 Peradeniya Rd).

Kandyan Art Association & Cultural Centre ARTISANAT
(Sangharaja Mawatha). Une belle sélection de laques, de cuivres et d'autres objets d'artisanat dans une salle d'exposition de l'époque coloniale, patinée par le temps. Quelques artisans travaillent sur place.

Librairies

Buddhist Publication Society LIVRES
(www.bps.lk ; 54 Victoria Rd ; ⌚9h-16h30 lun-ven, 9h-12h30 sam). Au bord du lac à 400 m au nord-est du temple de la Dent, cet organisme à but non lucratif dispense les enseignements du Bouddha et comprend une importante bibliothèque. Des érudits locaux et des moines donnent parfois des conférences. Connectez-vous au site Internet pour télécharger gratuitement des informations. C'est aussi un bon endroit pour se renseigner sur les cours de méditation.

Cultural Triangle Office LIVRES
(⌚8h-16h15). Il vend une sélection d'ouvrages sur les cités anciennes. *Kandy,* d'Anuradha Seneviratna, est un guide instructif du patrimoine de la ville. *The Cultural Triangle,* publié par l'Unesco et le Central Cultural Fund, contient des informations sur les sites anciens.

Vijitha Yapa LIVRES
(5 Kotugodelle Vidiya). Magazines, journaux (y compris étrangers), cartes, romans et autres ouvrages.

Renseignements

Accès Internet

Des cybercafés sont installés dans le centre-ville (notamment dans Kotugodelle Vidiiya). Tous facturent environ 60 Rs l'heure. Nombre d'hôtels offrent l'accès Wi-Fi.

Argent

Les banques suivantes disposent de DAB et d'un service de change.

Bank of Ceylon (Dalada Vidiya)

Commercial Bank (Kotugodelle Vidiya)

Hatton National Bank (Dalada Vidiya)

HSBC (Kotugodelle Vidiya)

Centre culturel

Alliance française (642 Peradeniya Rd ; ⌚8h30-18h lun-sam). L'Alliance propose des soirées cinéma, des livres, des magazines et un bon café. Bibliothèque ouverte à tous.

Désagréments et dangers

La nuit, mieux vaut éviter les petites rues du centre-ville, fréquentées par des habitants à la recherche de tripots et de bars louches.

Des rabatteurs rôdent aux abords de la gare ferroviaire et du lac. Ils vous affirmeront que des pensions ont fermé ou sont infestées de cafards. Ces mensonges constituent de bonnes raisons pour réserver avant d'arriver ; la plupart des responsables des hébergements enverront quelqu'un vous chercher à la gare ferroviaire de Kandy. Méfiez-vous aussi de ceux qui prétendent travailler dans votre hôtel ou vous avoir rencontré la veille. Demandez des renseignements précis, comme le nom de l'hôtel, et regardez-les tourner les talons !

Des femmes seules sont parfois importunées près du lac au crépuscule et à la nuit tombée. Pour plus de sécurité, prenez un *túk-túk* jusqu'à votre pension.

Offices du tourisme

Bureau du Triangle culturel (⌚8h-16h15). Dans un bâtiment colonial près de l'office du tourisme. Il présente un DVD sur l'histoire de Kandy, vend des livres et des billets pour les sites du Triangle culturel. À Kandy, ces billets comprennent les 4 *devale* hindous – Kataragama, Natha, Pattini et Vishnu –, deux monastères – Asgiriya et Malwatte –, et le National Museum. Il est d'usage de faire un don (50 Rs ou plus) aux *devale* et aux monastères. Pour plus d'informations sur ces billets, reportez-vous p. 180.

Centre d'information touristique (☎222 2661 ; 9 Dalada Vidiya ; ⌚8h-16h). Dans le Kandy City Centre Building.

Poste et téléphone

La poste principale fait face à la gare ferroviaire. L'un des bureaux de poste plus centraux se situe au croisement de Kande Vidiya et de DS Senanayake Vidiya. De nombreux centres téléphoniques privés proposent des appels IDD.

Services médicaux

Lakeside Adventist Hospital (☎222 3466 ; 40 Sangaraja Mawatha). Le personnel parle anglais.

Depuis/vers Kandy

Avion

Sri Lankan Air Taxi (www.srilankan.lk/airtaxi) propose des vols réguliers depuis/vers Colombo les lundi, mercredi, vendredi et dimanche (environ 7 000 Rs aller).

BUS AU DÉPART DE KANDY

DESTINATION	GARE ROUTIÈRE	TARIF (RS) CLIM/NORMAL	DURÉE
Colombo	Station Rd	240/121	3-4 heures
Negombo	Station Rd	–/120	3-4 heures
Nuwara Eliya	Goods Shed	180/93	2 heures
Ratnapura	Goods Shed	–/134	6 heures
Anuradhapura	Goods Shed	285/148	3-4 heures
Polonnaruwa	Goods Shed	–/142	3 heures

Bus

Kandy possède une gare routière principale (la chaotique Goods Shed) et plusieurs arrêts de bus près de la tour de l'horloge. La gare routière de Goods Shed dessert les bus longue distance, tandis que les bus locaux, tels ceux pour Peradeniya, Ampitiya, Matale ou Kegalle, stationnent près de la tour de l'horloge. Quelques bus privés Intercity express (pour Negombo ou Colombo, par exemple) partent de Station Rd, entre la tour de l'horloge et la gare ferroviaire. En cas d'hésitation, renseignez-vous auprès d'un habitant.

Pour Sigiriya, vous devez changer à Polonnaruwa.

Taxi

De nombreux taxis longue distance attendent autour du temple de la Dent. Votre hôtel peut organiser des circuits en taxi, mais vous paierez sans doute moins cher en négociant directement avec les chauffeurs. La location d'une voiture avec chauffeur revient à quelque 5 500 Rs par jour, essence comprise. Pour un minibus, prévoyez 6 500 Rs par jour.

Quelques pensions proposent des excursions d'une journée aux trois destinations du Triangle culturel (Sigiriya, Anuradhapura et Polonnaruwa), un itinéraire éprouvant pour le chauffeur et les passagers, qui favorise en outre une conduite dangereuse. Mieux vaut prévoir une nuit à Anuradhapura, Sigiriya ou Polonnaruwa.

Un taxi jusqu'à l'aéroport international Bandaranaike coûte environ 4 600 Rs et 5 500 Rs jusqu'à Colombo.

Blue Haven Tours & Travels (☎077 737 2066 ; www.bluehaventours.com ; 25 Trincomalee Rd) est l'une des nombreuses agences de location de voitures et de circuits touristiques. Elle facture 50 $US par jour une voiture avec chauffeur.

Train

Kandy possède une gare ferroviaire majeure, étonnamment désorganisée. Les billets peuvent s'acheter jusqu'à 10 jours à l'avance à la gare (ouverte de 5h30 à 17h30).

Les places sont très demandées dans le salon panoramique de 1re classe du train à destination de Badulla, qui part de Colombo et s'arrête à Kandy, Hatton (près de l'Adam's Peak), Nanu Oya (pour Nuwara Eliya), Haputale, Ella et d'autres gares de la région montagneuse. Si vous ne parvenez pas à obtenir une place au guichet, adressez-vous au chef de gare, qui peut parfois libérer des places supplémentaires pour les touristes.

Des trains desservent les destinations suivantes :

Badulla 2e/3e classe 270/145 Rs

Bandarawela 230/125 Rs

Colombo 190/105 Rs

Ella 240/130 Rs

Haputale 210/115 Rs

Hatton 110/65 Rs

Nanu Oya (pour Nuwara Eliya) 160/90 Rs

ℹ Comment circuler

Bus

Les bus pour les faubourgs de Kandy et les villes voisines, comme Peradeniya, Ampitiya, Matale et Kegalle, partent des arrêts proches de la tour de l'horloge.

Taxi

Radio Cabs (☎223 3322) possède des taxis climatisés avec compteur qui constituent une alternative confortable aux *túk-túk*. Vous devrez parfois attendre, surtout s'il pleut et que la demande est importante. Avec des taxis (minibus) sans compteur, négociez le prix avant le départ.

Túk-túk

La course entre la gare ferroviaire et la pointe sud-est du lac coûte normalement de 100 à 150 Rs. Les conducteurs demandent bien plus aux touristes étrangers mais, en restant ferme, vous approcherez le prix local.

Environs de Kandy

☎081

Quelques sites intéressants aux alentours de Kandy peuvent se visiter en une demi-journée.

À voir et à faire

Jardin botanique de Peradeniya ESPACE VERT

(www.botanicgardens.gov.lk ; adulte/enfant 1 100/550 Rs ; ⏲7h30-17h). Jadis réservé aux rois de Kandy, ce superbe jardin botanique, le plus grand du pays avec une superficie de 60 ha, est bordé de trois côtés par un méandre du Mahaweli Ganga. Le sang bleu n'est plus une condition d'admission.

Il renferme une belle collection d'orchidées et une majestueuse avenue de palmiers royaux plantés en 1950. Le gigantesque figuier de Java, sur la belle pelouse, constitue l'une des principales curiosités. Couvrant une surface de 2 500 m², ce géant ressemble à un dôme imaginé par Escher ou Hundertwasser. Quelques corbeaux nichent dans ses branchages.

Des arbres boulets de canon et des choux palmistes jalonnent d'élégantes allées. Des cocotiers de mer, dont les fruits peuvent peser jusqu'à 20 kg, en bordent une autre.

Dans le jardin d'épices proche de l'entrée, vous découvrirez noix de muscade, cannelle et clous de girofle. À proximité, la liane serpent mérite aussi le coup d'œil, de même que le bambou géant, les hévéas de l'Assam et les arbres plantés par des personnages plus ou moins célèbres. Vous pourrez comparer leur croissance avec l'importance historique des personnalités !

Le week-end et les jours fériés, le jardin est bondé de touristes locaux et vous croiserez nombre de jeunes couples d'amoureux.

À 500 m au nord de l'entrée, une cafétéria trop chère (plats 550-1 000 Rs) sert des plats occidentaux et sri lankais dans une véranda couverte. Prévoyez plutôt un pique-nique et protégez-le des chiens quémandeurs.

De l'arrêt de la tour de l'horloge à Kandy, le bus n°644 (15 Rs) dessert le jardin botanique. Comptez environ 700 Rs pour l'aller-retour en *túk-túk* et 1 500 Rs en minibus. De nombreux chauffeurs de taxi combinent la visite du jardin avec l'orphelinat des éléphants de Pinnewala ou le circuit des temples de Kandy.

Kandy Garrison Cemetery CIMETIÈRE

(Deveni Rajasinghe ; ⏲10h-12h et 13h-18h). Soigneusement entretenu et géré par la commission des cimetières militaires du Commonwealth, ce cimetière militaire fut créé en 1817 pour les colons britanniques. De nombreuses tombes datent du XIXe siècle et plus encore de la Seconde Guerre mondiale. La plus connue est celle de Sir John D'Oyly, un fonctionnaire britannique qui organisa la prise pacifique de Kandy en 1815 et mourut du choléra en 1824. Le cimetière se situe à 2 km au sud-ouest de Kandy. Dons acceptés.

Temples

Les alentours de Kandy recèlent plusieurs temples intéressants. Les visiter fournit un aperçu de la culture religieuse sri lankaise et l'occasion d'explorer une campagne ravissante. Cette boucle conduit à trois temples hindo-bouddhiques du XIVe siècle et passe par l'entrée du jardin botanique, permettant de l'inclure dans l'itinéraire. Elle implique une longue marche, que l'on peut raccourcir en se limitant à un ou deux temples ou en empruntant un *túk-túk* pour découvrir les trois (environ 3 000 Rs à partir de Kandy). Si vous combinez marche et transports publics, vous devrez parfois demander votre chemin car l'itinéraire n'est pas signalé.

Devale d'Embekka TEMPLE

(150 Rs). Prenez le bus n°643 (à destination de Vatadeniya via Embekka) qui part fréquemment près de la tour de l'horloge à Kandy. Le village d'Embekka se tient à 7 km au-delà du jardin botanique (à 1 heure de Kandy). Du village, une agréable marche de 1 km dans la campagne mène au temple du XIVe siècle. Les piliers en bois finement sculptés proviendraient d'une salle d'audience royale de Kandy. Les sculptures représentent des cygnes, des aigles, des lutteurs et des danseuses. Une *perahera* a lieu en septembre.

Temple de Lankatilake TEMPLE

(300 Rs). Du devale d'Embekka, une promenade de 3 km le long des rizières conduit au temple, que vous verrez sur la gauche. De Kandy, le bus n°644 rejoint directement le temple ; vous pouvez aussi prendre un bus à destination de Kiribathkumbara ou Pilimatalawa au même arrêt que celui d'Embekka. Ce temple se divise en deux moitiés, bouddhique et hindoue. Il renferme une statue du Bouddha, des peintures de la période kandyenne, des inscriptions rupestres et des éléphants en pierre. Le gardien vous ouvrira le sanctuaire s'il est fermé. Une *perahera* s'y déroule en août. Le cadre est aussi impressionnant que le temple.

Temple de Gadaladeniya TEMPLE
(200 Rs). Parcourez ensuite 3 km pour atteindre le temple de Gadaladeniya, ou prenez un bus à Kandy (le n°644 entre autres). Des marches creusées dans la roche conduisent au sanctuaire, érigé sur un escarpement rocheux parsemé de petits bassins. Ce temple bouddhique doté d'une annexe hindoue date de la même période que les temples précédents.

Lors de nos recherches, un échafaudage et un toit de tôle le recouvraient afin de le protéger de l'érosion causée par la pluie.

La grand-route Colombo-Kandy passe à moins de 2 km du temple ; une promenade plaisante mène au Km 105, où presque tous les bus vous déposeront au jardin botanique de Peradeniya ou à Kandy.

Méditation

Nilambe Meditation Centre MÉDITATION
(www.nilambe.net). Près de Nilambe Bungalow Junction, à 13 km au sud de Kandy, ce centre de méditation est desservi par le bus n°633 ; prenez un bus à destination de Delthota via Galaha et descendez à Office Junction (environ 1 heure). Le centre propose des cours de méditation quotidiens et un hébergement sommaire pour 40 personnes (800 Rs par jour en pension complète). Bien que des couvertures soient fournies, mieux vaut emporter un sac de couchage. Prévoyez aussi une lampe torche, car il n'y a pas d'électricité. Pour rejoindre Nilambe depuis Office Junction, grimpez sur 3 km à travers les plantations de thé ou prenez un *túk-túk* (250 Rs). De Kandy, comptez 1 400 Rs en taxi.

Dhamma Kuta Vipassana Meditation Centre MÉDITATION
(☎238 5774 ; www.kuta.dhamma.org ; Mowbray, Hindagala). Ce centre offre des cours gratuits de 10 jours qui suivent la technique de méditation de S.N. Goenka ; la réservation est obligatoire. Des dortoirs séparés pour hommes et femmes peuvent accueillir 90 étudiants. Les dates des sessions sont affichées à la Buddhist Publication Society, à Kandy. À l'arrêt de la tour de l'horloge à Kandy, prenez un bus à destination de Mahakanda jusqu'au terminus. Parcourez ensuite une montée escarpée de 2 km ou empruntez un *túk-túk* (250 Rs). Un taxi de Kandy à l'arrêt de bus revient à 900 Rs.

Paramita International Buddhist Centre MÉDITATION
(☎257 0732 ; www.paramitaibc.org). Au sommet du col de Bolana, à 1 km après Kadugannawa sur la route de Colombo, le Paramita organise des cours d'une semaine avec un hébergement propre pour hommes et femmes, une bibliothèque et un jardin luxuriant.

Où se loger

Si vous rêvez de jours tranquilles à flâner sur des chemins ombragés en contemplant les collines, séjournez en dehors de Kandy. Les hébergements, de catégories moyenne et supérieure, sont souvent ravissants et justifient la dépense.

♥ **The Kandy House** HÔTEL DE CHARME $$$
(☎492 1394 ; www.thekandyhouse.com ; Amunugama Walauwa ; ch avec petit-déj à partir de 326 $US ; @ Wi-Fi piscine). Il y a près de deux siècles, cette superbe villa agrémentée d'une cour était habitée par la famille d'un chef kandyen. Aujourd'hui restaurée et décorée d'antiquités coloniales hollandaises, elle possède tous les atouts pour une lune de miel. Toutes les chambres (sans clim) portent le nom d'un papillon de la région et les plus belles suites sont pourvues de vérandas privées. Dans le jardin, la piscine à débordement se fond dans le vert émeraude des rizières. Séjour minimum de 2 nuits.

Kandy Samadhicentre HÔTEL DE CHARME $$$
(☎447 0925 ; www.thekandysamadhicentre.com ; Kukul Oya Rd, Kandy ; ch 200-300 $US). À la fois écolodge de charme et centre ayurvédique, c'est sans doute l'adresse la plus reposante aux alentours de Kandy. Treize pavillons sont répartis sur le versant d'une colline boisée, chacun décoré de textiles asiatiques et de lits à baldaquin. Plus modestes, les *mud houses* (maisons en terre battue) ne disposent pas d'eau chaude mais bénéficient de la même ambiance sereine. Les prix des chambres nous semblent un peu exagérés malgré les commentaires élogieux dans le livre d'or. La cuisine est bio et végétarienne, et l'on ne sert pas d'alcool. Reiki et massages shiatsu (3 500 Rs) sont proposés. Le transport jusqu'au lodge, à 50 minutes à l'est de Kandy, revient à 2 500 Rs ; demandez que l'on vienne vous chercher lors de la réservation.

Amaya Hills COMPLEXE HÔTELIER $$$
(☎447 4022 ; www.amayaresorts.com ; Heerassagala ; s/d avec petit-déj 151/163 $US ; clim @ Wi-Fi piscine). Perché dans les collines à 20 minutes de route au sud-ouest de Kandy, cet hôtel possède un splendide salon ouvert, une piscine au sommet d'une falaise et 100 chambres très confortables, décorées de tons chauds et de motifs kandyens. Le centre ayurvédique bien équipé et la discothèque, Le Garage,

Environs de Kandy

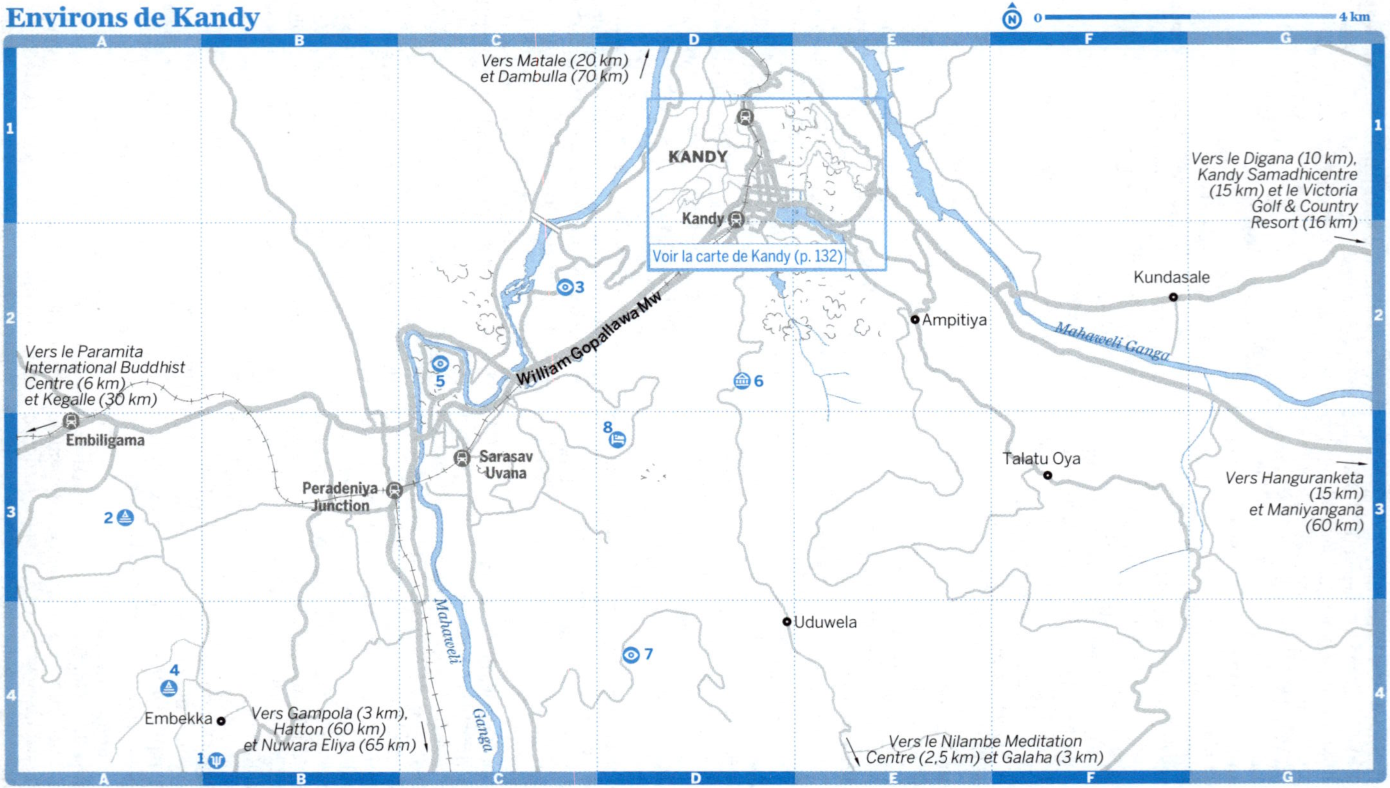

Environs de Kandy

À voir

1 Embekka Devale B4
2 Temple de Gadaladeniya A3
3 Kandy Garrison Cemetery C2
4 Temple de Lankatilake A4
5 Jardins botaniques de Peradeniya C2
6 Tea Museum D2

Activités

Amaya Hills .... (voir 8)
7 Dhamma Kuta Vipassana Meditation Centre D4

Où se loger

8 Amaya Hills D3

Où sortir

Le Garage .... (voir 8)

sont ouverts aux non-résidents. La course en *túk-túk* jusqu'à Kandy coûte 500 Rs ; mieux vaut avoir un chauffeur.

Est de Kandy

De Kandy, important carrefour de transports, la plupart des voyageurs partent à l'ouest vers Colombo, au nord vers les cités anciennes, ou au sud vers le reste de la région montagneuse. Vous pouvez aussi rejoindre à l'est Mahiyangana et Badulla, puis Monaragala sur la route d'Arugam Bay et du parc national de Gal Oya. Plus loin au nord-est, Batticaloa est accessible en bus depuis Kandy.

À Mahiyangana, un dagoba marque l'endroit où le Bouddha aurait prêché. Deux routes conduisent à Mahiyangana. L'A26, la route nord, passe par le Victoria Golf Club, le réservoir Victoria et Madugoda, avant de descendre en 18 lacets vers les basses terres de Mahaweli et les plaines arides. C'est l'un des trajets en bus les plus impressionnants du pays. En montée, on redoute la surchauffe et en descente, que les freins lâchent. Nombre de véhicules gisent dans la jungle, en contrebas !

Les chauffeurs préfèrent emprunter la route qui longe les berges sud des réservoirs Victoria et Randenigala, plus rapide et en meilleur état. Cette route ferme au crépuscule, car les phares attirent les éléphants sauvages de la réserve naturelle. Pour aller de Kandy aux montagnes de la province d'Uva et à des villes comme Ella et Haputale, il est plus rapide d'emprunter cette route et continuer au sud vers Badulla, que de passer par Nuwara Eliya.

KNUCKLES RANGE

Ainsi nommé en raison de ses pics qui ressemblent à un poing fermé, ce **massif** abrite de rares poches de forêt alpestre et offre de fabuleuses possibilités de randonnée et d'observation des oiseaux. Encore relativement méconnu des visiteurs étrangers, il reste l'un des meilleurs endroits de la région montagneuse pour sortir des sentiers battus.

Vous aurez besoin d'être bien préparé pour faire de la randonnée dans le secteur ; un guide compétent est pratiquement indispensable.

Les hôtels du Knuckles Range peuvent organiser des randonnées guidées. À Kandy, contactez Sumone Bandara à Sri Lanka Trekking (p. 136) ou **M.M.G. Nishantha** (☎077 918 8292). Un guide pour les hauts sommets est à la fois obligatoire et essentiel, tout comme un équipement imperméable et une protection contre les sangsues. Pour toute marche plus ambitieuse qu'une promenade de quelques heures dans les contreforts, vous devrez être totalement autonome, avec matériel de camping et nourriture (les guides indiqués ci-dessus peuvent vous aider).

Les contreforts des Knuckles sont parsemés de petits villages et vous pouvez les arpenter librement. En revanche, les hauteurs sont un secteur protégé avec un droit d'accès de 650 Rs. Les billets ne peuvent pas s'acheter à l'entrée ; votre guide les obtiendra à l'office des forêts.

Le site www.knucklesrange.org est une bonne source d'information sur la région.

Où se loger et se restaurer

Rangala House HÔTEL DE CHARME **$$$**
(☎081-240 0294 ; www.rangalahouse.com ; 92B Bobebila Rd, Makuldeniya, Teldeniya ; ch avec petit-déj 156 $US ;). Cet ancien bungalow de planteur de thé, niché sur un versant boisé et entouré d'arbres à épices, est un bel exemple des somptueux hôtels de charme qui se multiplient au Sri Lanka. Sans doute l'une des meilleures adresses de l'île, il comprend 4 chambres doubles, un vaste salon-salle à manger avec cheminée et vue sur les montagnes, la jungle et les lumières de Kandy au loin. La grande piscine est chauffée à l'énergie solaire. En soirée, on se retrouve sur la véranda, longue de 15 m et équipée d'un barbecue. D'excellents treks dans les hauteurs du Knuckles Range

À LA RENCONTRE DES VEDDA

Le Sri Lanka était habité bien longtemps avant la venue des Cinghalais et des Tamouls. Ces premiers habitants, appelés Vedda (ou chasseurs), seraient arrivés sur l'île il y a quelque 18 000 ans et, jusque récemment, ont vécu sans trop de problèmes aux côtés des autres Sri Lankais. Aujourd'hui, comme les autres communautés aborigènes d'Asie du Sud, les Vedda subissent d'énormes pressions et il ne reste plus que quelques centaines de Vedda non métissés.

Le dernier bastion vedda se situe dans la campagne près du village de **Dambana**, à l'est de la bourgade de **Mahiyangana**. Si vous souhaitez rencontrer des Vedda, vous devrez trouver un guide-interprète à Dambana, puis rejoindre le joli hameau de **Kotabakina,** le village vedda le plus visité. Sur place (moyenant une somme substantielle), vous assisterez à des danses, des chants et un rituel de chasse.

Si l'expérience peut sembler artificielle, souvenez-vous que le tourisme fournit des revenus aux villages et que la curiosité pour cette culture tribale traditionnelle peut suffire à empêcher sa disparition.

Mahiyangana, une ville étendue et peu peuplée, constitue la meilleure base pour visiter la région. Sa seule curiosité est le **dagoba Mahiyangana** où, selon la légende, le Bouddha aurait prêché lors de son premier séjour au Sri Lanka.

Mahiyangana compte quelques hébergements, peu habitués à recevoir des étrangers. Des bus desservent Kandy, Badulla et Polonnaruwa, entre autres destinations.

peuvent être organisés. Les cartes de crédit ne sont pas acceptées.

Green View HÔTEL **$$**
(☎081-567 1436 ; www.greenviewholidayresort.com ; Karagahinna, Elkaduwa ; s/d à partir de 2 420/3 300 Rs). Un peu défraîchi, ce lodge à flanc de colline offre une vue spectaculaire sur une vallée boisée et 7 chambres propres, sans aucun cachet. Des employés vous guideront volontiers pour des promenades faciles à basse altitude ou pour des marches plus ardues sur les crêtes du Knuckles Range. Réservez et l'on viendra vous chercher à Kandy.

Hunas Falls Hotel HÔTEL **$$$**
(☎081-494 0320 ; www.hunasfallskandy.com ; Elkaduwa ; s/d pension complète à partir de 201/221 $US ; ❄@📶🏊). Perché à la lisière d'une plantation de thé et d'un jardin d'épices, ce complexe hôtelier est prisé des visiteurs en provenance d'Inde et du Moyen-Orient. Ce n'est qu'une construction affreuse et impersonnelle dans un paysage époustouflant.

ℹ Depuis/vers le Knuckles Range

Un taxi de Kandy à Elkaduwa revient à 1 500 Rs. Vous pouvez aussi prendre un bus pour Wattegama (près de la tour de l'horloge à Kandy), puis une correspondance pour Elkaduwa.

Adam's Peak (Sri Pada)

ALTITUDE 2 243 M

Situé dans un secteur splendide du sud de la région montagneuse, ce haut sommet alimente l'imaginaire depuis des siècles et est un lieu de pèlerinage depuis plus de 1 000 ans. Les rois Parakramabahu et Nissanka Malla de Polonnaruwa firent construire des *ambalama* (auberges pour pèlerins) sur la montagne.

Il est appelé Adam's Peak (l'endroit où Adam posa le pied sur terre après avoir été chassé du paradis), Sri Pada (l'Empreinte sacrée, laissée par le Bouddha sur le chemin du paradis) ou encore Samanalakande (mont des Papillons ; où les papillons viennent mourir). Certains attribuent l'immense empreinte au sommet du pic à saint Thomas, premier apôtre venu d'Inde, ou à Shiva.

La saison des pèlerinages commence à la *poya* de décembre et continue jusqu'à la **fête de Vesak**, en mai ; janvier et février sont les mois les plus animés. Le reste de l'année, le temple au sommet est déserté et, entre mai et octobre, des nuages couvrent souvent le pic. Durant la saison, des pèlerins et quelques touristes gravissent les innombrables marches qui mènent au sommet. L'ascension se fait généralement de nuit, car dans la journée la montée est assez pénible à cause de la chaleur.

La plupart des marcheurs partent de Dalhousie, un village situé à 33 km au sud-ouest de la gare de Hatton, où passe la ligne ferroviaire Colombo-Kandy-Nuwara Eliya. En saison, l'itinéraire est éclairé par un ruban de lumières. Hors saison, vous aurez besoin d'une lampe torche. De nombreux pèlerins préfèrent effectuer l'ascension de 7 heures, plus longue et plus fatigante (également bien signalée et éclairée), à partir de Ratnapura via le Carney Estate, car elle procure plus de mérite.

Alors que l'aube illumine la montagne sacrée, la lumière matinale dévoile les hauteurs de la région montagneuse à l'est, et les pentes qui descendent vers la côte à l'ouest. Colombo, à 65 km, se voit facilement par temps clair.

L'Adam's Peak révèle toute sa splendeur juste après l'aurore. Le soleil projette une ombre parfaite du pic sur les nuages de brume en contrebas vers la côte. À mesure que le soleil s'élève, cette ombre triangulaire recule vers le pic avant de disparaître.

Activités

Vous pouvez commencer l'ascension de 7 km à partir de Dalhousie peu après la tombée de la nuit – emportez un bon sac de couchage pour passer la nuit au sommet – ou attendre 2h du matin pour partir. Des marches (environ 5 200) jalonnent la majeure partie de la montée ; avec de nombreuses pauses, vous rejoindrez le sommet en 2 heures 30 à 4 heures. En partant à 2h30, vous arriverez facilement avant le jour, qui se lève vers 6h30. Les jours de *poya*, la foule des pèlerins ralentit la progression et, selon des voyageurs, l'ascension peut prendre jusqu'à 9 heures.

Du parking, la pente monte graduellement pendant la première demi-heure, passant sous une arche d'entrée puis devant le dagoba de l'Amitié Japon-Sri Lanka. Le chemin devient ensuite plus escarpé avant de se transformer en une succession de marches. Des maisons de thé, dont certaines ouvertes toute la nuit, jalonnent l'itinéraire jusqu'au sommet. Quelques-unes ouvrent également hors saison. Afin de préserver l'atmosphère de ferveur, les autorités ont interdit l'alcool, les cigarettes, la viande, la musique enregistrée et l'abandon de déchets.

Il peut faire froid au sommet, aussi vaut-il mieux ne pas arriver longtemps avant l'aube et attendre en grelottant. Prévoyez des vêtements chauds, un lainage supplémentaire pour le sommet, et beaucoup d'eau. À Dalhousie, des stands vendent des vestes chaudes et des bonnets durant la saison des pèlerinages. Sinon, faites halte au marché de Nuwara Eliya (p. 153) pour acheter des vêtements de sport à petits prix. Des pèlerins attendent que les prêtres effectuent une offrande matinale avant de redescendre. Le soleil et la chaleur grimpent rapidement et mieux vaut ne pas s'attarder.

La descente semble souvent plus difficile que la montée. Les marches sans fin ébranlent les genoux les plus solides et des chaussures inadéquates rendront vos pieds douloureux. Un bâton de marche ou une canne solide rendra la descente moins éprouvante. Portez un chapeau, car le soleil matinal chauffe rapidement. N'oubliez d'étirer vos jambes une fois la descente terminée pour éviter les courbatures les jours suivants.

De juin à novembre, quand le chemin n'est pas éclairé et que les pèlerins sont peu nombreux, n'entreprenez pas seul cette ascension. Les services d'un guide coûtent environ 1 000 Rs.

Des sangsues peuvent sévir. L'hôpital ayurvédique Siddhalepa produit un répulsif efficace, qui ne coûte que quelques roupies et est disponible dans tout le pays.

Où se loger et se restaurer

Dalhousie, le meilleur endroit pour entamer l'ascension, possède de bons hébergements petits budgets. Pour des hôtels de catégories moyenne et supérieure, rendez-vous à Dikoya (voir l'encadré p. 150).

En dehors de la saison des pèlerinages, les bus vous déposeront sur la place principale de Dalhousie ; en saison, ils s'arrêtent près du départ de la marche. En saison, quelques maisons de thé, dont certaines ouvrent toute la nuit, servent le petit-déjeuner avant l'aube et vendent des provisions pour l'ascension.

La plupart des pensions se regroupent sur la gauche en arrivant à Dalhousie.

Slightly Chilled PENSION $$
(☎051-351 9430 ; www.slightlychilled.tv ; Dalhousie ; ch 2 500 Rs ; @ Wi-Fi). Sur votre gauche en arrivant en ville, cette pension à l'ambiance détendue est très plaisante. Elle offre des chambres spacieuses aux couleurs pimpantes, avec parquet et vue sur le Sri Pada, un vaste restaurant, la location de VTT et quantité d'informations sur d'autres itinéraires de randonnée. Le soir, des films sont parfois projetés sur un grand écran.

Green House PENSION $
(☎060-222 3956 ; Dalhousie ; ch 600-800 Rs). De l'autre côté du pont au départ du chemin, la Green House possède un jardin

rempli de plantes en pot et un restaurant installé dans un belvédère. Quelques-unes des petites chambres partagent une sdb. La sympathique famille tamoule qui la tient peut vous procurer des guides pour le trek et prépare un bain aux plantes (330 Rs) pour vous délasser après la descente du Sri Pada.

White House BUNGALOWS **$**
(☎077 791 2009 ; Dalhousie ; ch 600-750 Rs). Les chambres sommaires et propres sont aménagées dans des bungalows en bois, avec eau chaude pour les plus chères. Tenu par un célibataire et son chien affectueux, cet endroit paisible comprend un joli jardin et un bassin de baignade dans la rivière proche. Des promenades guidées à travers les plantations de thé reviennent à 2 000 ou 3 000 Rs par jour.

River View Wathsala Inn HÔTEL **$$**
(☎052-227 7427 ; Dalhousie ; ch 2 000-3 200 Rs, sans sdb 1 500 Rs). Prisé des groupes, cet hôtel compte 14 grandes chambres, dont certaines avec sdb commune. De nombreux balcons et recoins donnent une sensation d'espace et l'on trouve facilement un endroit privé pour profiter de la vue. Le départ du chemin est à 10 minutes de marche.

White Elephant Hotel HÔTEL **$$**
(☎051-350 7377 ; www.hotelwhiteelephant.com ; Dalhousie ; ch 3 000 Rs ; @🛜). Ce nouvel hôtel, le plus clinquant de la ville, propose d'immenses chambres aux sols carrelés reluisants. Il plaît davantage aux touristes locaux qu'aux étrangers.

ℹ Renseignements

Dalhousie ne compte pas de banque. Les DAB les plus proches sont à Hatton.

Pour des informations sur l'Adam's Peak, consultez www.sripada.org.

ℹ Depuis/vers l'Adam's Peak

Un taxi de Hatton à Dalhousie revient à 1 500 Rs.

VAUT LE DÉTOUR

LA VIE D'UN PLANTEUR DE THÉ

Après l'escalade de l'Adam's Peak, la plupart des voyageurs rêvent d'un repos mérité et il n'existe pas de meilleurs endroits que les charmants bungalows des plantations de thé dans la campagne alentour.

Le Castlereagh Family Cottages, le long de la grand-route entre Hatton et Dikoya, peut se rejoindre en bus. Sur demande, le Tea Trails vient chercher ses hôtes à Colombo, Kandy ou Hatton. Un taxi de Hatton à l'un de ces établissements revient à 1 200 Rs environ.

Castlereagh Family Cottages (☎051-222 3607 ; Norton Bridge Rd, Dikoya ; cottages avec petit-déj à partir de 3 300 Rs). Joliment décorés, les cottages se situent dans un endroit charmant sous des eucalyptus, au bord du réservoir de Castlereagh. Le plus petit comporte un lit double et une chambre avec deux lits superposés. Le plus grand comprend 3 chambres doubles et une chambre d'enfants. Tous disposent d'une cuisine et d'eau chaude. Repérez le panneau juste après le pont.

Castlereagh Holiday Bungalow (☎051-222 3688 ; www.castlereigh.net ; Norton Bridge Rd, Dikoya ; cottages avec petit-déj à partir de 3 800 Rs). Juste au-dessus du Castlereagh Family Cottages, ce charmant bungalow en pierre se niche au cœur d'un jardin fleuri. Vous pourrez paresser dans un fauteuil en osier et contempler la vue avant d'allumer un feu de bois dans votre chambre et vous interroger sur les photos de corrida.

Tea Trails (☎011-230 3888 ; www.teatrails.com ; Dikoya ; s/d pension complète 339/443 € ; ❄🏊). Plus élégant, le Tea Trails propose 4 bungalows de style colonial, construits pour les directeurs britanniques de la plantation à la fin du XIXe siècle et au début du XXe. Entièrement rénovés et d'un "luxe colonial" sans faille, ils comptent chacun de 4 à 6 grandes chambres, de spacieux salon et salle à manger, une véranda et un jardin avec vue sur le réservoir de Castlereagh. Les prix incluent les repas occidentaux et sri lankais mitonnés sur place par un chef, ainsi que le vin et le thé. Un guide expérimenté organise des randonnées d'un bungalow à l'autre (et au-delà). Un spécialiste du thé fait partie du personnel. Si le thé ne vous tente pas, sirotez un whisky pur malt ou un gin tonic devant le feu crépitant dans la cheminée de votre bungalow. Tea Trails est l'un des meilleurs endroits du pays pour savourer le luxe de l'époque coloniale britannique.

Bus

Pendant la saison des pèlerinages, des bus desservent Dalhousie à partir de Kandy (gare routière de Goods Shed), Nuwara Eliya et Colombo. Sinon, il faut changer à Hatton ou à Maskeliya, à 20 km sur la route Hatton-Dalhousie.

Toute l'année, des bus rallient Hatton de Colombo, Kandy ou Nuwara Eliya. Quelques bus directs partent de Nuwara Eliya et de Colombo pour Maskeliya.

Pendant la saison des pèlerinages, des bus relient Hatton et Dalhousie via Maskeliya toutes les 30 min (60 Rs, 2 heures). Sinon, vous devrez prendre un bus de Hatton à Maskeliya (30 Rs, dernier départ vers 18h), puis changer pour Dalhousie (30 Rs, dernier départ vers 19h)

Train

Les trains *Podi Menike* et *Udarata Menike* en provenance de Colombo arrivent respectivement à Hatton à 11h30 et 14h15. Ils continuent vers Nanu Oya (pour Nuwara Eliya), comme les trains locaux qui partent de Hatton à 7h35 et 16h20. En sens inverse, le *Podi Menike* passe par Haputale et Nanu Oya, et rejoint Hatton à 14h13 ; l'*Udarata Menike* quitte Hatton à 10h55 et le train postal n°46 à 22h52.

Kitulgala

036

Kitulgala devient peu à peu la capitale sri lankaise des sports d'aventure. Actuellement, la plupart des visiteurs sont des jeunes dynamiques de Colombo, mais les touristes étrangers commencent à découvrir les plaisirs du rafting, des treks dans la jungle, de l'observation des oiseaux et de la spéléologie.

L'autre titre de gloire de la ville est d'avoir servi de cadre au film de David Lean *Le Pont de la rivière Kwaï*. Un chemin descend jusqu'au site du tournage le long de la Kelaniya Ganga ; il est indiqué sur la route principale, à 1 km du Plantation Hotel en direction de l'Adam's Peak. Vous serez immanquablement escorté de quelques "guides", espérant quelques roupies pour le dérangement. Si vous avez vu le film, vous reconnaîtrez certains endroits. Apparemment, les wagons de train utilisés lors du tournage gisent au fond de la rivière. Apportez votre équipement de plongée pour les inspecter.

À quelques kilomètres de Kitulgala s'étend un grand **réseau de grottes** où des restes humains vieux de 28 500 ans ont été découverts. Tous les hôtels indiqués plus loin peuvent vous procurer un guide pour explorer les grottes.

Activités

Rafting EAUX VIVES

La Kelaniya Ganga, la rivière qui traverse Kitulgala, offre le meilleur rafting du pays. La descente classique franchit 7 rapides de classes 2-3 sur 7 km en 2 heures environ (30 $US par personne, transport et déjeuner compris). Sur demande, les rafteurs expérimentés peuvent affronter des rapides de classes 4-5. Presque tous les hôtels organisent des sorties de rafting et plusieurs centres d'activités jalonnent la route principale. Tous proposent des forfaits similaires à des prix identiques.

Le long de la Kelaniya Ganga, des endroits se prêtent à la **baignade**, dont un près du Plantation Hotel.

Trekking dans la jungle RANDONNÉE

Une épaisse forêt couvre les collines abruptes autour de Kitulgala. Vous pourrez découvrir la région au cours de belles et épuisantes randonnées d'une journée. Vous aurez besoin d'un guide (15 $US), de bonnes chaussures, de vêtements imperméables et d'un répulsif contre les sangsues. La plupart des hôtels peuvent vous procurer un guide et vous indiquer des itinéraires ; Channa Perera du Rafter's Retreat (p. 152) connaît parfaitement la jungle, la faune et la flore locales.

Observation des oiseaux ORNITHOLOGIE

La région est réputée pour l'observation des oiseaux : 23 des 27 espèces endémiques du Sri Lanka peuplent la forêt alentour. De nouveau, Channa Perera du Rafter's Retreat reste inégalé pour sa connaissance de l'avifaune.

Où se loger et se restaurer

Royal River Resort HÔTEL DE CHARME **$$$**

(Plantation Resort ; 036-492 0790 ; www.plantationgrouphotels.com ; Eduru Ella ; s/d demi-pension 10 910/14 525 Rs ;). À 6 km de Kitulgala, au cœur de la jungle et de plantations de thé, cet hôtel merveilleusement isolé propose 4 cottages en bois à l'ancienne, récemment construits parmi des rochers et des cascades. Les chambres, joliment décorées dans le style colonial, s'agrémentent de sols en pierre, d'une cheminée et de lits à baldaquin. Le restaurant est excellent et la piscine, fantastique.

Rafter's Retreat LODGES $$
(☎228 7598 ; www.raftersretreat.com ; s/d demi-pension 55/80 $US ; 📶). Un superbe bungalow colonial vieux de 85 ans sert de bureau à ce tour-opérateur spécialisé dans le rafting et l'observation des oiseaux. Dix cottages sommaires (un peu surévalués) longent la rivière et 3 grandes chambres propres, très hautes de plafond, se situent près de la vieille demeure. Le restaurant, au bord de l'eau, est idéal pour une bière et sert une délicieuse cuisine. Demandez à Channa, le sympathique propriétaire, de vous faire visiter la maison coloniale, construite par son grand-père. Possibilité de toutes sortes de circuits et d'activités.

Kitulgala Rest House HÔTEL $$
(☎228 7233 ; www.ceylonhotels.lk ; s/d avec petit-déj 6 600/7 480 Rs ; ❄). Dans ce vieil hôtel, un coin de la salle à manger est consacré à David Lean, avec des photos en noir et blanc qui montrent l'établissement tel qu'il apparaît dans le film. Ce gracieux édifice de style colonial, vieux de plus de 70 ans, comprend 20 chambres avec des vérandas face à la rivière. Les TV sat et les minibars apportent une touche de modernité.

Plantation Hotel HÔTEL $$$
(☎228 7575 ; www.plantationgrouphotels.com ; Kalukohutenna ; s/d avec petit-déj 7 725/8 710 Rs ; ❄📶). Des chambres de style hôtel d'affaires, confortables mais trop chères, et un restaurant en bord de rivière qui propose une cuisine "occidentale et orientale".

Depuis/vers Kitulgala

Kitulgala se rejoint facilement en bus. Si vous venez de Ratnapura, changez à Avissawela ; prenez un bus pour Hatton et descendez à Kitulgala (50 Rs). Pour repartir, hélez un bus à destination de Hatton sur la route principale (50 Rs).

De Kandy à Nuwara Eliya

La route de Kandy à Nuwara Eliya grimpe sur près de 1 400 m en serpentant à travers des plantations de thé vert jade et des réservoirs à l'eau cristalline. De nombreuses cascades et maisons de thé invitent à une halte le long de ce trajet de 80 km.

Plus loin, le **réservoir de Kothmale** (ou réservoir de Puna Oya) fait partie du Mahaweli Development Project ; des habitants lui attribuent les bizarreries climatiques des dernières années. Les **chutes de Ramboda** (108 m), à 1,5 km de la route, dévalent en deux cascades parallèles.

Au bord de l'A5, à 5 km avant Nuwara Eliya, la **Labookellie Tea Factory** (⏲8h-18h30) se visite facilement. Si cette fabrique de thé ne mérite pas un détour, la halte se justifie si vous êtes sur la route malgré la brièveté de la visite guidée. Vous pourrez acheter des thés de qualité à des prix corrects et savourer une tasse de thé avec un morceau de gâteau au chocolat (60 Rs). Non loin, les **Glenloch** et **Blue Field Tea Estates** offrent des prestations similaires et un peu moins de visiteurs.

Aux abords de Nuwara Eliya, des stands en bord de route croulent sous toutes sortes de légumes – un héritage de Samuel Baker, qui arriva en 1846 et fit de Nuwara Eliya sa résidence estivale. Grand amateur de légumes, il introduisit d'innombrables variétés. Des enfants vendent des fleurs sur les talus escarpés à l'entrée de Nuwara Eliya.

Où se loger et se restaurer

♥ **Lavender House** COTTAGES $$$
(☎052-225 9928 ; www.thelavenderhouseceylon.com ; s/d avec petit-déj à partir de 300/325 $US ; ❄). Ce sublime cottage est sans doute le plus bel exemple de reconversion de demeures de plantation de thé. Avec de superbes lits à baldaquin anciens et des portraits de Churchill accrochés au-dessus de la cheminée, le style colonial reste bien présent, mais se mélange à de l'art moderne, d'élégantes sdb, des oreillers moelleux et une piscine à débordement avec une vue splendide. Il se situe non loin du réservoir de Kothmale. Réservation indispensable.

Pussellawa Rest House HÔTEL $$$
(☎077 351 9073 ; www.heritagepussellawa.lk ; s/d avec petit-déj 110/122 $US ; ❄@). A Pussellawa, à 45 km de Kandy, cet ancien hôtel gouvernemental vieux de 120 ans a été récemment privatisé et rénové. Il offre à présent des chambres surévaluées mais très confortables, qui conservent le charme d'antan.

Ramboda Falls Hotel HÔTEL $$$
(☎052-225 9582 ; www.rambodafalls.com ; s/d demi-pension 61/71 $US, chalets s/d demi-pension 130/140 $US). A 58 km de Kandy près des chutes de Ramboda et du réservoir de Kothmale, cet établissement de type motel bénéficie d'une belle vue sur les chutes, notamment depuis le restaurant. Si les chambres sont propres et spacieuses, les chalets sont ridiculement chers. Le restaurant, coûteux, propose un déjeuner-buffet sri lankais (1 000 Rs), très prisé des groupes de passage.

THÉ ET SRI LANKA

Essentiel à la vie dans la région montagneuse, le thé fait partie intégrante de la culture nationale. Boisson chaude la plus appréciée sur l'île, elle joue aussi un grand rôle dans l'économie du pays. Pour en savoir plus, reportez-vous p. 288.

Maussawa Estate Eco Lanka Villa VILLA **$$$**
(☎051-223 3133 ; www.ecolanka.com ; pension complète s 40-45 €, d 60-85 €). Niché dans une forêt de 20 ha, cet établissement combine écotourisme et commerce équitable. Le rejoindre de la route Kandy-Nuwara Eliya est une aventure. Sur place, vous aurez le choix entre les randonnées, l'observation des oiseaux ou la baignade dans la rivière. Vous pourrez ensuite vous détendre dans la villa ou dans l'agréable restaurant en plein air. La savoureuse cuisine végétarienne est confectionnée avec des produits bio. L'établissement reverse une partie des bénéfices au village voisin de Pundaluoya, au nord-ouest de Nuwara Eliya. Réservation indispensable.

Nuwara Eliya

☎052 / 26 000 HABITANTS / ALTITUDE 1 889 M

Souvent surnommée "Petite Angleterre" par l'industrie touristique locale, Nuwara Eliya possède une ambiance qui rappelle un village anglais, avec un côté surréaliste. Des *túk-túk* passent devant des cabines téléphoniques rouges, des buffles parés de peintures iridescentes pour la fête tamoule de Thaipongal piétinent devant une poste victorienne en brique rose, et le golf soigné se fond dans les vallons des plantations de thé. Si le centre-ville, poussiéreux et turbulent, est typiquement sri lankais, il suffit de s'en éloigner pour découvrir des bungalows coloniaux, des haies taillées et des jardins remplis de rosiers.

Nuwara Eliya (ou "cité de la Lumière") était jadis la villégiature favorite des pionniers anglais et écossais de l'industrie du thé, séduits par la fraîcheur du climat. De novembre à février, la brume couvre la ville les jours de pluie. Pendant les vacances d'avril affluent les touristes sri lankais qui apprécient les courses hippiques, grimpent dans les hauteurs avec des voitures de sport et célèbrent le Nouvel An sri lankais. Le prix des hébergements grimpe en flèche et Nuwara Eliya devient une ville festive. Le reste de l'année, la culture du thé et des légumes constitue la principale ressource économique. Passez une nuit dans l'un des hôtels coloniaux, jouez au golf, faites quelques parties de billard et découvrez l'étrange combinaison du passé colonial et de la modernité.

D'innombrables rabatteurs tentent d'obtenir une commission d'un hôtel ou d'une pension. Ils attendent à la gare ferroviaire de Nanu Oya et essaieront de vous faire croire que votre hôtel a fermé, qu'il est infesté de cafards, ou qu'il est mauvais. Ignorez-les.

Histoire

Région inhabitée de forêts et de prairies au pied du Pidurutalagala (ou mont Pedro, 2 524 m), Nuwara Eliya devint une retraite britannique après avoir été "découverte" par le fonctionnaire John Davy en 1819 et choisie pour y édifier un sanatorium dix ans plus tard.

Le district devint réputé pour la culture des légumes et des fruits "anglais", comme la laitue et les fraises, destinés aux colons. Les caféiers furent parmi les premières plantes cultivées dans la région mais, après la destruction des arbustes par une maladie, les colons se tournèrent vers le thé. La plantation de Loolecondera, dans les montagnes entre Nuwara Eliya et Kandy, produisit les premières feuilles de thé récoltées au Sri Lanka. Avec le succès des plantations, la ville acquit rapidement le statut de "capitale du thé" de la région montagneuse, un titre qu'elle continue de porter fièrement.

Comme ailleurs dans la région montagneuse, la plupart des employés des plantations de thé étaient des Tamouls, amenés du sud de l'Inde par les Britanniques. Si les descendants de ces "Tamouls des plantations" (une appellation utilisée pour les distinguer des Tamouls du nord de l'île) sont le plus souvent restés en dehors du conflit ethnique qui a fait rage à Jaffna et dans le Nord, des affrontements ont ponctuellement opposé les Cinghalais et les Tamouls locaux. La ville fut en partie mise à sac pendant les violentes émeutes de 1983.

Une importante population musulmane vit à Hagkala, non loin, en harmonie avec les autres ethnies.

À voir

Parc Victoria PARC
(adulte/enfant 60/30 Rs ; ⌚aube-crépuscule). Le charmant parc Victoria, au centre de la ville, est l'un des plus jolis et mieux

Nuwara Eliya

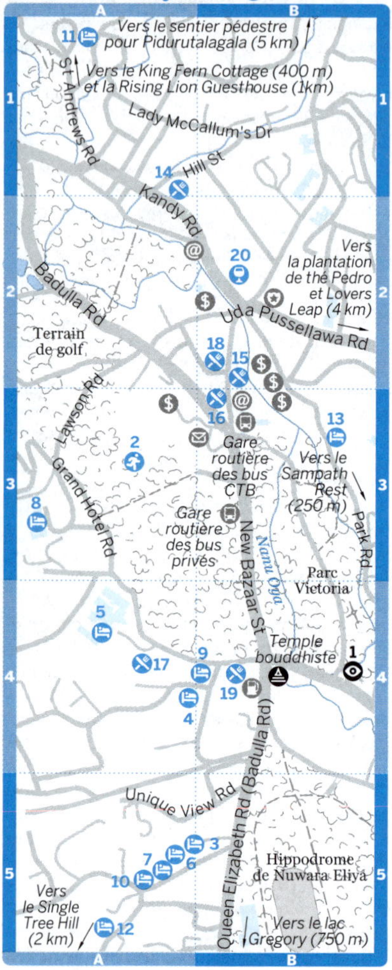

Nuwara Eliya

À voir

1 Entrée et guichet du Victoria Park B4

Activités

Hill Club .... (voir 8)
2 Nuwara Eliya Golf Club A3

Où se loger

3 Alpine Hotel A5
4 Ceybank Rest A4
5 Grand Hotel A4
6 Grosvenor Hotel A5
7 Haddon Hill Hotel A5
8 Hill Club A3
9 Hotel Glendower B4
10 Single Tree Hotel A5
11 St Andrew's Hotel A1
12 Teabush Hotel A5
13 The Trevene B3

Où se restaurer

14 Cargills Food City A1
15 Marché central B2
16 De Silva Food Centre B3
Grand Hotel .... (voir 5)
17 Grand Indian A4
Hill Club .... (voir 8)
King Prawn Restaurant .... (voir 9)
18 Milano Restaurant B2
Old Course Restaurant .... (voir 11)
19 Restaurant Two B4

Où prendre un verre

Lakeview Pub .... (voir 3)
20 The Pub B2

entretenus des parcs urbains d'Asie du Sud. Se promener autour de ses pelouses soignées est un plaisir, surtout quand les fleurs s'épanouissent, de mars à mai et d'août à septembre. Il abrite de nombreux oiseaux de la région montagneuse, dont le gobe-mouches du Cachemire, la brève du Bengale et la mésange petit-deuil.

Au bout du parc se trouvent une petite aire de jeu pour les enfants et un train miniature.

Pedro Tea Estate PLANTATION DE THÉ

(100 Rs ; 8h-11h et 14h-16h). Pour savoir d'où provient votre thé du matin, rendez-vous dans cette plantation, à 3,5 km à l'est de Nuwara Eliya en direction de Kandapola. La visite guidée de la fabrique, construite en 1885 et toujours remplie de machines du XIXe siècle, dure une demi-heure. Sachez qu'en raison du type de thé (très léger), le traitement n'a lieu qu'en soirée, quand il fait plus froid, et vous ne verrez sans doute pas la coupe et le séchage. Une agréable maison de thé surplombe les plantations. Les photos sont interdites dans la fabrique. L'aller-retour en *túk-túk* de Nuwara Eliya coûte environ 350 Rs, attente comprise. Vous pouvez aussi prendre le bus n°743 à destination de Ragalla à la gare routière principale de Nuwara Eliya.

Lac Gregory LAC

(10 Rs ; aube-crépuscule). Longtemps négligé, le lac Gregory, à l'extrémité sud de la ville, a récemment suscité l'intérêt

de la municipalité. Les nouvelles allées asphaltées (pratiques pour les poussettes et les fauteuils roulants) qui le longent ont contribué à en faire un site fréquenté. Outre une promenade matinale, vous pouvez louer un **bateau** (pédalo 1 500 Rs/30 min, bateau à moteur 2 000 Rs/20 min) ou suivre la rive à **cheval** (2 500 Rs/h). Des tables de pique-nique, un petit restaurant et un snack-bar font partie des installations.

Lovers Leap POINT DE VUE
Du Pedro Tea Estate, une belle promenade de 5 km (aller-retour) mène au **Lovers Leap** (Saut des amoureux), un point de vue spectaculaire et une cascade. De la fabrique, traversez la route principale et suivez les panneaux jusqu'au bungalow du directeur. De là, prenez à gauche à l'embranchement et marchez encore 15 minutes.

Hakgala Gardens JARDIN
(adulte/enfant 1 100/550 Rs ; ⏲8h-17h). Agréablement désordonné, le jardin Hakgala, à 10 km au sud-est de Nuwara Eliya (et environ 200 m plus bas), est un havre de paix. Selon la légende, le dieu-singe Hanuman fut envoyé par Rama dans l'Himalaya pour rapporter une herbe médicinale. En chemin, il oublia de quelle herbe il s'agissait et arracha un morceau des montagnes avec ses dents, espérant que la plante s'y trouvait. Le rocher sur lequel pousse le jardin est appelé Hakgala, ou "rocher de la mâchoire"

Récemment, le gouvernement sri lankais (qui gère le jardin) a quadruplé le prix de l'entrée. La visite du jardin ne justifie pas cette dépense.

De Nuwara Eliya, un court trajet en bus (en direction de Welimada) conduit au jardin.

Temple Seetha Amman TEMPLE
Sur le chemin du jardin Hakgala, près du Km 83, le pittoresque temple hindou de Seetha Amman se dresse à Sita Eliya. Il marquerait l'endroit où Sita fut retenue captive par le roi-démon Rawana et priait chaque jour pour que Rama vienne la secourir. Sur le rocher de l'autre côté du cours d'eau, des dépressions circulaires seraient les empreintes des pattes de l'éléphant de Rawana. Les mariages tamouls y font halte pour la *puja* (8h, 13h, 14h et 18h).

Activités

Le Grand Hotel, le St Andrew Hotel, le Hill Club et l'Hotel Glendower disposent tous d'une salle de billard. Les non-résidents peuvent jouer moyennant 250 Rs l'heure.

Golf

Nuwara Eliya Golf Club GOLF
(☎223 2835 ; green 18 trous 4 000-5 000 Rs, 10 trous 3 000-4 000 Rs, caddie 560 Rs). Fondé en 1889 par les planteurs de thé, le Nuwara Eliya Golf Club s'étend au nord de Grand Hotel Rd. Superbement entretenu, il compte plusieurs greens gardés par des chiens somnolents.

Le hasard fait que l'eau, sous forme de rivière ou de ruisseau, est présente dans six trous. Les membres temporaires payent 500 Rs par jour. La location des clubs et des chaussures revient respectivement à 1 000 Rs et 150 Rs par jour. Les hommes doivent porter une chemise, un pantalon ou un bermuda, des socquettes et des chaussures et les femmes revêtir une tenue décente (pas de minijupe). Le club possède un bar convivial, des salles de badminton et de billard. La **salle à manger** (plats 450-950 Rs) sert une cuisine anglaise classique, comme les côtelettes d'agneau avec sauce à la menthe, et un nombre croissant de plats asiatiques.

Cyclotourisme

De nombreuses pistes escarpées sillonnent les collines alentour. Adressez-vous au Single Tree Hotel pour la **location de VTT** (1 000 Rs/jour). Un itinéraire de 10 km, assez sportif et spectaculaire, traverse de verdoyantes plantations de thé jusqu'à la Labookellie Tea Factory (p. 152). Les montées sont suivies de descentes grisantes.

Courses de chevaux

Le **Sri Lanka Turf Club** (www.srilankaturfclub.com) organise des courses hippiques à l'hippodrome de Nuwara Eliya, créé en 1875. L'événement majeur de l'année, la course de la Governor's Cup, se déroule en avril, pendant les vacances du Nouvel An sri lankais. Les courses commencent habituellement vers 10h30.

Randonnée

Point culminant du Sri Lanka, le **Pidurutalagala** (2 524 m) s'élève derrière Nuwara Eliya. Le principal émetteur de télévision de l'île est installé au sommet, interdit au public. Vous pouvez grimper sur 4 km jusqu'à un réservoir en béton, qui marque la limite d'une zone de haute sécurité. De Keena Rd, le sentier longe un ravin à travers une forêt d'eucalyptus (d'où la ville tire son bois de chauffage), puis pénètre dans la rare forêt de nuages endémique.

Autre marche, l'ascension de la **Single Tree Hill** (2 100 m) demande environ 1 heure 30. Suivez Queen Elizabeth Rd vers le sud, remontez Haddon Hill Rd jusqu'à la tour des télécommunications, puis prenez le chemin sur la gauche. Les pensions vous fourniront une carte rudimentaire.

Pour des randonnées plus longues, renseignez-vous au Single Tree Hotel. Les marches guidées dans les collines alentour coûtent de 1 500 à 2 000 Rs. L'hôtel organise aussi de plus longs treks avec camping.

Si vous avez besoin de vêtements chauds ou de trekking, allez au **marché** dans New Bazaar St. Des stands vendent des vêtements de sport de grandes marques, fabriqués au Sri Lanka, à des prix défiant toute concurrence.

Tennis

Hill Club TENNIS
(☎222 2653 ; www.hillclubsrilanka.net ; 500 Rs/h). Ce club possède 4 courts en terre battue. Le tarif horaire comprend la location de la raquette et des balles. Tâchez de ne pas envoyer la balle dans la résidence du président sri lankais, juste à côté.

Circuits organisés

La plupart des hôtels de la ville peuvent organiser des excursions d'une journée en voiture ou en 4x4 au parc national de Horton Plains (p. 160). Le prix standard jusqu'à 5 passagers s'élève à 3 500 Rs (droit d'entrée du parc exclus). L'un des meilleurs circuits en 4x4 organisés par un hôtel bon marché part du Single Tree Hotel, à 1 heure en voiture de l'entrée du parc.

Le Single Tree propose également des excursions au Pedro Tea Estate et au Lovers Leap (1 500 Rs). Son circuit d'une journée à la découverte des cascades (3 500 Rs par minibus) passe par 5 cascades et la Labookellie Tea Factory.

Où se loger

Les hôtels bon marché peuvent être sinistres, aussi vaut-il mieux vaut se montrer un peu exigeant au moment de se décider. La ville offre un bon choix d'hébergements de style colonial, mais vous devrez payer plus cher pour une plongée dans le passé. À l'exception du Single Tree Hotel et de l'excellent King Fern Cottage, les pensions pour baroudeurs n'ont rien de séduisant.

Toute l'année, vous aurez besoin de couvertures pour ne pas grelotter la nuit. Quelques hôtels allument un feu dans les parties communes par temps froid, le meilleur moyen de se réchauffer.

Durant la "saison" du Nouvel An sri lankais (avril), les prix sont multipliés par trois ou par cinq. Ils augmentent aussi pendant les longs week-ends fériés et en août, quand arrivent les étrangers en voyage organisé.

♥ **St Andrew's Hotel** HÔTEL HISTORIQUE $$$
(☎222 3031 ; www.jetwinghotels.com ; 10 St Andrew's Dr ; ch avec petit-déj à partir de 130 $US ; @🛜). Au nord de la ville, sur une jolie butte qui surplombe le golf, ce manoir géorgien était jadis un club de planteurs. Soigneusement rénové, c'est aujourd'hui le plus luxueux des hôtels de style colonial. L'ancien et le moderne se mélangent dans les chambres et les parties communes comportent des joyaux comme un bar à cocktail couvert de graffitis (*happy hour* de 19h à 20h), une bibliothèque remplie de livres poussiéreux, une cheminée où crépite un feu de bois, une salle de billard et le superbe Old Course Restaurant. Un guide naturaliste propose d'excellentes randonnées dans la propriété et alentour. Le jardin, avec ses pelouses en terrasse et ses meubles en fer forgé, est idéal pour le thé de l'après-midi.

À Ambewella, non loin, les mêmes propriétaires gèrent le **Warwick Gardens** (ch avec petit-déj 290 $US), une splendide maison de planteur restaurée, avec 5 chambres au "glamour colonial".

♥ **The Trevene** HÔTEL HISTORIQUE $$
(☎222 2767 ; www.hoteltrevenenuwaraeliya.com ; 17 Park Rd ; s/d avec petit-déj 3 500/4 500 Rs ; @🛜). Dans cette ravissante villa coloniale, les chambres débordent de charme à l'ancienne et les parties communes offrent de nombreux recoins douillets où se blottir avec un livre. Par beau temps, vous profiterez de la vue dans le jardin. Sydney, le directeur, est un hôte jovial.

King Fern Cottage PENSION $
(☎490 0503 ; nicetime@kingfern.com ; 203/1A St Andrews Dr ; s/d 1 100/1 320 Rs ; ⊙nov-mai ; @🛜). Hébergement le plus original de la ville, le King Fern occupe un pavillon en bois au bord d'un cours d'eau. Les chambres impeccables et artistement décorées comprennent des lits immenses aux couvre-lits douillets. L'ambiance est détendue et Nishantha, le propriétaire et guide de randonnée qualifié, improvise parfois un concert de percussions en soirée devant la cheminée. Si vous téléphonez, il viendra vous chercher à la gare ferroviaire de Nanu Oya.

Hotel Glendower HÔTEL HISTORIQUE $$$
(☎222 2501 ; 5 Grand Hotel Rd ; s/d avec petit-déj à partir de 8 450/9 000 Rs ; @🛜). Ce vaste hôtel colonial possède des chambres d'époque de

qualité inégale ; visitez-en plusieurs avant de vous décider. Outre son charme indéniable, le Glendower s'agrémente d'un joli jardin (avec jeu de croquet), d'un bar cosy bien fourni et d'une salle de billard. Attenant, le King Prawn Restaurant sert une bonne cuisine chinoise.

Grosvenor Hotel HÔTEL HISTORIQUE **$$**
(☎222 2307 ; 6 Haddon Hill Rd ; s/d avec petit-déj 2 750/3 850 Rs). Jadis résidence du gouverneur britannique, le Grosvenor, avec de vastes corridors, des chambres spacieuses et des meubles d'époque, offre un excellent rapport qualité/prix dans cette catégorie. Des lucarnes modernes éclairent la vieille bibliothèque, un endroit idéal pour rédiger son journal. Visitez plusieurs chambres, car certaines avaient de sérieux problèmes d'humidité lors de notre passage.

Single Tree Hotel PENSION **$$**
(☎222 3009 ; singletreehtl@sltnet.lk ; 178 Haddon Hill Rd ; s 2 000-2 500 Rs, d 2 500-3 500 Rs ; @ᯤ). La pension la plus prisée des baroudeurs comprend un bâtiment principal avec des chambres aux couleurs vives et des boiseries chaleureuses. Celles de l'annexe sont un peu sombres et moins attrayantes, mais elles restent plaisantes. Les propriétaires vous conseilleront pour le trekking, les circuits organisés et les transports. Certains lecteurs qui avaient réservé se sont plaints de ne pas avoir obtenu ce qui avait été promis.

Ceybank Rest HÔTEL HISTORIQUE **$$**
(☎222 3855 ; s/d avec petit-déj 3 300/5 900 Rs ; ᯤ). Récemment rachetée par la Bank of Ceylon, cette ancienne demeure d'un gouverneur britannique comporte des chambres immenses et des suites plus grandes encore. Les meubles en teck et et le beau bar ancien évoquent le XIXe siècle.

Teabush Hotel HÔTEL HISTORIQUE **$$$**
(☎222 2345 ; 29 Haddon Hill Rd ; s/d 8 700/10 060 Rs ; @). Quantité de meubles anciens ornent ce bungalow de planteur, vieux de 140 ans. Le charme historique des parties communes ne se retrouve pas tout à fait dans les chambres, plus banales. Le restaurant offre une vue superbe et la pelouse sur le toit (ce n'est pas une erreur !) est idéale pour contempler le coucher du soleil. Le guide naturaliste de l'établissement organise des randonnées et des sorties d'observation des oiseaux.

Hill Club HÔTEL HISTORIQUE **$$$**
(☎222 2653 ; www.hillclubsrilanka.net ; 29 Grand Hotel Rd ; ch avec petit-déj à partir de 12 500 Rs ; @ᯤ). Ce majestueux édifice en pierre témoigne du passé colonial de Nuwara Eliya. Jusqu'en 1970, il était réservé aux hommes britanniques et l'un de ses bars était encore exclusivement masculin il y a quelques années. Il est désormais ouvert aux Sri Lankais et aux femmes, et ses membres bénéficient de droits réciproques avec les clubs londoniens. Les membres temporaires (100 Rs par jour) sont les bienvenus et peuvent profiter des courts de tennis, des pelouses et du jardin soignés. Si les suites sont spacieuses, les chambres standard sont petites et quelconques (allez plutôt au St Andrew's). Dîner au Hill Club reste une expérience mémorable ; voir l'encadré p. 159.

Grand Hotel HÔTEL HISTORIQUE **$$$**
(☎222 2881 ; www.tangerinehotels.com ; Grand Hotel Rd ; s/d avec petit-déj 176/189 $US ; ❄@ᯤ). À côté du terrain de golf, ce grand édifice faux Tudor possède des pelouses immaculées, une salle de lecture et une salle de billard lambrissée. Les chambres sont vastes et confortables, mais tout semble un peu artificiel (le bâtiment d'origine n'était qu'un bungalow). L'endroit est très prisé des visiteurs du Moyen-Orient et d'Inde.

Sampath Rest PENSION **$$**
(☎223 4690 ; 8A Wedderburn Rd ; s/d avec petit-déj 2 500-3 500 $US ; @). Cette petite pension moderne est parfaitement tenue par une famille sympathique. Des décorations nuptiales ornent la salle à manger et les grandes chambres propres sont peintes dans un vert hideux, mais restent néanmoins très agréables.

Alpine Hotel HÔTEL **$$$**
(☎222 3500 ; www.alpineecotravels.com ; 4 Haddon Hill Rd ; s/d avec petit-déj 6 600/8 250 Rs ; ❄@ᯤ). L'extérieur en impose avec ses boiseries et ses multiples fenêtres. Il compte 25 chambres convenables, dont certaines humides, un grand restaurant et un pub avec billard et fléchettes. Location de VTT à 1 000 Rs par jour.

Rising Lion Hotel HÔTEL **$$**
(☎222 2083 ; www.risinglionhotel.com ; 3 Sri Piyatissapura ; ch 2 000-3 000 Rs ; @). Perché au bout de St Andrews Rd, cet hôtel jouit d'une vue splendide sur les montagnes brumeuses. Le décor éclectique combine style rétro des années 1970 et crânes de buffle. On en vient à oublier qu'on se trouve dans un pays tropical. Il faut payer un peu plus pour avoir un balcon avec vue.

Haddon Hill Hotel PENSION $
(☎490 3675 ; 8B Haddon Hill Rd ; ch 2 000 Rs). Un retour à l'essentiel avec des chambres sans prétention et l'accès à la cuisine commune. Les épaisses couvertures sur les lits et les tapis en font un endroit douillet à bon prix.

Où se restaurer et prendre un verre

Pour le déjeuner, de nombreuses adresses proposent des bons repas à petits prix. Le soir, vous préférerez sans doute dîner dans votre pension ou dans l'un des restaurants des hôtels haut de gamme. Les pubs ouvrent vers 16h et ferment généralement vers minuit.

Si vous souhaitez faire vos courses, rendez-vous au marché central pour les produits frais et à **Cargills Food City** (Kandy Rd) pour les conserves.

♥ **The Old Course Restaurant** INTERNATIONAL $$$
(☎222 3031 ; 10 St Andrew's Dr ; menu 4 plats 1 800 Rs, plats 1 000-1 600 Rs ; ⏲12h-14h30 et 18h-22h). L'Old Course Restaurant, dans le St Andrew's Hotel, combine l'héritage culinaire de l'Empire britannique et les actuelles saveurs asiatiques pour créer une succulente cuisine fusion moderne. Le cadre et le service sont superbes, et la cave à vins est la plus grande du pays (avec des bouteilles pouvant atteindre 500 $US). Bien qu'il s'agisse d'un restaurant chic, il n'impose aucun code vestimentaire.

♥ **Grand Indian** INDIEN $$
(Grand Hotel Rd ; plats 400-600 Rs ; ⏲11h-23h). Devant le Grand Hotel, ce restaurant ressemble à une cafétéria, mais la cuisine et le service sont irréprochables ; les *thali* font l'unanimité. Il est habituellement très fréquenté et il faut parfois attendre pour obtenir une table en soirée. À l'arrière se tient une boulangerie correcte.

Hill Club OCCIDENTAL $$$
(☎222 2653 ; 29 Grand Hotel Rd ; menu 1 800 Rs ; ⏲18h-23h). Dîner au Hill Club est un événement. Le menu de 5 plats est servi à 20h selon un cérémonial immuable : serveurs gantés, bougies, nappes et serviettes en tissu. Les hommes doivent porter veste et cravate (quelques-unes sont à disposition, mais peuvent être déjà empruntées) ou le costume sri lankais traditionnel et les femmes, une tenue habillée ou une robe de soirée. Le restaurant à la carte n'impose pas un code vestimentaire aussi strict. Les non-résidents doivent payer 100 Rs d'adhésion temporaire. Si la cuisine laisse certains sceptiques, surtout au vu de l'addition, l'expérience reste unique (voir l'encadré p. 159). Venez une heure plus tôt pour prendre un verre dans l'un des bars du Hill Club. Jusque récemment, le "Casual Bar" était réservé aux hommes. Si la discrimination envers les femmes a disparu depuis le nouveau millénaire, il semblerait que les Sri Lankais d'une certaine "classe" ne soient pas toujours bienvenus.

Grand Hotel INTERNATIONAL $$$
(☎222 2881 ; Grand Hotel Rd ; menu dîner 2 050 Rs). Des menus de 5 plats asiatiques et occidentaux sont impeccablement servis tandis qu'un pianiste joue en sourdine. Comme l'hôtel, l'ambiance semble exagérée et artificielle. Tenue élégante de rigueur.

King Prawn Restaurant CHINOIS $$
(Hotel Glendower, 5 Grand Hotel Rd ; plats 400-600 Rs ; ⏲12h-14h et 18h-22h). Dans une salle qui évoque l'Angleterre des années 1930, vous vous régalerez de spécialités chinoises, de plats aux saveurs thaïlandaises, de poissons et de fruits de mer. Pour ces derniers, attendez-vous à des prix élevés du fait de l'éloignement de la mer. Le service, un peu raide et formel, est très rapide.

Milano Restaurant SRI LANKAIS $
(94 New Bazaar St ; plats 180-380 Rs). Version un peu plus chic du De Silva Food Centre voisin, avec un service sympathique et une bonne carte de plats sri lankais, occidentaux et chinois. Terminez votre repas par une pâtisserie et un café.

De Silva Food Centre SRI LANKAIS $
(90 New Bazaar St ; plats 180-250 Rs). Dans une grande artère animée, cette gargote sert des plats sri lankais et chinois à petits prix, ainsi que des *roti* végétariens.

Restaurant Two SRI LANKAIS $
(Grand Hotel Rd ; plats 150-250 Rs). Un restaurant simple et bon marché, à moitié en plein air dans un coin tranquille près du golf. La cuisine peut être très relevée.

The Pub BAR $
(20 Kandy Rd ; ⏲16h-tard). Le bar le moins cher de la ville, déconseillé aux femmes seules.

Lakeview Pub BAR $
(Alpine Hotel, 4 Haddon Hill Rd ; ⏲16h-tard). Des boiseries sombres, des billards, des fléchettes, une terrasse avec vue sur le lac et une ambiance plaisante en font un bar apprécié.

VOYAGE DANS LE TEMPS AU HILL CLUB *BRETT ATKINSON*

Construit en 1885 par un baron britannique du café pour échapper à la chaleur de la côte, le Hill Club est un monument nostalgique aux jours glorieux de l'Empire britannique. Dans la bibliothèque, seul le tic-tac d'une horloge ancienne trouble le silence. Des portraits de la famille royale trônent au-dessus de *L'Histoire de la Seconde Guerre mondiale* de Churchill.

Dîner dans la salle à manger à l'atmosphère surannée constitue un événement. Le strict code vestimentaire du club est affiché à la réception : "La tenue est décontractée sauf à partir de 19h quand les hommes doivent porter veste et cravate et les femmes une tenue qui s'accorde avec celle des hommes. Le costume sri lankais traditionnel est bien sûr autorisé."

Sachant que mes vêtements de voyage poussiéreux n'équivalent pas à une tenue sri lankaise traditionnelle, je fouille dans une garde-robe oubliée et choisis un ensemble digne d'un dîner à l'ancienne avec couverts en argent. Les vêtements datent d'au moins une génération : j'assortis une veste en polyester à larges revers et une cravate tout aussi démodée. Il ne manque que la Ford Capri pour sembler sortir d'une série policière britannique des années 1970. Le dîner fait remonter bien plus loin dans le temps. Le menu annonce une soupe de poulet et maïs (apparemment en conserve), du bœuf Holstien (*sic*), ou du mouton rôti (en réalité de la chèvre) en sauce à la menthe. Les pommes de terre lyonnaises et le gratin de poireaux ajoutent une touche internationale. Les serveurs attentifs vaquent dans la salle, se demandant peut-être pourquoi ils sont si nombreux. Après la mousse à l'orange du dessert, je dispute quelques parties de billard avec eux. Dehors c'est le XXIe siècle, mais à ce moment de la soirée, je n'en suis plus sûr.

Renseignements

Toutes les banques ci-dessous disposent de DAB et d'un service de change.

Bank of Ceylon (Lawson Rd)

Commercial Bank (Park Rd)

Hatton National Bank (Badulla Rd)

Kavinro Internet Cafe (Kandy Rd ; 60 Rs/h ; ⏲8h30-19h). Un cybercafé avec des connexions correctes.

People's Bank (Park Rd)

Poste (Badulla Rd)

Seylan Bank (Park Rd)

Depuis/vers Nuwara Eliya

Avion

Sri Lankan Air Taxi (www.srilankan.lk/airtaxi) offre des vols réguliers depuis/vers Colombo les lundi et samedi.

Bus

La gare routière CTB se situe sur le principal rond-point du centre-ville et celle des bus privés, un peu plus loin dans New Bazaar St. Le trajet de Kandy à Nuwara Eliya (88-190 Rs selon le type de bus, 4 heures, toutes les 30 min-1 heure) est une montée spectaculaire. Des bus desservent également les destinations suivantes :

Colombo normal/Intercity express 190/380 Rs, 6 heures

Haputale 85 Rs, 2 heures 30

Matara Intercity express 360 Rs, 7-8 heures, départs 7h-9h40

Welimada 46 Rs, 1 heure

Train

Nuwara Eliya est desservie par la gare ferroviaire de Nanu Oya, à 9 km sur la route de Hatton et Colombo. Des bus attendent à l'arrivée des principaux trains (20 Rs pour Nuwara Eliya) ; ne vous laissez pas embobiner par les rabatteurs. Dans la plupart des hébergements de Nuwara Eliya on enverra quelqu'un vous chercher, souvent gratuitement, si vous avez réservé. En taxi, comptez 400 Rs de la gare ferroviaire.

Badulla 2e/3e classe 140/80 Rs

Bandarawela 90/50 Rs

Colombo 450/270 Rs

Ella 110/60 Rs

Haputale 80/40 Rs

Hatton 60/30 Rs

Kandy 160/90 Rs

Une place dans le wagon panoramique de 1re classe coûte 750 Rs, quelle que soit la gare où vous montez ou descendez. Les places sont limitées et très demandées, aussi vaut-il mieux réserver à l'avance. Tous les trains ne disposent pas d'un wagon de 1re classe.

Parc national de Horton Plains et World's End

Monde étrange, superbe et silencieux, les **Horton Plains** (adulte/enfant 15/8 $US, voiture 125 Rs, jeep 250 Rs, service 8 $US/groupe, TVA 12%) offrent d'excellentes randonnées à l'ombre de deux des plus hauts sommets du pays, le Kirigalpotta (2 395 m) et le Totapola (2 359 m). Les "plaines" forment un plateau vallonné à plus de 2 000 m d'altitude, couvert de prairies entrecoupées d'épaisses forêts, d'affleurements rocheux, de cascades et de lacs brumeux. L'étonnante diversité de paysages n'a d'égale que celle de la faune et de la flore.

Le plateau s'arrête brusquement à World's End (le "bout du monde"), un fantastique escarpement qui plonge sur 880 m. À moins de venir tôt, la vue est souvent bouchée par la brume, surtout pendant la saison des pluies d'avril à septembre. Le début de la matinée (de 6h à 10h) est le moment le plus propice, avant l'arrivée des nuages. Vous découvrirez les petits villages des plantations de thé dans la vallée en contrebas, et une vue dégagée au sud en direction de la côte. En soirée et tôt le matin, vous aurez besoin d'un pantalon et d'un pull ; emportez aussi un chapeau, car la température grimpe rapidement dans les plaines. Le temps est plus dégagé de janvier à mars.

À voir et à faire

World's End POINT DE VUE

Ce parc national est le seul du pays où les visiteurs peuvent se promener librement (sur des chemins indiqués). Une marche de 4 km conduit à World's End (Bout du monde), mais le chemin fait une boucle par les chutes de Baker (2 km) avant de revenir vers l'entrée (3,5 km). Le circuit aller-retour de 9,5 km se parcourt paisiblement en 3 heures. Sachez qu'à partir de 9h ou 10h, une brume épaisse descend et vous ne verrez qu'un mur blanc tourbillonnant à World's End. Si vous partez de Nuwara Eliya ou d'Haputale entre 5h30 et 6h pour arriver à World's End vers 7h, vous avez de bonnes chances de découvrir une vue spectaculaire.

Évitez d'effectuer cette excursion le dimanche ou un jour férié, quand l'endroit est bondé. Malgré les panneaux d'avertissement, des groupes de jeunes Sri Lankais font du bruit et effrayent les animaux.

Les guides du bureau du parc national s'attendent à une rémunération de 750 Rs. Aucun tarif n'est fixé pour les guides bénévoles, mais prévoyez un montant identique. Certains connaissent bien la faune et la flore et les femmes seules seront plus tranquilles en compagnie d'un guide. **M. Nimal Herath** (☎077 618 9842 ; hrthnimal@gmail.com), passionné par le parc et très compétent sur la faune et la flore de la région, travaille habituellement comme guide/chauffeur de jeep pour le Single Tree Hotel (p.157) à Nuwara Eliya, mais il loue également ses services en indépendant.

Prévoyez de bonnes chaussures de marche, des lunettes de soleil, un chapeau et de l'écran solaire. Emportez de l'eau et des provisions car le restaurant du Farr Inn est cher. Demandez à votre pension de vous préparer un petit-déjeuner et dégustez-le à World's End. Le temps peut changer rapidement dans les plaines ; ensoleillé et dégagé, il peut devenir froid et brumeux en une minute. Emportez des vêtement chauds (il fait très froid à 7h). N'oubliez pas qu'il est interdit de sortir des chemins. Le Farr Inn possède des toilettes.

Sachez qu'il n'y a pas de rails de sécurité autour de World's End ; plusieurs personnes ont fait une chute mortelle. Si vous venez avec de jeunes enfants, tenez-les fermement aux abords de la falaise.

Si World's End reste la principale curiosité du parc, la marche à travers les plaines herbeuses ne manque pas d'attrait. Une promenade plus courte (3 km) et bien moins belle mène à ce qui a été surnommé Poor Man's World's End (Bout du monde du pauvre) ; le sentier se trouve juste après l'entrée du parc et le droit d'entrée s'applique.

Observation de la vie sauvage FAUNE ET FLORE

Importante ligne de partage des eaux et bassin d'alimentation de plusieurs rivières et cours d'eau, les Horton Plains abritent une grande diversité d'animaux et de plantes. Les derniers éléphants ont quitté la région dans la première moitié du XXe siècle, mais il reste quelques léopards et on peut voir des sambars et des sangliers dans les prairies à l'aube et au crépuscule. Le semnopithèque blanchâtre fait parfois des apparitions dans la forêt sur la route d'Ohiya ou dans les bois autour de World's End (son cri ressemble à un grognement rauque). Vous apercevrez peut-être l'endémique macaque à toque.

La région est prisée pour l'observation des oiseaux. Parmi les espèces endémiques figurent le bulbul oreillard, le cisticole des joncs, l'akalat à tête cendrée, le zostérops de Ceylan, le merle de Ceylan, l'arrenga de Ceylan, le gobe-mouches de Ceylan et la pirolle de Ceylan. Parmi les rapaces, citons le faucon des montagnes.

La prairie est couverte d'une herbe touffue appelée *Crosypogon* et la mousse des marais (sphaigne) prospère dans les secteurs marécageux. Le *keena* (*Calophyllum*), un arbre en forme d'ombrelle aux fleurs blanches, constitue la principale essence de la canopée dans les forêts alpestres. Les arbres et les buissons rabougris sont couverts de lichens et de mousses. Autre espèce notable, le *Rhododendron zelanicum* possède des fleurs rouge sang. Le *Strobilanthes* à feuilles pourpres fleurit une fois au bout de cinq ans, puis meurt.

Farr Inn SITE HISTORIQUE

Le Farr Inn, un ancien pavillon de chasse pour les dignitaires britanniques, abrite un restaurant et un centre des visiteurs avec des expositions sur la faune, la flore et la géologie du parc. À proximité, un petit stand de souvenirs vend des livres sur la faune et la flore du parc.

Circuits organisés

Presque toutes les pensions de Nuwara Eliya et de Haputale organisent des excursions aux Horton Plains et à World's End. Comptez environ 3 500 Rs par minibus.

Où se loger et se restaurer

Le Department of Wildlife Conservation possède deux bungalows sommaires de 10 lits chacun : le Giniheriya Lodge et le Mahaeliya Lodge. Les étrangers payent 16,80 $US par jour, plus le droit d'entrée au parc, 75 Rs par personne pour la location des draps et 35 $US de service par groupe. Vous devez apporter nourriture et kérosène. Des lits en dortoir sont également disponibles pour 8 $US, plus tous les autres frais mentionnés ci-dessus. Les lodges ouvrent uniquement quand ils accueillent des hôtes et vous devez réserver auprès du **Department of Wildlife Conservation** (☎011-256 0380 ; 382 New Kandy Rd, Malambe) à Colombo.

Renseignements

Bureau du parc national (6h-18h30). Près du Farr Inn, c'est l'endroit où acheter les billets d'entrée. Les derniers billets sont vendus à 16h.

Depuis/vers Horton Plains et World's End

Comptez environ 1 heure 30 pour aller d'Haputale au Farr Inn par la route (3 500 Rs aller-retour). D'Ohiya, la route monte en serpentant à travers la forêt avant d'émerger dans les plaines. Gardez les yeux ouverts pour apercevoir les singes.

De Nuwara Eliya, vous pouvez également rejoindre le Far Inn en voiture en 1 heure (environ 3 500 Rs aller-retour en minibus). Il s'agit de l'itinéraire le plus prisé. Si vous choisissez un circuit de Nuwara Eliya, vous pouvez demander que l'on vous dépose ensuite à la gare ferroviaire de Pattipola afin de prendre le train pour Haputale et Ella (13h30).

Taxi

Un taxi de la gare ferroviaire d'Ohiya au Farr Inn (40 min) revient à environ 2 000 Rs aller-retour, attente comprise.

Train et marche

Vous pouvez marcher d'Ohiya à World's End, une randonnée aller-retour de 30 km avec quelques montées très raides. En théorie, il est possible de prendre un train de nuit pour Ohiya et d'entamer la marche aux premières heures, mais les trains ont souvent du retard et vous risquez

SIR THOMAS LIPTON, UN ÉCOSSAIS TRÈS ASTUCIEUX

Si son nom a envahi les rayons de thé des supermarchés, Sir Thomas Lipton était un homme d'affaires prospère avant de devenir le leader mondial du thé.

Entre 1870 et 1888, il fit de la simple épicerie de ses parents à Glasgow une chaîne nationale de 300 enseignes. Flairant le potentiel commercial du thé, il contourna astucieusement les traditionnels marchés de gros londoniens pour aller directement acheter son thé dans les plantations sri lankaises. Ses 300 boutiques lui garantissaient un réseau de distribution pour vendre du thé meilleur marché à la classe ouvrière, un créneau encore inexploité. Ce système inspira le percutant slogan publicitaire : "Directement des plantations à la théière".

Les ambitions planétaires de Thomas Lipton ne se limitaient pas au commerce. En 1909, il finança le trophée Thomas Lipton pour une compétition internationale de football 21 ans avant la première Coupe du monde. Par ailleurs, il tenta à maintes reprises, sans succès, de remporter l'America's Cup. Son intérêt amplement médiatisé pour la voile et le ballon rond contribua au succès de sa marque des deux côtés de l'Atlantique.

de parcourir 15 km pour ne voir que des nuages. Mieux vaut arriver à Ohiya la veille. D'Ohiya au Farr Inn, vous devrez parcourir 11,2 km le long de la route, soit 2 heures 30 à 3 heures 30, et vous aurez besoin d'une lampe torche la nuit. Il reste ensuite 1 heure 30 de marche jusqu'à World's End. Puis comptez 2 heures pour redescendre à Ohiya. La montée par la route principale offre des vues splendides. Une solution plus rapide consiste à prendre un *túk-túk* (2 000 Rs) de la gare ferroviaire d'Ohiya jusqu'au Farr Inn et le début du sentier.

Les bons marcheurs peuvent aussi rejoindre le Farr Inn depuis Pattipola, la gare ferroviaire la plus proche du parc en venant de Nuwara Eliya (une marche de 10 km le long d'une piste de 4x4), ou depuis les chutes de Bambarakanda, à 4 heures en contrebas des plaines (voir ci-dessous). Pour une plus longue randonnée de 2 jours, partez d'Haputale.

Belihul Oya

☎045

À 35 km d'Haputale et à 57 km de Ratnapura, Belihul Oya est une jolie région à flanc de colline, qui mérite le détour sur le chemin de la région montagneuse. De là, vous pouvez grimper jusqu'aux Horton Plains, une randonnée exténuante.

À 14 km en direction d'Haputale, les **chutes de Bambarakanda** se situent près de Kalupahana. Demandez au chauffeur du bus de vous déposer à Kalupahana Junction. De la grand-route, un *túk-túk* (350 Rs) vous conduira le long d'une piste à peine visible.

Dévalant sur 240 m, ces chutes sont les plus hautes du pays. Mars et avril sont les meilleurs mois, mais elles valent le déplacement à tout moment de l'année après de fortes pluies. Le reste du temps, elles peuvent se réduire à un filet d'eau. Près des chutes, un chemin éprouvant conduit aux Horton Plains en 4 heures.

Bambarakanda Holiday Resort PENSION $

(☎057-357 5699 ; www.bambarakanda.com ; ch demi-pension 1 900 Rs). À quelques centaines de mètres avant les chutes, cette pension accueillante et rustique se situe en dehors des sentiers battus. Les chambres sont très sommaires, mais la proximité des chutes et le panorama vous inciteront à passer la journée dehors pour profiter de la nature. Vous aurez besoin de votre propre moyen de transport pour arriver ici.

River Garden Resort COMPLEXE HÔTELIER $$

(☎228 0222 ; rivergardenbeli@gmail.com ; chalets s/d 48/60 $US, tentes safari pension complète 50 $US/pers). Il possède 3 chalets aux chambres impeccables, installés dans un jardin en terrasses ombragé au-dessus d'un cours d'eau, et de confortables tentes "safari" (tentes installées en permanence avec lits) dans un endroit verdoyant en contrebas du restaurant. Un "écolodge", à 9 km, peut accueillir 6 personnes (190 $US). L'hôtel organise des circuits d'aventure de plusieurs jours avec canoë, randonnée, VTT, escalade et spéléologie.

Haputale

☎057 / 5 300 HABITANTS / ALTITUDE 1 580 M

Perchée à la lisière sud de la région montagneuse, Haputale est une ville essentiellement tamoule, accrochée sur une longue crête étroite, flanquée de précipices. Par temps clair, on peut voir la côte sud et, la nuit, le phare d'Hambantota. Les autres jours, des langues de brume s'accrochent aux flancs des collines. Quel que soit le temps, l'endroit est spectaculaire.

Le centre-ville se résume à une longue rue poussiéreuse et encombrée, bordée de petits commerces. Une courte promenade vous fera découvrir des vues extraordinaires. La voie ferrée, prouesse de l'ingénierie du XIXe siècle, longe un côté de la crête.

Bien que les cultures cinghalaise et tamoule prédominent aujourd'hui, Haputale conserve l'héritage des planteurs de thé britanniques. Des plantations couvrent les versants alentour, ponctuées de gracieux bungalows où logeaient ces planteurs et enveloppées d'une brume épaisse qui devait rappeler leur pays natal aux colons britanniques. La jolie église anglicane (St Andrew's) sur la route de Bandarawela comporte un cimetière rappelant le temps jadis.

Ces dernières années, les touristes ont mystérieusement boudé Haputale, qui offre pourtant un bon choix d'hébergements à prix doux et constitue une excellente base pour visiter le parc national de Horton Plains, explorer d'autres endroits de la région ou faire d'agréables promenades dans l'air vivifiant de la montagne. Les pensions proposent minibus et 4x4 jusqu'aux Horton Plains pour 3 500 Rs.

Consultez le site privé www.haputale.de pour plus d'informations.

À voir

Dambatenne Tea Factory PLANTATION DE THÉ

(200 Rs ; 8h-18h tlj oct-juil, mar-sam août-sept). Parmi les quelques fabriques de thé qui

Haputale

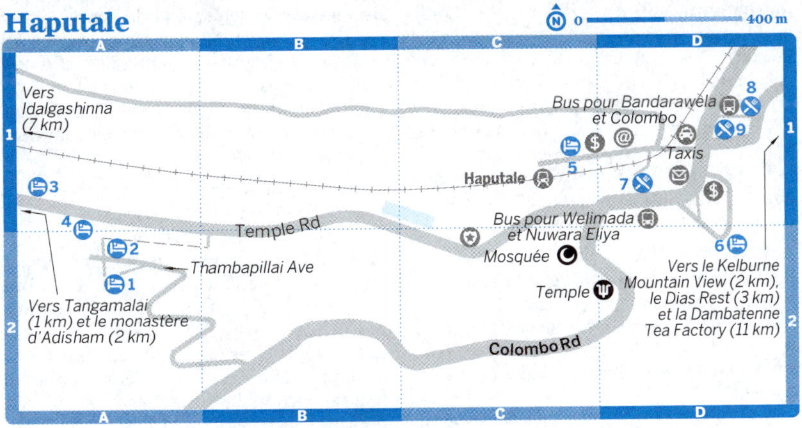

accueillent volontiers les visiteurs, Dambatenne, la plus prisée, fut construite en 1890 par Sir Thomas Lipton, l'un des plus célèbres personnages de l'histoire du thé (voir l'encadré p. 161). La visite, très complète, fait découvrir toutes les étapes : fermentation, roulage, séchage, coupe, tamisage et classement du thé, mais n'espérez pas siroter une tasse de thé à la fin. Pour des détails sur la production de thé, reportez-vous p. 288.

À 11 km d'Haputale, la fabrique se rejoint facilement. Un bus, qui transporte les employés de la plantation, part de la gare routière pour Bandarawela et la fabrique toutes les 25 minutes (bus n°326, 23 Rs), puis revient. L'aller-retour en *túk-túk* coûte environ 500 Rs.

Monastère d'Adisham — MONASTÈRE

(100 Rs ; 9h-12h30 et 13h30-16h30 sam-dim, jours de poya et vacances scolaires). Ce paisible monastère bénédictin se situe à 3 km de l'ouest d'Haputale. Suivez Temple Rd le long de la crête jusqu'au panneau indiquant l'embranchement vers Adisham. L'élégant bâtiment en pierre appartenait jadis au planteur Sir Thomas Lester Villiers. Pour recréer son univers anglais, il traça des jardins et des pelouses dans l'environnement tropical et possédait même une Daimler, conduite par un chauffeur anglais. Adisham est l'un des 18 monastères au monde appartenant à la congrégation de Saint-Sylvestre, un sous-ordre de la confrérie bénédictine fondé au XIIIe siècle. Les visiteurs peuvent admirer le salon et la bibliothèque, remplie du sol au plafond de livres poussiéreux sur la vie de différents rois et colons britanniques.

Une petite boutique vend des produits des vergers du monastère. Un pot de confiture

Haputale

Où se loger

1. Amarasinghe Guest House A2
2. Bawa Guest House A2
3. Hyacinth Cottage A1
4. Olympus Plaza Hotel A1
5. Royal Top Rest Inn C1
6. Sri Lak View Holiday Inn D2

Où se restaurer

7. Lanka Tea Centre D1
8. Risara Bakers D1
9. Sri Vani Vilas Hotel D1

de fraise ou de gelée de goyave améliorera votre petit-déjeuner.

La course en taxi revient à 500 Rs aller-retour, attente comprise. Avant d'arriver à Adisham, la route passe par **Tangamalai**, une réserve naturelle et ornithologique dépourvue d'infrastructures.

Chutes de Diyaluma — CASCADE

En allant vers Wellawaya, vous passerez par les chutes de Diyaluma, hautes de 171 m (les troisièmes plus hautes du pays), à 5 km après la bourgade de Koslanda. Le torrent, qui dévale un escarpement du plateau de Koslanda, est assez modeste mais grossit rapidement après une averse. À Haputale, prenez un bus à destination de Wellawaya et descendez à Diyaluma (1 heure 15). Les chutes bondissent d'une falaise pour tomber dans un bassin en contrebas.

Vous pouvez grimper jusqu'à de jolis bassins, propices à la baignade, et des petites cascades au sommet de la chute principale. Descendez la route sur 500 m en bas des chutes et prenez le chemin qui tourne abruptement sur la gauche. Continuez pendant 20 minutes jusqu'à une petite fabrique de caoutchouc, où vous monterez sur la gauche. Le chemin est difficile à repérer malgré quelques flèches blanches sur les rochers ; demandez la direction aux habitants. En haut, le sentier bifurque : la branche de droite (mieux tracée) conduit aux bassins qui surplombent les chutes, celle de gauche rejoint le sommet des chutes.

Autres curiosités

Pour d'autres vues spectaculaires, si le temps le permet, prenez le train jusqu'à **Idalgashinna**, à 8 km à l'ouest d'Haputale. Revenez à pied le long de la voie ferrée pour découvrir les précipices de part et d'autre des rails.

Près de la fabrique de thé de Dambatenne, le point de vue du **Lipton's Seat** (Siège de Lipton) offre une vue aussi époustouflante (et gratuite) que World's End. Sir Thomas Lipton avait l'habitude d'observer son empire de cet endroit. De la fabrique de thé, suivez l'étroite route goudronnée (signalée) qui grimpe sur 7 km à travers les plantations de thé jusqu'au point de vue. La grimpée devrait durer 2 heures 30 ; tentez de l'entreprendre en compagnie des cueilleurs de thé tamouls qui vont travailler. Le premier bus part d'Haputale à 6h30.

Quelques randonneurs suivent la voie ferrée d'Haputale à **Pattipola** (14 km, une journée), la plus haute gare ferroviaire du pays. De Pattipola, vous pouvez continuer à pied ou en taxi jusqu'à la gare ferroviaire d'Ohiya, puis rejoindre les Horton Plains.

Où se loger

Sri Lak View Holiday Inn HÔTEL $

(☎226 8125 ; www.srilakviewholidayinn.com ; Sherwood Rd ; s/d à partir de 900/1 300 $US ; @). Le meilleur hôtel d'Haputale offre 16 chambres modernes impeccables et une vue qui s'étend sur des kilomètres. Par beau temps, prenez un verre en fin de journée sur la terrasse verdoyante. Sinon, réfugiez-vous dans le restaurant cosy. L'adresse est chaudement recommandée par de nombreux lecteurs.

Amarasinghe Guest House CHAMBRES D'HÔTES $

(☎226 8175 ; Thambapillai Ave ; ch 1 500 Rs). Avec des couleurs vives et un emplacement paisible, l'Amarasinghe est l'une des plus anciennes et meilleures pensions d'Haputale. Elle compte 8 chambres sans prétention, avec balcon pour la plupart, et un restaurant confortable au rez-de-chaussée. Le jardin alentour est un festival de végétation tropicale et de fleurs (visitez aussi le potager). M. Amarasinghe viendra vous chercher gratuitement à la gare ferroviaire. Si vous venez à pied, suivez les indications pour la Bawa Guest House, puis descendez les marches et tournez à gauche : la pension est à 10 m.

Olympus Plaza Hotel HÔTEL $$

(☎226 8544 ; www.olympusplazahotel.com ; Temple Rd ; s/d avec petit-déj 4 350/6 000 Rs ; @ wifi). Cet établissement de plusieurs étages ajoute le clinquant d'un hôtel d'affaires dans cette ville somnolente. Ses chambres modernes, ornées d'art abstrait, avec des matelas épais, des douches chaudes et (pour la plupart) une vue spectaculaire, offrent un bon rapport qualité/prix. L'endroit est prisé pour les mariages le week-end.

Kelburne Mountain View HÔTEL DE CHARME $$$

(☎226 8029 ; www.kelburnemountainview.com ; bungalows 15 995 Rs). À 2 km à l'est de la gare d'Haputale, le Kelburne est un endroit merveilleux pour se détendre quelques jours, à condition de venir en groupe (chaque bungalow accueille plusieurs personnes). Sinon, vous payerez très cher des chambres ordinaires. Le beau jardin fleuri et la vue époustouflante constituent les principaux atouts de cet hôtel. Sur place, un cuisinier mitonne des repas. Réservation indispensable.

Royal Top Rest Inn HÔTEL $

(☎226 8178 ; 22 Station Rd ; s 750-1 100 Rs, d 850-1 300 Rs). À courte distance de la gare ferroviaire, cet établissement offre une vue plaisante, un salon douillet, des chambres sans prétention et bien tenues, un restaurant, un petit jardin et un balcon commun ensoleillé.

Hyacinth Cottage CHAMBRES D'HÔTES $

(☎226 8283 ; Temple Rd ; ch 1 000 Rs). Cette jolie maison familiale comprend 7 chambres avec sdb et eau chaude et une petite terrasse pour se délasser en admirant la vue au-delà de l'escarpement.

Dias Rest PENSION $

(White Monkey ; ☎568 1027 ; Thotulagala ; ch et cottage 1 200 Rs). Entourée d'une plantation de thé et d'arbres fruitiers à 3 km à l'est de la gare ferroviaire, le Dias Rest comporte 2 chambres doubles assez fraîches et un cottage familial, tous avec une vue qui rivalise avec celle de World's End par temps clair. Le propriétaire est un guide expérimenté qui peut vous conseiller des treks aux alentours. Un *túk-túk* depuis la gare ferroviaire revient à 250 Rs.

Bawa Guest House CHAMBRES D'HÔTES $

(☎072 915 7616 ; 32 Thambapillai Ave ; ch à partir de 800 Rs). Occupant une villa bleu et vert menthe, cette pension existe depuis plus de 30 ans. La sympathique famille qui la gère combine à merveille l'accueil chaleureux et un décor kitsch et confortable. Si vous venez à pied, suivez Temple Road jusqu'au panneau jaune indiquant la pension au sud, à côté de la route. Descendez la première volée de marches et suivez le sentier sur 250 m.

Où se restaurer

Mieux vaut prendre vos repas dans votre hôtel. Plusieurs endroits sont néanmoins corrects pour des en-cas, des *dosa* (fines crêpes farcies), des *roti,* ou un riz-curry, tels le **Lanka Tea Centre** (Temple Rd), en face de l'arrêt des bus pour Welimada et Nuwara Eliya, et le **Sri Vani Vilas Hotel** (Dambatenne Rd), près de l'arrêt du bus pour Bandarawela.

Risara Bakers vend de délicieux samosas. Venez à votre retour de World's End en début d'après-midi pour savourer la fournée de 14h.

Renseignements

Haputale compte une **Bank of Ceylon** (Station Rd) et une **People's Bank** (Colombo Rd), toutes deux avec DAB et services de change. La poste se situe dans le centre-ville. **Website Link** (n°3 UC Complex, Station Rd) offre l'accès à Internet (60 Rs/h), Skype, des appels internationaux et la gravure de photos sur CD.

Depuis/vers Haputale

Bus

Parmi les destinations desservies figurent Bandarawela (25-30 Rs selon l'itinéraire, 1 heure), Ella (72 Rs, 1 heure), Nuwara Eliya (80 Rs, 3 heures 30, 8h et 14h) et Tangalla (180 Rs, 4 heures).

Train

Haputale se trouve sur la ligne Colombo-Badulla, avec des trains directs depuis/vers Kandy ou Nanu Oya (pour Nuwara Eliya). Comme ailleurs, le billet de 1re classe en wagon panoramique coûte 750 Rs, quelle que que soit la destination.

Bandarawela 2e/3e classe 20/15 Rs, 30 min

Colombo 330/180 Rs, 8 heures 30-9 heures

Ella 50/25 Rs, 1 heure

Kandy 210/115 Rs, 5 heures 30

Nanu Oya 80/40 Rs, 1 heure 30

Ohiya 30/20 Rs, 40 min

Bandarawela

☎057 / 7 100 HABITANTS / ALTITUDE 1 230 M

Bandarawela, à 10 km au nord de Haputale et bien plus chaude, est une ville marchande affairée, prisée des retraités pour son climat agréable. Un marché animé s'y tient le dimanche matin et elle constitue une bonne base pour explorer la région alentour. Carrefour de transports pratique pour aller à l'est ou s'enfoncer dans la région montagneuse, la ville compte un bel hôtel au charme colonial.

À voir

Temple de Dowa TEMPLE

À 6 km à l'est de Bandarawela sur la route de Badulla, le charmant temple de Dowa avoisine un cours d'eau du côté sud de la route. Un superbe bouddha debout, haut de 4 m, est sculpté dans la paroi rocheuse en dessous de la route. Les murs du sanctuaire

Bandarawela

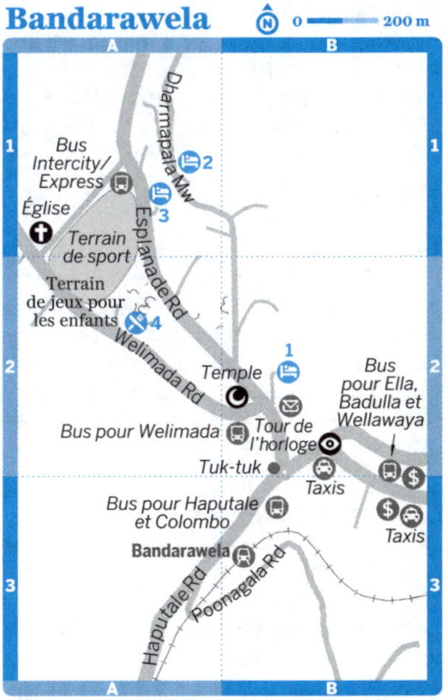

Bandarawela

Où se loger

1 Bandarawela Hotel........ B2
2 Orient Hotel........ A1
3 Vernon Guest House........ A1

Où se restaurer

4 Mlesna Tea Centre........ A2

adjacent, creusés dans la roche, sont couverts de belles peintures bouddhiques de style sri lankais. Le temple ressemble à une version miniature du temple royal troglodytique de Dambulla (p. 182). Le roi Valagamba (Vattajamini Ahhya) s'y réfugia également au Ier siècle av. J.-C., lors de ses 14 années d'exil d'Anuradhapura. Selon la légende, un tunnel secret relierait le temple à Kandy. Le temple se manque facilement si l'on vient en bus ; demandez au chauffeur de vous indiquer où descendre. L'aller-retour en *túk-túk* ou en taxi de Bandarawela coûte de 600 à 700 Rs, attente comprise. N'oubliez pas de faire un don au temple.

Où se loger et se restaurer

Bandarawela Hotel HÔTEL HISTORIQUE **$$$**
(222 2501 ; www.aitkenspencehotels.com ; 14 Welimada Rd ; s/d avec petit-déj 85/100 $US ;). Ce vénérable club de planteurs de thé a cessé de moderniser son mobilier il y a 70 ans et l'hôtel conserve aujourd'hui un charme d'antan. Dans un jardin en hauteur à l'écart de la ville poussiéreuse, il offre des chambres spacieuses, hautes de plafond, un bar confortable et une salle de billard.

Orient Hotel HÔTEL **$$**
(222 2407 ; 12 Dharmapala Mawatha ; s/d avec petit-déj 70/90 $US ;). L'Orient s'efforce d'améliorer ses standards : chambres lumineuses et peintures murales naïves. Il comprend une salle de billard, un bar en plein air ensoleillé et un salon bar/karaoké prisé des groupes.

Vernon Guest House PENSION **$**
(222 2328 ; www.vernonguesthouse.com ; 32/9 Esplanade Rd ; ch 1 000-1 500 Rs). Cette plaisante villa ancienne se situe au bout d'une allée tranquille, jonchée de feuilles. Les chambres sont mornes et sombres, mais les prix intéressants.

Mlesna Tea Centre CAFÉ **$**
(Welimada Rd). Bandarawela se situe au cœur de la région du thé et cette superbe boutique de thé-café vend des thés de qualité supérieure des collines alentour.

Renseignements

La poste se situe près du Bandarawela Hotel.

Bank of Ceylon (Badulla Rd). DAB.

Hatton National Bank (Badulla Rd). DAB.

Depuis/vers Bandarawela

Bus

Des bus desservent les destinations suivantes :

Badulla 45 Rs

Ella 35 Rs

Haputale 25-30 Rs selon l'itinéraire

Nuwara Eliya 75 Rs

Welimada 41 Rs

Des services longue distance rallient notamment Colombo (214 Rs, 6 heures), Tissamaharama, Tangalla et Galle. Les bus pour Tissa, Tangalla et Galle partent de la gare routière longue distance dans Esplanade Rd. Changez à Wellawaya pour rejoindre Tissa ou la côte sud.

Train

Bandarawela se situe sur la ligne ferroviaire Colombo-Badulla. Dans tous les trains sauf celui de Polonnaruwa, le billet de 1re classe en wagon panoramique coûte 750 Rs, quelle que que soit la destination.

Badulla 2e/3e classe 60/30 Rs

Colombo 340/185 Rs

Ella 30/15 Rs

Haputale 20/15 Rs

Kandy 230/125 Rs

Nanu Oya (pour Nuwara Eliya) 90/50 Rs

Polonnaruwa 440/240 Rs

Ella

057 / ALTITUDE 1 041 M

Bienvenue au village unanimement préféré de la région montagneuse, l'endroit où paresser quelques jours dans l'une des meilleures pensions du pays. La vue à travers l'Ella Gap (faille d'Ella) est fabuleuse ; par nuit claire, vous apercevrez même la lueur du phare de Great Basses sur la côte sud. Des promenades faciles à travers des plantations de thé conduisent à des temples, des cascades et des points de vue. Après une randonnée, régalez-vous d'une succulente cuisine maison et offrez-vous un soin ayurvédique complet.

Activités

Suwamadura AYURVÉDA
(567 3215 ; 25 Grand View, Passara Rd ; soin 1 heure 3 000 Rs ; 8h-22h). Ce centre d'une propreté impeccable, avec un personnel qualifié, propose une gamme complète de soins, dont des massages, des bains de vapeur, des saunas aux herbes et le divin Shiro Dhara (voir l'encadré p. 303). Le sauna aux herbes utilise une cinquantaine de

Ella

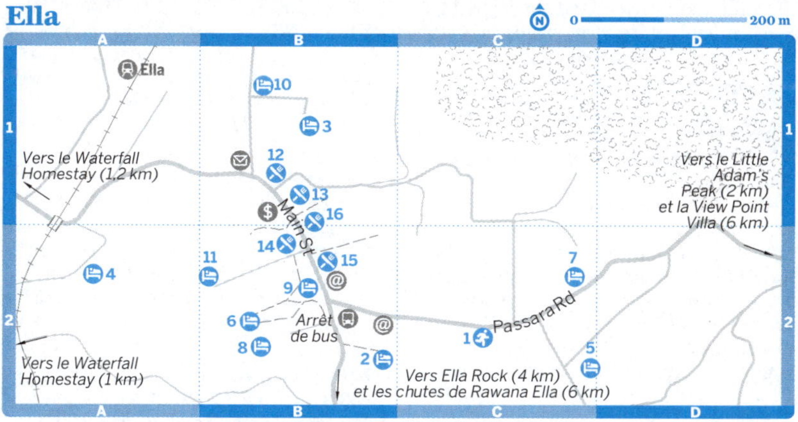

plantes et vous délassera après une longue journée de marche. Le village compte d'autres centres ayurvédiques, mais celui-ci est le plus ancien.

Randonnée

Ella est un endroit idéal pour la randonnée. La plupart des hôtels distribuent une carte des sentiers dessinée à la main. Commencez par une balade jusqu'à la colline surnommée localement **Little Adam's Peak** (petit pic d'Adam). Descendez Passara Rd jusqu'à un pépiniériste sur la droite, juste après le Km 1, et prenez le sentier à gauche du magasin ; le Little Adam's Peak, clairement indiqué, est la plus haute colline sur votre droite. Prenez le deuxième sentier à droite et suivez-le jusqu'au sommet de la colline. Une partie du chemin traverse une plantation de thé. L'aller-retour d'environ 4,5 km s'effectue en 1 heure 30 (45 min dans chaque sens). À part les vingt dernières minutes de montée, la marche est facile. Si vous partez vers 7h, vous rencontrerez des familles tamoules partant travailler dans les plantations de thé. Du haut de Little Adam's Peak, vous verrez des cascades et quelques fabriques de thé émerger de la brume qui couvre souvent les collines alentour.

La marche jusqu'à **Ella Rock** est plus fatigante et mieux vaut partir avec un guide (il est facile de rater l'embranchement à partir de la voie ferrée et de se perdre dans la forêt qui couvre le haut des versants). La plupart des pensions peuvent vous trouver un guide pour 1 500 Rs par groupe. Comptez 3 à 4 heures de marche aller-retour. La vue depuis le sommet est époustouflante.

Ella

Activités

1 Suwamadura C2

Où se loger

2 Beauty Mount Tourist Inn B2
3 Eeshani Guest Inn B1
4 Ella Highest Inn A2
5 Green Hill C2
6 Hill Top Guest House B2
7 Little Folly C2
8 Rawana Holiday Resort B2
9 Rock View Guest House B2
10 Sun Top Inn B1
11 Zion View B2

Où se restaurer

12 Bakery B1
13 Cafe Chill (Nescoffee Shop) B1
14 Curd Shop B2
15 Down Town Rotti Hut B2
16 Dream Café B1
Little Folly Restaurant .... (voir 7)

Renseignements

Dream Café .... (voir 16)

Une marche plus facile longe la voie ferrée (vers Bandarawela) sur environ 2,5 km jusqu'aux petites **chutes de Rawana**.

Où se loger

Des rabatteurs vous aborderont peut-être dans le train, prétendant que l'hôtel de votre choix est trop cher, fermé ou infesté de rats. En réalité, Ella compte d'excellents hébergements et ils racontent sans doute des boniments.

Durant les fêtes de fin d'année, les tarifs peuvent doubler par rapport aux prix standard de haute saison indiqués ici.

Waterfall Homestay PENSION $$
(☎567 8933 ; www.waterfalls-guesthouse-ella.com ; s/d/tr avec petit-déj 3 500/4 000/5 000 Rs ; 📶). Tenue par un couple australien qui apprécie l'art et le design, cette maison délicieusement isolée se fond parfaitement dans la colline et offre une vue fantastique sur les chutes de Rawana. Elle comprend 3 chambres superbement décorées et toutes différentes, avec des meubles de qualité supérieure. Des repas mémorables sont servis sur la terrasse. La pension se situe à 1,5 km de la ville (150 Rs en *túk-túk*).

Zion View PENSION $$
(☎072 785 5713 ; zionview@yahoo.com ; ch 55-60 $US ; 📶). Dans cette petite pension "de charme", les chambres s'agrémentent d'immenses baies vitrées, de douches brûlantes et de terrasses de style méditerranéen avec hamacs de fauteuils. Le petit-déjeuner sur la terrasse ensoleillée avec la vue à travers l'Ella Gap est un moment de bonheur. Sena, le propriétaire formé en Suisse, et sa charmante épouse Rashinika s'efforcent de satisfaire et d'aider les voyageurs. Le restaurant sert un délicieux riz-curry. L'endroit est équipé pour accueillir les jeunes enfants, qui trouveront même un compagnon de leur âge. Lors de nos recherches, un centre ayurvédique allait ouvrir.

View Point Villa COTTAGES $$
(☎077 357 3851 ; www.viewpoint-villa-ella.com ; 6 Mile Post, Passara Rd ; cottage 3 500-5 000 Rs ; 📶). Isolé à 6 km d'Ella dans Passara Road, le View Point possède des cottages aux couleurs vives avec de hauts plafonds en bois et de belles sdb. La cuisine est préparée avec les produits bio du jardin. Les vérandas aérées donnent sur les collines et les plantations de thé. Location de motos à 600 Rs par jour. D'Ella, comptez environ 300 Rs en *túk-túk*.

Little Folly COTTAGES $$
(☎222 8817 ; ch 1 750 Rs, cottage 2 500-3 000 Rs ; @). Deux spacieux cottages en bois, lumineux, propres et neufs se nichent dans la forêt. La maison principale abrite une chambre vert vif, ainsi qu'un excellent salon de thé-pâtisserie.

Eeshani Guest Inn CHAMBRES D'HÔTES $$
(☎222 8703 ; ch 3 000 Rs ; @📶). Un vieux couple charmant vous accueillera et vous offrira une tasse de thé dans ce nouvel hébergement de 2 chambres, entouré d'un jardin fleuri. La maison est remplie de photos sépia des mariages de leurs enfants. Les sdb sortent de l'ordinaire – l'une d'elles possède une énorme baignoire, enroulée comme un serpent.

Green Hill PENSION $
(☎578 6845 ; wemalasooriya@yahoo.com ; s/d 2 200/2 500 Rs ; @). Deux adorables petites chambres bleu vif avec des sdb en terre cuite et une vue splendide sur l'Ella Gap. La pension se situe dans une allée boueuse à 5 minutes de marche du village. La cuisine suscite des commentaires élogieux.

Ambiente HÔTEL $$
(☎222 8867 ; www.ambiente.lk ; Kitalella Rd ; ch 2 640-3 520 Rs, tr 3 080-4 180 Rs ; @). Perché à la lisière d'une plantation de thé en activité, cet établissement de style motel offre la vue sur le Little Adam's Peak, les chutes de Rawana et l'Ella Gap. Le panorama justifie les prix plus que les chambres, propres et confortables. Les chiens Tim et Tina vous accompagneront en randonnée. Un *túk-túk* de la gare ferroviaire revient à 250 Rs. N'essayez pas de venir à pied, la pente est très raide.

Hill Top Guest House PENSION $$
(☎222 8780 ; s/d 2 250/2 500 Rs ; 📶). Des chambres immaculées, une vue fabuleuse sur l'Ella Gap et une famille accueillante en font l'une des meilleures adresses d'Ella. Un jardin verdoyant entoure la maison et préserve son intimité. De bons repas sri lankais sont servis.

Sun Top Inn PENSION $$
(☎222 8673 ; suntopinn@sltnet.lk ; ch avec petit-déj 2 800-3 600 Rs ; @📶). Recommandée par des lecteurs, cette pension orange se situe dans une allée ombragée, facilement accessible à pied de la gare ferroviaire. Gérée par une famille sympathique, elle possède des petites chambres bien tenues, un vaste salon ensoleillé et prête gracieusement des vélos.

Beauty Mount Tourist Inn PENSION $
(☎222 8760 ; ch 1 000 Rs, cottage 1 750-2 000 Rs). Les chambres simples et propres et des cottages plus modernes s'accrochent sur une colline boisée dans le centre d'Ella. L'aimable propriétaire cultive son propre café bio. Le repas de riz-curry est un véritable festin. Suivez le chemin qui traverse la rivière et grimpe la colline.

Rawana Holiday Resort PENSION $
(☎222 8794 ; nalankumara@yahoo.com ; ch 1 800-2 500 Rs ; 📶). Haut perchée à flanc de colline au-dessus d'Ella, cette pension,

tenue par une famille, propose 6 chambres avec balcon et vue, et 4 autres moins chères qui donnent sur l'intérieur. Le vaste restaurant en plein air sert une excellente cuisine.

Rock View Guest House PENSION $
(☎222 8561 ; 1 500 Rs). Ancien bungalow d'un planteur écossais, le Rock View comporte des chambres impeccables fraîchement repeintes, avec parquet et hauts plafonds, et d'autres plus récentes avec vue sur l'Ella Gap dans un bâtiment adjacent. Propriété de la même famille depuis 50 ans, de nombreux souvenirs ornent les murs.

Ella Highest Inn CHAMBRES D'HÔTES $
(☎072 409 8725 ; ch 1 000 Rs). Plus proche d'un B&B cosy que d'une pension, l'Highest Inn offre des chambres sans prétention et propres et un salon décoré d'art asiatique, avec chaîne hi-fi et lecteur DVD. La plantation de thé alentour garantit l'isolement (du moins tant que ne pointe aucune autre construction). Malgré son nom, ce n'est pas la pension la plus haut perchée d'Ella !

Où se restaurer et prendre un verre

Les pensions d'Ella sont réputées pour leur excellente cuisine maison et tous les hébergements servent des repas, à condition de prévenir 4 heures à l'avance. Le Rawana Holiday Resort, le Zion View, le Beauty Mount Tourist Inn, la Hill Top Guest House, le Green Hill et le Sita's Heaven proposent une cuisine particulièrement bonne. Dans nombre de pensions, le chef vous apprendra à préparer le riz-curry. Au Rawana Holiday Resort, on vous servira 8 plats différents, dont des aubergines aigres-douces, un curry de pommes de terre épicé, et la spécialité maison, un curry d'ail avec des gousses entières ; il suffit de commander en milieu d'après-midi.

Depuis quelques années, certains établissements restent ouverts plus tard en soirée pour un verre.

Le *curd* (yaourt au lait de bufflonne) au sirop de palmier *kitul* (parfois appelé miel) est une spécialité locale très prisée.

♥ **Cafe Chill (Nescoffee Shop)** INTERNATIONAL $$
(Main St ; repas 300-700 Rs ; 📶). En bord de rue, ce café-bar détendu réunit tout ce qui séduit les voyageurs : mojitos bien préparés, bonne musique, sport à la TV et Wi-Fi gratuit. La cuisine est tout aussi attrayante ; nous vous recommandons le *lamprais* (viande et légumes enveloppés dans une feuille de bananier et cuits lentement). Lors de nos recherches, le café ouvrait une nouvelle salle à l'arrière, ce qui devrait réduire l'attente pour une table en soirée.

Curd Shop INTERNATIONAL $
(Main St ; repas 150-250 Rs). Ce petit établissement proche de l'arrêt de bus est une bonne adresse pour le petit-déjeuner (moins cher que dans les pensions) avant ou après une promenade matinale jusqu'au Little Adam's Peak. Goûtez le yaourt au miel ou les *kotthu roti*. Vous pouvez aussi acheter des sandwichs avant de partir en excursion.

Dream Café INTERNATIONAL $$
(Main St ; plats 300-500 Rs ; 📶). Recommandé par de nombreux lecteurs, ce café cosmopolite se situe dans l'artère principale et s'agrémente d'un jardin ombragé. Il propose un bon café, des plats occidentaux réussis, comme la tortilla au poulet ou les salades, des jus de fruits mixés et des bières fraîches.

Little Folly Restaurant CAFÉ $
(gâteaux 120 Rs). En milieu d'après-midi, offrez-vous un thé complet à l'anglaise avec un gâteau maison au citron ou au chocolat dans ce charmant café proche de la forêt.

Down Town Rotti Hut SRI LANKAIS $
(Main St ; roti 250 Rs environ). Cet endroit venait d'ouvrir lors de notre passage et devrait rapidement acquérir une réputation pour ses excellents et copieux *roti*.

Renseignements

Ella compte une poste et une **Bank of Ceylon** avec un DAB. Nombre de pensions et quelques restaurants offrent l'accès à Internet (habituellement Wi-Fi). Le Cafe Chill (Nescoffee Shop) possède une petite sélection de livres d'occasion.

Depuis/vers Ella

Bus

L'embranchement vers Ella part de la route Bandarawella-Badulla à 9 km de Bandarawela. Les horaires des bus changent fréquemment ; renseignez-vous à la Curd Shop (où de nombreux bus prennent des passagers) ou à Rodrigo Communications, en face.

Des bus desservent Badulla (45 Rs), Bandarawela (35 Rs) et Wellawaya (55 Rs).

Depuis/vers Kandy, vous devrez changer à Badulla. Les bus pour Matara (CTB/Intercity express 150/278 Rs) font halte à Ella toutes les heures de 6h30 à 14h30 environ ; ils sont habituellement moins bondés vers midi. Vous pouvez aussi prendre un bus pour Wellawaya, puis une correspondance vers la côte sud ou Monaragala (pour Arugam Bay). Un bus part pour Galle tous les jours à 8h (310 Rs).

Train

Ella se situe à 1 heure d'Haputale et de Badulla sur la ligne ferroviaire Colombo-Badulla. Le tronçon à partir d'Haputale (via Bandarawela) est particulièrement beau. À Demodara, à 10 km au nord d'Ella, la voie décrit une boucle complète autour de la montagne et s'enfonce dans un tunnel 30 mètres plus bas.

Les prix et les horaires sont clairement affichés dans la pittoresque gare ferroviaire d'Ella. Quelques rabatteurs vous aborderont sans doute et vous débiteront les habituels mensonges. Certains montent parfois dans le train à quelques arrêts avant l'arrivée car la concurrence est féroce entre les pensions d'Ella. Une place dans le wagon panoramique coûte 750 Rs et doit se réserver à l'avance.

Quelques exemples de prix :

Badulla 2e/3e classe, 40/20 Rs

Bandarawela 350/410 Rs

Colombo 350/190 Rs

Haputale 50/25 Rs

Kandy 240/130 Rs

Nanu Oya (pour Nuwara Eliya) 110/60 Rs

Environs d'Ella

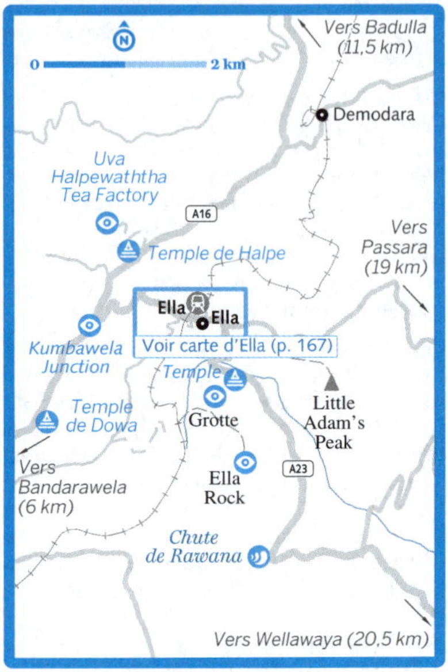

Environs d'Ella

Vous pouvez visiter le **temple de Dowa** à partir d'Ella ; voir p. 165.

L'**Uva Halpewaththa Tea Factory** propose des visites guidées (150 Rs). Prenez un bus à destination de Bandarawela, descendez au carrefour de Kumbawela et faites signe à un bus desservant Badulla. Descendez juste après le Km 27, près du temple de Halpe, à 2 km de marche de la fabrique. D'Ella, l'aller-retour en *túk-túk* revient à 600 Rs.

Les **chutes de Rawana Ella**, hautes de 19 m, se situent à 6 km en contrebas de l'Ella Gap en direction de Wellawaya. Réputées les plus impressionnantes du pays durant la saison des pluies, elles peuvent se tarir pendant la saison sèche. Des vendeurs proposent en-cas et souvenirs et les inévitables "guides" veulent vous montrer les chutes, déjà devant vous...

Plus haut sur la route et à gauche aux abords d'Ella, une route secondaire mène à un petit **temple** et à une **grotte** associée au *Ramayana*. Vous pouvez visiter le temple, qui fait partie d'un monastère ; ôtez chaussures et chapeau et couvrez bras et jambes. La grotte, nichée dans une fissure de la montagne qui s'élève jusqu'à Ella Rock, aurait été habitée par le roi de Lanka avant qu'il n'enlève Sita. Des enfants vous indiqueront le départ du sentier glissant, escarpé et couvert de végétation.

Badulla

☎055 / 42 600 HABITANTS / ALTITUDE 680 M

Badulla marque la limite sud-est de la région montagneuse et donne accès à la côte est. L'une des plus anciennes cités du pays, elle fut brièvement occupée par les Portugais qui l'incendièrent en la quittant. Les Britanniques en firent un rendez-vous de la bonne société, comme en témoignent les jolis jardins, la tour de l'horloge et d'autres vestiges du passé, tels l'hippodrome et le club de cricket. L'effervescence sri lankaise a néanmoins repris tous ses droits. Badulla est le terminus de la ligne ferroviaire qui part de Colombo et traverse la région montagneuse. Durant l'époque coloniale britannique, la ville était un important carrefour de transports entre les plantations et Colombo.

À voir

La plupart des Sri Lankais qui visitent Badulla se rendent au Muthiyagana Vihara ou au Kataragama Devale.

Muthiyagana Vihara TEMPLE

Dans un grand domaine au sud-est de la ville, ce vaste complexe bouddhique comprend un dagoba blanchi à la chaux. Pendant les fêtes, l'éléphant du temple défile en ville.

Kataragama Devale TEMPLE

Les statues de Kataragama, Saman et Vishnu constituent les principaux objets de vénération. Unique en son genre, le *devale* fut construit dans le style kandyen au lieu du style tamoul du sud de l'Inde. Il comporte un long sanctuaire en bois, décoré de peintures murales représentant une *perahera* (procession).

Église St Mark ÉGLISE

Si l'histoire vous passionne, visitez cette église et examinez les vieilles pierres tombales. À l'intérieur, une plaque commémore le major Rogers, un chasseur d'éléphants tué par la foudre. Selon la légende, après un orage particulièrement violent à Haputale en 1845, le major sortit sur la véranda et annonça à son épouse : "C'est fini maintenant." Puis, un dernier éclair le frappa. Les cousins des 1 500 éléphants qu'il avait massacrés en quatre ans barrirent probablement de joie. La tombe du major Rogers, près de Nuwara Eliya, est aujourd'hui fendue en deux, prétendument frappée par la foudre.

Chutes de Dunhinda CASCADE

(200 Rs). À 5 km au nord de Badulla, les chutes de Dunhinda dévalent sur 63 m. Juin et juillet sont les meilleurs mois, mais elles méritent le détour toute l'année. L'endroit est idéal pour un pique-nique à condition de surveiller les singes chapardeurs ! Un bus part toutes les 30 minutes de Badulla (30 Rs). De l'arrêt du bus, un chemin bien tracé conduit aux chutes, à 1,5 km ; portez de bonnes chaussures car il est un peu escarpé. D'innombrables échoppes de souvenirs se regroupent au début du sentier.

Vous découvrirez une cascade plus modeste au cours de la marche et un beau point de vue à l'arrivée. De nombreux stands d'en-cas jalonnent l'itinéraire. Évitez les week-ends et les jours fériés, quand l'endroit est bondé. De Badulla, l'aller-retour en *túk-túk* revient à 500 Rs.

Où se loger et se restaurer

Depuis quelques années, les pensions les moins chères de Badulla ont tendance à louer des chambres à l'heure. Mieux vaut payer un peu plus pour une bonne nuit de sommeil ou rejoindre Ella, à moins d'une heure de route. Si votre budget est très serré, vous trouverez quelques établissements bon marché autour de la gare ferroviaire.

Badulla

0 — 100 m

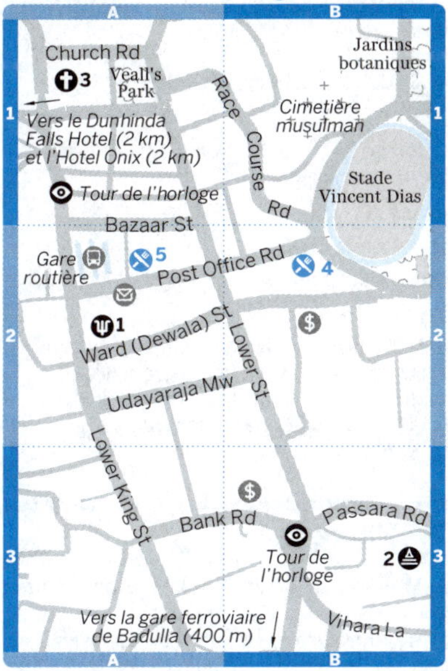

Badulla

À voir

1 Kataragama Devale A2
2 Muthiyagana Vihara B3
3 Église St Mark A1

Où se restaurer

4 Cargills Food City B2
5 Marché A2

De nombreuses gargotes bordent Lower St, près du croisement de Bazaar St. Vous pourrez faire vos courses au **Cargills Food City** (Post Office Rd). Le **marché**, en face de la poste, offre un grand choix de fruits et de légumes.

Hotel Onix HÔTEL $$

(☎222 2426 ; 69 Bandaranayake Mawatha ; ch avec petit-déj à partir de 3 500 Rs ; ❄≋). Prisé pour les mariages, cet hôtel loue bien trop cher des chambres spacieuses. Il reste néanmoins la meilleure adresse de Badulla.

Dunhinda Falls Hotel HÔTEL $$

(☎222 3028 ; 69 Bandaranayake Mawatha ; s avec/sans clim 2 500/1 250 Rs, d 2 950/2 000 Rs ; ❄). Propre et accueillant, il se vante d'offrir une "classe inégalée", ce qui est peut-être vrai pour Badulla...

Renseignements

La **Bank of Ceylon** (Bank Rd) possède un DAB et un service de change.

Depuis/vers Badulla

Bus

Colombo 244-720 Rs selon le type de bus

Ella bus privé 46 Rs

Kandy 200 Rs

Monaragala 88 Rs

Nuwara Eliya 94 Rs

Train

Un billet dans le wagon panoramique de 1re classe coûte 750 Rs, quelle que soit la destination. Des trains desservent Colombo (2e/3e classe 370/205 Rs) et Kandy (270/145 Rs).

Wellawaya

055

À Wellawaya, on quitte la région montagneuse pour descendre vers les plaines arides qui abritaient jadis l'ancien royaume cinghalais de Ruhunu. Wellawaya, un simple carrefour routier, n'offre guère d'intérêt. Hormis un court trajet en *túk-túk* pour voir les sculptures bouddhiques de Buduruwagala, votre principale préoccupation sera de trouver un transport pour continuer votre voyage. Des routes partent au nord à travers le spectaculaire Ella Gap vers la région montagneuse, au sud vers Tissamaharama et la côte, à l'est vers le littoral et à l'ouest vers Colombo.

À voir

Buduruwagala SCULPTURES BOUDDHIQUES

(200 Rs ; 9h-17h). À 5 km au sud de Wellawaya, une petite route part de la route de Tissa vers l'ouest et les splendides bouddhas taillés dans la roche à Buduruwagala. Un petit panneau indique la direction le long de cette route de 4 km, qui longe plusieurs lacs peuplés d'oiseaux, dont des aigrettes et des hérons.

Buduruwagala signifie représentations (*ruva*) en pierre (*gala*) du Bouddha (Budu). Les sculptures dateraient du Xe siècle et appartiendraient à l'école bouddhique mahayana, qui connut alors un bref âge d'or au Sri Lanka. Au centre, le gigantesque bouddha debout, haut de 15 m et le plus grand de l'île, conserve des traces de sa robe d'origine en stuc et une longue bande orange suggère qu'il était peint de couleurs vives.

Parmi les trois personnages à droite du Bouddha, celui du milieu serait Avalokitesvara, le bodhisattva de la compassion, flanqué à gauche de son épouse Tara, peinte en blanc, à sa gauche. Selon une légende locale, le troisième représente le prince Sudhana.

Pour un œil inexpérimenté, les trois sculptures à gauche du Bouddha semblent d'un style très différent. Le personnage couronné, au centre, serait Maitreya, le Bouddha du futur. À sa gauche, Vajrapani tient un *vajra* (symbole du tonnerre en forme de sablier), un exemple inhabituel de l'aspect tantrique du bouddhisme sri lankais. La dernière scupture pourrait représenter Vishnu ou Sahampath Brahma. Plusieurs personnages lèvent la main droite avec deux doigts recourbés vers la paume, un signe de salut.

Il se peut qu'un guide vous accompagne ; il attendra un pourboire. L'aller-retour en *túk-túk* de Wellawaya revient à 500 Rs. Des visiteurs viennent à pied de la route principale, une marche plaisante, mais longue et en plein soleil.

Archaeological Museum MUSÉE

(entrée libre ; 8h30-17h mer-lun). De retour au carrefour de la grand-route venant de Wellawaya, le Musée archéologique renferme des objets archéologiques en pierre et en terre cuite provenant de Buduruwagala. Les collections sont bien éclairées et présentées, avec des explications en cingalais.

Où se loger et se restaurer

De nombreux restaurants et stands d'en-cas font face à la gare routière.

Little Rose PENSION $

(567 8360 ; www.littlerosewellawaya.com ; 101 Tissa Rd ; ch 1 500-2 000 Rs). À 500 m de la gare routière, le Little Rose constitue le meilleur choix si vous devez passer la nuit à Wellawaya. Dans un cadre paisible, cette maison entourée de rizières est tenue par une famille accueillante. Elle compte 9 chambres, dont une minuscule simple avec sdb commune, et offre de bons repas à petits prix. De la gare routière, un *túk-túk* revient à 100 Rs.

Depuis/vers Wellawaya

Wellawaya est une étape classique entre la région montagneuse et les côtes sud et est. On trouve habituellement des correspondances jusqu'au milieu de l'après-midi. Des bus desservent Ella (55 Rs). Pour rejoindre

Tissamaharama, changez à Pannegamanuwa Junction (70 Rs).

Embilipitiya

☎047

Embilipitiya constitue une bonne base pour visiter le parc national d'Uda Walawe, à 23 km au nord. Cette ville moderne et affairée a été construite pour desservir les rizières et les plantations de canne à sucre des alentours.

À 1,5 km au sud du centre-ville, le **Centauria Tourist Hotel** (☎223 0514 ; s/d 74/85 $US, cottage s/d 100/115 $US, petit-déj compris ; ❄@📶🏊) combine cadre moderne et ambiance coloniale. Les chambres standard du côté du lac sont plus spacieuses et d'un meilleur rapport qualité/prix que les cottages, mais restent un peu trop chères. L'hôtel comprend un bon restaurant (plats 440-660 Rs), parfois animé le week-end par des musiciens qui jouent des succès démodés.

La gare routière se situe dans le centre-ville, de même que la **Hatton National Bank**, la **Seylan Bank**, la **People's Bank**, la **Commercial Bank** et la **Sampath Bank**. Toutes ces banques possèdent des DAB, un service de change et délivrent des avances sur les cartes de crédit. Un **cybercafé** fait face à la tour de l'horloge.

De la gare routière ou des alentours, des bus partent régulièrement dans toutes les directions. Ils desservent notamment Tangalla (50 Rs), Matara (100 Rs) et Ratnapura (100 Rs).

Si vous séjournez à Embilipitiya et souhaitez visiter le parc d'Uda Walawe, prenez un bus pour Tanamalwila (75 Rs) et demandez au chauffeur de vous déposer à l'entrée du parc.

Parc national d'Uda Walawe

Avec des hardes d'éléphants, de bisons sauvages, de sambars et de léopards, le **parc national d'Uda Walawe** (adulte/enfant 3 375/900 Rs, service 900 Rs/groupe, véhicule 250 Rs/groupe, TVA 12% ; ⏲6h-18h) est le parc sri lankais qui rivalise le mieux avec les réserves de savane africaines. Pour l'observation des éléphants, Uda Walawe surpasse la plupart des parcs nationaux d'Afrique de l'Est. Le parc, qui s'étend autour des 308,2 km² du réservoir d'Uda Walawe, possède une beauté austère et l'absence de végétation épaisse facilite la découverte des animaux. C'est certainement le parc national à ne pas manquer !

L'entrée du parc se situe à 12 km de l'embranchement sur la route Ratnapura-Hambantota et à 21 km d'Embilipitiya. Les visiteurs achètent les billets, vendus jusqu'à 17h, dans un bâtiment à 2 km plus loin. S'ils choisissent pour la plupart un circuit organisé par leur hôtel, des 4x4 attendent devant l'entrée et demandent 3 500 Rs la demi-journée (jusqu'à 8 passagers), chauffeur inclus. Le droit d'entrée comprend les services d'un guide du parc. Ces guides connaissent très bien le parc et ses habitants et savent repérer la faune ; prévoyez un pourboire.

👁 À voir et à faire

Le parc abrite quelque 500 éléphants, qui vivent en hardes pouvant atteindre 50 individus. Des barrières entourent le parc afin d'empêcher les pachydermes d'en sortir et le bétail d'y pénétrer. Vous aurez plus de chances de les observer entre 6h30 et 10h et entre 16h et 18h30.

Aux éléphants, sambars et buffles sauvages (dont le nombre a augmenté grâce aux buffles domestiques) s'ajoutent des mangoustes, des bandicoots (petits marsupiaux), des renards, des varans aquatiques, des crocodiles, des ours paresseux et quelques léopards. On compte aussi 30 variétés de serpents et de nombreux oiseaux ; les migrateurs en provenance du Nord rejoignent les résidents entre novembre et avril.

La faune d'Udu Walawe est menacée pour plusieurs raisons, dont l'installation illégale associée au pâturage du bétail et le nombre important de visiteurs à bord de véhicules privés. Le braconnage et l'utilisation des "hakka patas", des petits systèmes explosifs cachés dans des appâts sur les rives du réservoir d'Uda Walawe où paissent les sangliers, constituent d'autres problèmes. S'ils visent les sangliers, ces explosifs ont gravement blessé des éléphants ces dernières années.

Le long de la grand-route qui borde le parc, des vendeurs proposent des fruits aux automobilistes de passage afin de nourrir les éléphants sauvages qui se rassemblent le long de la barrière. Sachez que cela encourage leur dépendance et amenuise leur peur des humains, provoquant des conflits dont les éléphants sortent rarement vainqueurs. Les autorités des parcs nationaux sri lankais sont loin d'être aussi rigoureuses que leurs collègues d'Afrique de l'Est pour préserver la vie sauvage.

Elephant Transit Home ZOO
(adulte/enfant 500/250 Rs ; nourrissage 9h, 12h, 15h et 18h). Soignant les éléphants blessés de la région, ce refuge se situe sur la route principale, à 5 km à l'ouest de l'entrée du parc. Financé par la Born Free Foundation (www.bornfree.org.uk), cet ensemble de bâtiments est un lieu de transit pour les éléphants orphelins. Une fois remis sur pied, ils sont réintroduits dans la nature, souvent dans le parc national d'Uda Walawe. Lors de nos recherches, 64 pachydermes avaient été soignés à l'Elephant Transit Home puis relâchés. Un groupe d'une trentaine de jeunes individus est nourri quatre fois par jour. Contrairement à l'orphelinat des éléphants de Pinnewala, on ne peut pas les approcher, mais les repas restent un moment amusant. L'Elephant Transit Home effectue un travail remarquable et la plupart des chauffeurs de 4x4 incluent sa visite dans leurs circuits. Pour plus d'informations sur les éléphants du Sri Lanka, reportez-vous p. 280.

Où se loger et se restaurer

Les hébergements proches d'Uda Walawe ne sont guère attrayants.

Selara River Eco Resort LODGE $$
(077 643 2815 ; Walawe Handiya ; s/d 2 500/3 500 Rs). En bord de rivière, les bungalows en adobe et pierre pourraient être plus propres, mais ils ont plus de cachet que la plupart des établissements du secteur. Les sdb d'un chic rustique, avec sol en pierre et douche de style cascade, ne manquent pas d'attraits. Des meubles artisanaux ornent le bar à deux niveaux, aménagé dans un arbre. Le restaurant prépare des plats succulents avec les poissons du lac et justifie amplement d'opter pour la demi-pension. Un sympathique varan, d'environ 1 m de long, vient parfois quémander de la nourriture. Depuis Embilipitiya Rd, tournez à droite dans Walawe Handiya et parcourez 5 km avant de tourner encore à droite au panneau Selera.

Kottawatta Village COMPLEXE HÔTELIER $$
(047-223 3215 ; www.udawalawakottawattavillage.com ; Uda Walawe Junction ; ch avec petit-déj 3 000/6 500 Rs ;). Géré de manière professionnelle, ce complexe hôtelier moderne offre des chambres confortables et bien tenues dans un grand jardin. Il se situe à 8 km du parc en direction d'Embilipitiya.

Superson Family Guest PENSION $
(047-347 5172 ; 90B CDE Place, Uda Walawe ; ch 750-1 200 Rs). Cette pension propose un hébergement simple, un joli jardin et une bonne cuisine maison. Les prix semblent très flexibles.

Réserve forestière de Sinharaja

Dernier vaste secteur préservé de forêt pluviale, cette **réserve forestière** (665 Rs, guide obligatoire 350 Rs/pers) occupe une large crête au cœur de la zone humide de l'île. La plupart du temps, la forêt est couverte d'épais nuages qui l'arrosent et alimentent les ressources en eau de la majeure partie du Sud-Ouest. Reconnaissant son importance pour l'écosystème du Sri Lanka, l'Unesco a inscrit la réserve au patrimoine mondial en 1989.

Sinharaja (Roi Lion) est entouré de rivières : la Koskulana Ganga au nord et la Gin Ganga au sud. Un ancien sentier qui passe par le Beverley Estate marque la lisière est de la réserve, près de son plus haut sommet, le Hinipitigala (1 171 m). Vers l'ouest, l'altitude décroît.

La réserve comprend 189 km² de forêts naturelles et modifiées, et mesure 21 km d'est en ouest et 3,7 km du nord au sud. Ancienne réserve royale, elle est mentionnée sous le nom de Rajasinghe Forest dans des documents coloniaux. Ce fut sans doute le dernier refuge du lion sri lankais.

En 1840, la forêt devint une terre de la Couronne britannique et depuis des efforts ont été entrepris pour la préserver. Cependant, des bûcherons l'investirent en 1971 et entamèrent une exploitation sélective. Les feuillus endémiques furent remplacés par des acajous (qui ne poussent pas là naturellement), des chemins et des routes furent tracés à travers la forêt et une scierie fut construite. Après des interventions persistantes d'écologistes, le gouvernement interdit l'exploitation forestière en 1977. Les équipements furent démontés, la végétation effaça progressivement les routes et Sinharaja fut sauvée. Les autres poches de forêt pluviale de l'île se tiennent pour la plupart sur des crêtes montagneuses, dans un rayon de 20 km de la réserve.

Les habitants des 22 villages qui entourent la forêt sont autorisés à entrer pour collecter la sève des palmiers, qui sert à confectionner le *jaggery* (sucre brun et dur), et récupérer les feuilles et le bois morts, utilisés comme combustible ou matériau de construction. Les plantes médicinales sont cueillies à des saisons précises. L'exploitation du rotin est plus préoccupante, car la demande est importante. Sinharaja attire aussi les chercheurs illégaux de pierres précieuses, dont les puits abandonnés constituent un danger pour les hommes et les animaux et provoquent l'érosion. Le braconnage menace également la faune.

Les mois les plus secs (août-septembre et janvier-début avril) sont les plus propices à la visite. Bruines et averses arrosent le Hinipitigala la majeure partie de l'année. Sinharaja reçoit 3 500 à 5 000 mm de précipitations par an, avec un minimum de 50 mm en saison sèche. Les températures varient peu d'une saison à l'autre, avec une moyenne de 24°C dans la forêt et un taux d'humidité de 87%.

À voir et à faire

Kotapola, à 6 km au sud de Deniyaya, possède un superbe **temple rupestre** du début du XVIIe siècle, qui mérite largement la grimpée. Les **chutes de Kiruwananaganga**, hautes et larges de 60 m, se situent à 5 km à l'est de Kotapola sur la route d'Urubokka. Le **temple de Kolawenigama**, à 3 km de Pallegama (qui se trouve à 3 km de Deniyaya), est un édifice aux proportions modestes qui ressemble au temple de la Dent de Kandy. Il fut construit par le roi Buwanekabahu VII pour remercier les villageois d'avoir protégé la relique sacrée. Des fresques kandyennes décorent le sanctuaire.

Faune et flore

Sinharaja abrite une profusion de plantes. Les arbres de la canopée atteignent 45 m de haut et les cimes du niveau inférieur grimpent à 30 m. Presque tous les arbres de la sous-canopée sont des espèces rares ou menacées. Plus de 65% des 217 essences et lianes endémiques à la forêt pluviale du Sri Lanka poussent à Sinharaja.

Le léopard est le plus grand carnivore de la réserve. On l'aperçoit rarement et seuls ses excréments et ses empreintes révèlent sa présence. Les chats léopards d'Inde et les chats pêcheurs sont encore plus rares. Les sambars, les muntjacs et les sangliers s'observent plus facilement. Des groupes de 10 à 14 semnopithèques blanchâtres sont communs. On rencontre trois sortes d'écureuils : l'écureuil roux volant, l'écureuil gris volant et l'écureuil géant. Les porcs-épics et les pangolins sont présents, mais rarement visibles. Les civettes et les

VAUT LE DÉTOUR

RATNAPURA

Parmi des vallées bien irriguées entre l'Adam's Peak et la réserve forestière de Sinharaja, Ratnapura (cité des Gemmes en sanskrit) est un centre réputé pour le commerce des pierres précieuses de la région. Le climat chaud et humide favorise la formation de lits de rivière, un environnement idéal pour les pierres précieuses.

Plusieurs "musées des gemmes" contiennent des petites expositions sur les pierres précieuses et de vastes salles où l'on vous encouragera à acheter des pierres "locales" à des prix "locaux".

Les alentours de la ville sont parsemés de **mines de pierres précieuses** où la plupart des pensions peuvent organiser des visites.

Des **marchands** vendent des gemmes dans Saviya St, au nord-est de la tour de l'horloge. **Newitigala**, à 40 minutes en voiture, accueille presque tous les matins (sauf les jours de *poya*) le plus grand marché de pierres précieuses de la région ; louer un taxi pour la demi-journée revient à 2 500 Rs environ. Les deux marchés ferment vers 15h.

Ratnapura est aussi le point de départ d'un des plus anciens itinéraires vers le sommet de l'**Adam's Peak** (p. 148). Grimpeurs et pèlerins empruntent le chemin de pèlerinage de Gilimalai à Carney Estate, à 15 km ou 1 heure de bus de Ratnapura. La grimpée demande 6 à 8 heures et la descente, 5 à 7 heures. Les sangsues sont particulièrement nombreuses sur cet itinéraire.

Pour vous loger, essayez le **Ratna Gem Halt** (☎222 3745 ; www.ratnapura-online.com ; 153/5 Outer Circular Rd ; ch 800-2 000 Rs), une pension de 7 chambres tenue par une famille au nord de la ville. Hospitalité et bonne cuisine sri lankaise s'ajoutent à la jolie vue sur les rizières vert émeraude. Les chambres les moins chères ne disposent ni d'eau chaude ni de vue. Le propriétaire, un négociant en pierres précieuses, propose des cours de gemmologie et peut organiser des visites d'une demi-journée dans les mines et les marchés.

mangoustes sortent la nuit, mais vous verrez peut-être une mangouste à travers la frondaison en plein jour. Six espèces de chauves-souris ont été recensées.

Parmi les 45 espèces de reptiles, 21 sont endémiques. Les serpents venimeux comprennent la vipère trigonocéphale verte, qui vit dans les arbres, l'hypnale et le bongare, qui se déplacent sur le sol. La *Rana rugosa* (grenouille fripée), que l'on entend coasser la nuit, est l'amphibien le plus représenté.

Les oiseaux sont très nombreux, avec 160 espèces recensées dont 18 des 20 espèces endémiques du Sri Lanka. La forêt est réputée pour sa "*bird wave*", une volée composée de diverses espèces d'oiseaux. Si ce phénomène peut s'observer ailleurs dans le monde, il est particulièrement long à Sinharaja et peut regrouper jusqu'à une douzaine d'espèces et parfois même des mammifères (comme des écureuils).

Les sangsues sont omniprésentes. Les soldats britanniques, hollandais et portugais les considéraient comme leur pire ennemi lorsqu'ils essayaient d'envahir l'arrière-pays, alors couvert de forêts. Un écrivain anglais affirma qu'elles avaient fait plus de victimes que tous les autres animaux réunis. Aujourd'hui, vous en souffrirez moins car tous les guides emportent des répulsifs.

Où se loger et se restaurer

Mieux vaut visiter la réserve à partir de Deniyaya si vous ne disposez pas d'un véhicule

DENIYAYA

Rainforest Lodge HÔTEL $$
(☎492 0444 ; www.rainforestlodge-srilanka.de, en allemand ; ch 2 500 Rs). Isolé au bout d'un sentier de 300 m qui traverse une plantation de thé, le Rainforest Lodge possède des chambres spacieuses et impeccables avec de belles sdb. La vue s'étend sur la forêt tropicale, des rizières et des théiers. Une accueillante famille locale prépare une savoureuse cuisine. Les excursions en forêt coûtent 4 200 Rs pour une personne ou 5 500 Rs pour deux, nourriture, transport et guide compris.

Sinharaja Rest PENSION $
(☎041-227 3368 ; sinharaja_rest@yahoo.com ; Temple Rd ; ch 2 000 Rs). Les frères Palitha et Bandula Rathnayaka sont des guides certifiés et séjourner dans leur pension facilite l'exploration de la réserve. Leur maison comporte 6 chambres spartiates, un joli jardin et les repas sont excellents. Une excursion d'une journée à Sinharaja revient à 3 500 Rs par personne, transport, guide et déjeuner compris, droit d'entrée exclus. Les non-résidents peuvent également en profiter. En prévenant les frères une semaine à l'avance, ils peuvent organiser un séjour dans les bungalows de la forêt.

Deniyaya Rest House HÔTEL $
(☎041-227 3600 ; ch 2000 Rs). Comme la plupart des hôtels gouvernementaux du pays, celui-ci bénéficie d'un emplacement privilégié, avec une vue superbe sur la campagne. Les grandes chambres, plutôt délabrées, restent d'un bon rapport qualité/prix. Proche de l'artère principale, l'établissement comprend un bar-restaurant.

KUDAWA

Le Forest Department à Kudawa possède quelques bungalows sommaires. Renseignez-vous auprès du **siège du Forest Department** (☎011-286 6633 ; forest@slt.lk ; 82 Rajamalwatte Rd, Battaramulla) à Colombo.

Rock View Motel HÔTEL $$
(☎045-567 7990 ; Weddagala ; s/d 3 300/4 400 Rs). Des grandes chambres fonctionnelles, avec la vue sur des collines couvertes de forêt et de théiers, compensent l'accueil glacial des réceptionnistes. Il se situe à 2 km à l'est de Weddagala.

Boulder Garden HÔTEL DE CHARME $$$
(☎045-225 5812 ; www.bouldergarden.com ; Sinharaja Rd, Koswatta ; s/d 138/245 $US ; ❄). Superbement conçu, cet hôtel écologique offre 10 chambres rustiques, dont 2 dans des grottes, construites parmi des rochers et des cours d'eau. Les repas sont servis dans un superbe restaurant en plein air (sachez quand même que le petit-déjeuner coûte 69 $US !). La forêt tropicale alentour explique l'humidité ambiante. Kayak, spéléologie, observation des oiseaux, descente en rappel et VTT comptent parmi les activités proposées.

Rainforest Edge LODGE $$$
(☎045-225 5912 ; www.rainforestedge.com ; Balwatukanda, Weddagala ; s/d avec petit-déj 173/244 $US ; ❄). Nichées dans les collines à environ 1 km de Weddagala, les 7 huttes sont un peu trop rustiques pour les prix demandés. La vue de la terrasse est fantastique.

Renseignements

Les billets sont vendus au bureau principal du Forest Department à Kudawa et à Deodawa, à 5 km de Deniyaya sur la route de Matara.

À Deniyaya, la **People's Bank** dispose d'un DAB et d'un bureau de change. Le village offre l'accès à Internet.

Consultez le site www.sinharaja.4t.com pour des informations détaillées sur l'histoire, la flore et la faune de la réserve forestière de Sinharaja et les menaces qui pèsent sur son avenir.

Depuis/vers Sinharaja

Parmi les divers points d'accès à la réserve, les plus pratiques se situent au nord-ouest via Kudawa et au sud-est via Mederapitiya (accessible de Deniyaya). Lors de nos recherches, la route par Mederapitiya était correcte, mais celle via Kudawa avait besoin d'être reconstruite et ne pouvait s'emprunter qu'en 4x4.

Quel que soit l'itinéraire, partez le plus tôt possible car les routes sont souvent endommagées par les inondations.

Bus

Des bus relient Ratnapura et Deniyaya (110 Rs) environ toutes les heures, de 6h45 jusqu'à l'après-midi. Plusieurs bus circulent aussi depuis/vers Galle (120 Rs).

Pour Kudawa, vous pouvez prendre un bus de Ratnapura à Weddagala (à 4 km avant Kudawa, 100 Rs), puis une correspondance.

Voiture

Si vous disposez d'une voiture, la route qui traverse le Hayes Tea Estate, au nord de Deniyaya vers Madampe et Balangoda (pour Belihul Oya, Haputale ou Ratnapura), est splendide. La boucle de l'entrée nord à l'entrée sud du parc est également superbe, mais très lente et pénible.

Les cités anciennes

Dans ce chapitre »

Pourquoi y aller

Les temples en ruine, les cités perdues et les sites sacrés constituent des raisons suffisantes pour vous enfoncer dans les terres. C'est ici, dans les chaudes plaines centrales du Sri Lanka, que les anciennes dynasties cinghalaises établirent leurs capitales, et encouragèrent un essor artistique et architectural remarquable. Puis, après la chute de ces royaumes, la jungle reprit peu à peu ses droits.

Depuis plus d'un siècle, les archéologues mettent au jour l'histoire de ces paysages époustouflants. La forteresse rocheuse de Sigiriya, les sculptures bouddhiques et les temples de Polonnaruwa ou les dagobas d'Anuradhapura comptent aujourd'hui parmi les trésors nationaux de l'île.

La zone traitée dans ce chapitre est communément appelée le "Triangle culturel". Outre les splendides vestiges, ne manquez pas de visiter les parcs nationaux, habités par les éléphants. Consacrez plusieurs jours à la visite de la région, flânez de ville en ville et allez de découverte en découverte.

Le top des restaurants

» A&C Restaurant (p. 181)
» Ancient Villa Hotel (p. 188)
» Heritance Kandalama Hotel (p. 183)
» Milano Tourist Rest (p. 207)

Le top des hébergements

» Habarana Rest House (p. 197)
» Hotel Shalini (p. 207)
» Jetwing Vil Uyana (p. 188)
» Rice Villa Retreat (p. 196)

Quand partir

Dambulla

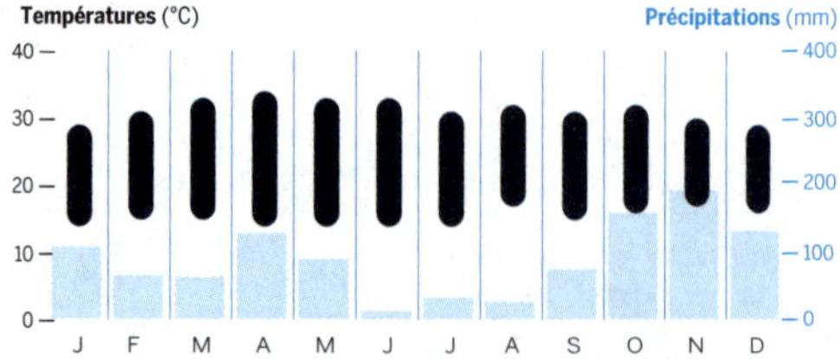

Juin La fête de la Poson *poya* se déroule à Mihintale lors de la pleine lune de Poson.

Mai-septembre Les éléphants abondent dans le parc national de Minneriya, central et facile d'accès.

Décembre-février Lorsque les plages sont bondées, les sites culturels offrent un répit de choix.

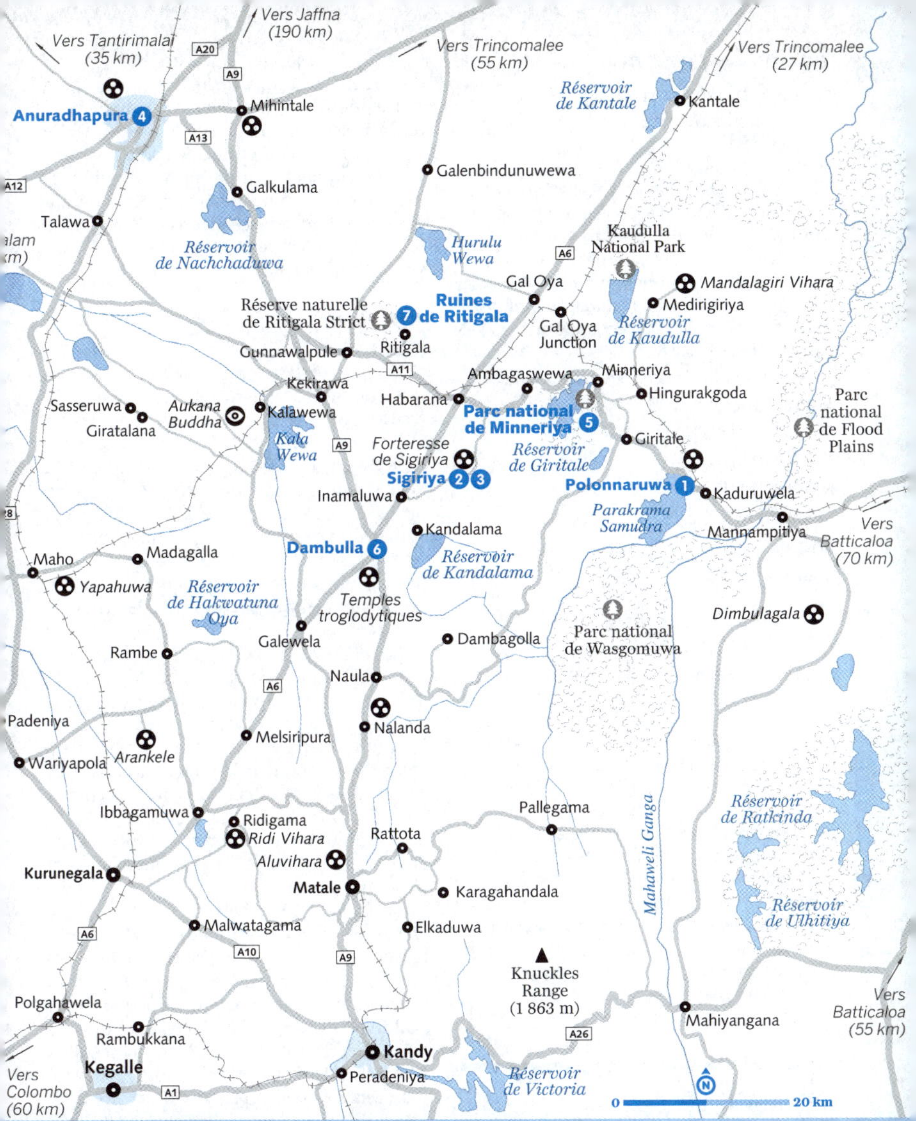

À ne pas manquer

1 Les temples et les sculptures du **quadrilatère de Polonnaruwa** (p. 190)

2 La forteresse rocheuse du rocher de **Sigiriya** (p. 185), connue pour ses vues saisissantes, ses fresques et ses ruines

3 Une immersion dans l'intéressant musée de **Sigiriya** (p. 185)

4 Une promenade à vélo au cœur des vastes ruines d'**Anuradhapura** (p. 200)

5 Les éléphants du luxuriant **parc national de Minneriya** (p. 198)

6 Sur les traces du Bouddha à **Dambulla** (p. 182), dont les grottes et les temples abritent des fresques et des statues remarquables

7 L'exploration des mystérieuses ruines de **Ritigala** (p. 199)

Renseignements

BILLETS DU TRIANGLE CULTUREL

Les touristes doivent s'acquitter d'un droit d'entrée pour visiter les sites majeurs du Triangle culturel, ainsi que quelques lieux d'importance secondaire. La plupart sont gérés par le Central Cultural Fund (CCF), qui dispose d'un bon site Internet en anglais (www.ccf.lk).

Jusqu'en 2012, un billet forfaitaire donnant accès à tous les sites principaux était disponible. Son retrait a été vivement critiqué. Informez-vous pour savoir s'il a été renouvelé ou remplacé par un forfait similaire.

Voici les droits d'entrée des sites principaux :

Anuradhapura 25 $US
Dambulla 10 $US
Medirigiriya 10 $US
Nalanda 5 $US
Polonnaruwa 25 $US
Ritigala 10 $US
Sigiriya 30 $US

Comment circuler

Les villes et les cités du Triangle culturel sont très bien desservies par des bus publics et privés, ainsi que par des trains pour certaines d'entre elles. Les distances sont raisonnables et les routes souvent bonnes. Circuler par les transports en commun est assez confortable (les bus sont toutefois bondés à certaines heures et pendant les vacances). Les liaisons entre les villes et les sites touristiques principaux sont généralement assurées régulièrement – vous n'aurez donc pas à attendre trop longtemps.

Comme toujours, la voiture est le moyen le plus pratique pour faire les visites. Vous pouvez rallier la région en train ou en bus, puis vous organiser avec votre hôtel pour réserver une voiture avec chauffeur à la journée.

Matale

☎066 / 45 000 HABITANTS

Cette ville moyenne, au cœur de l'île, s'étend sur une large vallée fertile, à 300 m d'altitude. Même si vous ne vous y attardez pas, Matale constituera probablement votre porte d'accès aux cités anciennes. Avec ses bâtiments délabrés et ses scieries, la route qui mène à Kandy, à 24 km au sud, n'est pas des plus belles. Cependant, après Matale, observez les plantations de vanille, de caoutchouc, de quinquina, de jacquiers, de cacao et de cardamome. Le *kohila* (une sorte de cresson) et les petits piments doux comptent parmi les autres spécialités de la région.

À l'est de Matale, la traversée du massif du Knuckles Range dévoile un panorama d'exception. La B38 monte depuis le nord de la ville jusqu'à un col à proximité de Rattota, tandis que d'autres routes partent vers le sud-ouest, en direction des villages montagnards d'Elkaduwa et de Karagahandala, avant de redescendre vers Kandy et le réservoir de Victoria. Pour plus de détails sur le Knuckles Range, voir p. 147.

À voir

Aluvihara MONASTÈRE

(200 Rs ; ⌚7h-18h). Le monastère troglodytique d'Aluvihara se dresse en retrait de la route au nord de Matale, à 3 km. Les grottes du monastère, taillées dans des rochers tombés de la montagne surplombant la vallée, constituent un site exceptionnel. Selon la légende, un géant aurait jadis employé trois d'entre eux comme supports pour sa marmite. D'où le nom d'Aluvihara (monastère des Cendres), qui ferait référence aux cendres laissées par les feux de cuisson.

Le plafond de la première cavité, qui renferme un bouddha couché de 10 m de long, présente d'impressionnantes peintures de lotus. Une autre caverne est couverte de fresques bigarrées figurant le royaume des enfers ; on y voit des démons infliger toutes sortes de sévices originaux aux pécheurs dans l'au-delà. L'une des scènes représente un homme ayant commis des péchés de chair, le crâne fendu, deux démons puisant dans son cerveau.

En haut d'une volée de marches, une grotte est dédiée à Buddhaghosa, érudit indien qui y aurait séjourné plusieurs années, afin d'étudier le Tipitaka. Toutefois, si certains textes historiques affirment que Buddhaghosa vécut à Anuradhapura au VIe siècle, rien ne prouve qu'il ait résidé à Aluvihara. Les parois de la grotte arborent toutefois des peintures montrant Buddhaghosa en train de travailler sur des manuscrits en *ola* (feuilles de palmier).

L'escalier se poursuit jusqu'au sommet du promontoire rocheux où se dresse un dagoba. La vue sur la vallée environnante est extraordinaire.

Le Tipitaka est la collection des textes fondamentaux en langue pali qui forment la base doctrinale du bouddhisme Theravada. Il fut pour la première fois transcrit à partir de sources orales et cinghalaises, à l'occasion d'un concile de moines qui se tint à Aluvihara au Ier siècle av. J.-C. Deux millénaires plus tard, en 1848, la bibliothèque des moines fut détruite par les troupes britanniques cherchant à écraser une rébellion. Aujourd'hui encore, religieux, scribes et artisans s'affairent pour remplacer les manuscrits originaux. Leur **atelier** (entrée moyennant un don) est ouvert aux visiteurs – votre nom sera inscrit gratuitement sur un petit morceau d'*ola*.

En *túk-tuk*, comptez environ 300 Rs pour l'aller-retour Matale-Aluvihara, attente comprise. Le trajet en bus coûte 10 Rs. Si vous arrivez en voiture, remontez vers la gauche et contournez le site pour éviter le premier long escalier.

Matale Heritage Centre CENTRE CULTUREL
(☎222 2404 ; 33 Sir Richard Aluvihara Mawatha ; entrée libre ; ⊙9h-16h lun-sam). À environ 2 km au nord de Matale, ce centre artisanal assoupi, qui comprend un vaste ensemble de bungalows, d'ateliers et de jardins dans une forêt, promeut les riches traditions de l'artisanat local par une production de batiks, de broderie et d'objets en bois et en cuivre de qualité. Sur le site, les Aluvihare Kitchens préparent des repas sur demande (il faut réserver la veille par téléphone) pour les groupes de 4 personnes – 1 000 Rs/pers pour un festin constitué d'un large choix de riz-curries. Depuis Matale, un *túk-túk* demande quelque 300 Rs aller-retour, attente comprise.

Sri Muthumariamman Thevasthanam TEMPLE
(200 Rs ; ⊙6h-12h, 16h30-20h). Un peu au nord de l'arrêt de bus pour Kandy, à l'extrémité nord de la ville, ce temple hindou mérite le détour. Un prêtre vous montrera les cinq chars cérémoniels, imposants et colorés, qui sont tirés par les participants à l'occasion de la fête annuelle.

À Matale, un agréable **parc** accueille un monument dédié aux leaders de la révolte de 1848 contre les taxes imposées par la Couronne britannique. La route Matale-Aluvihara est bordée de nombreux **jardins d'épices** et de plusieurs **magasins de batik**. Une visite de ces jardins vous permettra notamment de découvrir le thé au cacao sans lait, adouci à la vanille et à la banane, ainsi que diverses crèmes et potions qui feraient briller les cheveux et guériraient les flatulences. Certaines de ces échoppes pratiquent des tarifs plus élevés que dans les marchés des villes.

Où se loger et se restaurer

Rien ne vous oblige à passer la nuit à Matale, mais la ville offre toutefois quelques hébergements corrects.

Sesatha Hotel PENSION $$
(☎223 1489 ; 40 Kohombiliwela ; ch 2 500-3 000 Rs ; ❄). Ce petit établissement compte 5 chambres (équipées d'un réfrigérateur) avec un balcon donnant sur de paisibles rizières. Le décor est moderne et l'ensemble assez soigné. Restauration sur place. Situé à 1,5 km au sud de la ville, à 200 m environ de la route principale.

Matale Rest House PENSION $
(☎222 2299 ; Park Rd ; ch 800-1 200 Rs, clim 1 000 Rs ; ❄). Cette ancienne pension gouvernementale offre 14 chambres correctes avec eau chaude et une grande pelouse sur le devant. Plats chinois et sri lankais disponibles au restaurant pour environ 800 Rs.

♥ **A&C Restaurant** SRI LANKAIS $
(3/5 Sir Richard Aluvihara Mawatha ; repas 500-900 Rs ; ⊙11h-15h). Excellente table pour cet établissement impeccable installé dans une maison locale. Les repas concoctés par les propriétaires sont variés et savoureux (le buffet, pour quelque 800 Rs, est une affaire). Prenez le même embranchement que pour le Matale Heritage Centre, puis tournez à gauche plutôt que de suivre la route vers le centre.

Bentota Bake House SRI LANKAIS $
(77/A Kandy Rd ; en-cas à partir de 100 Rs ; ⊙8h-20h). Logé à la lisière sud de la ville, ce restaurant offre une grande variété d'en-cas. La fraîcheur des produits explique sa fréquentation.

Depuis/vers Matale

À Kandy, le bus 593 part toutes les 10 minutes à destination de Matale (normal/Intercity express 43/65 Rs, 1 heure 30). Les bus pour Dambulla ou Anuradhapura vous déposeront à Aluvihara (10 Rs) ou aux jardins d'épices. Six trains parcourent quotidiennement la jolie voie de 28 km qui relie Matale à Kandy (25 Rs, 1 heure 30).

Nalanda

☎066

À 25 km au nord de Matale, 20 km avant Dambulla, Nalanda doit sa renommée au vénérable **Nalanda Gedige** (adulte/enfant 500/250 Rs ; ⊙7h-17h). Bâti dans le style des temples hindous d'Inde du Sud, il se compose d'un hall d'entrée, relié à un haut *sikara* (sanctuaire doté de statues sacrées), et d'une cour destinée aux circumambulations. Les dieux hindous sont totalement absents de l'édifice, qui aurait été utilisé par des bouddhistes. Ce fut l'un des premiers temples en pierre du Sri Lanka.

Construits avec des blocs de pierre richement ornés, les murs furent reconstitués à partir de ruines, en 1975. Ils auraient été montés à l'origine entre le VIIIe et le XIe siècle. Les plinthes arborent des sculptures tantriques représentant des postures érotiques – le seul exemple de ce type sur l'île. Abîmées par les intempéries, elles se distinguent toutefois difficilement.

Le site jouxte un réservoir, à 1 km à l'est de la route principale – une pancarte indique l'embranchement, près de la borne 49, où s'arrêtent les bus pour Anuradhapura, arrivant de Kandy ou de Matale.

Dambulla

☎066 / 71 000 HABITANTS

Le célèbre temple du Rocher royal de Dambulla est une image emblématique du pays, et il vous sera familier avant même que vous découvriez son intérieur spectaculaire rempli de bouddhas. Malgré son air légèrement commercial, il reste un important lieu saint et cette visite est incontournable si vous êtes dans les environs. Le site se prête à une excursion d'une journée depuis Kandy, en prenant les transports en commun, ou à une halte en allant ou en revenant de Sigiriya.

Dambulla dispose de DAB, d'épiceries et de nombreux autres magasins.

À voir

♥ Temples troglodytiques TEMPLES
(adulte/enfant 1200 Rs/gratuit ; ⏲7h30-18h). Le superbe ensemble du temple du Rocher royal (Royal Rock Temple) se dresse de 100 à 160 m au-dessus de la route, au sud de Dambulla. Le chemin menant au site débute le long d'une paroi rocheuse escarpée, sur laquelle des marches ont été aménagées par endroits. Le site dévoile un panorama superbe sur la campagne environnante – Sigiriya est bien visible, à quelque 20 km de distance.

L'histoire des grottes en tant que lieu de culte remonterait au Ier siècle av. J.-C., lorsque le roi Valagambahu (Vattajamini Ahhaya), chassé d'Anuradhapura, y trouva refuge. Quand il regagna son trône, il fit sculpter l'intérieur des grottes, faisant d'elles de magnifiques temples troglodytiques. Les rois successifs apportèrent des améliorations – notamment Nissanka Malla, qui fit dorer l'intérieur des temples, ce qui vaut au site le nom de Ran Giri (Rocher doré).

Cinq grottes accueillent quelque 150 représentations du Bouddha. La plupart des peintures datent du XIXe siècle.

La billetterie se trouve à la porte voisine du monumental Temple doré (voir ci-contre). Les tickets sont vérifiés à l'entrée située au pied de la colline. Les clichés sont autorisés à l'intérieur des grottes, à condition de ne pas photographier les personnes présentes.

Grotte n°1 (Devaraja Viharaya)

La première grotte, le temple du Roi des dieux, abrite un bouddha couché de 15 m de long. Ananda, fidèle disciple du Bouddha, est représenté à ses côtés, en compagnie d'autres bouddhas assis. Une statue de Vishnu est conservée dans un petit autel, généralement fermé.

Grotte n°2 (Maharaja Viharaya)

Le temple du Grand Roi, qui mesure 52 m d'est en ouest et 23 m de l'entrée au mur du fond, est sans conteste le plus remarquable. Le plafond s'élève à 7 m en son point le plus haut. La grotte doit son nom à deux statues de rois – une statue de Valagambahu en bois peint, à gauche à l'entrée, et une statue de Nissanka Malla, située plus en avant. La principale statue du Bouddha, qui semble avoir été jadis couverte de feuilles d'or, se trouve sous un *makara torana* (voûte ornée de dragons). Le Bouddha est représenté avec la main levée dans la position de l'*abhaya mudra*, symbole de l'absence de crainte et de protection. Les divinités hindoues ne sont pas oubliées. Un récipient collecte l'eau qui tombe en permanence du plafond de la grotte (même pendant les périodes de sécheresse), employée dans les rituels sacrés.

Grotte n°3 (Maha Alut Viharaya)

Baptisée Nouveau Grand Temple, cette grotte serait un ancien entrepôt transformé en temple au XVIIIe siècle par l'un des derniers monarques kandyens, Kirti Sri Rajasinghe. Comme les autres, elle compte de nombreuses statues du Bouddha – dont un superbe bouddha couché. Un simple mur la sépare de la grotte n°2.

Grotte n°4 (Pachima Viharaya)

Cette cavité, relativement petite, n'est pas la plus à l'ouest bien que son nom signifie "grotte de l'Ouest". Ce statut revient en effet à la grotte n°5. Le bouddha central est assis sous un *makara torana,* les mains jointes

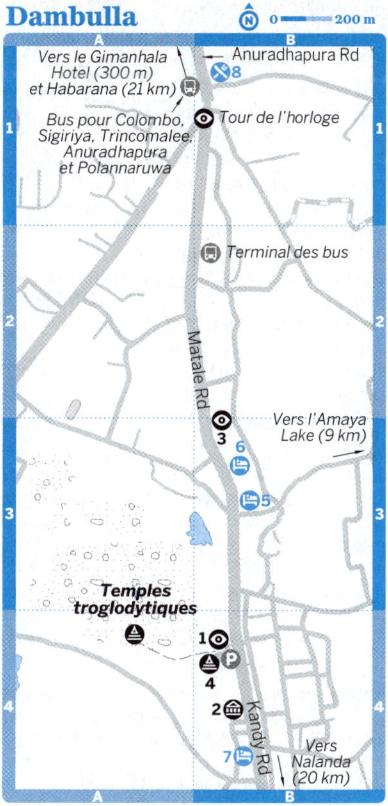

Dambulla

Les incontournables

Temples troglodytiques A4

À voir

1 Billetterie des temples B4
2 Musée de Dambulla B4
3 Marché de Dambulla B3
4 Temple doré B4

Où se loger

5 Dambulla Guest House B3
6 Healey Tourist Inn B3
7 Sundaras B4

Où se restaurer

8 Bentota Restaurant B1

en forme de coupe dans la position méditative du *dhyana mudra*. Le petit dagoba au milieu du temple fut fracturé par des voleurs qui espéraient trouver les bijoux de la reine Somawathie.

Grotte n°5 (Devana Alut Viharaya)

Assez récente, cette grotte, qui faisait autrefois office d'entrepôt, porte aujourd'hui le nom de Second Nouveau Temple. Elle renferme un bouddha couché, ainsi que des représentations de divinités hindoues, dont Kataragama (Murugan) et Vishnu.

Temple doré — TEMPLE

(www.goldentemple.lk ; entrée libre). Au pied de la colline se dresse le Temple doré (Golden Temple), construction moderne kitsch achevée en 2000 grâce à des dons japonais. Une énorme enseigne au néon et un Bouddha de 30 m de haut, dans la position du *dhammachakka mudra* (qui fait tourner la roue du Dharma), dominent le bâtiment cubique.

Musée de Dambulla — MUSÉE

(adulte/enfant 230/115 Rs ; 7h30-16h30). Ce grand bâtiment, à 500 m au sud du parking principal, conserve des reproductions de peintures rupestres et divers objets, avec des explications détaillées en anglais. Les œuvres, des peintures rupestres aux fresques du XVIIIe siècle, constituent une bonne approche de l'art sri lankais. Le personnel se fera un plaisir de vous commenter la visite.

Marché de Dambulla — MARCHÉ

(Matale Rd ; 12h-3h). Ce vaste marché de gros, au sud du centre-ville, offre un aperçu fascinant des produits cultivés au Sri Lanka. Tout ce que vous y verrez transporté avec une énergie folle (veillez à ne pas rester dans le passage) se retrouvera dès le lendemain à Colombo.

Où se loger et se restaurer

Trois possibilités principales s'offrent à vous pour passer la nuit à Dambulla : près des temples troglodytiques, au nord de la ville avec nombre de touristes, ou bien à l'écart, dans les environs luxuriants du lac Amaya (qui fait partie du Kandalama Wewa, un vaste réservoir ancien).

Toutes les adresses présentées ci-dessous offrent un service de restauration ; sinon, vous pouvez tenter la Dambulla Rest House ou le réputé Heritance Kandalama Hotel.

Heritance Kandalama Hotel — COMPLEXE HÔTELIER $$$

(555 5000 ; www.heritancehotels.com ; ch à partir de 170 $US ;). Cet hôtel, situé à 11 km à l'est de Dambulla, a été conçu par le fameux architecte Geoffrey Bawa (voir l'encadré, p. 53). Il émerge de la forêt telle

une cité disparue, avec des murs et des toits couverts de plantes grimpantes pour mieux se fondre dans le paysage. Récompensé à de multiples reprises, l'établissement offre 152 chambres, une piscine à débordement donnant sur le Kandalama Wewa et des restaurants réputés, qui servent des curries épicés. Parmi les activités, citons les promenades ornithologiques ou les safaris en 4×4 ; comme l'Amaya Lake, l'hôtel subventionne le village traditionnel de Puranagama.

Dambulla Guest House PENSION **$$**
(228 4799 ; www.ceylonhotels.lk ; Kandy Rd ; ch 3 900-7 000 Rs ;). Cette ancienne pension gouvernementale sur un niveau a bénéficié d'une rénovation intégrale. Les quatre chambres (trois grandes, une petite) sont confortables et affichent un décor tout en bois foncé et couleur crème. Le petit restaurant sert une cuisine nettement supérieure à la moyenne (plat à partir de 500 Rs).

Amaya Lake COMPLEXE HÔTELIER **$$$**
(446 8100 ; www.amayaresorts.com ; villa à partir de 130 $US ;). Cet immense complexe compte 126 élégantes villas réparties dans de beaux jardins (Wi-Fi à la réception uniquement), des terrains de tennis, une belle piscine et un spa ayurvédique. À côté d'un village traditionnel, 11 "écolodges" ont été construits avec des matériaux et des savoir-faire locaux. Ils ont tous l'eau chaude solaire. La cuisine ayurvédique proposée au restaurant est à base d'herbes et de légumes cultivés au village. Depuis Dambulla, suivez la route de Kandalama pendant 3 km environ, puis obliquez à gauche et continuez sur 6 km environ le long du réservoir.

Sundaras PENSION **$$**
(072 708 6000 ; www.sundaras.com ; 189 Kandy Rd ; s/d 35/40 $US ;). À quelques encablures des grottes et du musée, cette petite pension moderne renferme 7 chambres réparties sur deux niveaux. Si le mobilier est sommaire, l'endroit dispose néanmoins de l'eau chaude et d'un petit jardin. L'habitation animée de la famille qui gère le Sundaras est juste derrière. Il y a quelques pensions petits budgets à proximité.

Healey Tourist Inn CHAMBRES D'HÔTE **$**
(228 4940 ; 172 Kandy Rd ; s/d 1 200/1 500 Rs ;). Cette adresse a l'ambiance et le décor d'une grande maison familiale. Les 5 chambres avec eau chaude sont un peu exiguës, mais les espaces communs invitent à la détente. Rien de luxueux, mais les propriétaires sont charmants et la maison est à distance raisonnable des grottes et de la gare routière.

Little Dream PENSION **$**
(072 289 3736 ; ch avec ventil 1 200 Rs, avec clim 2 500 Rs ;). Niché en pleine campagne, juste en dessous du barrage, cet établissement est idéal pour rencontrer une famille sri lankaise et découvrir la vie rurale locale. Proche du réservoir de Kandalama, l'endroit permet d'échapper à la chaleur de la mi-journée en s'offrant une sieste dans un hamac. À environ 8 km sur la route du lac Amaya ; comptez environ 400 Rs en *túk-túk* depuis la tour de l'horloge – ne cédez pas aux chauffeurs qui insistent pour vous emmener ailleurs.

Gimanhala Hotel HÔTEL **$$**
(228 4864 ; gimanhala@sltnet.lk ; 754 Anuradhapura Rd ; ch 6 000-7 000 Rs ; @). Bien situé près de la route principale, au nord de la ville, cet excellent hôtel de catégorie moyenne loue 17 chambres modernes et bien équipées. Logé dans un complexe en retrait de la route, l'établissement compte une piscine installée dans un joli jardin. L'hôtel est prisé des petits groupes de touristes et offre des buffets quotidiens.

Pelwehera Village Resort HÔTEL **$$**
(228 4281 ; www.pelweheraresort.com ; Anurad hapura Rd ; ch 60-90 $US ;). Cet hôtel sur deux niveaux situé au nord de la ville offre un confort sans prétention. Les 28 chambres modernes disposent d'un réfrigérateur, de bons lits et d'une terrasse. Avec son spa et sa piscine aux dimensions respectables, l'endroit est parfait pour se régénérer après une journée de visite.

Bentota Restaurant SRI LANKAIS **$**
(Anuradhapura Rd ; repas à partir de 300 Rs ; 8h-20h ;). En plein centre, le représentant de cette bonne chaîne locale propose une grande variété d'en-cas et des plats plus élaborés.

Comment s'y rendre et circuler

Dambulla se trouve à 72 km au nord de Kandy, sur la route d'Anuradhapura. Cette dernière rejoint la route Colombo-Trincomalee (Highway 6) dans le centre-ville.

La gare ferroviaire la plus proche se trouve à Habarana, à 23 km au nord. Des bus partent régulièrement de la gare routière.

Anuradhapura 80 Rs, 2 heures

Colombo 150 Rs, 5 heures

Kandy 74 Rs, 2 heures

Polonnaruwa 74 Rs, 1 heure 45
Sigiriya 27 Rs, 45 minutes

Pour une course en ville en *túk-túk*, comptez 100 Rs ; les chauffeurs insistent parfois lourdement pour vous conduire dans un hôtel de leur choix. Soyez ferme.

Sigiriya

066 / 1 500 HABITANTS

Site majeur du Triangle culturel, le rocher de Sigiriya mérite largement une visite. Les passionnés d'histoire débattent sur l'origine des vestiges au sommet du rocher, les amateurs d'art aiment ses superbes fresques et la plupart des touristes y voient un site d'exception, avec une belle vue et d'impressionnantes découvertes archéologiques. Quelle que soit votre approche, il est peu probable que vous soyez déçu. L'ensemble du site est magnifique, des douves couvertes de nénuphars aux recoins paisibles des jardins d'eau.

Histoire

D'un point de vue géologique, Sigiriya est constitué du bouchon de lave d'un volcan éteint, depuis longtemps érodé. Parsemé de cavités naturelles et de surplombs rocheux – que les hommes sont venus augmenter et modifier au fil des siècles –, le rocher pourrait avoir été habité dès la préhistoire.

Selon la légende, il aurait été employé, notamment à des fins militaires, sous le règne du roi Kassapa (477-495), qui aurait fait bâtir un jardin et un palais au sommet. Le roi aurait en effet cherché une nouvelle résidence, imprenable, après avoir renversé et tué son père, le roi Dhatusena d'Anuradhapura.

Le monastère fut abandonné après le XIVe siècle. En 1898, l'archéologue britannique H.C.P. Bell découvrit les ruines, qui furent fouillées par son compatriote, l'explorateur John Still en 1907.

Sigiriya est inscrit sur la liste du patrimoine mondial de l'Unesco depuis 1982.

À voir

Sigiriya (www.adstp.sltda.lk ; adulte/enfant 30/15 $US ; billetterie 8h30-17h30) est un site historique mais non sacré, ce qui dispense du port du sarong. Comptez une demi-journée pour la visite.

Des guides déambulent à l'entrée du site et vous approcheront aussi à l'intérieur. Si vous décidez de recourir à leurs services, négociez avec soin.

Attaquer l'ascension de la formation rocheuse en début ou en fin de journée permet d'échapper à la foule et aux grosses chaleurs. Prévoyez au moins 2 heures pour l'aller-retour – davantage les jours de cohue. Prévoyez de copieuses provisions d'eau (une fois en bas, vous trouverez des stands près de la sortie) et portez un chapeau – le vent à l'approche du sommet est souvent trop violent pour les ombrelles. Mieux vaut être en bonne condition physique car les 370 m d'ascension comprennent des parties raides. Méfiez-vous de ceux qui vous proposent leur aide – leur serviabilité peut se muer en requête d'argent fantaisiste. Omniprésents, les singes aux coiffures de page sont plus sympathiques.

Sigiriya Museum MUSÉE
(8h30-17h30). Moins spectaculaire que les ruines ou le rocher, ce nouveau musée mérite néanmoins une halte. Séduisantes et détaillées, les œuvres et les maquettes fournissent une excellente introduction au site et mettent en lumière son importance culturelle, au-delà de sa beauté naturelle évidente.

La théorie selon laquelle Sigiriya aurait toujours été un monastère bouddhique y est expliquée. Pour leur part, les habitants défendent l'idée d'un palais ou d'une forteresse, d'où les termes utilisés pour décrire les caractéristiques de la cité rocheuse, laissant entendre qu'il s'agissait d'un palais royal. Parmi les objets exposés, une plantureuse divinité en pierre sort du lot.

Le musée se trouve près de la billetterie principale, juste à l'extérieur du site majeur de Sigiriya.

Royal Gardens JARDINS
Les Jardins royaux constituent la première grande attraction du site à proprement parler : vastes et bien aménagés, ils comprennent des jardins d'eau, de pierre et en terrasses. L'endroit est magnifique et parfait pour écouter le charmant gazouillis de l'eau et des oiseaux à l'abri de la foule, avant ou après l'ascension.

La porte ouest, la plus sculptée, délimite l'entrée la plus empruntée. Elle ouvre sur les merveilleux **jardins d'eau**, construits sur un plan symétrique, qui s'étendent depuis la base du rocher, côté ouest. Des bassins, des îlots surmontés de pavillons et des arbres bordent la voie d'accès à la formation rocheuse. Celle-ci se dresse, abrupte et mystérieuse, au-dessus de la jungle : un escalier mène jusqu'à la face ouest à travers des rochers, puis grimpe à pic.

Les **jardins de pierre**, englobent les rochers qui formaient jadis la base des

Sigiriya

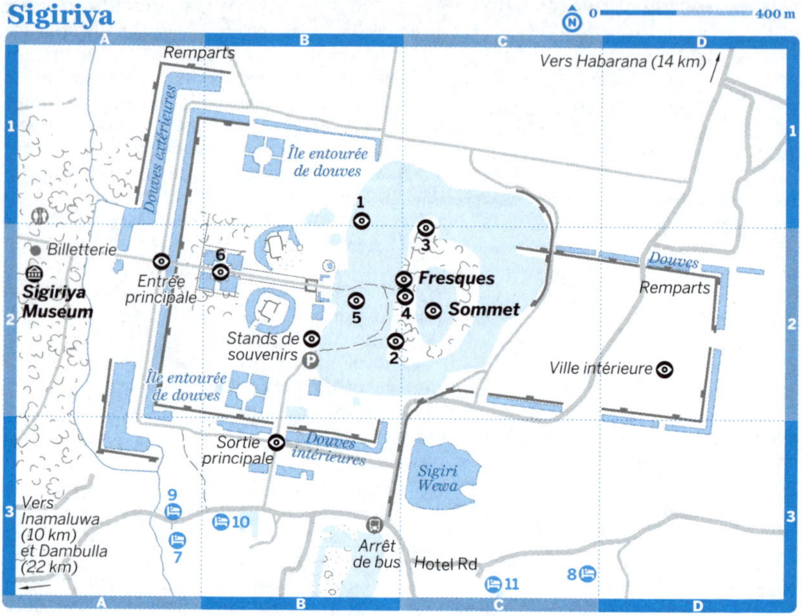

édifices. Les creux semblables à des escaliers, situés sur les côtés des rochers, correspondent aux fondations des murs en brique et des colonnes en bois. Les rochers de la citerne et de la salle d'audience sont particulièrement impressionnants.

La base de Sigiriya a été aménagée en **jardins en terrasses**.

Fresques

ART

À mi-hauteur, un escalier moderne en colimaçon en plein air relie l'accès principal à une longue galerie aménagée dans la paroi rocheuse.

Cette cavité renferme une série de peintures de femmes, arborant de superbes parures et dévoilant leur poitrine, qui représenteraient, selon la croyance commune, des *apsara* (nymphes célestes) ou les concubines du roi Kassapa. Une théorie moderne affirme en revanche qu'il s'agirait de Tara, forme féminine d'un bodhisattva et divinité majeure du bouddhisme Mahayana, sous différentes apparences. Ces impressionnantes fresques, qui rappellent les peintures rupestres d'Ajanta, en Inde, sont singulières par leur style, d'un réalisme classique. Nul ne sait encore à quelle période elles furent réalisées. Il semble toutefois improbable qu'elles puissent dater du Ve siècle, lorsque régna le roi Kassapa.

Sigiriya

Les incontournables

Fresques C2
Sigiriya Museum A2
Sommet C2

À voir

1 Jardins de pierre B1
2 Grotte du capuchon du cobra B2
3 Pattes du lion et escalier du sommet .. C2
4 Mur du miroir C2
5 Jardins en terrasses B2
6 Jardins d'eau B2

Où se loger

7 Flower Inn A3
8 Hotel Sigiriya C3
9 Nilmini Lodge A3
10 Sigiriya Guest House B3
11 Sigiriya Village C3

Conservées à l'abri du soleil dans la galerie, les peintures restent dans un état remarquable et ont gardé leurs couleurs vives. Elles sont particulièrement belles dans la lumière des fins d'après-midi. Photographies au flash interdites.

Mur du Miroir

INSCRIPTIONS ANCIENNES

Après le détour par la galerie des fresques, le chemin s'accroche à la paroi rocheuse abrupte, protégé vers l'extérieur par un mur de 3 m de haut.

Sur l'enduit poli qui couvre le mur, les visiteurs notèrent, pendant un millénaire, leurs impressions sur les femmes de la galerie – c'est en tout cas ce qu'affirme la légende. Les graffitis, qui datent principalement de la période allant du VIe au XIVe siècle, sont d'un intérêt primordial pour les chercheurs, car ils montrent le développement de la langue et de l'écriture cinghalaises, et dévoilent une critique de l'art et de la beauté. Les inscriptions anciennes sont cachés dans le fouillis des messages modernes.

En voici un exemple : "Les femmes qui portent des chaînes en or sur la poitrine me plaisent. Depuis que j'ai vu ces femmes resplendissantes, le paradis ne me semble plus désirable." Un autre dit : "Une jeune femme aux yeux de biche, du côté de la montagne, éveille en moi la colère. Dans sa main, elle tient un collier de perles et son regard fait de nous ses rivales."

Pattes du lion — SCULPTURES

Au nord du rocher, le chemin étroit débouche sur une large plate-forme qui a donné son nom au rocher – Sigiriya signifiant le "rocher du Lion". En 1898, l'archéologue britannique H.C.P. Bell, qui contribua à de nombreuses découvertes au Sri Lanka, trouva, lors d'une campagne de fouilles, deux énormes pattes de lion. Jadis, un gigantesque lion en brique était assis à cette extrémité du rocher et l'ascension finale débutait par un escalier qui passait entre les pattes du fauve et entrait dans sa gueule. Le symbole du lion visait à rappeler aux dévots qui gravissaient le rocher que le Bouddha était Sakya-Simha (le lion du clan Sakya) et que les vérités qui sortaient de sa bouche étaient aussi puissantes que le rugissement d'un lion.

Aujourd'hui, le lion, érigé au Ve siècle, a disparu. Seules subsistent les premières marches et les pattes. Des sillons creusés dans le rocher conduisent au sommet – une rampe a été installée.

Sommet — SITE NATUREL

Le sommet aplani du rocher, qui couvre 1,6 ha, devait être jadis entièrement construit, mais il ne reste aujourd'hui que les fondations. Le site est si impressionnant que l'on comprend pourquoi la légende d'un palais ou d'une forteresse en ce lieu s'est substituée à la réalité plus triviale d'un simple monastère. Un bassin de 27 × 21 m, creusé dans la roche, évoque une piscine moderne, même s'il est probable qu'il ait simplement servi de réservoir.

Raja de Silva, ancien ministre délégué à l'Archéologie du Sri Lanka, a attiré l'attention sur le fait qu'aucune découverte archéologique n'a pu prouver l'existence d'une construction semblable à un palais à proximité du sommet – absence totale de soubassements en pierre, de trous de poteaux, de fondations pour des murs transversaux, de fenêtres à guillotine et d'installations sanitaires. Il existe en revanche une terrasse close, jouxtant les vestiges d'un dagoba, qui devait sans doute être réservée à la méditation.

La dalle en pierre lisse (le fameux "trône du roi"), qui pourrait avoir constitué un autre lieu de méditation, se trouve à 30 m des ruines du dagoba. On peut y prendre place pour observer la jungle environnante vers le lointain, comme devaient le faire le roi Kassapa – ou les moines bouddhistes – il y a 1 500 ans.

Grotte du Capuchon du cobra — SITE NATUREL

Nombre de visiteurs passent par cette grotte, surplombée par un bloc de pierre évoquant un capuchon de cobra grand ouvert, en descendant le rocher en direction du portail sud et du parking. En dessous d'une saillie rocheuse, une inscription du IIe siècle av. J.-C. indique qu'elle appartenait au chef Naguli, qui l'aurait offerte à un moine. L'intérieur, couvert de plâtre, était autrefois orné de peintures rupestres de fleurs et d'animaux.

Circuits organisés

La région autour du rocher regorge d'animaux et de sites naturels. Tous les grands complexes hôteliers, comme l'Elephant Corridor, l'Hotel Sigiriya et le Jetwing Vil Uyana, proposent diverses **excursions dans la nature** à partir d'environ 2 000 Rs. Il sont ouverts aux non-résidents et incluent généralement les services d'un guide naturaliste.

Où se loger et se restaurer

Résultat du succès grandissant de Sigiriya, de nouveaux établissements ne cessent d'ouvrir leurs portes. On trouve des hôtels et des pensions pour tous les budgets près du site, ou disséminés le long de la route d'Inamaluwa.

Les pensions servent de délicieux riz-curry pour environ 500 Rs. Pour un repas plus sophistiqué, choisissez l'Ancient Villa Hotel, le Jetwing Vil Uyana ou le Sigiriya Village. La petite rue commerçante près de l'entrée du site possède un café sans prétention.

Ancient Villa Hotel PENSION $$
(☎077 630 2070, 077 857 0343 ; www.ancientvillasigiriya.com ; Sigiriya Rd ; s/d 2 500/3 000 Rs ; ❄📶). Cet ensemble verdoyant à mi-chemin entre Sigiriya et Inamaluwa se dresse près d'un charmant ruisseau, souvent visité par des éléphants assoiffés. L'établissement propose 5 chambres (pour le moment) dans des cottages – dont certains sont collectifs – avec TV et réfrigérateur. Si le rapport qualité/prix est excellent, le dîner de grillades servi sous les étoiles, près du ruisseau, constitue la véritable attraction du lieu. Appelez pour réserver si vous n'êtes pas résident.

Jetwing Vil Uyana COMPLEXE HÔTELIER $$$
(☎228 6000 ; www.jetwinghotels.com ; Kibissa ; ch à partir de 325 $US ; ❄📶🏊). Pour commencer, dégustez un verre de bienvenue en observant le spectacle naturel environnant : crocodiles, varans et éléphants se donnent rendez-vous là. Les 25 chalets individuels, d'un extérieur rustique, sont très différents à l'intérieur. Bien espacés sur le vaste terrain, certains jouissent même d'une petite piscine. Le complexe comprend un spa et un naturaliste organise des randonnées sur place.

Elephant Corridor COMPLEXE HÔTELIER $$$
(☎228 6951 ; www.elephantcorridor.com ; Kibissa ; ch à partir de 300 $US ; ❄📶🏊). Niché dans une prairie de quelque 100 ha entre les collines de Kandalama et le lac Pothana, ce complexe de charme doit son nom aux éléphants sauvages qui arpentent régulièrement le secteur. Ses 23 villas aux hauts plafonds sont somptueusement équipées : chevalet d'artiste et pastels, jumelles et petite piscine privative. Connexion Wi-Fi à la réception, qui profite d'une vue magnifique sur le rocher. Prenez le chemin de terre à 4 km du carrefour d'Inamaluwa, en direction de Sigiriya.

Hotel Sigiriya HÔTEL $$$
(☎228 6821 ; www.serendibleisure.com ; Hotel Rd ; s/d 100/115 $US ; ❄@🏊). Cet hôtel compte 79 chambres bien équipées et une vue splendide sur le rocher depuis la salle à manger et la piscine (250 Rs pour les non-résidents). La balade à pied jusqu'à Sigiriya est charmante, même si de nombreux résidents et les groupes préfèrent le bus. Les ornithologues amateurs y affluent, attirés par le naturaliste résident qui organise des circuits d'observation de l'avifaune (2 000 Rs).

Sigiriya Village HÔTEL $$$
(☎223 6803 ; www.sigiriyavillage.com ; ch 120-150 $US ; ❄@📶🏊). Assurément l'un des plus jolis hôtels de Sigiriya, fort de sa vue spectaculaire sur le rocher qui se réfléchit dans les eaux chatoyantes de la piscine ; les non-résidents peuvent utiliser cette dernière pour 250 Rs. Cet établissement de 124 chambres se distingue aussi par son potager biologique qui fournit le joli restaurant en plein air. Seules quelques chambres disposent du Wi-Fi.

Grand Regent HÔTEL $$
(☎567 0136, 482 2444 ; www.grandregenthotel.com ; Sigiriya Rd ; ch 3 500-4 000 Rs ; ❄). Bien ombragé, ce petit hôtel loue 8 chalets disposés autour d'étangs peuplés de grenouilles. L'endroit n'est pas aussi grandiose que le nom le suggère – les chambres sont plutôt moyennes – mais l'aire de restauration commune est assez agréable et des massages ayurvédiques sont proposés. Situé à environ 4 km du carrefour d'Inamaluwa.

Sigiriya Guest House PENSION $$
(☎228 6299 ; www.ceylonhotels.lk ; s/d 5 200/6 000 Rs ; ❄📶). Cette pension simple mais joliment conçue offre une belle vue sur le rocher et une atmosphère paisible, surtout dans la grande véranda. Les 14 chambres sont propres. Le restaurant n'est pas à la hauteur de la beauté de Sigiriya. Wi-Fi coûteux.

Hotel Eden Garden HÔTEL $$
(☎228 6635 ; www.edengardenlk.com ; Sigiriya Rd, Inamaluwa ; ch 4 000-6 000 Rs ; ❄📶🏊). Malgré une façade peu engageante, voici une bonne adresse : 35 chambres spacieuses et propres, dont certaines avec balcon, donnent sur un jardin bien tenu. Il y a aussi une piscine (250 Rs pour les non-résidents). Les chambres moins chères disposent uniquement de ventilateur. Situé à 100 m du carrefour, à Inamaluwa.

Nilmini Lodge PENSION $
(☎567 0469, 077 306 9536 ; nilmini_lodge@yahoo.com ; ch 800-2 000 Rs ; ❄📶). Petite et sommaire (certaines chambres ne disposent que de ventil. et de sdb collective), cette pension voisine du rocher est néanmoins suffisamment propre et confortable si vous restez peu. Un séjour de 3 nuits donne droit à une visite gratuite de la zone à bord d'une Morris Minor vieille d'un demi-siècle. Prêt de vélos.

Flower Inn PENSION $
(☎567 2197, 568 9953 ; ch 1 200-2 000 Rs). Bien située, cette petite adresse familiale regorge littéralement de fleurs, aussi bien naturelles que factices. La famille qui tient les lieux est charmante. L'établissement offre 9 chambres ainsi qu'une bonne cuisine sri lankaise, fraîche et bon marché.

Sigiri Holiday Inn PENSION $
(☎228 6330 ; sholidayinn@yahoo.com ; Sigiriya Rd ; ch 1 500-2 200 Rs ; ❄). Cette adresse sympathique à 500 m du carrefour d'Inamaluwa, dans Sigiriya Rd, propose 7 chambres, des sdb impeccables et un restaurant en plein air. Les chambres du rez-de-chaussée sont plus petites et n'ont pas l'eau chaude.

Holiday Cottage PENSION $$
(☎072 764 5477 ; Sigiriya Rd ; ch 25-45 $US ; ❄📶). Cette grande propriété compte 2 chambres bien équipées (où la brise peut éviter de payer un supplément pour la clim), un vaste jardin et une terrasse agréable.

Achats

Sigiriya Crafts Complex ARTISANAT
(Sigiriya Rd). Un groupe d'artisans occupe une partie de ce complexe gouvernemental, à mi-chemin entre Inamaluwa et Sigiriya. On y trouve, entre autres, des sculpteurs.

Renseignements

Faites le plein d'espèces et de provisions à Dambulla : le petit village près de l'entrée du site ne dispose que de l'essentiel, comme des bouteilles d'eau.

Comment s'y rendre et circuler

Sigiriya se trouve à environ 10 km à l'est de la principale route Dambulla-Habarana ; la bifurcation est située à Inamaluwa. Les bus circulent depuis/vers Dambulla toutes les 30 minutes environ, à partir de 7h (27 Rs, 45 min). Le dernier bus pour Dambulla part vers 19h (mieux vaut toutefois vérifier cet horaire). Depuis Dambulla, des *túk-túk* vont à Sigiriya (environ 1 000 Rs négociables).

Le vélo constitue le mode de transport idéal pour explorer Sigiriya et ses environs. Renseignez-vous auprès de votre hôtel pour la location. Le Sigiriya Village loue des VTT aux résidents et non-résidents pour 300 Rs de l'heure.

À NE PAS MANQUER

LES ENVIRONS DE SIGIRIYA

À vélo, vous pourrez aisément découvrir la région de Sigiriya, qui offre pléthore de forêts luxuriantes, d'éléphants sauvages, d'espèces d'oiseaux et de sites archéologiques. Le **rocher de Pidurangala**, situé à environ 1 km au nord du site de Sigiriya, est un point de départ idéal. Cet important carrefour culturel comprend un temple, un minuscule musée et affiche une fréquentation modeste. L'ascension du rocher est particulièrement gratifiante, avec une vue incroyable sur son homologue plus fameux au sud.

Une autre belle balade emprunte des routes secondaires sur 25 km vers Dambulla, via le lac Amaya et le Kandalama Wewa, un grand réservoir.

Polonnaruwa

☎027 / 110 000 HABITANTS

Il y a 800 ans, Polonnaruwa était un important centre commercial et religieux. De là, les rois régnaient sur les plaines centrales du Sri Lanka, les marchands s'échangeaient des denrées rares et les fidèles se recueillaient dans les temples. On trouve les traces de cette gloire passée dans les vestiges archéologiques, lesquels donnent une bonne idée de la physionomie de la ville à son apogée. La découverte de ce parc archéologique fait partie des expériences incontournables des cités anciennes. À lui seul, le Quadrilatère mérite amplement la visite.

La proximité de plusieurs parcs nationaux aux nombreux éléphants ne fait qu'ajouter à la popularité du site.

Histoire

Durant trois siècles, Polonnaruwa fut la capitale de la dynastie chola et du royaume cinghalais. Datant de presque un millénaire, elle est plus récente qu'Anuradhapura et généralement mieux préservée (mais d'une moindre ampleur).

La dynastie chola de l'Inde du Sud fit de Polonnaruwa sa capitale après avoir conquis Anuradhapura à la fin du Xe siècle. La cité bénéficiait en effet d'un emplacement plus stratégique pour se protéger contre d'éventuelles révoltes du royaume cinghalais de Ruhunu, dans le Sud-Est. Les moustiques y étaient en outre moins nombreux ! Lorsque le roi cinghalais Vijayabahu Ier bouta les Chola hors de l'île en 1070, il conserva Polonnaruwa comme capitale.

Polonnaruwa atteignit son apogée sous le règne de Parakramabahu Ier (r. 1153-1186), qui fit ériger de gigantesques monuments, dessina de superbes parcs et créa même un réservoir de 25 km^2, appelé Parakrama Samudra (mer de Parakrama) en raison de sa taille. Le lac actuel, qui englobe trois anciens réservoirs, n'est sans doute pas celui d'origine.

Polonnaruwa

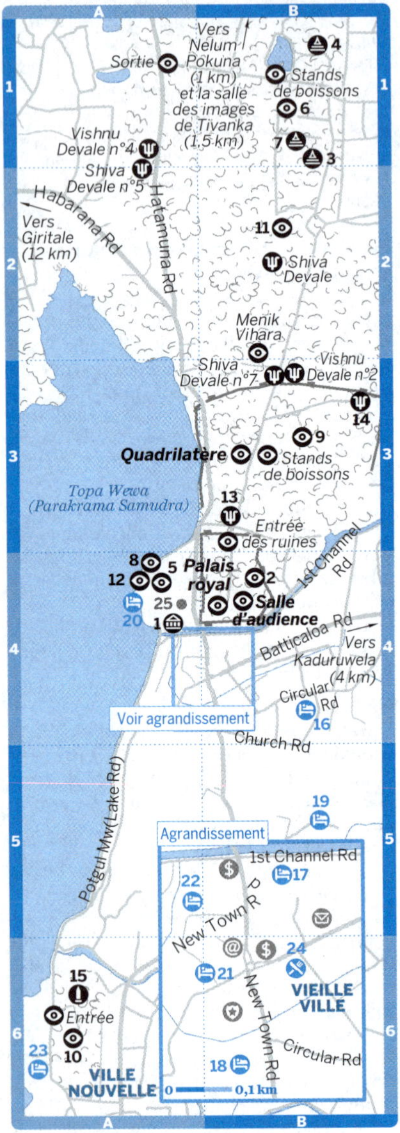

Polonnaruwa

Les incontournables

Salle d'audience B4
Quadrilatère B3
Palais royal B4

À voir

1 Archaeological Museum A4
2 Bassin Lotus B4
3 Buddha Seema Prasada B1
4 Gal Vihara B1
5 Salle du Conseil royal A4
6 Kiri Vihara B1
7 Lankatilaka B1
8 Palais de Nissanka Malla A4
9 Pabula Vihara B3
10 Potgul Vihara A6
11 Rankot Vihara B2
12 Bains royaux A4
13 Shiva Devale n°1 .... B3
14 Shiva Devale n°2 .... B3
15 Statue A6

Où se loger

16 Devi Tourist Home B4
17 Leesha Tourist Home B5
18 Manel Guest House B6
19 Palm Garden Guest House B5
20 Polonnaruwa Rest House A4
21 Samudra Guest House B6
22 Siyanco Holiday Resort A5
23 Village Polonnaruwa A6

Où se restaurer

Binora Restaurant .... (voir 21)
24 Sathosa B6

Renseignements

25 Billetterie A4

Nissanka Malla (r. 1187-1196), qui succéda à Parakramabahu Ier, conduisit pratiquement le royaume à la faillite en essayant de rivaliser avec ses prédécesseurs. Au début du XIIIe siècle, Polonnaruwa commença à se montrer aussi vulnérable aux invasions indiennes qu'Anuradhapura. Elle fut finalement abandonnée et le centre du pouvoir fut transféré dans l'ouest de l'île.

La cité ancienne de Polonnaruwa figure sur la liste du patrimoine mondial de l'Unesco depuis 1982.

À voir

Vous consacrerez aisément une journée à la visite des ruines, réparties en cinq zones : un petit ensemble près de la Polonnaruwa Rest House, sur les rives du lac ; l'ensemble du palais royal, à l'est de la Rest House ; un ensemble très compact un peu au nord du palais royal, surnommé le "Quadrilatère" ; des constructions disséminées sur une vaste superficie plus au nord, l'ensemble du Nord ;

Quadrilatère

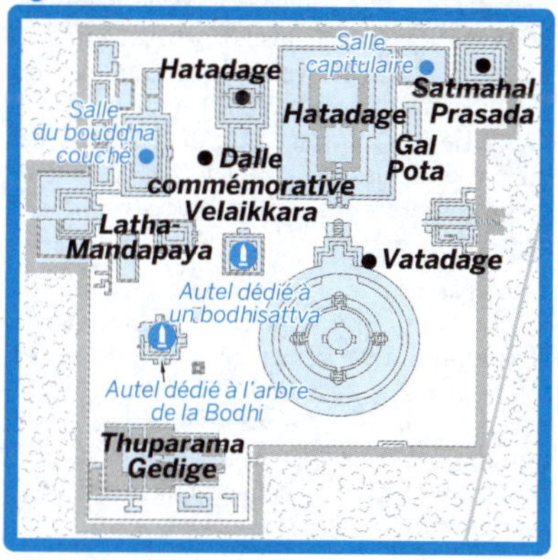

un petit ensemble vers le sud en direction de la ville nouvelle, l'ensemble du Sud. Quelques ruines sont éparpillées en d'autres points. Les sites principaux disposent tous de panneaux informatifs.

Le vélo est un moyen idéal pour explorer la zone. Pour plus d'informations sur les conditions d'entrée, reportez-vous p. 195.

Archeological Museum MUSÉE
(9h-18h). Ce Musée archéologique est excellent. Il est conçu de sorte que les visiteurs le parcourent de bout en bout, en traversant une série de salles thématiques : la citadelle, ses faubourgs, la zone du monastère, la périphérie et les monuments hindous. La dernière salle renferme un superbe ensemble de bronzes. Les maquettes des édifices, dont celle du *vatadage* (chambre circulaire des reliques), méritent particulièrement le coup d'œil. Elles donnent un aperçu de l'apparence présumée des monuments à l'apogée de la ville – en admettant qu'ils aient jadis eu des toits en bois.

ENSEMBLE DU PALAIS ROYAL

Cet ensemble de monuments date du règne de Parakramabahu Ier. Le **palais royal** consistait en un édifice somptueux, mesurant 31 x13 m, qui aurait comporté 7 étages. Les murs, de 3 m d'épaisseur, sont percés de trous qui recevaient les poutres de soutènement de deux étages. S'il existait 4 étages supplémentaires, ceux-ci devaient être en bois. Le toit de cet édifice de 50 pièces reposait sur 30 piliers.

La **salle d'audience** de Parakramabahu comporte une remarquable frise figurant des éléphants, sur laquelle chaque animal est représenté dans une position différente. De beaux lions se dressent en haut des marches.

À l'angle sud-est de l'enceinte du palais, le **bain du Prince** (Kumara Pokuna) a conservé deux de ses orifices en forme de mâchoire de crocodile.

QUADRILATÈRE

Légèrement au nord du palais royal, cette zone rassemble des ruines étonnantes, sur un terrain surélevé entouré d'un mur. C'est l'ensemble de constructions le plus compact de toutes les cités anciennes du Sri Lanka. Outre les ruines présentées ci-dessous, ce secteur compte également une **salle du bouddha couché**, une **salle capitulaire**, un **autel dédié à un bodhisattva** et un **autel dédié à un arbre de la Bodhi**.

Vatadage SITE ARCHÉOLOGIQUE
Au sud-est du Quadrilatère, le *vatadage* est un bel exemple de ce type d'architecture consistant en une chambre reliquaire en forme de cercle. La première terrasse de l'ensemble mesure 18 m de diamètre, et la seconde possède 4 entrées flanquées de remarquables gardiens en pierre. La pierre de lune à l'entrée nord serait la plus belle de Polonnaruwa – d'autres la surpassent toutefois à Anuradhapura. Les 4 entrées mènent au dagoba central, orné de 4 bouddhas. Le mur en pierre aurait été ajouté tardivement au *vatadage*, sans doute par Nissanka Malla.

Thuparama Gedige SITE ARCHÉOLOGIQUE
Au sud du Quadrilatère, le Thuparama, le plus petit *gedige* (temple bouddhique creux aux murs épais) de Polonnaruwa, est également l'un des plus beaux – il est le seul à avoir conservé un toit intact. Le bâtiment, marqué par une forte influence hindoue, daterait du règne de Parakramabahu Ier. La salle intérieure renferme plusieurs représentations du Bouddha, difficilement visibles dans la luminosité de la fin de journée.

Gal Pota MONUMENT
Du côté nord du Gal Pota (livre de pierre), une gigantesque sculpture en pierre figure un livre en *ola* (feuilles de palmier talipot). Il mesure près de 9 m de long, 1,50 m de large et 40 à 66 cm d'épaisseur. Une inscription, la plus longue de ce type au Sri Lanka (il en existe pourtant beaucoup), indique qu'il s'agit d'une œuvre de Nissanka Malla (r. 1187-1196). Elle vante les vertus du roi et précise que cette dalle de 25 tonnes fut transportée depuis Mihintale, à près de 100 km de là.

Hatadage SITE ARCHÉOLOGIQUE

Le Hatadage, une chambre de la Dent, fut aussi érigée par Nissanka Malla. Elle aurait été bâtie en 60 jours. Depuis l'entrée, admirez la symétrie des portes au lointain.

Latha-Mandapaya SITE ARCHÉOLOGIQUE

C'est également à Nissanka Malla que l'on doit le Latha-Mandapaya. Cette construction unique, formé d'un treillis de pierre – une curieuse imitation d'une clôture en bois –, entoure un minuscule dagoba cerné de piliers en pierre figurant des tiges de lotus couronnées de bourgeons fermés. C'est ici, dit-on, que Nissanka Malla venait s'asseoir pour écouter les textes bouddhiques chantés.

Satmahal Prasada MONUMENT

Dans l'angle nord-est se dresse le Satmahal Prasada, une construction pyramidale de six étages (il y en avait sept à l'origine), évoquant une ziggourat.

Atadage MONUMENT

L'Atadage, sanctuaire destiné à accueillir la dent sacrée, est le seul édifice de l'époque de Vijayabahu Ier subsistant à Polonnaruwa.

Dalle commémorative de Velaikkara INSCRIPTION

Si vous pensez que la bureaucratie a beaucoup évolué avec le temps, arrêtez-vous devant cette dalle commémorative arborant une inscription du XIIe siècle.

À PROXIMITÉ DU QUADRILATÈRE

En continuant au nord du Quadrilatère, une route gravillonnée part à droite, juste avant le mur d'enceinte de la ville. Elle mène à de nombreux édifices, dont ceux présentés ci-dessous. Plusieurs de ces bâtiments sont des Shiva Devale (temples hindous), vestiges de l'invasion en provenance du sud de l'Inde au Xe siècle.

Shiva Devale n°1 TEMPLE

Juste au sud du quadrilatère, ce temple hindou du XIIIe siècle témoigne du renouveau de l'influence indienne qui se manifesta à Polonnaruwa après l'âge d'or de la culture cinghalaise. Il se distingue par un travail de la pierre d'une qualité et d'une précision remarquables. Le toit de brique en forme de coupole s'est effondré. Des fouilles ont dévoilé des bronzes de toute beauté, désormais exposés au Musée archéologique.

Shiva Devale n°2 TEMPLE

Le Shiva Devale n°2, de style similaire, est le plus vieux monument de Polonnaruwa. Il remonte à la brève période des Chola, lorsque les envahisseurs indiens s'emparèrent de la cité. Contrairement à moult édifices des cités anciennes, il fut bâti entièrement en pierre et conserve pratiquement sa structure d'origine.

Pabula Vihara TEMPLE

Le Pabula Vihara, également connu sous le nom de Parakramabahu Vihara, est typique des dagobas de l'époque de Parakramabahu Ier. Il s'agit du troisième plus grand dagoba de Polonnaruwa.

ENSEMBLE DU NORD

Il faut un moyen de locomotion (un vélo est parfait) pour explorer à loisir ces ruines disséminées au nord des remparts de la cité. Elles comprennent le Gal Vihara, le groupe de statues du Bouddha le plus célèbre du Sri Lanka, et l'Alahana Pirivena, un ensemble monastique. L'Alahana Pirivena englobe le Rankot Vihara, le Lankatilaka, le Kiri Vihara, le Buddha Seema Prasada et d'autres bâtiments alentour. Son nom signifie "collège crématoire", car il se trouvait sur les terres de crémation royales créées par Parakramabahu.

Rankot Vihara TEMPLE

Haut de 54 m, le Rankot Vihara, inspiré du style d'Anuradhapura, est le plus grand dagoba de Polonnaruwa et le quatrième de l'île. Il daterait du règne du roi Nissanka Malla. À l'instar des autres grands dagobas

S'ORIENTER À POLONNARUWA

Polonnaruwa compte trois zones distinctes :

La **vieille ville** compte un petit centre commercial, des hôtels ainsi que le musée principal. Proche du site archéologique, elle est bordée par le Topa Wewa (réservoir de Topa) et jouit d'une atmosphère tropicale décontractée.

La **ville nouvelle**, au sud de la vieille ville, n'offre que peu d'intérêt, hormis ses hôtels.

Kaduruwela, à 4 km à l'est de la vieille ville, constitue l'artère commerciale majeure de la région. On y trouve les principales gares routière et ferroviaire, les banques et les services. Très engorgée, la rue manque de charme.

d'Anuradhapura et de Polonnaruwa, il possède un dôme en terre, recouvert de briques et de plâtre. Les instruments chirurgicaux retrouvés dans les ruines de l'hôpital voisin (XIIe siècle) seraient similaires à ceux employés aujourd'hui.

Buddha Seema Prasada SITE ARCHÉOLOGIQUE

Dominant les autres monuments de l'Alahana Pirivena, ce bâtiment était la salle de réunion du monastère. Il comporte un beau *mandapaya* (plate-forme surélevée reposant sur des piliers décoratifs).

Lankatilaka SITE ARCHÉOLOGIQUE

Construit par Parakramabahu, puis restauré par Vijayabahu IV, le Lankatilaka est un énorme *gedige* doté de murs de 17 m de haut – le toit s'est écroulé. Une allée, semblable à celles des cathédrales, mène jusqu'à un gigantesque bouddha debout, aujourd'hui décapité. Les murs extérieurs du *gedige* sont ornés de bas-reliefs représentant les structures de Polonnaruwa dans leur état d'origine.

Kiri Vihara TEMPLE

Le dagoba **Kiri Vihara**, jadis connu sous le nom de Rupavati Chetiya, est attribué à Subhadra, épouse du roi Parakramabahu. Son nom actuel signifie "blanc laiteux" – lorsque la jungle fut défrichée, après 700 années d'abandon, on découvrit, en parfait état, le revêtement de chaux blanche d'origine. C'est le dagoba le mieux préservé de Polonnaruwa, parmi ceux qui n'ont pas été restaurés.

Gal Vihara SCULPTURES BOUDDHIQUES

Cet ensemble de quatre bouddhas qui font partie du monastère nord de Parakramabahu, marque l'apothéose de l'art cinghalais en matière de travail de la pierre. Les statues, taillées dans le même long bloc de granit, étaient jadis chacune enfermée dans une enceinte séparée – on aperçoit encore les trous creusés dans la roche derrière les statues, dans lesquels des poutres en bois avaient été introduites.

Le bouddha debout, de 7 m de haut, est considéré comme le plus beau de la série. La position singulière des bras, ainsi que l'expression d'affliction du visage, laissèrent tout d'abord supposer qu'il s'agissait d'une représentation d'Ananda, disciple du Bouddha déplorant le départ de son maître pour le nirvana ; en effet, une statue couchée figure juste à côté. Le fait qu'il possédait sa propre enceinte et la découverte plus tardive d'autres sculptures dont les bras épousaient la même position ont discrédité cette théorie, et l'on considère aujourd'hui que toutes les sculptures représentent le Bouddha.

Le grand bouddha couché entrant dans le parinirvana (entrée dans le nirvana d'un Bouddha ; victoire finale sur la souffrance) est long de 14 m. Ne manquez pas d'observer le subtil renfoncement de l'oreiller sous la tête et le symbole de la roue solaire, également sur l'oreiller. Les deux autres statues sont des bouddhas assis ; celle de la petite cavité est plus petite et de moins bonne facture.

Nelum Pokuna BASSIN

Un chemin à gauche de la partie nord de la route conduit à l'étonnant Nelum Pokuna (bassin en forme de lotus), qui était probablement utilisé par les moines. Il mesure presque 8 m de diamètre et est composé de cinq anneaux concentriques formés chacun de huit pétales.

Salle à la statue Tivanka MONUMENT

La route du nord s'achève à la spectaculaire salle à la statue Tivanka. *Tivanka* signifie "à trois flexions" et fait référence à la position du bouddha situé à l'intérieur, réservée normalement aux figures féminines. L'édifice est remarquable par ses étranges sculptures de nains sur les murs extérieurs et par ses fresques à l'intérieur – seules peintures murales à avoir survécu à Polonnaruwa. Certaines datent de travaux de restauration entrepris par Parakramabahu III, d'autres sont beaucoup plus anciennes.

ENSEMBLE DU SUD

Le petit ensemble du Sud est situé à proximité des hôtels de luxe. La promenade à vélo est agréable le long de la digue (*bund*) du Topa Wewa. Vous y croiserez sans doute plus de vaches et d'ibis que de personnes.

Connu aussi sous le nom de dagoba-bibliothèque, le **Potgul Vihara** est une construction insolite : un édifice creux en forme de stupa, aux murs épais, qui aurait jadis servi à entreposer des livres sacrés. Il s'agit en fait d'un *gedige* circulaire et de quatre dagobas de taille plus modeste, organisés en quinconce autour du dôme central, une disposition cinghalaise très répandue dans laquelle cinq éléments forment un rectangle – un à chaque angle et un au centre.

Quant à la **statue** de presque 4 m de haut située à l'extrémité nord, c'est une représentation humaine d'un réalisme surprenant qui contraste étrangement avec celles du Bouddha, généralement idéalisées ou stylisées. Le personnage figuré est sujet à débats.

Pour certains, l'objet qu'il tient étant un livre, il pourrait s'agir d'Agastaya, un sage indien légendaire. Selon la théorie la plus commune, l'objet en question serait un joug symbolisant la souveraineté et le personnage barbu serait Parakramabahu Ier. On dit aussi qu'en fait de joug il s'agirait simplement d'une tranche de papaye.

ENSEMBLE DE LA REST HOUSE

À quelques mètres au nord de la Polonnaruwa Rest House se profilent les ruines du **palais de Nissanka Malla**, qui disparaissent presque sous la terre. Les **Bains royaux** se trouvent tout près de la Polonnaruwa Rest House.

Salle du Conseil royal MONUMENT

Plus au nord, la salle du Conseil royal abritait jadis le trône en pierre du roi, en forme de lion, aujourd'hui exposé au National Museum de Colombo. Chacune des colonnes de la salle porte gravé le nom du ministre dont le siège était contigu. Le monticule situé à proximité se transforme en île lorsque les eaux du lac montent ; on peut voir à son sommet les vestiges d'une petite résidence royale d'été.

Où se loger

Il n'y a aucune bonne raison de ne pas loger dans la vieille ville ou à proximité. La ville nouvelle compte quelques grands hôtels fatigués. La ville voisine de Giritale offre dans l'ensemble un meilleur choix d'hébergement.

Samudra Guest House PENSION $

(☎222 2817, 077 692 8813 ; Habarana Rd ; ch 700-2 700 Rs ; ❄). Cette pension vieillissante, pleine de coins et de recoins, offre un service agréable et des chambres sommaires (les moins chères avec ventil et eau froide). Les charmants propriétaires peuvent organiser des safaris dans les parcs nationaux de Minneriya et de Kaudulla pour environ 4 000 Rs pour une à trois personnes. Location de vélos (200 Rs).

Devi Tourist Home CHAMBRES D'HÔTES $

(☎222 3181 ; Lake View Watte ; ch 1 000-2 500 Rs ; ❄@). De toutes les adresses bon marché, ce modeste établissement fournit probablement le meilleur service. Il compte 5 chambres (les moins chères avec ventil) disposées autour d'un jardin. L'endroit est situé à environ 1 km au sud de la vieille ville, en bas de Church Rd (indiqué sur la route principale). Le sympathique propriétaire appartient à la petite communauté malaise du pays. Location de vélos (200 Rs/j).

Palm Garden Guest House PENSION $

(☎222 2622, 077 795 7595 ; a.mahavitana@hotmail.com ; New Town Rd ; ch ventil/clim 1000/1800 Rs ; ❄). Située en bas d'une petite route, cette adresse offre tout le repos nécessaire au routard fatigué. Vous pourrez y prendre un repas sur votre propre terrasse, y louer un vélo (200 Rs) ou juste vous détendre à l'ombre d'un palmier. Appelez pour qu'on vienne vous chercher à l'arrêt de bus.

Leesha Tourist Home CHAMBRES D'HÔTES $

(☎072 334 0591 ; 105/A New Town Rd ; ch 1 200 Rs). Proche d'autres adresses bon marché, ce nouveau venu, au sud de la vieille ville, renferme 3 chambres d'une grande simplicité mais impeccables dans une habitation familiale chaleureuse. Les longues tables de la terrasse couverte sont idéales pour faire une partie de *pachisi*, jeu de société indien proche des petits chevaux.

Manel Guest House PENSION $

(☎222 2481 ; New Town Rd ; ch 2 000-3 000 Rs ; ❄@). Situé dans un quartier paisible, juste à l'extérieur de l'enceinte de la vieille ville, cet établissement loue neuf chambres spacieuses, plus ou moins coûteuses selon qu'elles comptent un ventilateur ou la climatisation. Excellents repas servis sous la véranda. M. Bandula, le copropriétaire, arpente la ville en *túk-túk* ; vous le croiserez peut-être en chemin.

Polonnaruwa Rest House PENSION $$

(☎222 2299 ; www.ceylonhotels.lk ; Potgul Mawatha ; ch 60-80 $US ; ❄@). Perchée au-dessus du Topa Wewa, cette pension vieillissante offre l'une des meilleures vues de la ville. Bâtie au début des années 1950 pour accueillir la reine Elizabeth II, cette adresse a depuis conservé sa renommée locale. En attendant les travaux de rénovation, appréciez la langueur d'une pause sur la véranda ou d'un repas dans l'incroyable salle à manger vitrée. La nourriture est cependant plus plébéienne que royale. Réservez bien à l'avance, surtout pour la chambre de la reine.

Siyanco Holiday Resort HÔTEL $$

(☎222 6868 ; 1st Channel Rd ; ch 3 500-7 000 Rs ; ❄📶🏊). Très central, cet hôtel loue 15 chambres sommaires et sombres. En revanche, la nouvelle aile propose le meilleur hébergement à proximité du musée. Ces 37 chambres modernes avec réfrigérateur et TV sont assez spacieuses et la décoration est nettement supérieure à celle de la section plus ancienne.

Village Polonnaruwa HÔTEL $$
(222 2405 ; Potgul Mawatha ; ch 2 000-4 000 Rs ;). Comme d'autres adresses de la vieille ville, cet établissement terne de style motel est un peu vieillissant. Néanmoins, l'ensemble est propre, relativement bon marché (chambres les moins chères avec ventil) et proche du réservoir. À environ 2 km au sud de la vieille ville. Pour un non-résident, une boisson ou un plat de 500 Rs donne accès à la piscine.

Où se restaurer

Inutile de vous aventurer loin de votre hôtel ou de votre pension pour vous restaurer : le choix reste très limité dans les environs.

Binora Restaurant SRI LANKAIS $
(Habarana Rd ; plat à partir de 200 Rs ; 8h-21h). Géré par les propriétaires de la Samudra Guest House, ce café sommaire logé dans la rue principale de la vieille ville propose un bon riz-curry, toutes sortes de riz frits ainsi que plusieurs plats *devilled* ("à la diable", c'est-à-dire frits et épicés).

Sathosa ÉPICERIE
(24h/24). Face à la People's Bank, ce petit marché est idéal pour acheter un en-cas et de quoi pique-niquer dans quelque coin ombragé du site archéologique.

Renseignements

La **billetterie** du musée (222 4850 ; www.ccf.lk/polonnaruwa/ ; adulte/enfant 25/12,50 $US ; 7h30-18h) fournit des renseignements.

Sur le papier, le site archéologique principal ferme à 18h, mais il est possible de s'attarder jusqu'à la nuit. L'entrée se fait depuis Habarana Rd, à environ 500 m au nord du musée. Les billets ne sont pas contrôlés dans les ensembles de la Rest House et du Sud.

Un billet ne donne théoriquement droit qu'à une seule entrée. Vous pourrez néanmoins demander au contrôleur de le signer et de le dater, afin de pouvoir pénétrer plusieurs fois sur le site. Vous pourrez ainsi commencer la visite le matin, marquer une pause en milieu de journée pour échapper à la chaleur et continuer en fin d'après-midi. Ne croyez pas les chauffeurs de *túk-túk* qui affirment que vous n'avez nul besoin d'un billet en voyageant avec eux.

La vieille ville et Kaduruwela disposent de DAB.

Police touristique (23099 ; Batticaloa Rd). Dans la vieille ville, au rond-point principal.

Poste (Batticaloa Rd). Dans le centre de la vieille ville.

Sachira Communication Centre (70B Habarana Rd ; 100 Rs/h ; 7h30-22h). Accès Internet.

Star Telecom (Kaduruwela ; 100 Rs/h ; 9h30-20h). Accès Internet dans la gare routière.

Depuis/vers Polonnaruwa

Bus

La principale gare routière se trouve à Kaduruwela, 4 km à l'est de la vieille ville, dans Batticaloa Rd. Les bus circulant depuis/vers l'ouest passent par la vieille ville, mais, pour être sûr d'avoir un siège, partez plutôt de Kaduruwela. Jusqu'à 16h environ, le service est régulier sur les itinéraires principaux. En voici quelques-uns :

Anuradhapura 120 Rs, 3 heures

Colombo standard/clim 220/380 Rs, 6 heures

Dambulla via Habarana clim 73 Rs, 1 heure

Kandy standard/clim 80/150 Rs, 3 heures

Train

Polonnaruwa est située sur la ligne Colombo-Batticaloa, à environ 30 km au sud-est de Gal Oya, où la ligne Colombo-Trincomalee se scinde en deux. La gare ferroviaire est à Kaduruwela, près de la gare routière.

Parmi les trains, citons :

Batticaloa 1re /2e/ 3e classe 850/150/85 Rs, 2 heures, 5/jour

Colombo 1re /2e/ 3e classe 750/500/270 Rs, 6-7 heures, 3/jour

Comment circuler

Des bus fréquents (10 Rs) circulent régulièrement entre la vieille ville et Kaduruwela. La course en *túk-túk* coûte 200 Rs.

Le vélo constitue le moyen de transport idéal pour explorer les monuments de Polonnaruwa, entourés d'espaces boisés. La plupart des pensions louent des vélos pour environ 200 Rs/jour.

Giritale

027 / 14 500 HABITANTS

La bourgade somnolente de Giritale s'étend sur les rives du réservoir de Giritale (VIIe siècle), à 12 km au nord-est de Polonnaruwa, sur la route de Habarana. Hormis les hébergements, la ville a peu à offrir. Elle reste néanmoins une bonne base pour visiter Polonnaruwa et le parc national de Minneriya, surtout pour les personnes motorisées.

Où se loger

Globalement, la gamme d'hébergements de Giritale est supérieure à celle de Polonnaruwa.

INTERVIEW

NIMAL PIETHISSA OU LA CARRIÈRE D'UN CORNAC

Nimal Piethissa est cornac et il vit à Habarana. Trois années durant, il a travaillé en tant qu'apprenti à Kandy avant de s'installer à son compte. Nous l'avons rencontré au point d'eau de Habarana où les cornacs viennent quotidiennement laver leurs éléphants.

Pourquoi avoir choisi cette carrière ? J'ai toujours aimé les éléphants. J'ai commencé à penser travailler avec eux à un très jeune âge. Mes parents ont été d'accord et m'ont autorisé à quitter l'école pour devenir apprenti. Les revenus sont corrects, je gagne environ 7 000 Rs par mois, et c'est un travail sympa. En revanche, ce n'est pas très prestigieux. Les Occidentaux ont souvent une vision romantique de ce travail, mais au Sri Lanka c'est plutôt mal considéré. Si je dis à une fille ce que je fais, ça la fait fuir. Personne n'a vraiment envie d'épouser un cornac.

Quelle est la partie la plus difficile du travail ? Ce sont des animaux plutôt caractériels, alors la partie la plus difficile du travail est de surveiller leur humeur et de les contrôler s'ils sont en colère. Généralement, la nourriture, les fruits ou les sucreries les calment. Ils aiment beaucoup la canne à sucre, les ananas et les bananes. Si ça ne suffit pas, on les frotte et on appuie sur des points de pression spécifique avec un *hindua* (bâton). Lorsqu'ils ne se sentent pas bien, on leur donne des médicaments, souvent sous forme de feuilles. Celles du *cohomba* font des merveilles.

Comment les contrôle-t-on ? Principalement avec l'*hindua*. Les gens sont impressionnés lorsqu'on les frappe avec, mais ils sont tellement gros que ça ne leur fait pas grand-chose – c'est comme si on vous frappait avec un petit bout de bois. Nous avons aussi 26 mots pour leur donner des ordres ; par exemple, *daha* signifie "allez" et *ho* veut dire "arrête".

Ils mangent beaucoup ? Jusqu'à 300 kg par jour – principalement de l'herbe, mais aussi de la noix de coco et des fruits. Il faut aussi qu'ils mangent la nuit, alors nous devons généralement nous lever vers 2h, puis vers 5h. Les éléphants peuvent parcourir de longues distances à la recherche de nourriture s'ils en ont besoin. Leur odorat est l'un des meilleurs parmi les mammifères – ils peuvent sentir de la nourriture jusqu'à 15 km.

Quels sont les meilleurs éléphants pour travailler ? On considère que c'est un honneur de travailler avec des éléphants royaux. Ce sont ceux que l'on voit généralement dans les temples. Un éléphant royal doit avoir 7 parties du corps qui touchent le sol – les quatre pieds, la queue, la trompe et le pénis.

Combien de temps peut vivre un éléphant ? Certains peuvent vivre jusqu'à 70 ans – s'ils ont un bon cornac pour s'occuper d'eux !

Rice Villa Retreat PENSION $$
(☎077 630 2070 ; dimuthu81@hotmail.com ; 21st Mile Post, Polonnaruwa Rd, Jayanthipura ; s/d 2 500/2 750 Rs ;). Splendide, cette nouvelle adresse à 3,5 km à l'est de la ville offre 2 charmants petits bungalows au cœur d'une vaste et verdoyante rizière. Ils disposent de l'eau chaude, de la TV par satellite et de jolies terrasses. La clim coûte 750 Rs supplémentaires par nuit. Les propriétaires attentifs préparent des repas succulents (petit-déj/dîner 350/650 Rs). Réservez et demandez à ce que l'on vienne vous chercher à l'arrêt de bus.

Giritale Hotel HÔTEL $$$
(☎224 6311 ; www.giritalehotel.com ; ch à partir de 90 $US ; @). Installé en hauteur par rapport aux autres adresses haut de gamme, cet hôtel distingué loue des chambres avec une vue magnifique sur le réservoir. Vous apercevrez peut-être des éléphants de l'autre côté. Bien tenu mais un peu vieillissant – la piscine aurait besoin d'un sérieux coup de peinture.

Deer Park COMPLEXE HÔTELIER $$$
(☎224 6272 ; www.deerparksrilanka.com ; ch à partir de 120 $US ; @). Niché entre les arbres près du réservoir, ce vaste complexe vaut surtout pour ses grandes chambres en duplex. Les 77 cottages jouissent tous d'un joli coin jardin, certains comptent une douche à ciel ouvert et les plus chers donnent sur le réservoir de Giritale. Plusieurs restau-

rants, dont un installé dans les arbres, spa et excursions dans la nature.

Peacock Solitude Hotel PENSION **$$**
(224 5454, 077 178 8683 ; peacocksolitude@hotmail.com ; s/d 30/35 $US ;). Cette pension soignée, bien à l'écart de la route dans un joli cadre arboré, propose 10 chambres sommaires mais confortables. À 4 km à l'ouest de Giritale.

Wood Side Tour Inn PENSION **$**
(224 6307 ; www.woodsidetourinn.com ; Polonnaruwa Rd ; ch 800-2 000 Rs ;). Cet établissement bon marché séduit par son joli jardin agrémenté d'un grand manguier. Il compte 10 agréables chambres au décor minimaliste avec ventilateur et 5 chambres plus récentes aux couleurs vives, avec clim et balcon.

Depuis/vers Giritale

Les bus qui circulent fréquemment sur la route entre Polonnaruwa, à l'est, et Habarana, à l'ouest, s'arrêtent dans le centre de Giritale. Aucun des hébergements n'est particulièrement proche de cet arrêt : faites en sorte que l'on vienne vous chercher.

Mandalagiri Vihara

Le Mandalagiri Vihara, un *vatadage* (chambre circulaire des reliques) pratiquement identique à celui de Polonnaruwa, se trouve près de Medirigiriya, à 30 km au nord de Polonnaruwa. Si le *vatadage* de Polonnaruwa disparaît au milieu d'autres édifices, celui-ci se dresse majestueusement au faîte d'une petite colline. Le site est peu fréquenté et la petite route de campagne est agréable à parcourir.

Un édifice plus ancien fut sans doute élevé vers le IIe siècle, mais la construction actuelle fut érigée par Aggabodhi IV au VIIe siècle. Un escalier en granit conduit au *vatadage*, formé d'anneaux concentriques de 16, 20 et 32 piliers, disposés autour d'un dagoba. Quatre grands bouddhas sont tournés vers les points cardinaux. Ce *vatadage* est renommé pour la superbe ornementation de sa balustrade en pierre. Un hôpital jouxtait jadis le *vatadage* – cherchez le bassin dont la forme évoque celle d'un cercueil.

Le billet d'entrée coûte 10 $US par adulte et 5 $US par enfant, mais les contrôles sont rares.

Mieux vaut visiter le Mandalagiri Vihara dans le cadre d'une excursion d'une demi-journée depuis Giritale. Il n'existe aucun hôtel ou restaurant sur place et ceux du village voisin de Medirigiriya ne méritent pas d'être mentionnés. Pour le visiteur non motorisé, le voyage relève presque de l'impossible odyssée.

Habarana

066

Cette petite ville sert de carrefour régional et de base pour les safaris dans les parcs nationaux de Minneriya et de Kaudulla ainsi que des promenades à dos d'éléphant près de la ville. Vous y trouverez des hébergements pour toutes les bourses et l'endroit est bien desservi par les transports ; Habarana est la gare ferroviaire la plus proche de Dambulla et Sigiriya.

Des promenades à dos d'éléphant, assez onéreuses (20-30 $US/pers pour 1 heure) sont proposées autour du réservoir. Dans la crique près de la ville, vous pourrez voir les cornacs toiletter leurs éléphants ; les guides et la plupart des habitants pourront vous en indiquer la direction.

Où se loger et se restaurer

La Habarana Rest House se trouve au niveau du principal carrefour ; vous y verrez les guides de safari tenter de convaincre les clients. Les autres adresses listées ci-dessous sont à environ 500 m au sud de Dambulla Rd.

Habarana Rest House PENSION **$$**
(227 0003 ; www.ceylonhotels.lk ; ch à partir de 3 900 Rs ;). Cette pension de plain-pied, au cœur d'un joli jardin, possède 4 chambres donnant sur une longue véranda ombragée. Des travaux récents ont redonné au lieu quelque style, surtout dans le restaurant, où la connexion Wi-Fi est la meilleure. Située juste au carrefour.

Cinnamon Lodge COMPLEXE HÔTELIER **$$$**
(227 0012 ; www.cinnamonhotels.com ; ch à partir de 135 $US ;). Ses 137 grandes chambres sont réparties dans des duplex de style vaguement "colonial portugais", sur 11 ha d'une nature luxuriante. Un sentier mène à une plate-forme dans les arbres, destinée à l'observation des oiseaux et des singes. Il y a un spa et 3 restaurants, dont l'un recourt à des ingrédients bio. Géré par le meilleur groupe hôtelier du pays.

Chaaya Village COMPLEXE HÔTELIER **$$$**
(227 0047 ; www.chaayahotels.com ; ch à partir de 100 $US ;). Ce complexe haut de gamme bien tenu loue 108 chambres spacieuses dotées de véranda. Équipements sportifs, spa et restaurant surplombant la

piscine. L'emplacement, au bord du réservoir, invite à observer les oiseaux avant le petit-déjeuner. Voisin du Cinnamon Lodge.

Habarana Inn PENSION $
(☎227 0010 ; Dambulla Rd ; ch 1 500-3 100 Rs ; ❄). Cette adresse sommaire est la moins chère de la ville. Les 8 chambres sont propres et meublées simplement, la plupart avec ventilateur. Le restaurant sert des plats sri lankais (riz-curry 600 Rs), occidentaux et chinois. Juste après le Cinnamon Lodge, sur la route de Dambulla.

ℹ Depuis/vers Habarana

Bus

Les bus partent du carrefour à côté de la Habarana Rest House. Parmi les services réguliers, citons :

Anuradhapura 82 Rs, 2 heures

Dambulla clim 40 Rs, 30 minutes

Polonnaruwa 38 Rs, 30 minutes

Train

La gare ferroviaire est à 1 km au nord de la ville, sur la route de Trincomalee. Peu nombreux, les trains desservent :

Batticaloa 2e/3e classe 180/100 Rs

Colombo 2e/3e classe 300/160 Rs

Polonnaruwa 2e/3e classe 90/50 Rs

La gare de Palugaswewa, à 6 km à l'ouest, est desservie par des trains plus nombreux et plus rapides.

Environs de Polonnaruwa et Habarana

Les parcs nationaux situés aux environs de Polonnaruwa et de Habarana permettent d'approcher les animaux, notamment les éléphants, loin de la foule qui envahit le parc national de Yala. Certains jours, vous pourrez vous dispenser d'entrer dans les parcs pour voir les éléphants car ils arpentent librement la campagne, surtout au nord de Sigiriya.

PARC NATIONAL DE MINNERIYA

S'étendant sur 88,9 km² de broussailles et de forêt clairsemée, ce parc national, dominé par le réservoir de Minneriya, abrite notamment des macaques couronnés, des cerfs sambars, des léopards et des éléphants. Le meilleur moment pour le visiter se situe à la saison sèche, entre mai et septembre. Le réservoir est alors pratiquement asséché, procurant de l'herbe et de jeunes pousses aux animaux. Les éléphants, parfois jusqu'à plus de 200, viennent s'y nourrir et s'y baigner lors du "rassemblement", tandis que des nuées d'oiseaux, tels des petits cormorans et des tantales indiens, pêchent dans les eaux peu profondes.

L'entrée du parc se trouve sur la route Habarana-Polonnaruwa. À proximité, un centre des visiteurs vend des billets et présente succinctement l'histoire naturelle du parc.

PARC NATIONAL DE KAUDULLA

Ce **parc** se trouve au bord de l'ancien réservoir de Kaudulla. Il établit un couloir de migration des éléphants de 66,6 km² entre le parc national de Somawathiya Chaitiya et le parc national de Minneriya. Situé à 6 km seulement de la route Habarana-Trincomalee, au carrefour de Gal Oya, il constitue aussi un site de safari très populaire depuis Polonnaruwa et Habarana, car il permet d'approcher les pachydermes. En octobre, la population d'éléphants du parc, qui comprend des hardes de jeunes mâles, peut atteindre 250 têtes. Elle coexiste avec des léopards, des chats sauvages, des cerfs sambars, des chats léopards de l'Inde – une espèce menacée – et des ours paresseux. La meilleure période pour le visiter s'étend d'octobre à mars, ce qui concorde avec une visite au parc de Minneriya.

ℹ Renseignements

Pour visiter les parcs, vous devez être accompagné d'un guide agréé. Vous devrez également entrer et quitter le parc en véhicule (le 4×4 ou le camion de votre guide en l'occurrence). Les deux parcs sont bien équipés en la matière : aux heures de pointe, vous trouverez les guides assis dans leur jeep aux différentes entrées. La démarche la plus courante consiste toutefois à organiser votre excursion avec votre pension ou votre hôtel, ou à louer les services d'un guide au carrefour principal de Habarana. Au total, comptez environ 40 $US par personne pour un safari de 4 heures, frais de guide et droits d'entrée compris.

Outre le guide, vous serez également accompagné d'un ranger. Si ce service est gratuit sur le papier, chaque groupe lui accordera néanmoins un pourboire de 500 Rs. Les parcs sont ouverts de l'aube à la tombée de la nuit et les droits d'entrée sont les suivants :

Parc national de Minneriya adulte/enfant 1 800/900 Rs, frais de service 1 000 Rs, frais de véhicule 250 Rs

Parc national de Kaudulla adulte/enfant 1 100/660 Rs, frais de service 900 Rs, frais de véhicule 250 Rs

À NE PAS MANQUER

LE RASSEMBLEMENT

Durant les mois d'août et de septembre, le parc national de Minneriya est le théâtre de l'un des plus beaux spectacles naturels d'Asie. Lors de ce qu'on appelle communément le "rassemblement", plus de 200 éléphants se regroupent en un point bien précis plusieurs semaines durant. On a longtemps cru que l'eau était la raison qui les menait là pendant la saison sèche, avant de découvrir récemment que les facteurs naturels derrière ce phénomène étaient plus complexes.

Les éléphants se massent donc autour de l'énorme réservoir de Minneriya, bâti au IIIe siècle ; mus par la soif, pensait-on, puisque l'endroit reste humide même quand les trous d'eau plus modestes s'assèchent. Or, des biologistes ont découvert qu'en réalité, c'est le recul de l'eau qui conduit les pachydermes en ces lieux. Lorsque le réservoir se réduit, il laisse derrière lui de larges bandes de terre boueuse qui sont rapidement recouvertes d'une herbe riche et tendre. Un véritable festin pour les éléphants qui accourent en masse.

Hélas, comme tant d'autres choses au Sri Lanka, ce rassemblement est désormais menacé. Si les années passées, l'office des eaux avait fait transférer progressivement le contenu du réservoir vers des étangs plus petits, ce dernier a été maintenu à son niveau quasi maximal en 2011 afin de préserver les réserves en eau au cas où les fermiers en auraient besoin (ce qui ne fut pas le cas). En conséquence, quantité d'éléphants n'ont pas trouvé leur nourriture habituelle.

Ruines de Ritigala

Il s'agit sans doute du meilleur endroit du pays pour jouer les Indiana Jones : au cœur de la **réserve naturelle de Ritigala Strict** se dressent les ruines couvertes de jungle d'un vaste ensemble monastique et troglodytique de 24 ha. Juchés sur une colline à la modeste altitude de 766 m, ces vestiges isolés et pratiquement abandonnés se détachent majestueusement sur le paysage plat et sec.

La signification de Ritigala reste mystérieuse. En cinghalais, *gala* signifie rocher ; *riti* pourrait venir du mot pali *arittha,* qui veut dire sécurité. Aussi pourrait-on traduire Ritigala par "lieu de refuge" – le site abrita d'ailleurs probablement des rois, dès le IVe siècle av. J.-C.

Ritigala joue également un rôle important dans la mythologie. De là, Hanuman (le dieu-singe) aurait sauté vers l'Inde pour avertir Rama qu'il avait découvert l'endroit où Sita était maintenue captive par le roi de Lanka. La mythologie apporte aussi une explication à l'abondance de plantes et d'herbes curatives qui existent à Ritigala. Hanuman, revenant à Lanka avec des plantes de l'Himalaya destinées à soigner le frère blessé de Rama, en aurait fait tomber quelques-unes sur Ritigala, où elles s'épanouirent.

Les moines, quant à eux, trouvèrent les grottes de Ritigala idéales pour mener une existence ascétique – pas moins de 70 cavités ont été découvertes. Les souverains firent preuve d'une grande générosité, notamment le roi Sena Ier, qui finança, au IXe siècle, un monastère pour les moines *pamsukulika* (littéralement "en haillons").

Ritigala fut abandonné à la suite des invasions des Chola aux Xe et XIe siècles. Il sombra pratiquement dans l'oubli, avant d'être redécouvert au XIXe siècle par des géomètres britanniques. L'infatigable H.C.P. Bell explora et cartographia le site en 1893.

À voir

Ritigala ne présente aucun des éléments habituels des sites anciens de l'île : ni arbre de la Bodhi, ni chambre des reliques, ni représentations du Bouddha. Les seuls ornements décorent les urinoirs du monastère forestier – il semblerait qu'en urinant sur les murs décorés, les moines manifestaient leur dédain pour les choses terrestres.

Près du bungalow du département d'Archéologie, les vestiges d'un *banda pokuna* (bassin) se remplissent d'eau pendant la saison des pluies. Le lieu est évocateur, avec la montagne abrupte en toile de fond, tel un amphithéâtre verdoyant. De là, un sentier dans la forêt, difficilement praticable, conduit, via une salle des dons, à un **palais en ruine** et à l'**hôpital du monastère**, dont on aperçoit encore les pierres à moudre et les immenses baignoires en pierre. Un chemin dallé part vers le haut – un petit détour conduit à un poste de guet, souvent qualifié de fort en pierre.

Vient ensuite un autre ensemble de ruines : des constructions à double plate-forme caractéristiques des monastères forestiers. Là, il y a des **urinoirs en pierre**, qui n'ont certainement pas été toujours à cet emplacement. Les chercheurs pensent que ces plates-formes servaient à la méditation, à l'enseignement et aux rituels. Vous pouvez littéralement passer des heures à arpenter les coteaux à travers une dense végétation.

Renseignements

Peu de voyageurs entreprennent l'excursion jusqu'aux ruines de Ritigala, ce qui rajoute encore à l'attrait du lieu. Un billet individuel coûte 10/5 $US par adulte/enfant.

Des employés du département d'Archéologie sont bien présents sur le site, mais leur comportement est énigmatique, au mieux. L'un d'entre eux, au minimum, insistera pour vous accompagner lors de la visite des ruines (un pourboire de 500 Rs par groupe est amplement suffisant). Toutefois, si votre intérêt dépasse les vestiges les plus communément visités, votre "guide" vous abandonnera à votre sort, ce que vous ne regretterez pas forcément. Il vous faudra peut-être d'abord accepter les services d'un guide avant d'être autorisé à consulter un plan.

Consacrez au moins 3 heures à la visite du site et comptez le trajet en voiture depuis la route principale.

Depuis/vers Ritigala

Ritigala se trouve à 14 km au nord-ouest de Habarana et à 42 km au sud-est d'Anuradhapura. En venant de Habarana, l'embranchement depuis la route Anuradhapura-Habarana est situé près de la borne des 14 km. Il faut ensuite parcourir 6,2 km d'une bonne route pavée, le long de rizières, jusqu'à l'entrée de la réserve naturelle. De là, la route qui traverse une jungle luxuriante se détériore rapidement sur les derniers 2,3 km jusqu'au parking des ruines. Elle peut se révéler impraticable après de fortes pluies.

Anuradhapura

☎025 / 62 000 HABITANTS

Les ruines d'Anuradhapura sont l'un des sites les plus évocateurs du sud de l'Asie. Ce vaste ensemble renferme une importante collection de merveilles archéologiques et architecturales : énormes dagobas, grandes tours de brique, bassins anciens et temples décrépis, construits durant les 1 000 ans de règne d'Anuradhapura sur le Sri Lanka. Encore aujourd'hui, une partie des sites servent de lieux saints et de temples ; de fréquentes cérémonies confèrent à Anuradhapura un caractère vivant qui contraste fortement avec les ruines de Polonnaruwa.

L'Anuradhapura d'aujourd'hui est une ville assez agréable bien qu'étendue. Des arbres vénérables veillent sur les principaux secteurs où se concentrent les pensions, tandis que la rue principale paraît assez ordonnée, comparée aux agglomérats de béton inesthétiques qui envahissent tant de centres régionaux.

Histoire

Anuradhapura fut choisie la première fois comme capitale en 380 av. J.-C., par Pandukabhaya. Mais c'est sous le règne de Devanampiya Tissa (247-207 av. J.-C.), durant lequel le bouddhisme atteignit le Sri Lanka, qu'elle acquit véritablement de l'importance. Elle fut alors rapidement promue au rang de cité glorieuse, avant de tomber, face à des envahisseurs d'Inde du Sud – l'une des nombreuses incursions qui devaient marquer son histoire pendant plus d'un millénaire. Le héros cinghalais Dutugemunu ne fut pas long à mener une armée depuis l'extrême Sud, pour reconquérir Anuradhapura. Notez que *dutu* signifie "désobéissant" : son père, craignant pour la sécurité de son fils, lui avait en effet interdit de tenter de reprendre Anuradhapura. Dutugemunu lui désobéit et envoya par la suite à son père un colifichet de femme, lui signifiant ce qu'il pensait de son courage.

Dutugemunu (r. 161-137 av. J.-C.) entreprit un vaste programme de constructions comprenant certains des monuments les plus prestigieux d'Anuradhapura. Parmi les rois importants qui lui succédèrent, citons Valagambahu (r. 109-103 av. J.-C.), qui perdit son trône au cours d'une invasion indienne, avant de le reconquérir, et Mahasena (r. 276-303), dernier "grand" roi d'Anuradhapura, qui fit édifier le colossal dagoba de Jetavanarama, un grand nombre de réservoirs (16 au total), plus un canal d'importance. La cité d'Anuradhapura devait survivre encore 500 ans, avant d'être supplantée par Polonnaruwa, mais elle fut continuellement menacée par les invasions d'Inde du Sud, facilitées par le défrichage des terres et les axes routiers, signes de la grandeur de la cité.

VAUT LE DÉTOUR

LE BOUDDHA AUKANA

Selon la légende, le magnifique **bouddha Aukana** (500 Rs), haut de 12 m, daterait du règne de Dhatusena, au Ve siècle. D'autres sources placent sa création au XIIe ou au XIIIe siècle. Aukana signifie "qui se nourrit du soleil". De fait, le lever du jour est le meilleur moment pour contempler le bouddha, lorsque les premiers rayons du soleil éclairent les traits finement sculptés de l'immense statue.

Il faut noter que, si celle-ci conserve un lien ténu, à l'arrière, avec le rocher dans lequel elle est taillée, le socle en forme de lotus sur lequel elle repose est une pièce séparée. La posture dans laquelle le bouddha a été figé, l'*ashiva mudra*, symbolise la grâce, tandis que la boule de feu au-dessus de sa tête représente la puissance d'une Illumination absolue.

Un sarong est requis pour visiter le site ; la billetterie se trouve au sommet de la première volée de marches. Vous trouverez quelques vendeurs de boissons (pas toujours fraîches) près du parking.

Depuis/vers le bouddha Aukana

Le bouddha Aukana est situé à 800 m du village d'Aukana. Pour y parvenir, prenez un bus à la ville carrefour de Kekirawa (30 Rs, 30 min, toutes les 30 min), laquelle se trouve sur l'itinéraire Dambulla-Anuradhapura, très fréquenté.

Aukana se trouve également sur la ligne ferroviaire qui relie Colombo à Trincomalee et Polonnaruwa. Quatre trains s'arrêtent ici chaque jour– la gare est à 1 km de la statue.

À voir

Deux jours vous seront nécessaires pour visiter comme il se doit le **site historique d'Anuradhapura** (www.ccf.lk/anuradhapura/), inscrit au patrimoine mondial de l'Unesco. Pour bien organiser votre visite, reportez-vous p. 208.

Le site patrimonial est très étendu ; en voici les sites d'intérêt principaux :

Mahavihara Le centre spirituel d'Anuradhapura, avec son Sri Maha Bodhi.

Monastère d'Abhayagiri Un ensemble de ruines de plus de 2 000 ans, répartis dans une zone assez vaste au nord.

Citadelle Une concentration de sites datant d'il y a environ 1 000 ans.

Jetavanarama Un énorme dagoba et un musée important, construits dans une zone relativement peu étendue.

Les principaux sites sont concentrés dans une zone d'environ 3 km². S'il est possible d'explorer à pied des lieux précis comme la citadelle, le vélo reste le meilleur moyen de se déplacer. Outre les belles balades entre les sites majeurs au fil des sentiers interdits aux véhicules, le vélo permet de visiter les sites éparpillés à l'ouest et au sud, tels les jardins d'agrément royaux.

La bicyclette est aussi très utile lorsque l'on vient du quartier des pensions à l'est, séparée du site principal des ruines par le cœur commercial d'Anuradhapura, lui même encadré par les deux gares routières principales.

MAHAVIHARA

Ici bat le cœur de l'antique Anuradhapura. Il est régulièrement le théâtre de cérémonies religieuses, lesquelles attirent des foules de fidèles portant leur plus bel habit ainsi que toutes sortes de vendeurs faisant le commerce d'offrandes, d'en-cas, de jouets et de rafraîchissements. Les reliques du site datent d'une période allant du IIIe siècle av. J.-C. au XIe siècle.

♥ **Sri Maha Bodhi** ARBRE SACRÉ

(200 Rs). Le **Sri Maha Bodhi**, l'arbre sacré de la Bodhi, constitue le centre, tant spirituel que géographique, d'Anuradhapura. Cet arbre immense a poussé à partir d'un rameau apporté de Bodhgaya (Inde) par la princesse Sangamitta, sœur de Mahinda (qui introduisit les enseignements du Bouddha au Sri Lanka). Il est donc indissociable du cœur même de la religion cinghalaise.

L'arbre sacré de la Bodhi est l'arbre le plus ancien du monde, ayant fait l'objet de soins ininterrompus depuis plus de deux millénaires, y compris pendant les périodes d'occupation indienne. En réalité, le site ne compte pas un, mais de nombreux arbres de la Bodhi. Le plus ancien, mais aussi le plus sacré, s'élève sur

Anuradhapura

la plate-forme supérieure, entouré par une balustrade dorée assez récente. L'escalier qui y mène est au contraire très ancien. La balustrade et les divers éléments autour des arbres sont ornés de drapeaux de prière. Des milliers de dévots viennent déposer des offrandes les week-ends, plus encore les jours de *poya* (pleine lune). Les mois d'avril et de décembre connaissent une grande affluence, les pèlerins convergeant sur le site à l'occasion des *snana puja* (prières ou offrandes).

Pour en savoir plus sur les jours de *poya*, reportez-vous à l'encadré p. 23.

Anuradhapura

Les incontournables

	Dagoba de Jetavanarama	C3
	Pierre de lune	B1
	Sri Maha Bodhi	B4

À voir

1	Dagoba d'Abhayagiri	B1
2	Musée d'Abhayagiri	B1
3	Musée archéologique	B3
4	Palais de bronze	B3
5	Balustrade bouddhique	B3
6	Dalada Maligawa	B2
7	Folk Museum	B3
8	Isurumuniya Vihara	A5
9	Musée Jetavanarama	C3
10	Kuttam Pokuna	B1
11	Lankarama	A1
12	Réfectoire de Mahapali	B2
13	Dagoba de Mirisavatiya	A4
14	Ratnaprasada	B1
15	Palais royal	B2
16	Jardins d'agrément royaux	A4
17	Dagoba de Ruvanvelisaya	B3
18	Bouddha Samadhi	B1
19	Dagoba de Thuparama	B2
20	Vessagiriya	A6

Où se loger

21	Boa Vista	A4
22	French Garden Tourist Rest	C6
23	Grand Tourist Holiday Resort	D5
24	Hotel Randiya	D5
25	Hotel Shalini	D5
26	Lake View Tourist Guest House	D5
27	Milano Tourist Rest	D6
28	Nuwarawewa Rest House	D4
29	Saubagya Inn	D6
30	Tissawewa Grand	A4

Où se restaurer

31	Casserole	C5
	Family Super	(voir 31)
32	Salgado Hotel & Bakery	C5

Palais de Bronze — SITE HISTORIQUE

Les ruines du palais de Bronze (Brazen Palace), appelé ainsi parce qu'il était jadis coiffé d'un toit en bronze, se trouvent à proximité de l'arbre de la Bodhi. Aujourd'hui, seuls les vestiges des 1 600 colonnes subsistent de cet immense palais, qui pouvait, dit-on, accueillir, sur 9 étages, 1 000 moines et leur suite.

Édifié à l'origine par Dutugemunu il y a plus de deux millénaires, il fut reconstruit à maintes reprises à travers les âges, perdant chaque fois un peu de sa grandeur. L'ensemble de piliers (désormais protégé par une clôture) est tout ce qui subsiste de la dernière restauration, celle de Parakramabahu (XIIe siècle).

Dagoba de Ruvanvelisaya — TEMPLE

Derrière le Folk Museum, ce beau dagoba blanc est cerné d'un mur orné d'une frise figurant des centaines d'éléphants serrés les uns contre les autres. Mis à part quelques-uns à côté de l'entrée ouest, la plupart sont des copies des originaux, qui dataient de 140 av. J.-C.

Ce dagoba est considéré comme la plus belle œuvre du roi Dutugemunu, qui mourut avant qu'il fût terminé. Ce qu'il ne sut jamais, car, alors qu'il était sur son lit de mort, on maquilla le dagoba à l'aide de bambous et de tissus, pour laisser croire à Dutugemunu que son chef-d'œuvre était achevé. Aujourd'hui, ayant subi de sérieux dommages de la part des forces indiennes, il se dresse à seulement 55 m – bien moins haut que jadis. Il n'a pas davantage conservé son aspect d'origine, en forme de bulle. Une statue en pierre calcaire, au sud du grand dagoba, représenterait Dutugemunu.

Le dagoba est entouré d'un agréable parc, parsemé en tous sens de ruines, de vestiges de bassins, de colonnes et de piliers. Juste au sud-est, on aperçoit l'un des nombreux réfectoires monastiques d'Anuradhapura.

Dagoba de Thuparama — TEMPLE

Au nord du Ruvanvelisaya, dans un joli cadre boisé, le dagoba de Thuparama est le plus vieux dagoba du Sri Lanka – et sans doute le plus vieux subsistant dans le monde. Érigé par Devanampiya Tissa au IIIe siècle av. J.-C., il contiendrait la clavicule droite du Bouddha. Lors de sa restauration, en 1862, il troqua sa forme de "montagne de riz" pour une forme de cloche, plus commune.

Organisés sur quatre cercles concentriques, les piliers du *vatadage* environnant, élancés et surmontés d'un chapiteau, constituent peut-être l'élément le plus caractéristique du dagoba. Des inscriptions gravées sur le fronton indiquent qu'ils étaient à l'origine au nombre de 176. Seuls 41 sont encore debout aujourd'hui. Selon certains experts sri lankais, ils devaient jadis supporter un toit en bois conique. Aucune découverte archéologique ne permet toutefois d'étayer cette théorie, et il n'existe aucune construction similaire en Inde du Sud, dont les dagobas ont pourtant inspiré pratiquement tous les dagobas cinghalais.

MONASTÈRE D'ABHAYAGIRI

La jungle luxuriante menace sans cesse d'engloutir ces fabuleuses ruines vieilles de deux millénaires. Prendre le temps d'arpenter les lieux – parfois même de s'y perdre – constitue l'un des grands charmes du site d'Anuradhapura.

Dagoba d'Abhayagiri TEMPLE

Le gigantesque dagoba d'Abhayagiri (que certains livres et plans confondent avec le Jetavanarama), édifié au IIe ou au Ier siècle av. J.-C., était le joyau d'un monastère de 5 000 moines. Son nom signifie "colline de la protection" ou "colline sans peur" – quoi qu'en disent certains guides locaux, qui affirment que "Giri" était le nom d'un moine jaïn. Ce monastère faisait partie de l'"école de la forêt secrète", secte hérétique qui mêlait les bouddhismes Mahayana et Theravada. Le moine voyageur chinois Faxian (ou Fa Hsien) le visita en 412.

Le dagoba fut sans doute reconstruit plusieurs fois avant d'atteindre 75 m de hauteur. Il compte quelques remarquables bas-reliefs, dont celui d'un éléphant tirant un arbre, près de l'escalier ouest. Au nord, on aperçoit une grande dalle portant une empreinte du Bouddha et, sur les escaliers est et ouest, des pierres de lune insolites, faites de cercles concentriques.

♥ **Pierre de lune** SITE ARCHÉOLOGIQUE

Ces vestiges d'une école de moines du IXe siècle, au nord-ouest du dagoba d'Abhayagiri, sont connus pour abriter la plus belle pierre de lune du Sri Lanka. Cette paisible zone boisée peuplée de papillons invite à se ménager une pause durant la visite du site. À tort, on désigne souvent ce lieu sous le nom de palais de Mahasena ou de pavillon de la Reine. Ne manquez pas le bel escalier orné de petites statues grassouillettes.

Ratnaprasada SITE ARCHÉOLOGIQUE

En suivant la route depuis la pierre de lune, on arrive un peu plus loin aux plus beaux gardiens de pierre d'Anuradhapura. Datant du VIIIe siècle et figurant un roi cobra, ils représentent la forme la plus achevée de ce type de sculptures. On en trouve des exemples plus anciens au dagoba de Mirisavatiya.

Au VIIIe siècle, un nouvel ordre de moines *tapovana* (ascétiques) s'installa à la lisière de la cité, vivant avec les castes les plus basses au milieu des décharges et des lieux de sépulture. Ils construisirent des monastères simples, mais imposants par leurs dimensions, dans lesquels les ornements se limitaient aux toilettes – désormais exposées à l'Archaeological Museum. Les moines du monastère de Ratnaprasada (palais des Pierres précieuses) donnaient asile à ceux qui rencontraient des problèmes avec les autorités, ce qui aboutit à un conflit majeur avec le roi. Lorsque des membres de la cour, en désaccord avec le souverain, se réfugièrent dans le Ratnaprasada, le roi envoya ses émissaires pour les capturer et les exécuter. Les moines, révoltés par cette intrusion dans un lieu sacré, partirent en masse. La population, tout aussi scandalisée, s'empara du sanctuaire, captura et exécuta les envoyés du roi et obligea ce dernier à demander pardon aux moines pour qu'ils reviennent dans la cité rétablir la paix.

Au sud du Ratnaprasada se dresse le **Lankarama**, un *vatadage* du Ier siècle av. J.-C.

Abhayagiri Museum MUSÉE

(⏲10h-17h). Juste au sud du dagoba d'Abhayagiri, le musée d'Abhayagiri, créé grâce à des fonds chinois, commémore la visite à Anuradhapura, au Ve siècle, du moine bouddhiste chinois Faxian. Ce dernier passa quelque temps au monastère d'Abhayagiri, où il traduisit des textes bouddhiques, qu'il rapporta par la suite en Chine. Ce musée, sans conteste le plus intéressant d'Anuradhapura, renferme une collection de bijoux, de poteries et de sculptures religieuses provenant du monastère. Une librairie vend les publications concernant le Triangle culturel.

Bouddha Samadhi SCULPTURE BOUDDHIQUE

Après avoir admiré les gardiens de pierre et la pierre de lune, continuez vers l'est à partir de l'Abhayagiri jusqu'à cette statue du IVe siècle, figée dans une pose assise de méditation, considérée comme l'un des plus beaux bouddhas du Sri Lanka. Jawaharlal Nehru, l'un des artisans de l'indépendance de l'Inde, aurait, dit-on, souvent trouvé du réconfort en observant une photo de la statue alors qu'il était emprisonné par les Britanniques.

Kuttam Pokuna (Bassins jumeaux) PIÈCE D'EAU

Semblables à des piscines, ces bassins, à l'est de Sanghamitta Mawatha, sont les plus beaux d'Anuradhapura. Ils servaient probablement au bain des moines du monastère attaché au dagoba d'Abhayagiri. Bien qu'on les désigne comme jumeaux, le bassin du sud, de 28 m de long, est plus petit que celui du nord, de 40 m. L'eau pénétrait dans le grand bassin par la bouche d'un *makara* (animal mythique), avant de s'écouler dans le petit bassin par une canalisation souterraine. Remarquez le cobra à cinq têtes, près du *makara*, et le système de filtrage de l'eau à l'extrémité nord-ouest des bassins.

CITADELLE

Bien que plus récente que les ruines voisines, la citadelle a presque été entièrement engloutie par la terre. Il reste bien peu des murs formidables qui l'entouraient jadis.

Palais royal SITE HISTORIQUE

À environ 1,5 km vers le sud par Sanghamitta Mawatha depuis les Kuttam Pokuna, on arrive au site du palais royal. Érigé par Vijayabahu Ier au XIIe siècle, après la chute d'Anuradhapura comme capitale cinghalaise, celui-ci témoigne des efforts déployés pour conserver une certaine emprise sur l'ancienne capitale.

À côté se trouvent un ancien puits, très profond, et le **réfectoire de Mahapali**, remarquable par son immense écuelle de presque 3 m de long et 2 m de large, que les fidèles remplissaient de riz pour les moines. Dans le même secteur, le **Dalada Maligawa** pourrait avoir été le premier temple de la Dent. La dent sacrée du Bouddha arriva au Sri Lanka en 313 de notre ère.

JETAVANARAMA

Dagoba de Jetavanarama TEMPLE

Le gigantesque dôme du dagoba de Jetavanarama s'élève dans une clairière derrière le Sri Maha Bodhi. Construit au IIIe siècle par Mahasena, il devait atteindre plus de 100 m de haut, mais ne mesure plus aujourd'hui que quelque 70 m, hauteur identique à celle de l'Abhayagiri. Lors de son édification, il s'agissait du troisième plus haut monument au monde, après deux pyramides égyptiennes. Un guide touristique britannique du début du XXe siècle calcula que le dagoba comptait assez de briques pour bâtir un mur de 3 m de haut entre Londres et Édimbourg.

Derrière, un monastère en ruine accueillait autrefois 3 000 moines. Un bâtiment a conservé les montants des portes, qui s'élèvent à 8 m et s'enfoncent de 3 m sous le sol. Jadis, ces portes massives s'ouvraient sur un grand bouddha.

Balustrade bouddhique SITE ARCHÉOLOGIQUE

Un peu au sud du dagoba de Jetavanarama, de l'autre côté de la route, une balustrade en pierre imite un mur en rondins. Elle clôt un site de 42x34 m, où se dressait un monument depuis longtemps disparu.

Jetavanarama Museum MUSÉE

(⌚8h30-17h30). Un édifice colonial britannique de 1937 fournit un écrin royal mérité à quelques-uns des trésors découverts à Jetavanarama. Contrairement à ce qui a été mis au jour dans les autres sites, les objets exposés ici témoignent d'un véritable travail d'artiste et d'une science du détail. Ne manquez pas l'urinoir savamment sculpté dans la salle 1. La bien-nommée salle du Trésor renferme de superbes exemplaires de bijoux, colliers, sculptures et autres poteries. Les bouddhas en or du VIIe siècle méritent aussi le détour.

MUSÉES

Anuradhapura compte un musée principal, l'Archaeological Museum, qui couvre la grande majorité des sites locaux. Deux autres musées, l'Abhayagiri Museum et le Jetavanarama Museum, sont étroitement liés à leurs sites respectifs.

♥ **Archaeological Museum** MUSÉE

(⌚8h-17h mer-lun, fermé jours fériés). L'ancien bâtiment de l'administration coloniale britannique accueille désormais cette collection d'œuvres d'art, de sculptures et d'objets quotidiens en provenance d'Anuradhapura et d'autres sites historiques du pays.

Le musée abrite une chambre des reliques restaurée, découverte lors des fouilles du dagoba de Kantaka Chetiya, sur le site voisin de Mihintale, ainsi qu'une grande maquette du *vatadage* du dagoba de Thuparama, surmonté d'un toit en bois (dont aucune source ne permet de confirmer l'existence à l'origine).

Parmi les curiosités, citons les toilettes sculptées provenant des monastères de l'ouest d'Anuradhapura, où les moines avaient renoncé au luxe des monastères plus matérialistes. Pour exprimer leur mépris des biens terrestres, ils avaient taillé dans la roche des toilettes "à la turque", au fond desquelles ils avaient représenté les opulents monastères de leurs frères. Sur leurs urinoirs figurait le dieu des Richesses, déversant des pièces de monnaie dans le trou. Ne manquez pas d'autres sculptures hautement intéressantes disséminées dans les jardins.

Folk Museum MUSÉE

(100 Rs ; ⌚8h30-17h sam-mer, fermé jours fériés). Non loin de l'Archaeological Museum, le musée des Arts populaires met en scène

divers objets poussiéreux illustrant la vie dans les campagnes de la province du Centre-Nord.

AUTRES SITES

On trouve plusieurs sites d'importance au sud et à l'ouest des principales zones historiques et sacrées.

Dagoba de Mirisavatiya TEMPLE

Le dagoba de Mirisavatiya figure parmi les trois sites remarquables que l'on peut visiter en se promenant sur les rives du Tissa Wewa. Cet immense dagoba, le premier érigé par Dutugemunu après qu'il eut investi la cité au IIe siècle av. J.-C., se trouve en face de la Tissawewa Rest House, de l'autre côté de la route. Selon la légende, Dutugemunu aurait jadis planté sur la rive, le temps de se baigner dans le réservoir, son sceptre orné qui contenait une relique du Bouddha. Lorsqu'il sortit de l'eau, il ne parvint pas à le retirer. Prenant l'incident pour un signe de bon augure, il fit ériger le dagoba. Au nord-est, il y avait un autre réfectoire monastique, contenant lui aussi de grandes écuelles en pierre dans lesquelles les fidèles versaient du riz.

Jardins d'agrément royaux SITE HISTORIQUE

Connus sous le nom de parc du Poisson d'or, ces vastes jardins se trouvent sur la rive du Tissa Wewa, un peu en dessous du Mirisavatiya. Couvrant 14 ha, ils contiennent deux bassins dont le dessin s'accorde avec la configuration des rochers, et qui sont ornés, sur les côtés, de beaux éléphants en relief. C'est ici, dit-on, que le prince Saliya, fils de Dutugemunu, aurait rencontré sa future épouse, Asokamala, une roturière pour laquelle il renonça au trône.

Isurumuniya Vihara TEMPLE

(200 Rs ; ⌚8h-18h). Ce temple troglodytique, datant du règne de Devanampiya Tissa (r. 247-207 av. J.-C.), est décoré de sculptures de toute beauté. Certaines, dont une figurant des éléphants s'ébattant dans l'eau, sont à leur emplacement d'origine, sur la paroi rocheuse, à côté d'un bassin carré alimenté par le Tissa Wewa. La plupart ont toutefois été déplacées dans un petit musée, à l'intérieur du temple. La plus célèbre est celle des "amoureux", réalisée vers le Ve siècle dans le style de la dynastie indienne des Gupta (IVe-Ve siècles). Devant se trouve un joli bassin de lotus.

Vessagiriya SITE ARCHÉOLOGIQUE

Au sud d'Isurumuniya Vihara, on peut découvrir d'importants vestiges du monastère troglodytique de Vessagiriya, construit sensiblement à la même époque.

Réservoirs PIÈCES D'EAU

Anuradhapura compte trois grands réservoirs. À l'est de la cité, le **Nuwara Wewa**, le plus grand, couvre une superficie de 12 km². Construit vers l'an 20 av. J.-C., il est à l'écart de la cité ancienne. Le **Tissa Wewa** (160 ha) est le réservoir sud de la cité ancienne. Le plus ancien, le **Basawakkulama** (*kulam* signifie réservoir en tamoul), qui daterait du IVe siècle av. J.-C., s'étend au nord, sur 120 ha. Au nord-ouest du Basawakkulama, se trouvent les ruines des **monastères de l'ouest**, où les moines revêtaient des haillons pris à des cadavres et se nourrissaient, dit-on, uniquement de riz. Tous ces sites invitent à des balades tranquilles à pied ou à vélo.

> **ÉTIQUETTE DANS LES TEMPLES**
>
> De nombreux sites d'Anuradhapura sont toujours considérés comme sacrés : attendez-vous donc à vous déchausser, à porter un sarong ou à vous vêtir modestement.

Visites guidées

Des guides indépendants circulent dans les sites historiques, mais ils sont rarement à la hauteur. La majorité des hébergements peuvent vous fournir un guide agréé si vous le souhaitez – précieux pour comprendre les subtilités d'Anuradhapura et de sa riche histoire. Comptez un minimum de 1 500 Rs pour 2 heures de visite, sachant que vous devrez vous charger du transport.

L'un des meilleurs guides locaux se nomme **Charitha Jithendra Jith** (077 303 7835 ; charithjith@yahoo.com).

Où se loger

Anuradhapura ne manque pas d'adresses dans les catégories petits budgets et moyenne. Par ailleurs, de nouveaux établissements ouvrent régulièrement, car la fréquentation touristique est en hausse. La plupart des adresses sont regroupées dans l'agréable quartier de Harischandra Mawatha et dans ses environs, près du Nuwara Wewa. Pour vous rafraîchir après une journée de visite, profitez de la grande piscine de la Nuwarawewa Rest House, qui autorise les non-résidents à se baigner pour 500 Rs.

Notez que des rabatteurs en quête de commissions commencent à harceler les touristes dans le train. Souvent, les chauffeurs de *túk-túk* ne valent guère mieux. Ignorez-les et faites preuve de fermeté dans vos choix.

Milano Tourist Rest PENSION **$$**
(☎222 2364 ; www.milanotouristrest.com ; 40/596 JR Jaya Mawatha ; ch 1 500-3 500 Rs ; ❄@📶). Présentant l'un des meilleurs rapports qualité/prix de la ville, cette maison moderne et confortable offre 11 chambres, avec lit douillet, réfrigérateur et TV par satellite. Gestion et service impeccables. Son restaurant, l'un des meilleurs de la ville, sert des repas sri lankais que l'on dégustera de préférence dans le jardin.

Hotel Shalini HÔTEL **$$**
(☎222 2425 ; www.hotelshalini.com ; 41/388 Harischandra Mawatha ; ch 3 500-4 000 Rs ; ❄@📶). Hôtel agrémenté d'une jolie annexe avec un agréable restaurant en plein air, un jardin sur le toit et un cybercafé. Les chambres disposent toutes de fenêtres et d'une bonne ventilation ; certaines ont la clim. Possibilité d'organiser la visite des sites. À condition de les prévenir, les sympathiques propriétaires viendront vous chercher (et vous déposer) gratuitement à la gare routière ou ferroviaire.

Palm Garden Village Hotel HÔTEL **$$$**
(☎222 3961 ; www.palmgardenvillage.com ; Old Puttalam Rd, Pandulagama ; ch à partir de 100 $US ; ❄📶🏊). Ce modeste complexe, à quelque 6 km à l'ouest de la ville, est tranquille. Il compte 63 chambres spacieuses, dans des duplex bien conçus ou dans des villas indépendantes, au cœur d'un parc de 38 ha. Parmi les petits plus : des courts de tennis, un spa ayurvédique et les éléphants. Connexion Wi-Fi uniquement à la réception. Le trajet en *túk-túk* depuis la ville coûte 400 Rs.

French Garden Tourist Rest PENSION **$**
(☎222 3537 ; www.frenchgardenanuradhapura.com ; 488/4 Maithrepala Senanayaka ; ch 1 800-2 500 Rs ; ❄📶). Nouvelle adresse près de la nouvelle gare routière, cette pension moderne sur deux niveaux jouit de toutes les commodités. Les chambres sont très propres, le jardin est de taille modeste et un café devrait bientôt remplacer une partie de la verdure.

Tissawewa Grand HÔTEL **$$**
(☎222 2299 ; www.quickshaws.com ; ch 85-100 $US ; ❄). Témoin de l'époque du Raj, cet établissement centenaire est authentique jusqu'aux baignoires sur pieds. Outre le salon à hauts plafonds et les vérandas, le lieu jouit d'un parc de 4,4 ha planté d'acajous et de tecks. Seul inconvénient, dans cette sorte de musée, le confort moderne est minimal et les tarifs sont élevés.

Hotel Randiya HÔTEL **$$**
(☎222 2868 ; www.hotelrandiya.com ; 19A/394 Muditha Mawatha ; ch 4 300-6 500 Rs ; ❄@📶). Cet hôtel de 14 chambres fait bonne figure de l'extérieur avec son architecture de style *walawwa* (petit palais). À l'intérieur, les chambres sont un peu petites, mais les plus chères comptent un réfrigérateur et une belle sdb.

Lake View Tourist Guest House PENSION **$**
(☎222 1593 ; 4C/4 Lake Rd ; ch 1 500-2 800 Rs ; ❄). Dans un ruelle près de Harischandra Mawatha, ce sympathique établissement possède 15 chambres, dont certaines avec eau chaude et clim – préférez celles de devant, avec la vue sur Mihintale. Propriétaires accueillants, bonne cuisine sri lankaise et location de vélos (250 Rs).

Nuwarawewa Rest House HÔTEL **$$**
(☎222 3265 ; www.quickshaws.com ; Dhamapala Mw ; ch 50 $US ; ❄@📶🏊). Les chambres ici sont assez quelconques, mais le style années 1960 est d'un rétro presque chic. L'établissement bénéficie d'un emplacement correct en bord de lac et d'une belle piscine. Le Wi-Fi ne fonctionne que dans certaines chambres.

Saubagya Inn PENSION **$$**
(☎222 3490 ; JR Jaya Mawatha ; ch 2 750-4 000 Rs ; ❄). Le marchandage n'est pas vain dans cette pension toute simple. Chambres propres et basiques, dont certaines avec ventilateur uniquement.

Boa Vista PENSION **$$**
(☎223 5052 ; www.srilankaboavista.com ; 142 Old Puttalam Rd ; ch 1 500-5 000 Rs ; ❄@📶). Contrairement à ce que voudrait faire croire le pimpant site Internet, les 15 chambres sont modestement équipées ; l'emplacement en bord de lac est charmant mais un peu isolé.

Grand Tourist Holiday Resort PENSION **$$**
(☎223 5173 ; thegranddami@yahoo.com ; 4B/2 Lake Rd ; ch 2 500-4 000 Rs ; ❄). Malgré son nom ronflant, cet établissement ne compte que 8 chambres, avec vérandas donnant sur le Nuwara Wewa. Choisissez la version avec climatisation.

Où se restaurer

Compte tenu de la fréquentation grandissante, quelques cafés et restaurants pour les touristes devraient bientôt ouvrir leurs portes. En attendant, le choix est restreint. Le Milano Tourist Rest et le dispendieux Tissawewa Grand constituent les meilleurs choix pour vous restaurer en dehors de votre hôtel.

Casserole CHINOIS **$$**
(279 Main St ; plat 70-250 Rs ; ⌚7h-20h30 ; ❄). Ce grand restaurant très fréquenté, à l'étage, sert des mets sri lankais, chinois et occidentaux. Tous les classiques sont au menu. Pour un bon dessert, essayez le *wattalappam* (œuf, lait de coco, cardamome et pudding).

Salgado Hotel & Bakery SRI LANKAIS **$**
(plats 150-300 Rs). Cet établissement suranné propose des petits-déjeuners sri lankais, des en-cas et des biscuits.

Family Super SUPERMARCHÉ, BOULANGERIE **$**
(279 Main St ; plat 100-250 Rs ; ⌚7h-20h30). Dans le meilleur supermarché d'Anuradhapura, vous trouverez des produits importés, de l'écran solaire, de l'antimoustiques et une boulangerie séparée qui propose glaces et en-cas.

Renseignements

Dans le quartier commerçant, dans Main St et Dhamapala Mawatha, se trouvent des banques, des DAB, ainsi que toutes sortes de magasins.

La majorité des pensions et des hôtels offrent un accès Internet ou Wi-Fi et beaucoup autorisent les non-résidents à se connecter moyennant une contribution.

Billets pour Anuradhapura

Un billet pour les sites principaux d'Anuradhapura coûte 25/15 $US par adulte/enfant.

Hélas, ce billet n'est valable qu'une journée. Pour éviter d'en acheter un autre, il vous faudra vous montrer astucieux. Les billets sont soigneusement contrôlés dans les sites et musées d'Abhayagiri, de la citadelle et de Jetavanarama, ainsi qu'au Musée archéologique. Vous pouvez tenter de grouper les visites de ces sites majeurs sur une journée, puis consacrer le lendemain à la visite des lieux comportant un droit d'entrée individuel, comme le Sri Maha Bodhi ou le dagoba de Mirisavatiya. Bien entendu, l'idéal serait que les responsables du site mettent un terme à cette règle très impopulaire du billet valable un jour – rien ne prouve d'ailleurs que cette disposition pousse les visiteurs à dépenser davantage en droits d'entrée.

Vous pouvez acquérir le billet d'Anuradhapura aux musées d'Abhayagiri, de Jetavanarama et au Musée archéologique. Il existe également un guichet pratique, juste à l'est de la citadelle.

Depuis/vers Anuradhapura

Bus

Anuradhapura compte 3 gares routières placées de part et d'autre du secteur commerçant. Sauf indication contraire, les bus circulent régulièrement dans la journée vers toutes les destinations.

GARE ROUTIÈRE COLOMBO Des bus privés avec clim ou "semi-confortables" (rideaux, sièges plus larges, sans clim) partent de cette petite gare, près de l'ancienne gare routière. Parmi les principaux itinéraires, citons :

Colombo 420 Rs, 5 heures

Dambulla 150 Rs, 1 heure 30

Kandy 285 Rs, 3 heures

NOUVELLE GARE ROUTIÈRE Mériterait l'appellation de gare routière "incomplète". Les bus desservant des villes à l'est et au nord partent d'ici. Parmi les principaux itinéraires, citons :

Mihintale 27 Rs, 20 minutes

Polonnaruwa 120 Rs, 3 heures

Trinco 170 Rs, 3 heures 30, 2/jour

ANCIENNE GARE ROUTIÈRE Les bus à destination du sud partent d'ici avant de s'arrêter à la nouvelle gare routière, où le nombre de places restant peut être limité. Parmi les principaux itinéraires, citons :

Colombo via Dambulla 220 Rs, 5 heures

Colombo via Negombo 200 Rs, 5 heures

Dambulla 80 Rs, 1 heure 30

Kandy 138 Rs, 3 heures

Train

La principale gare ferroviaire d'Anuradhapura est un petit bijou Art déco. Parmi les principaux itinéraires, citons :

Colombo 1re/2e/3e classe 520/290/160 Rs, 5 heures, 4/jour

Colombo Intercity Express 2e classe 380 Rs, 4 heures, 1/jour

Kandy, correspondance à Polgahawela 1re/2e/3e classe 460/260/140 Rs, 6 heures, 4 correspondances par jour

Comment circuler

La ville est trop étendue pour pouvoir être explorée à pied. Une visite de 3 heures revient à environ 1 200 Rs en taxi et 900 Rs en *túk-túk*. Le vélo constitue toutefois le mode de transport idéal. On peut en louer dans la plupart des hôtels et pensions (300-500 Rs/jour).

Quantité de bus relient les deux gares routières, via Main St.

Mihintale

☎025

Ce village somnolent tient une place particulière dans l'histoire nationale. En 247 av. J.-C., lors d'une chasse au chevreuil sur la colline de Mihintale, le roi Devanampiya Tissa d'Anuradhapura rencontra Mahinda, fils du grand empereur bouddhiste indien Ashoka. Mahinda testa la sagesse du roi et, voyant en lui un disciple possible, le convertit sur-le-champ. Mihintale est depuis considéré comme le point d'entrée du bouddhisme au Sri Lanka.

Mihintale se trouve à 13 km à l'est d'Anuradhapura.

Chaque année, la grande fête de la **Poson Poya** est organisée à Mihintale le soir de la pleine lune de Poson (généralement en juin).

À voir

L'exploration de la colline de Mihintale implique une rude ascension : mieux vaut donc privilégier les premières heures de la matinée et la fin de l'après-midi pour éviter les grosses chaleurs. Pour quelque 500 Rs, un guide au ton emphatique vous délivrera de nombreuses informations au fil d'une visite de deux heures. Soyez clair avec eux : si un guide vous emboîte le pas dans l'escalier, cela signifie que vous l'avez engagé. Il est déconseillé aux femmes de partir seule en visite avec l'un d'entre eux.

Escalier — ASCENSION

Par une série de volées successives, 1 843 marches de granit gravissent majestueusement la colline. Les premières marches sont les plus larges et les moins hautes ; les marches supérieures, plus étroites, étant plus ardues. Il est possible de réduire le nombre de marches de moitié en remontant Old Rd en voiture.

Kantaka Chetiya — TEMPLE

Au niveau du premier palier, quelques marches conduisent sur la droite à ce dagoba partiellement en ruine, qui mesure 12 m de haut (contre plus de 30 m à l'origine) et 130 m de circonférence à la base. Non loin, une inscription en brahmi recense les dons faits au stupa. Si l'on ignore qui prit l'initiative de le construire, on sait que le roi Devanampiya Tissa (r. 247-207 av J.-C.) bâtit 68 monastères troglodytiques à proximité et que le roi Laji Tissa (r. 59-50 av. J.-C.) fit agrandir le dagoba. Comptant sans doute parmi les plus anciens de Mihintale, celui-ci a dû être érigé entre les deux règnes. Ses fresques sont remarquables (voir p. 209) ; quatre autels en pierre aux motifs floraux décorent les quatre points cardinaux. Tout autour, des sculptures bien conservées figurent, entre autres, des nains et des oies.

Au sud du Kantaka Chetiya, à l'endroit où une grotte est creusée dans un gros rocher, on remarque une inscription en fronton, considérée comme la plus ancienne du Sri Lanka, c'est-à-dire antérieure à l'introduction du pali dans le pays. Celle-ci dédie les abris de la montagne à la méditation, aujourd'hui et pour l'éternité. Dans la grotte, des saillies rocheuses servaient précisément de lieux de méditation pour les nombreux moines qui y résidaient jadis. Quelque 70 sites sont destinés à la contemplation.

LE SYMBOLISME DES SCULPTURES

Les quatre *vahalkada* (panneaux sculptés massifs) du Kantaka Chetiya comptent parmi les plus anciens et les mieux préservés du pays. Il n'en existe aucun autre à Mihintale.

Orientés vers les quatre points cardinaux, les *vahalkada* se composent d'une série de frises contenant des ornementations. La partie supérieure compte généralement des niches, dans lesquelles étaient placées les sculptures des divinités. À chaque extrémité des *vahalkada*, un pilier est coiffé d'une statue animalière – un éléphant ou un lion. L'origine de ces sculptures demeure incertaine. Une théorie veut qu'il n'y ait eu initialement que de simples autels floraux. Certains pensent qu'elles sont inspirées des temples hindous.

Dans la sculpture traditionnelle, les points cardinaux sont représentés par des animaux spécifiques : l'éléphant indique l'est, le cheval l'ouest, le lion le nord et le taureau le sud. D'autres sculptures représentent des nains (parfois affublés d'une tête d'animal), des oies (qui auraient le pouvoir de choisir entre le bien et le mal), des éléphants (qui semblent souvent soutenir le poids de la construction) et des nagas (serpents qui seraient doués de pouvoirs magiques). Les motifs floraux, le lotus mis à part, seraient essentiellement ornementaux.

Mihintale

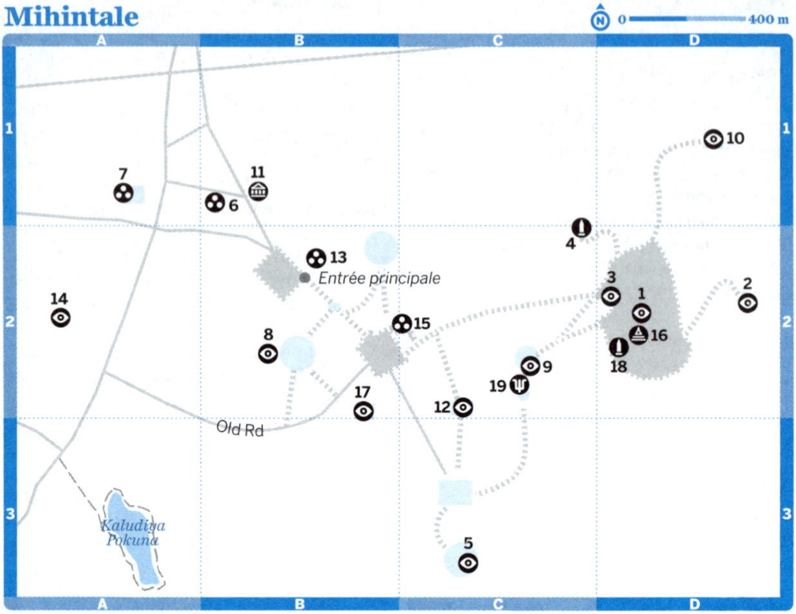

Réfectoire des moines et chambres des reliques SITE ARCHÉOLOGIQUE

Au niveau du deuxième palier se trouve le **réfectoire des moines**, où de grandes écuelles en pierre recevaient le riz des fidèles.

Non loin, sur le site de la **chambre des reliques** du monastère, on aperçoit deux stèles en pierre érigées sous le règne de Mahinda IV (r. 975-991). Les inscriptions stipulent le règlement relatif au sanctuaire et à la conduite de ceux qui en sont responsables. L'une d'elles décrète que nul objet appartenant à la chambre des reliques ne peut être prêté ou vendu. Une autre précise la superficie de terrain à donner en échange de telle quantité d'huile et de mèches pour les lampes ou de fleurs pour les offrandes. Également connues sous le nom de "tablettes de Mihintale", ces stèles définissaient les tâches des nombreux serviteurs du monastère : qui devait collecter du bois et faire la cuisine, qui devait cuisiner avec le bois rapporté par d'autres, etc. Figurent également des règlements concernant les moines : se lever à l'aube, se brosser les dents, s'habiller, méditer, puis prendre le petit-déjeuner (du riz blanc) au réfectoire, mais seulement après avoir récité certains passages des Écritures.

Salle de réunion VESTIGE HISTORIQUE

Au même niveau que la chambre des reliques, cette salle, également appelée salle des convocations, est le lieu où les moines se retrouvaient pour débattre des sujets d'intérêt général. Assis probablement sur l'estrade située au milieu de la salle, le moine le plus âgé présidait les discussions. Ce monument, protégé depuis 1948, comptait jadis 64 piliers de pierre qui soutenaient le toit. C'est d'ici que part le principal sentier menant au dagoba d'Ambasthale.

Sinha Pokuna VESTIGE HISTORIQUE

Juste au-dessous du réfectoire des moines, sur le deuxième palier (près de l'entrée en arrivant par l'ancienne route), remarquez un petit bassin surmonté d'un lion haut de 2 m, parmi les plus belles sculptures animalières du pays. En plaçant une main sur chaque patte, on fait face au jet d'eau censé sortir de la gueule du lion. Le bassin est orné de jolies frises.

Dagoba d'Ambasthale TEMPLE

(500 Rs). Les dernières marches, abruptes, bordées de frangipaniers, conduisent au lieu où Mahinda et le roi se rencontrèrent. Le dagoba d'Ambasthale fut bâti à l'endroit où se trouvait Mahinda. À côté, une **statue du roi** marque l'endroit où se tenait le souverain. En face de la statue, de l'autre côté du dagoba, il y a un cloître et, derrière, un

Mihintale

À voir

immense **bouddha** blanc assis. Les piliers en pierre qui entourent le temple pourraient avoir été destinés à recevoir des offrandes – ou à supporter un toit en bois, selon une théorie locale. Pensez à ôter chaussures et chapeau à l'entrée (parapluies et ombrelles interdits).

Signifiant "manguier", Ambasthale se réfère à une énigme que Mahinda posa au roi pour tester son intelligence (p. 211).

Non loin, le Sela Chetiya recèle une empreinte du pied du Bouddha. Il est entouré d'une balustrade ornée de drapeaux de prière laissés par des pèlerins, qui y jettent également des pièces de monnaie.

Dagoba de Mahaseya — TEMPLE

Au sud-ouest du dagoba d'Ambasthale, un chemin monte vers un dagoba plus élevé (sans doute le plus grand de Mihintale), qui contiendrait les reliques de Mahinda. L'**arbre de la Bodhi** situé à gauche au pied des marches serait aujourd'hui l'un des plus vieux toujours debout. Le site dévoile, par-delà les réservoirs et les arbres, une belle vue sur Anuradhapura, dont l'horizon est parsemé des dômes et des flèches des imposants dagobas. Au pied du dagoba, un petit **temple** renferme un bouddha couché et des fresques modernes aux couleurs vives – prévoir un don. L'une des salles sur le côté est un **devale** (ensemble conçu pour l'adoration d'une divinité hindoue ou sri lankaise) avec des statues des principaux dieux – Ganesh, Vishnu, Murugan (Skanda) et Saman.

Grotte de Mahinda — SITE NATUREL

Au nord-est du dagoba d'Ambasthale, un sentier descend jusqu'à une grotte contenant une grande pierre plate. C'est là qu'aurait vécu Mahinda et la pierre lui aurait servi de couche. Le chemin s'avère assez éprouvant pour les pieds nus.

Aradhana Gala — POINT DE VUE

À l'est du dagoba d'Ambasthale, un chemin escarpé, à flanc de rocher brûlé par le soleil, monte vers un site dévoilant un panorama superbe. Une barrière longe la quasi-totalité du parcours. Aradhana Gala signifie : "rocher de la méditation".

Naga Pokuna — VESTIGE HISTORIQUE

À mi-chemin de la volée de marches abruptes qui descendent du dagoba d'Ambasthale, un sentier part à gauche, contournant la colline où se dresse le dagoba de Mahaseya. C'est là qu'on découvre le Naga Pokuna (bassin du serpent), qui doit son nom à un cobra à cinq têtes sculpté en bas-relief sur sa paroi rocheuse. Sa queue descendrait jusqu'au fond du bassin. En continuant, on peut rejoindre le deuxième palier.

Et Vihara — ANCIEN TEMPLE

Les vestiges du dagoba **Et Vihara** (littéralement : "monastère de l'éléphant") se trouvent plus haut encore que le dagoba de Mahaseya, à une altitude de 309 m. On

L'ÉNIGME DE MAHINDA

Avant d'initier le roi Devanampiya Tissa au bouddhisme, Mahinda voulut tester son intelligence. Il choisit de lui soumettre une énigme. Montrant un arbre, il lui demanda comment il s'appelait. "C'est un manguier", répondit le roi. "Y a-t-il un autre manguier ?" interrogea Mahinda. "Il y en a beaucoup" affirma le souverain. "Hormis ce manguier et les autres manguiers, vois-tu d'autres arbres ?" "Il y a beaucoup d'arbres, mais ce ne sont pas des manguiers", précisa Devanampiya Tissa. "Hormis les autres manguiers et les autres arbres, y a-t-il d'autres arbres ?" questionna de nouveau Mahinda. "Il y a ce manguier", déclara le roi, et c'est ainsi qu'il réussit l'épreuve.

ne sait pas précisément d'où vient ce nom – probablement du monastère voisin. Les tablettes de Mihintale évoquent Et Vihara et son sanctuaire.

Musée MUSÉE

Un petit musée a été aménagé sur la route qui mène aux escaliers ; toutefois, il est actuellement fermé pour d'interminables travaux de rénovation. D'ordinaire, il renferme une petite collection d'objets intéressants.

Hôpital VESTIGE HISTORIQUE

Un hôpital en ruine et les vestiges de bâtiments disposés en **quinconce**, organisés sur le modèle de 5 points sur un dé, bordent la chaussée avant d'arriver au bas de l'escalier. L'hôpital se composait de cellules. Une *bat oruwa* (grande auge en pierre) se tient au milieu des ruines. L'intérieur figure la forme du corps humain – les patients y prenaient jadis des bains d'huiles curatives. Des inscriptions ont révélé que l'hôpital comptait des spécialistes – ainsi le *mandova* soignait-il les maladies osseuses et musculaires, tandis que le *puhunda vedek* était un expert ès sangsues.

Ensemble d'Indikatu Seya VESTIGE HISTORIQUE

Sur la route retournant vers Old Rd, à l'extérieur du site, subsistent les vestiges d'un monastère ceint d'une muraille en ruine. Il compte deux dagobas, le plus grand étant l'Indikatu Seya (dagoba de l'Aiguille), qui diffère par sa construction des édifices similaires de Mihintale – il est notamment bâti sur une plate forme carrée. Certaines sources attestent que le monastère œuvrait pour le développement du bouddhisme Mahayana.

Non loin, la colline de **Rajagirilena** ("colline de la grotte royale") doit son nom à des cavités renfermant des inscriptions en brahmi. L'une porte le nom de Devanampiya Tissa. Un escalier conduit aux grottes.

Kaludiya Pokuna PIÈCE D'EAU

Plus au sud, sur la même route, le Kaludiya Pokuna (bassin aux eaux sombres) est un bassin artificiel conçu comme un étang naturel, et qui servait aux bains. Il jouxte un petit monastère en ruine creusé dans le rocher.

Où se loger et se restaurer

Hotel Mihintale HÔTEL $$

(☎226 6599 ; www.ceylonhotels.lk ; ch 3 500-4 000 Rs ; ❄@📶). Bien que la majorité des voyageurs enchaînent les visites d'Anuradhapura et de Mihintale avant de repartir, vous pouvez passer la nuit dans cette plaisante auberge qui compte 10 chambres. Bizarrement, les chambres les moins chères jouissent d'une petite terrasse et sont plus agréables. Le café sur le devant offre une halte bienvenue après la visite.

Depuis/vers Mihintale

Mihintale se trouve à 13 km à l'est d'Anuradhapura. Des bus partent régulièrement (27 Rs, 20 min) de la nouvelle gare routière d'Anuradhapura. En taxi, comptez environ 1 200 Rs aller-retour, avec deux heures pour l'ascension, et 900 Rs environ en *túk-túk*. Il faut moins d'une heure pour rejoindre le site à vélo.

Padeniya

À 85 km au sud d'Anuradhapura et 25 km au nord-ouest de Kurunegala, à la croisée des routes de Puttalam et d'Anuradhapura, le **Padeniya Raja Mahavihara** (don apprécié), de style kandyen, mérite le détour si vous passez par là. C'est un joli temple médiéval agrémenté de 28 piliers sculptés et d'une porte extraordinairement sculptée (ce serait la plus grande du Sri Lanka) menant au sanctuaire principal. On peut aussi y admirer une salle des statues d'argile, une bibliothèque, ainsi qu'une salle de prêche dotée d'une chaire originale en bois ouvragé.

Panduwasnuwara

Les vestiges de Parakramabahu, capitale temporaire du pays, sont quasiment abandonnés. Avec ses vieux canaux charmants et ses ruines, ce site du XIIe siècle mérite néanmoins une halte. Les ruines s'étendent sur un périmètre de 20 ha qui n'a pas encore été entièrement fouillé. La route d'accès est située à la hauteur du village de Panduwasnuwara, où se trouve un minuscule **musée** (prévoir un don) poussiéreux.

À l'approche du site, on aperçoit les douves, les murailles massives de la citadelle et les restes d'un palais. Plus loin, vous verrez des chambres des statues, des dagobas et les quartiers des moines. Suivez la voie qui passe devant l'école et tournez à gauche pour atteindre un temple de la Dent restauré et un arbre de la Bodhi, puis, au-delà, les ruines d'un palais rond (autrefois à plusieurs niveaux), entouré de douves circulaires.

Les versions diffèrent concernant les hôtes de cet édifice et les raisons de sa construction. Selon une légende, une princesse y fut enfermée pour la tenir à l'écart

À NE PAS MANQUER

YAPAHUWA

Cette **forteresse de granit** (500 Rs ; ⌚6h-18h) se dresse à 100 m au-dessus de la plaine environnante. Pratiquement trois fois moins haute que celle de Sigiriya et bien moins fréquentée, elle n'en demeure pas moins impressionnante. Restaurations et fouilles archéologiques vous accueillent à l'entrée de ce site sacré.

Yapahuwa (prononcez yaa-pau-a), également appelé "rocher du feu", servit de refuge face à l'invasion des armées d'Inde du Sud au début du XIIIe siècle. Le roi Bhuvanekabahu Ier la choisit comme capitale (1272-1284) et y conserva la dent sacrée du Bouddha. Les envahisseurs prirent Yapahuwa en 1284 et emportèrent la précieuse relique en Inde du Sud, mais elle fut récupérée par le roi Parakramabahu Ier en 1288.

L'**escalier ornemental abrupt** menant à la saillie sur laquelle s'élevait le temple de la Dent constitue l'un des principaux attraits de Yapahuwa. L'un des lions en haut des marches figure sur les billets de 10 Rs. Les porches possédaient de très belles fenêtres en pierre ajourée, dont l'une se trouve maintenant au National Museum de Colombo et l'autre au musée installé sur le site.

Le **musée** est à proximité du parking, 300 m après l'entrée de l'escalier. Il renferme des sculptures en pierre de Vishnu et de Kali, des fragments de poteries et la fenêtre en pierre sculptée. D'excellentes expositions en anglais fournissent quantité de détails sur ce site remarquable.

Au-delà du musée, vous pourrez flâner parmi les vestiges de l'**ancienne forteresse**. La zone est magnifique, entre petits cours d'eau et ruines en pierre. Près de l'entrée côté escalier, un **temple troglodytique** renferme des fresques du XIIIe siècle et des bouddhas en bois et en bronze. Les moines ou le personnel du site vous ouvriront volontiers le temple (une obole de 100 Rs est bienvenue).

Depuis/vers Yapahuwa

Yapahuwa se trouve à 6 km du carrefour ferroviaire de Maho, là où la ligne de Trincomalee se sépare de la ligne Colombo-Anuradhapura, et à presque 9 km de la route Anuradhapura-Kurunegala, où les bus sont très fréquents. Pour un aller-retour en *túk-túk* depuis la route Anuradhapura-Kurunegala ou depuis la gare ferroviaire, comptez environ 1 000 Rs, temps d'attente inclus.

de ses prétendants : il avait été prédit que si elle portait un fils, ce dernier réclamerait le trône. Selon une autre, le palais abritait les épouses du roi et un tunnel secret traversait les douves pour relier le palais du roi à celui des reines. Cependant, si séduisantes que soient ces histoires, les historiens n'ont toujours pas découvert la raison de la construction du palais.

Panduwasnuwara est situé à environ 17 km au sud-ouest de Padeniya, sur la route Wariyapola-Chilaw. Mieux vaut s'y rendre par ses propres moyens.

Ridi Vihara

Le **Ridi Vihara** (don de 200 Rs ; ⌚7h-16h), ou temple d'argent, doit son nom à la découverte de minerai d'argent sur le site, au IIe siècle av. J.-C. Ce site intéressant permet d'admirer de magnifiques fresques et d'insolites carreaux hollandais de Neduntivu (Delft) qui ornent la grotte principale.

Le principal point d'intérêt des lieux est la statue dorée visible dans la grotte principale, le **Pahala Vihara** (temple inférieur). On peut également y voir un bouddha couché de 9 m, installé sur une plate-forme ornée de carreaux bleu et blanc, dons du consul hollandais. Les carreaux illustrent des scènes de la Bible, notamment Adam et Ève chassés du jardin d'Éden et la transfiguration du Christ.

L'**Uda Vihara** (temple supérieur), voisin, fut érigé par le roi Kirthi Sri Rajasinghe. À l'entrée, une pierre de lune remonte à la période kandyenne. Il est intéressant d'essayer de deviner certaines des astuces visuelles auxquelles recouraient les artistes qui ont façonné ses fresques. Ainsi, ce qui semble être un éléphant se révèle, observé de près, être une composition de neuf jeunes filles. Divinités hindoues et représentations du Bouddha figurent dans les grottes.

À l'extérieur du temple, vous apercevrez un dagoba abandonné au sommet d'une formation rocheuse lisse. En montant, vous verrez sur la droite une ancienne inscription sur une pierre, qui aurait été gravée au nom du roi Dutugemunu. Depuis la droite du dagoba abandonné (dans le sens de la montée), une promenade facile conduit en 10 minutes au sommet de la falaise, via un pavillon moderne et un bungalow abandonné. Au sommet, une dalle de pierre dévoile un très beau panorama.

Le Ridi Vihara se situe à l'est de la route Kurunegala-Dambulla. Si vous venez en voiture depuis Kurunegala, l'embranchement menant au village de Ridigama se trouve à droite, juste après le village d'Ibbagamuwa.

Kurunegala

☎037 / 32 000 HABITANTS

Ce bourg animé est un nœud de communication entre Colombo et Anuradhapura d'une part, Kandy et Puttalam d'autre part. Si la ville présente un intérêt limité, elle offre néanmoins quelques divertissements si vous ressentez le besoin de faire une pause au cours d'un trajet en voiture ou en bus.

Vous trouverez des DAB dans les grandes rues voisines de la gare routière.

À voir

Les impressionnantes formations rocheuses qui surplombent la localité constituent un trait significatif de Kurunegala. Nommés en fonction des animaux qu'ils évoquent (rocher de la tortue, rocher du lion, etc.), ces rocs ont une signification mythologique. D'après la légende, il s'agirait d'animaux qui menaçaient de boire l'eau des réservoirs de la ville et qui furent changés en pierre.

Une route conduit à **Etagala**, gros bloc de pierre noire à l'est de la ville qui dévoile un vaste panorama. En montant, vous passerez devant un petit sanctuaire, l'**Ibbagala Vihara** ; à l'extrémité de la route, un **temple** porte le nom du rocher.

Où se loger et se restaurer

La ville offre peu de solutions d'hébergement, mais les raisons de passer la nuit ici sont tout aussi limitées.

Hotel Viveka HÔTEL **$**

(☎222 2897 ; www.hotelviveka.com ; 64 North Lake Rd ; ch ventil/clim 2 200/2 500 Rs ; ❄). Cette villa de 150 ans, située dans une zone de la ville ombragée, jouit d'une élégante véranda qui surplombe le lac. L'établissement compte 5 chambres spartiates avec sdb moderne. Quelques photographies intéressantes décorent la salle principale et l'hôtel abrite le bar-restaurant le plus convivial de la ville. Il accueille souvent des mariages le week-end.

♥ **In & Out** SRI LANKAIS **$**

(18 Puttalam Rd ; en-cas à partir de 100 Rs ; ⏲7h-22h ; ❄). Proche de la gare routière, ce salon de thé-boulangerie propose un bon choix de plats occidentaux et sri lankais. Smoothies, omelettes et sandwichs sont aussi disponibles. Le riz-curry (150 Rs) est parfait pour le déjeuner et les en-cas sont succulents si vous manquez de temps.

Depuis/vers Kurunegala

Les bus partent d'une gare routière chaotique située au cœur d'un pâté de maison en plein centre-ville. Au milieu du tohu-bohu, vous trouverez toutefois des panneaux indiquant clairement les points de départ pour les diverses destinations. Parmi les itinéraires les plus réguliers, citons :

Anuradhapura express 200 Rs, 2 heures

Colombo express 410 Rs, 4 heures

Kandy express 80 Rs, 1 heure

Negombo 150 Rs, 3 heures 30

Les trains partent d'une gare située à 2 km au sud-ouest du centre-ville.

L'Est

Dans ce chapitre »

Le top des restaurants

» Hideaway (p. 223)
» Palm Beach (p. 238)
» Crab (p. 237)
» Pigeon Island Beach Resort (p. 240)

Le top des hébergements

» Hideaway (p. 221)
» Chaaya Blu (p. 237)
» Palm Beach (p. 236)
» Parc national de Kumana (p. 226)

Pourquoi y aller

En descendant de la fraîche région montagneuse, vous pénétrez dans un monde de plages inexplorées qui s'étirent sur des kilomètres, tandis que des éléphants et des paons majestueux peuplent une jungle luxuriante, parsemée de ruines d'un lointain passé. Des temples hindous aux couleurs éclatantes abritent d'innombrables dieux et déesses, des villages prospèrent autour de vagues parfaites et des communautés musulmanes, majoritaires dans l'Est, conservent des traditions ancestrales.

Cette région, qui offre un authentique sentiment d'aventure, a beaucoup souffert. La guerre et le tsunami de 2004 l'ont durement frappée et la population attend impatiemment des lendemains plus heureux. La reconstruction des maisons et des âmes est en cours. La beauté de la nature compense largement la modestie des infrastructures touristiques.

Quand partir

Trincomalee

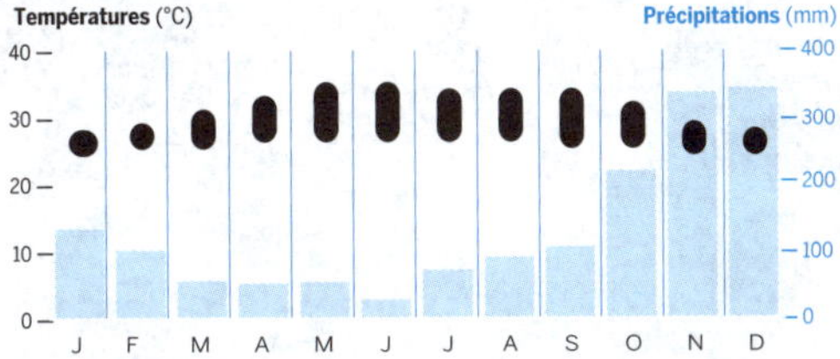

Mai-juin Saison intermédiaire ; période de nidification à Kumana et bonnes chances d'apercevoir des éléphants.

Juin-juillet La meilleure période pour se prélasser à Uppuveli, Nilaveli, Arugam Bay et toutes les autres plages de la côte est.

Août-septembre La compétition internationale de surf à Arugam Bay est synonyme de foule, de soleil et de spectacle.

À ne pas manquer

1. Le surf sur les droites sans fin d'**Arugam Bay** (p. 218)
2. La recherche d'un léopard farouche dans le **parc national de Kumana** (p. 226)
3. Le snorkeling ou la plongée en compagnie de bébés requins autour des récifs du **parc national de Pigeon Island** (p. 238)
4. Les fabuleuses plages de sable d'**Uppuveli** (p. 236) et de **Nilaveli** (p. 238)
5. Le doux clapotis de l'eau et le vol des martins-pêcheurs multicolores dans les mangroves de la **lagune de Pottuvil** (p. 224)
6. Une sieste dans un hamac sur une colline qui surplombe la mer à **Lighthouse Point** (p. 225)
7. Les plages sauvages et désertes de **Batticaloa** (p. 232) et de **Vakarai** (p. 232)
8. L'imposant Bouddha de **Maligawila** (p. 218) et les ravissantes peintures de **Yudaganawa** (p. 217)

Monaragala

☎055

Si vous arrivez de la région montagneuse, Monaragala sera sans doute votre première étape dans l'Est. Une ambiance de ville frontière et un accueil chaleureux en font une bonne entrée en matière. Si vous venez de l'Est et vous dirigez vers les montagnes, cette ville verdoyante constitue une excellente introduction aux hauts plateaux. Nichée au pied du Peacock Rock, une montagne arrondie, couverte de forêts, elle porte le même nom qui signifie "rocher du paon".

À voir et à faire

Une promenade superbe et facile part de la gare routière : marchez 5 minutes en passant devant un pittoresque **temple de Ganesh** jusqu'à la fabrique de caoutchouc vieillissante, puis tournez à gauche dans un chemin pavé qui grimpe entre des rochers à travers les plantations d'hévéas de Monaragala. Une randonnée plus fatigante (une journée aller-retour) conduit au sommet du **Maragala Rock**, une montagne couverte de forêt. Par temps clair, vous verrez les vagues d'Arugam Bay. Il n'existe aucun sentier tracé et vous aurez besoin d'un guide ; la plupart des pensions vous en procureront un pour 1 500 à 2 500 Rs.

Où se loger et se restaurer

Plusieurs gargotes servent des repas très bon marché autour de la gare routière.

Queens Inn PENSION $

(☎227 7126, 071 836 0839 ; Obbegoda ; s/d/tr 1 500/1 800/2 100 Rs). Dans le village d'Obbegoda, à 6 km de Monaragala en direction de Pottuvil, cette charmante *guesthouse* est tenue par une famille adorable. Les 5 chambres entourent un agréable restaurant en plein air (plats 150-350 Rs), qui sert un succulent riz sauté. Si vous appelez à l'avance, un *túk-túk* viendra vous chercher en ville ; sinon, comptez 300 Rs.

Victory Inn HÔTEL $

(☎/fax 227 6100 ; Wellawaya Rd ; s 1 500 Rs, d avec/sans clim 3 500/2 500 Rs ; ❄). Cet hôtel possède des chambres (certaines avec balcon) délicieusement désuètes, bien tenues et confortables, et offre un service professionnel (facturé 10%). Le restaurant, avec une jolie terrasse et un déjeuner-buffet correct (350 Rs), est le plus plaisant de Monaragala.

Sunshine Guesthouse HÔTEL $

(☎227 6313 ; Wellawaya Rd ; s/d 1 500/2 500 Rs). Filiale du Victory, le Sunshine conserve après plusieurs années une allure pimpante et propose des petites chambres propres, avec moustiquaire et sdb minuscule. Le personnel ne répond pas toujours au téléphone, mais l'hôtel affiche rarement complet.

Renseignements

La **Commercial Bank** (Bus Station Rd) et plusieurs banques le long de Wellawaya Rd disposent de DAB. Dans le quartier du marché, **Samudura Communications** (Internet 50 Rs/h ; ⏲8h-18h30) est le meilleur cybercafé.

Depuis/vers Monaragala

Monaragala est une ville carrefour pratique entre l'Est, le Sud et les montagnes. Quelques destinations desservies par les bus :

Ampara 160 Rs, 2 heures 30, toutes les heures

Colombo 380 Rs, 7 heures, toutes les heures

Ella 80 Rs, 2 heures, 6/jour

Kandy 170 Rs, 5 heures, 4/jour

Kataragama 90 Rs, 2 heures, 4/jour

Nuwara Eliya 160 Rs, 4 heures, départ 9h15

Panama (via Pottuvil et Arugam Bay) 125 Rs, 3 heures, 1-2/jour

Pottuvil (pour Arugam Bay) 105 Rs, 2 heures 30, 4/jour

Siyambulanduwa (pour Ampara et Arugam Bay) 50 Rs, 1 heure, départs fréquents

Wellawaya (via Buttala ; pour la région montagneuse) 50 Rs, 1 heure, toutes les heures

Environs de Monaragala

YUDAGANAWA

Un dagoba massif se cache dans une clairière à Yudaganawa, près du village de Buttala. Il n'en reste que le tiers inférieur, mais le cadre est charmant et on peut imaginer son aspect lors de sa splendeur. On pense que ce fut un stupa en terre bâti il y a 2 300 ans, mais diverses modifications au fil des ans – dont une rénovation en cours depuis les années 1970 –, ont obscurci son histoire.

Devant le dagoba et bien plus intéressant, un petit bâtiment renferme des bouddhas en bois vieux de 300 ans et quelques ravissantes peintures défraîchies, probablement du VIIe siècle.

Juste avant de rejoindre le dagoba, vous passerez devant les belles ruines couvertes de mousse du **Chulangani Vihara** (XIIe siècle), avec un joli dagoba et des fragments d'un bouddha du VIIe siècle.

Yudaganawa se situe à 3 km de Buttala. Si vous souhaitez séjourner à Buttala, essayez le **Tourist Home** (☎227 3919 ; 10/7 Temple Rd ; s/d/tr 800/900/1 200 Rs, plats 175-300 Rs), qui comprend des grandes chambres d'un bon rapport qualité/prix dans un vaste bungalow un peu humide. Darmakirti, le directeur, parle anglais et connaît assez bien la région.

Des bus relient Monaragala et Buttala toutes les heures (35 Rs) et l'aller-retour en *túk-túk* de Buttala revient à 250 Rs. De Monaragala, comptez 1 300 Rs aller-retour en *túk-túk*, ou 3 000 Rs pour les sites de Yudaganawa et Maligawila.

MALIGAWILA ET DEMATAL VIHARA

Dans une clairière ombragée à Maligawila se cachent les imposants vestiges du **Pathma Vihara** (entrée libre ; ⏲aube-crépuscule), du VIIe siècle, ainsi que deux saissantes statues du Bouddha. Une courte marche à travers bois (vers la gauche) conduit à un superbe **bouddha** haut de 15 m, taillé dans un seul bloc de pierre et pesant 100 tonnes. Il fut découvert dans les années 1950 et restauré quelques décennies plus tard. À ses pieds, des pèlerins déposent souvent des pétales de fleurs.

Quelques minutes de marche dans la direction opposée mènent au **Maitreya Bodhisattva** (Avalokitesvara), haut de 10 m et perché au sommet de cinq terrasses en pierre. Découverte en plusieurs morceaux dans les années 1950, la statue fut détruite en centaine de fragments par des pillards à la recherche de trésors. Reconstituée en 1991, elle reste splendide malgré des étais et un toit en tôle ondulée.

Des bus fréquents desservent Maligawila depuis Monaragala (40 Rs) ou Buttala (35 Rs). Le trajet de Monaragala à Maligawila, à travers la jungle et les rizières, est aussi spectaculaire que les ruines. En direction de Buttala, vous pouvez descendre du bus au **Dematal Vihara**, un temple somptueux entouré de rizières.

De Monaragala, l'aller-retour en *túk-túk* coûte 1 800 Rs, ou 3 000 Rs pour le circuit Maligawila-Yudaganawa.

Arugam Bay

☎063

Ravissante baie sablonneuse en forme de croissant, Arugam Bay est connue pour son point break, considéré par beaucoup comme le meilleur spot de surf du pays. Cependant, le charme de l'endroit ne se limite pas au surf. Le village compte de nombreux restaurants et pensions en bord de plage et possède une ambiance insouciante qui a disparu dans les rutilantes stations balnéaires de la côte ouest. Arugam Bay constitue aussi une excellente base pour des aventures dans l'arrière-pays. Durant la basse saison (de novembre à avril), l'endroit devient très calme et de nombreux établissements ferment, mais la période peut être très plaisante avec peu de touristes et des paysages verdoyants.

Activités

Surf

Le long point break droit à la pointe sud d'Arugam Bay est considéré comme le meilleur spot du Sri Lanka, avec une houle

VAUT LE DÉTOUR

TREE TOPS, UN LODGE DANS LA JUNGLE

Superbement isolé au pied du Weliara Ridge, à 8 km de Buttala, le **Tree Tops** (☎077 703 6554 ; www.treetopsjunglelodge.com ; 140 $US/pers tout compris) est une merveille naturelle. Vous pourrez vous baigner dans un bassin privé en admirant la forêt, contempler le ciel étoilé et entendre les éléphants sauvages parmi les ébéniers derrière votre hutte en adobe ou sous votre cabane dans un arbre. Les repas (essentiellement végétariens) et les boissons sont inclus, de même que les randonnées guidées aux alentours, notamment vers **Arhat Kanda**, les belles "montagnes de l'Éveil". Une réservation est indispensable, de préférence au moins une semaine à l'avance, et les prix sont dégressifs pour un séjour prolongé.

Le Tree Tops gère aussi l'**Aliya Safari Camps** (www.aliyasafari.com), qui organise des excursions dans le parc national de Yala et dans celui peu visité de Gal Oya (135 $US/personne, transferts et déjeuner compris), près d'Ampara.

constante d'avril à septembre, et quelques bons jours (bien plus calmes) jusqu'en novembre ; d'autres spots ne peuvent pas se surfer avant mai ou juin. Des habitants et quelques surfeurs étrangers vous diront peut-être qu'Arugam Bay est un spot de classe mondiale ou l'un des dix meilleurs au monde, ce qui ne reflète pas la réalité. Toutefois, les vagues longues et bien formées qui cassent assez doucement sont idéales pour les surfeurs de niveau intermédiaire. En moyenne de 1 m à 1,50 m, les vagues atteignent parfois 2 m. Parfois peu profondes et fragmentées, elles peuvent toujours présenter des remous. En saison, l'affluence peut rendre le spot dangereux ; les débutants devraient alors s'en tenir au beach break plus loin à l'intérieur de la pointe, également appelé Baby Point.

Il existe bien d'autres breaks de qualité similaire, qui nécessitent une houle bien formée, tels **Pottuvil Point** au nord, une droite lente idéale pour les débutants (généralement meilleure plus tard en saison), **Whiskey Point** et **Lighthouse Point**, qui conviennent également aux néophytes. Au sud se trouvent **Crocodile Rock**, **Elephant Rock** et **Peanut Farm**, qui compte deux breaks dont l'un pour les surfeurs confirmés, **Panama**, qui a mauvaise réputation, et **Okanda**, qui serait le meilleur du lot.

Plusieurs boutiques de surf louent des planches, proposent des cours et organisent des excursions avec camping dans certains spots éloignés. Ces "camps de surf" permettent de commencer à surfer tôt le matin, sans se soucier de la nourriture et du transport. Certains surfeurs estiment qu'il est aussi simple et moins coûteux de se débrouiller seul.

A-Bay Surf Shop BOUTIQUE DE SURF
(bodyboards et planches de surf 500 Rs/jour, cours 3 000 Rs/h ; ⌚8h-20h). Établie de longue date, cette boutique offre un bon choix de vieilles planches qui conviennent aux débutants, un excellent service de réparation, de la cire et de l'écran solaire.

A Frame Surf Shop BOUTIQUE DE SURF
(Mambo's ; ☎568 7983 ; bodyboard 200 Rs/h, planche courte/longue 800/1 000 Rs par jour, cours 2 000 Rs/h ; ⌚7h-20h). Un choix de planches abîmées, dont certaines pour surfeurs expérimentés, et un service minimum.

Aloha BOUTIQUE DE SURF
(☎224 8379 ; www.aloha-arugambay.com ; planche courte/longue 1 000/1 300 Rs par jour, cours 2 500 Rs/h ; ⌚6h-19h). Pension et école de surf, Aloha possède des planches récentes et aide les débutants.

Surf & Sun BOUTIQUE DE SURF
(☎224 8600 ; www.thesurfnsun.com ; planche courte/longue 800/1 000 Rs par jour). Fondus de surf, les propriétaires organisent des excursions à Peanut Farm (4 000 Rs) et Okanda (6 000 Rs). Les planches de location ne conviennent pas aux débutants. Horaires d'ouverture irréguliers.

Surfing Sam BOUTIQUE DE SURF
(☎077 695 6160 ; surfingsam@ymail.com ; bodyboard 500 Rs/jour, planche courte/longue 800/1 000 Rs par jour, cours avec planche 3 000 Rs/h ; ⌚6h-20h). Sam possède environ 100 planches et propose des circuits tout compris à Elephant Rock (7 000 Rs), Peanut Farm (8 000 Rs) et Okanda (10 000 Rs).

Natation

Bien que la mer soit agitée, on peut s'y baigner. Renseignez-vous auprès des habitants avant de vous baigner sur des plages peu connues, où des courants peuvent être dangereux. L'endroit le plus sûr se situe à l'extrémité sud d'Arugam Bay, où la plage commence à s'incurver vers la pointe. Cette jolie bande de sable est essentiellement fréquentée par les pêcheurs et n'incite guère à s'attarder.

Observation de la nature

De paisibles **circuits dans la mangrove** de la lagune de Pottuvil (p. 224) peuvent s'organiser en indépendant ou se réserver à l'**Arugam Bay Surf Resort** (☎224 8189 ; www.arugambay.lk ; circuits 2 pers 3 000 Rs).

Vous aurez de bonnes chances de voir des crocodiles et des éléphants vers Crocodile Rock à Pasarichenai Beach, juste au sud d'Arugam Bay. Diverses lagunes proches sont idéales pour l'**observation des oiseaux**, notamment les oiseaux aquatiques et les échassiers ; des milans sacrés survolent régulièrement le spot de surf. La lagune de Pottuvil et les étangs et lagunes entre Arugam Bay et Panama sont les meilleurs sites.

Yoga et ayurvéda

AccuYoga Wave Flow YOGA
(☎077 640 0618 ; www.waveflowyoga.com ; cours 700 Rs). En saison, cette équipe d'instructeurs offre plusieurs cours par semaine au Stardust Beach Hotel et au Mambo's. Des forfaits et des ateliers spécifiques sont également proposés.

Traditional Ayur MediCare AYURVÉDA
(☎071 883 6883 ; ⌚8h-18h). Cette petite clinique authentique est gérée par un

Arugam Bay

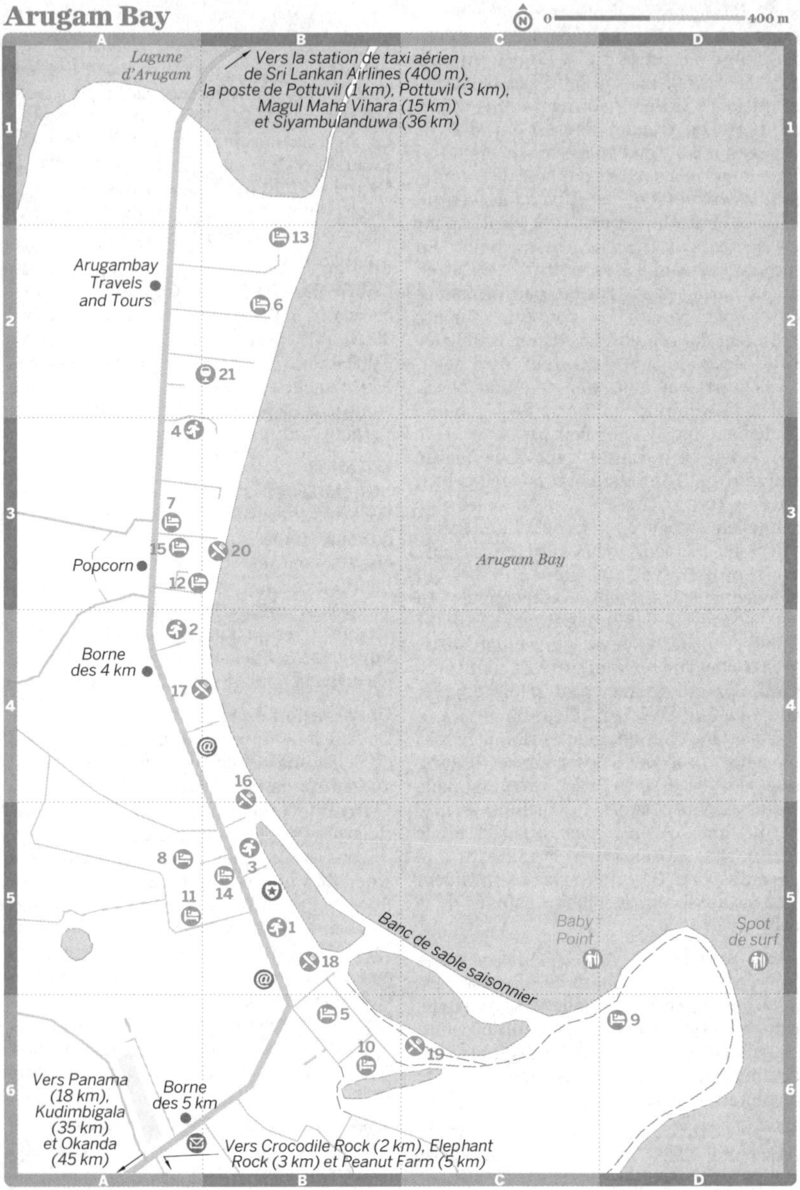

chaleureux thérapeute ayurvédique qui s'emploiera à guérir vos maux.

Fêtes et festivals

Chaque année en août-septembre, Arugam Bay accueille le **Sri Lankan Airlines Pro** (www.aspworldtour.com), un important événement de l'ASP (Association of Surfing Professionals ; Association des surfeurs professionnels) pour les hommes (World Longboard Title division) et les femmes (6 Star World Tour division). Les compétitions se déroulent le matin au break principal d'Arugam Bay et, malgré la chaleur,

Arugam Bay

Activités

- A Frame Surf Shop .... (voir 9)
- 1 A-bay Surf Shop B5
- 2 Aloha A4
- 3 Arugam Bay Surf Resort B5
- Surf & Sun .... (voir 14)
- Surfing Sam .... (voir 1)
- 4 Traditional Ayur MediCare A3

Où se loger

- 5 Freedom Beach Cabanas B6
- 6 Galaxy Beach B2
- Gecko .... (voir 16)
- 7 Happy Panda Homestay & Very Small Café A3
- 8 Hideaway A5
- 9 Mambo's D6
- Nice Place .... (voir 15)
- 10 PJ's B6
- 11 Ram's Place A5
- 12 Samantha's Folly A3
- Siripala Place Surf Cafe .... (voir 19)
- 13 Stardust Beach Hotel B2
- 14 Surf & Sun B5
- 15 Tropicana Beach Hotel A3

Où se restaurer

- 16 Gecko B4
- Hideaway .... (voir 8)
- 17 Lucky Beach Hotel A4
- 18 Perera Restaurant B5
- Samanthi's Restaurant .... (voir 5)
- 19 Siripala Place Surf Cafe C6
- Surf N Sun .... (voir 14)
- 20 Tsunami Beach Hotel B3

Où prendre un verre

- 21 Beach Hut B2
- Gecko .... (voir 16)
- Mambo's .... (voir 9)
- Siam View Beach Hotel .... (voir 18)

attire des milliers de spectateurs du pays et du monde entier. Réservez votre hébergement à l'avance.

Où se loger

La plupart des pensions mentionnées servent des repas. Le terme "cabana" désigne aussi bien une hutte rudimentaire en planches ou en *cadjan* (nattes de palmes de cocotier) qu'un luxueux bungalow en béton. Des réductions de 20 à 35% sont fréquentes en basse saison.

Hideaway CABANAS **$$**
(☎224 8259 ; www.hideawayarugambay.com ; ch/bungalow à partir de 5 300/6 500 Rs ; ❄ 📶). Tenu par une famille, le Hideaway est une pension de charme à l'allure simple, avec une multitude de détails poétiques : grains de grenade dans votre soda, un oiseau de paradis sur la table du petit-déjeuner, papier toilette dans une antique coupe en cuivre et un chat blanc aux yeux vairons somnolant sur votre terrasse. Des bungalows sont disséminés dans un jardin luxuriant, tandis qu'une villa coloniale drapée de bougainvilliers contient 4 chambres séduisantes et des salons avec fauteuils confortables et poutres apparentes au plafond. Charmant, élégant et cosy.

Galaxy Beach CABANAS **$$**
(☎224 8415 ; www.galaxysrilanka.com ; cabana 3 000-4 000 Rs). Élégantes et spacieuses, des cabanas sont construites en hauteur parmi les palmiers. Descendez de votre perchoir pour rejoindre votre sdb à ciel ouvert, remplie de bougainvilliers. Les cabanas de plain-pied, tout aussi charmantes, sont équipées d'une échelle en bois grinçante qui mène au toit-terrasse. Le jardin est magnifiquement entretenu et les propriétaires chaleureux.

Stardust Beach Hotel HÔTEL, CABANAS **$$**
(☎224 8191 ; www.arugambay.com ; cabana s/d/f 30/35/65 $US, d 65-75 $US ; 📶). Tenu par des Danois, le seul complexe hôtelier du lieu se tient sur une partie de plage sauvage au bout de la baie. Les chambres sont chics, avec d'agréables touches modernes, des meubles confortables, des sdb carrelées bleu et blanc et une vue. À côté, dans un nouveau bâtiment blanc de style néocolonial à la décoration contemporaine, des appartements comprennent 2 chambres doubles et un salon-salle à manger-cuisine. Si les cabanas sont supérieures à celles des autres établissements d'Arugam, l'accueil n'est pas des plus chaleureux. Des cours de yoga et des massages (4 300 Rs l'heure) sont proposés. Le restaurant (plats 750-1 200 Rs), en partie en plein air, est l'un des plus stylés, avec notamment des salades et de l'houmous.

Happy Panda Homestay & Very Small Café PENSION **$**
(☎077 299 0779 ; karikh@gmail.com ; ch 1 800 Rs ; 📶). À 50 m de la plage, le petit

Happy Panda offre 2 chambres sans prétention et propres, ainsi qu'un charmant porche-salon avec des hamacs. Natalia, la propriétaire, prévoit des agrandissements, dont une salle de méditation. L'établissement est réputé pour son excellent café italien (100 Rs) et ses petits-déjeuners (400 Rs, servi de 9h à 13h).

Mambo's CABANAS **$$**
(☎568 7983, 077 782 2524 ; www.mambo.nu ; cabana 40-120 $US ; ❄📶). Prisé des surfeurs, il jouxte le principal spot si bien que l'on peut quasiment sauter du lit sur sa planche. Les bungalows en dur et les cabanas sont très plaisants, avec des moustiquaires aux fenêtres, un décor simple et des petits porches, dont certains avec vue sur la mer. Des sentiers dallés serpentent entre les arbres. L'agréable bar-restaurant, doté de hamacs, donne sur les vagues, sert des repas corrects (300-1 000 Rs) et organise des fêtes le samedi soir. Une attitude un peu dédaigneuse est le seul défaut.

Samantha's Folly CABANAS **$$**
(☎077 338 7808 ; www.samanthasfolly.com ; "folly" 1 500 Rs, cabana 3 000 Rs ; @📶). Pourquoi séjourner dans une cabana ? Samantha a inventé le "folly", une grande structure en bambou semblable à un lit à baldaquin et coiffée de chaume. Rangez vos affaires dans d'énormes boîtes, dormez parmi des tissus et des coussins bariolés, puis regardez le jour se lever sur l'océan à travers une voile de soie. L'établissement compte aussi des cabanas, une luxueuse "tente royale" (3 500 Rs), des chaises longues sur la plage, un agréable espace commun, un bon restaurant (plats 350-850 Rs) et des planches à louer.

Surf N Sun CABANAS **$$**
(☎224 8600 ; www.thesurfnsun.com ; cottage avec petit-déj 35-45 $US). Des cottages en bois (un peu trop chers) aux chambres confortables, des hamacs qui se balancent dans la brise et des douches dans lesquelles poussent des arbres tortueux sont répartis dans le splendide jardin tropical avec cascade et espace commun ombragé.

Freedom Beach Cabanas PENSION **$**
(☎077 175 9620 ; www.wix.com/arugambay/freedombeachcabanas ; ch 2 500 Rs). Sur la plage à côté du spot principal, cette pension relativement récente est l'une des meilleures adresses d'Arugam Bay. Tenue par une famille locale, elle se niche dans un jardin et offre des chambres bien conçues et impeccables, dotées d'un petit porche. Le "château", une haute construction étroite, est parfois disponible pour 1 500 Rs. Le personnel est chaleureux et serviable. Le Freedom loue des planches.

Tropicana Beach Hotel PENSION **$**
(☎077 127 2677 ; d_asmin@yahoo.com ; lits jum 1 200 Rs). Les ravissants cottages aigue-marine sont simples, mais mieux tenus que nombre d'adresses plus chères. Les chambres disposent de ventilateurs de table et le jardin regorge de fleurs et de perruches. Le couple charmant qui gère le Tropicana vous intégrera dans la vie de la famille.

Nice Place PENSION **$**
(☎077 341 2240 ; ch 2 500 Rs). Si les chambres de cette petite pension sont un peu exiguës, elles sont bien tenues, de même que les porches et le jardin. L'ambiance chaleureuse contribue au charme de l'endroit et un sympathique cuisinier prépare des repas (commandez à l'avance).

Ram's Place PENSION **$**
(☎567 0958 ; dort/ch à partir de 400/1 000 Rs). Géré par Ram Sooriya, un personnage aux allures de sadhu, cette pension comporte des chambres très sommaires, un dortoir négligé réservé aux hommes et une "maison bouteille", un petit cottage à la façade composée de bouteilles en verre. L'ensemble est assez délabré, mais bon marché et sympathique, avec une **bibliothèque** (caution 400 Rs, prêt 100 Rs) et un café où M. Ram sert une excellente cuisine. Vous devez commander les repas à l'avance et en personne. Des réductions sont accordées pour les longs séjours. La pension se tient derrière le Sooriyas Hotel.

Siripala Place Surf Cafe PENSION **$**
(☎077 420 8765 ; ch 1 500 Rs). Les chambres, très petites et spartiates, ouvrent sur l'océan. Le personnel est sympathique et des réductions sont accordées pour les longs séjours.

PJ's PENSION **$$$**
(☎077 606 5765 ; www.onya.se ; ch à partir de 100 $US ; ❄📶). Près de Baby Point, le PJ's aspire au luxe et s'en sort plutôt bien : les grandes chambres possèdent TV à écran plat, Wi-Fi, clim sibérienne et vaste sdb chic, ainsi que, bizarrement, des lits superposés. Les nouvelles chambres des 1er et 2e étages seront encore plus luxueuses, avec une vue splendide. Tout cela se cache derrière un mur, gardé par des chiens, sans une once de charme local. Parfait si la plage vous intéresse plus que le pays.

Gecko CABANAS **$$**
(☎224 8212 ; www.geckoarugambay.com ; cabana 2 800-4 900 Rs, ch/ste 3 800/6 900 Rs). Plus connu pour sa cuisine et son bar détendu, le Gecko offre des chambres compactes et plaisantes, avec de jolies appliques murales, des bureaux encastrés et un porche donnant sur le joli jardin. Les cabanas disposent de belles sdb et la grande suite est idéale pour les familles.

Où se restaurer et prendre un verre

La plupart des restaurants d'Arugam Bay servent de l'alcool.

Hideaway INTERNATIONAL **$$$**
(☎224 8259 ; www.hideawayarugambay.com ; plats 900-1 400 Rs, vin 2 500-7 500 Rs/bouteille). La carte, qui change tous les jours, comprend régulièrement des ingrédients locaux, en provenance du potager bio à l'arrière ou de l'océan. La cuisine, d'inspiration méditerranéenne, telle la salade de calamars, roquette et tomates, est servie dans un cadre enchanteur parmi les bougainvilliers et les singes perchés dans les arbres. Réservation indispensable.

Tsunami Beach Hotel SRI LANKAIS, EUROPÉEN **$$**
(plats 400-850 Rs ; ⏲12h-16h et 18h-24h). Si le nom est malvenu, la cuisine sri lankaise et occidentale est fantastique, notamment le riz-curry. Le poulet à la crème de citron et les crevettes à l'espagnole sont également délicieux. Installez vous sur la véranda aérée ou aux tables disposées sur la plage sous les palmiers et les pins. Commandez une heure avant le repas car rien n'est préparé à l'avance.

Lucky Beach Hotel SRI LANKAIS **$$**
(plats 350-700 Rs ; ⏲6h-1h). Perché au-dessus du sable sur des pilotis, le Lucky profite de la brise marine et d'une vue fantastique. Si le service est lent, la cuisine est savoureuse et le poisson succulent. L'endroit est également fréquenté pour l'happy hour et propose la boisson locale favorite : arak et Sprite.

Samanthi's Restaurant SRI LANKAIS **$$**
(☎077 175 9620 ; Freedom Beach Cabanas ; plats 250-675 Rs). Dans le Freedom Beach Cabanas, le Samanthi's se situe à quelques pas de Main Point et de Baby Point et offre une excellente cuisine, mitonnée par une chaleureuse famille sri lankaise. Commandez à l'avance le riz-curry (à partir de 350 Rs). Les autres plats sont des mélanges classiques de recettes occidentales et sri lankaises. Essayez les fruits frais avec miel et yaourt au lait de bufflonne, la spécialité locale.

Gecko INTERNATIONAL **$$**
(www.geckoarugambay.com ; plats 480-900 Rs). Ce restaurant détendu propose une carte variée qui séduira les Occidentaux nostalgiques : salades, pâtes, burgers, *fish and chips*, petits-déjeuners anglais, muesli et tarte aux pommes. La plupart des plats sont faits maison et certains ingrédients proviennent du jardin du Gecko. Le thé glacé (140 Rs) est superbe.

Siripala Place Surf Cafe SRI LANKAIS **$$**
(plats 400-850 Rs). Voisin d'un site de pêche, le Siripala sert de savoureux poissons et fruits de mer, d'une fraîcheur absolue. La vue et la brise ajoutent au plaisir du repas.

Surf & Sun POISSON, SRI LANKAIS **$$$**
(www.thesurfnsun.com ; plats 600-1 200 Rs). Certaines des tables sont disposées dans le somptueux salon en plein air, avec coussins, bougies et lanternes. Côté cuisine, l'accent est mis sur le poisson et les pizzas, avec barbecue à l'occasion.

Perera Restaurant SRI LANKAIS **$$**
(plats 250-400 Rs). D'authentiques repas sri lankais faits maison.

En saison, le Mambo's, le Beach Hut, le Gecko et le **Siam View Beach Hotel** (www.arugam.com) organisent des soirées sur la plage et des fêtes de la pleine lune. Ils sont tous agréables pour un verre n'importe quel soir. Le Siam View brasse sa propre bière et sert des cocktails d'arak originaux dans son joli restaurant sur le toit.

Renseignements

Les DAB les plus proches se trouvent à Pottuvil.

Arugam Bay Information (www.arugam.info). Informations locales et sur les transports.

Bureau de poste de Pasarichenai (⏲8h-12h et 13h-17h lun-sam).

CyberCafé (⏲9h-22h ; Wi-Fi/Internet 100/150 Rs l'heure ; ❄). Des connexions rapides.

Police touristique (☎011 308 1044). Le numéro de Colombo renvoie au poste de police de la plage.

Xpress Café (⏲8h-22h ; Internet ou Wi-Fi 150 Rs/h).

Désagréments et dangers

Les femmes, surtout seules, peuvent être importunées sur les plages ; porter un T-shirt sur votre maillot de bain, ou même un short et un T-shirt, vous évitera des ennuis. Si cela ne semble pas évident dans le secteur touristique, la région reste conservatrice et hommes et femmes doivent s'habiller décemment. Ne vous promenez pas en maillot de bain en dehors de la plage.

Des tentatives d'agression sexuelles ont eu lieu dans des endroits isolés, en particulier au sud derrière le spot de surf. Un poste de police touristique est installé sur la plage.

Comment s'y rendre et circuler

AVION **Arugambay Travels and Tours** (224 8224 ; 8h-21h, 8h-13h ven). L'agence locale de Sri Lankan Airlines vend des billets pour le service d'avion-taxi de Colombo qui, lors de nos recherches, était sur le point de démarrer.

BUS ET TÚK-TÚK Les bus arrivent et partent de Pottuvil, où vous devrez prendre un *túk-túk* pour Arugam Bay (150 Rs). Seules exceptions, les rares bus qui relient Pottuvil et Panama passent par Arugam Bay (un continue jusqu'à Monaragala). Les tarifs des *túk-túk* jusqu'aux spots de surf locaux sont indiqués dans les sections correspondantes.

VOITURE Un taxi privé et climatisé pour Colombo revient à 16 000 Rs.

MOTO ET VÉLO **Arugam Bay Surf Resort** (224 8189 ; www.arugambay.lk). Loue des motos (1 200 Rs/jour).

Popcorn (075 291 4800 ; 8h30-21h30, 8h30-15h30 ven). Loue des vélos (par jour/semaine 500/1 750 Rs) et des scooters (1 000 Rs/jour).

Tropicana Beach Hotel. Loue des vélos (400 Rs/jour).

> **SIYAMBULANDUWA**
>
> Quelle que soit leur provenance, les bus pour Pottuvil sont rares. En revanche, des bus fréquents desservent Siyambulanduwa et relient Siyambulanduwa et Pottuvil. Ainsi, vous pouvez habituellement rejoindre Arugam Bay en faisant étape à Siyambulanduwa. Les bus à destination de Pottuvil circulent jusque vers 17h. Vous pourrez passer la nuit au **Nethmini Hotel** (055-355 0891 ; www.nethminihotel.com ; Ampara Rd ; s sans/avec sdb 750/1 050 Rs, d à partir de 1 550 Rs ;), à 1 km de l'arrêt des bus et très bien tenu.

Nord d'Arugam Bay

POTTUVIL

063

Pour la plupart des touristes, Pottuvil se résume à un nœud de communication pour Arugam Bay, à 3 km au sud. La ville offre néanmoins plusieurs DAB près de l'arrêt des bus, un marché correct, quelques sites mineurs et d'excellents circuits dans sa lagune. Faites une halte à **Dress Well** (fermé ven) pour acheter l'un des fameux sarongs en coton tissé main de Kalmunai (1 200 Rs).

À voir et à faire

Lagune de Pottuvil CIRCUIT EN CANOË

Les mangroves, les îles et les cours d'eau de la lagune de Pottuvil constituent un riche écosystème peuplé de varans géants, de crocodiles, de martins-pêcheurs, de quelques éléphants (qui n'apprécient pas qu'on les dérange), d'aigles, de paons, d'aigrettes et de singes. Vous pourrez les apercevoir au cours d'un **écocircuit dans la mangrove** (www.arugambay.com/pages/eco.html ; bateau 4 pers 2 500 Rs ; 6h et 16h) de 2 heures, au cours duquel seuls le clapotis de la perche d'un pêcheur et les cris des animaux troublent la sérénité ambiante. Ces circuits, conçus pour préserver la mangrove et soutenir les pêcheurs locaux, ont été récompensés par des prix internationaux. Vous pouvez réserver auprès de l'Arugam Bay Surf Resort (ci-contre), mais si vous parvenez à dialoguer avec les pêcheurs (qui pour la plupart parlent uniquement tamoul), mieux vaut passer directement par eux. Leur coopérative, la **Hidiyapuram Fishermen's Cooperative Society** (075 097 0525, 077 861 9959), possède un bureau du côté sud de la lagune ; appelez pour réserver et quelqu'un vous retrouvera à cet endroit. L'aller-retour en *túk-túk* d'Arugam Bay revient à 800 Rs.

Pottuvil Point PLAGE

À 2 km après le bureau de la coopérative, au bout d'une étendue de sable en forme de péninsule, Pottuvil Point est une droite lente, parfaite pour les débutants. Un **restaurant** (plats 200-350 Rs) rustique se tient à cet endroit, ainsi qu'une pension, fermée lors de nos recherches. L'aller-retour

Pottuvil

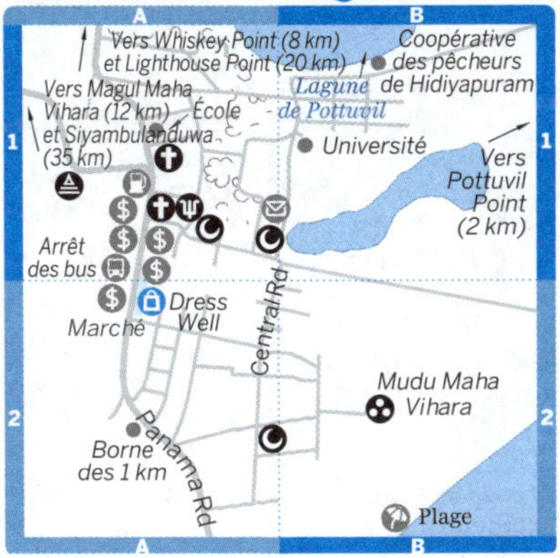

en *túk-túk* jusqu'à Pottuvil Point coûte 800 Rs.

Mudu Maha Vihara ANCIEN TEMPLE

Les ruines anciennes du Mudu Maha Vihara se cachent dans les petites rues de Pottuvil. Ce site charmant, en partie recouvert par des dunes de sable, comprend un beau Bouddha debout haut de 3 m, flanqué de deux bodhisattvas. Juste derrière, une belle **plage**, large et sauvage, n'est pas sûre pour la baignade.

ℹ Depuis/vers Pottuvil

Un *túk-túk* pour Arugam Bay revient à 150 Rs.

AIR Lors de nos recherches, **Sri Lankan Airlines** (☎1979 ; www.srilankan.lk) prévoyait un service régulier d'hydravion entre Colombo et la lagune d'Arugam (carte p. 222).

BUS Outre les bus mentionnés ci-dessous, deux confortables minibus privés rallient Colombo (500/700 Rs, 8 heures, 16h/19h30), ainsi qu'un nouveau bus climatisé (750 Rs, 21h). Des bus plus fréquents desservent Colombo depuis Monaragala. Quelques services de bus CTB (Central Transport Board) et privés :

Ampara 109 Rs, 3 heures, 2/jour

Batticaloa 115 Rs, 4 heures, 5/jour

Colombo 347 Rs, 8 heures, 2/jour

Monaragala 105 Rs, 2 heures 30, toutes les heures jusqu'à 13h

Panama (via Arugam Bay) 25 Rs, 1 heure, 5/jour

WHISKEY POINT

Whiskey Point se situe à 3 minutes de marche de Pottuvil Point par la plage, un peu plus par la route. Ce spot convient aux débutants, avec des vagues régulières à partir de fin avril. Le **SaBaBa Surf Café** (☎077 711 8132 ; plats 350-900 Rs ; ⏲7h-22h), le premier café de Whiskey, offre une terrasse en bois agrémentée de coussins douillets, des chaises longues sur la plage et des fêtes le vendredi soir avec cracheurs de feu. Babaiya, le sympathique propriétaire, construit des cabanas. Réticent à l'idée de figurer dans ce guide, il ne veut accueillir que "ceux qui souhaitent partager et se soucier des autres".

Les *túk-túk* demandent de 1 200 à 1500 Rs pour l'aller-retour d'Arugam Bay, avec 3 heures d'attente ; le trajet dure 20 minutes.

LIGHTHOUSE POINT

Si vous préférez le calme et la simplicité, Lighthouse Point, une autre droite pour surfeurs débutants et de niveau intermédiaire, vous séduira. Le paisible **Hilltop Beach Cabanas** (☎077 374 1466 ; dil0422@yahoo.com ; cabana avec sdb commune 1 000-1 500 Rs), sur une colline qui surplombe la plage, est géré par Dilani, chaleureux et excellent cuisinier (plats 300-485 Rs). Des 3 cabanas, celle sur pilotis est la plus belle, avec une vue fabuleuse à travers des guirlandes de coquillages. L'énergie solaire fournit uniquement l'éclairage et les sdb sont installées à l'extérieur, sous les arbres. La haute saison de surf débute en mai ou juin. **Green House**, un autre spot plus au nord, se trouve à 15 minutes de marche. Les *túk-túk* facturent 2 000 Rs l'aller-retour d'Arugam Bay.

Sud d'Arugam Bay

D'ARUGAM BAY À PANAMA

Des kilomètres de plages de sable intactes s'étendent au sud d'Arugam Bay. Parmi les spots de surf accessibles par la route côtière figurent **Crocodile Rock** (aller-retour en *túk-túk* 400 Rs), **Elephant Rock** (800 Rs) et **Peanut Farm** (1 000 Rs). La piste qui rejoint Panama court en retrait de la côte et croise des lagunes où vous apercevrez des oiseaux aquatiques, des échassiers, des buffles, voire des éléphants. Le superbe paysage ressemble à la savane. **Panama** se résume à un ensemble poussiéreux de huttes à l'atmosphère de bout du monde. Les seuls sites sont un beau **dagoba** blanc et une large plage de sable sans ombre à 1 km à l'est. La mer agitée rend la baignade dangereuse et les courts shore breaks n'ont guère d'intérêt pour les surfeurs. À l'extrémité nord de la plage,

VAUT LE DÉTOUR

MAGUL MAHA VIHARA

À 12 km à l'ouest de Pottuvil, ces belles ruines du Ve siècle av. J.-C. se dressent dans un paisible site boisé. Construit par le roi Dhatusena (473-453 av. J.-C.), le *vihara* faisait probablement partie d'une enceinte royale. Au pied d'un ancien sanctuaire, une splendide pierre de lune bien conservée est entourée d'éléphants ; certains portent des petits cavaliers, un élément inhabituel. Le site comprend également un stupa en bon état, gardé par des lions en pierre, un *vatadage* (reliquaire circulaire) sur une plateforme en croix – soutenue en trompe l'œil par des piliers en pierre et des lions accroupis autour de sa base –, et un bouddha décapité, grossièrement réparé. Remarquez les balustrades en forme de trompes d'éléphant le long des escaliers. Le site se tient à 1 km au sud de l'A4, entre le Km 308 et le Km 309.

près de l'usine de traitement des méduses (elles sont envoyées au Moyen-Orient où elles servent d'ingrédient culinaire), un point break droit convient aux débutants. D'Arugam Bay, comptez 1 500 Rs pour l'aller-retour en *túk-túk*, ou attendez un bus peu fréquent. La route de Panama, basse par endroits, peut être inondée durant la saison des pluies.

DE PANAMA À OKANDA

Superbe site de 47 km², le **Kudimbigala Forest Hermitage** (Ermitage forestier de Kudimbigala) est un fouillis d'affleurements rocheux de style Sigiriya dans une jungle épaisse. Plus de 200 sanctuaires et ermitages sont installés dans des grottes ou accrochés à des surplombs rocheux ; 6 moines bouddhistes vivent toujours ici. Si les constructions n'ont guère d'intérêt, l'ambiance est fantastique et le plus haut rocher, coiffé d'un dagoba, offre une vue panoramique sur ce paysage inhabituel et la canopée. On aperçoit la lagune et les bancs de sable vers le rivage et, loin au sud-ouest, les contours dentelés du Weliara Ridge. Kudimbagala se visite habituellement avec Kumana ou Okanda ; l'aller-retour en *túk-túk* revient à 2 500 Rs. Respectez le calme de cet ermitage en activité et habillez-vous décemment.

La route Arugam-Okanda s'achève à l'entrée du parc national de Kumana. Immédiatement à l'est de l'entrée, **Okanda** est un campement saisonnier pour les pêcheurs locaux et le site de l'**Okanda Sri Murugan Kovil**. Relativement petit, le temple principal possède un *gopuram* (tour d'entrée) pittoresque et constitue une étape importante du pèlerinage de Pada Yatra jusqu'à Kataragama (p. 126). Des milliers de pèlerins se rassemblent ici pendant les deux semaines précédant la *poya* (pleine lune) de juillet, avant d'entamer l'ultime, et plus périlleuse, étape de 5 jours de la marche de 45 jours depuis Jaffna. D'une grande importance spirituelle, le temple marque le lieu où Murugan (Skanda) et son épouse Valli seraient arrivés au Sri Lanka dans des bateaux de pierre.

À 5 minutes de marche du temple, une grande plage de sable beige, avec un excellent point break droit, est prisée des surfeurs qui fuient la foule d'Arugam Bay.

PARC NATIONAL ET RÉSERVE DE KUMANA

D'une superficie de 357 km², ce **parc** (☎063-363 5867 ; ⌚6h-18h30), souvent désigné par son ancien nom, Yala Est, est bien moins visité que son voisin, le parc national de Yala. Bien que la variété et la densité de la faune soient moindres, il donne moins l'impression d'un zoo. Vous aurez de bonnes chances d'apercevoir un léopard, des éléphants, des paons, des cobras blancs, des buffles sauvages et des myriades d'oiseaux. Une dizaine d'ours vivent dans le parc, mais on les voit rarement.

La partie la plus connue du parc est la **réserve ornithologique de Kumana**, un marais de mangrove de 200 ha peuplé d'oiseaux, à 22 km au-delà d'Okanda. La saison de nidification dure de mai à juin. De rares jabirus d'Asie ont été aperçus. Des calaos de Malabar, des guêpiers d'Orient, des loriots à bec effilé et des tantales indiens s'observent plus communément, y compris hors de la réserve, parmi d'autres espèces.

Les droits d'entrée s'élèvent à 10 $US par personne, 250 Rs pour la jeep et 8 $US de service, plus 15% de taxe. Un guide obligatoire (qui ne parle pas toujours anglais) accompagne chaque véhicule. Les pensions d'Arugam Bay peuvent vous trouver une jeep avec chauffeur ; le tarif actuel se monte à 10 000 Rs pour la journée (un prix correct compte tenu du mauvais état des routes). Vous pouvez aussi appeler **Siddiq** (☎077 481 7774), qui suscite des commentaires élogieux pour sa conduite et le repérage des animaux.

Des **circuits avec camping** dans le parc permettent d'observer les animaux au crépuscule et à l'aube, les deux meilleures périodes. Comptez alors 20 $US par personne, 27 $US par groupe, 250 Rs par jeep, plus 12% de taxe. À Arugam Bay, les chauffeurs demandent 300 $US pour 2 personnes, ce qui comprend le transport, des safaris soir et matin, l'équipement et les repas.

Ampara

☎063

Localité détendue, Ampara se tient au milieu d'une belle campagne parsemée de rizières, de lacs et de palmeraies. Si la ville n'a guère d'intérêt, les alentours abritent quelques sites mineurs.

À voir

À l'ouest de la tour de l'horloge et de la gare routière, DS Senanayake Rd conduit à Inginyagala en passant par le beau plan d'eau d'Ampara. Au Km 1, le **Sri Manika Pillaiyar** (Inginyagala Rd) offre à une statue de Ganesh une jolie vue au-delà de l'eau. Trois km plus loin, tournez à droite pour rejoindre la gracieuse **pagode de la Paix japonaise**, également appelée Sama Chaitya. Près de l'entrée, la **salle des statues**, avec ses bouddhas, son autel coloré et ses nuages d'encens, est plus intéressante, surtout quand le moine et la nonne qui y résident psalmodient au son des tambours.

La principale raison de venir ici est le passage de hardes d'**éléphants sauvages**, entre 17h et 18h, dans un étroit chemin devant la pagode ou dans le champ derrière. Bien que les pachydermes viennent moins régulièrement depuis quelques années, tentez votre chance. La plateforme de la pagode constitue un perchoir pratique pour observer les centaines d'**oiseaux aquatiques** qui volent sur le lac en face.

Le Chinese & Western Food Court (ci-contre) et le Tree Tops Jungle Lodge (p. 218) organisent des safaris en bateau dans le **parc national de Gal Oya**, ignoré des touristes, à 22 km à l'ouest de la ville.

Où se loger et se restaurer

Ambhasewana Guest PENSION $

(☎222 3865 ; 51st Ave ; ch avec/sans clim 1 500/750 Rs ; ❄). Tenue par un couple accueillant, cette pension offre des chambres spacieuses à prix doux et un jardin ombragé et fleuri dans une rue tranquille, à deux pâtés de maisons du centre-ville.

Monty Guest House HÔTEL $$

(☎222 2169 ; www.montyhotel.com ; 1st Ave ; s/d/tr 1 500/2 000/2 250 Rs, avec clim à partir de 2 500/3 000/3 250 Rs ; ❄📶🏊). La réception contemporaine, tout en béton lisse et bois sombre, est plus élégante que les chambres. Si les plus récentes bénéficient d'un mobilier moderne, celles sans clim sont quelconques. Le restaurant (plats 250-600 Rs) propose un choix de plats locaux et occidentaux sur son agréable terrasse aérée ou dans sa jolie salle ; le thazard frit, accompagné de frites, est excellent. Le Monty's se situe dans un quartier résidentiel, à 10 minutes de marche au sud de la Commercial Bank.

Chinese & Western Food Court CHINOIS, SRI LANKAIS $$

(☎222 2215 ; terrelb@gmail.com ; Stores Rd ; plats 250-650 Rs ; ⌚11h-22h). Dans un petit jardin rempli de plantes en pots, c'est l'endroit le plus attrayant pour un verre ou un repas. Parmi les spécialités figurent des seiches sautées et des plats avec du *kankun,* un savoureux légume vert. Même les mets les plus simples, comme les nouilles aux œufs et tamarin, sont parfaitement préparés. Le C&W loue aussi des chambres (à partir de 4 250 Rs) avec toutes sortes de fanfreluches, mais plutôt négligées.

New City SRI LANKAIS $

(Keells New City Supermarket ; plats 100-150 Rs ; ⌚6h-21h). La plus pimpante des gargotes qui entourent la tour de l'horloge, New City sert du riz et curry à midi, des *kotthu* en soirée et de nombreux en-cas toute la journée.

Indika Bakery & Sweet Delight FAST FOOD $

(Kachcheri Rd ; en-cas 20-75 Rs ; ⌚6h30-19h30). Aussi connu sous le nom d'Indika Bakers with Sweet Delights, ce snack-bar propre, lumineux et moderne est idéal pour une boisson fraîche.

Renseignements

Plusieurs banques, dont la **Commercial Bank** (DS Senanayake Rd), disposent de DAB. **SabeeCom.Net & Bookmart** (Regal Junction ; Internet 50 Rs/h ; ⌚8h30-18h30 dim-ven) offre l'accès à Internet.

Depuis/vers Ampara

Des bus CTB et privés partent de l'arrêt des bus d'Ampara. Pour Arugam Bay, vous pouvez aussi prendre un bus pour Siyambulanduwa (75 Rs, 8/ jour) et changer, ou emprunter un minibus via Akkaraipattu (47 Rs, toutes les heures) jusqu'à Pottuvil. Pour Batticaloa, prenez un minibus via Kalmunai (40 Rs, fréquent). Quelques services utiles :

Batticaloa 84 Rs, 3 heures, départ 6h

Colombo ordinaire/semi-luxe 370/490 Rs, 10 heures, 9/4 par jour

Kandy ordinaire /climatisé 220/400 Rs, 5 heures 30, départs fréquents, surtout le matin

Nuwara Eliya 274 Rs, 9 heures, départ 6h45

Pottuvil (pour Arugam Bay) 109 Rs, 3 heures, départ 14h

Environs d'Ampara

BUDDHANGALA

Haut de 150 m, le **Buddhangala Rock Hermitage** (Ermitage rupestre de Buddhangala ; dons acceptés ; ⏲6h-20h), point culminant de la région, offre une vue panoramique, et des voyageurs ont même vu des éléphants au crépuscule. Le site serait vieux de 1 800 ans. Quand l'ancien temple, dont les vestiges se situent à gauche du sanctuaire principal, fut mis au jour en 1964, un coffret en or contenant une dent du Bouddha fut découvert. Il est désormais conservé dans le dagoba et exposé durant 3 jours en juin lors de la *poya*.

Une grotte en surplomb contient d'intéressants trésors, dont un squelette humain utilisé pour la méditation. Le site est splendide, mais sans guide ni explications en anglais, il est difficile de comprendre son importance spirituelle. Des moines parlant anglais seront peut-être présents. D'Ampara, à 7 km, l'aller-retour en *túk-túk* coûte 700 Rs.

DEEGAWAPI

Selon la légende, Deegawapi (Dighavapi Cetiya) est le seul endroit que le Bouddha visita dans le sud-est du Sri Lanka. Le stupa, construit sous le règne de Saddhatissa (137-119 av. J.-C.), fut restauré aux IIe et XVIIIe siècles avant de disparaître dans la jungle. Redécouvert en 1916, il est la cause de conflits depuis des décennies : de nombreux Cinghalais affirment que la population majoritairement musulmane de la région s'est délibérément installée sur les terres (comprenez cinghalaises) de l'ancien dagoba, tandis que les musulmans, qui vivent ici depuis des siècles, voient cette revendication comme le début d'une colonisation cinghalaise.

Ce site ne justifie peut-être pas le long détour. Si les vestiges en brique rouge du dagoba central sont imposants, il leur manque le beau cadre boisé de Yudaganawa. Après les fouilles en cours, le dagoba devrait être restauré, ce qui le rendra plus intéressant (et exacerbera sans doute le conflit ethnique). À proximité, le petit **musée archéologique** (entrée libre ; ⏲8h-17h) mérite le coup d'œil.

Batticaloa

☎065

Dépourvue de sites exceptionnels, Batticaloa, surnommée Batti, séduit par son ambiance et son charme, amplifié par le soleil qui filtre à travers les palmiers des lagunes alentour. Des plages splendides, un peu désolées, entourent la ville. Si Batticaloa a souffert de graves conflits par le passé, elle est aujourd'hui paisible et détendue. Cependant, les rues sont quasiment désertes le soir et les habitants conseillent de ne pas sortir seul ; prenez un *túk-túk*.

À voir et à faire

Puliyanthivu QUARTIER

Agréablement détendu, Puliyanthivu possède de charmants édifices coloniaux, tels le **collège St Michael** (Central Rd) et la massive **église méthodiste** (Post Office Rd) de 1838. Parmi les dizaines d'églises, les plus belles sont **St Anthony's** (St Anthony's St), aux tons ocre et vaguement mexicaine, et la majestueuse **cathédrale St Mary's** (St Mary's St), couleur turquoise, reconstruite en 1994 après sa destruction partielle lors de combats entre Tamouls et musulmans. Des nombreux temples hindous, l'**Anipandi Sitivigniswara Alayar** (Hospital Rd) est le plus beau, avec un superbe *gopuram*. La **Jami-Us-Salem Jummah Masjid** fait partie des plus jolies mosquées de la ville.

Kallady et Navalady QUARTIERS

Un pont relie Batti et une longue péninsule bordée de plages, qui abrite les quartiers de Kallady et de Navalady. Kallady possède une plage de sable déserte, idyllique excepté les stigmates du tsunami toujours visibles. Le **temple**

Thiruchendur Murugan Alayam (Navalady Rd), près de la plage entre Third St et Fourth Cross St, a été frappé par le tsunami et son petit *gopuram* penche dangereusement. Construit en 1984 pour servir d'étape lors du pèlerinage de Pada Yatra, de Jaffna jusqu'à Kataragama (voir p. 126), il contient une effigie de Murugan, qui aurait ouvert les yeux avant que le peintre ne l'achève. Vous pouvez vous baigner à la **plage de Kallady**, qui possède une petite promenade en planches, ou à la superbe **plage de Navalady**, au nord ; les habitants déconseillent de s'y rendre seul et de s'éloigner des sentiers battus.

Imperial Saloon SANCTUAIRE
(Trinco Rd ; ⌚8h30-20h30, 8h30-13h dim). Venez vous faire couper les cheveux (300 Rs) dans ce salon, extraordinaire œuvre d'art. Chaque centimètre carré est couvert de peintures décoratives, de fleurs artificielles, de paillettes, de filigranes, de vitraux et de guirlandes scintillantes, tandis qu'au fond, sous un plafond clouté d'étoiles, un sanctuaire syncrétique accueille la déesse Durga, la Vierge Marie et le Bouddha.

Fort hollandais SITE HISTORIQUE
(Bazaar St ; ⌚8h30-16h15). Les remparts épais de 6 m du fort de Batti entourent le vaste *kachcheri* (bureau de l'administration). Le fort, qui abrite des bureaux administratifs, n'a guère d'intérêt, mais comprend un petit **musée** qui contient de curieux objets (légendes en tamoul). Près de l'entrée est, quelques vieux canons gardent le District Secretariat Office. De l'autre côté de la lagune, la petite **mosquée Auliya** (Lady Manning Dr), dotée d'un curieux minaret vert, offre une vue excellente sur le fort.

Sri Lanka Diving Tours PLONGÉE
(☎031 371 7451, 077 061 5205 ; www.srilanka-divingtours.com ; Navalady). Ce centre de plongée, installé au Deep Sea Resort, se spécialise dans les épaves, tel le HMS *Hermes,* un navire britannique coulé par les Japonais au large de Batticaloa en 1942. Cette plongée est réservée aux plongeurs certifiés Tec (le centre propose la formation de 5 jours, pour plongeurs expérimentés). Le centre organise aussi d'autres plongées dans les rochers pour ceux qui sont moins expérimentés. Comptez 40 $US la plongée et 335 $US pour le cours open-water.

Marché de Batticaloa MARCHÉ
(Lloyds Ave). Dans ce marché détendu, vous pourrez acheter des fruits ou des souvenirs, comme les cuillères en noix de coco ou du sucre de palme.

Où se loger

Nombre d'hôtels se regroupent à Kallady. Du centre-ville, la course en *túk-túk* coûte 150 Rs.

YMCA AUBERGE DE JEUNESSE $
(☎222 2495 ; Boundary Rd ; s/d/tr à partir de 690/920/1 150 Rs, avec clim 1 725/2 300/2 875 Rs ; ❄). Dans un endroit central et tranquille, la YMCA loue des chambres immenses (surtout dans la nouvelle aile) ; le personnel est d'une extrême gentillesse. La propreté laisse un peu à désirer et il n'y a pas de restauration, mais les prix défient toute concurrence.

Riviera Resort HÔTEL $
(☎222 2164/5 ; www.riviera-online.com ; New Dutch Bar Rd, Kallady ; s/d à partir de 750/1 200 Rs, d avec clim à partir de 3 000 Rs ; ❄@📶). Au bord de l'eau à moins de 1 km au nord du pont de Kallady, cet hôtel paisible possède un grand choix de bungalows bien tenus dans un jardin luxuriant, avec vue sur le pont et la lagune. Les chambres les moins chères, un peu défraîchies, disposent de l'eau chaude et de moustiquaires. Les plus chères sont superbes, avec de jolis couvre-lits et une petite terrasse. Des bancs installés près de la lagune permettent d'admirer la vue.

Deep Sea Resort PENSION $
(☎031 371 7451, 077 061 5205 ; www.srilanka-divingtours.com ; Navalady ; ch avec/sans clim 4 000/2 500 Rs ; ❄@📶). Même si vous ne plongez pas avec Sri Lanka Diving Tours, cette petite pension constitue une excellente option, bien qu'éloignée. Récemment ouverte dans le paisible et sablonneux Navalady, à environ 5 km du pont de Kallady, elle propose des chambres modernes et un restaurant (plats 450-700 Rs) avec vue sur la lagune, parfait pour se régaler de produits de la mer.

Subaraj Inn HÔTEL $
(☎222 5983 ; 6/1 Lloyds Ave ; ch avec clim à partir de 2 200 Rs ; ❄📶). Cet hôtel confortable, avec personnel en uniforme, loue des chambres désuètes, parfaitement tenues (évitez celles sans clim à 990 Rs, exiguës et étouffantes). Établi de longue date et dirigé

Batticaloa

de manière professionnelle, le Subaraj comprend un bar-restaurant plaisant.

Hotel Bridge View HÔTEL $

(☎222 3723 ; www.hotelbridgeview.com ; 63/24 New Dutch Bar Rd, Kallady ; s/d/tr à partir de 1 120/1 300/1 560 Rs ; ❄). À 1 km du pont, cet hôtel à l'allure délicieusement démodée a été fraîchement repeint en blanc. Les chambres sont entourées de verdure, et celles de l'aile plus ancienne sont plus agréables que les plus récentes. Le restaurant (plats 250-450 Rs) sert de corrects plats de poisson et curries.

Railway Station CHAMBRES D'HÔTES $

(☎222 4471 ; Station Rd ; d/f 700/1 000 Rs). La gare ferroviaire de Batticaloa dispose de chambres rarement utilisées mais très correctes, réservées aux détenteurs de billet de train. Très pratique pour un départ de bon matin.

Où se restaurer et prendre un verre

RN Buffet & Take Away SRI LANKAIS $$

(42 Covington Rd ; buffet-déj 450 Rs ; ⌚11h-14h30). Au-dessus d'une épicerie, ce petit restaurant d'une propreté irréprochable propose un délicieux déjeuner-buffet de 6 plats raisonnablement épicés. Tenu par un couple charmant, il offre également un grand choix d'en-cas.

TD Foods & Takeaway SRI LANKAIS $

(15 Covington Rd ; plats 150-320 Rs). À côté d'un disquaire tamoul, le petit TD est décoré de guirlandes et de lanternes chinoises. L'ambiance est joyeuse et des familles viennent y déguster d'excellents *biryani*, nouilles et *kotthu* (*roti* coupés en morceaux et mélangés à des légumes).

Riviera Resort SRI LANKAIS $

(☎222 2164/5 ; www.riviera-online.com ; New Dutch Bar Rd ; plats 100-350 Rs ; ⌚12h-15h et 17h-22h). Dans ce restaurant à l'ancienne,

Batticaloa

À voir

1	Anipandi Sitivigniswara Alayar	A4
2	Mosquée Auliya	C2
3	Fort hollandais	C3
4	Musée du fort hollandais	C3
5	Imperial Saloon	B1
6	Jami-Us-Salem Jummah Masjid	B3
7	Marché	B2
8	Église méthodiste	B4
9	St Anthony's	B3
10	Cathédrale St Mary	B3
11	Collège St Michael	B3

Où se loger

12	Subaraj Inn	B2
13	YMCA	A1

Où se restaurer

14	RN Buffet & Take Away	A3
	Subaraj Inn	(voir 12)
15	Sun Shine Fast	B1
16	Sun Shine Fast	B1
17	TD Foods & Takeaway	A3

Où prendre un verre

18	Café Chill	C2

un serveur vous installe sous le porche avec un verre, prend votre commande et vous appelle une heure plus tard dans la salle agrémentée de nappes blanches. La cuisine mérite l'attente. Le Riviera est réputé pour ses curries de crabe (à partir de 200 Rs) et de noix de cajou (260 Rs).

Seven Star SRI LANKAIS $

(New Kalmunai Rd, Kallady ; riz-curry 100-200 Rs). Cet gargote locale, juste au nord de la tour de l'horloge, sert l'un des meilleurs riz-curry de la ville, comme en atteste l'affluence au déjeuner.

Sun Shine Fast SRI LANKAIS $

(315 Trinco Rd ; plats 160-250 Rs). Avec deux établissements de part et d'autre de la rue, le Sun Shine fait des affaires florissantes : riz-curry à midi, en-cas et gâteaux en soirée, nouilles et riz sauté à emporter dans la nuit. Bonne cuisine, simple et roborative.

Subaraj Inn SRI LANKAIS $$

(6/1 Lloyds Ave ; plats 175-650 Rs ; ⌚12h-15h et 19h30-21h30). Repaire d'expatriés pendant la guerre, ce bar-restaurant confortable incite aux longues conversations. La carte privilégie les plats locaux et chinois.

Café Chill CAFÉ $

(9 Pioneer Rd ; boissons et en-cas 40-150 Rs ; ⌚9h-21h). Café, thé, jus de fruits et *lassi* se savourent dans un cadre détendu, à l'intérieur ou en plein air, avec chaises longues et tables en bois.

Renseignements

La **Bank of Ceylon** (Covington Rd), la **Commercial Bank** (Bar Rd) et la **People's Bank** (Covington Rd) disposent toutes de DAB.

Bibliothèque publique (Bazaar St ; Internet 30 Rs/h ; ⌚9h-17h, fermé mer et jours de *poya*).

Google World (Station Rd ; Internet 40 Rs/h ; ⌚8h30-20h30). Les connexions les plus rapides de la ville.

Kiosque d'information touristique (Bazaar St ; ⌚9h-17h).

Poste (Post Office Rd ; ⌚7h-20h lun-ven, 7h-18h sam, 7h-17h dim).

SunNetCafe (Trinco Rd ; Internet 40 Rs/h ; ⌚8h-20h).

Tripna Travels & Tours (St Anthony's St ; ⌚9h-17h30 lun-ven, 9h-13h sam).

Depuis/vers Batticaloa

AVION **Helitours** (☎011 311 0472, 011 314 444; www.airforce.lk, heli tours@slaf.gov.lk), propriété de l'armée de l'air sri lankaise, propose des vols à bord d'avions militaires entre l'aéroport de Batticaloa, à 2 km au sud-ouest de l'arrêt des bus, et la base aérienne de Ratmalana à Colombo. Ils desservent les deux villes le mardi (aller 6 100 Rs). **Sri Lankan Airlines** (☎1979 ; www.srilankan.lk) prévoit des vols depuis/vers Colombo dans un proche avenir.

BUS Les bus CTB, les bus privés et les minibus possèdent des gares routières adjacentes dans Munai St, mais beaucoup partent du quartier du poste de police ; renseignez-vous à l'avance. Kalmunai est un important carrefour de minibus ; si vous ne trouvez pas celui qui vous convient à Batticaloa, renseignez-vous sur les départs de Kalmunai. Lors de nos recherches, les bus pour Trinco empruntaient toujours le long itinéraire ; le trajet sera plus rapide quand la route côtière sera réparée. Bus CTB et privés :

Ampara 84 Rs, 3 heures, 2/jour

Badulla 205 Rs, 6 heures, 5/jour

Colombo 275 Rs, 9 heures, 3/jour

Jaffna (via Vavuniya) 380 Rs, 7 heures, 10/jour

Kalmunai 60 Rs, 1 heure 30, toutes les 15 min

Polonnaruwa 75 Rs, 1 heure 30, toutes les heures

Pottuvil (pour Arugam Bay) 125 Rs, 5 heures, 14/jour

Trincomalee 201 Rs, 7 heures, 10/jour

Valaichchenai (pour Passekudah et Kalkudah) 48 Rs, 1 heure, toutes les 15 min

Bus privés à destination de Colombo :

Royal Cool Bar & Sweet House (Trinco Rd ; ⏲6h-22h). Dessert Colombo (ordinaire/climatisé 500/750 Rs, départs 21h et 21h30) et Trincomalee (270 Rs, 3/jour).

Surena Travels (☎222 6152 ; Munai St ; ⏲16h30-20h30). Colombo (500 Rs, 10 heures, départ 20h30).

TRAIN Réservez au serviable **bureau ferroviaire** (☎222 4471 ; ⏲8h30-16h), bien à l'avance pour les trains Intercity.

Colombo Intercity express 3e/2e/1re classe 320/500/900 Rs, 7 heures 30, départ 7h15

Colombo semi-express 3e/2e classe 230/420 Rs, départs 7h15 (9 heures) et 17h45 (11 heures)

Trincomalee semi-express (changement à Gal Oya) 3e/2e classe 150/280 Rs, 5 heures, départs 7h15, 10h30, 17h45 et 20h15

Environs de Batticaloa

PHARE DE BATTICALOA

Le **phare** (Palameenmadu) de Batticaloa et le littoral alentour constituent une excursion prisée des familles (évitez le week-end). Vous pourrez nager dans l'eau calme, parmi des bancs de sable, des îles et des criques, et observer les oiseaux et les crocodiles au cours d'un **circuit en bateau** (350-3 000 Rs ; ⏲8h-19h). L'**Environmental Learning Centre** (☎065-306 4646 ; s/d 750/1 200 Rs), en face du phare, loue des petites chambres immaculées. Flambant neuf, le **Sunrise Resort** (☎065-222 2451 ; sunrise_batti@yahoo.com ; ch à partir de 2 500 Rs ; ❄) possède des chambres et un restaurant.

De Batticaloa, la course en *túk-túk* revient à 350 Rs. Il est prévu d'instaurer un service de bateau entre Batticaloa Gate et le phare ; renseignez-vous au kiosque d'information touristique.

PLAGES DE KALKUDAH ET DE PASSEKUDAH

Au nord de Batticaloa, deux superbes croissants de sable s'étirent de part et d'autre du cap de Kalkudah, frangé de palmiers. Les hôtels qui bordaient la route au sud-ouest du village de Kalkudah ont tous disparu en raison de la guerre ou du tsunami, mais le tourisme ressuscite aujourd'hui. Passekudah Beach, la plage la plus septentrionale, est sublime avec une eau peu profonde et très prisée des touristes cinghalais ; suivez la rive vers le nord pour éviter la foule.

Kalkudah Bay Beach, du côté sud du cap, large et déserte, est baignée par un océan plus agité. Un camp militaire au bout de la route Valaichchenai-Kalkudah bloque l'accès principal ; contournez-le et empruntez le chemin à 800 m au sud.

Certaines des meilleures pensions sont installées à 2 km des plages sur la route Valaichchenai-Kalkudah. La **New Land Guesthouse** (☎065-568 0440 ; ch 1 000 Rs, plats 200-250 Rs) possède une terrasse ombragée, un jardin, des chambres sommaires, propres et spacieuses ; l'ambiance y est agréable. La **Victoria Guest House** (☎065-077 957 8968 ; victoriaghouse@yahoo.com ; s/d à partir de 1 500/2 000 Rs, plats 250 Rs ; 📶) se distingue par ses peintures fraîches et le souci du détail. Elle est tenue par Mercy, la fille de Victoria, qui gère le Simla Inn voisin ; cette dernière est réputée pour son courage face à la

VAUT LE DÉTOUR

VAKARAI

Si les plages de Kalkudah et Passekudah sont belles, elles ne peuvent rivaliser avec le sable blanc de Vakarai, à 20 km au nord. Pour en profiter pleinement, séjournez au **Tranquility Coral Cottages** (☎011-262 5404 ; http://tccvakaraisl.com ; Sallithievu Rd, Pannichankerni ; cottage pension complète 4 000-8 000 Rs), merveilleusement situé à la lisière d'un cap, à côté d'une base militaire désaffectée et face à une île luxuriante reliée à la plage par un banc de sable. L'électricité ne fonctionne que le soir et les 3 cottages sont simples, dont un à deux pas de l'eau. Une cuisinière prépare d'excellents repas avec des poissons pêchés à proximité et est parfois la seule personne présente. Rejoindre l'endroit sans son propre moyen de transport n'est pas facile. De Batti, prenez un bus pour Vakarai (107 Rs, 3 heures, 6/jour) et descendez au carrefour de Sallithievu ; le Tranquility se trouve à 2 km de là.

RAVANA ET LE LINGAM DE SWAYAMBHU

La colline surmontée d'une antenne de radio en face du Swami Rock est considérée comme le site du palais mythique de Ravana, le roi-démon à dix têtes de l'épopée hindoue du *Ramayana*. Non content d'avoir enlevé Sita, l'épouse de Rama, Ravana rapporta à Lanka le *lingam* de Swayambhu, dérobé sur une montagne tibétaine. Ce *lingam* (symbole phallique) devint l'objet d'une immense vénération. En 1624, dans un élan de prosélytisme obscurantiste, les catholiques portugais détruisirent le temple sur la colline et jetèrent à la mer les décombres et le *lingam*. Il ne fut retrouvé qu'en 1962 par une équipe de plongeurs, dont l'écrivain Arthur C. Clarke. L'expérience marqua le cameraman Mike Wilson, le premier à repérer le *lingam*, au point qu'il renonça à sa carrière et à sa famille pour embrasser la religion hindoue sous le nom de Swami Siva Kalki (voir http://kataragama.org/sivakalki.htm).

guerre et au tsunami mais aussi pour ses excellents curries. Proche de la plage, la **Moni Guesthouse** (☎065-365 4742 ; d avec/sans clim 2 500/1 500 Rs), au cœur de l'animation, offre une plaisante ambiance familiale.

Les bus de Batticaloa à Valaichchenai (48 Rs, 1 heure, toutes les 15 min) desservent un arrêt à Pethalai, d'où des *túk-túk* facturent 300 Rs l'aller-retour à la plage, attente comprise. Les bus se raréfient après 17h ; dans ce cas, marchez jusqu'au carrefour de Valaichchenai sur l'A15 (Trinco Rd), à 1 km du marché de Valaichchenai, pour prendre l'un des nombreux bus longue distance. Du quartier du marché à la plage, les *túk-túk* demandent 200/400 Rs aller/aller-retour.

Kalkudah, une petite gare ferroviaire très isolée, se situe à 2 km au sud-ouest de Kalkudah Beach, sur la route peu fréquentée de Kumburumoolai. Si vous descendez à cet endroit, dirigez-vous vers le nord à travers le champ de mines bien balisé pour rejoindre la route de la plage.

Trincomalee

☎026 / 57 000 HABITANTS

Si Trincomalee (Trinco) a beaucoup souffert durant la guerre, cette ville fascinante retrouve la prospérité. Construite le long d'un des plus beaux ports naturels au monde, son histoire remonte à la nuit des temps ; elle serait le site de l'antique Gokana du *Mahavamsa* (*Grande Chronique*) et de son temple de Shiva, celui de Trikuta dans le *Vayu Purana* hindou. Si la plupart des touristes se contentent de traverser la ville pour rejoindre les plages proches d'Uppuveli et de Nilaveli, Trinco séduit par son charme, sa longue histoire et la diversité de sa population.

Son principal atout économique, un superbe port en eaux profondes, en a fait la cible de toutes sortes d'attaques au fil de l'histoire. Lors de l'invasion britannique en 1795, la cité avait déjà été colonisée 7 fois. Aujourd'hui, les forces armées sri lankaises contrôlent le fort Frederick, ainsi que l'aérodrome de China Bay construit par les Britanniques, au sud.

À voir et à faire

Quartier du fort Frederick FORTERESSE

Édifié par les Portugais, le fort Frederick fut reconstruit par les Hollandais. Aujourd'hui, des insignes britanniques couronnent l'entrée semblable à un tunnel qui perce les épais remparts. La majeure partie de la forteresse est sous juridiction militaire, mais vous pouvez aller jusqu'à la grande **statue du Bouddha** au **temple Gokana**. La route grimpe jusqu'au **Swami Rock**, une falaise haute de 130 m surnommée le saut des Amants, et au révéré **Koneswaram Kovil** (⏲6h-11h, 11h30-13h30 et 16h30-19h) – l'un des *pancha ishwaram* du Sri Lanka, les 5 temples hindous dédiés à Shiva et bâtis pour protéger l'île des catastrophes naturelles. Il abrite le **lingam de Swayambhu**, ce qui en fait l'un des sites hindous les plus importants du pays. Le sanctuaire d'origine pourrait être bien plus ancien, car le temple existait déjà en 300 et fut construit par tous au fil des ans, des Cholas au royaume de Jaffna (son *gopuram* aurait été visible du large), avant d'être détruit par les Portugais. Le bâtiment actuel date de 1952. À l'extérieur du temple, remarquez le vestige de l'édifice originel au sommet d'un rocher ; les fidèles venait y prier avant la construction du nouveau temple. Les *puja* (prières) ont lieu à 6h30, 11h30 et 16h30. Vous devez laisser vos chaussures au pied de la colline (10 Rs).

Trincomalee

Sites religieux PATRIMOINE

Le **Kali Kovil** (Dockyard Rd) possède le *gopuram* le plus imposant des nombreux temples hindous de Trinco. La plupart des autres temples sont assez simples, y compris l'important **Kandasamy Kovil** (Kandasamy Kovil Rd), dédié à Murugan. Parmi les églises, la **cathédrale St Mary** (St Mary's St), de 1852, est particulièrement jolie avec sa façade néobaroque bleu ciel.

Plages FARNIENTE

Les plages les plus réputées de Trinco sont celles d'Uppuveli et de Nilaveli, non loin. La pittoresque **Dutch Bay** se prête davantage à la promenade, même si la baignade est possible malgré des courants parfois dangereux. Pour rejoindre **Manayaweli Cove**, une charmante plage de pêcheurs où vous pouvez nager, vous passerez par **Manayaweli Pond** ou Dhoby Tank, où les blanchisseurs font leur lessive. N'envisagez pas de vous baigner dans l'**Inner Harbour** (port intérieur) pollué.

Où se loger

La plupart des voyageurs préfèrent loger à Uppuveli, à 6 km au nord.

Silver Star Inn HÔTEL $

(☎222 2348 ; fax 222 1889 ; 27 College St ; lits jum/tr à partir de 1 300/2 000 Rs, tr/qua avec

Trincomalee

Les incontournables
Manayaweli Cove D5
Swami Rock D1

À voir
Statue du Bouddha .... (voir 2)
1 Fort Frederick C3
2 Temple de Gokana C2
3 Kali Kovil B3
4 Kandasamy Kovil D1
5 Koneswaram Kovil B4
6 Cathédrale St Mary C4
Lingham de Swayambhu .... (voir 5)

Où se loger
7 Silver Star Inn B3
8 Sun Flower B4

Où se restaurer
9 Ajmeer Hotel B4
10 Anna Pooram Vegetarian Restaurant B3
11 Green Park Beach Hotel C4
12 New Parrot Restaurant B2

clim 3 500/5 000 Rs ; ❄). Accueillant, le Silver Star est le meilleur choix en ville, avec un personnel serviable et des chambres propres, dotées de moustiquaires. Celles installées dans le bâtiment de 3 étages sont plus chères, mais elles bénéficient d'une vue et sont plus éloignées de la cuisine et de la salle des mariages, qui peuvent être bruyantes certains soirs.

Welcombe Hotel HÔTEL **$$**
(☎222 3885/6 ; www.welcombehotel.com ; 66 Orr's Hill Lower Rd ; s/d à partir de 74/78 $US ; ❄📶🏊). Vieillissant, le Welcombe reste le plus séduisant du point de vue architectural, avec ses angles et ses lignes épurés. La piscine et les balcons donnent sur la mer, le personnel est sympathique et les prix négociables. Le site fut jadis un centre naval qui aurait abrité une salle de torture.

Sun Flower HÔTEL **$**
(☎222 7078 ; 154 Post Office Rd ; lits jum avec/sans clim 2 000/1 000 Rs). Au-dessus d'une boulangerie, cet établissement simple et bien tenu par de sympathiques propriétaires bénéficie par moments des effluves des pâtisseries mises au four (ou de ceux des détritus dans la rue). Les douches sont un peu tièdes. Étonnamment, seules les chambres avec clim disposent de moustiquaires.

Où se restaurer et prendre un verre

Ajmeer Hotel SRI LANKAIS **$**
(65 Post Office Rd ; plats 100-250 Rs ; ⏲5h30-22h30). Ce restaurant halal fréquenté sert un excellent riz-curry (100-190 Rs) – même la version végétarienne est succulente. Les portions sont énormes et l'ambiance chaleureuse.

Anna Pooram Vegetarian Restaurant INDIEN DU SUD **$**
(415 Dockyard Rd ; en-cas 15-80 Rs, riz et curry 120-150 Rs). Ce petit restaurant végétarien excelle dans les *idli* (gâteaux de riz), le *sambar* (lentilles et légumes), le thé et les en-cas. Il possède quelques tables et sert le déjeuner, mais est surtout prisé pour ses plats à emporter.

Welcombe Hotel EUROPÉEN **$$**
(☎222 2373 ; 66 Orr's Hill Lower Rd ; plats 450-750 Rs ; ⏲11h-15h30 et 19h-21h30). Cet agréable restaurant en plein air de l'hôtel offre quelques plats occidentaux originaux et réussis, comme les côtelettes d'agneau au vin et au romarin, et les gambas avec beurre citronné à l'ail. Il est également plaisant pour un verre en profitant de la vue sur le port.

New Parrot Restaurant SRI LANKAIS **$**
(96 Main St ; plats 100-300 Rs ; ⏲12h-14h et 17h-20h, fermé dîner dim). Excellents riz sauté, *kotthu,* nouilles et plats relevés.

Green Park Beach Hotel INDIEN **$$**
(312 Dyke St ; plats 375-600 Rs ; 📶). La longue carte comporte essentiellement des plats d'Inde du Nord et l'établissement offre l'accès Wi-Fi gratuit.

Renseignements

La **Commercial Bank** (Central Rd) et la **HNB** (Court Rd) possèdent les DAB les plus fiables.

Bibliothèque publique de Trincomalee (Dockyard Rd ; Internet 40 Rs/h ; ⏲8h30-17h30 mar-dim). Connexions rapides dans un cadre lumineux et accueillant.

Khethush Internet Browsing Spot (380 Court Rd ; Internet 40 Rs/h ; ⏲8h-20h lun-sam)

Poste (Post Office Rd ; ⏲7h-19h lun-sam, 8h30-16h30 dim)

ZainabCom (Dockyard Rd ; ⏲8h30-20h30). Appels internationaux à 4 Rs la minute).

Depuis/vers Trincomalee

AVION **Helitours** (☎011 311 0472, 011 314 444 ; www.airforce.lk, heli tours@slaf.gov.lk), propriété de l'armée de l'air sri lankaise, propose des vols à bord d'avions militaires entre l'aérodrome de China Bay, à 13 km au sud de la ville, et la base aérienne de Ratmalana à Colombo. Ils desservent les deux villes les lundis et vendredis (aller 4 100 Rs, 1 heure).

Lors de nos recherches, **Sri Lankan Airlines** (☎1979; www.srilankan.lk) prévoyait de lancer un service d'avion-taxi entre Colombo et Trincomalee.

BUS La route côtière vers Batticaloa était toujours fermée lors de notre passage. Le trajet sera plus court quand l'A15 sera réparée. Bus CTB et privés :

Anuradhapura 185 Rs, 4 heures, 3/jour le matin

Batticaloa (via Habarana et Polonnaruwa) 200 Rs, 7 heures, 10/jour

Colombo à partir de 240 Rs, 7 heures, départs fréquents

Colombo (climatisé ; réserver à l'avance) 490 Rs, 6 heures, 2 en soirée

Jaffna (via Vavuniya) 270 Rs, 7 heures, 8/jour

Kandy 210 Rs, 5 heures, 16/jour, plus 2 climatisés (358 Rs)

Uppuveli/Nilaveli 12/22 Rs, 20/30 min, toutes les 20 min

TRAIN Chaque jour, 2 trains circulent entre Trincomalee et Colombo Fort, dont un direct de nuit avec couchettes. Dans les deux trains, vous pouvez changer à Gal Oya pour Batticaloa, mais le train de nuit est déconseillé : l'attente est longue et tardive. Réservez à la **gare de Trincomalee** (☎222 2271 ; ⏲ réservations 8h-12h).

Trains au départ de Trincomalee :

Batticaloa 3e/2e classe 150/280 Rs, 5 heures, départ 7h

Colombo train de nuit couchette 3e/2e/1re classe 270/450/750 Rs, 9 heures, départ 19h30

Colombo sans réservation (correspondance à Gal Oya) 3e/2e classe 205/370 Rs, 9 heures, départ 7h

Uppuveli et Nilaveli

☎026

Depuis que la paix est revenue, un nombre croissant de voyageurs découvrent Uppuveli et Nilaveli. L'ambiance est bien plus paisible (et les pensions un peu plus chères) qu'à Arugam Bay. Les habitants de Nilaveli affirment que l'eau est plus limpide qu'à Uppuveli et ceux d'Uppuveli jurent que leur plage est plus agréable. Quelles que soient les préférences, Pigeon Island, une belle île entourée de récifs à 1 km de Nilaveli, fait l'unanimité pour le snorkeling et la plongée.

UPPUVELI

Uppuveli, à 6 km de Trincomalee, est moins étendue que Nilaveli et dispose de plus d'hébergements pour voyageurs à petit budget, même si certains sont des cubes en béton trop chers. Nilaveli est plus pratique pour la plongée et le snorkeling.

À voir et à faire

Cimetière militaire du Commonwealth CIMETIÈRE

(Nilaveli Rd ; ⏲aube-crépuscule). Dans ce cimetière superbement entretenu reposent plus de 600 soldats morts à Trinco pendant la Seconde Guerre mondiale, pour la plupart lors d'une attaque japonaise qui coula plus d'une dizaine de vaisseaux en 1942.

Salli Muthumariamunam Kovil TEMPLE

En bord de plage, le Salli Muthumariamunam Kovil se situe à 4 km d'Uppuveli par la route, mais à courte disance en bateau ; il se tient de l'autre côté de Fishermen's Creek, caché par des rochers couverts de verdure.

Sri Lanka Diving Tours PLONGÉE

(☎222 1611, 071 132 3974 ; www.srilanka-diving-tours.com ; Chaaya Blu). Le centre de plongée de Chaaya Blu est l'un des meilleurs de la région. Outre des cours open-water de 3 jours (410 $US), il propose plusieurs sorties de plongées et de snorkeling – notamment à Pigeon Island (80 $US pour deux plongées et 40 $US pour le snorkeling) et, pour les plongeurs expérimentés, à Swami Rock à Trincomalee et sur l'épave d'Irakkandy. Il organise aussi des cours de plongée pour enfants, des sorties guidées en bateau et de pêche.

En indépendant, vous pouvez faire du snorkeling ou nager avec un masque à la pointe nord de la plage d'Uppuveli, où foisonne une faune marine exotique, dont quelques espèces rares.

Où se loger

♥ **Palm Beach** PENSION $$

(☎222 1250 ; d avec/sans clim 3 800/3 200 Rs, annexe s avec sdb commune 1 500 Rs, d 2 700 Rs ; ⏲fermé nov-jan ; ❄). Les chambres décorées avec goût, avec meubles en bois sombre, jolis rideaux et moustiquaires contribuent à faire du Palm Beach la meilleure adresse des environs. L'établissement, d'une propreté irréprochable, est entouré d'un jardin paisible, à quelques mètres de la plage. La cuisine est excellente, de même que l'expresso. Même les chambres de l'annexe, moins chères, sont

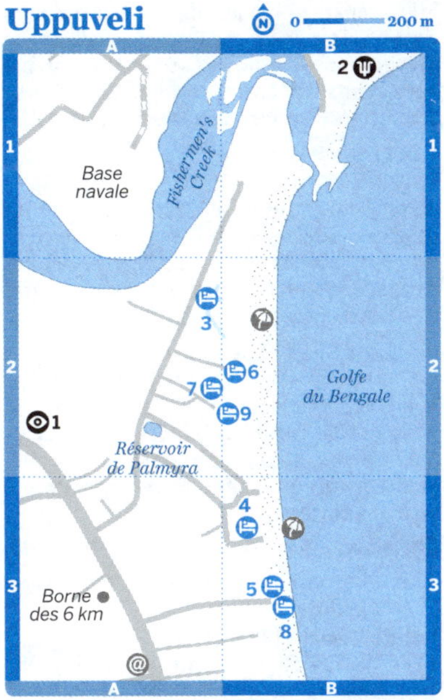

Uppuveli

À voir

1 Cimetière du Commonwealth............A2
2 Salli Muthumariamunam Kovil...........B1

Activités

Sri Lanka Diving Tours ....(voir 3)

Où se loger

3 Chaaya Blu..A2
4 Coconut Beach Lodge.........................B3
5 French Garden Regish.........................B3
6 Golden Beach Cottage........................B2
7 Jaysh Resort...A2
8 Palm Beach...B3
9 Sea Lotus Park......................................B2

Où se restaurer

Coconut Beach Lodge.................(voir 4)
Crab ....(voir 3)
Palm Beach..................................(voir 8)
Sea Lotus Park ....(voir 9)

lumineuses, propres et d'un charme monastique. Réservation conseillée.

♥ **Chaaya Blu** COMPLEXE HÔTELIER $$$
(☎222 1611 ; www.chaayahotels.com ; s/d 215/230 $US, chalet s/d 245/260 $US, petit-déj compris ; ❄@📶🏊). La superbe décoration du Chaaya s'accorde à merveille avec le soleil éclatant et le bleu de la mer : blancs immaculés et bleus profonds côtoient l'orange vif des coussins, des tissus, des mosaïques et des massives colonnes ornées de miroirs dans le salon à ciel ouvert. Les chambres sont confortables et spacieuses. Les chalets, parfaitement aménagés, jalonnent la plus belle portion de plage d'Uppuveli. La cuisine est succulente. Réservez en ligne pour obtenir des réductions.

Coconut Beach Lodge PENSION $
(☎222 4888, 492 5712 ; sujeevah@yahoo.com ; ch avec/sans clim à partir de 5 000/2 500 Rs). Outre un emplacement en bord de plage, des galeries et un belvédère pour admirer le cadre à l'heure de l'happy hour, le Coconut Beach propose des chambres standard avec des touches artistiques dans les sdb. Celles avec clim, dans le bâtiment principal, s'agrémentent de plafonds aux poutres apparentes, d'œuvres d'art et d'une ambiance douillette.

Sea Lotus Park COMPLEXE HÔTELIER $$$
(☎222 5327 ; www.lotustrinco.com ; s/d 8 100/8 700 Rs, bungalow 6 300/6 775 Rs ; ❄@📶🏊). Parfaitement fonctionnel, il offre des équipements modernes, une piscine et un service professionnel, mais sans style. Les chambres, récemment rénovées, comportent la TV à écran plat et donnent sur la mer. Les bungalows, un peu défraîchis, disposent d'une galerie en bord de plage avec une vue époustouflante.

Jaysh Resort PENSION $
(☎320 7015 ; ch à partir de 2 500 Rs ; ❄). Établi depuis 4 ans, le Jaysh semble plus vieux mais se situe dans un endroit extrêmement tranquille, à côté du Sea Lotus Park. Un chemin conduit directement à la plage.

Golden Beach Cottage PENSION $
(☎721 1243 ; ch à partir de 2 000 Rs). Les chambres n'ont rien d'exceptionnel, mais le jardin est correct, avec des tables de pique-nique et un emplacement sur une superbe portion de plage, au sud du Chaaya Blu.

French Garden Regish PENSION $
(☎222 1705 ; ch 1 200-1 800 Rs). Bien qu'installée sur la plage, elle ne vaut guère que pour ses prix.

Où se restaurer et prendre un verre

♥ **Crab** INTERNATIONAL $$$
(Chaaya Blu ; plats 600-1 300 Rs ; ⏲12h-23h). Le Chaaya Blu est réputé pour ses buffets (à partir de 1 650 Rs), servis midi et soir dans son restaurant en plein air. Son café en

Nilaveli

Nilaveli

Activités

Où se loger

bord de plage, le Crab, propose des entrées fusion et des déjeuners légers si inventifs que nous le préférons. Essayez le *wrap* fajita-poisson avec frites et salade (680 Rs) au déjeuner, ou les beignets de crabe et maïs avec concombre, salsa verte et sauce tomate (1 040 Rs). Le bar possède une longue carte, mais les boissons sont chères. Le service est lent.

Palm Beach ITALIEN $$$
(☎222 1250 ; plats 800-950 Rs ; ⏱12h-14h et 18h30-21h, fermé nov-jan). Dona, le chef du Palm Beach, compose la carte chaque jour selon ce qu'offrent le marché et son jardin. Elle prépare de délicieux plats classiques, comme les spaghettis aux calamars, à savourer après une bruschetta, accompagnés d'un bon vin et suivis d'un sublime cappuccino. Réservation indispensable.

Sea Lotus Park INTERNATIONAL $$
(☎222 5327 ; plats 400-800 Rs ; 📶). Si la carte semble interminable, ce restaurant se spécialise dans le poisson, le curry et les pâtes à la sri lankaise. Il sert aussi des steaks, du poulet cordon bleu, etc. Le cadre en bord de plage est séduisant.

Coconut Beach Lodge SRI LANKAIS $
(☎222 4888, 492 5712 ; plats 300-450 Rs). Relativement récent, il n'offre que quelques plats – riz et curry, riz sauté, etc. – mais les prépare avec amour et les sert dans un joli patio éclairé aux bougies. Réservez plusieurs heures à l'avance.

Renseignements

Uppuveli ne compte pas de banque ; retirez de l'argent à Trinco.

Jatheik GameNet Cafe (Nilaveli Rd ; Internet 60 Rs/h ; ⏱8h30-20h lun-sam).

St Joseph's Medical Service (Nilaveli Rd ; ⏱24h/24). Un centre médical ouvert 24h/24.

Depuis/vers Uppuveli

Des bus Irakkandy-Trincomalee circulent toutes les 20 min ; faites leur signe pour rejoindre Trincomalee (12 Rs, 20 min) ou Nilaveli (12 Rs, 10 min). En *túk-túk*, comptez 300 Rs pour Trinco et 500 Rs pour Nilaveli.

NILAVELI

Pendant des années, Nilaveli, avec ses palmiers se balançant au-dessus du sable doré, a été considérée comme l'une des plus belles plages du pays. Excellente pour le snorkeling et la plongée, la localité possède une remarquable école de plongée. Sur la plage s'élève un énorme camp militaire qui rappelle que Nilaveli n'est pas loin de l'ancienne ligne de front.

À voir et à faire

Parc national de Pigeon Island SITE DE PLONGÉE
À 1 km de la côte, Pigeon Island, avec un sable blanc poudreux et des coraux scintillants, séduit par ses possibilités. L'île, site de nidification des pigeons bisets, ne manque pas de charme avec des bassins rocheux et des sentiers qui serpentent à travers les fourrés, mais le paysage sous-marin constitue son principal attrait. Le récif peu profond, qui rend le snorkeling presque aussi gratifiant que la plongée, abrite des dizaines de coraux, des centaines

de poissons de récif (dont des requins à pointe noire) et des tortues. Si plonger avec un guide coûte plus cher, il vous montrera des plantes et des animaux que vous n'auriez pas repérés seul et vous aidera à ne pas perturber l'environnement. Pigeon Island est devenu un parc naturel en 2003, mais les règles ne sont pas assez strictes et le récent essor du tourisme a déjà endommagé le récif et ses habitants.

Pour visiter Pigeon Island, vous devrez payer 10/5 $US de droit d'entrée par adulte/enfant, 8 $US de service par groupe et 125 Rs par bateau, plus 12% de taxe. Ces frais se règlent avant le départ à la **billetterie du parc national de Pigeon Island** (☎320 3850 ; ⏲6h-17h30), sur la plage, sauf si vous passez par la Poseidon Diving School, l'un des hôtels de Nilaveli ou le Chaaya Blu à Uppuveli.

Sachez que la base navale de Trincomalee dispose d'un caisson de décompression, théoriquement accessible en ambulance en 10 minutes.

♥ **Poseidon Diving School** PLONGÉE
(☎077 706 9442 ; www.divingsrilanka.com). Notre tour-opérateur de plongée favori facture 50 € la sortie de snorkeling à Pigeon Island pour 3 personnes, équipement et bateau compris. Il loue également l'équipement de snorkeling pour 800 Rs par jour. Le cours open-water revient à 300 €, et la plongée, à Pigeon Island ou ailleurs, coûte 30 €. Poseidon propose également des **circuits d'observation des baleines** (130 € pour 3 pers) de 10 km, avec départ à 6h.

Nilaveli Private Boat Service PLONGÉE
(☎071 593 6919). L'association des bateliers locaux a fixé des prix pour l'excursion à Pigeon Island – 1 500 Rs pour 2 personnes, 150 Rs par personne supplémentaire – ce qui évite le marchandage. Vous trouverez des capitaines sur la plage, près de la billetterie ; ils peuvent également s'occuper de la location du matériel de snorkeling (250 Rs les 2 heures). Le Service organise aussi des **sorties pêche** (2 250 Rs) et **des circuits d'observation des baleines** (10 000 Rs pour 4 pers).

Nilaveli Beach Hotel PLONGÉE
(☎223 2295/6 ; www.tangerinetours.com). Ce complexe hôtelier réputé offre des sorties de plongée (30 €) et de snorkeling (à partir de 2 400 Rs) à Pigeon Island, des cours open-water (325 €) et des sorties de pêche (à partir de 2 500 Rs).

Où se loger et se restaurer

Nilaveli est très étendue et la plupart des hébergements se situent à 400 m au moins de la route principale. Toutes les adresses suivantes servent des repas.

♥ **Nilaveli Beach Hotel** COMPLEXE HÔTELIER $$$
(☎223 2295/6 ; www.tangerinetours.com ; s/d avec clim et petit-déj à partir de 120/130 $US, buffets petit-déj/déj/dîner 1 000/1 800/2 000 Rs ; ❄📶🏊). Cet hôtel possède le plus beau jardin – vaste, bosquets ombragés avec des hamacs et une piscine somptueuse – ainsi qu'une superbe zone de plage avec vue sur Pigeon Island. L'architecture offre un équilibre harmonieux entre contemporain et rustique, surtout pour les cottages. Le restaurant, prisé pour ses buffets, se spécialise dans les pâtes et les produits de la mer. L'espace de restauration près de la piscine et de la plage (plats 800-1 300 Rs) est encore plus plaisant pour la cuisine, les boissons et l'ambiance.

Pigeon Island View Guest House PENSION $$
(☎223 2238 ; d/tr à partir de 4 000/5 000 Rs ; ❄). Sur la plage, cette pension est la plus séduisante adresse de catégorie moyenne avec un emplacement paisible et la vue sur l'île. Comme nombre de survivants du secteur, le propriétaire a patiemment rebâti cette maison de 3 étages après le tsunami et propose des chambres sans caractère, mais spacieuses et bien tenues. Le personnel est sympathique et la Poseidon Diving School est installée ici.

Shahira PENSION $
(☎273 3338, 567 0276 ; http://shahirahotel.com ; d/tr 2 200/3 300 Rs). Dans cette ravissante pension, les grandes chambres propres, sans clim ni eau chaude, s'agrémentent de touches anciennes et d'un porche avec fauteuils donnant sur un joli jardin. Cela permet d'oublier qu'elle se tient derrière une tour de guet qui abrite des soldats armés.

Seaway Hotel HÔTEL $$
(☎223 2212 ; ch à partir de 3 500 Rs ; ❄). Flambant neuf, le Seaway a tout pour séduire : d'immenses chambres jaune citron avec des galeries en retrait d'une superbe et paisible bande de sable. Le personnel est sympathique et le restaurant en bord de plage devrait avoir ouvert quand vous serez sur place. Le seul inconvénient est la proximité de la base militaire.

Pigeon Island Beach Resort HÔTEL **$$$**
(☎492 0633 ; www.pigeonislandresort.com ; s/d/tr avec clim et petit-déj à partir de 120/150/203 $US ; ❄📶🏊). Dans ce long bâtiment de 2 étages, les chambres n'ont rien d'exceptionnel pour le prix, et seules les suites bénéficient d'une vue. Cependant, après le jardin et la grande piscine, s'étend l'une des plus belles parties de plage de la côte est, et le restaurant (plats 800-1 200 Rs) est célèbre pour ses poissons et ses buffets. Balayés par la brise, les espaces salon et salle à manger, avec meubles anciens et lampes en osier, sont charmants, parfaits pour un verre ou un repas à défaut de séjourner dans l'hôtel.

Nilaveli Garden Inn HÔTEL **$$**
(☎223 2228 ; www.hotel-garden-inn.de, en allemand ; s/d/tr à partir de 2 750/4 100/4 700 Rs ; ❄). Un peu négligé et sommaire mais très apprécié, il se situe non loin de la plage et de la billetterie du parc national de Pigeon Island.

Depuis/vers Nilaveli

Faites signe à un bus de passage pour rallier Trincomalee (22 Rs, 30 min, toutes les 20 min). Le trajet en *túk-túk* coûte 800 Rs, et 500 Rs pour Uppuveli.

Jaffna et le Nord

Dans ce chapitre »

Le top des restaurants

» Manattrii (p. 254)
» Mangos (p. 255)
» Green Grass (p. 255)
» Bastian Hotel (p. 255)
» Malayan Café (p. 255)

Le top des hébergements

» Theresa Inn (p. 252)
» Morgan's Residence (p. 253)
» Manattrii (p. 253)
» Sarras Guest House (p. 253)
» Baobab Guest House (p. 246)

Pourquoi y aller

Temples hindous richement ornés, saris chatoyants des femmes à vélo, doux parfums des arbres fruitiers, les contrastes entre le Nord et le reste du pays se remarquent immédiatement. Ici, le paysage, aride sous un soleil brûlant, est serti dans l'écrin des rivages baignés par des eaux turquoise. La lumière est plus intense : d'une blancheur presque irréelle quand elle se reflète sur les salants de la région du Vanni, d'une transparente clarté sur les îles coralliennes et les plages du nord, et d'une douceur caressante sur les faubourgs verdoyants de Jaffna et son centre marqué par la guerre.

Et, bien sûr, il y a les différences culturelles. Langue, cuisine, religion : la culture tamoule a ses propres rythmes, et les habitants sont fiers de leur patrimoine. La tension reste palpable et les conversations passent facilement de l'histoire tamoule à la présence militaire. Mais, pour l'heure, la paix, la reconstruction et la renaissance des riches traditions du nord de l'île sont à l'ordre du jour.

Quand partir

Jaffna

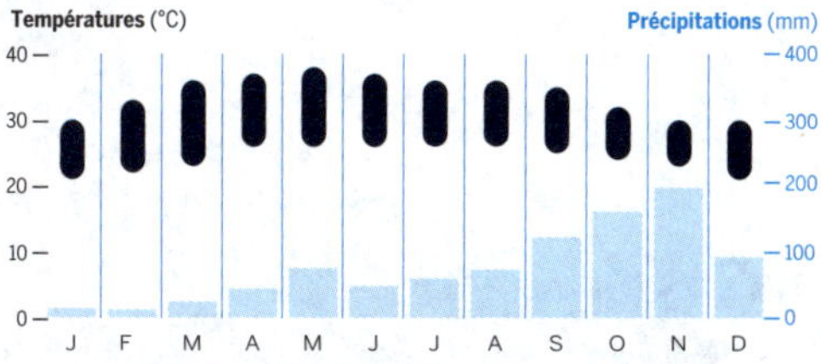

Février
Une fenêtre s'ouvre après la mousson et avant le retour des grosses chaleurs ; de la bruine, mais tout est verdoyant.

Juin-juillet
La haute saison avec du soleil, une chaleur modérée et les mangues de Karuthakolamban.

Juillet-août
L'extraordinaire fête de Nallur dure 25 jours à Jaffna : défilés, crème glacée et rituels d'automutilation.

À ne pas manquer

1 Les envoûtantes *puja* (prières) au **Nallur Kandaswamy Kovil** (p. 250) de Jaffna

2 Les séquelles de la guerre qui a détruit maisons, temples et villages et le courage des survivants

3 L'agréable **marché** (p. 256) de Jaffna et les odeurs de café, de fruits et de cigares

4 Les eaux curatives de la **source de Keerimalai** (p. 259)

5 L'approche des îles de **Nainativu** (p. 261) ou de **Neduntivu** (p. 262)

6 Les routes côtières de la **péninsule de Jaffna** (p. 257), bordées de bateaux de pêche, d'eaux calmes et de plages tranquilles

7 La découverte des traditions hindoues au **Maviddapuram Kanthaswamy Kovil** (p. 259), au **Thirukketeeswaram Kovil** (p. 245) ou au **Thurkkai Amman Kovil** (p. 258)

Histoire

Le Nord a toujours vécu un peu à part du reste de l'île. Même sous les régimes coloniaux, la région a bénéficié d'un statut d'autonomie. Jaffna, en particulier, a toujours été une ville importante, et l'un des moments marquants de la montée vers la guerre eut lieu en 1981 quand un groupe de Cinghalais incendièrent la bibliothèque de Jaffna, attentat considéré par les Tamouls comme un affront insupportable à leur riche tradition intellectuelle. La guerre commença deux ans plus tard, et Jaffna demeura le théâtre de violences tout au long du conflit. Le Nord devint synonyme de guerre, mais aussi de paix : le conflit prit fin sur la côte de Mullaittivu en 2009.

Climat

Le Nord comprend deux aires géographiques distinctes : les terres basses de la péninsule de Jaffna et ses îles, et le vaste Vanni, une zone plate et broussailleuse. La région est extrêmement sèche la plus grande partie de l'année, sauf après la mousson du nord-est d'octobre à janvier, où la verdure reprend ses droit.

Vavuniya

☎024 / 75 000 HABITANTS

Pratiquement tous les transports terrestres entre Colombo et le Nord passent par Vavuniya (*vao*-nya), une ville très animée. Pour les voyageurs, séjourner ici est un moyen commode de couper en deux le voyage du Sud à Jaffna. C'est une ville de routiers qui n'a pas de curiosités spectaculaires, mais un après-midi ici n'est pas désagréable.

À voir

La ville se déploie autour d'un joli **réservoir**, que l'on peut admirer du **Kudiyiruppu Pillaiyar Kovil**, un vaste temple dédié à Ganesh. Plus séduisant, le **Kandasamy Kovil** (Kandasamy Kovil Rd), consacré à Murugan (Skanda), comporte un *gopuram* (tour d'entrée) très travaillé, mais un peu défraîchi, et une statue dorée à l'or fin dans le sanctuaire. La **grande mosquée Jummah** (Horowapatana Rd), où le bleu-vert domine, est coiffée de dômes en bulbe étincelants.

L'**Archaeaological Museum** (Musée archéologique ; Horowapatana Rd ; entrée libre ; ⏲9h-17h) est modeste. Il renferme néanmoins de ravissantes figurines primitives en terre cuite du Xe au XVe siècle. La salle centrale hexagonale contient de belles statues du Bouddha en calcaire de Mannar du Ve au VIIIe siècle.

Le charmant **Madukanda Vihara** (Horowapatana Rd), se tient à 3 km de la ville le long de l'A29 ; comptez 150 Rs en *túk-túk*. Il aurait été la quatrième étape lors du transport de la dent sacrée du Bouddha de l'Inde à Anuradhapura au IVe siècle. Les ruines antiques sont éclipsées par le dagoba (stupa) blanc et un arbre de la Bodhi vieux de 150 ans. Vous pouvez faire signe à n'importe quel bus qui passe pour revenir à Vavuniya.

Où se loger et se restaurer

Hotel Swarkka PENSION $

(☎222 1090 ; Soosapillaiyarkulam Rd ; s/d à partir de 1 750/2 250 Rs, avec clim à partir de 2 250/2 750 Rs ; ❄). Le Swarkka propose des chambres plutôt banales, sans eau chaude, à proximité d'un temple bruyant

QUESTIONS DE SÉCURITÉ

Lors de nos recherches, le pays était paisible, mais certains gouvernements étrangers avaient encore publié de sérieuses mises en garde contre les voyages dans le Nord. Des arrestations et des disparitions ont parfois encore lieu, et les causes profondes du conflit n'ont pas été résolues. Soyez sur vos gardes.

Bien que les ONG aient progressé dans le déminage, certaines mines demeurent, ainsi que des tonnes d'obus non explosés. Restez impérativement sur les routes ou les chemins très empruntés. Ne vous aventurez jamais sur des plages désertes.

Il se peut que les habitants ne veuillent pas parler ouvertement de la politique ou de la guerre ; faites preuve de tact. Ne photographiez pas les soldats, les postes militaires ou les sites potentiellement stratégiques comme les ports et les ponts.

Vous êtes certes plus susceptible de rencontrer des points de contrôle de l'armée, des routes fermées ou des zones interdites que de la violence, toutefois, avant de venir, faites une recherche en profondeur et tenez-vous informés sur la région et la politique. Pour avoir deux perspectives très différentes, consultez www.defence.lk et www.tamilnet.com.

Vavuniya

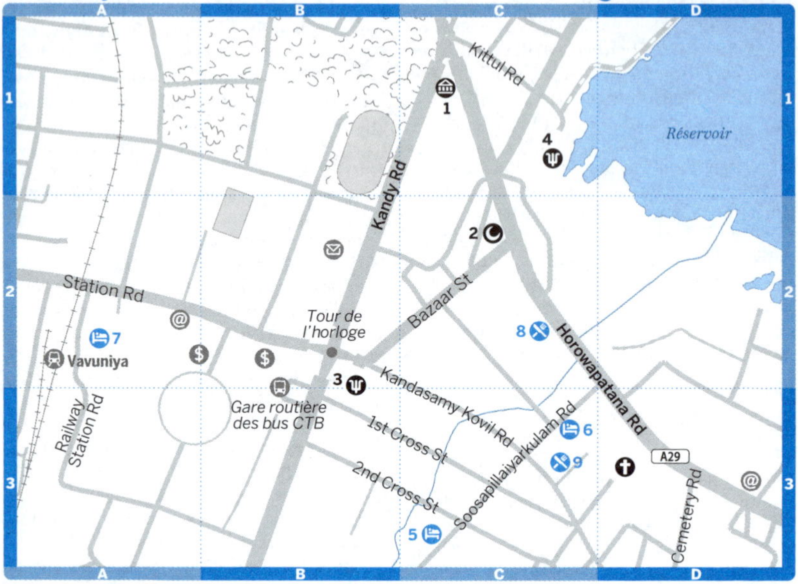

Vavuniya

À voir

1 Archaeological Museum C1
2 Grande mosquée de Jummah C2
3 Kandasamy Kovil B2
4 Kudiyiruppu Pillaiyar Kovil C1

Où se loger

5 Hotel Nelly Star C3
6 Hotel Swarkka C3
7 Pulley's Balmoral A2

Où se restaurer

8 Royal Garden Restaurant C2
9 Ryana Restaurant C3

(le mieux est d'y faire un tour à 17h pour la *puja*). En revanche, la famille qui gère la pension est tellement sympathique que vous vous sentirez chez vous. Les chambres sont propres et disposent de moustiquaires. Les chambres "de luxe" offrent le meilleur rapport qualité/prix ; évitez la version "économique" (1 250 Rs). Des en-cas sont disponibles et le personnel peut organiser la location de vélos.

Hotel Nelly Star HÔTEL $
(☎222 4477 ; jerome.nellyrest@gmail.com ; 84 2nd Cross St ; ch avec/sans clim 2 700/1 900 Rs, VIP 3 950 Rs, plats 200-600 Rs ; ❄ ≋). Avec son architecture moderne et ses couleurs pastel, le Nelly Star semble le meilleur hôtel de la ville, mais la qualité de l'accueil et de l'ambiance n'est vraiment pas au rendez-vous. En outre, les chambres standard déçoivent, mais elles sont ce qui se fait de mieux à Vavuniya. Enfin, les dames peuvent oublier la piscine : elle est pleine d'hommes qui les regarderont bouche bée.

Pulley's Balmoral PENSION $
(☎222 2364 ; Railway Station Rd ; s/d à partir de 1 300/1 800 Rs, sans sdb 850/1 000 Rs, plats 80-350 Rs ; ❄). Cette ancienne villa se trouve dans une grande palmeraie face à la gare. Elle a beaucoup vécu (les sdb communes sont tristes et les chambres avec clim n'ont pas de vraie fenêtre), mais elle demeure sympathique et bien située.

Ryana Restaurant SRI LANKAIS $
(47/8 Kandasamy Kovil Rd ; plats 100-225 Rs). Le *kotthu* (*roti* haché et mélangé à des légumes) du Ryana est extrêmement épicé, mais il est tellement bon que vous n'y prêterez pas attention. Cette adresse est plus propre qu'elle en a l'air, et le personnel est sympathique. Les habitants l'apprécient.

Royal Garden Restaurant INDIEN, PIZZERIA $$
(☎492 2677 ; 200 Horowapatana Rd ; plats 140-350 Rs ; ⌚10h-22h). Dans un agréable jardin, des lumières scintillantes éclairent

les petits pavillons nichés parmi les arbres. Le *paneer masala* (curry de champignons et de fromage non fermenté ; 300 Rs) sont délicieux. Service de livraison également.

Renseignements

Vavuniya accueille de nombreuses personnes de passage, et les rues deviennent très calmes la nuit tombée. La prudence est donc de rigueur pour les voyageuses en solo lorsqu'elles sortent la nuit. Vavuniya est aussi la porte d'entrée du Nord, où la culture est plus conservatrice : les hommes comme les femmes devront faire preuve de pudeur dans leur habillement.

Parmi les nombreuses banques avec DAB, on trouve la Commercial Bank et la HNB.

Poste (Kandy Rd ; ⏲8h-20h lun-sam)

SeeNet (395/1 Horowapatana Rd ; Internet 50 Rs/h ; ⏲8h30-19h lun-sam)

Vastec (1er ét, 65 Station Rd ; Internet 15/40 Rs par 15 min/h ; ⏲9h30-20h)

Depuis/vers Vavuniya

Au moment de la rédaction de ce guide, seule une photocopie du passeport était nécessaire pour se rendre à Jaffna ; renseignez-vous toutefois avant de partir.

BUS La gare routière du Central Tourist Board (CTB) à Vavuniya se trouve devant la tour de l'horloge. Des bus privés moins bien organisés, avec des tarifs similaires, sont alignés dans 2nd Cross St.

Anuradhapura 60 Rs, 1 heure, toutes les 30 minutes

Colombo CTB/privé demi-luxe 250/360 Rs, 7 heures, toutes les 30 minutes

Jaffna 148 Rs, 4 heures, toutes les 30 minutes

Kandy 170 Rs, 5 heures, 10/jour

Mannar 89 Rs, 2 heures, toutes les heures

Trincomalee 105 Rs, 4 heures, toutes les heures

TRAIN Appelez ou rendez-vous au **bureau de réservation ferroviaire** (☎222 2271 ; ⏲7h-10h et 16h-17h) pour connaître les liaisons en activité ; la restauration de la ligne pour Jaffna, détruite pendant la guerre, était en cours au moment de nos recherches. Les trains Colombo-Vavuniya s'arrêtent à Anuradhapura.

Anuradhapura 3e/2e/1re classe 50/90/160 Rs, 1 heure, 14h30 et 22h

Train Intercity pour Colombo 3e/2e classe 270/450 Rs, 3e/1e classe avec réservation 345/700 Rs, 7 heures, 5h45

Train "rapide" pour Colombo 3e/2e/1re classe 185/330/600 Rs, 9 heures 30, 3h20 et 7h

Île de Mannar et ses environs

☎023

Presque une péninsule, l'île de Mannar, belle et aride, est une étendue de sable blanc et de palmiers, habitée par des mouettes, des sternes et des ânes sauvages, parcourue de petites allées et bordée de bateaux de pêche. Elle s'avance dans le détroit de Palk pour s'approcher à 30 km de l'Inde. En raison de son emplacement, l'île de Mannar a été durement touchée par la guerre : point de passage important entre le Sri Lanka et l'Inde, elle est devenue un centre de réfugiés. Le LTTE a chassé l'importante population musulmane de l'île en 1990 et son territoire reste en partie miné. La route Vavuniya-Mannar a été farouchement disputée, et la plupart des villages qui la bordent furent abandonnés ; des bunkers et des tours de guet parsèment toujours la route tous les 50 m.

Malgré tout cela, la ville de **Mannar**, au bout d'une chaussée de 3 km qui la relie au continent, est un endroit agréable. L'île ne compte guère de sites touristiques, mais elle est plus calme et plus attrayante que Vavuniya si vous voulez faire une pause lors de votre voyage de Colombo à Jaffna. En ville, on peut apercevoir la **forteresse** hollando-portugaise, occupée par l'armée et fermée au public. Un **baobab** (Palimunai Rd), pousse à 1,2 km au nord-est de la ville. Ressemblant à un ballon géant avec 19 m de circonférence, il aurait été planté en 1477 par des marchands arabes.

À environ 38 km de la ville, à l'extrémité ouest de l'île, se trouve **Talaimannar** ; autrefois, les ferries à destination de Rameswaram, en Inde, partaient d'une jetée à proximité. Au large, l'**Adam's Bridge** est une chaîne de récifs, de bancs de sable et d'îlots qui relient presque le Sri Lanka à Rameswaram en Inde. Dans le *Ramayana*, c'est le gué qu'emprunta le dieu-singe Hanuman pour aider Rama à secourir Sita, son épouse enlevée par Ravana, le roi-démon de Lanka. Le long de la côte, un phare abandonné marque le début d'Adam's Bridge. La marine occupe désormais ce domaine et propose des **excursions en bateau** (500 Rs/pers ; ⏲8h-16h) jusqu'aux premiers bancs de sable.

Dans l'autre sens, à environ 13 km de Mannar sur le continent, se trouve le **Thirukketeeswaram Kovil**. Comme le Naguleswaram Kovil (p. 259), le Thirukketeeswaram est l'un des *pancha ishwaram*, les cinq temples hindous anciens du

LA ROUTE DE JAFFNA

Pendant la guerre, l'A9 (quand elle était ouverte) était la seule route qui permettait de traverser l'**Eelam tamoul**, la région du Vanni contrôlée par le mouvement LTTE (Tigres de libération de l'Eelam tamoul). Ce territoire plat aux airs de savane était un autre pays, parfois surnommé "Tigerland" ("terre du Tigre"). Les voyageurs progressaient à travers les postes de contrôle de la SLA (Sri Lanka Artillery) et du LTTE, et devaient passer la douane et l'"immigration" pour pénétrer dans la zone tenue par le LTTE. Le voyage de Vavuniya à Jaffna durait jusqu'à 16 heures.

Aujourd'hui, le trajet prend 4 heures, et le seul "point de contrôle" est une petite cabane où les soldats du gouvernement prendront en note votre nom et examineront une copie de votre passeport. L'arrêt dure environ 10 minutes.

Ensuite, le trajet peut comprendre une visite au minuscule **temple d'Ankaran** à Murukandy. Les habitants prient ici pour que leur voyage se déroule bien. Aussi de nombreux véhicules, y compris les autobus, y font un arrêt.

Kilinochchi, l'ancienne capitale administrative du Tigerland, est la seule ville importante en cours de route. La capitale de l'Eelam tamoul a été fortement endommagée avant d'être reprise par les forces gouvernementales en 2009. Vous pouvez encore voir, à terre, l'énorme château d'eau renversé durant les combats, ainsi qu'un monument aux morts érigé par le gouvernement (non loin, une inscription proclame que le président Rajapakse est "né pour la grâce de la nation").

Le dernier tronçon traverse les salants puis l'**Elephant Pass** (passe de l'Éléphant), une belle chaussée longue d'un kilomètre qui relie la péninsule de Jaffna au reste du Sri Lanka. Elle fut l'enjeu de batailles acharnées durant la guerre.

Au moment de nos recherches, l'A9 subissait d'importants travaux de réfection et d'agrandissement. Lors de votre visite, le voyage dans l'ancien Tigerland sera peut-être encore plus rapide.

Sri Lanka dédiés à Shiva et construits pour protéger l'île des catastrophes naturelles. Ce site imposant comporte un haut *gopuram* coloré. Autour du temple, des pavillons ouverts en façade abritent cinq chars gigantesques, que l'on sort en février pour la fête impressionnante de **Maha Sivarathiri**. Le Thirukketeeswaram Kovil est à 4,5 km sur une route transversale qui part de la route Mannar-Vavuniya entre les kilomètres 76 et 77. Il y a fréquemment des bus depuis Mannar ; une course en *túk-túk* revient à 800 Rs l'aller-retour.

Où se loger et se restaurer

Baobab Guest House PENSION $
(☎222 3155 ; 70 Field St, Sinnakadai ; s/d 1 000/1 600 Rs, avec clim 1 800/2 500 Rs ; ❄). Très propre et bien organisé, le Baobab comprend un salon confortable, une cuisine et une salle à manger que les clients peuvent utiliser (une épicerie se trouve juste en face), ainsi que des planchers traditionnels rouge vif et des fenêtres munies de moustiquaires.

Mannar Red Rest PENSION $
(☎222 2277 ; mannarbeo@redcross.lk ; 4 Field Lane, Sinnakadai ; s/d/tr 750/1 200/1 800 Rs, avec clim 1 800/2 000/2 500 Rs ; ❄@). Tenue par la Croix-Rouge pour financer son action humanitaire et fournir des emplois, cette pension offre un excellent rapport qualité/prix, avec des chambres toutes simples et charmantes équipées de moustiquaires. C'est aussi un lieu respectueux de l'environnement. Le directeur est une bonne source d'information : demandez-lui si la réserve ornithologique sur le continent, à 8 km de Mannar, est ouverte. Le Red Rest et le Baobab sont à quelques centaines de mètres de l'arrêt de bus et peuvent organiser la location de vélos.

Choice Hotel SRI LANKAIS $
(Grand Bazaar ; plats 100-300 Rs). Sous des dehors peu engageants, c'est en fait un établissement simple dans une jolie petite ruelle du Grand Bazaar, offrant un service amical, des films tamouls et de bons biryanis et poissons au riz-curry.

Hotel Pilawoos SRI LANKAIS $
(Grand Bazaar ; plats 80-300 Rs ; ⏲6h-minuit). Pilawoos, sur le rond-point principal, est un restaurant ordinaire offrant beaucoup de riz et de curries, des *kotthu* et de bons *hoppers* (crêpes) pour 10 Rs (demandez du sucre "sambar" en accompagnement).

ÉGLISE NOTRE-DAME DE MADHU

Cette **église** (Our Lady of Madhu Church ; ⌚6h-20h) est l'édifice chrétien le plus sacré du pays. Elle contient une petite statue révérée de la Madone à l'Enfant, apportée en 1670 par des catholiques qui fuyaient les persécutions des protestants hollandais à Mannar. Cette statue fut rapidement réputée miraculeuse. Lieu de pèlerinage depuis cette époque, Madhu est plus récemment devenu un refuge. L'église actuelle date de 1872. Sans beaucoup d'ornements, elle comporte de hautes colonnes centrales. À l'extérieur, elle se distingue par un long portique, peint en crème et gris-bleu. D'innombrables pèlerins se pressent dans l'église lors des dix fêtes annuelles, notamment le 15 août.

Cette église se situe à 12 km dans Madhu Rd, qui part de la route Vavuniya-Mannar au niveau de la borne des 47 km. Les bus Vavuniya-Mannar vous laisseront descendre au carrefour de Madhu (55 Rs), où il y a un stand de thé et généralement un *túk-túk* (900 Rs l'aller-retour, temps d'attente compris).

Renseignements

Mannar a une **poste** (Field St) et quelques banques avec DAB, dont la **Commercial Bank** (Main St).

Depuis/vers Mannar

La ligne de chemin de fer de Colombo à Mannar, via Medawachchiya, était en cours de reconstruction au moment de nos recherches, et la rumeur voulait qu'une fois les trains en marche, les ferries à destination de Rameswaram, en Inde, soient rétablis. Au moment où vous arriverez, la situation pourrait avoir grandement évolué ; renseignez-vous. Entre-temps, voici les bus au départ de Mannar :

Colombo 345 Rs, 8 heures, 3/jour

Jaffna 157 Rs, 4 heures, 4/jour

Tallaimannar 54 Rs, 1 heure, toutes les heures

Thirukketeeswaram Kovil 19 Rs, 20 minutes, 8/jour

Vavuniya 89 Rs, 2 heures, toutes les heures

Jaffna

☎021 / 111 000 HABITANTS

Les années de guerre, l'émigration, les embargos, les morts et les destructions ont porté des coups sévères à l'art, à la culture et à l'optimisme de cette ville historique tamoule. Elle est aussi fortement militarisée, et les habitants se plaignent du harcèlement, des violations de la propriété et du manque de moyens de subsistance. La paix et la réconciliation sont un long processus.

Mais des lueurs d'espoir se font sentir, et Jaffna se dépoussière, accueille à nouveau tous ceux qui sont partis pendant les combats et qui souhaitent reconstituer le bastion de la tradition et de la culture hindoue qu'elle était autrefois. Jaffna est une ville intéressante, détendue et largement ignorée des touristes, qui a beaucoup à offrir à ceux qui prennent le temps de s'adapter à son rythme. Son centre commerçant compact est entouré de quartiers aux édifices coloniaux ombragés de palmiers et parsemés de temples. Certes, l'intérêt de Jaffna réside plus dans la découverte du peuple tamoul et de ses luttes que dans des sites incontournables, mais c'est une ville agréable et une bonne base pour explorer les îles avoisinantes et la péninsule.

Histoire

Des siècles durant, Jaffna fut le centre de la culture tamoule et de la religion hindoue au Sri Lanka, notamment au temps du royaume de Jaffna, la puissante dynastie tamoule qui régna depuis Nallur pendant 400 ans à partir du XIIIe siècle. En 1620, cependant, les Portugais capturèrent Cankili II, le dernier roi de Jaffna (dont la statue équestre se dresse dans Point Pedro Rd, près des ruines du palais royal), puis entreprirent la démolition systématique des temples hindous de la cité. Il s'ensuivit une vague de conversions au catholicisme.

Les Portugais abandonnèrent "Jaffnapattao" aux Hollandais, plus tolérants, après un siège impitoyable de trois mois. La Jaffna hollandaise vécut quelque 140 ans et devint un grand centre commercial. La ville continua de prospérer sous les Britanniques qui s'emparèrent de la ville en 1795. Ces derniers, toutefois, semèrent également les graines du futur conflit interethnique en "favorisant" les Tamouls de Jaffna (voir p. 266).

Jaffna

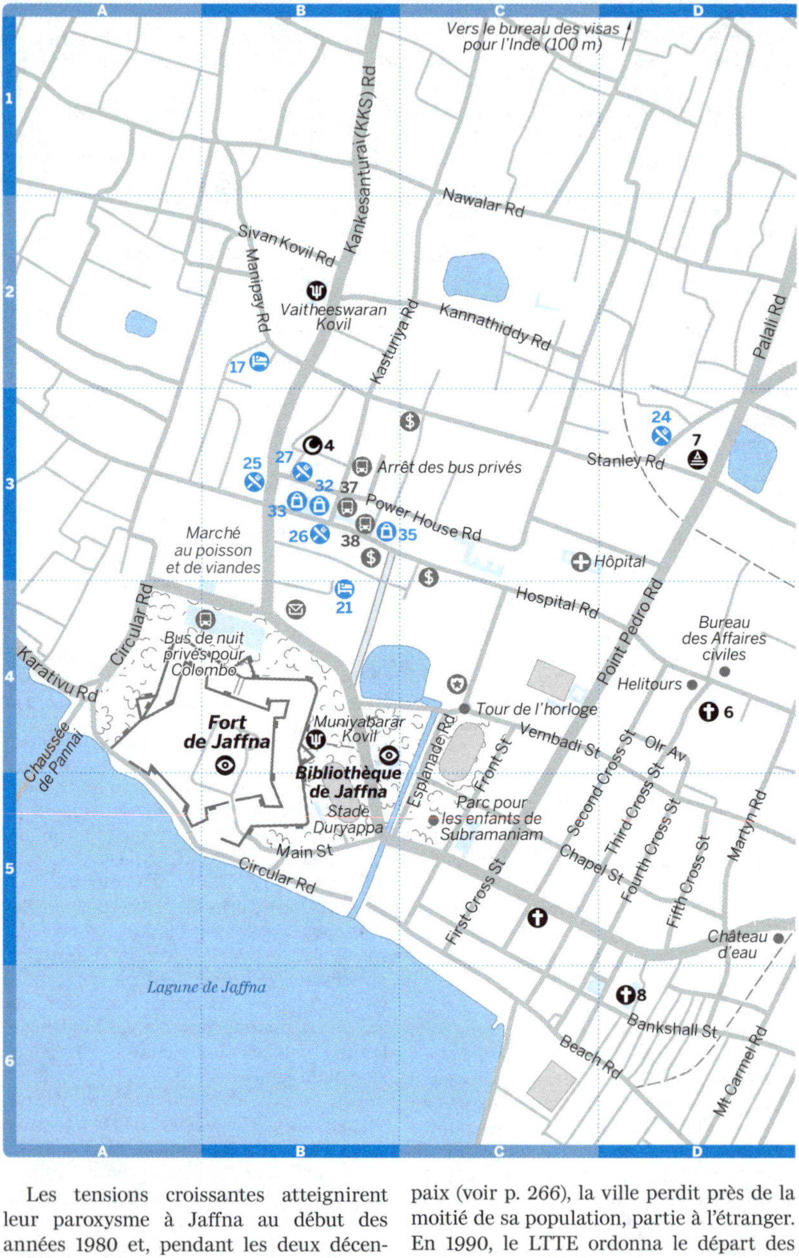

Les tensions croissantes atteignirent leur paroxysme à Jaffna au début des années 1980 et, pendant les deux décennies suivantes, la cité devint une zone de guerre. Occupée tour à tour par les guérilleros tamouls, les troupes de la SLA et une prétendue force de maintien de la paix (voir p. 266), la ville perdit près de la moitié de sa population, partie à l'étranger. En 1990, le LTTE ordonna le départ des quelques Cinghalais restants et de tous les musulmans. Jaffna a survécu aux bombardements à répétition, à un blocus draconien (les biens, dont le kérosène, étaient à une

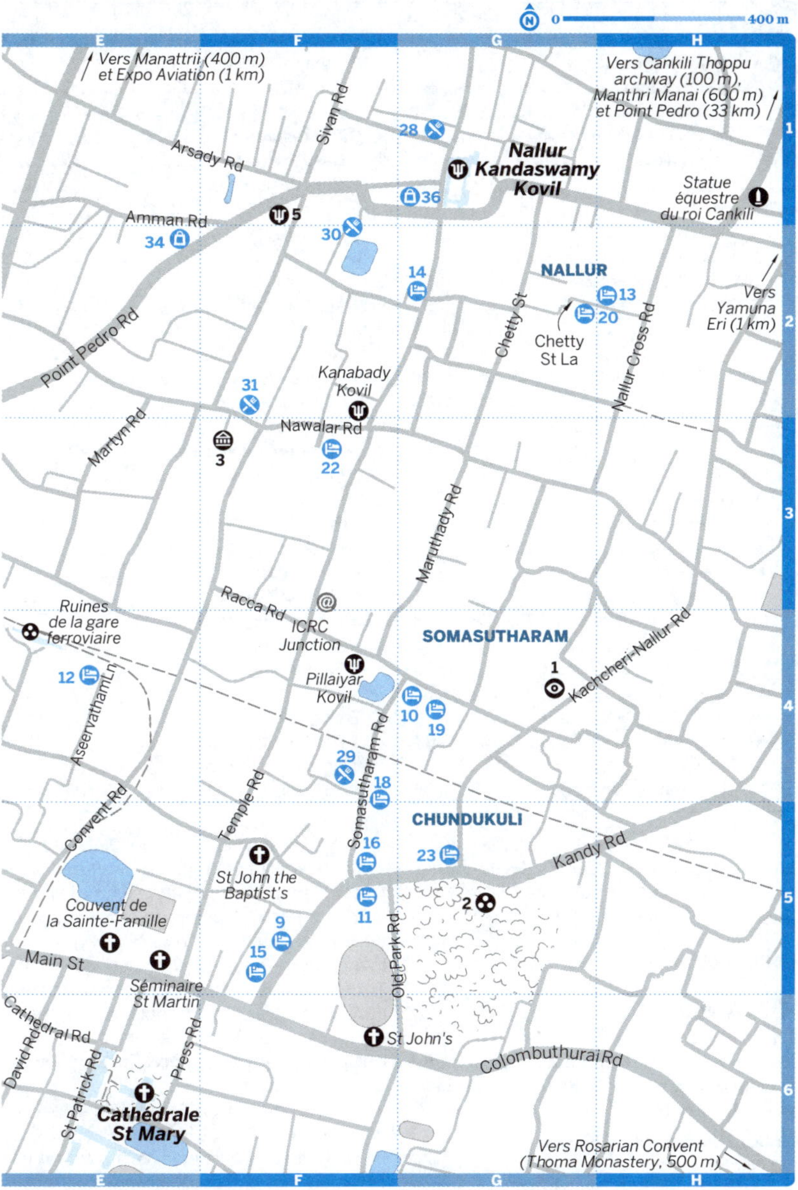

époque vendus 20 fois plus cher que le prix courant, ce qui explique le nombre de déplacements à vélo) et à la loi martiale, après que la SLA eut repris Jaffna en 1995.

Puis, dans l'ambiance de paix créée par les accords de 2002, l'occupation s'allégea et Jaffna ressuscita. Les liaisons aériennes intérieures reprirent, les personnes déplacées et les expatriés revinrent, de nouveaux commerces ouvrirent et des chantiers de construction démarrèrent.

La reprise des hostilités en 2006 plongea la ville dans l'instabilité jusqu'à la fin de la guerre en 2009, mais la reconstruction

Jaffna

Les incontournables

	Fort de Jaffna	B4
	Bibliothèque de Jaffna	B4
	Nallur Kandaswamy Kovil	G1
	Cathédrale St Mary	E6

À voir

1	Alliance française	G4
2	Ancien Kachcheri	G5
3	Jaffna Archaeological Museum	F3
4	Mosquée de Jummah	B3
5	Miralliamman Kovil	F1
6	Église Our Lady of Refuge	D4
7	Sri Nagavihara International Buddhist Centre	D3
8	Église St James	D6

Où se loger

9	Bastian Hotel	F5
10	Blue Haven	G4
11	Expo Pavilion	F5
12	Green Grass	E4
13	Lux Etoiles	H2
14	Morgan's Residence	G2
15	New Bastian Hotel	F5
16	Palan's Multicentre & Lodge	F5
17	Pillaiyar Inn	B2
18	Sarras Guest House	F4
19	Theresa Inn	G4
20	Thinakkural Rest	G2
21	Tilko Jaffna City Hotel	B4
22	Uthayan Guest House	F3
23	YMCA	G5

Où se restaurer

	Bastian Hotel	(voir 9)
24	Cosy Restaurant	D3
25	Food City	B3
	Green Grass	(voir 12)
26	Hotel Rolex	B3
	Lux Etoiles	(voir 13)
27	Malayan Café	B3
28	Mangos	G1
29	New Rest House	F4
30	Rio Ice Cream	F2
31	TCT Multi-Trade Centre	F2

Où prendre un verre

	Morgan's Residence	(voir 14)

Achats

32	Anna Coffee	B3
33	Jaffna Market	B3
34	Ms Ruby Sorupan	E2
35	Poobalasingham Book Depot	B3
36	Saravana Tex	G1

Transports

37	Arrêt des bus CTB	B3
38	Arrêt des minibus	B3
	RB Booking Centre	(voir 32)

et une certaine stabilité sont de retour. La population de la péninsule de Jaffna, cependant, est encore bien en deçà de son niveau d'avant-guerre. En 2011, les ONG estimaient que le Nord comptait encore plus de 200 000 personnes déplacées.

À voir

L'activité commerçante se concentre dans les effervescentes Hospital Rd, Kasturiya Rd et Kankesanturai (KKS) Rd. Le vélo est idéal pour explorer la ville.

Nallur Kandaswamy Kovil TEMPLE
(Temple Rd ; don apprécié ; 4h-19h). À environ 1,5 km au nord-est du centre, le Nallur Kandaswamy Kovil est l'édifice religieux le plus imposant de Jaffna et l'un des temples hindous les plus importants du pays. Il est dédié à Murugan (Skanda), et l'effigie du dieu, entourée d'un cadre en cuivre, est le centre d'une bouillonnante activité lors des *puja* à 5h, 10h, 12h, 16h, 17h et 18h45, ainsi que lors de la petite *puja* de 16h15 et lors de la *puja* "spéciale" de 16h30. Autour du sanctuaire principal, des sanctuaires abritent des divinités hindoues, comme Ganesh, le frère à tête d'éléphant de Murugan. Vous pouvez également adresser une prière à l'arbre sacré dans la cour sud du temple à tout moment : trouvez un bout de tissu doré à l'extérieur du temple, enveloppez-y quelques pièces de monnaie, et attachez-le à l'arbre en disant une prière. Ensuite, sonnez la grande cloche.

Le *kovil* du XVe siècle fut détruit par les Portugais en 1620 et le temple actuel date de 1734. Spacieux et superbe, il contient des ornements en cuivre, de grandes peintures murales, des salles à piliers et un bassin sacré avec marches et colonnades. Son *gopuram* ocre domine Point Pedro Rd. Les sympathiques prêtres, dont certains parlent l'anglais, peuvent répondre à vos questions sur le temple et ses traditions. Les visiteurs doivent ôter leurs chaussures et les hommes doivent entrer torse nu.

Le temple est le cœur d'une fête hindoue spectaculaire qui dure 25 jours en juillet-août. Elle atteint son apogée le 24e jour avec des processions de chars immenses et des séances d'automutilation de dévots en transe.

Lieux de culte ART RELIGIEUX

Jaffna compte d'innombrables **temples hindous**, des minuscules sanctuaires aux vastes ensembles comprenant des *mandapaya* (plates formes surélevées aux piliers décoratifs), des bassins sculptés et de vertigineux *gopuram*. Beaucoup sont facilement identifiables aux bandes verticales rouges et blanches des murs. Le **Miralliamman Kovil**, non loin de Nallur, est particulièrement éblouissant.

La profusion d'**églises** ne reflète pas le nombre modeste de chrétiens présents aujourd'hui – 12% de la population avant la guerre. La visite des jolis édifices catholiques et protestants permet de découvrir des petites rues verdoyantes. La plus grande, **St James** (Main St), est une église de style italien classique. D'Hospital Rd, **Our Lady of Refuge** ressemble à une église de village anglais blanchie à la chaux. De style classique et étonnamment grande, la **cathédrale St Mary** (Cathedral Rd) possède un toit en tôle ondulée, surprenant sur une belle charpente en bois voûtée.

Le **Sri Nagavihara International Buddhist Centre** (Stanley Rd) a été promptement reconstruit après la reprise de Jaffna par les forces gouvernementales en 1995. La **mosquée Jummah** (Jummah Mosque Lane) surprend par ses couleurs vives.

Jaffna Public Library BIBLIOTHÈQUE

(Esplanade Rd ; ⏲9h-19h). Symboliquement, l'un des premiers édifices publics majeurs reconstruits après le cessez-le-feu de 2002 fut la bibliothèque de Jaffna. La précédente bibliothèque avait été incendiée par des émeutiers progouvernementaux à la suite des violences qui avaient marqué les élections au Conseil du district de Jaffna en juillet 1981. Ce fut l'un des événements majeurs qui provoquèrent l'escalade vers la guerre civile. Les habitants de Jaffna avaient longtemps considéré que leur ville était l'une des meilleures capitales intellectuelles d'Asie, et la bibliothèque, inaugurée en 1841, était un important centre culturel tamoul et une institution historique. Sa destruction avait été interprétée comme une attaque culturelle. La bibliothèque possédait alors une collection mondialement renommée de plus de 90 000 ouvrages, dont des documents en tamoul irremplaçables, tel l'unique exemplaire du *Yalpanam Vaipavama,* une histoire de Jaffna.

Pour sa reconstruction, les architectes conservèrent le style néomoghol d'origine, et des ouvrages ne tardèrent pas à arriver du monde entier. Aujourd'hui, c'est un endroit vaste et clair qui se régénère, tandis qu'une statue de Sarasvati – déesse hindoue de la Connaissance – trône à l'avant.

Fort de Jaffna ÉDIFICE HISTORIQUE

En termes d'architecture, c'est peut-être le plus beau fort hollandais d'Asie. Il fait actuellement l'objet d'une restauration complète, financée en grande partie par le gouvernement néerlandais, qui le rendra encore plus impressionnant. Tous les Tamouls n'en sont pas ravis, le fort ayant été utilisé par plusieurs régimes au long des siècles, pour régner sur Jaffna. Construit en 1680 à l'emplacement d'un ancien fort portugais, ses triangles défensifs furent ajoutés en 1792 pour lui donner une forme d'étoile, selon l'architecture classique de Vauban. Sur une carte, le fort hollandais semble imposant ; en réalité, ses remparts sont quasiment invisibles, cachés au pied de pentes envahies par la végétation. Durant la guerre, les forces gouvernementales y avaient établi leur camp. En 1990, le LTTE, qui contrôlait alors le reste de Jaffna, parvint à déloger les troupes gouvernementales au terme d'un siège de 107 jours. Une grande partie de la forteresse fut alors détruite. Au moment de nos recherches, il était possible de se promener sur les ruines et d'observer les progrès de la reconstruction.

Ruines de guerre RUINES

Jaffna se reconstruit lentement et panse ses blessures de guerre. Mais à l'est du fort, dans l'ancien quartier administratif, les bâtiments en ruine, comme l'**ancien kachcheri** (centre administratif), sont criblés de balles et de trous d'obus, envahis de mousse et s'effondrent peu à peu.

Les pêcheurs vivant entre Beach Rd et la lagune ont aussi énormément souffert dans les combats. S'agissant d'une zone d'accès restreint pendant des années, nombre d'entre eux devaient subir des contrôles pour gagner la mer. Aujourd'hui, le front de mer est marqué par la guerre, mais le quartier est sympathique, bien que peu habitué aux visiteurs.

Jaffna Archaeological Museum MUSÉE

(Nawalar Rd ; don apprécié ; ⏲8h-16h5 mer-lun). Mal entretenu, mais intéressant, le Musée

LES TOMBES DES TIGRES

Dans la tradition hindoue, le corps des morts est généralement incinéré, mais les combattants du LTTE ont été enterrés, sous des rangées de pierres identiques. Les Tigres morts au combat sont appelés *maaveerar* (martyrs ou héros) et leurs cimetières sont des Maaveerar Thuyilum Illam (maisons où dorment les martyrs). Cette tradition commença dans les années 1990, peu après la création du Maveerar Naal (jour des Héros) en 1989, qui eut désormais lieu chaque année le 27 novembre. Ces cimetières suscitèrent la controverse : pour certains, ils étaient une façon naturelle d'honorer les morts ; pour d'autres, ils étaient des outils de propagande.

Lorsque l'armée sri lankaise prit le contrôle de la péninsule de Jaffna en 1995, elle détruisit plusieurs de ces cimetières, mais ils furent vite reconstruits par le LTTE après le cessez-le-feu de 2002. Mais quand la SLA conquit des zones de l'Est en 2006 et 2007, et encore à la fin de la guerre en 2009, tous les cimetières (et autres monuments du LTTE) du nord au sud furent à nouveau démolis – au désespoir de nombreux Tamouls, notamment les familles des défunts. La SLA alla encore plus loin en 2011, quand elle bâtit une base militaire sur le site d'un cimetière à Kopay, à quelques kilomètres au nord-est de Jaffna. D'après la BBC, l'armée affirmait n'avoir eu connaissance d'aucun "mécontentement" à propos de cet emploi du site.

Un Maaveerar Thuyilum Illam en ligne, incluant les noms et lieux de sépulture de nombreux Tigres est accessible au www.maaveerarillam.com.

archéologique de Jaffna se cache au fond d'un jardin à la végétation exubérante, derrière une salle de spectacle en béton. Attendez-vous à des réponses bizarres si vous demandez votre chemin, car le musée n'est pas vraiment connu. À l'entrée, deux canons hollandais rouillés provenant du fort côtoient des ossements de baleine. À l'intérieur, les objets les plus intéressants sont des bustes du Bouddha du XVe siècle découverts à Kantarodai et un pot d'argile qui joue de la musique lorsqu'il est rempli d'eau et que l'on tapote ses 7 ouvertures de la paume de la main.

Palais Royal RUINES

Nallur était la capitale du royaume de Jaffna durant 400 ans, et quelques bâtiments ont réussi à traverser les âges. Ils valent le détour si vous possédez une bonne imagination. Le **Yamuna Eri** (près de Chemmani Rd), un bassin en forme de U fait de pierres sculptées, est négligé, mais toujours intact. La légende veut que le roi ait apporté de l'eau de la rivière sacrée Yamuna, en Inde, pour commencer à le remplir. Il aurait servi au bain des femmes de la famille royale. Il est situé derrière un terrain de jeu dans Chemmani Rd, à environ 500 m de Kachcheri-Nallur Rd. À proximité dans Point Pedro Rd se trouvent le **porche Cankili Thoppu**, une des entrées d'origine du palais, et les belles ruines des **Manthri Manai** (quartiers du Ministre), demeure d'un prince avant la conquête portugaise.

Alliance française MAISON DE LA CULTURE

(☎222 8093 ; alliancejaffna@yahoo.com ; 61 Kachcheri-Nallur Rd ; ⊙9h-17h). Dans une partie fraîche et verdoyante de la ville, l'Alliance met à disposition un salon confortable avec journaux français et anglais, une bibliothèque avec des livres en français, anglais, tamoul et cinghalais, et organise parfois des projections de films.

Fêtes et festivals

En plus des fêtes religieuses, la ville de Jaffna accueille, en mars les années impaires, le **Jaffna Music Festival** (www.jaffnamusicfestival.org). De la musique et des danses folkloriques, qui perdurent depuis des générations, grâce à des familles du Nord et de l'Est, sont à l'honneur. L'Alliance française participe à l'organisation de l'excellent **Festival du film européen** (www.europeanfilmfestsrilanka.com), qui a lieu à Jaffna, Kandy, Colombo et Galle en octobre/novembre.

Où se loger

Avec la fin de la guerre, l'ouverture de l'A9 et la suppression des permis d'entrée, Jaffna dispose de nombreuses nouvelles pensions. La plupart sont dans les quartiers arborés de Chundukuli et Nallur. Réservation nécessaire.

Theresa Inn PENSION $

(Do Drop Inn ; ☎222 8615, 071 856 5375 ; calistusjoseph89@gmail.com ; 72 Racca Rd ;

s/d/q 1 250/1 500/2 000 Rs, avec clim 2 000/2 250/ 3 500 Rs ; ❄). Cette pension est un endroit simple et efficace : les chambres sont propres et fraîches, les sdb disposent de l'eau chaude et la famille qui la tient est accueillante. Elle peut aussi vous aider à obtenir tout ce dont vous avez besoin : repas, thé et voiture avec chauffeur. Des vélos seront peut-être disponibles à votre arrivée. Si votre conducteur de *túk-túk* ne connaît pas Racca Rd, dites-lui que c'est à côté d'ICRC Junction.

Manattrii PENSION $$
(☎320 7665 ; www.manattrii.com ; 250 Palali Rd, Kantharmadam ; d avec/sans clim 3 900/3 500 Rs ; ❄). La belle architecture de Jaffna a subi d'importantes destructions pendant la guerre et nombre de bâtiments ont été remplacés par des édifices contemporains. Sherine Xavier a restauré le Manattrii pour présenter et préserver l'architecture traditionnelle de la ville. Son agencement est conforme au Vastu (science indienne de l'habitat) du sud de l'Inde, avec une pièce centrale à ciel ouvert (laissant la pluie passer et la chaleur s'échapper), une salle de prière (une chambre à présent) et une véranda et salle à manger bien fraîche lorsqu'il fait chaud dehors. Certes les douches sont froides et on entend le bruit de la rue, mais c'est une belle occasion de découvrir le Vieux Jaffna.

Morgan's Residence PENSION $$
(Maria's, UN Guesthouse ; ☎222 3666 ; 103 Temple Rd ; s/d avec clim 3 500/4 000 Rs ; ❄). Poutres apparentes, murs blancs, lits à baldaquin d'époque avec moustiquaires, appuis de fenêtre décorés de coquillages, miroirs élégants et clients comme Angelina Jolie : cette pension de 4 chambres a beaucoup plus de caractère que les autres adresses de Jaffna ! Les deux plus belles chambres (dont celle d'Angelina) disposent de l'eau chaude et d'une petite véranda. Repas sur demande. Les bénévoles des ONG viennent trouver de l'eau sur la terrasse à l'arrière de la maison. Le bâtiment n'est pas marqué, excepté par une petite enseigne sur la porte. Réservez très tôt.

Sarras Guest House PENSION $
(☎222 3627, 077 717 2039 ; 20 Somasutharam Rd ; ch avec/sans clim à partir de 2 500/2 000 Rs ; ❄). Cette charmante pension est une demeure aux murs épais, au plancher traditionnel couleur rouille, avec de nombreuses lattes peintes en blanc et un merveilleux escalier de bois en colimaçon. Chacune des 4 chambres est unique (en rénovation au moment de nos recherches). Celles du dernier étage sont sublimes, surtout celle avec fenêtres sur trois des murs, plancher blanchi et meubles Art déco. Eau chaude pour chacune des sdb privées. Réservation conseillée, soit directement soit par l'intermédiaire de la Theresa Inn.

Expo Pavilion HÔTEL $$
(☎222 3790, 077 234 8888 ; expopavilion@expoavi.com ; 40 Kandy Rd ; s/d/tr avec clim petit-déj compris 6 000/7 500/9 000 Rs ; ❄📶). Cette jolie maison coloniale jaune et blanc pleine de coin et de recoins loue 7 chambres parmi les mieux décorées de la ville. Murs ocre et bois sombre, sdb étincelantes (avec eau chaude), clim et un balcon pour certaines chambres. Le Wi-Fi est gratuit à la réception et Expo, la compagnie aérienne, propose des vols pour Colombo. Il est donc facile d'y préparer ses visites. Seul inconvénient : 22% de commission ! Expo a récemment ouvert une nouvelle adresse dans une maison restaurée du XIXe siècle sur la route de Palali.

Palan's Multicentre & Lodge PENSION $
(☎222 3248 ; 71 Kandy Rd ; tr/f 2 500/3 500 Rs, avec clim 3 500/5 500 Rs ; ❄). Maison familiale offrant quelques chambres repeintes de neuf, des sols immaculés et des sdb reluisantes. La famille vous demandera instamment de quitter vos chaussures à l'entrée. Une insistance pesante pour certains, mais cela fait de cet endroit un véritable paradis pour les maniaques !

Tilko Jaffna City Hotel HÔTEL $$
(☎222 5969 ; www.cityhoteljaffna.com ; 70/6 KKS Rd ; s 2 500-7 500 Rs, d 3 500-8 750 Rs ; ❄@). Depuis longtemps un hôtel de choix au milieu d'un joli jardin avec sa fontaine en forme de dauphin. La plupart des chambres sont chics et l'hôtel prétend à un service complet : salle de sport, centre d'affaires, personnel bien habillé, etc. Mais le décor rouge et or des chambres de luxe est excessif et une partie des meubles commencent à vieillir. Différentes combinaisons chambre et repas sont possibles.

New Bastian Hotel PENSION $$
(☎222 7374 ; 11 Kandy Rd ; s/d/tr avec clim 2 500/3 200/3 800 Rs ; ❄). Passez sous une vigne grimpante et entrez dans ce lieu encore très apprécié des ONG – comme il l'était durant la guerre. Les propriétaires le décrivaient alors comme un endroit sûr lors des combats les plus durs. Bien entretenues, les chambres, avec TV, sont modernes, mais

toutes les sdb n'ont pas l'eau chaude (aménagement prévu). La consommation d'alcool et de cigarettes n'est pas autorisée sur place.

Lux Etoiles HÔTEL $$

(☎222 3966 ; www.luxetoiles.com ; 34 Chetty St Lane ; d avec clim 4 070-6 270 Rs ; ❄). Avec les lits les mieux bordés de la ville, des chambres immaculées et des (petites) baignoires dans chacune d'entre elles, cet hôtel mérite déjà quelques superlatifs. Les prix sont un peu trop élevés toutefois et les chambres manquent de caractère. Quoi qu'il en soit, le personnel reste très motivé pour que Lux Etoiles devienne le “meilleur hôtel de Jaffna”.

Thinakkural Rest HÔTEL $

(☎222 6476 ; 45 Chetty Street Lane ; d avec/sans clim 2 750/1 650 Rs ; ❄). Accueil sympathique dans cet hôtel où les chambres sont assez spacieuses et chaleureuses. Certaines avec ventilateur ont une sdb séparée, mais privative. Le bar ne présente guère d'intérêt. Préférez donc la terrasse calme et aérée qui se trouve à l'étage.

Pillaiyar Inn HÔTEL $

(☎2222829 ; www.pillaiyarinn.com ; 31 Manipay Rd ; s/d/tr à partir de 1 800/2 200/2 800 Rs, avec clim 2 500/3 500/4 500 Rs ; ❄@). Cette institution de Jaffna se trouve dans un joli petit jardin à l'écart de la route. Le personnel sympathique et professionnel déposera un journal devant votre porte tous les matins. En revanche, l'entretien est à revoir, surtout dans les vieilles chambres annexes. Préférez le bâtiment principal ou la toute nouvelle aile qui dispose de chambres énormes (mais sans caractère). La cuisine est excellente, mais le service très long ! L'hôtel offre également un service de bus climatisé vers Colombo.

Bastian Hotel PENSION $

(☎222 2605 ; 37 Kandy Rd ; d avec sdb commune à partir de 1 500 Rs, s/d avec clim à partir de 2 500/3 200 Rs). Les propriétaires vous proposeront plutôt une chambre du New Bastian (qui est plus cher), mais sachez qu'ici les chambres sont basiques, assez propres et dotées d'une certaine personnalité. Le restaurant propose une cuisine très intéressante. En revanche, le **bar** (⏲11h-14h et 17h-21h) n'inspire guère confiance.

YMCA PENSION $

(☎222 2499 ; 109 Kandy Rd ; d avec sdb commune 750 Rs). Certes, c'est toujours complet et on y parle peu anglais, mais les chambres sont mignonnes et aérées, fraîchement repeintes et bien rangées. Les sdb communes sont un peu sinistres, mais correctes et propres. Les femmes devront évaluer l'ambiance – et considérer les autres occupants – avant de s'installer. La **cantine** (⏲5h-19h), juste à côté, n'est pas très engageante mais exquise.

Uthayan Guest House PENSION $

(☎222 2330 ; 392 Nawalar Rd ; d avec/sans clim 2 500/1 500 Rs). Le manager sympathique, le calme du lieu et les chambres lumineuses et aérées aux dessus-de-lit en coton gaufré blanc compensent largement l'aspect assez ordinaire de cette pension.

Blue Haven HÔTEL $$

(☎222 9958 ; www.bluehavenjaffna.com ; 70 Racca Rd ; ch 3 300 Rs ; ❄📶🏊). Les chambres du Blue Haven ne sont pas des mieux entretenues ni des mieux gérées, mais elles sont grandes et relativement récentes avec clim et eau chaude. La piscine et le Wi-Fi gratuit sont également des avantages intéressants.

Green Grass HÔTEL $$

(☎222 4385 ; www.jaffnagreengrass.com ; 33 Aseervatham Lane, Hospital Rd ; s/d/tr avec clim 3 000/3 300/3 850 Rs ; ❄📶🏊). Avec, par exemple, des murs vert citron, les chambres ont du caractère, mais, pour le prix, elles sont un peu défraîchies. Elles occupent tout de même dans un joli bâtiment autour d'un jardin et d'une piscine. L'hôtel propose un excellent bar-restaurant, le Wi-Fi gratuit et un service de bus pour Colombo. La **piscine** (200 Rs/heure ; ⏲8h-20h) est ouverte aux non-résidents.

Où se restaurer et prendre un verre

Jaffna est un bon endroit pour savourer une cuisine inspirée de celle de l'Inde du Sud. Le *pittu* (mélange de farine de riz et de noix de coco cuit à la vapeur dans un moule en bambou), de couleur rouge, les *idiyappam* (ou *string hoppers*, sortes de petites crêpes de nouilles de riz cuites à la vapeur) et le *vadai* (savoureux en-cas frit de farine de lentille épicée) figurent parmi les spécialités locales. Jaffna étant une ville conservatrice, les bars où l'on consomme de l'alcool sont souvent peu engageants, voire douteux, et très rarement fréquentés par les femmes.

♥ **Manattrii** SRI LANKAIS $$

(☎320 7665 ; www.manattrii.com ; 250 Palali Rd, Kantharmadam ; plats 300-600 Rs). La cuisine du Manatrii, sans doute une des meilleures de Jaffna, va au-delà de la préparation de bons repas. L'objectif est de préserver et de redonner vie à la cuisine traditionnelle de Jaffna. Pour ce faire, recettes, ingrédients et techniques sont recherchés à travers toute la région. Un alcool local, du lait de coco et divers assaisonnements sont ainsi ajoutés au *koottu* de légumes (une sorte de ragoût ; 200 Rs). En entrée, ne manquez pas les sublimes "nachos de Jaffna" (250 Rs) : des *pappadam* (galettes de farine de lentilles) frites avec un guacamole local qui rend encore plus dépendant que l'original !

Mangos INDIEN DU SUD $
(Nallalaxmy Ave, 359 Temple Rd ; déj 180-240 Rs ; ⌚10h30-22h). Toujours rempli par de grandes familles tamoules (et avec encore plus de grandes familles tamoules attendant que de longues rangées de tables se libèrent), le Mangos sert la meilleure cuisine du sud de l'Inde de tout Jaffna. Les *idli* (boulettes de riz fermenté), *dosa* et *uttapam* (crêpes salées à la farine de riz avec oignons, poivrons verts, coriandre et noix de coco ; 70 à 160 Rs) sont délicieux, mais le menu riz-curry – une rencontre de l'Inde et du Sri Lanka – est également exceptionnel (et copieux) ! Le tout est servi par un personnel sympathique sous une immense tonnelle au toit de chaume non loin du temple. Autant dire que l'atmosphère y est des plus agréables !

Green Grass INDIEN, BAR $$
(www.jaffnagreengrass.com ; 33 Aseervatham Lane, Hospital Rd ; plats 300-490 Rs ; ⌚10h-22h ; 📶). Le bar de la piscine du Green Grass vaut le détour. C'est d'ailleurs l'endroit le plus agréable pour boire un verre à Jaffna : même les femmes se détendent avec plaisir sous un manguier dans le jardin avec une Lion (250 Rs). Les plats locaux, indiens ou chinois sont également excellents. Le restaurant intérieur (6h30-22h) propose les mêmes plats, mais l'ambiance y est nettement moins enjouée.

Bastian Hotel SRI LANKAIS $$
(1er ét., 37 Kandy Rd ; plats 200-400 Rs ; ⌚9h30-21h30). Ici, le sublime riz-curry est fait maison (et ça se sent) sur commande par la propriétaire attentionnée du Bastian. Une des meilleures cuisines de Jaffna, en particulier pour les végétariens.

Malayan Café SRI LANKAIS $
(36-38 Grand Bazaar ; riz-curry 100 Rs ; ⌚7h-20h30). Ce populaire restaurant à l'ancienne possède des tables couvertes d'un plateau de marbre, de longs placards en bois vitrés et un petit autel devant lequel brûle de l'encens. Bon marché, les plats végétariens – un très bon riz-curry au déjeuner, ou des repas légers et des en-cas aux autres moments de la journée – sont servis sur des feuilles de bananier et sans couverts. Une fois le repas terminé, on plie la feuille et on la jette dans le vide-ordures près de l'endroit où l'on se lave les mains. Si la présence masculine est trop pesante, les femmes peuvent choisir la salle familiale au fond du restaurant.

Lux Etoiles SRI LANKAIS $$
(☎222 3966 ; www.luxetoiles.com ; 34 Chetty St Lane ; plats 650 Rs ; ❄). Ce restaurant est fier de sa cuisine de Jaffna, en particulier de son curry *maruthuva* (ou "curry médicament") de crabe : sa combinaison secrète d'épices est censée avoir des propriétés thérapeutiques. Appelez pour réserver.

New Rest House SRI LANKAIS $
(☎222 7839 ; 19 Somasutharam Rd ; plats 125-250 Rs ; ⌚11h-15h et 17h30-21h30). Une salle à manger simple et chaleureuse où est servie une cuisine délicieuse. Le riz-curry – qui ne conviendra toutefois pas aux végétariens – est exceptionnel ! On y sert également de la bière, ce qui est inhabituel à Jaffna. Les 3 chambres (1 500 Rs) ont beaucoup de caractère, mais auraient besoin d'un bon coup de balai.

Hotel Rolex SRI LANKAIS $
(340 Hospital Rd ; plats 80-250 Rs). Ce joli petit restaurant aux murs verts est généralement fréquenté par de nombreux hommes au regard insistant (il y a une salle réservée aux femmes au fond). Le gérant est sympathique et propose une bonne gamme de plats, ainsi que de la "glace aux noix".

Cosy Restaurant INDIEN DU NORD $$
(☎222 5899 ; 15 Sirampiyadi Lane, Stanley Rd ; plats 240-490 Rs ; ⌚11h-23h ; ❄). La grande attraction ici, c'est le *tandoor* (four en terre cuite) qui dès 18h produit d'excellents *naan* à tour de bras ainsi qu'un succulent *chicken tikaa* (poulet rôti mariné dans des épices ; 440 Rs). Parmi les nombreux choix du menu – tous hallal – on trouve essentiellement des spécialités pendjabies et chinoises. Livraison possible.

Rio Ice Cream GLACES $
(448A Point Pedro Rd ; glaces et sundaes 40-140 Rs ; ⌚8h-22h ; ❄). Comme les habitants, savourez une douceur chez l'un des trois glaciers réputés, installés derrière le Nallur Kandaswamy Kovil. Le Rio remporte le plus de suffrages.

Morgan's Residence BAR
(103 Kandy Rd ; ⏲18h-22h). Le bar dans le jardin de cette charmante pension sans enseigne est le rendez-vous favori des employés des ONG. La Lion coûte 250 Rs et une bouteille de vin, 2 750 Rs.

Le marché de Jaffna est idéal pour acheter de la nourriture, mais si vous cherchez un supermarché, essayez le **Food City** (175 KKS Rd ; ⏲8h-20h) ou le **TCT Multi-Trade Centre** (327 Nawalar Rd ; ⏲7h-21h30).

Achats

Jaffna Market MARCHÉ
(Hospital Rd). Le marché de fruits et légumes colorés de Jaffna est à l'ouest de l'arrêt de bus, mais l'ensemble englobe plusieurs pâtés de maisons alentour. Dans le marché lui-même, visitez l'**étal de Mr M Chandresakaran**, à l'arrière près des bananes, et achetez un *suruthu* (3 Rs pièce), le cigare traditionnel de Jaffna (tout aussi mauvais pour votre santé – et peut-être pire – qu'un cubain). **Anna Coffee** (No 4, Modern Market ; ⏲8h30-18h lun-sam) vend du café sri lankais (700 Rs le kilo) et du thé (à partir de 380 Rs le kilo) dans une jolie boutique ancienne. Le **Poobalasingham Book Depot** (Hospital Rd ; ⏲ 8h-20h lun-sam) propose une très bonne sélection de journaux.

Rosarian Convent VIN
(Thoma Monastery ; 48 Colombuthurai Rd ; ⏲8h30-13h et 14h-17h30 lun-sam). Le couvent fabrique un "vin" Rosetto (300 Rs la bouteille), un breuvage sucré, parfumé à la cannelle et aux clous de girofle, qui rappelle le *gluhwein* (vin chaud) allemand. Il produit aussi un "jus" de raisin étonnamment coloré (180 Rs) et du "nelli crush" (180 Rs), deux concentrés sans alcool au goût fruité. Tous ces produits sont également vendus au marché de Jaffna, à un prix légèrement supérieur. Le couvent est situé en face de l'église Sainte-Anne.

Miss Ruby Sorupan VÊTEMENTS
(☎320 5358 ; 89 Point Pedro Rd ; ⏲10h-17h). Aimable et compétente, la couturière Ruby Sorupan peut vous confectionner un *salwar kurta* (une robe tunique avec pantalon) ou un *choli* (blouse serrée) pour environ 150 Rs. Les boutiques près du temple Nallur vendent des *salwar* et des saris ; celles près du marché vendent le tissu au mètre. Seul Mister Sorupan parle l'anglais : essayez de venir lorsqu'il est là.

Saravana Tex TISSUS
(526/529 Point Pedro Rd ; ⏲8h-19h30 lun-sam) Le meilleur de plusieurs magasins de tissus autour du temple Nallur.

Renseignements

Les meilleurs DAB de Jaffna sont à la **Commercial Bank** (Hospital Rd) et à la **HNB** (Hospital Rd et Stanley Rd).

Eelavar.com (www.eelavar.com/jaffna). Bonnes sections sur l'histoire et la culture de Jaffna.

Jaffna Public Library (☎222 6028/5 ; Esplanade Rd ; Internet 30 Rs/h ; ⏲9h-19h mar-dim). Devenez membre (50 Rs) pour utiliser Internet, avec une bonne connexion dans un cadre accueillant.

Poste (Postal Complex, KKS Rd ; ⏲7h-17h lun-sam)

Selva Telecommunications Centre (124 Temple Rd ; Internet 60 Rs/h ; ⏲7h30-20h30). Connexion la plus rapide en ville, et de bonnes cabines pour les appels internationaux.

Depuis/vers Jaffna

Avion

L'aéroport Palali, à 17 km au nord de la ville de Jaffna, est au cœur d'une zone militaire de haute sécurité.

Expo Aviation (☎222 3891, 222 6297 ; www.expoavi.com ; 14F Palali Rd, Thirunelveli) assure 2 vols par jour vers Colombo (aller/aller-retour 10 000 Rs/19 100, 75 min) avec un Cessna de 12 places. Les navettes vers l'aéroport partent des bureaux d'Expo Aviation, à Thurnelveli.

Helitours (☎011 311 0472, 011 314 444 ; helitours@slaf.gov.lk ; www.airforce.lk ; Hospital Rd ; ⏲10h-13h), la branche commerciale de l'armée de l'air sri lankaise, assure des vols passagers (à bord d'avions militaires) entre l'aéroport Palali et la Ratmalana Air Force Base, à Colombo. Des vols dans les deux sens sont proposés les lundis, mercredis et vendredis (aller 9 550 Rs, 75 min). La navette obligatoire part du bureau d'Helitour, en ville. Vous devez arriver 2 heures avant l'embarquement.

Bus

INTERCITY/EXPRESS À l'**arrêt d'autobus de la CTB** (☎222 2281), bien organisé, se trouvent les bus Intercity/Express et ceux couvrant la péninsule. La plupart des départs Intercity/Express se font le matin et tard l'après-midi. Quelques liaisons Intercity/Express :

Anuradhapura 200 Rs, 5 heures, 1/jour

Batticaloa 410 Rs, 9 heures, 5/jour

Colombo 600 Rs, 11 heures, 4/jour

Kandy 330 Rs, 8 heures, 7/jour

Mannar 153 Rs, 4 heures, 4/jour

Trincomalee 324 Rs, 7 heures, 3/jour

Vavuniya 148 Rs, 4 heures, toutes les 30 minutes

Les autobus privés suivent les mêmes horaires, avec souvent des départs en alternance avec ceux de la CTB. L'arrêt des autobus privés, à 100 m au nord de l'arrêt de la CTB, est cependant chaotique et très peu de personnes parlent anglais. Les tarifs sont similaires.

COLOMBO Une multitude de compagnies proposent des bus de nuit climatisés vers Colombo. Des dizaines de départs ont lieu le soir, à l'extrémité nord du secteur du fort, jusqu'à environ 21h. Vous pouvez simplement vous présenter ou réserver auprès du **RB Booking Centre** (15 Grand Bazaar; ⌚8h-20h). La plupart des opérateurs facturent 800/1000 Rs pour un bus ordinaire/climatisé.

PÉNINSULE DE JAFFNA Les lignes de la CTB desservant la péninsule (et les îles), sont complétées par tout autant de minibus privés ; leurs départs se font près d'une petite cabane bleue dans Powerhouse Rd, ou un peu partout autour de l'arrêt de la CTB. Cependant, ils peuvent être bondés, et les habitants avertissent que les pickpockets et les mains baladeuses sont monnaie courante. Certains services étant peu fréquents, il convient de vérifier l'horaire de retour avant le départ. Quelques liaisons de la CTB et des minibus privés :

Kairanagar (Karaithivu), via Vaddukkodai (782, 786) 45 Rs, 1 heure 30, toutes les 30 minutes

Kayts (777) 49 Rs, 36 km, 1 heure, toutes les 30 à 60 minutes (le bus 780 s'y rend aussi, mais prend plus longtemps)

Keerimalai (minibus privés 82, 87, 89) 36 Rs, 1 heure, toutes les 20 minutes

Kurikadduwan (KKD ; 776) 61 Rs, 1 heure 30-2 heures, toutes les 45 minutes

Point Pedro via Nelliady (750) 58 Rs, 1 heure 30, toutes les 30 à 60 minutes

Point Pedro via Valvettiturai (VVT ; 751) 60 Rs , 1 heure 30, toutes les 30 à 60 minutes

Tellippalai via Chunnakam (pour le Thurkkai Amman Kovil, Kantarodai et la source de Keerimalai ; 769) 25 Rs, toutes les 30 à 40 minutes

Van

Une façon pratique, mais coûteuse de visiter la péninsule de Jaffna est de louer un van. Les prix sont les mêmes que vous le louiez par l'intermédiaire d'une pension ou directement dans la rue, ces derniers sont cependant difficiles à trouver. Les prix varient de 5 000 à 6 000 Rs par jour pour 100 km maximum, essence comprise. Comptez de 35 à 40 RS par kilomètre en sus. En roulant 130 km, vous ferrez presque tous les sites de la péninsule, sauf les îles.

ℹ Comment circuler

TRANSPORTS PUBLICS Depuis Chundukuli et Nallur, où se regoupent de nombreuses pensions, tous les bus et minibus (à partir de 7 Rs) empruntant Kandy Rd vers l'ouest et Point Pedro Rd vers le sud-ouest achèvent leur parcours à l'arrêt de la CTB.

Pour sortir de la ville, prenez le bus fréquent n°769 pour Chundukuli, ou le n°750 pour Nallur via Point Pedro Rd. Les bus sont plus sûrs – en termes de promiscuité et de vols – et moins bondés que les minibus.

TÚK-TÚK À 150 Rs pour un trajet court, ou 500 Rs/h pour se balader en ville, les *túk-túk* sont plus chers à Jaffna que partout ailleurs dans le pays. Pour votre sécurité le soir, les habitants recommandent d'en appeler un ou que quelqu'un appelle pour vous. Si vous trouvez un bon chauffeur, demandez son numéro. Voici deux de nos chauffeurs préférés : **Baskar** (☎077 921 8122) et **Suman** (☎077 079 0317).

VÉLO Jaffna est idéale pour faire du vélo, mais il est difficile d'en trouver en location. Demandez à votre pension de vous en prêter un ou de vous aider à en dénicher un.

Péninsule de Jaffna

☎021

Passés les faubourgs déjà rustiques de Jaffna, on est plongé dans un décor de plantations de palmiers, de temples aux couleurs éclatantes, de sources sacrées et de côtes ensoleillées (le tout émaillé de plusieurs zones militaires d'accès restreint, bien sûr). Peu de ces sites sont mémorables à eux seuls, mais ils forment un ensemble intéressant pour une excursion d'un jour ou deux, surtout si l'on dispose de son propre moyen de transport.

VERS LA SOURCE DE KEERIMALAI

Bien qu'une grande partie du territoire environnant soit interdit, la route vers la source de Keerimalai a récemment été ouverte pour la première fois en 20 ans. Kankesanturai (KKS), sa pointe extrême, est toujours interdite.

Depuis Jaffna, allez d'abord jusqu'à Chunnakam et prenez un *túk-túk* (300 Rs aller-retour) pour 3 km sur des sentiers sinueux vers l'ouest jusqu'aux mystérieuses et belles **ruines de Kantarodai**

Péninsule de Jaffna

(⏲8h30-17h) – une vingtaine de dagobas, de 1 à 2 m de haut, bordés de palmiers. Vieilles de 2 000 ans, ces ruines ont été découvertes en 1916 dans une palmeraie, et leurs origines suscitent de vives controverses – à verser au fameux débat historique : "Qui était ici le premier ?" Les constructions en pierres, à l'origine plates et près du sol, ont été surélevées par le ministère de l'Archéologie du Sri Lanka en 1978. Selon certains, cela a permis de restaurer le profil typique d'un dagoba que la communauté bouddhiste avait créé ; d'autres affirment que c'était imposer une histoire bouddhique à une culture ancienne qui avait ses propres traditions (peut-être pour les enterrements). De nombreux bouddhistes appellent ce site Purana Rajamaha Vihara, et apprécient le petit temple bouddhique construit tout près et le fait que des soldats de la SLA veillent sur le site. Les Tamouls, dans l'ensemble, y sont nettement moins favorables. Le tout n'est pas époustouflant, d'autant que le site est entouré d'une clôture en fil de fer, mais les structures ont tout de même un aspect quelque peu surnaturel.

À côté de la route de KKS, au niveau de la borne des 13 km, dans le "nouveau" village de **Tellippalai**, se trouve le vaste **Thurkkai Amman Kovil** (⏲5h30-19h, fermé 13h-15h certains jours), situé derrière un bassin en gradins assez profond. Le temple célèbre la déesse Durga et attire les foules, surtout des femmes, les mardis et vendredis, quand les fidèles prient pour obtenir un bon conjoint. Les *puja* se déroulent à 8h, 11h, 12h et 16h. Les prêtres sont accueillants. Le temple dirige aussi un orphelinat de 150 enfants. L'arrêt d'autobus de Tellippalai se situe devant le temple ; 25 Rs depuis Jaffna en prenant le 769.

Un kilomètre plus loin se trouve le **camp militaire Palali KKS**, un des plus grands du Sri Lanka, et une des zones de haute sécurité les plus controversées. Entre 1983 et 1993, toute la population (plus de 25 000 familles) a été expulsée de 58,5 km² de terres agricoles fertiles. Tout ce qui se trouvait à l'intérieur de cette zone a été détruit ou converti pour usage militaire, dont une carrière de calcaire qui pourrait causer un grave problème environnemental. Depuis la fin de la guerre, la SLA rend des petites parcelles de terre à leurs propriétaires, mais les habitants à qui nous avons parlé ne sont pas prêts à revenir pour l'instant. Vous pouvez maintenant conduire à travers la région pour aller à la source de Keerimalai (ce qui était impossible durant 20 ans) et la vue de toutes ces maisons abandonnées, sans toit, avec des arbres poussant à l'intérieur, est très troublante.

À la sortie pour la source de Keerimalai se trouve le **Maviddapuram Kanthaswamy Kovil**, qui a survécu aux bombardements et au pillage durant la guerre. Les fidèles font de réels efforts pour assurer sa réouverture. Les prêtres sont très accueillants et peuvent probablement faire une *puja* pour vous si vous voulez (autrement elle a lieu à 11h30).

Tout près de la source se trouve le **Naguleswaram Shiva Kovil**, datant du VIe siècle av. J.-C., l'un des *pancha ishwaram* (voir p. 245). Seules quelques parties des bâtiments ont survécu à la guerre, et notamment au bombardement par l'armée en 1990, mais des travaux de reconstruction sont en cours. C'est un endroit paisible pour se promener.

La légende veut que la **source sacrée de Keerimalai** doive sa notoriété à une visite d'une princesse Chola au VIIe siècle : non seulement elle guérit immédiatement de son trouble digestif lorsqu'elle s'y baigna et pria Murugan, mais sa difformité faciale – semblable, paraît-il, à une tête de cheval – disparut aussi. Même en l'absence de physionomie chevaline, la source est un joli petit endroit : le côté des hommes offre un pittoresque bassin à gradins aux eaux bleu-vert qui se détachent sur la mer, tandis que les femmes disposent d'un bassin plus petit entouré de hauts murs (ce qui est une bonne idée). Les eaux sont censées favoriser la guérison. Il y a des vestiaires sur place ; les femmes doivent se baigner avec un T-shirt et un short ou un vêtement préservant la pudeur. L'autobus/minibus de Jaffna coûte 30 Rs jusqu'à la source. Un *túk-túk* depuis l'arrêt de bus de Tellippalai revient à 300/600 Rs aller/aller-retour.

Si vous faites un circuit d'une journée sur la péninsule, après avoir visité Keerimalai, prenez la Chunnakam-Puttur Rd en direction de Valvettiturai et Point Pedro, et déjeunez au délicieux et vieillot **Sri Murugan Café** (Vakaiadi ; riz-curry 180 Rs ; ⌚5h-21h), à 3 km à l'ouest de Puttur.

VALVETTITURAI

Sur la route de Valvettiturai (VVT) se trouve le charmant **Selvachannithy Murugan Kovil** (ou Sella Sannathy Kovil), en front de mer, à Thondaimanaru. Comme beaucoup de sites sur la péninsule, il a été très endommagé par la guerre, mais maintenant cet important temple dédié à Murugan est un endroit pittoresque dont la *puja* est animée.

La superbe route côtière mène à l'est jusqu'à VVT, jadis cité enrichie par la contrebande, aujourd'hui plus connue pour avoir vu naître le chef de la LTTE, Vellupillai Prabhakaran. La forte personnalité de Prabhakaran – célèbre pour sa cruauté impitoyable, son charisme et son implacable détermination – est considérée par de nombreux observateur comme la raison principale pour laquelle le LTTE s'est imposé parmi tous les groupes militants tamouls qui ont vu le jour durant les années 1970. La mort de Prabhakaran a été annoncée durant les derniers jours de la guerre, mais certains croient qu'il se cache à l'étranger.

La **maison familiale de Prabhakaran** (Vampady Lane) aux murs verts fut endommagée par les forces gouvernementales en 1985, au cours d'un assaut qui coûta la vie à 70 habitants de VVT, mais les ruines continuent d'attirer les curieux. Elles portent des graffitis en tamoul, en cinghalais et en anglais. Si vous connaissez un peu l'histoire de cette guerre, c'est un endroit fascinant (ne vous inquiétez pas de la tour de guet camouflée, au bout de la rue !).

Pour vous y rendre de l'arrêt du bus de VTT, marchez vers l'ouest sur 400 m, en passant devant le **Muthumari Amman Kovil** – probablement l'endroit de culte de la famille Prabhakaran – et son joli *gopuram*. Continuez pendant 200 m et tournez à gauche dans la première allée asphaltée ; la maison de Prabhakaran est la première à gauche. Prendre le bus n°751 depuis Jaffna (60 Rs, 1 heure 30, toutes les 30 à 60 min).

POINT PEDRO ET SES ENVIRONS

De VTT, la route côtière s'incurve jusqu'à Point Pedro. Cette zone a été dévastée par le tsunami de 2004. Les habitants disent que les bateaux de pêche ont été retrouvés à 1 km des côtes. Le secteur a été reconstruit, mais il est faiblement peuplé et l'étroite plage de sable blanc est déserte. En revanche, c'est un beau trajet le long de la côte, avec ses jetées, ses bateaux de pêche et ses pêcheurs de raies manta. Soyez à l'affût du dépeçage des raies : un spectacle que certains trouveront dégoûtant, mais qui n'en est pas moins envoûtant.

Point Pedro est la deuxième ville de la péninsule de Jaffna. Bien que délabrée, elle conserve quelques traces du style colonial et offre une très belle plage isolée à l'est. De la gare routière de Point Pedro, parcourez 100 m en direction du sud puis vers l'est, et passez devant un curieux **péage** en pierre, qui daterait de la période hollandaise. Après 500 m environ, tournez à gauche en direction de la mer et remontez St Anthony's

Lane en passant par les deux plus belles **églises** de la ville. La route côtière continue vers l'est sur 1 km jusqu'au **phare de Point Pedro** (photos et accès interdits), au-delà duquel la plage des pêcheurs s'élargit. Le plus bel endroit de **Munai Beach** se trouve 2 km plus loin, qui offre aussi de très belles vues sur la lagune de Vadamaraadchi. Vous pourrez peut-être passer une nuit au **Gunam Lodge** (☎077 186 9015 ; 116/1 Nellandi Rd, Thumpalai ; s/d 500/750 Rs), en face de la plage, mais il était fermé lors de nos recherches et les propriétaires parlent très peu anglais. Les *túk-túk* du centre de Point Pedro demandent 300 Rs l'aller-retour pour Munai Beach.

Plus au sud-ouest se trouve le très vénéré **Valipura Kovil**, à 5 km du centre de Point Pedro. Son *gopuram* est peint d'une palette inhabituelle aux teintes raffinées et l'intérieur du temple arbore de très jolies représentations de Krishna. Il est reconnu pour sa fête animée des eaux sacrées (*water-cutting festival*) qui a lieu en octobre et qui attire de nouveau des milliers de pèlerins. Les *puja* ont lieu à 7h, 9h30, 12h et 16h15, et le dimanche à 18h.

Îles au large de Jaffna

Au sud-ouest de la péninsule de Jaffna, plusieurs îles basses se succèdent, dont certaines sont reliées entre elles et au continent par des chaussées. Leur principal attrait est leur ambiance de refuge insulaire et le sentiment d'escapade que l'on éprouve en prenant un bateau pour rejoindre ces bouts du monde.

Deux excursions d'une journée permettent de les découvrir. La première est un circuit qui passe par Karaitivu (Karainagar), rejoint Velanai en ferry, puis revient par la chaussée. La seconde consiste en un aller-retour jusqu'à Delft (Nadantivu) ou à l'île sacrée de Nainativu (Nagadipa), via les chaussées jusqu'à Kurikadduwan (KKD), puis en ferry.

Le LTTE fut jadis très actif dans ces eaux et la marine sri lankaise maintient une forte présence. C'est d'ailleurs elle qui exploite les ferries.

KARAITIVU

Karaitivu offre deux principaux intérêts : l'accès à Kayts et la longue **chaussée** à fleur de mer depuis Jaffna, avec vue sur les pêcheurs et les casiers de crevettes. Regardez à droite tout au début de la route pour entrevoir l'imposant *gopuram* du **Ponnalai Vishnu Kovil** à travers les palmiers. **Casuarina Beach** est une plage pas très belle, mais prisée des habitants. Elle est facile d'accès et l'ambiance y est familiale. Le stand de glaces est tenu par l'armée. Vestiaires et sanitaires sont à disposition – la consigne usuelle s'applique : T-shirts et short pour les femmes. Un peu plus loin et nettement moins familiale se trouve un **bar-paillote** (⏲11h-14h et 17h-19h, fermée les jours de poya) sans nom, niché sous les palmiers à 150 m de la plage sur la route d'accès. Pour les femmes seules ou même en groupe, il serait prudent de l'éviter – non pas à cause du danger, mais en raison des regards appuyés des clients ivres.

Toutes les 30 minutes, les autobus de Jaffna à **Karainagar** (782 et 786 ; 45 Rs, 1 heure 30) passent généralement par Casuarina Junction, à 2 km de la plage ; demandez

LE QUAI DES ÉLÉPHANTS

Les éléphants tinrent longtemps un rôle majeur dans les armées d'Asie du Sud. Ils transportaient les troupes à travers les terrains difficiles et les rivières, portaient des équipements lourds, défonçaient les portes des forts et, quand ils étaient alignés avec une boule d'acier à la trompe, ils faisaient trembler l'armée ennemie. Les éléphants du Sri Lanka avaient la réputation d'être grands, forts et intelligents. L'île devint un fournisseur important de l'Inde entre 300 av. J.-C. et le XIXe siècle.

La plupart des éléphants étaient capturés dans le Vanni. Ils étaient ensuite conduits à l'Elephant Quay du port de Kayts (île de Velanai) après avoir traversé la péninsule de Jaffna. Reliant la péninsule de Jaffna au reste du Sri Lanka, la chaussée d'Elephant Pass doit son nom à sa fonction de lieu de transit des pachydermes. Ces derniers étaient ensuite acheminés en Inde sur des bateaux construits sur mesure à Kayts, qui se spécialisa dans le transport d'éléphants.

Toutefois, aussi puissants qu'ils fussent, les éléphants étaient apeurés par le bruit des détonations. La généralisation des armes à feu sur les champs de bataille mit fin à la prouesse des pachydermes au combat et à leur commerce à Kayts.

avant de monter. Sinon, descendez à Vallenthallai Junction, 1 km plus loin que Casuarina Junction. Il y a des *túk-túk* aux deux arrêts, mais bizarrement les chauffeurs demandent moins cher à Vallenthallai : 300 Rs l'aller-retour pour la plage, y compris une heure de temps d'attente.

Les bus et minibus s'arrêtent près de la petite jetée du **ferry pour Kayts**, qui se trouve à l'intérieur d'une petite zone navale. Le ferry gratuit (10 min, toutes les demi-heures sauf entre 12h30 et 14h) entre en service à 7h à Kayts ; le dernier quitte Karaitivu à 17h30.

VELANAI

La plupart des voyageurs traversent Velanai (quelquefois nommée Leiden, son nom hollandais, ou Kayts d'après le village de la côte nord-est) pour se rendre à Punkudutivu ou à Analaitivu. C'est un endroit merveilleux très peu peuplé et déserté à cause de la guerre.

Si vous arrivez à Velanai depuis Jaffna, vous verrez l'embranchement pour **Chaatty Beach** vers l'extrémité est de l'île. Dépourvue de sable blanc, mais passable pour la baignade et facile d'accès, cette plage est à seulement 11 km de Jaffna. Elle comprend des vestiaires, des aires de pique-nique et des vendeurs d'en-cas. Les bikinis sont hors de question : les femmes doivent se baigner en T-shirt et short. Également digne de mention, le **Chaatty Maaveerar Thuyilum Illam** est le cimetière du LTTE qui était autrefois de l'autre côté de la route (voir p. 252). Tout autobus en direction de Kayts ou de Kurikadduwan depuis Jaffna peut vous laisser descendre à la borne des 9 km ; de là, suivez la route sur 2 km en direction du sud jusqu'à la plage.

Si vous arrivez à Velanai de Karainagar, le ferry vous déposera, entre une dizaine de bateaux de pêche abandonnés, dans une **Kayts** étrange et semi-désertée. La ville possède trois églises près de la jetée : marchez tout droit dans Sunuvil Rd et prenez à droite pour arriver à l'église **St James** (portugaise) ; si vous tournez à gauche vous apercevrez **St Joseph** ; et si vous continuez dans Sunavil Rd, **St Mary** se trouvera à votre gauche. Juste après St Mary, la première allée asphaltée à droite vous mène à 600 m vers un **cimetière** paisible en bordure de mer avec vue au large sur le **fort de Hammenhiel**. Ce fort du XVIIe siècle fut bâti par les Portugais, puis pris par les Hollandais. C'est un camp de la marine, mais la rumeur court qu'il sera bientôt converti en complexe hôtelier. Les bus de Jaffna (777 et 780 ; 49 Rs, 1 heure) passent toutes les 30 à 60 minutes jusqu'à 17h30. Au nord-ouest de l'île se trouve **Karampan**, où les ferries partent pour Analaitivu et Eluvaitivu.

NAINATIVU ET NEDUNTIVU (DELFT)

Le trajet vers ces îles isolées permet d'admirer de beaux panoramas. Une longue et belle **chaussée** relie Velanai et l'île de Punkudutivu. Sur la lagune, des pêcheurs utilisent des pièges à fleur d'eau et se déplacent dans des canots à voile. Le village de **Punkudutivu**, théâtre d'émeutes mineures en décembre 2005, possède l'un des temples hindous les plus colorés de Jaffna. De nombreuses maisons anciennes montrent divers degrés de décrépitude. De plus petites chaussées font le lien entre Punkudutivu et le port des ferries à **Kurikadduwan (KKD)**, pour les bateaux à destination de Neduntivu et de Nainativu. Le service des minibus et bus Jaffna-KKD (776 ; 61 Rs, 1 heure 30 à 2 heures, toutes les 45 minutes) commence très tôt et continue jusqu'au retour du dernier ferry pour KKD.

NAINATIVU (NAGADIPA)

Appelé Nainativu en tamoul et Nagadipa en cinghalais, ce losange long de 6 km planté de palmiers rôniers est un lieu sacré pour les bouddhistes et les hindous.

En face de la jetée, le **Naga Pooshani Amman Kovil**, un grand ensemble hindou entouré de *neems* (margousiers), est consacré à la déesse *naga* Meenakshi, une épouse de Shiva (le terme *naga* fait aussi bien référence aux dieux serpents qu'aux premiers habitants de l'île). Les femmes qui souhaitent avoir des enfants viennent pour la bénédiction, donnée durant la *puja* de la mi-journée dans une ambiance de transe. Les hommes doivent ôter chemise et chaussures avant d'entrer. Une fête impressionnante se déroule chaque année en juin/juillet.

Une marche de 10 minutes vers le sud le long de la route côtière conduit au **temple Nagadipa**, seul site majeur de pèlerinage bouddhique du Nord. Le Bouddha serait venu ici afin d'empêcher une guerre entre un roi *naga* et son neveu pour posséder un trône incrusté de pierres précieuses. Il leur suggéra d'offrir le trône au temple. Le précieux siège et le temple d'origine ont disparu depuis longtemps. Aujourd'hui, vous découvrirez un joli dagoba argenté et, juste derrière, trois bouddhas souriants dans un temple coiffé d'un dôme.

Les jours de *poya* (pleine lune) sont observés par les hindous et les bouddhistes de l'île ; attendez-vous à une forte affluence. Les ferries (30 Rs, 20 min) partent de KKD pour Nainativu environ toutes les 10 minutes, selon l'affluence, de 6h30 à 17h30.

NEDUNTIVU

Intrigante et balayée par les vents, l'île de Neduntivu (Delft) est à 10 km de mer au sud-ouest de KKD. Des milliers de personnes y vivent, mais elle donne l'impression d'être déserte, avec ses chemins en terre à travers les cocoteraies et palmeraies, le soleil qui scintille sur le sable blanc et l'eau bleu-vert, une riche diversité de flore qui inclut le *neem*, un **baobab** rare et ancien, et des lianes dignes de Tarzan. Les centaines de murets qui divisent les champs sont faits de coraux, la plupart provenant de Neduntivu. Les poneys de Delft, descendants des montures apportées par les Hollandais, s'ébattent dans des champs arides bordés d'un rivage corallien. Il y a une **pierre géante** qui continuerait de grossir et vénérée de ce fait, ainsi qu'un petit **fort hollandais** en ruine à quelques pas du quai du ferry. **Manal Kanuttadi** est une jolie plage à 1 km du quai où vous pourrez camper avec la permission de la marine. Il y a un petit magasin près du quai qui vend de l'eau et des en-cas, mais pas vraiment de nourriture. Il est difficile de voir tous les sites à pied en une journée. **Nelson** (☎077 844 8737) peut organiser une visite en camion pour 3 000 Rs (maximum 8 pers).

Les ferries (60 Rs, 40 min) partent de KDD à 8h30, 10h et 12h30. Le retour se fait à 14h (15h le dimanche), 15h30 et 17h.

Comprendre le Sri Lanka

Population au km²

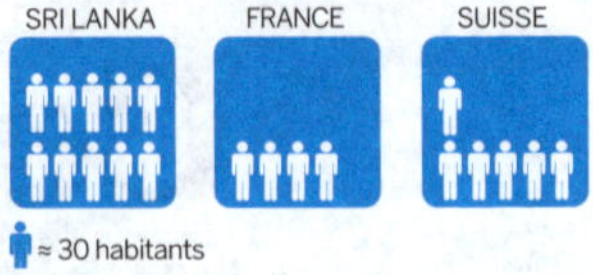

Le Sri Lanka aujourd'hui

La paix

Long de 26 ans, le terrible conflit entre l'armée sri lankaise et les Tigres de libération de l'Eelam tamoul (LTTE) a trouvé une issue brutale en 2009. Lors d'une offensive sans merci lancée par l'armée contre les zones contrôlées par le LTTE, des milliers de civils du Nord et de l'Est ont trouvé la mort, tandis que des dizaines de milliers d'autres étaient déplacés vers des camps de réfugiés. Le LTTE a fait pénétrer des armes dans ces camps de réfugiés, eux-mêmes attaqués par l'armée. Accusations et contre-accusations se succèdent désormais.

Sous la pression internationale, une commission gouvernementale de réconciliation a recueilli des témoignages et comptabilisé les énormes pertes humaines de 2008 et 2009. Cependant, des zones d'ombre demeurent sur les exactions commises durant la dernière phase du conflit. Le Conseil des droits de l'homme de l'ONU a adopté en mars 2012 une résolution exhortant les autorités sri lankaises à poursuivre les responsables de crimes de guerre.

» Population : 20,8 millions
» PIB : 49,7 milliards de $US
» PIB par habitant : 5 220 $US
» Taux d'inflation annuel : 5,9%
» Taux de chômage : 5,8%

La voie du développement

Néanmoins, le fait majeur à retenir depuis la fin du conflit est la volonté du pays d'aller de l'avant. “Tout le monde est d'accord, on préférerait mourir plutôt que de vivre en guerre à nouveau”, nous a confié un Sri Lankais. Le pays rattrape des décennies de retard en termes d'investissements et de développement. Des routes et des aéroports sortent de terre tandis que dans les zones anciennement contrôlées par le LTTE, des efforts importants sont fournis pour panser les blessures.

L'économie est en plein essor et Colombo, capitale menacée durant des années par les attentats commis par les Tigres tamouls, se transforme en vaste chantier de construction. Les richesses créées se traduisent par

À lire

Un air de famille (Seuil, 1998). Récit profond et drolatique de Michael Ondaatje, consacré à sa famille de Colombo dans les années 1940.

Lisière du paradis (Gallimard, 2005). Roman méditatif de Romesh Gunesekera sur les thèmes du deuil et de l'exil.

Les Fontaines du paradis (J'ai lu, 2001). On y retrouve de remarquables descriptions d'Adam's Peak et de Sigiriya. Arthur C. Clarke (1917-2008), auteur également de *2001 : l'Odyssée de l'espace*, a longtemps vécu au Sri Lanka.

Récits de voyage

Quand les écrivains s'arrêtaient à Ceylan, 1885-1929 (Kailash, 1999). Christian Petr a réuni les textes de célèbres écrivains voyageurs décrivant le Sri Lanka de la fin du XIXᵉ siècle au début du XXᵉ siècle.

Religions
(% de la population)

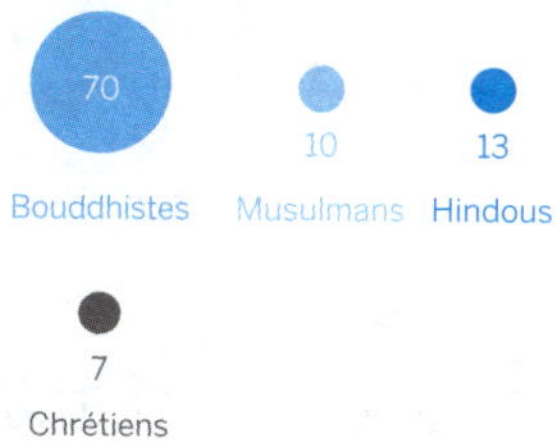

Sur 100 personnes au Sri Lanka

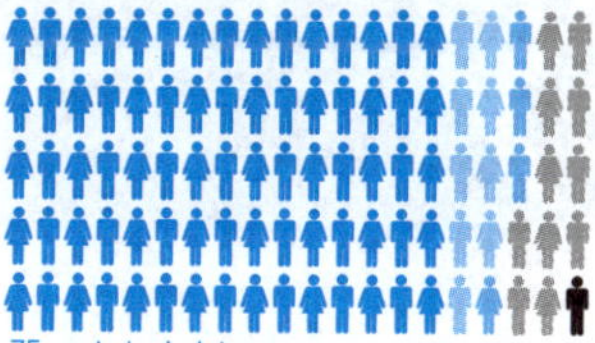

75 sont cinghalais
9 sont musulmans
4 sont tamouls indiens
11 sont tamouls sri lankais
1 ont d'autres origines

l'apparition de nouveaux magasins et restaurants, la restauration de bâtiments historiques et d'énormes manifestations publiques, comme des concerts de musique pop et autres feux d'artifice.

Mais l'héritage de la guerre continuent, une résolution de l'ONU en 2013 a appelé le gouvernement sri-lankais a enquêter sur les allégations de crimes de guerre commis contre la population tamoule dans les derniers mois de la guerre. Le gouvernement a réfuté la nécessité d'une enquête et il est peu probable qu'il y en aura de sitôt.

Human Rights Watch a déclaré que ces critiques ont été soumis à des menaces et à des mesures répressives sur les activités liées à la liberté d'expression. Amnesty International a adopté une position encore plus dure ; la résolution de l'ONU fait d'ailleurs écho à ces allégations, que le gouvernement continue de nier.

Le Sri Lanka se distingue dans les matchs de cricket de format court (One-day et Twenty20). Les Sri Lankais ont remportés la Coupe du monde de cricket en 1996 et terminés seconds derrière l'Australie en 2007. Ce sport est une véritable religion nationale, même si les résultats sont un peu moins brillants aujourd'hui.

Le boom touristique

La paix a été une aubaine pour le Sri Lanka. Le tourisme a connu une croissance de plus de 10% par an depuis 2009 et en 2012 les revenus du tourisme a dépassé 1 milliard de dollars US pour la première fois. De nouveaux projets voient le jour à l'échelle nationale.

Si le conflit l'a longtemps relégué hors des radars du tourisme, le Sri Lanka a un potentiel énorme : région montagneuse, faune sauvage, plages sublimes, huit sites inscrits au patrimoine mondial et des trains pittoresques. Pensions, hôtels et cafés destinés aux voyageurs fleurissent un peu partout ; Galle ou Ella en sont des exemples frappants.

Plus proche de l'Europe que la Thaïlande, le Sri Lanka cherche à s'affirmer comme une destination soleil durant les longs mois d'hiver. Destiné à accueillir de nouvelles déferlantes de voyageurs, l'aéroport en construction sur la côte sud pourrait lui en donner l'opportunité.

Documentaires

» Réalisé en 2008 par la BBC, *Hot Spots: Sri Lanka* (en anglais) parcourt l'histoire des tensions ethniques dans le pays.

» Signé par la chaîne britannique Channel Four en 2011, *Sri Lanka's Killing Fields* (en anglais) revient sur les derniers mois du conflit.

Sites Web

Ceylon Today (www.ceylontoday.lk). Informations, sports et sorties ; sujets généraux ; taux de change.

Daily Mirror (www.dailymirror.lk). Le meilleur des quotidiens en ligne ; bonne sélection d'articles d'opinion et d'informations culturelles.

Gossip Lanka (www.english.gossiplankanews.com). Cancans et sorties, plus reportages d'investigation.

Indi.ca (www.indi.ca). Informations, articles d'opinion et de culture, le tout sous la plume d'un excellent journaliste local.

Histoire

Pour les Cinghalais et les Tamouls, les deux ethnies principales du pays, l'histoire du Sri Lanka est une immense source de fierté. Seul problème, mais de taille, les deux communautés n'en ont pas du tout la même version. Chaque site historique, chaque édifice religieux, chaque nom de village semble donner lieu à des interprétations historiques divergentes, auxquelles s'ajoutent une foule de mythes religieux et de légendes locales contradictoires. Dans chaque camp, on en conclut que l'île constitue la patrie exclusive de sa propre ethnie, chacune revendiquant la primauté de ses droits.

En fait, la situation géographique de l'île, proche de l'Inde et de centaines d'anciennes routes commerciales, a toujours attiré une foule de visiteurs, d'immigrés, d'envahisseurs, de missionnaires, de négociants et de voyageurs, majoritairement venus d'Inde, mais aussi d'Asie de l'Est et du Moyen-Orient. Nombre d'entre eux s'y sont établis et se sont intégrés au fil des générations, des unions et des conversions religieuses. L'histoire de l'île, comme celle de ses ethnies, se conjugue au gré des mélanges et des revirements de domination. Toutefois, la perception contemporaine que le pays a de son histoire demeure profondément politique et marquée par de grandes divisions ethniques, parfois totalement artificielles.

Sites possibles du premier âge du fer

- Sigiriya
- Kantarodai
- Tissamaharama

Préhistoire et premières migrations

Légende et histoire s'entremêlent dans les premiers récits concernant le Sri Lanka. Adam laissa-t-il son empreinte de pied sur l'Adam's Peak (pic d'Adam ou Sri Pada) en jetant un dernier regard sur le jardin d'Éden ? À moins que ce ne soit celle du Bouddha qui visita l'île à mi-chemin du paradis ? La chaîne d'îlots reliant l'Inde au Sri Lanka est-elle celle que Rama traversa pour arracher son épouse Sita des griffes de Ravana, roi-démon de Lanka, dans l'épopée du *Ramayana* ?

CHRONOLOGIE

Avant le VIe siècle av. J.-C.

L'île est habitée par les Vedda (Wanniyala-aetto), des chasseurs-cueilleurs qui, selon les anthropologues, seraient les descendants d'un peuple présent dans l'île depuis 32 000 ans av. J.-C.

VIe siècle av. J.-C.

Vijaya, un prince déchu d'Inde du Nord, arrive sur la côte ouest du Sri Lanka. Il s'établit autour d'Anuradhapura et fonde le premier grand royaume de l'île mentionné dans les sources.

IVe siècle av. J.-C.

On attribue à Valmiki, un sage légendaire de l'Antiquité indienne, l'épopée hindoue du *Ramayana*, dans laquelle le dieu Rama conquiert Lanka et vainc Ravana, son roi-démon.

Abstraction faite des légendes, les premiers habitants du Sri Lanka furent les Vedda (Wanniyala-aetto, ou Yaksha dans les chroniques épiques en pali), des chasseurs-cueilleurs qui subsistèrent grâce aux ressources abondantes de l'île. Si leurs origines restent obscures, les anthropologues estiment généralement qu'ils descendraient de populations originaires d'Inde et peut-être d'Asie du Sud-Est. Leur présence sur l'île remonterait à 32 000 ans av. J.-C. On estime aussi qu'une langue de terre entre l'Inde et le Sri Lanka aurait été recouverte par les eaux vers 5 000 av. J.-C.

Si les interprétations des historiens et des archéologues divergent quant à son origine, une culture mégalithique a bien émergé vers 900 av. J.-C., présentant des similitudes frappantes avec les cultures de l'Inde du Sud de la même époque. C'est aussi lors du premier âge du fer qu'Anuradhapura commença à se développer et à prendre une position dominante.

Des objets présentant des inscriptions en brahmi (une écriture "parente" de la plupart des écritures de l'Asie du Sud) ont été découverts et datés du IIIe siècle av. J.-C. ; et des parallèles avec des styles brahmi de l'Inde du Nord et du Sud ont été faits, même si des mots tamouls apparaissent dans nombre d'objets mis au jour dans le nord et l'est de l'île. Les historiens sri lankais se livrent à un âpre débat sur ces questions. Cependant, plus qu'une simple implantation de deux ethnies distinctes, il est probable que des migrations simultanées en provenance d'Inde de l'Ouest, de l'Est et du Sud se soient produites à cette époque, les nouveaux arrivants se mêlant aux indigènes.

Toponymie vedda

- » Parc national de Gal Oya
- » Nanu Oya
- » Kelaniya Ganga

Anuradhapura

Datant du Ve siècle, le *Mahavamsa*, une chronique épique en pali, constitue la première source historique du pays. Si cette fresque relate assez fidèlement l'histoire des royaumes et du pouvoir politique cinghalais à partir du IIIe siècle av. J.-C., sa fiabilité historique est plus discutable avant cela – comme en témoigne en particulier la place accordée aux mythes. Cela n'empêche pas de nombreux Cinghalais d'affirmer descendre de Vijaya, un prince du nord de l'Inde, au VIe siècle av. J.-C, dont le grand-père, selon l'épopée, était un lion, et dont le père, seulement pourvu des pattes du même animal, avait épousé sa propre sœur... Banni pour mauvaise conduite, le prince fut contraint d'embarquer sur des navires délabrés avec un contingent de 700 hommes.

Échappant au naufrage, ils auraient accosté près de l'actuelle Mannar le jour où le Bouddha atteignit l'Éveil. Vijaya et son équipage s'établirent près d'Anuradhapura et firent la connaissance de Kuveni, une Yaksha (probablement une Vedda), qui apparaît tour à tour sous les traits d'une reine pernicieuse et d'une séductrice prenant la forme d'une jeune fille

IIIe siècle av. J.-C.

L'empereur indien Ashoka envoie son fils et sa fille sur l'île pour propager les enseignements du Bouddha. Le roi d'Anuradhapura, Devanampiya Tissa, en saisit la portée.

205-161 av. J.-C.

Règne du roi chola Elara, décrit par le *Mahavamsa* comme un souverain juste. Bien que Tamoul et hindou, il fait l'aumône aux moines bouddhistes et emploie aussi bien des Cinghalais que des Tamouls.

103-89 av. J.-C.

Cinq rois tamouls venus d'Inde envahissent Anuradhapura et règnent pendant 14 ans. Le roi Valagambahu est contraint de fuir et trouve refuge dans les grottes autour de Dambulla.

Ier siècle av. J.-C.

Le 4e Concile bouddhique se tient à Aluvihara. Les enseignements du Bouddha, conservés jusque-là oralement, sont recueillis par écrit pour la première fois.

de 16 ans pour séduire le prince. Elle lui offrit la couronne, se joignit à lui pour massacrer son propre peuple et lui donna deux enfants avant de se voir chasser par son époux. Vijaya se fit alors amener une princesse tamoule du royaume Pandya, dans le sud de l'Inde, ainsi que des femmes pour ses hommes (le fait que, selon ce récit, les ancêtres de la race cinghalaise auraient tous épousé des Tamoules est ignoré de la majorité des Sri Lankais). Son règne est considéré comme l'origine du royaume d'Anuradhapura, qui se développa dans la région au IVe siècle av. J.-C.

Le bouddhisme arriva d'Inde au IIIe siècle av. J.-C. par Mahinda, transformant Anuradhapura et créant sans doute ce qui est considéré aujourd'hui comme la culture cinghalaise. La colline de Mihintale marque l'endroit où le roi Devanampiya Tissa aurait reçu pour la première fois les enseignements du bouddhisme. Les premiers émissaires bouddhistes apportèrent également une bouture de l'arbre de la Bodhi sous lequel le Bouddha atteignit l'Éveil. Toujours vivace à Anuradhapura, l'arbre est décoré de drapeaux de prière et de lumières. Des liens solides s'établirent entre la monarchie sri lankaise et les ordres bouddhiques. Les souverains, reconnaissants du soutien des bonzes, fournissaient logements, réservoirs et vivres aux monastères. Un contrat informel et puissant, qui perdure toujours aujourd'hui, lia alors l'État et la religion.

Sur l'île, le bouddhisme subit une autre évolution majeure avec la transcription des enseignements oraux au Ier siècle av. J.-C. Les premiers moines sri lankais rédigèrent un vaste corpus de commentaires sur les enseignements, ainsi que des manuels, des grammaires du pali et d'autres textes fondamentaux, développant ainsi une littérature classique pour le bouddhisme Theravada (ou "doctrine des anciens" ; p. 284), encore citée aujourd'hui par les tenants de cette école dans le monde entier. L'arrivée de la dent sacrée du Bouddha à Anuradhapura en 371 renforça la place du bouddhisme dans la société cinghalaise, conduisant au développement d'un sentiment de cohésion identitaire chez les Cinghalais, et à la naissance d'une culture et d'une littérature propre.

Les débuts du royaume d'Anuradhapura

- » Mannar
- » Mihintale
- » Sri Maha Bodhi
- » La dent sacrée

Au IIe siècle av. J.-C., le royaume d'Anuradhapura englobait la totalité de l'île. Il dut néanmoins lutter ou coexister avec d'autres dynasties au fil des siècles, notamment avec les Chola tamouls. Les frontières entre Anuradhapura et divers royaumes d'Inde du Sud furent modifiées à maintes reprises. Plusieurs héros cinghalais prirent les armes pour repousser les royaumes d'Inde du Sud. Parmi eux, Vijayabahu Ier (XIe siècle) décida d'abandonner Anuradhapura pour établir la capitale à Polonnaruwa, au sud-est.

Durant des siècles, le royaume fut à chaque fois reconstruit après les bataille grâce au *rajakariya,* un système de servitude au profit du roi qui permit de développer l'agriculture et de restaurer les édifices, les réservoirs et les systèmes d'irrigation. Il ne fut interdit qu'en 1832, lorsque les Britanniques adoptèrent des lois prohibant l'esclavage.

IVe siècle

L'arrivée à Anuradhapura de la dent sacrée du Bouddha renforce la popularité du bouddhisme au Sri Lanka. La relique devient le symbole de la religion et de la souveraineté de l'île.

Ve siècle

Après avoir ourdi la mort de son père et chassé son frère aîné Mugalan, le roi Kasyapa construit la forteresse rocheuse de Sigiriya. Aidé par des mercenaires indiens, Mugalan parvient à reprendre le trône.

Ve siècle

Le *Mahavamsa* (*Grande Chronique*), un poème épique, est composé par des moines bouddhistes. Il relate l'histoire bouddhiste et royale de l'île, mêlée d'épisodes surnaturels.

Ve siècle

Buddhaghosa, érudit indien, compose au Sri Lanka le *Visuddhimagga*, un manuel traitant des enseignements du Bouddha. Ses commentaires font partie du canon du Theravada et sont étudiés aujourd'hui.

Polonnaruwa

La nouvelle capitale, Polonnaruwa, survécut plus de deux siècles, marqués par le règne de deux grands souverains. Parakramabahu Ier (r. 1153-1186), neveu de Vijayabahu Ier, expulsa les Chola tamouls venus d'Inde du Sud, poursuivit le combat dans le sous-continent et fit même une incursion au Myanmar. Sur l'île, il construisit de nombreux réservoirs et puisa dans les fonds publics pour faire de Polonnaruwa une splendide capitale.

Son successeur, Nissanka Malla (r. 1187-1196), fut le dernier souverain de Polonnaruwa à se préoccuper du bien-être de son peuple. Des dirigeants faibles lui succédèrent, tandis que la dégradation du système d'irrigation favorisait la propagation des maladies. Polonnaruwa finit par être abandonnée et la deuxième capitale cinghalaise du pays fut envahie par la jungle en quelques décennies.

Le pouvoir cinghalais s'établit alors dans le sud-ouest de l'île, changeant cinq fois de capitale entre 1253 et 1400. Aucune n'atteignit la grandeur d'Anuradhapura ou de Polonnaruwa. Pendant ce temps, le puissant royaume de Jaffna prenait le contrôle d'une grande partie de l'île. Lorsque le voyageur arabe Ibn Battuta visita Ceylan en 1344, il rapporta que le royaume s'étendait jusqu'à Puttalam, sur la côte ouest.

Avec le déclin des capitales cinghalaises du Nord et la migration de la population vers le Sud, les villages tamouls du Nord, essentiellement côtiers, et les villages cinghalais du Sud se retrouvèrent séparés par une vaste zone tampon, couverte de jungle. Pendant des siècles, cette frontière naturelle maintint Cinghalais et Tamouls à distance, semant les graines de la division ethnique sri lankaise.

L'arbre de la Bodhi, visible à Anuradhapura, fait l'objet de soins méticuleux depuis plus de 2 000 ans. C'est le plus vieil arbre de ce type au monde.

LES BÂTISSEURS DE RÉSERVOIRS

La maîtrise des réservoirs d'eau, des pentes et des canaux constitue la clé de la civilisation sri lankaise des premiers temps. Probablement modestes au départ, ces réservoirs qui parsèment les plaines des anciens territoires de Rajarata (au nord du pays) et de Ruhuna (au sud-est), atteignirent de telles dimensions au Ve siècle av. J.-C. que les légendes locales s'en emparèrent. On raconte ainsi que le réservoir du Géant, près de l'île de Mannar, fut bâti par des colosses et que d'autres furent l'œuvre des efforts conjoints d'hommes et de démons.

Le système d'irrigation local, construit à une échelle toujours plus grande durant le millénaire précédant notre ère, rivalise en sophistication avec les anciens *qanat* (systèmes d'irrigation souterrains) iraniens et les canaux de l'Égypte des pharaons. Ces réservoirs ont nourri et façonné la civilisation sri lankaise pendant plus de 2 500 ans, avant que la guerre et la discorde ne frappent le pays entre le XIIe et le XIVe siècle.

VIIe-XVe siècle

Des négociants arabes s'établissent au Sri Lanka, se marient et diffusent l'islam sur l'île. Ils continuent à commercer avec le Moyen-Orient et cohabitent paisiblement avec Tamouls et Cinghalais.

XIe siècle

Lassé des conflits incessants avec ses voisins tamouls, le roi Vijayabahu Ier défait les Chola et transfère la capitale cinghalaise à Polonnaruwa, au sud-est. Un bref âge d'or s'ensuit.

1216

Parallèlement au déclin de Polonnaruwa, le royaume tamoul de Jaffna s'établit puis se soumet brièvement au royaume Pandya, en Inde du Sud, avant de gagner son indépendance. Il survit quatre siècles durant.

DREAMSTIME ©

» Atadage (p. 192), Polonnaruwa

Le commerce et la conquête

L'arrivée des Portugais

Au cœur de l'océan Indien, le Sri Lanka avait déjà été un carrefour marchand avant l'arrivée des négociants arabes et de leur nouvelle religion, l'islam, au VIIIe siècle. Les pierres précieuses, la cannelle, l'ivoire et les éléphants comptaient parmi les ressources convoitées. Les musulmans s'installèrent d'abord à Jaffna et à Galle, puis l'arrivée des Européens, tout autant désireux d'imposer leur domination que de commercer, contraignit nombre d'entre eux à fuir dans l'arrière-pays pour échapper aux persécutions.

À l'arrivée des Portugais en 1505, le Sri Lanka comptait trois grands royaumes : le royaume tamoul de Jaffna et les royaumes cinghalais de Kandy et de Kotte (près de Colombo). Fils du vice-roi portugais des Indes, Lorenço de Almeida établit des relations amicales avec le royaume de Kotte et obtint le monopole du lucratif commerce des épices. Par la suite, les Portugais devaient prendre le contrôle du royaume.

Les rapports entre Tamouls et Portugais se révélèrent moins cordiaux. Jaffna parvint à contenir deux expéditions portugaises avant de rendre finalement les armes en 1619. Les Lusitaniens détruisirent alors les plus beaux temples hindous de la ville ainsi que sa Bibliothèque royale. Le Portugal parvint à s'emparer de tout le littoral occidental, mais le royaume de Kandy, dans les montagnes du centre, continuait de résister à cette domination.

Divers ordres religieux, les dominicains et les jésuites en tête, accompagnaient les Portugais. Ils convertirent de nombreux villages côtiers et n'hésitèrent pas à massacrer les populations qui résistaient à l'évangélisation, détruisant les temples locaux. Les bouddhistes se réfugièrent à Kandy, qui devint la cité protectrice de la foi. Cette fonction sacrée s'enracina au cours des trois siècles suivants, marqués par l'échec des tentatives de domination des puissances européennes.

Les descendants des esclaves mozambicains, amenés au Sri Lanka par les Portugais, sont aujourd'hui presque totalement assimilés. Leur contribution la plus évidente à la culture sri lankaise moderne sont les *bailas*, des chansons d'amour basées sur des mélodies latines et des rythmes africains.

Des Hollandais aux Britanniques

Les Hollandais arrivèrent en 1602, tout aussi désireux que les Portugais de contrôler le négoce des épices dans l'océan Indien. Rajasinha II, roi de Kandy, leur en octroya le monopole en échange de l'indépendance du Sri Lanka. En dépit de cet accord, les Hollandais ne cessèrent de tenter d'assujettir Kandy durant les 140 années de leur présence.

Plus entreprenant que les Portugais, les Hollandais construisirent des canaux le long de la côte ouest pour transporter les récoltes, notamment la cannelle ; il en reste quelques-uns aux alentours de Negombo. La législation actuelle du Sri Lanka comporte des éléments du droit hollandais de cette époque.

Les Britanniques considérèrent d'abord le Sri Lanka d'un point de vue stratégique, estimant pouvoir contrer l'influence française en Inde

XIVe siècle

Le géographe arabe Ibn Battuta visite le Sri Lanka au cours d'un périple en Orient. Son *Journal de route* évoque Colombo, la forêt de Sinharaja ou encore le pic d'Adam.

1505

Après le déclin de Polonnaruwa, le pouvoir cinghalais se déplace vers le royaume de Kotte au sud-ouest. Les Portugais arrivent et conquièrent toute la côte ouest. Le royaume de Kandy parvient à les repousser.

1658

Les premiers navires hollandais accostent en 1602. Un traité signé avec le royaume de Kandy accorde aux Hollandais le monopole du commerce des épices et ils ravissent aux Portugais le contrôle du littoral.

1796

Les Pays-Bas, sous contrôle français, cèdent Ceylan aux Britanniques. Ce changement est censé être temporaire, et les Britanniques administrent l'île depuis Madras, en Inde.

depuis le port de Trincomalee, sur la côte est. Prenant le contrôle du Sri Lanka en 1796, ils étendirent rapidement leur influence, faisant de l'île une colonie en 1802 et soumettant Kandy en 1815. Trois ans plus tard, la première administration unifiée de l'île par une puissance européenne voyait le jour.

La conquête britannique perturba de nombreux Cinghalais, qui croyaient que seuls les gardiens de la dent sacrée avaient le droit de diriger le pays. Leur courroux fut légèrement apaisé quand un bonze retira la relique du temple de la Dent afin de la préserver, ainsi que la souveraineté symbolique de l'île, entre des mains cinghalaises.

L'anxiété des Cinghalais se renforça dans les années 1830 avec l'arrivée des premiers colons britanniques. Le thé se substitua en grande partie au café et à l'hévéa dès les années 1870, et la composition démographique fut profondément bouleversée avec l'afflux d'ouvriers agricoles tamouls en provenance d'Inde du Sud, les "Tamouls des plantations". Ces derniers étaient – et sont encore – séparés des Tamouls de Jaffna par la géographie, l'histoire et la caste. La colonisation britannique entraîna d'autres évolutions dans la population de l'île, de nombreux Tamouls quittant le Nord pour s'installer à Colombo, tandis que des Cinghalais s'établissaient à Jaffna.

Forts de l'époque européenne

- » Batticaloa
- » Jaffna
- » Matara
- » Trincomalee

Le chemin de l'indépendance

Les progrès du nationalisme

L'aube du XXe siècle fut une époque importante pour le mouvement nationaliste sri lankais. À la fin du XIXe siècle, des campagnes bouddhistes et hindouistes avaient été lancées afin de rendre ces religions plus compatibles avec l'époque coloniale et de défendre la culture sri lankaise traditionnelle contre l'influence des missionnaires chrétiens. L'étape suivante consistait logiquement à réclamer une plus grande participation sri lankaise dans le gouvernement. En 1910, les militants obtinrent une concession mineure : les Sri Lankais purent élire un unique représentant au Conseil législatif.

La création du Congrès national de Ceylan en 1919 formalisa les revendications nationalistes. Le nationaliste cinghalais Anagarika Dharmapala ayant été contraint à l'exil, diverses organisations de jeunesse, cinghalaises ou tamoules, reprirent la lutte pour le changement. En 1927, la visite du Mahatma Gandhi aux jeunes activistes tamouls de Jaffna renforça encore le mouvement.

D'autres réformes intervinrent ensuite. En 1924, une révision constitutionnelle permit la création d'un gouvernement représentatif, puis en 1931, une nouvelle Constitution autorisa enfin les leaders sri lankais à participer aux travaux du Parlement et instaura le suffrage universel. Selon la Constitution, aucun groupe ethnique ne pouvait

Sir James Emerson Tennent a livré une description détaillée du Sri Lanka au XIXe siècle, aujourd'hui disponible sur Internet à l'adresse www.lankaweb.com/news/features/ceylon.html.

1802
Les Britanniques supplantent les Hollandais et font du Sri Lanka une colonie, à vocation d'abord stratégique, puis commerciale.

1815
Les Britanniques entendent contrôler l'île entière et parviennent à conquérir le royaume de Kandy. C'est la première (et seule) fois que le Sri Lanka dans son ensemble est gouverné par une puissance européenne.

1832
Le bouleversement des lois foncières ouvre les portes aux colons britanniques. L'anglais devient la langue officielle, les monopoles d'État sont abolis et les capitaux affluent, finançant les plantations de café.

1843-1859
Ne parvenant pas à persuader les Cinghalais de travailler dans les plantations, les Britanniques font venir d'Inde du Sud près d'un million de travailleurs tamouls.

dominer le champ politique ; une série de mesures garantissait que tous les départements du gouvernement étaient supervisés par un comité composé de représentants de chaque composante ethnique. Cependant, les dirigeants cinghalais et tamouls ne donnèrent pas leur plein soutien à cette Constitution qui préparait l'indépendance, laissant présager les problèmes qui allaient marquer les huit décennies suivantes.

De Ceylan au Sri Lanka

Après l'Inde en 1947, Ceylan accéda à son tour à l'indépendance le 4 février 1948. Bien que rassemblant des membres issus de tous les groupes ethniques, le Parti national uni (UNP), au pouvoir, ne représentait que les intérêts de l'élite anglophone. Ses tentatives de retirer leur citoyenneté aux "Tamouls des plantations" et de les renvoyer en Inde furent une indication de la montée d'un nationalisme cinghalais.

Le clivage se creusa en 1956 avec l'arrivée au pouvoir du Parti de la liberté (SLFP), élu sur un programme socialiste, nationaliste et prônant un soutien de l'État au bouddhisme. L'une des premières décisions du chef du SLFP, Solomon Bandaranaike, fut de tenir une des promesses de la campagne et de déclarer le cinghalais seule langue officielle du pays.

Durant la période coloniale britannique, les Tamouls avaient acquis une bonne maîtrise de l'anglais et s'étaient vus par conséquent surreprésentés dans les universités et l'administration, créant le ressentiment des Cinghalais, surtout pendant la période de faible croissance économique des années 1950. Les principaux partis politiques jouèrent sur la crainte des Cinghalais de voir leur religion, leur langue et leur culture balayées par les Indiens, perçus comme les alliés naturels des Tamouls du Sri Lanka. Ces derniers, dont l'identité hindoue s'était affirmée à l'approche de l'indépendance, commencèrent à se sentir menacés.

Une loi faisant du cinghalais la seule langue officielle priva les populations hindoues et musulmanes parlant le tamoul de leur droit de vote : presque 30% des citoyens se virent soudainement interdire l'accès à l'administration. Si les tensions couvaient depuis la fin de la période coloniale, cette décision marqua le véritable début du conflit ethnique sri lankais.

Un scénario similaire se répéta en 1970, lorsqu'une loi favorisant l'accès des Cinghalais aux universités fut promulguée, réduisant ainsi le nombre d'étudiants tamouls. Puis, au lendemain d'une insurrection armée contre le gouvernement menée par le Front de libération populaire (Janatha Vimukthi Peramuna ou JVP), mouvement radical anti-tamoul, une nouvelle Constitution (qui entérina l'abandon du nom Ceylan pour celui de Sri Lanka) accorda une "place prépondérante" au bouddhisme, faisant à l'État un devoir de "le protéger et à le propager".

Fin du XIXe siècle

L'arwi, un mélange de tamoul et d'arabe qui s'est élaboré au sein de la population des Maures sri lankais, connaît son apogée avec la publication de plusieurs textes religieux importants.

Années 1870

L'industrie du café favorise le développement des routes, des ports et des voies ferrées. Puis la rouille décime les plants, et le café est remplacé par le thé et l'hévéa.

1919

Après l'arrestation de dirigeants cinghalais par les Britanniques pour des délits mineurs en 1915, le Congrès national de Ceylan réunit des groupes nationalistes cinghalais et tamouls qui œuvrent pour l'indépendance.

1931

Une nouvelle Constitution prévoit le partage du pouvoir avec un gouvernement cinghalais. Le suffrage universel est introduit dans le pays, qui devient la première colonie d'Asie à accorder le droit de vote aux femmes.

HISTOIRE DE NOM...

En 1972, l'abandon du nom Ceylan pour celui de Sri Lanka sema le trouble parmi les étrangers. Pourtant, l'île avait toujours été Lanka pour les Cinghalais et Ilankai pour les Tamouls. Dans le *Ramayana*, Sita n'est-elle pas enlevée par le roi de Lanka ?

Les Romains appelaient l'île Taprobane et les négociants arabes parlaient de Serendib ("île des Joyaux" en arabe). Les Portugais transformèrent Sinhala-dvipa ("île des Cinghalais") en Ceilão, que les Hollandais traduisirent Ceylan et les Britanniques Ceylon.

L'île retrouva son nom de Lanka en 1972 auquel on accola "Sri", mot qui marque le respect.

L'agitation grandit parmi les Tamouls du Nord et l'état d'urgence fut instauré dans leur territoire pour plusieurs années à partir de 1971. La police et l'armée, chargées de le faire respecter, comptaient peu de Tamouls (une conséquence de la loi faisant du cinghalais la seule langue officielle), accentuant la division du pays et suscitant, pour la population tamoule, un sentiment accru d'oppression

Naissance des Tigres

Au milieu des années 1970, plusieurs groupes de jeunes Tamouls, dont certains militaient activement, commencèrent à réclamer la fondation d'un État tamoul indépendant, l'Eelam (Terre précieuse). Parmi eux figurait Velupillai Prabhakaran, l'un des fondateurs des Tigres de libération de l'Eelam tamoul – souvent appelés les Tigres tamouls.

Le tamoul avait été promu au rang de "langue nationale" pour les travaux officiels, mais uniquement dans les territoires à majorité tamoule. Les relations entre Tamouls et forces de l'ordre connurent une escalade de la violence dont les principales victimes furent des civils.

Des deux côtés, les esprits allèrent s'échauffant jusqu'à ce qu'en 1981, un groupe de Cinghalais (membres des forces gouvernementales selon certains) brûla la bibliothèque de Jaffna, qui contenait notamment d'anciens manuscrits relatant l'histoire du peuple tamoul.

La gravité de la situation éclata au grand jour en 1983, quand 13 soldats trouvèrent la mort dans une embuscade orchestrée par les Tigres dans la région de Jaffna. S'ensuivirent des représailles massives contre les Tamouls à Colombo. Lors d'une émeute baptisée "Juillet noir", entre 400 et 3 000 Tamouls furent passés à tabac ou tués, tandis que leurs maisons étaient pillées. Plusieurs zones à majorité tamoule, notamment Pettah à Colombo, furent rasées et la violence se propagea au reste du pays.

Le gouvernement, la police et l'armée ne purent – ou ne voulurent – faire cesser les violences, certains allant jusqu'à y participer. Des dizaines de milliers de Tamouls se réfugièrent dans des territoires

1948

Six mois après l'Inde, Ceylan devient un membre indépendant du Commonwealth. Le Parti national uni (UNP) consolide son pouvoir en ôtant leur citoyenneté aux "Tamouls des plantations".

1956

Le Parti de la liberté (SLFP) l'emporte sur l'UNP grâce à son programme nationaliste et socialiste. Une loi faisant du cinghalais la seule langue officielle déclenche des émeutes.

1959

Solomon Bandaranaike entame des négociations avec les représentants tamouls en vue de la création d'une fédération, ce qui provoque son assassinat par un moine bouddhiste.

RIA NOVOSTI / ALAMY ©

» Sirimavo Bandaranaike

Les communautés tamoule et le conflit sri lankais de Gaëlle Dequirez, Delon Madavan, Eric Meyer (L'Harmattan, 2011) propose de nombreux éclairages sur la question tamoule au Sri Lanka et dans la diaspora.

à majorité tamoule, au nord et à l'est du pays, et d'autres partirent à l'étranger. Nombreux furent ceux qui rejoignirent la résistance. Dans le même temps, beaucoup de Cinghalais migrèrent vers le Sud. L'horreur de ce Juillet noir déclencha une vague de soutien international aux tamouls, ainsi qu'un appui financier des Tamouls d'Inde du Sud et du gouvernement d'Indira Gandhi.

Le cycle des attaques et des représailles dégénéra en atrocités des deux côtés. Le gouvernement, largement critiqué pour des actes de torture et des disparitions inexpliquées, mit en cause les procédés d'intimidation et de violence exercés par les militants tamouls sur les civils, y compris des Tamouls et des musulmans.

La mise en place d'un accord en 1987, censé garantir une autonomie partielle aux Tamouls et accorder au tamoul le statut de langue officielle, resta lettre morte. Au contraire, le conflit s'intensifia et se transforma en guerre civile, faisant plus de 100 000 victimes en 25 ans.

Tentatives d'apaisement

La Force indienne de maintien de la paix

En 1987, les forces gouvernementales repoussèrent le LTTE jusqu'à Jaffna. Dans l'espoir de désarmer les rebelles tamouls et de pacifier le nord et l'est du pays, le Premier ministre JR Jayawardene conclut un accord avec l'Inde pour l'envoi d'une Force indienne de maintien de la paix (IPKF). Un conseil provincial serait élu pour gouverner la région avec une autonomie substantielle pendant une période probatoire.

Il apparut bientôt que cet arrangement ne convenait à personne. Le LTTE manifesta son mécontentement, avant que les Indiens ne cherchent à l'isoler en encourageant et en armant d'autres groupes rebelles tamouls. L'opposition aux Indiens vint également des Cinghalais, d'un JVP renaissant et de sections de la *sangha* (communauté de moines et de nonnes bouddhistes) à travers de violentes manifestations. En 1987, le JVP déclencha une nouvelle rébellion, accompagnée d'assassinats politiques et de grèves. Fin 1988, la terreur régnait dans le pays, l'économie s'effondrait et le gouvernement était paralysé. L'armée répondit par une impitoyable campagne, matant l'insurrection au prix de dizaines de milliers de victimes.

Au moins un million de mines furent disséminées au Sri Lanka durant les années 1990. Des milliers de personnes ont dû être déplacées pour effectuer le déminage.

La Force indienne se retira en mars 1990 après avoir perdu plus de 1 000 hommes en trois ans. Dès son retrait, le conflit reprit entre le LTTE et le gouvernement sri lankais. Fin 1990, alors que le LTTE tenait Jaffna et la majeure partie du Nord, l'Est était de nouveau presque entièrement contrôlé par le gouvernement. En mai 1991, Rajiv Gandhi fut assassiné par un kamikaze. On en imputa la responsabilité au LTTE, qui aurait agi en représailles du feu vert donné à l'intervention de l'IPKF.

1959

Sirimavo Bandaranaike remplace son mari à la tête du SFLP et devient la première femme Premier ministre au monde, poste qu'elle occupera à plusieurs reprises jusqu'à sa disparition en 2000.

1971

Fomentée par le Janatha Vimukthi Peramuna (JVP, Front de libération du peuple), une insurrection marxiste cinghalaise explose. La répression de ce mouvement, composé en majorité de jeunes et d'étudiants, fait 25 000 morts.

1972

Une nouvelle Constitution voit le jour. Elle proclame l'abandon du nom de Ceylan pour celui de Sri Lanka, fait du cinghalais la seule langue officielle et accorde au bouddhisme une place prépondérante.

Années 1970

De jeunes Tamouls commencent à lutter pour la création d'un État tamoul indépendant, dans le nord du Sri Lanka. Le groupe le plus puissant devient les Tigres de libération de l'Eelam tamoul (LTTE).

Le cessez-le-feu de 2002

Alors que la plupart des Tamouls et des Cinghalais aspiraient à la paix, les extrémistes des deux camps cherchaient à attiser le conflit. Le président Premadasa fut assassiné au cours d'un meeting le 1er mai 1993. Soupçonné, le LTTE n'en revendiqua jamais la responsabilité. L'année suivante, l'Alliance populaire (PA) gagna les élections législatives. Son leader, Chandrika Bandaranaike Kumaratunga, fille de l'ancienne dirigeante Sirimavo Bandaranaike, remporta l'élection présidentielle. Malgré sa promesse de mettre un terme à la guerre civile, les hostilités continuèrent.

En 2000, une mission de paix norvégienne amena le LTTE et le gouvernement à la table des négociations. Il fallut toutefois attendre les élections de décembre 2001, remportées par l'UNP, pour que soit instaurée une trêve. Ranil Wickremasinghe devint Premier ministre, tandis que le pays connaissait une forte croissance et que les pourparlers de paix semblaient sur la bonne voie. Le Premier ministre devait cependant affronter l'hostilité de la présidente, membre d'un parti concurrent. En 2003, Chandrika Bandaranaike Kumaratunga résolut d'ailleurs de dissoudre le Parlement afin d'évincer le chef du gouvernement.

En 2002, au lendemain d'un cessez-le-feu conclu à la faveur d'une mission de paix norvégienne, un optimisme prudent régnait de nouveau dans le pays. Dans le Nord, les réfugiés et les émigrés de longue date commencèrent à rentrer, contribuant à relancer l'économie en souffrance de Jaffna. Les ONG entreprirent de débarrasser le pays de ses deux millions de mines terrestres.

Les pourparlers de paix chancelèrent et la situation devint de plus en plus tendue, les deux côtés dénonçant parti pris et injustices. En octobre 2003, les États-Unis inscrivirent le LTTE sur la liste des Organisations terroristes étrangères (FTO). Certains jugèrent cette décision positive, tandis que d'autres estimèrent qu'elle allait isoler le LTTE et accroître les tensions et le conflit. Début 2004, un schisme au sein du LTTE apporta au mouvement un regain de vigueur. Les Norvégiens partirent dans une période marquée par des attentats et un climat d'insécurité. Pratiquement tout le pays, dont la majeure partie de la péninsule de Jaffna, était alors contrôlé par le gouvernement sri lankais. Le LTTE, qui dominait une petite partie au sud de la péninsule et quelques enclaves à l'Est, poursuivait ses revendications sur la péninsule de Jaffna, ainsi que dans le nord-ouest et le nord-est de l'île.

Le tsunami de 2004 dans l'océan Indien a tué plus de 225 000 personnes dans 14 pays. Les vagues, qui dépassaient à certains endroit 30 m de hauteur, se sont propagées jusqu'aux côtes de l'Afrique de l'Est.

Après le tsunami

Le 26 décembre 2004, un événement soudain altéra non seulement le processus de paix mais aussi tout le tissu social de l'île. Tandis que les habitants fêtaient la *poya* (pleine lune) mensuelle, un tsunami balaya la côte, tuant 30 000 personnes, détruisant d'innombrables maisons

1981

La bibliothèque municipale de Jaffna, un symbole de la culture tamoule, est brûlée par des émeutiers cinghalais, galvanisant ainsi le mouvement séparatiste tamoul.

1983

Le massacre d'une patrouille près de Jaffna déclenche des violences interethniques. On estime que 3 000 Tamouls furent tués par des émeutiers cinghalais au cours du "Juillet noir".

Juillet 1987

Un accord est signé, avec la participation de l'Inde, garantissant une province autonome aux Tamouls dans le Nord, mais des divergences concernant sa mise en place l'empêchent de voir le jour.

1987

L'armée gouvernementale repousse le LTTE dans la péninsule de Jaffna. Une force indienne de maintien de la paix tente de stabiliser la situation, mais se trouve impliquée dans le conflit avec le LTTE.

et faisant de nombreux blessés et orphelins. Après l'espoir initial que la nation s'unirait face à la catastrophe, l'optimisme disparut face aux disputes liées à la distribution de l'aide, à la reconstruction et à la propriété des terres.

Désireuse de prolonger la durée de son mandat présidentiel, Kumaratunga tenta de modifier la Constitution. Ses projets furent contrecarrés par la Cour suprême, qui ordonna la tenue d'une élection présidentielle en 2005. Parmi les nombreux candidats, deux se distinguaient : le Premier ministre de l'époque, Mahinda Rajapaksa, et le chef de l'opposition, Ranil Wickremasinghe. Le LTTE ayant appelé au boycott du scrutin, Rajapaksa remporta l'élection avec une marge étroite. Si les motivations du LTTE demeurent obscures, elles coûtèrent à Wickremasinghe 180 000 voix escomptées et la présidence, et privèrent peut-être le pays d'un espoir d'apaisement. Le président Rajapaksa s'engagea à remplacer les négociateurs norvégiens par des émissaires de l'ONU et indiens, à renégocier un cessez-le-feu avec le LTTE et à refuser l'autonomie tamoule et le partage des aides reçues pour le tsunami avec le LTTE. Parallèlement, le chef du LTTE, Prabhakaran, réclama un règlement politique du conflit en 2006, à défaut de quoi il "intensifierait" l'action. La situation demeurait tendue et le Sri Lanka se trouvait de nouveau au bord du gouffre. Assassinats, attaques, enlèvements et disparitions se poursuivaient de part et d'autre.

La fin de la guerre

Un nouveau cessez-le-feu fut signé en 2006, mais des failles apparurent bientôt. Au bout de six mois, les opérations militaires reprirent des deux côtés dans le Nord et l'Est. En 2006 et 2007, une nouvelle vague de disparitions et de tueries provoqua une condamnation de tous les belligérants par la communauté internationale et les associations de défense des droits humains. En août, les combats dans le Nord-Est

LE DRAPEAU DE LA COMPASSION

Créé en 1948, le drapeau du Sri Lanka a subi plusieurs modifications au fil du temps. Élément clé sur fond pourpre, le lion apparaissait déjà à l'époque du prince Vijaya, lequel aurait rapporté d'Inde une bannière arborant le noble animal. Aujourd'hui, le lion représente les Cinghalais et la couleur or le bouddhisme. Adopté en 1950, le drapeau évolua encore tandis que le pays avançait sur le chemin de l'indépendance. En 1951, des bandes vertes et orange furent rajoutées pour désigner respectivement les musulmans et les hindous du pays. Enfin, en 1972, quatre feuilles de pipal furent adjointes pour symboliser l'amour bienveillant *(metta)*, la compassion *(karuna)*, la sérénité (*upekkha*) et le bonheur (*muditha*).

1987-1989

Le JVP organise une nouvelle insurrection marxiste et tente de lancer une rébellion paysanne de style Khmer rouge. Le bilan du soulèvement s'élève à 60 000 morts.

1991

Un Tigre noir (combattant du LTTE formé à des missions suicidaires, en l'occurrence, et pour la première fois au monde, une femme) assassine l'ancien Premier ministre indien Rajiv Gandhi.

1994

Devenue présidente, Chandrika Kumaratunga s'engage à mettre un terme au conflit avec le LTTE. Malgré l'ouverture de pourparlers de paix, les hostilités continuent. En 1999, elle survit à un attentat suicide à la bombe.

1995-2001

Les affrontements entre l'armée et le LTTE s'intensifient. Après l'échec de nouvelles tentatives de négociation, le LTTE déclenche un attentat à la bombe dans le temple de la Dent à Kandy en 1998.

attinrent une intensité inégalée depuis le cessez-le-feu de 2002, et les pourparlers de paix tenus à Genève échouèrent une fois de plus.

En janvier 2008, le gouvernement sri lankais dénonça officiellement l'accord de cessez-le-feu, montrant qu'il était déterminé à mettre un terme à 25 années de conflit par des moyens militaires. Sa réponse à l'offre de cessez-le-feu unilatéral faite par le LTTE lors du sommet de l'Association sud-asiatique pour la coopération régionale (SAARC) à Colombo fut un non définitif. Le ministre de la Défense, Gotabhaya Rajapaksa, frère cadet du président, rejeta l'offre en déclarant que cette offre était "un stratagème du LTTE… pour renforcer ses capacités militaires sous prétexte de négociations".

Changeant de stratégie, l'armée sri lankaise (SLA) utilisa de plus en plus les méthodes de la guérilla. En août, elle pénétra dans le dernier bastion des rebelles, la jungle du Vanni. Le gouvernement affirma que les militaires occuperaient la place forte des Tigres, Kilinochchi, avant la fin de l'année. Après une série de revers, le LTTE riposta par un nouvel attentat suicide à Anuradhapura, tuant 27 personnes.

Avec *Le Fantôme d'Anil* (Points Seuil), prix Médicis étranger en 2002, Michael Ondaatje signe un roman obsédant, sur fond de tumultes et de disparitions, dans le Sri Lanka de la fin du XXe siècle.

En septembre 2008, le gouvernement sri lankais ordonna aux agences des Nations unies et aux ONG de quitter la région du Vanni, au motif qu'il ne pouvait plus garantir leur sécurité. Ce retrait priva une population tamoule assiégée de tout soutien humanitaire. En raison du départ des ONG et de l'absence de journalistes indépendants, les revendications des deux camps concernant les combats devinrent invérifiables.

Le face-à-face entre le gouvernement et les forces du LTTE, dans les environs de Kilinochchi – devenue de fait la capitale des Tigres tamouls en 1990 – dura jusqu'à ce que l'armée y proclame sa victoire en 2009. Peu après, les forces gouvernementales affirmaient avoir pris le contrôle du Vanni. En février, le LTTE avait perdu 99% du territoire qu'il maîtrisait encore un an plus tôt.

Les dernières forces du LTTE et quelque 300 000 civils tamouls se retrouvèrent acculés par l'armée sur une bande étroite de la côte nord-est, près de Mullaittivu. Devant les pertes civiles annoncées et l'inquiétude des organisations humanitaires, les gouvernements étrangers et les Nations unies appelèrent à un cessez-le-feu immédiat en février 2009. Les opérations militaires se poursuivirent, mais des couloirs d'évacuation furent ouverts afin que les civils puissent se réfugier dans des zones de sécurité. L'armée, affirmant que des attaques étaient lancées depuis ces zones, les pilonna néanmoins des jours durant.

Devant les bombardements de civils par l'armée sri lankaise dans des zones prétendues "sûres", et celles de l'utilisation des mêmes civils comme boucliers humains par le LTTE, le haut commissaire aux droits de l'homme des Nations unies, Navi Pillay, accusa les deux camps de crimes de guerre. La communauté internationale toutefois ne sembla guère s'émouvoir.

2002

Après deux ans de négociations, une mission de paix norvégienne obtient un cessez-le-feu. Les Sri ankais retrouvent une vie normale et de nombreux émigrés retournent dans le Nord et l'Est.

2004

Un tsunami déferle sur les côtes du Sri Lanka, faisant 30 000 victimes. Loin d'unir le pays, le désastre est suivi de querelles entre le gouvernement et le LTTE sur la distribution de l'aide et la reconstruction.

» Œuvres d'enfants sur le tsunami

2005

Le nationaliste Mahinda Rajapaksa devient président. Avant l'élection, il signe un accord avec le parti marxiste du JVP, rejette l'autonomie tamoule et refuse de partager

Un épilogue amer

En avril 2009, les combattants du LTTE et des milliers de civils tamouls se retrouvèrent acculés sur une étroite bande de sable et pris sous le feu des bombardements. Le LTTE proposa un cessez-le-feu unilatéral, une offre qualifiée de "plaisanterie" et immédiatement rejetée par le ministre de la Défense. Les démarches diplomatiques suédoise, française et britannique en faveur d'une trêve furent également écartées par un gouvernement sri lankais qui voyait à portée de main une victoire militaire attendue depuis une trentaine d'années.

Finalement, les forces gouvernementales franchirent les lignes du LTTE et demandèrent aux réfugiés de rallier les zones de sécurité. Les Tigres en auraient dissuadé un grand nombre et auraient procédé à des exécutions sommaires. Pour leur part, de nombreux réfugiés ont affirmé que les soldats violaient ou abattaient ceux qui se rendaient. L'épilogue final intervint en mai lorsque les forces sri lankaises s'emparèrent du dernier bastion côtier et encerclèrent les quelques centaines de combattants des Tigres tamouls. Le LTTE annonça qu'il avait "fait taire les armes" et que "la bataille était arrivée à son terme amer". Plusieurs hauts responsables, dont le leader Vellupillai Prabhakaran, avaient été tués, et la guerre qui avait si longtemps terrorisé le pays était enfin terminée.

Même si des doutes subsistent quant à l'identité de l'auteur et à la véracité des événements relatés, *Tamil Tigress* (Allen & Unwin, 2011), de Niromi de Soyza, conte en anglais l'histoire captivante d'une ancienne enfant soldat des Tigres tamouls qui quitte l'école à 17 ans pour rejoindre le mouvement.

2008

Le gouvernement dénonce l'accord de cessez-le-feu de 2002, privilégiant une solution militaire. Entre 1983 et 2008, 70 000 personnes auraient péri au cours du conflit.

Mai 2009

Après presque 30 ans, le plus long conflit que l'Asie ait connu s'achève en mai lorsque le LTTE reconnaît sa défaite après une dernière bataille sanglante à Mullaitivu.

2010

Lors de l'élection présidentielle anticipée organisée en janvier, Mahinda Rajapaksa, fort de son succès militaire sur les Tigres tamouls, est largement réélu à la tête de l'État.

2012

Une résolution du conseil des droits de l'homme de l'Onu appelle le gouvernement sri lankais à traduire en justice les responsables des atteintes aux droits de l'homme commis durant la dernière phase du conflit.

Environnement

Ses merveilles naturelles sont l'un des attraits du Sri Lanka. Conservation International a identifié le pays comme l'un des 25 "points chauds" de la biodiversité en raison de son taux très élevé d'endémisme. En effet, l'île compte 23% de plantes à fleurs et 16% de mammifères endémiques. Par ailleurs, ces points chauds constituent des habitats menacés.

Au début du XXe siècle, le Sri Lanka était couvert à 70% de forêt primaire. En 1998, ce pourcentage était tombé à 29%. Plus grave encore, le pays a affiché ces dernières années des chiffres records de destruction de forêt primaire, avec une diminution de 18% du couvert forestier et la disparition de 35% des forêts anciennes. Les énormes grumes d'arbres anciens débitées dans les scieries en bord de route, entre Matale et Dambulla, témoignent des menaces qui pèsent sur la forêt tropicale.

Le *chena* (culture sur brûlis) est désigné comme un facteur important de déforestation, mais les programmes d'irrigation, le défrichage pour l'agriculture et le "développement", le conflit armé et, bien sûr, l'exploitation forestière illégale, ont tous contribué à cette perte.

L'essor de l'économie sri lankaise depuis la paix risque d'augmenter la pression sur l'environnement. L'augmentation rapide du tourisme provoque la prolifération de nouvelles constructions et le résultat est inquiétant : malgré des lois votées après le tsunami de 2004, interdisant la construction d'hôtels et de restaurants à moins de 100 m de la ligne de marée haute à Unawatuna et dans nombres d'autres secteurs côtiers, de nouveaux bâtiments ont été édifiés quasiment au bord de l'eau.

Tout ce que vous souhaitez savoir sur les tortues de mer, y compris les périodes et les lieux de ponte, se trouve sur www.tcpsrilanka.org, le site du Turtle Conservation Project of Sri Lanka.

Un trésor en forme de poire

Telle une poire charnue, le Sri Lanka semble suspendu dans l'océan Indien, à la pointe sud de l'Inde. Avec une superficie de quelque 66 000 km², l'île est un peu plus petite que l'Irlande et abrite une population 4,5 fois supérieure. Ses 22 millions d'habitants vivent sur un territoire qui mesure 433 km du nord au sud et seulement 244 km à son point le plus large.

Entouré de plaines côtières, le centre sud – le cœur de la poire – est dominé par des montagnes et des collines couvertes de plantations de thé. Point culminant du pays, le Pidurutalagala (ou mont Pedro ;

ESPÈCES MENACÉES

La liste rouge des espèces en danger de l'Union internationale pour la conservation de la nature recense plus de 60 espèces menacées ou en danger critique d'extinction au Sri Lanka, dont l'éléphant d'Asie, le semnopithèque blanchâtre, le loris grêle et le macaque à toque. Les cinq espèces de tortues marines du pays sont en détresse, comme le crocodile marin et le paisible dugong, tous tués pour leur viande. Plusieurs espèces d'oiseaux, de poissons et d'insectes sont également en péril.

Récemment créé, le parc national de Horagolla est une réserve de 13 ha de forêt humide près de Nittambuwa, à 40 km au nord-est de Colombo sur l'A1.

2 524 m) surplombe la capitale de la région montagneuse, Nuwara Eliya. Toutefois, la silhouette pyramidale de l'Adam's Peak (Sri Pada ; 2 243 m) est plus connue et plus spectaculaire.

Des centaines de cours d'eau acheminent les pluies abondantes des hauts plateaux du Centre-Sud – qui abritent les dernières forêts pluviales du pays – jusqu'aux fermes, vergers et jardins en terrasses, puis aux plaines rizicoles. Le Mahaweli Ganga, le plus long fleuve du pays, prend sa source près de l'Adam's Peak et parcourt 335 km jusqu'à la baie de Koddiyar, le port en eaux profondes de Trincomalee.

Le relief montagneux du Centre-Nord du pays offre de superbes paysages, notamment dans le secteur du Knuckles Range. Les hauteurs cèdent ensuite la place à des plaines qui s'étendent jusqu'à la pointe nord de l'île. Cette région, avec la majeure partie de l'Est et des portions du Sud-Est, constitue la zone sèche.

Le littoral se compose de centaines de lagunes et de marais – dont certains protégés –, ourlés de mangrove et entrecoupés de plages de sable blanc dont les plus belles se situent sur les côtes sud-ouest, sud et est. Un chapelet d'îles plates s'étend au large de la péninsule de Jaffna, au nord.

Le Sri Lanka abrite une faune d'une incroyable diversité compte tenu de sa superficie. Outre les éléphants, les léopards, les ours paresseux et les buffles d'Asie sont les plus gros mammifères, sans oublier la gigantesque baleine bleue qui évolue au large. Reportez-vous p. 35 pour plus de détails.

L'arbre sacré de la Bodhi fut apporté d'Inde au IIIe siècle av. J.-C. par le moine Mahinda, venu répandre sur l'île les enseignements du Bouddha. La plupart des temples bouddhiques du pays possèdent un arbre de la Bodhi, le plus célèbre étant le Sri Maha Bodhi d'Anuradhapura, le plus vieil arbre du monde, dont l'authenticité est établie.

Plantes

La zone humide du Sud-Ouest contient les dernières forêts pluviales, composées d'un épais sous-bois et d'une haute canopée de feuillus, dont des ébéniers, des tecks et des capulins (*Muntingia calabura*). La région montagneuse centrale comporte des forêts de nuages et quelques hauts plateaux couverts de robustes herbages et de forêts d'altitude.

Parmi les arbres communs figurent le banian, l'arbre de la Bodhi (également appelé *bo* ou *peepu*), le flamboyant, l'arbre de pluie, l'arbre de fer (*mesua ferrea*) et le margousier (ou *neem*), aux noms aussi pittoresques que leurs écorces, leurs feuilles et, surtout, leurs fleurs. Presque tous sont utilisés dans la médecine traditionnelle. Dans la région montagneuse, des eucalyptus ont été plantés pour fournir de l'ombre aux plantations de thé.

Manguiers, tamariniers, bananiers et arbres tanaka poussent dans nombre de jardins privés, aux côtés d'espèces introduites comme le papayer et le goyavier. Le jaque et le *del* (fruit de l'arbre à pain), son plus petit cousin, attireront certainement votre regard. Le jaquier produit les plus gros fruits au monde : verts avec une peau granuleuse, ils sont suspendus près du tronc et pèsent jusqu'à 30 kg.

Éléphants

Les éléphants occupent une place particulière dans la culture sri lankaise. Ils appartenaient jadis à la Couronne et en tuer un constituait une terrible offense. Selon la légende, des pachydermes enfoncèrent les fondations des dagoba (stupas) d'Anuradhapura. Fréquemment représenté dans l'art sri lankais, l'éléphant reste très aimé. Parmi les animaux en captivité, l'éléphant du temple Maligawa, qui porte la dent sacrée du Bouddha lors de l'Esala Perahera de Kandy, est le plus vénéré. Le "rassemblement" des éléphants sauvages dans le parc national de Minneriya (p. 198) est l'un des événements les plus extraordinaires du Sri Lanka.

Bien que tenus en haute estime, les éléphants ont vu leur population décliner de manière significative. Leur sort est devenu un point névralgique dans le débat sur le conflit homme-animal.

Une population en déclin

À la fin du XVIIIe siècle, entre 10 000 et 20 000 éléphants vivaient en liberté sur le territoire sri lankais. Au milieu du XXe siècle, des petites hardes d'une population décimée (réduite à 1 000 individus selon certains) étaient confinées dans les plaines arides. La sélection naturelle n'était pas responsable de cette réduction : sous la domination britannique, la chasse au gros gibier avait fait chuter de manière radicale l'espérance de vie des éléphants. Aujourd'hui, des spécialistes émettent des avis contraires sur l'évolution de la population, estimée entre 3 000 et 4 000 éléphants sauvages – dont la moitié vit dans des territoires protégés –, plus quelque 300 animaux domestiqués.

Sauvez les éléphants

» Ne nourrissez pas les éléphants sauvages.

» Ne visitez pas les endroits où ils sont enchaînés.

» Observez-les dans les parcs nationaux afin d'aider à leur protection.

Le conflit homme-éléphant

Dans les terres habitées par les éléphants, les paysans redoutent qu'ils mangent ou piétinent leurs récoltes, qu'ils détruisent leurs maisons ou même qu'ils les tuent. À la saison des cultures, les fermiers se relaient jour et nuit pendant 3 mois afin d'effrayer les pillards.

Parallèlement, les éléphants, qui ont chacun besoin d'une superficie d'environ 5 km² pour satisfaire leur appétit (200 kg de végétaux par jour), ne trouvent plus suffisamment de vivres dans les réserves où ils sont protégés. La faim – et peut-être la curiosité – les pousse à chercher du fourrage dans les secteurs habités jouxtant leur sanctuaire. Dans le conflit qui oppose éléphants et cultivateurs, chacun cherche simplement à assurer sa survie.

Des comportements irréfléchis enveniment la situation. Des clôtures électriques, installées dans les parcs nationaux pour contenir les éléphants, ont été abattues par des paysans afin de faire paître leur bétail illégalement à l'intérieur des parcs. Les éléphants sortent à travers les clôtures endommagées et empiètent sur les terres cultivées. Par ailleurs, comme on peut le constater au parc national d'Uda Walawe, des vendeurs de fruits se sont installés le long de la nationale en bordure de parc, afin que les touristes puissent nourrir les éléphants. Depuis, un nombre croissant d'éléphants passent la journée près de la route, attendant ces douceurs et oubliant de chercher eux-mêmes leur nourriture.

L'Île aux éléphants de Gérard Civet et Jérôme Delcourt (Arthaud, 2003) permet de mieux comprendre la situation des éléphants au Sri Lanka en étudiant leur histoire à partir de l'arrivée des Anglais au XIXe siècle.

Quelles solutions ?

Certains s'efforcent de trouver des solutions à long terme au conflit. La pose de clôtures autour des zones d'habitation a été jugée efficace par la **Sri Lanka Wildlife Conservation Society** (SLWCS ; www.slwcs.org), une organisation primée de protection de la vie sauvage. Une autre solution consiste à fournir aux paysans d'autres moyens d'assurer leur

SITES SRI LANKAIS INSCRITS AU PATRIMOINE MONDIAL DE L'UNESCO

» Temples troglodytiques de Dambulla (p. 182)

» Fortifications hollandaises de Galle (p. 95)

» Capitale médiévale de Polonnaruwa (p. 189)

» Cité royale de Kandy (p. 131)

» Cité sacrée d'Anuradhapura (p. 200)

» Rocher de Sigiriya (p. 185)

» Réserve forestière de Sinharaja (p. 174)

» Hauts plateaux centraux, comprenant la réserve naturelle du mont Sri Pada (p. 148), le parc national de Horton Plains (p. 160) et le Knuckles Range (p. 147)

SITES INTERNET SUR L'ÉCOLOGIE

Pour des informations sur les problèmes environnementaux au Sri Lanka, consultez les sites suivants (en anglais) :

» **Environment Sri Lanka** (www.environmentlanka.com). Le Department of Forestry & Environmental Science de l'université de Sri Jayewardenepura fournit des informations sur la faune et la flore sri lankaises et publie des essais sur les principaux problèmes environnementaux.

» **Green Movement of Sri Lanka** (www.greensl.net). Un consortium de 150 groupes, impliqués dans la gestion des ressources naturelles. Parmi les problèmes soulevés figurent les menaces environnementales que provoquent les massives constructions de route.

» **Lakdasun** (www.lakdasun.org). Consultez les forums pour des informations actualisées par des Sri Lankais compétents sur les moyens de "Découvrir, explorer et protéger la beauté naturelle du Sri Lanka".

» **Sri Lanka Wildlife Conservation Society** (SLWCS ; www.slwcs.org). Reconnue par les Nations unies en 2008 pour ses projets basés sur les communautés qui ont eu un effet tangible sur la pauvreté, la SLWCS offre des possibilités de bénévolat. Reportez-vous p. 304 pour plus de renseignements sur le bénévolat au Sri Lanka.

subsistance et encourager les activités intégrant les éléphants, telles la collecte et l'exploitation commerciale des bouses (la boutique Cottage Craft à Colombo vend les produits réalisés). La répartition des bénéfices générés par les milliers de visiteurs venus voir les éléphants est une autre solution.

Forêts pluviales

» Peak Wilderness (250 km²)

» Knuckles Range (175 km²)

» Sinharaja (90 km²)

Voyage responsable au Sri Lanka

Tenter d'être le moins invasif possible constitue le meilleur moyen d'effectuer un voyage responsable. Voici quelques conseils :

» **Demandez des pratiques écologistes**. Les propriétaires des hôtels sont particulièrement accommodants et, avec un nombre croissant de visiteurs, ils sont pour la plupart prêts à répondre aux demandes des clients. Faites part de vos inquiétudes concernant l'environnement et de l'importance de pratiques écologiques (ou de leur absence).

» **Surveillez votre consommation d'eau**. Dans la région montagneuse, vous pouvez penser que l'eau abonde, mais la demande dépasse l'offre. Proposez à votre hôtel de faire d'importantes économies d'eau en ne changeant pas draps et serviettes tous les jours. Préférez les établissements sans piscine ; baignez-vous à la plage et dites à votre hôte que vous appréciez l'absence de piscine.

» **N'achetez pas de bouteille**. Si les bouteilles d'eau sont pratiques, elles participent à la pollution. L'eau du robinet étant déconseillée, demandez à votre hôtel de remplir votre gourde à ses grands conteneurs d'eau potable.

» **Économisez l'électricité**. La demande d'électricité au Sri Lanka ne cesse d'augmenter et la climatisation met à rude épreuve un réseau déjà surchargé. Préférez les ventilateurs et utilisez l'électricité avec parcimonie, comme si vous deviez payer la facture.

» **Évitez de conduire**. Prenez un bus ou un train, plutôt qu'une voiture de location. Même Colombo se visite facilement à pied ; la promenade de Cinnamon Gardens au Fort est très intéressante et plus écologique qu'un trajet en *túk-túk*. Encouragez la nouvelle tendance des hôtels à fournir des vélos à leurs clients. De grandes parties du pays s'explorent plus agréablement dans la journée en deux-roues.

» **Oubliez les sacs**. Refusez les sacs en plastique (et les pailles en plastique). Le vendeur sera peut-être étonné, mais vous serez content de vous.

Les Sri Lankais

Dès leur arrivée, les visiteurs remarquent la douceur de la terre et de ses habitants. Les dagobas (stupas) aux dômes blancs, les temples hindous multicolores et les minarets des mosquées se détachent sur un ciel bleu cobalt, tandis que la brume s'accroche aux collines tapissées de plantations de thé. Des fidèles portent des fleurs dans les temples et des files de femmes en sari jaune vont faire une *puja* (prière, offrande) à leurs dieux. Partout, les voyageurs sont chaleureusement accueillis.

Cependant, il arrive que cette douceur s'estompe. Les rivières gonflent, inondent les terres et prennent des vies. La violence ethnique explose et détruit des existences. La pauvreté côtoie malaisément le summum du luxe. Les Sri Lankais parviennent néanmoins à composer avec le chaos et la dualité, et gardent tout leur charme. Si diverses religions et ethnies se sont mêlées et unies, les différences entre elles perdurent. Le visiteur gardera le souvenir d'une nation généreuse et hospitalière.

Traditions et ethnies

La vie sri lankaise traditionnelle était centrée sur le *gamma* (village), un pôle d'activité très organisé où chacun avait un rôle spécifique. L'agriculture constituait la principale ressource et certains villages privilégiaient des produits particuliers ; aujourd'hui encore, vous pourrez découvrir un "*gamma* de meubles en rotin". Chaque village possédait un (ou plusieurs) dieu protecteur, habituellement associé à des aspects de la nature.

Vedda

Les Vedda (chasseurs), également appelés le Wanniyala-aetto (Peuple de la forêt), sont les premiers habitants de l'île. Chaque vague de migration leur a laissé moins de forêts où survivre. Aujourd'hui, les Vedda sont moins de 2 000 et seul un faible pourcentage s'identifie comme tels et conserve un soupçon de leur ancienne culture de chasseurs-cueilleurs, étroitement liée à la nature et aux ancêtres. Les Kele Weddo (Vedda de la jungle) et les Can Weddo (Vedda des villages) vivent principalement dans la région située entre Badulla, Batticaloa et Polonnaruwa.

Pour comprendre la vie et les coutumes anciennes et contemporaines des Vedda, consultez le site www.vedda.org, en anglais.

Cinghalais

Majoritaires, les Cinghalais bouddhistes se divisent parfois eux-mêmes entre ceux du "bas pays" et ceux du "haut pays" (les Kandyens). Ces derniers s'enorgueillissent de l'époque où la région montagneuse était un bastion du royaume cinghalais et considèrent toujours Kandy comme le cœur spirituel de l'île. Bien que le Bouddha ait enseigné l'universalisme, les Cinghalais conservent un système de castes où tous sont catalogués, des aristocrates aux artistes ambulants.

Le site http://asiarecipe.com/srinames.html (en anglais) vous révélera la signification des patronymes sri lankais.

Tamouls

La plupart des Tamouls sont hindous et possèdent des liens culturels et religieux avec les Tamouls du sud de l'Inde, mais se considèrent généralement comme des groupes distincts. Il en va de même pour les Tamouls de Jaffna, qui vivent principalement dans le Nord et l'Est, et les "Tamouls des plantations", amenés d'Inde par les Britanniques au XIXe siècle pour travailler dans les plantations de thé. La caste est très importante pour les hindous. Les Tamouls de Jaffna appartiennent essentiellement à la caste vellala (propriétaires terriens et nobles), tandis que les Tamouls des plantations font partie de castes inférieures. Toutefois, les temps changent et les traditionnelles distinctions de castes s'érodent progressivement parmi les Cinghalais et les Tamouls.

Musulmans

Les musulmans du pays, appelés Maures sri lankais, sont les descendants des marchands arabes ou indiens qui arrivèrent il y a quelque 1 000 ans. Pour fuir les persécutions portugaises, beaucoup s'établirent dans la région montagneuse et sur la côte est. Vous découvrirez des villes majoritairement musulmanes comme Hakgala près de Nuwara Eliya.

Burghers

Les Burghers sont des descendants eurasiens de Portugais, de Hollandais et de Britanniques. Même après l'indépendance, les Burghers ont conservé une influence disproportionnée sur la vie politique et économique. Cependant, le nationalisme cinghalais croissant a réduit leur rôle et beaucoup ont émigré. Ils portent des noms comme Fernando, Da Silva ou Pereira.

Pèlerinages syncrétiques

- » Adam's Peak
- » Kataragama
- » Nainativu

Religion

Si la religion a provoqué de nombreuses dissensions au Sri Lanka, les nombreuses religions du pays se mêlent ouvertement. Bouddhistes, hindous, musulmans et chrétiens effectuent des pèlerinages sur les mêmes sites, un chrétien peut vénérer un dieu hindou, et le bouddhisme et l'hindouisme sri lankais s'influencent mutuellement.

Bouddhisme

Foi des Cinghalais, le bouddhisme joue un rôle significatif dans le pays aux niveaux spirituel, culturel et politique. Il influence fortement la littérature, l'art et l'architecture. Au sens strict, le bouddhisme n'est pas une religion, mais une pratique et un code moral adoptés par le Bouddha. Bien que "bouddhiste" renvoie aujourd'hui à une identité culturelle et ethnique, le Bouddha enseignait la méditation à des disciples de toutes confessions et soulignait que la conversion n'était pas nécessaire pour bénéficier de ses enseignements (dharma).

Lieux saints

- » Nallur Kandaswamy Kovil, Jaffna
- » Temple de la Dent, Kandy
- » Mosquée Kechimalai, Beruwela
- » Église Notre-Dame de Madhu, Madhu

Né prince Siddhartha Gautama dans l'actuel Népal vers 563 av. J.-C., le Bouddha renonça au trône pour chercher un moyen de se libérer de la souffrance. Après des années de pratique rigoureuse, il découvrit les "quatre nobles vérités" : l'existence est souffrance ; la souffrance est provoquée par le désir de plaisirs sensuels et matériels ainsi que par l'existence elle-même ; la libération de la souffrance passe par l'élimination du désir ; le désir peut s'éliminer en suivant un chemin moral et en cultivant la sagesse par la méditation. Après plusieurs états de développement spirituel – et de nombreuses vies –, on parvient au nirvana (éveil, ou *nibbana* en pali), se libérant ainsi du cycle des réincarnations.

JOURS DE POYA

Les jours de *poya*, ou *uposatha*, tombent à la pleine lune et ont été observés par moines et laïcs depuis l'époque du Bouddha pour renforcer la pratique. Les fidèles bouddhistes se rendent au temple, jeûnent après midi et s'abstiennent de loisirs et de luxe. Au temple, ils font des offrandes, écoutent des enseignements et méditent. Les jours de *poya* sont fériés, et chacun est associé à un rituel particulier.

Quelques jours notables :

Durutu (janvier). Marque la première visite supposée du Bouddha sur l'île.

Vesak (mai). Célèbre la naissance, l'éveil et le *parinibbana* (trépas) du Bouddha.

Poson (juin). Commémore l'arrivée du bouddhisme au Sri Lanka.

Esala (juillet/août). Correspond à l'énorme fête de Kandy, qui commémore notamment le premier sermon du Bouddha.

Unduwap (décembre). Célèbre la visite de Sangamitta, qui apporta une bouture de l'arbre de la Bodhi à Anuradhapura.

Bouddhisme historique

L'acceptation des enseignements du Bouddha par le roi Devanampiya Tissa, au IIIe siècle av. J.C. (p. 266), se traduisit par une ferme implantation du bouddhisme au Sri Lanka et une forte relation entre les rois et le clergé bouddhiste.

Le bouddhisme comporte deux écoles majeures, le Theravada et le Mahayana. Les textes du Theravada (qui signifie "voie des anciens") sont en pali, la langue parlée en Inde du Nord à l'époque du Bouddha, tandis que ceux du Mahayana (Grand Véhicule) sont en sanskrit. Le Theravada est considéré comme plus orthodoxe et le Mahayana, plus proche de traditions postérieures.

Bien que le Mahayana soit pratiqué au Sri Lanka, le Theravada prédomine. Plusieurs facteurs ont renforcé le bouddhisme, en particulier le courant Theravada. Tout d'abord, les bouddhistes cinghalais attachent une importance vitale au *Mahavamsa* (*Grande Chronique*), dans lequel le Bouddha les désigne comme les protecteurs des enseignements bouddhiques. Ce devoir a été alimenté par des siècles de conflit entre les Cinghalais (bouddhistes) et les Tamouls (hindous). Pour certains Cinghalais, le Mahayana ressemble à l'hindouisme – et a d'ailleurs été suivi jadis par de nombreux Tamouls –, et la défense du courant Theravada leur paraît essentielle. En Inde, de nombreux sites bouddhiques furent détruits au Xe siècle, lors d'une résurgence de l'hindouisme (un texte hindou populaire décrivait le Bouddha comme une incarnation dévoyée de Vishnu), renforçant la détermination des Cinghalais à protéger la tradition.

Soûtra de l'entrée à Lânka (Fayard, 2006) est la traduction du Lankâvatâra-sûtra qui rapporte les échanges entre le Bouddha et son disciple le bodhisattva Mahâmati se rendant au Sri Lanka.

Nationalisme bouddhiste

Depuis la fin du XIXe siècle, un "militantisme" bouddhiste s'est développé au Sri Lanka, fondé sur la croyance selon laquelle le Bouddha chargea les Cinghalais de faire de l'île une citadelle du bouddhisme dans sa forme la plus pure. Dès lors, le christianisme et l'hindouisme apparaissent comme des menaces pour la culture bouddhiste cinghalaise. Le bouddhisme sri lankais est historiquement indissociable de la politique, et c'est un moine bouddhiste qui, mécontent de l'"éloignement" de l'axe cinghalo-bouddhiste du Premier ministre Solomon Bandaranaike, l'assassina en 1959, en contradiction avec le premier précepte bouddhiste qui interdit le meurtre.

Aujourd'hui, des moines bouddhistes s'opposent à tout compromis avec les Tamouls et certains composent l'avant-garde du nationalisme cinghalais. En 2007, ils ont obtenu une place influente dans le gouvernement à travers le Jathika Hela Urumaya (JHU ou Parti de l'héritage national). Toutefois, nombre de moines restent fidèles à l'esprit du bouddhisme et œuvrent pour le bien-être des fidèles.

Hindouisme

Dans la mythologie hindoue, les éléphants sont des symboles d'eau, de vie et de chance. Ils représentent aussi la noblesse et la douceur, des qualités acquises en menant une vie vertueuse. Au Sri Lanka, seuls les éléphants peuvent défiler avec des reliques bouddhistes sacrées et des statues hindoues.

Les rois tamouls et leurs partisans du sud de l'Inde apportèrent l'hindouisme dans le nord du Sri Lanka ; cette religion était peut-être présente sur l'île bien avant l'arrivée du bouddhisme en raison de la proximité de l'Inde et des échanges culturels entre les deux pays. Aujourd'hui, les communautés hindoues se concentrent essentiellement dans les régions des plantations de thé, dans le Nord et l'Est.

L'hindouisme est un ensemble complexe de croyances et de divinités. Tous les hindous croient au *brahman* (âme cosmique présente en toute chose). Les multiples divinités sont des manifestations de cet absolu grâce auquel les croyants peuvent comprendre toutes les facettes de l'existence. Parmi les principes fondamentaux figurent l'*ahimsa* (non-violence), le *samsara* (cycle des réincarnations jusqu'à atteindre la pureté), le *karma* (loi de cause à effet) et le *dharma* (code moral de comportement ou devoir social).

Les hindous considèrent que le respect du *dharma* accroît les chances de renaître dans de meilleures circonstances. On peut aussi se réincarner en animal, mais seul l'être humain peut acquérir une connaissance de soi suffisante pour échapper au cycle des renaissances et atteindre la *moksha* (délivrance).

Pour le commun des hindous, accomplir ses obligations rituelles et sociales constitue le but principal de la vie terrestre. Selon la *Bhagavad-Gita*, faire son devoir importe plus qu'affirmer son individualité.

Contes populaires hindous de l'ancienne Ceylan (Binkey Kok, 2006) est un ensemble de textes recueillis par des colons britanniques et des missionnaires du début du XXe siècle, réunis et traduits par Dick de Ruiter.

Le panthéon hindou est prolifique ; certains estiment à 330 millions le nombre de divinités. Les principaux dieux sont Brahma, le créateur de l'univers, et son épouse Saraswati, la déesse de la Sagesse et de la Musique, Vishnu, fidèle et dévoué, qui soutient l'univers et son épouse Lakshmi, la déesse de la Beauté et de la Fortune, Shiva, le destructeur de l'ignorance et du mal, et son épouse Parvati, qui peut être la mère universelle ou Kali, l'impitoyable destructrice. Shiva possède 1 008 noms et d'innombrables avatars ; sous celui de Nataraja, le seigneur du *tandava* (danse), ses gracieux mouvements entament la création du cosmos.

Islam

Le Sri Lanka compte 1,8 million de musulmans. Ce sont les descendants des marchands arabes qui s'installèrent sur l'île à partir du VIIe siècle, peu après la fondation de l'islam dans l'actuelle Arabie saoudite par le prophète Mahomet. Religion monothéiste, l'islam professe que tout a été créé par Allah.

Après la mort de Mahomet, la religion se divisa en deux branches principales, les sunnites et les chiites. Les premiers veillent à perpétuer et reproduire les paroles et les actes du Prophète. Ils défendent la tradition et l'opinion de la majorité. Les chiites croient que seuls les imams (guides exemplaires) peuvent révéler le sens du Coran. La plupart des musulmans sri lankais sont sunnites, mais de petites communautés chiites ont émigré d'Inde.

Tous les musulmans croient aux cinq piliers de l'islam : la *shahada* (profession de foi : "il n'y a de dieu qu'Allah et Mahomet est son prophète"), la prière (idéalement 5 fois par jour), la *zakat* (aumône obligatoire), le jeûne pendant le mois du ramadan et le *hadj* (pèlerinage) à La Mecque.

Christianisme

D'après la tradition locale, le Sri Lanka aurait été visité par l'apôtre de l'Inde, Thomas, dès le Ier siècle de notre ère, et des chrétiens venus de Perse ou d'Inde aurait fondé des petits villages le long de la côte durant les premiers siècles de notre ère.

Au XVIe siècle, les Portugais tentèrent d'imposer le catholicisme romain et de nombreuses familles de pêcheurs se convertirent. Le catholicisme reste aujourd'hui très implanté dans les villages de la côte ouest. Les Hollandais apportèrent le protestantisme et l'Église réformée de Hollande, surtout présente à Colombo. Les Britanniques ont laissé les églises anglicanes en pierre qui émaillent la région montagneuse.

Ces dernières années, des moines bouddhistes, nationalistes cinghalais radicaux, ont été impliqués dans des attaques contre des églises et des communautés chrétiennes.

Le thé

N'eût été la maladie, le monde boirait sans doute aujourd'hui du "café de Ceylan" plutôt que du thé.

L'apparition du thé au Sri Lanka coïncide, en effet, avec la destruction des grandes plantations de café par une maladie végétale au XIXe siècle. Le premier thé sri lankais fut cultivé en 1867 au domaine de Loolecondera, au sud-est de Kandy, par un certain James Taylor. Les propriétaires de la plantation se rendirent compte que la région montagneuse combinait climat chaud, altitude et terrain en pente, le cocktail idéal pour la culture du thé.

Les plantations de thé couvrent environ 1 900 km^2, essentiellement dans la région montagneuse et les régions avoisinantes, surtout dans le Sud.

Dans les années 1870, des cargaisons de thé de Ceylan commencèrent à envahir les entrepôts londoniens. Le goût du public pour cette boisson semblant inextinguible, les premiers exploitants firent fortune, parmi lesquels le fameux Sir Thomas Lipton (voir l'encadré p. 161).

Au cours des décennies suivantes, la production théière connut une croissance exponentielle. Des forêts tropicales furent abattues et de grandes plantations mises en place. Une guerre sans merci fut menée contre les nuisibles et les maladies végétales qui affectaient les récoltes, et toutes sortes de produits chimiques furent mis au point pour défendre la santé des plants.

Dans un élan de solidarité probablement involontaire, les principaux producteurs de thé de l'île de Ceylan créèrent en 1932 le Ceylon Tea Propaganda Board, organisation destinée à promouvoir leurs activités.

En 2008, le Sri Lanka est devenu, avec une production annuelle de 330 000 tonnes, le deuxième producteur mondial de thé. Le thé sri lankais (commercialisé sous le nom de "thé de Ceylan") jouit d'une image d'excellence et son prix de vente aux enchères est supérieur de plus de 50% à celui de son rival indien, le leader mondial. La valeur annuelle des récoltes de thé sri lankais avoisine le milliard de $US, soit 15% de l'économie nationale.

Le thé est apparu pour la première fois au Sri Lanka en 1824, dans le cadre d'une exposition botanique initiée par les Britanniques. Personne n'imaginait alors le destin qu'allait connaître cette petite feuille verte.

Malgré les origines britanniques de cette industrie, l'essentiel de la production de thé de Ceylan est désormais exporté vers l'Europe de l'Est et le Moyen-Orient, où la demande est colossale.

Outre les déclinaisons de l'incontournable thé noir, le Sri Lanka produit du thé vert, connu pour sa saveur plus corsée, et du thé blanc, l'une des variétés les plus prestigieuses, souvent appelée "Silver Tips".

Les thés plus ordinaires sont produits en associant diverses variétés pour obtenir un goût associé à une marque.

Les travailleurs du thé

L'industrie théière sri lankaise emploie plus d'un million de personnes – environ 5% de la population. Les salaires des cueilleurs de thé demeurent très bas – quelque 3 $US par jour, soit deux tiers du traitement minimum d'un fonctionnaire – et chaque ouvrier est dans l'obligation de récolter un minimum de 20 kg de feuilles par jour. Divers prélèvements grèvent un peu plus leur salaire de misère, et nombre de

L'ART DU THÉ

Il existe une bonne et une mauvaise façon de préparer le thé. Pour l'apprécier au mieux, gardez les recommandations suivantes à l'esprit.

» Stockez votre thé, en vrac ou en sachets, dans un récipient hermétique. Le thé absorbe facilement les odeurs, particulièrement nocives à certaines variétés délicates ou parfumées.

» Utilisez de l'eau fraîche et faites la bouillir (l'eau qui bout trop longtemps ou qui a déjà bouilli donne au thé une saveur fade).

» Vous avez l'habitude des sachets ? Avec le thé en vrac, une cuillère à café par tasse suffit, deux si vous faites une théière.

» Laissez le thé infuser. Il faut de trois à cinq minutes pour que le thé développe ses arômes.

» Dès que le thé est infusé, jetez le sachet ou les feuilles de thé. Ces dernières deviennent vite amères.

» Pour un thé au lait, versez d'abord le lait puis le thé ; les arômes se marient mieux.

familles vivent dans des conditions déplorables. Depuis la route ou le train, on aperçoit des bâtiments semblables à des casernes, construits au fond de ravines au milieu des plantations.

La grande majorité des ouvriers de l'industrie théière sont tamouls. Dans les années 1870, les grands barons anglais du thé tentèrent d'abord d'engager des Cinghalais, qui se révélèrent peu attirés par cette activité. Les propriétaires se tournèrent alors vers l'Inde et firent venir des Tamouls en grand nombre.

Visites sur le thème du thé

Le train d'Ella à Haputale permet d'observer les plantations de thé verdoyantes de la région montagneuse. Vous apercevrez aussi les cueilleuses aux vêtements colorés, occupées à récolter leur quota de feuilles journalier.

Les usines et les plantations de thé de la région montagneuse organisent des visites afin d'expliquer le processus de production. Les machines et la technologie utilisées ont peu évolué depuis le XIXe siècle. Pour une sélection de lieux à visiter, voir p. 290.

Loger au pays du thé

Plusieurs cottages de l'époque coloniale environnent l'Adam's Peak. Ces établissements au charme évocateur offrent un hébergement original dans un environnement de toute beauté ; voir l'encadré p. 150.

Vous trouverez d'autres pensions, bungalows et hôtels installés au cœur des plantations au fil du chapitre *La région montagneuse*.

> Les bénéfices du thé pour la santé sont considérables. Le thé vert biologique contient un taux d'antioxydants six fois supérieur à celui de l'épinard ou du chou-fleur.

Balades sous le signe du thé

Les plantations de la région montagneuse offrent toutes sortes de balades et de randonnées. En voici une sélection.

» Une balade à vélo de 10 km à travers les plantations, au départ de Nuwara Eliya.

» Une marche de 7 km jusqu'au panorama de Lipton's Seat, près de Haputale.

» Une promenade de 4,5 km jusqu'au point de vue du Little Adam's Peak, près d'Ella.

Acheter du thé

Bon marché, facile à loger dans sa valise et généralement apprécié, le thé fournit une excellente idée de cadeau. Les usines et les plantations de la région montagneuse offrent un grand choix en la matière. On trouve aussi quantité de bonnes boutiques à Colombo ; d'autres magasins recommandés figurent p. 293.

La production du thé

Une fois les buissons de thé élagués jusqu'à une hauteur de 1 m, des escouades de cueilleuses tamoules récoltent feuilles et bourgeons. Ceux-ci sont ensuite "flétris" (déshydratés par un courant d'air à température fixe), dans des usines à l'ancienne, où les feuilles sont étalées sur des claies en toile de jute, ou dans des cuves modernes. Vous remarquerez aisément les énormes usines disséminées dans la région du thé. Nombre d'entre elles ont plus d'un siècle.

Partiellement séchées, les feuilles sont ensuite écrasées, ce qui initie un processus de fermentation. Les feuilles passent du vert à un brun cuivré sous l'effet de la chaleur. Tout l'art de la production théière consiste à savoir quand il faut arrêter la fermentation, en soumettant le thé à une chaleur plus intense pour produire une feuille de couleur brun noir suffisamment stable.

Les ouvriers qui régulent le subtil processus de production, dans le but d'obtenir le meilleur thé et de justifier les prétentions des producteurs, sont au sommet de la hiérarchie de la plantation. Perfectionnée depuis des décennies, cette fonction relève du travail d'orfèvre.

Entre le moment où le thé est récolté et son emballage avant expédition, il ne s'écoule qu'environ 24 heures.

LE TOP DES PLANTATIONS ET USINES DE THÉ

» **Tea Museum** Près de Kandy, une première halte enrichissante sur votre circuit du thé sri lankais (p. 134).

» **Labookellie Tea Factory** Une usine bien située près de la route de Nuwara Eliya, si vous êtes pressé (p. 152).

» **Pedro Tea Estate** Également près de Nuwara Eliya. Propose des visites de l'usine, construite en 1885 (p. 154).

» **Dambatenne Tea Factory** Près de Haputale ; visites de A à Z de l'usine bâtie par Sir Thomas Lipton en 1890 (p. 162).

1

4

1. Feuilles de thé fraîchement cueillies 2. Cultures de thé aux environs de Maskeliya 3. Sacs de feuilles de thé fraîches 4. Thé en attente de distribution

2

KEVIN CLOGSTOUN / LONELY PLANET IMAGES ©

3

KIMBERLEY COOLE / LONELY PLANET IMAGES ©

1

3

Variétés de thé

Les nombreuses variétés de thé sont classées selon la taille de la feuille – *dust*, *leaf*, *fanning* ou *broken* – et sa qualité – *flowery*, *pekoe* ou *souchong*. Le *grade dust* (poussière) correspond à un thé modeste, *leaf* étant considéré comme le grade minimal d'un thé de qualité. En termes de qualité, la feuille entière et le *tip* (la plus jeune et la plus délicate des feuilles) sont les meilleures.

Étrangement, l'origine du sobriquet *orange pekoe* n'est pas claire. Si l'"orange" n'a rien à voir avec l'arôme, il pourrait toutefois faire référence à un outil utilisé par les premiers commerçants de thé hollandais, ou à la couleur des feuilles après le séchage. Quoi qu'il en soit, l'*orange pekoe* désigne une variété de thé de Ceylan noir de très haute qualité.

La classification des thés ne s'arrête pas là. Ils sont ensuite subdivisés en *low-grown*, *mid-grown* et *high-grown*.

Les thés *low-grown* (cultivés à moins de 600 m) se développent rapidement et sont riches en "corps" mais pauvres en "arôme". Si les *high-grown* (cultivés à plus de 1 200 m) connaissent une croissance plus lente, ils sont néanmoins réputés pour leur arôme subtil. La variété *mid-grown* se situe quelque part entre les deux.

Nuwara Eliya est au cœur de la région théière du *high-grown*. Les thés produits dans les environs de Kandy sont classés comme des *mid-grown*. Quant aux *low-grown*, on les trouve dans les collines, non loin de la côte sud.

LE TOP DES MAGASINS DE THÉ

» **Sri Lanka Tea Board Shop** À Colombo. Grand choix de thés issus de la plupart des producteurs du pays (p. 69).

» **Mlesna Tea Centre** Thés de haut vol à Bandarawela (p. 166), l'établissement se double d'un café.

» **Orchid House** À Galle. Jolie boutique de thé (p. 102).

1. Feuilles de thé fraîchement cueillies **2.** Feuilles de thé séchées **3.** Dégustation de thé

La cuisine sri lankaise

Produit de la générosité du sol de l'île et des diverses influences introduites par les marchands, les immigrants et les colons, la cuisine sri lankaise est unique en son genre. Elle demeure pourtant méconnue et souvent confondue avec d'autres gastronomies asiatiques. Gageons que les choses changeraient si l'excellent riz-curry à la sri lankaise trouvait la place qu'il mérite sur les tables du monde.

La fraîcheur des herbes aromatiques et des épices fait partie de sa spécificité, tout comme la manière de hacher, piler, rôtir, mariner et combiner les ingrédients. La durée de torréfaction influence le parfum des épices. L'huile végétale est employée pour exhaler les saveurs, tout comme l'huile de sésame et celle de coco, plus forte. Les riz se différencient par leur texture, leur parfum et leur saveur. Quant aux curries, ils sont souvent servis avec de succulentes sauces, ou simplement "secs".

Pas d'impairs !

» Utilisez toujours votre main droite pour manger.

» Tenez votre verre de la main gauche.

» Déchaussez-vous avant de prendre un repas chez un particulier.

Les spécialités régionales résultent davantage de la diversité des ingrédients que d'identités ethniques. Le rônier règne dans le Nord, où ses racines, fleurs, fruits et graines se retrouvent dans les curries, les sirops, les gâteaux et les en-cas. Le riz est incontournable dans le Sud, où le poisson et le jaque sont également très présents. La région montagneuse fait la part belle aux légumes et au mouton, alors que le poisson et les épices y sont plus rares.

Les influences extérieures imprègnent la gastronomie de chaque région. Dans les restaurants musulmans, on sert les fameux pains plats et les samosas introduits par les négociants arabes. Les gâteaux de fête reflètent souvent une influence hollandaise ou portugaise. Quant aux délicieux desserts et douceurs concoctés avec du *jaggery* (sucre brun issu de la sève de *kitul*, une espèce de palmier), du lait de coco, des clous de girofle et de la cardamome, ils évoquent les commerçants malais venus des îles aux épices situées plus à l'est.

Le riz dans tous ses états

Aliment de base de la cuisine sri lankaise, le riz figure généralement, sous une forme ou une autre, à tous les repas. On le cuisine nature, assaisonné au jus de viande, au curd (yaourt au lait de bufflesse) ou au tamarin, ou encore accompagné de lait, avec de subtils mélanges d'épices.

La farine de riz sert de base à deux grandes spécialités : les *hopper* (également appelés *ah-ppa* ou *appam*), sortes de crêpes concaves et les *dosa* (*thosai*), de fines crêpes fourrées de légumes épicés.

Le petit-déjeuner se compose volontiers de *hopper*, de pain trempé dans du curry et de *pittu* – un mélange de farine de riz et de noix de coco, cuit à la vapeur dans un moule en bambou. Le *kola kanda* (une bouillie à base de riz, de noix de coco, de légumes verts et d'herbes aromatiques) est très nourrissant.

Riz-curry

Présent sur presque tous les menus, le riz-curry (*rice and curry*) sri lankais se compose de divers petits plats épicés à base de légumes, de viande ou de poisson, que l'on sert accompagnés de chutneys et de *sambol,* condiment à base d'ingrédients pilés avec du piment.

Beaucoup de curries s'enrichissent de piment, de curcuma, de cannelle, de cardamome, de coriandre, de *rampe* (feuilles de pandanus), de feuilles de curry, de moutarde, de tamarin, de lait de coco et de poisson séché.

La préparation des plats sri lankais prend un peu de temps : tachez de commander assez tôt, précisez bien ce que vous désirez et laissez les cuisiniers illustrer leurs talents ! Par ailleurs, sachez que de nombreux restaurants servent le riz-curry uniquement au déjeuner. Prenez vos dispositions si vous souhaitez le déguster le soir.

Une fois les innombrables plats du riz-curry disposés sur la table, reste à savoir par lequel commencer. On dirait un festin fraîchement préparé rien que pour vous. En outre, les plats varient considérablement d'un cuisinier à l'autre. Aubergines sauce aigre-douce, subtil curry à l'ail, *dhal* velouté, haricots marinés… À vous de décider.

Des restaurants tout simples – appelés, d'une façon assez déroutante, "hôtels" – servent un riz-curry aussi sommaire que savoureux.

Cuisine végétarienne

» Elle est très répandue.

» Curries à base de banane, de fleur de banane, d'arbre à pain, de jaquier, de mangue, de pomme de terre, de haricot ou de citrouille.

» De nombreux en-cas, notamment les *roti* et les samosas, existent en version végétarienne.

Poissons et fruits de mer

Le poisson et les crevettes se trouvent partout. Les crabes et les homards se dégustent également dans de nombreuses villes côtières. Le thazard, semblable au thon, reste très apprécié. L'une des spécialités du Sud est l'*ambulthiyal* (curry de poisson aigre), qui se prépare avec un fruit aigre nommé *goraka*. La cuisine sri lankaise est dans l'ensemble tellement pimentée qu'avec un simple poisson grillé, on minimise les risques.

Autres spécialités

Les amateurs de piment raffoleront des plats "à la diable" ("*devilled*"), pour lesquels la viande est marinée dans du piment. Un bol de noix de cajou "à la diable" constitue un excellent en-cas pour accompagner une Lion bien fraîche. On en trouve même dans les cafés les plus modestes, ainsi qu'auprès de vendeurs dans la rue.

Le *lamprais*, à base de riz, de viande et de légumes, est cuit lentement dans une feuille de bananier. Ouvrez-la, et laissez-vous envahir par les

CUISINE ÉPICÉE

La cuisine sri lankaise est réputée pour être terriblement épicée, une image semble-t-il perpétuée par des générations de touristes n'ayant guère l'habitude des saveurs explosives.

Pendant des siècles, les visiteurs occidentaux se sont plaints de la cuisine pimentée, aussi les Sri Lankais l'ont-ils adaptée à leurs palais délicats. Au point que les amateurs d'authentiques mets relevés peineront à se faire servir des plats préparés à la mode locale. La simple mention du terme "épicé" déclenche un sourire entendu chez le serveur, mais peu de piquant supplémentaire. Pour un plat véritablement authentique, insistez pour qu'il soit préparé selon le propre goût du serveur ou du cuisinier.

Si certains mets sri lankais peuvent être relevés, d'autres cuisines du monde le sont tout autant. Pour ajouter un peu de piquant à votre assiette, demandez les deux condiments suivants (et gagnez le respect du serveur) :

» **Pol sambol** Une savoureuse mixture de piment et de noix de coco, sèche et poudreuse.

» **Chilli paste** Un délicieux mélange de piment et d'épices, souvent agrémenté d'une pincée de fruits réchauffés à la poêle pour en libérer les arômes.

BOISSONS

Dans la chaleur sri lankaise, la consommation quotidienne de boissons fraîches est fondamentale.

» Ici, le thé se boit de préférence très sucré. Si vous le souhaitez moins doucereux, précisez-le bien au serveur. Pour plus de détails sur le thé, reportez-vous p. 288.

» S'il ne fait pas partie des boissons privilégiées, le café est néanmoins devenu un produit courant à Colombo et dans les autres villes majeures. Les cafés disposant de machines à expresso sont très courus. Pour le reste, attendez-vous à une version instantanée, ou à quelque chose d'approchant.

» Le jus de citron est excellent. Buvez-le avec de l'eau gazeuse mais demandez le sel ou le sucre à part pour éviter les excès.

» Les confiseries et restaurants indiens sont parfaits pour s'offrir un *lassi* (yaourt à boire).

» La bière au gingembre est délicieusement surannée, très britannique et très rafraîchissante – les marques Elephant et Lion sont bonnes.

» Le jus de *thambili* (noix de coco), servi dans sa cosse, est disponible sur tous les stands en bord de route.

Boissons alcoolisées

» Brassée localement, la Lion Lager est une bière légère et rafraîchissante que l'on trouve partout.

» Autres bières locales, la Three Coins et l'Anchor sont moins bonnes. Les versions sri lankaises des marques internationales comme Carlsberg, Heineken ou Corona sont sans surprise.

» Lion commercialise une excellente stout à 8%, parfumée au café et au chocolat.

» Le *toddy*, préparé à partir de la sève des palmiers, a un goût amer qui évoque celui du cidre. Il en existe trois sortes : l'une est fabriquée à partir de la sève des cocotiers, la deuxième avec celle des palmiers *kitul*, tandis que la troisième provient des rôniers.

» L'arak est issu de la fermentation, puis du raffinage du toddy. Il peut vous donner un formidable coup de fouet mais aussi une terrible gueule de bois. Il se marie très bien à la bière au gingembre locale.

saveurs… Ce nom vient du mot néerlandais *lomprijst* ; le plat remonte aux premiers colons hollandais du XVIIe siècle.

Desserts et douceurs

Le *wattalappam* (*vattalappam* en tamoul), à base de lait de coco, d'œuf, de *jaggery* et de cardamome, figure parmi les desserts favoris, tandis que le lait caillé au *kitul* (sirop issu du palmier du même nom) se savoure à toute heure. Le *jaggery*, formé par le *kitul* solidifié, est à la fois un bonbon et un édulcorant. Vendues comme en-cas, les petites sucreries sri lankaises fraîchement préparées font fureur et se déclinent à l'infini. Ne manquez pas les confiseries dans Galle Rd, à Colombo.

Au pays des currys, de Pierrette Chalendar (SAERP, 2004), propose des recettes de curries de toute l'Asie et notamment du Sri Lanka.

Fruits

Le Sri Lanka bénéficiant d'un climat tropical, on trouve sur place une grande variété de fruits : avocats, mangues (celles du Nord sont considérées comme étant les plus juteuses), melons, ananas et goyaves notamment. Au petit-déjeuner, pressez un filet de citron sur votre tranche de papaye.

Le *woodapple*, à l'écorce de bois, sert à la confection de boissons rafraîchissantes, de nappages pour les desserts et d'une confiture. Le durian, gros fruit à la peau hérissée de piquants sera apprécié des palais aventureux. Le ramboutan est tellement prisé que ceux qui le cultivent protègent leurs plantations des cueilleurs indélicats.

La saison du mangoustan, fruit dont le goût évoque un mélange de fraise et de raisin, court de juillet à septembre. Le jaque (fruit du jacquier), composé de quartiers jaune orangé, est le plus gros fruit du monde. Délicieux frais, il se mange aussi en curry et prend alors la consistance de la viande de poulet.

Vous trouverez tous ces fruits et bien d'autres sur les marchés alimentaires centraux de presque toutes les villes.

En-cas

Joie de la mi-journée sri lankaise, les en-cas consistent en petits pains à la viande, en petites tourtes aux légumes appelés "*cutlets*", en pâtisseries ou en *vadai* (beignets à base de farine de lentilles et d'épices).

Les en-cas se commandent au comptoir et sont à emporter ou à consommer sur place – s'il y a des chaises. Dans certains établissements, on apporte une assiette d'en-cas à votre table et vous ne payez que ce que vous avez consommé. La plupart des boulangeries font deux fournées par jour, la première vers 7h30, la seconde à 14h, et ce, tous les jours. Toutefois, les meilleurs endroits (dont beaucoup sont recensés dans ce guide) reçoivent de nouveaux arrivages tout au long de la journée.

Ne manquez pas les très populaires *kotthu roti*, crêpes épaisses (*roti*) hachées, puis frites avec toutes sortes de garnitures – piments, oignons, bacon, œufs ou légumes. Les points de vente ne manquent pas ; l'Hotel De Pilawoos à Colombo (p. 65) est l'une des meilleures adresses. Pour le reste, repérez les échoppes de rue (appelées *kadé* ou "boutiques" chez les Cinghalais, *unavakam* chez les Tamouls). Le bruit des fabricants émincant les *kotthu roti* le soir vous deviendra vite familier, de même que l'appel nasillard des *túk-túk*.

Des paniers déjeuners sont en vente dans les *kadé* ou dans les boulangeries. Ces petits paquets se vendent dans tout le pays, entre 11h et 14h. Ils renferment du riz, du curry (poulet, poisson, bœuf ou œuf pour les végétariens), des légumes au curry et du *sambol*. Comptez environ 125 à 200 Rs.

CANNELLE

La cannelle, originaire du Sri Lanka, était importée en Chine et en Égypte par les marchands arabes dès 2000 av. J.-C. Plus de 80% de la production mondiale est aujourd'hui cultivée au Sri Lanka.

Plats de fête

Symbole de vie et de fertilité, le riz se déguste aussi pour les grandes occasions. Selon la légende, le Bouddha aurait tiré son énergie du *kiri bath* (riz au lait de coco). Le *kiri bath* est le premier aliment solide des bébés. C'est aussi un aliment que s'échangent les jeunes mariés lors de la cérémonie de mariage.

Les raviolis sont des mets de fête par excellence. Dans le nord du pays, la coutume veut qu'on laisse doucement tomber des *kolukattai* (raviolis dont les angles sont façonnés en forme de dents) sur la tête des tout-petits, pendant que les familles font des vœux pour qu'ils aient des dents saines. Ganesh en serait friand – les *mothagam*, des raviolis sucrés, lui sont donnés en offrande.

Les hindous célèbrent les récoltes à l'occasion de Thai Pongal, en janvier. Ils offrent du *pongal* (lait bouilli au riz et au *jaggery*) au dieu du Soleil en signe de remerciement, puis mangent du riz pour fêter sa récolte et ses qualités nutritives.

Le ramadan s'achève avec la fin du jeûne et la fête d'Aïd el-Fitr. Les musulmans dégustent alors des dattes, en souvenir du prophète Mohammed, puis du *congee* (riz aux épices, au lait de coco et à la viande). À cette occasion, les musulmans partagent leur nourriture avec leur famille, leurs amis et leurs voisins.

Après les rites sacrés de l'Aurudu (Nouvel An sri lankais), le festin s'ouvre par le *kiri bath*, suivi du *kaung* (gâteau à l'huile). Le partage de la nourriture au Nouvel An souligne l'harmonie au sein de la famille, ainsi qu'avec les amis et les voisins.

L'alcool n'est pas vendu les jours de *poya* (pleine lune). Vous pouvez faire des provisions et conserver votre bière au frais dans le réfrigérateur de votre chambre. Dans certaines pensions arrangeantes, on vous vendra de la bière "sous le manteau".

Les saveurs du Sri Lanka

Avec une île aussi riche en épices et en ingrédients, il n'est guère surprenant que la cuisine sri lankaise compte pareille gamme de saveurs. La nourriture tient une place importante dans la culture insulaire et les Sri Lankais passent des heures à préparer des plats délicieux.

Hoppers

1 Ces crêpes concaves à base de farine de riz sont d'emblée un régal pour les yeux. Fines et croustillantes, elles sont le récipient idéal pour toutes sortes de garnitures savoureuses.

En-cas

2 Ils se vendent sous toutes les formes imaginables dans le pays. Généralement frits et vendus sur des stands, des étals ou par des vendeurs ambulants, on les trouve notamment sous forme de samosas, de galettes croustillantes et de petits pains farcis.

Riz-curry

3 Le plat national sri lankais est un vrai festin à portée de toutes les bourses. Il se compose d'une douzaine (parfois plus) de petits plats à base de légumes et de viandes, préparés de quantité de manières différentes.

Wattalappam

4 Emblématique dessert du Nord, le *wattalappam* est un délicieux pudding à base de lait de coco et d'œuf. Diverses épices, comme la cardamome, lui confèrent une saveur unique. C'est un élément essentiel des cérémonies tamoules.

Kotthu roti

5 Il n'existe pas une seule façon de préparer ce classique de la cuisine sri lankaise. Commencez par émincer le *roti* avant de le frire, puis choisissez la meilleure garniture...

1. *Hopper* avec œuf et sambol 2. *Roti* garni de légumes
3. Petit-déjeuner composé de *string hopper*, de curry d'œuf et de curry de pommes de terre

2

OLIVER STREWE / LONELY PLANET IMAGES ©

RHONDA GUTENBERG / LONELY PLANET IMAGES ©

Sri Lanka pratique

Carnet pratique

Alimentation

Voir le chapitre *La cuisine sri lankaise* (p. 294).

Ambassades et consulats

Il est important de savoir dans quelles limites les autorités de votre pays d'origine peuvent vous aider en cas de problème. De manière générale, elles ne peuvent pas intervenir si vous avez enfreint les lois sri lankaises. En cas d'urgence réelle, vous devriez obtenir un peu d'aide une fois que vous aurez épuisé toutes les autres solutions disponibles. Les ambassades peuvent vous recommander des hôpitaux et des dentistes en cas de besoin, mais votre assurance devra prendre en charge les frais.

Sauf mention contraire, ces ambassades sont à Colombo :

Belgique (carte p. 54 ; ☎250 4351 ; consul.belgium@unilink.lk ; Police Park Terrace, 3/1 Col 5)

Canada (carte p. 54 ; ☎011-532 6232 ; www.srilanka.gc.ca ; 33-A 5th Lane, Col 3)

France (carte p. 54 ; ☎011-263 9400 ; www.ambafrance-lk.org ; 89 Rosmead Pl, Col 7)

CONSEILS AUX VOYAGEURS

La plupart des gouvernements possèdent des sites Internet qui recensent les dangers possibles et les régions à éviter. Consultez notamment les sites suivants :

» Ministère des Affaires étrangères de Belgique (www.diplomatie.be/)

» Ministère des Affaires étrangères du Canada (www.voyage.gc.ca)

» Ministère français des Affaires étrangères (www.france.diplomatie.fr)

» Département fédéral des affaires étrangères Suisse (www.eda.admin.ch/eda/f/home.html)

FOURCHETTES DE PRIX

Les indications suivantes valent pour un plat principal standard.

$ moins de 250 Rs
$$ de 250 à 800 Rs
$$$ plus de 800 Rs

Inde (carte p. 54 ; ☎011-242 1605 ; www.hcicolombo.org ; 36-38 Galle Rd, Col 3)

Visas pour l'Inde (☎011-450 5588 ; www.vfs-in-lk.com ; ⏲8h-13h et 14h-16h lun-ven) Colombo (carte p. 54 ; 433 Galle Rd, Col 3) Kandy (701/A Old Peradeniya Rd) Jaffna (hors carte p. 248 ; 89 Brown Rd). Les visas pour l'Inde sont délivrés dans des bureaux séparés de l'ensemble abritant la Haute Commission. Pensez à consulter le site Internet, des formulaires y sont téléchargeables.

Maldives (carte p. 62 ; ☎011-551 6302 ; www.maldiveshighcom.lk ; 25 Melbourne Ave, Col 4)

Suisse (☎269 5117 ; vertretung@col.rep.admin.ch ; 63, Gregory's Rd, Col 7)

Argent

L'unité monétaire sri lankaise est la roupie (Rs), qui se divise en 100 cents (rares cependant). Il existe des pièces de 1, 2, 5 et 10 roupies. Les billets se présentent en coupures de 10, 20, 50, 100, 200, 500, 1 000 et 2 000 roupies.

Distributeurs automatiques de billets (DAB)

Les distributeurs sont très répandus à Colombo et dans d'autres grandes villes, comme Kandy. Les localités les plus importantes disposent d'au moins un DAB (souvent

AYURVÉDA

L'ayurvéda est une médecine traditionnelle recourant aux plantes, aux huiles, aux métaux et aux produits animaux pour guérir divers maux et conserver sa jeunesse. Fortement influencé par la médecine indienne (de même dénomination), l'ayurvéda est très pratiqué au Sri Lanka.

Cette thérapie postule que les cinq éléments, en liaison avec les cinq sens, façonnent la nature de chaque constitution individuelle, c'est-à-dire le *dosha* ou force de vie. Les maladies surviennent lorsque l'équilibre des *dosha* est rompu. Le but du traitement ayurvédique est de restaurer cet équilibre et, par là même, la bonne santé.

Les traitements thérapeutiques sont souvent très longs ; le patient doit s'y engager pendant des semaines, voire des mois. C'est un régime très rigoureux comprenant des lavements fréquents et une diète très pauvre en calories, à base de légumes.

En général, les visiteurs se contentent des massages ayurvédiques proposés dans l'un des centres situés dans les zones touristiques ou rattachés aux grands hôtels. Un soin complet dure trois heures et comprend plusieurs étapes, toutes orientées sur la relaxation.

» Les "saunas aromatiques" (Sweda Karma) sont conçus selon un modèle vieux de 2 500 ans. Les murs de plâtre contiennent des ingrédients aromatiques tels que miel et poudre de bois de santal. Le sol est couvert d'herbes aromatiques et médicinales. Comme dans un sauna européen, on obtient la vapeur, qui a ici des vertus médicinales, en jetant de l'eau sur des braises chaudes.

» Beaucoup plus confiné et oppressant, le bain de vapeur (Vashpa Swedanam), revient presque à s'allonger dans un sarcophage. Une fois le patient étendu sur une plate forme en bois, un battant couvre intégralement son corps à l'exception de la tête. Montant de la base de cette étuve en bois, les effluves d'une cinquantaine d'herbes et épices différentes imprègnent le corps.

» Pour beaucoup, le must reste le traitement appelé "Troisième œil du seigneur Shiva"(Shiro Dhara). Pendant près de 45 minutes, un petit filet d'huile tiède est déversé lentement sur le front, puis, grâce aux bons soins de la masseuse, l'huile pénètre dans les tempes.

Les soins dispensés dans certains centres sont de piètre qualité ; ils utilisent parfois de l'huile de coco toute simple pour les massages et font appel à des masseurs sans qualification. Plusieurs cas d'empoisonnement ayant été signalés à la suite de traitements aux plantes, nous vous recommandons de demander la composition exacte des potions et de consulter un médecin reconnu.

Pour les massages, renseignez-vous sur la présence de thérapeutes des deux sexes, car certaines lectrices ont subi des avances de la part de praticiens hommes. En général, la pratique ayurvédique veut que la personne qui réalise les massages soit du même sexe que la personne qui les reçoit.

plus). Les DAB délivrent souvent des billets de 500 Rs et 1 000 Rs. Tâchez de les changer en monnaie le plus tôt possible car, généralement, les commerçants n'acceptent pas les grosses coupures. Il est en principe possible de le faire dans la banque qui possède le DAB.

Espèces

Toute banque ou bureau de change convertira les principales devises, notamment l'euro. Changez vos roupies en monnaies fortes à l'aéroport (avant le passage de la sécurité) avant de repartir, car vous ne pourrez sans doute pas les changer ailleurs (même dans les pays voisins).

Cartes de crédit

MasterCard et Visa sont les cartes les plus reconnues, mais l'American Express et la Diners Club sont également acceptées. Il est possible de payer par carte de crédit dans certains des hôtels et restaurants de catégorie moyenne et dans la majorité des établissement de catégorie supérieure.

Agents de change

Vous trouverez des agents de change à Colombo, de même que dans les centres touristiques importants. Ils ne prélèvent généralement pas de commission et proposent des taux intéressants. Des changeurs illégaux rachètent des devises à des taux légèrement plus avantageux que les changeurs officiels. Il ne vaut pas la peine de risquer de se faire escroquer. Les DAB sont plus sûrs et plus fiables.

Pourboire

Bien que des frais de service de 10% soient inclus dans les factures des restaurants et des hôtels, ceux-ci sont le plus souvent empochés par le patron et non par le personnel. Les chauffeurs de taxi s'attendent à recevoir un pourboire, tout comme les personnes vous "guidant" dans les sites (dans ces deux cas, assurez-vous de convenir d'un montant à l'avance). Une règle de base consiste à laisser 10% de plus que le montant de la facture qui vous est présentée. Il est aussi de bon ton de donner 20 Rs aux personnes préposées à la garde des chaussures dans les temples et 50 Rs aux portiers des hôtels.

Assurance

Souscrire une police d'assurance qui couvre le vol, la perte et les frais médicaux est une sage précaution. Les garanties proposées diffèrent, notamment pour la couverture médicale ; lisez avec attention les clauses imprimées en petits caractères et assurez-vous que le contrat inclut le transport en ambulance et le rapatriement d'urgence en avion.

Certains contrats excluent explicitement les "activités à risques", comme la plongée, la moto, voire la randonnée. De même, un permis moto obtenu dans le pays visité peut ne pas être reconnu par votre assurance.

Bénévolat

À la suite au tsunami de 2004, le Sri Lanka a attiré de nombreuses organisations et des projets de bénévoles. Le travail s'est considérablement réduit par rapport à la période qui a suivi le tsunami, mais plusieurs organisations locales acceptent encore les bénévoles.

Parmi ces dernières, on peut notamment citer :

Millennium Elephant Foundation (www.millenniumelephantfoundation.org)

Rainforest Rescue International (www.rainforestrescueinternational.org)

Sewalanka Foundation (www.sewalanka.org)

Turtle Conservation Project (www.tcpsrilanka.org)

Cartes

Les hôtels distribuent des cartes rudimentaires gratuites, mais dont l'utilité est limitée. Pour explorer l'île, des cartes un peu plus détaillées et précises que ces dernières. Nous recommandons les suivantes disponibles partout dans le monde :

- Nelles Verlag *Sri Lanka*
- Periplus *Sri Lanka*

Il est difficile de trouver de bonnes cartes au Sri Lanka, à part dans les librairies de Colombo (p. 69). La plupart d'entre elles vendent le plan très utile des rues de Colombo, *A to Z Colombo*, qui intègre aussi des plans d'autres villes de l'île.

Cartes de réduction

Les cartes internationales d'étudiant ne permettent que rarement d'obtenir des réductions.

Douanes

Le Sri Lanka interdit aux visiteurs d'importer, comme la plupart des pays, de la drogue, des armes, des fruits frais et tout ce qui pourrait être considéré comme pornographique.

Il est permis d'apporter dans le pays :

- 250 ml de parfum
- 1,5 l d'alcool.

Des boutiques duty-free se trouvent dans la zone de débarquement, avant d'arriver dans la salle de réception des bagages.

Pour plus de détails, consultez le site **Sri Lanka Customs** (www.customs.gov.lk).

Électricité

Le courant est de type 230 V, 50 Hz. Il existe une quantité incroyable de types de prises. Les chambres peuvent tout autant être équipées des prises les plus courantes (voir le dessin ci-contre), que de prises de type américain, européen ou britannique.

Des adaptateurs se trouvent facilement sur les marchés ou dans les supermarchés et les boutiques touristiques à moins de 100 Rs.

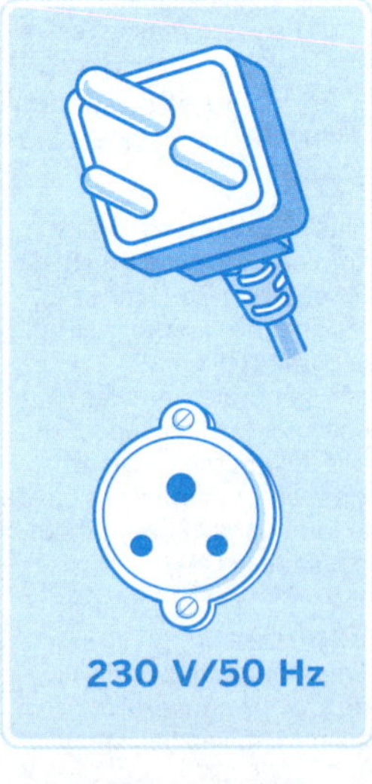

Femmes seules

Les Sri Lankaises voyageant rarement seules, vous serez parfois l'objet d'une attention soutenue de la part des hommes. L'isolement relatif dans lequel la guerre civile a plongé le pays, conjugué à la diffusion de médias occidentaux aux images provocatrices, a laissé certains hommes sri lankais démunis devant l'attitude à adopter vis-à-vis des femmes occidentales.

En dehors de Colombo, mieux vaut vous couvrir les épaules et les jambes, mais ne comptez pas pour autant éviter les regards insistants. Évitez également les hauts près du corps. Et, en dehors des plages touristiques des côtes Sud et Ouest, baignez-vous en short et t-shirt.

À Colombo, vous pouvez néanmoins oublier un peu ces contraintes et porter des chemises sans manches. Le plus souvent, pour entamer la conversation, on vous demandera si vous êtes mariée. Vous pouvez toujours porter une alliance et garder sur vous quelques photos de votre mari imaginaire resté au pays.

Les femmes seules peuvent faire l'objet de harcèlement la nuit ou dans les endroits isolés. Le harcèlement physique (mains baladeuses) peut arriver n'importe où. Les femmes seules pouvant être suivies, essayez de rester toujours en contact avec de grands groupes de personnes. Il est également arrivé que des femmes seules soient agressées par leurs guides sur des sites touristiques importants ; ici encore, n'y allez jamais seule.

Toutefois, ces désagréments sont davantage des exceptions que la règle. Les voyageuses peuvent entrer en contact avec la société féminine sri lankaise, souvent inaccessible aux hommes. En revanche, de nombreux environnements, comme les bars locaux par exemple, sont presque exclusivement réservés aux hommes. Si vous êtes mal à l'aise dans un hôtel ou un restaurant, essayez de trouver un endroit où travaillent ou bien résident d'autres femmes.

Emportez des tampons, il est difficile de s'en procurer en dehors des grands supermarchés de Colombo.

Dans les transports

Pour les femmes voyageant seules, les trajets en bus et en train peuvent être très éprouvants. À Colombo, les bus sont tellement bondés qu'il est impossible d'éviter les contacts physiques avec les autres passagers. Attention aussi aux mains baladeuses. Selon ce que nous ont rapporté des voyageuses, les Sri Lankaises sont soumises aux mêmes désagréments. Asseyez-vous à côté d'une autre femme, quitte à changer de place. Si vous faites signe à une Sri Lankaise de s'asseoir à côté de vous, elle comprendra pourquoi. Si vous n'avez pas de place assise, vous pouvez essayer de rester debout à l'avant, près du chauffeur. Nous vous recommandons fortement de ne pas voyager seule dans les trains, car plusieurs femmes y ont été victimes d'agressions sexuelles. Envisagez sérieusement de vous trouver un compagnon de voyage.

Formalités et visas

En 2012, le Sri Lanka a abandonné sa politique de visas gratuits émis à l'arrivée. Suscitant la critique générale, un système de visas en ligne a été mis en place. Lors de notre visite, il n'avait pas encore été bien fixé (par exemple, après l'effondrement du nombre de voyageurs effectuant une courte halte, les frais de visas furent supprimés pour certaines visites de 48 heures).

Obtenir un visa

Avant de visiter le Sri Lanka, il vous faudra effectuer les démarches suivantes pour obtenir un visa de 30 jours :

» Visitez le site officiel d'**autorisation de voyage électronique du Sri Lanka** (www.eta.gov.lk) plusieurs jours avant votre arrivée.

» Suivez les procédures de demande et payez avec une carte bancaire.

» Une fois l'autorisation obtenue, imprimez la confirmation de visa.

Il est encore possible d'obtenir des visas dans les ambassades sri lankaises à l'étranger et les personnes arrivant sans visa pourront se rendre au guichet spécialement prévu à cet effet à l'aéroport international de Bandaranaike, mais il leur faudra attendre avec la foule des autres voyageurs sans visa et payer une petite pénalité.

Tarifs des visas

Les tarifs des visas sont les suivants

Visa de transit valable 48 heures	gratuit
Visa touristique valable 3-7 jours	10 $US
Visa touristique standard de 30 jours	20 $US

Les visas obtenus à l'aéroport international de Bandaranaike coûtent 5 $US de plus. Vous pouvez régler en roupies ou en euros.

Prorogations de visa

Pour un séjour au Sri Lanka de plus de 30 jours, contactez le **département de l'Immigration et de l'Émigration** (www.immigration.gov.lk).

Les extensions de visas ne sont pas difficiles à obtenir, mais nécessitent quelques tracasseries bureaucratiques.

Handicapés

Il est très difficile de se déplacer au Sri Lanka lorsqu'on est handicapé, mais la population, très serviable, se montre toujours prête à aider les visiteurs. Si votre mobilité est réduite, il vous paraîtra particulièrement malaisé, voire impossible, d'emprunter les transports en commun. Les bus et les trains ne sont, par exemple, pas du tout adaptés aux fauteuils roulants. Les déplacements en ville peuvent également être pénibles pour les personnes en fauteuil ou malvoyantes, en raison des travaux incessants et du piètre état des rues (les trottoirs sont peu nombreux). La circulation automobile, très chaotique, est potentiellement dangereuse. La meilleure solution consiste à louer une voiture avec chauffeur et l'idéal est de voyager avec quelqu'un.

Mis à part les hôtels de catégorie supérieure, les hébergements ne sont pas équipés pour accueillir les voyageurs en fauteuil roulant. Cependant, certains établissements pourront loger des personnes handicapées en mettant à leur disposition des chambres et des salles de bains au rez-de-chaussée.

L'**APF** (Association des paralysés de France ; 17 bd Auguste-Blanqui, 75013 Paris ; ☎01 40 78 69 00 ; fax 01 45 89 40 57 ; www.apf.asso.fr) peut vous fournir d'utiles informations sur les voyages accessibles. Deux sites Internet dédiés aux personnes handicapées comportent une rubrique consacrée au voyage et constituent une bonne source d'information. Il s'agit de **Yanous** (www.yanous.com/pratique/tourisme/tourisme030613.html) et de **Handica** (www.handica.com).

Hébergement

L'hébergement au Sri Lanka va de la modeste chambre chez un particulier au complexe hôtelier cinq étoiles. Le tourisme se développant, attendez-vous à voir la gamme et la qualité des options augmenter à la même vitesse que les tarifs. Où que vous séjourniez, n'hésitez pas à négocier les prix, cette pratique étant courante. Les sites de réservation en ligne représentent principalement les établissements les plus chics, même si cela est également en train de changer.

Les prix varient beaucoup en fonction des saisons, surtout dans les stations balnéaires. Les tarifs indiqués dans ce guide correspondent à la haute saison. Des réductions avantageuses sont pratiquées en basse saison. La haute saison s'étend de décembre à avril sur les côtes ouest et sud, et d'avril à septembre sur la côte est.

Certains hôtels des catégories moyenne et supérieure mentionnent leurs tarifs en dollars ou en euros, mais acceptent le paiement en roupies. Sachez qu'un supplément de 10% pour le service s'applique en principe aux tarifs annoncés. Dans les hôtels de catégorie supérieure, il faut ajouter 15% de TVA. Les tarifs indiqués dans cet ouvrage prennent en compte le supplément pour le service et la TVA.

Types d'hébergements

Les pensions (*guesthouses*) et les hôtels constituent la majorité des hébergements. Dans les zones rurales, on ne trouve quasiment que des pensions. Par rapport à celles-ci, les hôtels sont généralement plus grands et offrent plus de services. Les pensions sont souvent des affaires familiales. Dans la même fourchette de prix, vous pouvez opter pour une chambre bon marché chez l'habitant. Presque tous les établissements servent des repas.

Attention, il est facile de tomber sur des établissements de qualité inférieure, que ce soit des pensions louant des chambres à l'heure ou des hôtels de catégorie supérieure défraîchis, mais si vous cherchez un peu, vous trouverez presque toujours une meilleure option non loin.

PETITS BUDGETS

Le Sri Lanka compte des pensions et quelques hôtels dans cette catégorie. Les standards et les tarifs varient énormément.

Principales caractéristiques :

» Un ventilateur dans la plupart des chambres, la climatisation dans une ou deux chambres (les ventilateurs suffisent dans la région montagneuse ou près de la plage)

FOURCHETTES DE PRIX

Les fourchettes de prix suivantes sont données pour une chambre double avec salle de bains en haute saison. Sauf mention contraire, les chambres sont équipées d'un ventilateur et la taxe est incluse dans le tarif.

$ moins de 2 500 Rs
$$ de 2 500 à 8 000 Rs
$$$ plus de 8 000 Rs

» Éventuellement de l'eau chaude
» Une salle de bain privée avec douche et toilettes occidentales
» Un petit-déjeuner simple
» Un personnel peu accueillant.

CATÉGORIE MOYENNE
Les pensions et les hôtels de catégorie moyenne sont les options les plus courantes. La plupart offrent un niveau de confort satisfaisant, et certains peuvent être vraiment agréables et proposer de bons services et une jolie vue. Cherchez un établissement bien tenu de l'époque coloniale, malheureusement peu fréquent.

Principales caractéristiques :
» Peut-être un balcon/porche/patio
» La TV satellite
» Un petit réfrigérateur
» La climatisation dans la plupart des chambres
» Peut-être le Wi-Fi
» Peut-être une piscine

HÔTELS DE CATÉGORIE SUPÉRIEURE
Les établissements de cette catégorie vont des petits hôtels de charme installés dans des demeures coloniales aux somptueux complexes hôteliers cinq étoiles.

Principales caractéristiques :
» Un bon service
» Généralement de belles vues – sur l'océan, les vallées luxuriantes et les rizières ou des jardins privés
» Généralement une piscine
» Un spa

Les locations de villas n'en sont qu'à leurs balbutiements, mais vous en trouverez quelques-unes le long de la côte sud et de nombreuses autres devraient ouvrir leurs portes. Parmi les hébergements spéciaux figurent les anciennes demeures des gérants des plantations de thé britanniques dans la région montagneuse, qui ont été transformées en pension ou en hôtel, la plupart du temps dotées d'un superbe jardin et de salons remplis d'objets anciens.

LE TRÈS HAUT DE GAMME

Le Sri Lanka possède quelques superbes villas à louer, d'anciennes retraites de montagne de l'époque coloniale et d'autres options luxueuses et isolées. Ces trois agences locales constituent un bon point de départ à vos recherches :
Boutique Sri Lanka (www.boutiquesrilanka.com)
Carolanka (www.carolanka.co.uk)
Sri Lanka In Style (www.srilankainstyle.com)

Heures d'ouverture

Dans ce guide, nous considérons comme standard, les horaires suivants. Les exceptions à ces horaires sont indiquées dans les commentaires.

Banques 8h-15h lun-ven

Bureaux publics et privés, bureaux de poste 8h-16h30 lun-ven (mais les horaires ne sont pas partout les mêmes)

Restaurants et cafés 7h-22h tlj, surtout dans les zones touristiques

Boutiques 10h-19h lun-ven, 10h-15h dim

Boutiques et services destinés aux voyageurs 9h-20h

Les bars sont en principe ouverts jusqu'à minuit, mais le dernier service est à 23h.

Heure locale

Le décalage de 30 minutes par rapport à l'heure utilisée habituellement dans le reste du monde embrouille la plupart des voyageurs. Le Sri Lanka est en avance de 5 heures 30 par rapport à l'heure GMT (comme l'Inde), et de 4 heures 30 par rapport à la France en période d'heure d'hiver.

Homosexualité

Les relations homosexuelles masculines sont illégales au Sri Lanka (la loi ne parle pas de l'homosexualité féminine). L'homosexualité n'est pas un sujet qu'on aborde. Si personne n'a été condamné pour homosexualité depuis plus de 60 ans, mieux vaut ne pas faire étalage de ses préférences sexuelles.

La situation est en train d'évoluer et l'on voit apparaître une modeste scène homosexuelle à Colombo. Il est possible de moins se cacher dans certains coins cosmopolites, comme Col 1, Col 3 et Col 7.

Equal Ground (☎011-567 9766 ; www.equal-ground.org), organisation installée à Colombo qui œuvre en faveur des droits des gays et des lesbiennes, qui sponsorise des événements publics, offre des services d'assistance et propose des publications en ligne pratiques.

Internet (accès)

On a accès à Internet dans tout le pays. Dans les petites villes, les points d'accès sont concentrés aux abords de l'arrêt de bus.

À Colombo comme dans les villes provinciales, la connexion est bon marché (environ 100 Rs l'heure). En revanche, dans les zones touristiques et sur la côte, cette somme peut s'élever à 150 Rs l'heure.

SHOPPING

De séduisants articles d'artisanat sont en vente dans tout le pays. Vous pouvez commencer par partir en reconnaissance sur les marchés des villes principales. Des gousses de vanille de grande qualité, par exemple, y sont vendues très bon marché.

Colombo dispose d'un nombre croissant d'excellentes boutiques (p. 68). Ailleurs, des magasins intéressants commencent à apparaître dans les zones touristiques.

Des magasins d'État Laksala existent dans la plupart des villes et des zones touristiques. Le thé constitue un souvenir très apprécié ; voir p. 288.

Batik

Introduit à l'origine par les Hollandais à l'époque coloniale, l'art indonésien du batik est très populaire au Sri Lanka. Les batiks les plus beaux et les plus originaux sont principalement ceux de Marawila, Mahawewa et Ambalangoda, sur la côte ouest. Vous trouverez aussi d'excellentes boutiques à Kandy.

Épices

Les épices font partie intégrante de la cuisine sri lankaise et des traditions ayurvédiques. La visite d'un jardin d'épices est un excellent moyen de découvrir les utilisations méconnues de ces aromates familiers.

Masques

Les masques comptent parmi les articles les plus recherchés par les touristes. Ils sont sculptés à divers endroits du pays, surtout sur la côte sud-ouest. Faites le tour des boutiques à Galle et dans l'Est.

Marchandage

À moins de faire vos achats dans un magasin pratiquant des prix fixes, vous devrez marchander. Afin de vous faire une idée de la valeur des articles, parcourez d'abord les boutiques à prix fixes avant de vous rendre sur les marchés. Lancez-vous mais faites preuve de bon sens car il y a de fortes chances pour que vous gaspilliez votre énergie à marchander pour moins d'un dollar.

Pierres précieuses

Le Sri Lanka compte d'innombrables boutiques où sont exposées des pierres précieuses, ainsi que des vendeurs privés. À Ratnapura, capitale du négoce des pierres, tout le monde en vend à ses heures de loisir. Comme partout ailleurs, il convient donc d'être prudent et de s'assurer que l'on n'achète pas une verroterie quelconque. Le meilleur moyen d'éviter les nombreuses escroqueries est de ne pas acheter du tout de pierres précieuses !

Dans les pensions et hôtels de Colombo et des zones touristiques du littoral et de l'intérieur des terres, le Wi-Fi est de plus en plus répandu. La connexion est généralement gratuite, sauf dans certains établissements de catégorie supérieure qui peuvent demander des tarifs prohibitifs. Les connexions sont assez rapides, mais n'imaginez pas pouvoir regarder une vidéo en streaming.

Dans le Nord et dans les coins reculés du reste du pays, les pensions peuvent ne proposer qu'une clé 3G. Il est nécessaire alors que votre appareil possède un port USB.

Jours fériés

Nouvel An 1er janvier
Fête de l'Indépendance 4 février
Fête du Travail 1er mai
Vendredi saint mars-avril
Noël 25 décembre

Attention : tous les jours de *poya* sont fériés (voir l'encadré p. 23) et la plupart des sites et des boutiques sont fermés.

Offices du tourisme

À Colombo, le bureau principal du **Sri Lanka Tourist Board** (SLTB ; carte p. 54 ; ☎011-243 7059 ; www.srilankatourism.org ; 80 Galle Rd, Col 3 ; ⊙9h-16h45 lun-ven, 9h-12h30 sam) tient des cartes et brochures à disposition. Son personnel se charge si besoin des réservations d'hôtel.

Pour des sites Internet utiles, voir p. 265.

Photographie

» Les cartes mémoire et autres accessoires pour appareils photo se trouvent facilement à Colombo (p. 70).

» De manière générale, les Sri Lankais apprécient de se faire photographier mais il va de soi que, par simple politesse, il faut demander la permission. Il arrive parfois que certains demandent à se faire payer, par exemple les pêcheurs sur échasses de Koggala ou les cornacs de l'orphelinat des éléphants de Pinnewala. Dans ces cas-là, il est beaucoup plus simple d'acheter une carte postale.

» Il est interdit de prendre des photos des barrages, des aéroports, des barrages routiers ou de tout autre site lié à l'armée. À Colombo, les alentours du port et du Fort sont des quartiers particulièrement sensibles. Soyez très prudent dans le Nord et l'Est, qui comptent de nombreuses zones de haute sécurité. Il existe des lieux encore sensibles, comme les environs du Fort de Colombo, ainsi que dans le Nord et l'Est du pays.

» Ne posez jamais à côté ou devant la statue du Bouddha (c'est-à-dire dos à lui) car c'est considéré comme très offensant. Les flashs des appareils-photo pouvant endommager les fresques et peintures murales millénaires, ne les utilisez pas dans des lieux comme Dambulla et Sigiriya.

Santé

Si les dangers sanitaires potentiels font un peu peur aux voyageurs, la plupart d'entre eux ne risquent généralement qu'une diarrhée. Les cas d'infections sérieuses ou mortelles sont en revanche rares chez les voyageurs. L'hygiène n'est pas très bonne au Sri Lanka, voire très mauvaise dans la plupart des cuisines du pays.

Disponibilité et coût des soins

Des soins médicaux sont dispensés dans tout le pays. Colombo possède des cliniques de bonne qualité destinées aux expatriés ; elles sont plus chères que les centres médicaux locaux, mais la dépense n'est pas à négliger car elles proposent un meilleur niveau de soin.

En cas d'affection mineure (comme la "turista"), l'automédication suffit parfois, si vous possédez les médicaments appropriés et que vous êtes loin d'une clinique de qualité. Si vous soupçonnez une maladie grave, notamment le paludisme, ne perdez pas de temps : adressez-vous au plus proche établissement médical pour une consultation.

Avant d'acheter vos médicaments, vérifiez toujours la date de péremption et assurez-vous que l'emballage est intact. Colombo et les villes importantes comme Kandy comptent des pharmacies bien approvisionnées ; beaucoup de médicaments peuvent être achetés sans ordonnance.

Assurances et services médicaux

Même si vous êtes en forme et en bonne santé, ne négligez pas de souscrire une police d'assurance qui vous couvrira en cas de maladie ou encore d'accident. Vérifiez que les "sports à risques", comme la plongée, la moto ou la randonnée, ne sont pas exclus de votre contrat, de même que la location d'un véhicule, et que le rapatriement médical d'urgence est couvert. À défaut, n'hésitez pas à prendre une police complémentaire qui vous évitera de vous ruiner en cas de pépin.

Affections transmises par les insectes

DENGUE

Plusieurs milliers de cas sont recensés chaque année

SE PROTÉGER DES MOUSTIQUES

Hormis les traitements préventifs, la protection contre les piqûres de moustique est le premier moyen d'éviter d'être contaminé par le paludisme et la dengue. Le soir, dès le coucher du soleil, couvrez vos bras et surtout vos chevilles, mettez de la crème anti-moustiques. Ceux-ci sont parfois attirés par le parfum ou l'après-rasage.

En dehors du port de vêtements longs, l'utilisation d'insecticides ou de répulsifs à base de DEET (de type Cinq sur Cinq) sur les parties découvertes du corps est à recommander.

En vente en pharmacie, les moustiquaires constituent en outre une protection efficace, à condition qu'elles soient imprégnées d'insecticide. De plus, ces moustiquaires sont radicales contre tout insecte à sang froid (puces, punaises, etc.) et permettent d'éloigner serpents et scorpions.

Notez enfin que, d'une manière générale, le risque de contamination est plus élevé en zone rurale et pendant la saison des pluies.

au Sri Lanka, notamment au moment de la saison des pluies. Il n'existe pas de traitement prophylactique contre cette maladie propagée par les moustiques. Consultez l'encadré p. 309 pour une protection efficace contre les piqûres de moustiques.

PALUDISME

Le paludisme, ou malaria, est transmis par un moustique, l'anophèle, dont la femelle pique surtout la nuit, entre le coucher et le lever du soleil. Ces dernières années, le Sri Lanka a réussi à circonscrire la maladie à des régions spécifiques, dans des zones isolées du nord et de l'est du pays. Les médicaments antipaludéens n'empêchent pas la contamination, mais ils suppriment les symptômes de la maladie. Si vous visitez des zones rurales à haut risque (rare chez les touristes), il faut absolument suivre un traitement préventif (uniquement sur ordonnance), qu'il faut en général poursuivre après le retour. Indispensable également : vous protéger des moustiques (voir l'encadré).

Vaccins

Contactez votre généraliste ou un centre agréé pour mettre à jour vos vaccinations avant le départ. Mieux vaut les planifier à l'avance, car certaines demandent des rappels ou sont incompatibles entre elles.

VACCINS NÉCESSAIRES

Le seul vaccin imposé par la loi internationale est celui contre la fièvre jaune. La preuve de votre vaccination ne sera demandée que si vous avez visité un pays de la zone d'endémie de la fièvre jaune dans les six jours précédant l'entrée au Sri Lanka.

VACCINS RECOMMANDÉS

L'Organisation mondiale de la Santé (OMS) recommande aux voyageurs se rendant au Sri Lanka (outre d'être à jour avec le vaccin contre la rougeole, les oreillons et la rubéole) les vaccins suivants :

Diphtérie et tétanos Rappel recommandé si le précédent date de plus de 10 ans.

Hépatite A Garantit une protection quasi totale pendant un an.

Hépatite B Vaccination considérée comme routinière pour la plupart des voyageurs.

Polio Bien qu'aucun cas n'ait été signalé au Sri Lanka depuis plusieurs années, il faut tout de même considérer que la maladie est présente sur l'île.

Rage Trois injections sont nécessaires puis un rappel un an plus tard pour une protection de 10 ans.

Typhoïde Recommandé à tous les voyageurs au Sri Lanka, même si vous ne visitez que les zones urbaines.

Varicelle Si vous n'avez pas eu la varicelle, parlez-en à votre médecin.

Eau

Règle d'or : ne buvez jamais l'eau du robinet. Utilisez de l'eau filtrée ou en bouteille. Vérifiez que les bouteilles portent le petit logo rond "SLSI" qui prouve que l'eau a été testée par la Sri Lanka Standards Institution, organisme gouvernemental (environ deux tiers des marques locales).

Sécurité

Presque tout le pays est ouvert aux voyageurs et lors de la rédaction de ce guide, le pays ne connaissait aucune tension. Renseignez-vous

PRATIQUE

- Le Sri Lanka possède plusieurs quotidiens en anglais comme le ***Daily News*** (www.dailynews.lk), le ***Daily Mirror*** (www.dailymirror.lk), le ***Morning Leader*** (www.morningleader.lk) et l'***Island*** (www.island.lk). Le ***Sunday Times*** (www.sundaytimes.lk), le ***Sunday Observer*** (www.sundayobserver.lk) et le ***Sunday Leader*** (www.thesundayleader.lk) arrivent dans les kiosques le week-end.
- Les stations radiophoniques et les chaînes de télé gouvernementales dominent les ondes. Les hôtels de catégories moyenne et supérieure ont généralement la TV satellite avec des chaînes étrangères.
- Le Sri Lanka utilise le système métrique international, même si certains habitants expriment encore la distance avec les mesures anglaises. Le terme *lakh* remplace souvent le nombre "100 000".
- Les Sri Lankais fument peu, principalement à cause du prix du tabac. Il est interdit de fumer dans les bus, les trains et les lieux publics. La loi exige également que les bars et restaurants disposent de salles fumeurs et non-fumeurs, mais, dans les faits, celles-ci se confondent parfois. L'âge légal pour acheter du tabac ou des cigarettes est de 21 ans.

toutefois sur la sécurité du pays sur le site du ministère des Affaires étrangères de votre pays avant de partir. Certaines régions du Nord pouvant demeurer sensibles pendant quelque temps, il est possible que vous ayez à faire face à des routes bloquées, des zones de sécurité et quelques secteurs encore interdits, mais dans l'ensemble, la situation est très différente depuis la fin de la guerre.

Pour plus de conseils sur la manière de voyager en toute sécurité dans le Nord, lire p. 243.

Le Sri Lanka ne présente aucun réel danger pour les voyageurs, mais les femmes pourront lire les conseils p. 305.

Téléphone

Indicatif pays	+94
Code d'accès international	+00

Téléphones portables

La couverture du réseau est bonne dans les zones construites et peu onéreuse. En principe, les portables GSM fonctionnent, mais il est plus prudent de vous en assurer auprès de votre opérateur (et de vous renseigner sur les frais de roaming, qui peuvent être plus élevés au Sri Lanka qu'ailleurs).

Tarifs des appels avec une carte SIM locale :

Carte SIM 200 Rs

Appel local 1-2 Rs/min

Appel vers l'Europe/ l'Amérique du Nord/2 Rs la min

Téléphone portable non bloqué 1 500-3 000 Rs

Les opérateurs de téléphone portable ont des kiosques dans la zone des arrivées de l'aéroport international de Bandaranaike International Airport. Les opérateurs principaux sont :

Dialog (www.dialog.lk)

Hutch (www.hutch.lk)

Mobitel (www.mobitel.lk)

Indicatifs téléphoniques

Toutes les régions ont un indicatif à trois chiffres suivi d'un numéro à six ou sept chiffres. Les numéros de téléphone portable commencent en général par 07 ou 08 et ont jusqu'à 12 chiffres.

Toilettes

Tous les établissements des catégories moyenne et supérieure disposent de toilettes à l'occidentale. Seules les adresses petits budgets qui n'accueillent pas beaucoup de voyageurs possèdent des toilettes à la turque et ne proposent pas de papier hygiénique. Les toilettes publiques étant rares (et dans un état peu avenant lorsqu'elles existent), rabattez-vous sur celles des restaurants, des hôtels et des sites, comme les centres des visiteurs des plantations de thé.

Transports

DEPUIS/VERS LE SRI LANKA

Le Sri Lanka est en train de rattraper son retard en termes de liaisons aériennes. La construction d'un nouvel aéroport (voir p. 313) devrait étoffer l'offre de voyages sur l'île.

Entrer au Sri Lanka

Depuis 2012, un visa payant est demandé aux voyageurs se rendant au Sri Lanka (voir p. 305). Cette formalité accomplie avant le départ, le passage des douanes à l'aéroport international Bandaranaike ne pose aucun problème.

Voie aérienne

Aéroports

L'**aéroport Bandaranaike** (www.airport.lk), situé à Katunayake, à 30 km au nord de Colombo, est le seul aéroport international de l'île. Des bureaux de change ouverts 24h/24 et des DAB sont installés au niveau des arrivées et des départs. Autrement, les terminaux sont plutôt spartiates en termes d'équipement. Depuis quelques années, l'aéroport est mieux organisé et les nombreux rabatteurs à l'arrivée des passagers ont disparu.

DEPUIS L'EUROPE

Le billet d'avion représentera certainement une partie importante de votre budget. Les vols les moins chers doivent être réservés plusieurs mois à l'avance et les liaisons très fréquentées affichent vite complet.

Le Sri Lanka ne figure pas parmi les destinations phares des grandes compagnies aériennes. La plupart des départs sont assurés par SriLankan Airlines et des transporteurs du Moyen-Orient.

France

SriLankan Airlines assure trois à quatre liaisons directes par semaine entre Paris et Colombo, selon la saison. La durée du vol aller est d'environ 11 heures. Les prix peuvent varier avec la saison. Comptez au minimum 800 à 900 € l'aller-retour. Les compagnies du Moyen-Orient (Qatar Airways, Etihad et Emirates notamment) offrent les tarifs les plus avantageux, à partir de 700 €, mais les voyages comportent une à deux escales, ce qui allonge sensiblement la durée du trajet.

Voici quelques agences et transporteurs. Pour des prestataires proposant des circuits et des séjours au Sri Lanka, reportez vous p. 314.

SriLankan Airlines (www.srilankan.com)

Emirates (www.emirates.fr)

Etihad Airways (www.etihadairways.com)

Gulf Air (www.gulfair.com)

Nouvelles Frontières (☎0825 000747 ; www.nouvelles-frontieres.fr)

Thomas Cook (☎0826 826 777 ; www.thomascook.fr)

Agences en ligne

Vous pouvez aussi réserver en ligne auprès d'une agence ou vous renseigner auprès d'un comparateur de vols :

» http://voyages.kelkoo.fr

» www.anyway.com

» www.easyvoyage.com

» www.liligo.fr

» www.lastminute.com

» www.nouvelles-frontieres.fr

» www.opodo.fr

» www.voyages-sncf.com

VOYAGES ET CHANGEMENTS CLIMATIQUES

Tous les moyens de transport fonctionnant à l'énergie fossile génèrent du CO_2 - la principale cause du changement climatique induit par l'homme. L'industrie du voyage est aujourd'hui dépendante des avions. Si ceux-ci ne consomment pas nécessairement plus de carburant par kilomètre et par personne que la plupart des voitures, ils parcourent en revanche des distances bien plus grandes et relâchent quantité de particules et de gaz à effet de serre dans les couches supérieures de l'atmosphère. De nombreux sites Internet utilisent des "compteurs de carbone" permettant aux voyageurs de compenser le niveau des gaz à effet de serre dont ils sont responsables par une contribution financière à des projets respectueux de l'environnement. Lonely Planet "compense" les émissions de tout son personnel et de ses auteurs.

Voyageurs du Monde (☎01 42 86 16 00 ; www.vdm.com)

Belgique

Il n'existe pas de vols directs vers le Sri Lanka depuis la Belgique. On trouve toutefois de nombreux vols avec escale(s), à partir de 850 €.

Voici quelques adresses utiles :

Airstop (☎070 233 188 ; www.airstop.be)

Connections (☎070 23 33 13; www.connections.be)

Gigatours Voyage Éole (☎02 672 35 03 ; www.voyageseole.be)

Suisse

De même que pour la Belgique, il n'y a pas de vols directs depuis la Suisse vers le Sri Lanka.
Les tarifs des vols avec escale(s) débutent autour de 700 €.

STA Travel (☎058/450 48 30 ; www.statravel.ch).

DEPUIS LE CANADA

Rejoindre le Sri Lanka depuis le Canada n'est pas une mince affaire. Comptez une ou deux escales pour un voyage de plus de 24 heures. Le prix de base d'un aller-retour Vancouver-Colombo débute à 1 600 $C chez Cathay Pacific ou China Eastern. Prévoyez 1 800 $C environ si vous décollez de l'est du pays.

Travel Cuts (☎800-667 887 ; www.travelcuts.com) est l'agence nationale pour les étudiants.

Vous trouverez des billets en ligne sur www.expedia.ca et www.travelocity.ca.

DEPUIS L'ASIE

Le Sri Lanka est bien desservi par les grandes compagnies asiatiques ainsi que par les compagnies low cost comme Air Asia. Les tarifs sont très compétitifs pour les liaisons entre le Sri Lanka et l'Inde.

DEPUIS/VERS LES MALDIVES

De nombreux visiteurs combinent leur voyage au Sri Lanka avec un séjour aux Maldives. L'aller/aller-retour Colombo-Malé avec Sri Lankan Airlines coûte autour de 200 €. Emirates et China Eastern assurent également des liaisons entre les deux capitales.

Voie maritime

On parle depuis des années de rétablir la liaison en ferry entre Mannar, dans le nord-ouest du Sri Lanka, et l'Inde, mais aucun projet concret n'a vu le jour.

En 2011, **Flemingo Liners** (www.flemingoliners.com) a inauguré à grand renfort de publicité une nouvelle liaison entre Colombo et Tuticorin (Tamil Nadu), en Inde. La traversée nocturne était économique et très prisée. Cependant, un litige portant sur des dettes non payées a entraîné la suspension de la liaison à la fin de 2011.

L'AÉROPORT INTERNATIONAL DE MATTALA

Un deuxième aéroport international est en cours de construction dans le sud de l'île, à 15 km au nord d'Hambantota. En 2013, l'**aéroport international de Mattala** (www.airport.lk/hia/hia.php) devrait ouvrir une piste assez longue pour accueillir les gros porteurs en provenance et à destination de l'Europe. Le détail des liaisons n'était pas arrêté au moment de la rédaction, mais il sera intéressant de voir combien de visiteurs se rendront directement dans le sud du pays. Il est probable, du moins au début, que Sri Lankan Airlines ouvre une vraie liaison intérieure desservant l'aéroport international de Bandaranaike près de Colombo, et que des vols charters remplis de vacanciers héliotropes relient directement l'étranger.

Ne soyez pas surpris si l'aéroport se voit attribuer le nom d'un politicien d'ici son ouverture.

VOYAGES ORGANISÉS

Vous trouverez ici une liste de voyagistes offrant des prestations intéressantes pour des circuits au Sri Lanka. N'hésitez pas à comparer leurs prix avant de faire votre choix. Examinez également les offres des voyagistes mentionnés dans la rubrique *Voie aérienne* ainsi que celles des agences en ligne de l'encadré p. 312.

Séjours

Quelques voyagistes proposent des séjours balnéaires au Sri Lanka, principalement sur les plages du Sud-Ouest. Les prix comprennent la plupart du temps le vol aller-retour, le transfert jusqu'à l'hôtel et l'hébergement en hôtel de charme ou de luxe. Les prix sont en général assez intéressants mais ne comprennent aucune visite du pays.

Circuits

De nombreux tour-opérateurs proposent des circuits au Sri Lanka. Une grande partie de l'offre de voyages couple des visites "classiques" et des journées de randonnée et/ou de safari. Plusieurs voyagistes organisent également des circuits adaptés à un voyage avec des enfants, axés notamment sur la découverte de la faune. La quasi-totalité de l'offre se concentre sur le sud de l'île et la région montagneuse.

Allibert (☎04 76 45 50 50 ; www.allibert-trekking.com). Ce spécialiste du trekking propose des circuits "marche et découverte" au Sri Lanka. L'un d'entre eux est tout particulièrement adapté au voyage en famille.

Asia (☎01 44 51 50 10 ; www.asia.fr). Ce voyagiste a à son catalogue plusieurs circuits individuels ou organisés en groupe, très bien adaptés à une première découverte du pays.

Chamina Voyages (☎04 66 69 00 44 ; www.chamina-voyages.com). Propose un circuit au Sri Lanka sur les thèmes de la randonnée et de la visite des sites culturels.

Club Aventure (☎0 826 882 080 ; www.clubaventure.fr). Ce tour-opérateur propose plusieurs circuits dont un de 12 jours comprenant 8 jours de randonnée.

Espace mandarin (☎0825 850 859 ; www.espacemandarin.com). Circuits individuels et voyages à composer.

Explorator (☎01 53 45 85 85 ; www.explo.com). Une offre diverse de voyages au Sri Lanka : famille, individuel ou expédition.

Nomade Paris (☎0825 701 702 ; www.nomade-aventure.com) ; Toulouse (☎05 61 55 49 22). Plusieurs circuits mettant à l'honneur marches, visites, ou safari.

Terres d'Aventure (☎0825 700 825 ; www.terdav.com). Circuit randonnée ou découverte du pays à travers différents moyens de transport (randonnée, vélo, bateau, balade à dos d'éléphant) à partir de 6 ans.

COMMENT CIRCULER

Les vols intérieurs sont plutôt limités (la ligne Colombo-Jaffna est la plus régulière), mais avec l'essor touristique, la situation pourrait évoluer.

En matière de transport public, les visiteurs ont principalement le choix entre le bus et le train, tous deux bon marché. Les trains sont souvent bondés, mais ce n'est rien comparé aux bus locaux. Ils sont aussi un peu plus lents que les bus, mais il vaut mieux être assis – ou même debout – dans un train que debout dans un bus.

Sur les grands axes reliant Colombo à Kandy, Negombo et Galle, les bus circulent à 40 ou 50 km/h. Sur les voies rapides des plaines, ils peuvent atteindre 60 à 70 km/h. Dans la région montagneuse, la vitesse peut descendre à 20 km/h.

MOYENS DE TRANSPORT

Le Sri Lanka est riche en solutions de transport. En voici quelques-unes avec leurs avantages et leurs inconvénients :

	AVANTAGES	INCONVÉNIENTS
Bus	économique fréquent vaste réseau	Bondé et inconfortable Peu de place pour les bagages lent
Voiture et chauffeur	confortable flexible efficace	plus cher que les bus et les trains
Train	billets économiques (toutes classes) certaines lignes sont belles 1re classe confortable	peu fréquent lent 2e et 3e classe bondées et inconfortables nombre limité de destinations

Les transports en commun étant particulièrement surchargés les jours de *poya* (pleine lune) ainsi que les week-ends qui suivent ou qui précèdent, évitez les déplacements à ces moments-là.

Avion

Les lignes intérieures sont peu nombreuses au Sri Lanka et il n'existe pas de liaison intérieure en correspondance à l'aéroport international Bandaranaike près de Colombo, mais la situation pourrait évoluer avec l'ouverture de l'aéroport international de Mattala, sur la côte sud (voir p. 313).

Une ligne intérieure à fréquence très limitée est assurée depuis la base de l'armée de l'air de Ratmalana, à 15 km au sud du quartier du Fort à Colombo. Renseignez-vous auprès du transporteur aérien pour les options de transport depuis/vers l'aéroport.

Helitours (www.airforce.lk). La branche commerciale de l'armée de l'air sri lankaise assurait un nombre restreint de vols passagers (à bord d'appareils militaires), principalement entre l'aéroport de Palali, à Jaffna, et la base de l'armée de l'air de Ratmalana.

Sri Lankan Airlines Air Taxi (www.srilankan.lk). Le transporteur national assure des liaisons à l'aide d'hydravions, offrant des vols panoramiques entre différents lacs du pays.

DE NOUVELLES ROUTES

Plusieurs voies rapides ouvriront dans les prochaines années. La plupart seront des routes à péage, relativement bon marché.

Colombo-Kandy. Approuvée en 2012, cette autoroute devrait ouvrir en 2015 et réduire le temps de trajet à près d'une heure.

Colombo-Katunayake. Longue de 25 km entre l'aéroport et une jonction au nord-est du quartier du Fort, cet axe pourrait réduire le temps de trajet à moins de 30 minutes. Ouverture prévue en 2013.

Outer Circular Highway. Ce périphérique reliera l'autoroute Colombo-Katunayake à la Southern Expressway, qui permettra de rejoindre l'aéroport depuis Galle et le Sud en 2 heures, révolutionnant ainsi les habitudes de transport. L'ensemble de ces tronçons seront ouverts d'ici 2015.

Southern Expressway. La toute première voie rapide est déjà achevée. Longue de 126 km, elle relie Kottawa, banlieue sud de Colombo, près de Maharagama, à Pinnaduwa près de Galle. Le tarif jusqu'à Galle est de 400 Rs. En attendant que les voies de liaison soient terminées, aller du quartier du Fort à l'entrée de la voie rapide peut prendre autant de temps que d'aller jusqu'à Galle – voire plus longtemps. Comptez 2 heures de trajet depuis/vers l'aéroport. Les plans prévoient à terme que la route arrive jusqu'à Hambantota.

Bus

Le réseau de bus couvre environ 80% des 90 000 km de routes du pays. Il existe deux types de bus au Sri Lanka :

Bus du Central Transport Board (CTB). Généralement sans clim, ce sont les bus les plus fréquents, présents sur la plupart des itinéraires locaux ou longue distance. Certains portent le logo de la Sri Lanka Transport Board (SLTB).

Bus privés. Les compagnies de bus privés peuvent aussi bien proposer d'imposants véhicules modernes couvrant les longs trajets (les Intercity express) que des minibus vétustes réservés aux petites distances entre villages et villes. Les bus Intercity privés et climatisés desservent les principaux parcours. Ils sont de loin les plus confortables et aussi les plus rapides pour les longs trajets. L'achèvement des travaux de la Southern Expressway a entraîné l'ouverture de nouvelles liaisons express assurées à l'aide de bus modernes climatisés. D'autres liaisons devraient voir le jour à mesure que de nouvelles routes seront ouvertes.

Il est à la fois amusant et intéressant de circuler en bus au Sri Lanka. Vous pourrez nouer des conversations avec les habitants, qui parlent généralement un peu anglais. Sur les longues distances, des vendeurs montent à bord pour proposer des en-cas, des livres et des souvenirs. Par contre, les femmes voyageant seules peuvent être importunées (voir p. 305).

Remarques importantes concernant les déplacements en autobus :

» En règle générale, les gares routières ne disposent pas de billetterie centrale, ni même d'un guichet de vente. Vous obtiendrez votre titre de transport directement dans le bus, après son départ, auprès du préposé aux billets qui viendra vous demander votre destination.

» Il peut s'avérer difficile de trouver le bon bus dans le chaos des gares routières des principales villes, mais la plupart des bus affichent désormais leur destination en anglais. Vous n'aurez pas de mal à trouver des informations auprès des passagers.

» Les villes importantes sont desservies plusieurs fois par heure durant la journée.

» Il est théoriquement possible de réserver une place à bord d'un bus : renseignez-vous à la gare routière.

» Certains bus privés ont de plus grands sièges et un rideau aux fenêtres (contrairement aux bus de la CTB), mais ne sont pas climatisés comme les bus Intercity.

» Chroniquement bondés, les bus comportent peu ou pas d'espace pour les bagages. Certains sont cependant pourvus d'un coffre. La petite plateforme à côté du chauffeur constitue une solution quand le véhicule est plein. Autrement, vous aurez peut-être à acheter un ticket supplémentaire pour votre bagage. Il est dans votre intérêt de voyager léger.

» Les deux sièges à l'avant à bord des bus de la CTB sont réservés aux moines bouddhistes.

» Pour être certain d'avoir une place assise, vous devrez monter au point de départ.

» Lorsque vous arrivez quelque part, vérifiez les renseignements pour la prochaine étape de votre voyage.

» Les compagnies privées devraient se multiplier dans les années à venir, et un plus grand nombre de services seront offerts, comme la possibilité de réserver, et les bus gagneront en confort.

Tarifs

Les bus privés desservent le plus souvent les mêmes lignes que les CTB. Les Intercity express sont deux fois plus chers que les CTB, mais ils sont bien plus confortables et généralement plus rapides. De manière générale, les bus CTB et les bus privés ordinaires sont très bon marché.

En stop

Faire du stop comporte toujours des risques, parfois importants, et nous ne le recommandons pas. En outre, les bas tarifs des transports et l'omniprésence des *túk-túk* rendent cette solution inutile au Sri Lanka.

Transports locaux

La plupart des villes de taille réduite peuvent se parcourir à pied. Dans les centres urbains plus importants, vous avez le choix entre les bus, les *túk-túk* et les taxis.

Bus

Les bus vont partout, y compris dans les villages situés à la périphérie des villes principales, moyennant 10 à 40 Rs.

Taxi

On trouve des taxis dans toutes les villes de quelque importance et même dans certains villages. Seuls quelques-uns sont équipés d'un compteur (le plus souvent à Colombo), mais pour les longues distances, leurs tarifs sont comparables à ceux des *túk-túk* – avec plus de confort et de sécurité. Les radio-taxis existent à Colombo et à Kandy. Comptez entre 60 et 100 Rs par kilomètre sur la plupart des parcours.

Túk-túk

Ces triporteurs à moteur également connus sous le nom de *bajaj* ou *auto-rickshaw*, se trouvent littéralement à tous les coins de rue. Mobilisez vos talents de négociateur et convenez d'un prix avant de monter. Certains chauffeurs se déclareront prêts à vous emmener au bout du monde, et l'on nous a même parlé de voyageurs ayant effectué le trajet Kandy-Nuwara Eliya sur le siège d'un rickshaw – ce qui doit représenter cinq heures de trajet.

En règle générale, le coût d'une course ne devrait pas excéder 100 Rs par kilomètre, mais les tarifs varient en fonction de vos capacités de négociation. Les *túk-túk* à compteurs sont de plus en plus courants à Colombo.

Les rickshaws et les taxis stationnés près des hôtels et des sites touristiques pratiquent des tarifs plus élevés. Éloignez-vous de quelques centaines de mètres pour trouver un transport moins cher.

Train

Les lignes ferroviaires sri lankaises représentent un moyen idéal pour traverser le pays. Même si les trains sont plutôt lents, les trajets se font rarement de nuit ou sur toute une journée. Les voyages en train sont plus reposants qu'en bus. Les tarifs sont alignés sur ceux des bus : même un trajet en 1re classe ne dépasse pas 1 000 Rs.

Il existe trois lignes principales :

Colombo-Matara. Récemment rénovée, cette ligne descend vers la côte sud en passant par Aluthgama et Hikkaduwa pour rejoindre Galle et Matara.

Colombo-Badulla. Le chemin de fer traverse ici la région montagneuse, offrant des panoramas de toute beauté, notamment entre Haputale et Ella. Principaux arrêts : Kandy, Nanu Oya (pour Nuwara Eliya), Ella et Badulla.

Colombo-Vavuniya. Cap vers le nord de l'île où le train passe par

Anuradhapura avant d'atteindre Vavuniya. La restauration de la ligne jusqu'à Jaffna est en projet. Une branche de cette ligne dessert Trincomalee, sur la côte est, tandis que l'autre part plus au sud en direction de Polonnaruwa et de Batticaloa.

Autres lignes La ligne de Puttalam longe la côte sud ouest vers le nord depuis Colombo, mais des bus prennent le relais entre Chilaw et Puttalam. La ligne de la Kelani Valley relie Colombo à Avissawella en serpentant sur 60 km.

Les trains sont souvent en retard. Pour les longues distances, les Sri Lankais mesurent parfois le retard en partie de journée : retard d'un quart de journée, d'une demi-journée, etc. Autres remarques :

» La plupart des gares possèdent un guichet d'information.

» Le site Internet de **Sri Lankan Railways** (www.railway.gov.lk) propose un planificateur de trajet utile.

Classes

Les trains proposent trois classes :

La 1re classe possède trois formules : les voitures, les wagons-lits et les salons panoramiques (avec de grandes baies vitrées). Ces salons sont offerts sur la ligne vers l'est de Colombo et sont la meilleure option sur cette ligne panoramique. Certains possèdent des baies vitrées donnant sur l'arrière et un décor rétro. Une réservation s'impose pour les places en 1re classe.

La 2e classe offre des sièges rembourrés et des ventilateurs. Réservation possible sur de nombreux trains.

La 3e classe a des sièges peu rembourrés. Pas de réservation. Les wagons sont particulièrement bondés et les conditions de transport sont peu confortables.

Des compagnies privées proposent désormais des wagons confortables, attachés aux trains réguliers (sur la ligne Colombo-Kandy ; comptez 12 $ US). Bien que les salons panoramiques de 1re classe aient plus de charme (et soient moins chers), ces wagons privés sont climatisés, des en-cas sont proposés et de nombreuses places sont libres quand le reste du train affiche déjà complet.

Exploitants privés :

Expo Rail (☎011-522 5050 ; www.exporail.lk)

Rajadhani Express (☎071 035 5355 ; www.rajadhani.lk)

Réservations

» Il est possible d'effectuer une réservation en 1re et 2e classe pour les Intercity Express.

» Réservation obligatoire pour les salons panoramiques de 1re classe, qui sont très prisés.

» Il est possible de réserver dans les gares jusqu'à 10 jours avant le départ pour un aller simple, ou 14 jours pour un aller-retour.

» Si votre voyage dépasse 80 km, vous pouvez vous arrêter dans une gare intermédiaire pendant 24 heures sans payer de supplément. Vous devrez néanmoins faire de nouvelles réservations pour la suite du trajet.

Vélo

Faire du vélo dans les ruines éparses d'Anuradhapura et de Polonnaruwa demeure la plus agréable façon de profiter ces sites historiques. De plus en plus de *guesthouses* louent des vélos à leurs hôtes.

Location

» La plupart des vélos proposés dans les pensions et les hôtels sont des VTT rudimentaires. Le tarif de la location varie entre 300 et 500 Rs/jour.

» Si votre établissement n'offre pas de vélos en location, il saura généralement vous recommander un loueur. De nombreux hébergements louent des vélos à des clients extérieurs.

» Les vélos en location à la journée ne sont pas adaptés pour de longs trajets. Les loueurs de vélos offrant des montures de qualité sont fort rares. Si vous envisagez de sillonner l'île à vélo, mieux vaut apporter votre propre deux-roues.

Circuits à vélo

Des tour-opérateurs et des loueurs organisent des circuits à vélo et peuvent vous aider à organiser vos déplacements si vous voyagez seul.

Adventure Asia (www.ad-asia.com),

Adventure Sports Lanka (www.actionlanka.com)

Eco Team (www.srilankaecotourism.com)

Longs trajets

» Faire du vélo au Sri Lanka est très agréable, sauf sur les terrains pentus de la région montagneuse et dans les artères surchargées à la sortie de Colombo. Pour quitter la capitale, où que vous alliez, prenez le train jusqu'à la périphérie avant d'enfourcher votre bicyclette.

» Partez tôt le matin afin d'éviter la chaleur, et emportez beaucoup d'eau et de la crème solaire. Les distances parcourues sont limitées par l'état des routes : vous devrez faire preuve d'une grande vigilance pour éviter toutes sortes d'obstacles, du nid-de-poule... à la poule vivante. Pensez également que les bus, les camions et les voitures filent à toute vitesse sur toute la chaussée et le bas-côté. Soyez très prudent et portez des vêtements très visibles.

» Si vous emportez votre vélo, munissez-vous de pneus et de chambres à air de rechange car les routes sont mauvaises et les pièces de rechange parfois difficiles à trouver. Les dimensions de pneu standard sont de 28 pouces sur 1,5. Vous trouverez dans certains magasins de Colombo des pneus importés de 27 pouces pour les vélos à 10 vitesses, mais à un prix très élevé.

» Surveillez votre bicyclette en permanence et utilisez un bon antivol.

» Pour monter dans un train avec votre vélo, vous devrez décrire chaque pièce sur la feuille de voyage ; présentez la bicyclette au moins une demi-heure avant le départ. Prévoyez encore plus de temps (jusqu'à 2 heures) si vous partez de la gare du Fort, à Colombo. Le transport d'un vélo coûte environ le double du tarif de 2e classe.

Achat

Comptez entre 125 et 350 $US pour un vélo neuf, selon la qualité. La plupart sont fabriqués en Inde ou en Chine. Plusieurs boutiques de cycles (pas de location) sont installées le long de Dam St près du marché de Pettah à Colombo.

Voiture et moto

Il est assez inhabituel de louer une voiture sans chauffeur. Pour un court séjour, le coût de la location d'une voiture avec chauffeur peut être raisonnable.

En planifiant votre itinéraire, prévoyez de parcourir 35 km/h dans la région montagneuse et 55 km/h dans la plus grande partie du pays.

La moto s'adresse avant tout aux voyageurs intrépides. Les distances sont relativement courtes et certaines routes feront le plaisir des motards, l'essentiel étant de rester loin des voies rapides. Les routes de la région montagneuse, plus paisibles, offrent des vues splendides. La circulation sur les axes secondaires du littoral et des plaines est assez raisonnable. Sachez cependant que la location de deux-roues n'est pas aussi habituelle sur l'île que dans d'autres contrées d'Asie.

Les nouvelles voies rapides révolutionnent la façon dont les gens se déplacent dans le pays.

Partout au Sri Lanka, Mw est l'abréviation de Mawatha qui désigne une avenue.

Permis de conduire

Un permis de conduire international peut être utilisé pour sillonner les routes du Sri Lanka. Valable de 3 à 12 mois, il est délivré par la préfecture. Cependant de nombreux voyageurs ne s'en procurent pas et n'ont jamais de problèmes.

Location de voiture avec chauffeur

Une voiture avec chauffeur garantit un maximum de flexibilité dans vos déplacements et pendant que le chauffeur gère la route chaotique, vous pouvez regarder par la fenêtre et – essayer de – vous détendre.

Dans la plupart des coins touristiques, vous trouverez des chauffeurs de taxi qui seront ravis de vous conduire la journée ou plus. Autrement, les pensions et les hôtels peuvent vous mettre en relation avec un chauffeur. Les agences de voyages offrent aussi différentes options, mais elles peuvent s'avérer beaucoup plus coûteuses.

TARIFS

Plusieurs possibilités existent pour estimer les coûts, comme le taux par kilomètre plus une indemnité pour le déjeuner et le dîner et une participation aux frais d'essence. L'idéal est de se mettre d'accord sur un forfait sans supplément. Prévoyez de payer entre 5 500 et 7 000 Rs par jour, plus l'essence, voire plus pour un véhicule plus récent et climatisé. Autres remarques :

» La plupart des chauffeurs attendent un pourboire de 10% environ.

» Rencontrez le chauffeur avant pour voir si le courant passe entre vous.

» Envisagez de prendre un chauffeur pour 2 ou 3 jours dans un premier temps pour voir s'il vous convient.

» C'est vous qui êtes le patron. Les recommandations du chauffeur sont appréciables, mais ne le laissez pas vous conduire à sa guise.

» Il n'est pas nécessaire de prévoir un guide sauf si vous ne parlez ni anglais ni cingalais.

Sachez que les chauffeurs tirent une bonne part de leurs revenus des commissions. La plupart des hôtels et de nombreuses pensions leur versent un montant fixe ou un pourcentage, même si certains établissements s'y refusent. Cette situation peut entraîner un désaccord avec votre chauffeur sur le lieu où vous résiderez : il préférera vous emmener dans un endroit pourvoyeur d'argent. Certains hôtels leur proposent des logements affligeants, mais les hôtels et pensions les plus chics ont compris que leurs affaires dépendent aussi de leur satisfaction et leur fournissent un service correct.

Les chauffeurs suivants sont recommandés (il y en a beaucoup plus ; le forum de Lonely Planet est une bonne référence) :

Milroy Fernando (☎077 857 0343 ; milroy@ancientlanka.com)

Dimuthu **Priyadarshana** (☎077 630 2070 ; dimuthu81@hotmail.com)

Nilam Sahabdeen (☎081 238 4987; http://srilankatour.wordpress.com)

Voiture sans chauffeur

Quickshaws Tours (☎011-258 3133 ; www.quickshaws.com ; 3 Kalinga Pl, Col 5), à Colombo, loue des voitures sans chauffeur. Prévoyez 266 $/sem pour une Nissan Sunny, et 280 $/sem pour une Toyota Corolla. Ces deux véhicules sont équipés de la clim et disposent d'un forfait de 700 km.

Conditions de circulation

Bien que de nombreux accidents adviennent sur les routes, il n'est pas dangereux de conduire si l'on reste vigilant et si l'on se méfie des autres usagers. Les routes de campagne, souvent étroites et creusées de nids-de-poule, accueillent un flot constant de piétons, de bicyclettes et de bestiaux. Les routes de campagne sont souvent étroites et défoncées et il faut continuellement éviter piétons, vélos et animaux. Cependant, un important programme de construction de routes améliore déjà la circulation à travers le pays.

Les crevaisons font partie du programme, mais le moindre petit village possède son réparateur.

Il est tout à fait habituel qu'un bus, un camion ou une voiture double en face d'un plus petit véhicule. *Túk-túk*, cyclistes, minibus et petites voitures doivent s'écarter au risque d'être percutés. Avec un coup de klaxon strident, les chauffeurs annoncent qu'ils doublent ou qu'ils souhaitent doubler. Si vous marchez ou faites du vélo le long d'une route fréquentée, soyez très prudent.

Code de la route

» La vitesse est limitée à 56 km/h en agglomération, à 72 km/h en zone rurale et à 100 km/h sur les nouvelles voies rapides.

» La conduite se fait à gauche, comme au Royaume-Uni et en Australie.

Langues

Le cinghalais et le tamoul sont les langues officielles du Sri Lanka, mais l'anglais demeure la lingua franca : il suffit pour se débrouiller, à condition de saisir les particularismes locaux. Les anglophones sont très nombreux dans les villes mais plus rares à la campagne. Quoi qu'il en soit, quelques mots de cinghalais ou de tamoul vous feront gagner la sympathie de vos interlocuteurs, qui apprécient que des étrangers les saluent dans la langue locale.

CINGHALAIS

Le cinghalais a officiellement recours à une écriture cursive. Si vous lisez nos conseils de prononciation en couleur comme s'il s'agissait du français, vous ne devriez pas avoir de difficultés à vous faire comprendre. Le doublement des consonnes signifie qu'il faut les articuler de manière distincte, comme si les sons appartenaient à deux mots séparés. Le t et le d sont moins prononcés que dans les mots français, le g se prononce comme dans "gare", et le r s'énonce en rabattant la langue contre le palais. Quant aux voyelles, le a se prononce comme dans "tard", le aa de façon plus longue et appuyée, le e comme dans "tête", le i comme dans "lit", le o comme dans "note" et le u comme dans "poule". Enfin, les diphtongues ai et au se prononcent respectivement comme dans "maille" et "aoûtien.

Formules de base

Bonjour	aayu-bowan/hello
Au revoir	aayu-bowan
Oui	owu
Non	naha
S'il vous plaît	karuna kara
Merci	istuh-tee
Excusez-moi	samah venna
Désolé/pardon	kana gaatui
Parlez-vous anglais ?	oyaa in-ghirisih kata karenawa da?
Quel est votre nom ?	oyaaghe nama mokka'da?
Je m'appelle...	maaghe nama...

Hébergement

Avez-vous des chambres libres ?	kaamara thiyanawada?
Combien coûte une nuit ?	ek ra-yakata kiyada
Combien cela coûte par personne ?	ek kenek-kuta kiyada?
Le petit-déjeuner est-il compris ?	udeh keh-emath ekkada?
pour une nuit	ek rayak pamanai
pour deux nuits	raya dekak pamanai
pour une personne	ek-kenek pamanai
pour deux personnes	den-nek pamanai
camping	kamping ground eka
pension	gesthaus eka
hôtel	hotel eka
auberge de jeunesse	yut-hostel eka

Manger et boire

Pourrions-nous voir la carte ?
menoo eka balanna puluvandha?

Quelle est la spécialité locale ?
mehe visheshayen hadhana dhe monavaadha?

Je voudrais un riz-curry, s'il vous plaît.
bahth denna

Je suis végétarien.
mama elavalu vitharai kanne

Je suis allergique (aux cacahuètes).
mata (ratakaju) apathyayi

Je ne veux pas de glaçons dans ma boisson, merci.	karunaakarala maghe beema ekata ais dhamanna epaa
C'était délicieux !	eka harima rasai!
Apportez-moi, s'il vous plaît, un(e)/...	... karunaakarala gennah
l'addition	bila
fourchette	gaarappuvak
verre d'eau	vathura veedhuruvak
couteau	pihiyak
assiette	pingaanak
bol	vendhuwa
café	koh-pi
fruit	palathuru
verre	co-ppuwa
lait	kiri
sel	lunu
cuillère	han-duh
sucre	seeni

Chiffres – cinghalais

0	*binduwa*
1	*eka*
2	*deka*
3	*thuna*
4	*hathara*
5	*paha*
6	*haya*
7	*hatha*
8	*atta*
9	*navaya*
10	*dahaya*
100	*seeya*
200	*deh seeya*
1 000	daaha
2 000	deh daaha
100 000	lakshaya
1 million	daseh lakshaya
10 millions	kotiya

Signes – cinghalais

ඇතුල්වීම	**Entrée**
පිටවීම	**Sortie**
විවෘතව ඇත.	**Ouvert**
වසා ඇත.	**Fermé**
තොරතුරු දැන්වුම	**Renseignements**
තහනම් වෙ.	**Interdit**
පොලිස් ස්ථානය	**Bureau de police**
කාමර ඇත.	**Chambres disponibles**
කාමර නැත.	**Complet**
වැසිකිළ	**Toilettes**
පුරුෂ	**Homme**
ස්ත්‍රී	**Femme**

thé	thay
eau	vathura

Urgences

Au secours !	aaney!/aaeeyoh!/ammoh!
Appelez un médecin !	dostara gen-nanna!
Appelez la police !	polisiyata kiyanna!
Allez-vous-en !	methanin yanna!
Je suis perdu(e)	maa-meh nativelaa

Achats et services

À quelle heure est-ce que ça ouvre/ferme ?
ehika kiyatada arinneh/vahanneh?

Combien est-ce que ça coûte ?	ehekka keeyada?
grand	loku
petit	podi, punchi
médicament	behe-yat
banque	bankuwa
pharmacie	faahmisiya
ambassade...	... embasiya
marché	maakat eka
mon hôtel	mang inna hotalaya
kiosque	pattara ejensiya
poste	tepal kantohruwa
téléphone public	podu dura katanayak
office du tourisme	sanchaaraka toraturu karyaalayak

Heure et date

Quelle heure est-il ?	velaave keeyada?
matin	udai
après-midi	havasa

jour	davasa
nuit	raah
semaine	sumaanayak
mois	maasayak
année	avuurudeh
aujourd'hui	ada (uther)
demain	heta
hier	ee-yeh
lundi	sandu-da
mardi	angaharuwaa-da
mercredi	badaa-da
jeudi	braha-spetin-da
vendredi	sikuraa-da
samedi	senasuraa-da
dimanche	iri-da

Transports et orientation

Quand arrive/part le prochain... ?
meelanga... pitaht venne/paminenne?

bateau	bohtuwa
bus (urbain)	bus eka
bus (Intercity)	bus eka nagaraantara
train	koh-chiya

Je veux descendre
mama methana bahinawa

Je voudrais un aller simple
mata tani gaman tikat ekak ganna ohna

Je voudrais un aller-retour
mata yaam-eem tikat ekak ganna ohna

Chiffres - tamoul

0	*saifer*
1	*ondru*
2	*iranduh*
3	*muundruh*
4	*naan-guh*
5	*ainduh*
6	*aaruh*
7	*ealluh*
8	*ettu*
9	*onbaduh*
10	*pat-tuh*
100	*nooruh*
1 000	aayirem
2 000	irandaayirem
100 000	oru latcham
1 million	pattuh lat-chem
10 millions	kohdee

Signes – tamoul

வழி உள்ளே	**Entrée**
வழி வெளியே	**Sortie**
திறந்துள்ளது	**Ouvert**
அடைக்கப்பட்டுள்ளது	**Fermé**
தகவல்	**Renseignement**
அனுமதி இல்லை	**Interdit**
காவல் நிலையம்	**Bureau de police**
அறைகள் உண்டு	**Chambres disponibles**
காலி இல்லை	**Complet-**
மலசலகூடம்	**Toilettes**
ஆண்	**Homme**
பெண	**Femme**

1re classe	palamu veni paantiya
2e classe	deveni paantiya
3e classe	tunveni paantiya
horaires	kaala satahana
arrêt de bus	bus nevathuma/ bus hohlt eka
gare ferroviaire	dumriya pala
embarcadère du ferry	totu pala

Je voudrais louer...	mata... ekak bad-dhata ganna ohna
une voiture	kar (eka)
un vélo	baisikeleya

Où se trouve... ?	... koheda?
Allez tout droit	kelinma issarahata yaanna
Tournez à gauche	wamata harenna
Tournez à droite	dakunata harenna
proche	lan-ghai
loin	durai

TAMOUL

La langue tamoule parlée au Sri Lanka ressemble à celle du sud de l'Inde (les mots ont la même orthographe en écriture cursive traditionnelle), mais des différences de prononciation marquées existent entre les deux régions. Dans cette section, nous avons opté pour les mêmes indications de prononciation que pour le cinghalais.

Formules de base

Bonjour	vanakkam
Au revoir	poytu varukirehn
Oui	aam
Non	il-lay

S'il vous plaît	tayavu saydhu
Merci	nandri
Excusez-moi.	mannikavum
Désolé	mannikavum
Parlez-vous anglais ?	nin-gal aangilam paysu-virhalaa?
Quel est votre nom ?	ungal peyr en-na?
Je m'appelle...	en peyr...

Hébergement

Avez-vous des chambres libres ?
ingu room kideikkumaa?

Quel est le prix par nuit/par personne ?
oru iravukku/oru aalukku evvalavur?

Le petit-déjeuner est-il compris?
kaalei unavum sehrtha?

pour une/deux nuit(s)
oru/irandu iravukku

pour une/deux personne(s)
oruvarukku/iruvarukku

camping	mukhaamidum idahm
pension	virun-dhinar vidhudheh
hôtel	hotehl
auberge de jeunesse	ilainar vidhudheh

Manger et boire

Pourrions-nous voir la carte ?
unavu pattiyalai paarppomaa?

Quelle est la spécialité locale ?
ingu kidaikkak koodiya visheida unavu enna?

Je voudrais un riz-curry, s'il vous plaît. sorum kariyum tharungal

Je suis végétarien. naan shaiva unavu shaappidupavan

Je suis allergique (aux cacahuètes).
(nilak kadalai) enakku alejee

Je ne veux pas de glaçons dans ma boisson, merci. enadu paanaththil ais poda vendaam

L'ANGLAIS SRI LANKAIS

Formules de politesse et questions

Go and come – formule d'adieu, proche de "à plus tard"
How? – Comment ça va ?
Nothing to do – Je ne peux rien faire
What to do? – Que peut-on y faire ? (question rhétorique)
What country? – De quel pays êtes-vous ?
paining – douloureux
to gift – offrir un cadeau

Les gens

baby/bubba – désigne les enfants jusqu'à l'adolescence
batchmate – camarade d'université
peon – assistant de bureau
uncle/auntie – terme de respect désignant les personnes plus âgées

Comment circuler

backside – partie de l'immeuble éloignée de la rue
bajaj – *túk-túk*
bus halt – arrêt de bus
coloured lights – feux tricolores
down south – zones au sud de Colombo, notamment la côte
dropping – être déposé quelque part par un chauffeur
get down (d'un bus/train/rickshaw) – descendre
normal bus – bus d'État
outstation – tout endroit hors de la zone d'habitation d'une personne
petrol shed – station-service
seaside/landside – indique les emplacements, généralement sur Galle Rd
two-wheeler – moto
up and down – aller-retour
up country/Hill Country – Kandy et au-delà, région des plantations de thé
vehicle – voiture

Alimentation

bite – en-cas accompagnant généralement une boisson alcoolisée
boutique – petite échoppe vendant des articles bon marché
cool spot – petite échoppe traditionnelle vendant des boissons fraîches et des en-cas
hotel – petit restaurant économique ne proposant pas d'hébergement
lunch packet/rice packet – portion de riz-curry enveloppée dans un sachet en plastique et une feuille de journal, que l'on emporte au bureau/à l'école pour le déjeuner
short eats – en-cas

Argent

buck – roupie
purse – portefeuille
last price – dernier prix atteint à l'issue d'un marchandage

C'était délicieux ! adhu nalla rushi!

Apportez-moi, s'il vous plaît, un(e)/l'...
... konda varungal

addition	bill
fourchette	mul karandi
verre d'eau	thanni oru glass
couteau	kaththi
assiette	oru plate
bol	kooppai
café	kahpee
fruit	paadham
verre	glass
lait	paal
sel	uppu
sucre	seeree
thé	te-neer/plan-tea
eau	than-neer

Urgences

Au secours !	udavi!
Appelez un médecin !	daktarai kuppidunga!
Appelez la police !	polisai kuppidunga!
Allez-vous en !	pohn-goh!/poi-vidu!
Je suis perdu(e)	naan vali tavari-vittehn

Achats et services

À quelle heure est-ce que ça ouvre/ferme ?
et-thana manikka tirakhum/mudhum?

Combien est-ce que ça coûte ?	adhu evvalavu?
grand	periyeh
médicament	marunduh
petit	siriyeh
banque	vanghee
pharmacie	marunduh kadhai/ pharmacy
ambassade	tudharalayem
marché	maarket
mon hôtel	enadu hotehl
kiosque	niyuz paper vitku-midam
poste	tafaal nilayem
téléphone public	podhu tolai-pessee
papeterie	eludhuporul vitku-midam
office du tourisme	toorist nilayem

Heure et date

Quelle heure est-il ?	mani eth-tanai?
matin	kaalai
après-midi	pit-pahel
jour	pahel
nuit	iravu
semaine	vaarem
mois	maadhem
année	varudem
hier	neh-truh
aujourd'hui	indru
demain	naalay
lundi	tin-gal
mardi	sevvaay
mercredi	budahn
jeudi	viyaalin
vendredi	vellee
samedi	san-nee
dimanche	naayiru

Transports et orientation

Quand arrive/part le prochain... ?
eththanai manikku aduththa...sellum/varum?

bateau	padakhu
bus (urbain)	baas naharam/ul-loor
bus (Intercity)	baas veliyoor
train	rayill

Je veux descendre naan iranga vendum

Je voudrais un aller simple
enakku oru vahly tikket veynum

Je voudrais un aller-retour
enakku iru vahlay tikket veynum

1re classe	mudalahaam vahuppu
2e classe	irandaam vahuppu
arrêt de bus	baas nilayem
consigne	porul vaikku-midam
horaires	haala attavanay
gare ferroviaire	rayill nilayem
J'aimerais louer...	enakku... vaadakhaikku aynum
une voiture	car
une bicyclette	sai-kul

Où cela se trouve-t-il ?	adhu en-ghe irukkaradhu?
Où se trouve... ?	...en-ghe?
Allez tout droit	neraha sellavum
Tournez à gauche	valadhur pakkam tirumbavum
Tournez à droite	itadhu pakkam thirumbavum
proche	aruhil
loin	tu-rahm

ambalama – abri pour les pèlerins

Aurudu – Nouvel An cinghalais et tamoul, célébré le 14 avril

Avalokitesvara – *bodhisattva* de la compassion

ayurvéda – médecine traditionnelle utilisant des plantes et des huiles pour se soigner et rajeunir

bailas – airs folkloriques basés sur les styles musicaux portugais, africains et locaux

baobab – arbre ayant la capacité de retenir l'eau (*Adansonia digitata*), typique des régions arides, probablement introduit sur l'île de Mannar et dans la région de Vanni, au nord du Sri Lanka, par des négociants arabes

Bodhi, arbre de la – arbre de taille importante (*Ficus religiosa*) sous lequel le Bouddha était assis lorsqu'il atteignit l'éveil ; désigne aussi les nombreux autres arbres qui ont poussé à partir de ses boutures ou greffes

bodhisattva – être divin capable d'atteindre le nirvana, mais préférant rester dans le cycle des existences afin d'aider les humains à accéder au salut

brahmi – écriture indienne datant du Ve siècle av. J.-C.

bund – digue ou rive aménagée autour d'un lac artificiel

Burgher – Eurasien sri lankais, descendant d'un mariage mixte luso-cinghalais ou hollando-cinghalais

cadjan – palmes de cocotier tressées servant de nattes et de matériau de construction

Ceylon – (Ceylan) nom colonial donné par les Britanniques au Sri Lanka

Cinghalais – population majoritaire au Sri Lanka ; essentiellement des bouddhistes

chetiya – sanctuaire bouddhique

Chola – ancien et puissant royaume de l'Inde du Sud qui envahit le Sri Lanka à maintes reprises

CTB – Central (anciennement Ceylon) Transport Board, réseau national de bus

dagoba – monument bouddhique en forme d'hémisphère et contenant des reliques du Bouddha ou d'une divinité bouddhique (également appelé stupa)

devale – ensemble architectural consacré à l'adoration d'une divinité hindoue ou sri lankaise

dharma – mot utilisé par les hindous comme par les bouddhistes pour désigner l'ensemble des règles éthiques et des normes de comportement

eelam – mot tamoul signifiant "terre précieuse"

gala – rocher

ganga – fleuve, rivière

gardiens de temple – pierres sculptées qui flanquent l'entrée des temples

gedige – temple creux se caractérisant par des murs très épais et un toit à encorbellements

geta bera – tambour cylindrique tendu d'une peau à ses deux extrémités, originaire de Kandy

gopuram – tour d'entrée

Hanuman – dieu-singe apparaissant dans le *Ramayana*

Jataka – contes relatant les vies antérieures du Bouddha

juggernaut – immense char aux décorations vives et extravagantes, et rattaché à un temple ; on le fait parader dans les rues lors des fêtes religieuses hindoues

kachcheri – siège administratif

kadé – nom cinghalais pour désigner une échoppe (on les appelle aussi "boutiques") ; *unavakam* en tamoul

Karava – communauté de pêcheurs d'origine indienne

karma – principe hindou et bouddhiste selon lequel chaque vie subit les conséquences d'actes commis aux cours d'existences antérieures

Kataragama – voir *Murugan*

kiri bath – riz cuit dans le lait de coco, servi en dessert

kolam – costume ou déguisement ; désigne le théâtre dansé avec des masques, ainsi que les motifs en farine de riz qui ornent les maisons dans les zones tamoules

kovil – temple hindou dédié à Shiva

kulam – mot tamoul pour réservoir

lakh – 100 000 ; unité de mesure standard au Sri Lanka et en Inde

lingam – symbole phallique emblématique de Shiva

LTTE – Liberation Tigers of Tamil Eelam (Tigres de libération de l'Eelam tamoul), communément appelés Tigres tamouls ; groupe séparatiste revendiquant un État indépendant, l'Eelam tamoul, au nord et à l'est du pays

maha – mousson du nord-est

Mahaweli Ganga – le plus grand cours d'eau du Sri Lanka ; il prend sa source dans les montagnes près d'Adam's Peak et se jette dans l'océan près de Trincomalee

Mahayana – adaptation relativement tardive du bouddhisme, prédominante en Corée, au Japon et en Chine ; au sens littéral, signifie "Grand Véhicule".

Mahinda – fils de l'empereur indien bouddhiste Ashoka, il introduisit le bouddhisme au Sri Lanka

mahout – cornac

Maitreya – le Bouddha du futur

makara – animal mythique, croisement d'un lion, d'un cochon et d'un éléphant, souvent sculpté dans la balustrade des marches des temples

makara torana – arche ornementale

mandapaya – plate forme surélevée reposant sur des piliers décoratifs

masala – mélange (d'épices, le plus souvent)

mudra – positions symboliques des mains présentes dans l'iconographie du Bouddha

Murugan – dieu hindou de la Guerre ; également connu sous les noms de *Skanda* et de *Kataragama*

naga – serpent ; s'applique aussi aux divinités et aux esprits en forme de serpents

naga raksha – masque *raksha* représentant une coiffe de cobras entremêlés

nirvana – objectif suprême de chaque bouddhiste : la libération définitive du cycle des réincarnations

nuwara – ville

ola – feuille de palmier talipot (palmier géant), utilisée pour les manuscrits et livres traditionnels

oruva – pirogue à balancier

oya – ruisseau ou petit cours d'eau

pali – langue dans laquelle les premiers écrits bouddhiques furent consignés

palmyrah – grand palmier que l'on trouve dans les zones sèches du Nord

perahera – procession à laquelle participent danseurs, joueurs de tambour et éléphants

pierre de lune – pierre semi-précieuse ; désigne aussi un "pas de porte" en pierre sculptée à l'entrée des temples

pirivena – centre d'enseignement rattaché à un monastère

poya – jour de la pleine lune ; chaque *poya* est un jour férié

puja – "respect" ; prière ou offrande

rajakariya – "ouvriers du roi" ; tradition du travail féodal

Ramayana – légende de Rama et Sita racontant leur conflit avec Ravana

Ravana – le roi-démon de Lanka qui enlève Sita, épouse de Rama, dans l'épopée hindoue du *Ramayana*

Ruhunu – ancien centre du pouvoir cinghalais, situé près de Tissamaharama dans le Sud, qui résista même lorsque Anuradhapura et Polonnaruwa succombèrent aux envahisseurs indiens

samudra – vaste lac artificiel ou mer intérieure

Sangamitta – sœur de *Mahinda* ; elle apporta de Bodhgaya, en Inde, la bouture sacrée de l'arbre de la Bodhi

sangha – communauté des moines et religieuses bouddhistes ; au Sri Lanka, c'est un groupe influent divisé en plusieurs *nikaya* (ordres)

sanskrit – langue indienne ; la plus ancienne des langues indo-européennes

school pen – stylo à bille, souvent réclamé (voire exigé !) aux touristes par les enfants sri lankais

sikhara – construction en forme de dôme ou de pyramide s'élevant au-dessus du sanctuaire intérieur d'un *kovil* hindou

Skanda – voir *Murugan*

SLA – armée sri lankaise

stupa – voir dagoba

Tamouls – d'origine sud-indienne, ils forment la principale minorité de l'île ; pour l'essentiel, ils sont hindous et parlent le tamoul

tank – lac artificiel servant de réserve d'eau ou de réservoir ; au Sri Lanka, nombre d'entre eux sont très grands et très anciens

Theravada – forme orthodoxe du bouddhisme pratiquée au Sri Lanka et en Asie du Sud-Est, caractérisée par l'adoption du canon *pali*

unavakam – mot tamoul pour échoppe ; également appelé *kadé* ou boutique en cinghalais

vahalkada – panneau de sculptures

vatadage – chambre reliquaire en forme de cercle, consistant en un petit dagoba central flanqué de représentations du Bouddha et entouré de colonnes

Vedda – premiers habitants du Sri Lanka ; présents bien avant l'arrivée des Cinghalais qui venaient d'Inde ; on les appelle aussi les *Wanniyala-aetto*

vel – trident ; le dieu *Murugan* est souvent représenté armé d'un *vel*

vihara, viharaya – ensemble bouddhique comprenant un sanctuaire, qui contient lui-même une statue du Bouddha, une salle de réunion et les quartiers des moines

Wanniyala-aetto – voir *Vedda*

wewa – voir *tank*

yala – mousson du Sud-Ouest

En coulisses

VOS RÉACTIONS ?

Vos commentaires nous sont très précieux et nous permettent d'améliorer constamment nos guides. Notre équipe lit toutes vos lettres avec la plus grande attention. Nous ne pouvons pas répondre individuellement à tous ceux qui nous écrivent, mais vos commentaires sont transmis aux auteurs concernés. Tous les lecteurs qui prennent la peine de nous communiquer des informations sont remerciés dans l'édition suivante, et ceux qui nous fournissent les renseignements les plus utiles se voient offrir un guide.

Pour nous faire part de vos réactions, prendre connaissance de notre catalogue et vous abonner à notre newsletter, consultez notre site Internet : **www.lonelyplanet.fr**

Nous reprenons parfois des extraits de notre courrier pour les publier dans nos produits, guides ou sites web. Si vous ne souhaitez pas que vos commentaires soient repris ou que votre nom apparaisse, merci de nous le préciser. Notre politique en matière de confidentialité est disponible sur notre site Internet.

À NOS LECTEURS

Nous remercions tous les lecteurs qui ont utilisé la précédente édition de ce guide et ont pris la peine de nous écrire pour nous communiquer informations, commentaires et anecdotes :
A Paul Aigon **B** Valérie Bernard, Thibaut Blondel, Dany et Luc Bologne, Magaly Bony, Éric et Cécile Bresson **D** Lisa Debauche, Sylvie Doxaran, Fabrice et Céline Durand (Akili Family) **E** Michelle Epars **F** Andréa Fritsch **G** Mr Geniès, Yvette Guyette **L** Léa Legrand, Aurélie Lourenco **M** Krystel Massoulier, Jean Mathevet, Corentin Mulkens **N** Julie Niolat **R** Jeanne Rémond, Frank Röhl **S** Françoise Studer **V** Caroline et Éric Vidensek, Cathy Vigier, Audrey Voisin

UN MOT DES AUTEURS

Ryan Ver Berkmoes

Merci à tous ceux qui m'ont aidé et ont rendu mon séjour au Sri Lanka si agréable : Milroi Janaka, Dimuthu Priyadarshana, l'excellent blogueur Indi Samarajiva, l'experte géographe Charitha Jithendra Jith, et ma fidèle camarade Juliet Coombe. Je remercie également Kate Morgan et Andrea Dobbin de Lonely Planet pour m'avoir accordé le double privilège de travailler sur ce guide et de passer pour un érudit (Stuart, je te dois une piña colada). Toute ma gratitude, enfin, à Janine Eberle pour avoir partagé le gin avec moi.

Stuart Butler

Encore merci à Dimuthu Priyadarshana, ainsi qu'à Milroy Fernando et HA Anura. Je remercie également Sena et Rashinika Kolambahewage pour le prêt des jouets, Stephanie et Palitha, Juliet Coombe à Galle, Ramyadava Gunasekara, Jai et Sumana (à Midigama), Sue et sa famille au Sharon Inn de Kandy, Hannah Jenkins, Sarah Benbernou, Alexandre Gellert et Eve Morelli pour leur excellente compagnie et bien entendu, Heather et Jake, mes formidables compagnons de voyage.

Amy Karafin

Je suis très reconnaissante aux Sri Lankais d'avoir bien voulu répondre à mes nombreuses questions, en particulier aux employés des gares routières et ferroviaires, ainsi qu'aux chaleureux prêtres hindous qui m'ont accordé leur bénédiction. Merci également à Kate, Suzannah, Ryan, Stuart et Brigitte, à tous les lecteurs pour leurs conseils, à Akash Bhartiya, Meera Sriskanthan, Gaya Sriskanthan, Shanthi Sachithanandam, Sherine Xavier, Dhuvarahan Balasubramaniam, Siddiq Issath, SK Sitrampalam, au vénérable Bhikkhu Bodhi, à Jessica Wolfendale, Clare McConnachie, ainsi qu'à SN Goenka et à

À PROPOS DE CET OUVRAGE

Cette 7e édition française du guide *Sri Lanka* est la traduction de la 12e édition du guide *Sri Lanka* en anglais. Ryan Ver Berkmoes (auteur-coordinateur), Stuart Butler et Amy Karafin ont effectué la mise à jour de cette présente édition. Cet ouvrage a été rédigé pour Lonely Planet à Melbourne.

Direction éditoriale
Didier Férat

Traduction
Éric Bossin, Florence Delahoche et Pierre-Yves Raoult

Adaptation française
Nicolas Guérin

Coordination graphique
Jean-Noël Doan

Maquette
Gudrun Fricke

Couverture
Adaptée en français par Annabelle Henry

Cartographie
Cartes originales de Csanad Csutoros et Herman So, adaptées en français par Caroline Sahanouk

Remerciements à Sarah Arfaoui pour sa préparation du manuscrit, Michel Mac Leod et Chantal Duquenoy pour leur contribution au texte, Françoise Blondel pour sa relecture et Charlotte Bories pour les renvois de pages. Un grand merci à Marjorie Goussu et à Dorothée Pasqualin. Enfin merci à Darren O'Connell, Chris Love, Carol Jackson du bureau australien et à Clare Mercer, Tracey Kislingbury et Joe Revill du bureau de Londres.

toutes les personnes du centre Dhamma Kuta. *Bhavatu sabba mangalam.*

REMERCIEMENTS

Les données de la carte des climats sont issues de Peel MC, Finlayson BL & McMahon TA (2007) "Updated World Map of the Köppen-Geiger Climate Classification", *Hydrology and Earth System Sciences*, 11, 163344.

CRÉDITS

Photographie de couverture : dagoba de Thuparama, Anuradhapura, Reinhard Schmid, 4Corners.

La plupart des photographies publiées dans ce guide sont disponibles auprès de notre agence photographique Lonely Planet Images (LPI) : www.lonelyplanetimages.com

Index

Les références des cartes sont indiquées en **gras**, celles des photos en bleu.

Les références des cartes sont indiquées en **gras**, celles des photos en bleu.

Les références des cartes sont indiquées en **gras**, celles des photos en bleu.

Q

R

S

T

INDEX DES ENCADRÉS

Comment utiliser ce guide

Ces symboles vous aideront à identifier les différentes rubriques :

- À voir
- Activités
- Cours
- Circuits organisés
- Fêtes et festivals
- Où se loger
- Où se restaurer
- Où prendre un verre
- Où sortir
- Achats
- Renseignements/ transports

Ces symboles vous donneront des informations essentielles au sein de chaque rubrique :

	Numéro de téléphone		Wi-Fi		Bus
	Horaires d'ouverture		Piscine		Ferry
P	Parking		Végétarien	M	Métro
	Non-fumeurs		Familles bienvenues		Tramway
	Climatisation		Animaux acceptés		Train
@	Accès Internet	dort	Dortoir	ch	Chambre
s	Chambre simple	d	Chambre double	tr	Chambre triple
f	Chambre familiale	app	Appartement	ste	Suite

Les pictos pour se repérer

- Les coups de cœur de l'auteur
- GRATUIT Des sites libre d'accès
- Les adresses écoresponsables

Nos auteurs ont sélectionné ces adresses pour leur engagement dans le développement durable – par leur soutien envers des communautés ou des producteurs locaux, leur fonctionnement écologique ou leur investissement dans des projets de protection de l'environnement.

Légende des cartes

À voir
- Centre d'intérêt
- Château
- Église/cathédrale
- Monument
- Musée/galerie
- Mosquée
- Plage
- Ruines
- Synagogue
- Temple bouddhiste
- Temple hindou
- Vignoble
- Zoo

Activités
- Plongée/snorkeling
- Canoë/kayak
- Ski
- Surf
- Piscine/baignade
- Randonnée
- Planche à voile
- Autres activités

Se loger
- Hébergement
- Camping

Se restaurer
- Restauration

Prendre un verre
- Bar
- Café

Sortir
- Spectacle

Achats
- Magasin

Renseignements
- Poste
- Point d'information

Transports
- Aéroport/aérodrome
- Poste frontière
- Bus
- Téléphérique/funiculaire
- Piste cyclable
- Ferry
- Métro
- Monorail
- Parking
- S-Bahn
- Taxi
- Train/rail
- Tramway
- Tube
- U-Bahn
- Autre moyen de transport

Routes
- Autoroute à péage
- Autoroute
- Nationale
- Départementale
- Cantonale
- Chemin
- Route non goudronnée
- Rue piétonne
- Escalier
- Tunnel
- Passerelle
- Promenade à pied
- Promenade à pied (variante)
- Sentier

Limites et frontières
- Pays
- Province/État
- Contestée
- Région/banlieue
- Parc maritime
- Falaise/escarpement
- Rempart

Population
- Capitale (pays)
- Capitale (État/province)
- Grande ville
- Petite ville/village

Géographie
- Refuge/gîte
- Phare
- Point de vue
- Montagne/volcan
- Oasis
- Parc
- Col
- Aire de pique-nique
- Cascade

Hydrographie
- Rivière
- Rivière intermittente
- Marais/mangrove
- Récif
- Canal
- Eau
- Lac asséché/salé/intermittent
- Glacier

Topographie
- Plage/désert
- Cimetière (chrétien)
- Cimetière (autre religion)
- Parc/forêt
- Terrain de sport
- Site (édifice)
- Site incontournable (édifice)

LES GUIDES LONELY PLANET

Une vieille voiture déglinguée, quelques dollars en poche et le goût de l'aventure, c'est tout ce dont Tony et Maureen Wheeler eurent besoin pour réaliser, en 1972, le voyage d'une vie : rallier l'Australie par voie terrestre via l'Europe et l'Asie. De retour après un périple harassant de plusieurs mois, et forts de cette expérience formatrice, ils rédigèrent sur un coin de table leur premier guide, *Across Asia on the Cheap*, qui se vendit à 1 500 exemplaires en l'espace d'une semaine. Ainsi naquit Lonely Planet, qui possède aujourd'hui des bureaux à Melbourne, Londres et Oakland, et emploie plus de 600 personnes. Nous partageons l'opinion de Tony, pour qui un bon guide doit à la fois informer, éduquer et distraire.

NOS AUTEURS

Ryan Ver Berkmoes

Auteur coordinateur, Colombo, Les cités anciennes. Ryan Ver Berkmoes s'est rendu pour la première fois au Sri Lanka en 2005, en tant que journaliste, pour couvrir les suites du tsunami. S'il fut impressionné par le courage des Sri Lankais, il l'est encore plus maintenant que le pays s'est relevé de cette période sombre. Depuis, il a exploré cette île magnifique de long en large, à la recherche du meilleur riz-curry. Lorsqu'il ne voyage pas, Ryan vit à Portland, dans l'Oregon, où il tient un site Internet, ryanverberkmoes.com, consacré au voyage.

Pour en savoir plus sur Ryan Ver Berkmoes :
lonelyplanet.com/members/ryanverberkmoes

Stuart Butler

Côte ouest, Le Sud, La région montagneuse Stuart Butler a découvert le Sri Lanka au cours d'un voyage en Asie consacré au surf. Depuis lors, la nourriture, les plages, la vie sauvage, les vagues, les montagnes et surtout les habitants l'ont incité à revenir maintes fois. Il habite désormais au bord de l'océan Atlantique, dans le sud-ouest de la France. Outre le Sri Lanka, ses voyages l'ont conduit en Asie du Sud et au-delà, des plages désertes du Pakistan aux jungles côtières de Colombie. Il raconte ses voyages sur son blog, http://stuartbutler-journalist.blogspot.com.

Pour en savoir plus sur Stuart Butler :
lonelyplanet.com/members/stuart_butler

Amy Karafin

L'Est, Jaffna et le Nord Depuis presque 20 ans, Amy Karafin lit les anciens manuscrits en langue pali écrits au Sri Lanka. Elle est aussi fascinée par la culture tamoule depuis qu'elle a vécu dans une cabane du Tamil Nadu, lors de son premier voyage en Asie du Sud, en 1996. Riches d'une longue histoire spirituelle, le Nord et l'Est de l'île semblaient lui convenir, et elle a sauté sur l'occasion de visiter les territoires qui avaient été fermés aux civils pendant plusieurs décennies. Lorsqu'elle n'arpente pas les chemins, Amy vit à New York dans le quartier de Brooklyn.

Pour en savoir plus sur Amy Karafin :
lonelyplanet.com/members/amykarafin

SRI LANKA
7e édition
Traduit et adapté de l'ouvrage *Sri Lanka, 12th edition, July 2012*

Dépôt légal Octobre 2012
ISBN 978-2-81612-140-7

Imprimé par IME (Imprimerie Moderne de l'Est), Baume-les-Dames, France
Réimpression 03, mars 2014

En Voyage Éditions | un département place des éditeurs